To the Student

A Student Workbook for this textbook is available in your college bookstore. Its title is

Student Workbook to accompany Rassias: LE FRANÇAIS: Départ-Arrivée, Second Edition, by Robert Shupp.

It has been written to help you review and study the course material. Ask the bookstore manager to order a copy for you if it is not in stock.

LE FRANÇAIS

LE FRANÇAIS
Départ-Arrivée
Second Edition

John A. Rassias
Dartmouth College

Jacqueline de La Chapelle-Skubly
Housatonic Community College

1817

HARPER & ROW, PUBLISHERS, New York
Cambridge, Philadelphia, San Francisco,
London, Mexico City, São Paulo, Sydney

Sponsoring Editor: Alan McClare
Project Editor: Brigitte Pelner
Designer: T. R. Funderburk
Production Manager: Marion A. Palen
Photo Researcher: Mira Schachne
Compositor: Waldman Graphics
Printer and Binder: The Murray Printing Company
Art Studio: Bridget Shupp, Michèle Ratté, Edward Malsberg, and Vantage Art, Inc.
Cover: Vlaminck, Maurice de (1876–1958). Sailboats on the Seine. Oil on canvas. H. 21 ½ in. W. 29 in. (54.6 × 73.7 cm). The Metropolitan Museum of Art, Robert Lehman Collection, 1975.

LE FRANÇAIS: Départ-Arrivée, Second Edition
Copyright © 1984 by John A. Rassias

Library of Congress Cataloging in Publication Data
Rassias, John.
    Le français : départ-arrivée.
    English and French.
    Includes index.
    1. French language—Grammar—1950-   . 2. French
language—Text-books for foreign speakers—English.
I. La Chapelle-Skubly, Jacqueline de.   II. Title.
PC2112.R27   1984   448.2'421   83-22884
ISBN 0-06-045322-2

To my students
without whom this would have been
completed many years ago,
but without whom there would have
been nothing

ACKNOWLEDGMENTS

Page 69: Extrait de *On a marché sur la lune* (Les Aventures de Tintin et Milou) par Hergé © Editions Casterman, Paris.
Pages 115, 153, 246: Jacques Prévert, "L'accent grave," "Le message," "Dejeuner du matin," extraits de *Paroles*. Editions Gallimard, Paris, 1949.
Page 361: Guy Tirolien, "Prière d'un petit enfant nègre," tiré de Balles d'Or, Société Nouvelle, Présence Africaine, Paris, 1961.
Page 402: L. S. Senghor, *La lumière de Paris,* extrait de *Poètes d'Aujourd'hui.* Editions Seghers, Paris, 1961.
Page 543: Drawing by Opie © 1973. The New Yorker Magazine, Inc.

Photo Credits

Page 21: Antman, Monkmeyer / *page 46:* Stuart Bratesman / *page 49:* Andrew Cooper / *page 50:* French Embassy Press & Information / *page 80:* Andrew Cooper / *page 117:* Mahoney, Monkmeyer / *page 168:* Andrew Cooper / *page 187:* © Edwards, 1982, International Stock Photo / *page 189:* French Embassy Press & Information / *pages 195, 227:* Stuart Bratesman / *page 235:* French Embassy Press & Information / *page 385, left:* Broudulin, De Wys; *right:* Bijur, Monkmeyer / *page 403:* French Cultural Services / *pages 445, 446:* Gouvernement du Québec / *page 447:* Canadian Consulate General / *page 470, left and right:* Lüthy, De Wys / *page 490:* French Embassy Press & Information / *page 499:* Stuart Bratesman / *page 509, left:* Krainin, Frederic Lewis; *right:* UPI.

TABLE DES MATIERES

Chapitre 16   PROJETS DE VACANCES   318

Chapitre 17   METIERS   338

Chapitre 18   TROISIEME REVISION   367

Chapitre 19   AU CAFE   389

PREFACE

Le Français: Départ-Arrivée is a complete introductory program covering the basic structures and vocabulary of French language and culture, including colloquial French expressions. Derived from the nationally recognized Dartmouth language program, which was reworked and adapted into a comprehensive text, the current edition is further refined. It is effective in traditional language programs at both two-year and four-year colleges and universities. It can easily be adapted to either the semester or quarter system.

The second edition is designed to give both instructor and student maximum flexibility in completing a thoroughly tested approach to learning French. *A variety of presentations and activities are offered, not all of them required for successful study.* At the suggestion of numerous users, we have added an attractive two-color design and changed to a less cumbersome book size.

Le Français, Second Edition, contains 25 chapters plus an optional chapter (*Chapitre facultatif*). The comprehensive review chapters (6, 12, 18, and 25) cover every element in the five chapters that precede them and incorporate a special aural comprehension section.

The theme of each lesson is established by a *scénario,* concerning the continuing adventures of two American students who live with French families and interact with the culture. One of the innovative elements in my approach includes the structuring of the scenarios in three graded stages. The first scenario relates the story in simple terms. The second adds more vocabulary and grammar. The third represents the kind of normal, flowing prose encountered in reading. The *Questions sur le scénario* test comprehension of the basic vocabulary and structures in the scenario. The *Notes culturelles,* some in English, some in French, describe important aspects of everyday life in France related to the activities described in the scenarios.

Special care has been taken with vocabulary. New words are introduced in a meaningful context and students are given many opportunities to use them so that they become part of their working vocabulary. Students also learn vocabulary through: *Synonymes et expressions approximatives,* a section that builds interest in contemporary usage and vocabulary by introducing colloquial and standard words and phrases that vary and expand the meaning of descriptions in the scenarios; *Vocabulaire illustré*, a section that uses drawings to communicate meaning, rather than English definitions; *Vocabulaires*, summary lists at the end of each chapter that indicate active and passive words. A full glossary of words in both languages appears at the back of the book.

Each regular chapter presents a limited number of grammatical points, using a combination of inductive and deductive approaches. In the *Notes de grammaire* there are clear explanations in English (including such basic terms as "irregular verb"), numerous examples, and a comprehensive set of graded exercises. Key points are highlighted for easy review. Many chapters contain brief, culturally oriented French passages. These *Micrologues* can be used to develop auditory comprehension, reading, or dictation skills. *Questions générales* and *Exercices de manipulation* help students think in French and create new word and thought combinations by using grammar actively. Longer cultural readings, *lectures*, appear throughout the text. They survey life in France and other French-speaking regions, such as Quebec and West Africa. *Coup d'œil*, a grammar review at the end of each chapter, encapsulates all the grammatical concepts in the chapter. A final check on comprehension, it encourages students to turn back and review those points they still don't understand. Infrequently used verb tenses have been shifted to the new optional (*facultatif*) chapter.

Each chapter contains several special activities, designed to help students develop fluency by speaking the language. They include *Création et récréation*, exercises that invite students to use the language skills they have learned through role-playing, mini-dramas, and other activities in which students expand their knowledge of the language in positive interaction with one another. The *Pas à pas* section in each review chapter helps students develop aural comprehension and visual recognition by identifying illustrations that correspond to descriptions read aloud by the instructor.

The second edition is part of an integrated learning package which covers all the elements of language instruction: listening, speaking, reading, writing, culture and civilization. An audio program, available on reel-to-reel or cassette tapes, includes coordinated exercises keyed to each chapter and is designed to develop aural comprehension. Throughout the text the ⊛ symbol indicates coordinated tape exercises. Additional dictation exercises complete the audio program and can be used for independent study or classroom activity.

The complete educational package includes a *Student Workbook*, which reviews the grammar and vocabulary in each chapter and offers various exercises—many based on illustrations—for further practice. The *Instructor's Manual* contains lesson plans and a sequenced curriculum, as well as an abundance of teaching aids and extra patterned drills which supplement the text. Testing suggestions are also included.

TO THE STUDENT

An exciting adventure awaits you. Since language study demonstrates the limitations and the potentialities of communication, it gives us insight into how we view the world and how language influences the ways in which we think and perceive. To acquire another language is to acquire another vision. You have obviously chosen French. Congratulations!

Learning a new language means developing competence in several areas.

A. *Grammar:* Grammar provides an organized approach to learning a language. The text teaches grammar through *scénarios* and different types of pattern drills. Sometimes grammar is taught inductively (by presenting examples of a structure before explaining it), and sometimes deductively (by explaining how a structure works and then presenting examples).

B. *Comprehension:* Comprehension of the spoken language may be developed with relative ease if you are alert in class, manipulate the various *étapes* thoroughly, and use the language laboratory. You will develop reading comprehension in the various reading selections and activities.

C. *Vocabulary:* You will acquire vocabulary through active use of the words you learn in each chapter. Your recognition of a word will atrophy if it is not used or if it is used inappropriately. The text always teaches and reinforces vocabulary in a meaningful context.

D. *Fluency:* Many students believe that fluency means speed. They try to perform the miracle of speaking a foreign language rapidly. Fluency is the ability to express your thoughts and feelings clearly, without stumbling too often, but without regard to the pace. You are best advised to speak French at the same rate of speed with which you speak your native tongue.

E. *Accent:* Cultivate as accurately as possible the pronunciation of your teacher, who will be alert to your steady development in speaking. Do not expect to develop a "perfect" pronunciation, whatever that is!

The best advice I can give you is to have the courage to be "bad," that is, to make mistakes. Nothing will be communicated or understood by anyone unless people speak to each other. Language must be spoken, and from the beginning! Give yourself completely to the task! Learning a language is fun. Make yours a productive experience.

ACKNOWLEDGMENTS

The author is deeply indebted to all of the instructors, apprentice teachers, and students at Dartmouth College who worked with the text in class and made many suggestions for its improvement. I should particularly like to cite D. H. Buckley, M. Cinotti, M. J. Green, V. Kogan, M. Lyons, R. P. Shupp, J. B. Sices, N. Vickers, and K. Walker. Others throughout the country who class-tested this program and to whom I am equally indebted include colleagues at Burke Mountain Academy, Harvard University, Hope College, University of Idaho, Lebanon College (adult education), Lenoir-Rhyne College, Loma Linda University, Norwich University, St. Olaf College, State University of New York at Stony Brook, Temple University, Western Carolina University, and College of William and Mary, among others.

I thank the following conscientious reviewers for their many particular suggestions: Fanny Aragno of Madison Area Technical College; Margaret Breslin of Northwestern University; Andrew Campagna of the University of Maryland; Jean-Pierre Cauvin of the University of Texas, Austin; Anthony Ciccone of the University of Wisconsin, Milwaukee; Thelma Fenster of Fordham University; Sheila Gaudon of Wesleyan University; Norma Klayman of SUNY Buffalo; Loring Knecht of Saint Olaf College; Constance Knop of the University of Wisconsin, Madison; Bohdan Kuropas of Lenoir-Rhyne College; Jeannette Ludwig of SUNY Buffalo; Bernice Melvin of the University of Texas, Austin; Deborah Nelson of Rice University; Michael Rengstorf of Columbia University; Gladys Saunders of the University of Virginia; Jacqueline Simons of the University of Santa Barbara; Ruth Solis of Cuyahoga Community College; Albert Valdman of Indiana University; Rene Guy B. Mongeau of Villanova University; Diane S. Wood of Texas Technical University; and Wendy S. Allen of St. Olaf College.

I owe a particular debt of gratitude to Howard "Buck" Becker who was exceptionally helpful in the production of the first test version of this text. A host of others who contributed in various indispensable ways to the final product include David Birdsong, William Browning, Charles Cavanaugh, Professor Raymond Cormier, William Deevey, the late Professor George Diller, Joel Goldfield, Alexandra Maeck, Peter Maeck, Richard Mosenthal, Daniele and Richard Newbold, and especially Katherine Puerschner.

For the artwork in the text I thank Bridget Shupp, Michèle Ratté, Andrew Sices, and Wayne Waggoner.

I should like to express my gratitude to Monique Briend-Walker whose many significant contributions enhanced the quality of this work.

Lastly, this work would not have been possible without the close collaboration of my patient co-author Jacqueline de La Chapelle-Skubly of Housatonic Community College.

J A R

A WORD ON PHONETICS

There are twenty-six letters in the French alphabet. The written and spoken forms are as follows:

WRITTEN	PHONETIC SOUND & SIGN		WRITTEN	PHONETIC SOUND & SIGN	
a	a	a	n	enne	ɛn
b	bé	be	o	o	o
c	sé	se	p	pé	pe
d	dé	de	q	ku	ky
e	e	ə	r	erre	ɛʀ
f	effe	ɛf	s	esse	ɛs
g	ze	ʒe	t	té	te
h	hache	aʃ	u	u	y
i	i	i	v	vé	ve
j	ji	ʒi	w	double vé	dubləve
k	ka	ka	x	iks	iks
l	elle	ɛl	y	i grec	igʀɛk
m	emme	ɛm	z	zède	zɛd

Before we turn to a brief study of the phonetic transcriptions, remember that all French speakers do not pronounce words in exactly the same way—just as we do not all pronounce English in the same way.

Correct pronunciation will never be drilled to the exclusion of getting you to speak. Listen carefully to your teacher, the tapes, and, whenever you have the opportunity, to native speakers.

To pronounce anything—to communicate anything—you must open your mouth. Rule Number One for pronunciation and communication: OPEN YOUR MOUTH! To acquire a good pronunciation you must be attentive and you must speak!

The two columns above represent the ways French is written and spoken. The phonetic transcriptions are the signs of the International Phonetic Alphabet.

The following section deals with the phonetic alphabet. It is intended to help you master basic sounds, and to help you pronounce words encountered for the first time.

I. In French there are 16 basic vowel sounds. These are divided into three groups:

Oral vowels
Nasalized vowels
Composed vowels

ORAL VOWELS

In this group we have the following sounds and phonetic symbols:

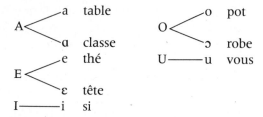

NOTE: Each of the vowels behaves in a certain way and requires particular adjustments of the organs of speech, that is, the mouth and tongue.

Vowels are said to be open or closed, depending on whether the mouth is open or closed when they are pronounced.

Some vowels are formed by the position of the tongue in front of the mouth, others in the back of the mouth.

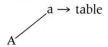

The sound [a] is made from the middle part of the mouth. Tip of tongue against the lower teeth. Most words containing an **a** reproduce this sound:

table	tabl(ə)	gare	gaʀ
la	la	article	aʀtikl
avocat	avɔka		

The [ɑ] is a posterior sound, that is, it is made from the back of the mouth. It occurs in words usually ending in **-s: pas, las.** *Notable exceptions to this rule are:*

bras	bʀa
embarras	ãbaʀa
verglas	vɛʀgla

} EXCEPTIONS

It approximates the sound "ah" when you gargle:

las	lɑ	classe	klɑs	pâté	pɑte
pas	pɑ	tasse	tɑs	château	ʃɑto
passer	pɑse				

If you pronounce these with an [a] sound, it is not a criminal offense. However, avoid at all costs the sound *a* in the English word *pat*.

---

e → thé

The [e] is a closed sound. The mouth is practically closed. Tip of tongue against the lower teeth. Lips drawn tightly back. The sound is made from the front part of the mouth.

A common rule of thumb: When you have an open syllable, that is, one which ends phonetically on a vowel sound, you have a closed vowel:

thé	te
dîner	dine
nez	ne
pied	pje
école	ekɔl
et (*as a conjunction*)	e

Open syllable > Closed vowel

The final consonants of **dîner, nez, pied, et** are not pronounced.

ɛ → père

The [ɛ] is an open sound. The mouth is open. Tip of tongue against lower teeth. The sound is made from the front part of the mouth.

A common rule of thumb: When you have a closed syllable, that is, one which ends phonetically on a consonant sound, you have an open vowel:

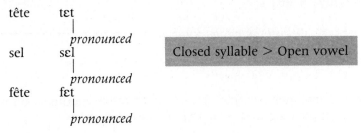

tête	tɛt
	pronounced
sel	sɛl
	pronounced
fête	fɛt
	pronounced

Closed syllable > Open vowel

Here are some other words which take the [ɛ] sound. Note the **accent grave (`)**:

    père pɛR   mère mɛR   frère fRɛR

Note the **accent circonflexe (^)**:

    bête bɛt   même mɛm

Other combinations are possible, of course, in the pronunciation. For instance:

ai	lait	lɛ
et	billet	bijɛ
	ballet	balɛ

I–i → si

The mouth is practically closed. Draw tightly back on the corners of the mouth. Tip of tongue against lower teeth. The sound is made from the front part of the mouth. Common words:

si	si	ici	isi
rire	RiR	il finit	il fini

o → pot

The mouth is slightly open. The lips are pursed, as though you are going to whistle. It is a closed sound. Tip of tongue against lower teeth. The sound is made from the front part of the mouth. Common words:

eau	o	chaud	ʃo	pot	po
beau	bo	dos	do		

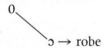

ɔ → robe

The vowel [ɔ] is open. The mouth is open. Tip of tongue against lower teeth. The sound is made from the middle part of the mouth. Common words:

robe	rɔb	homme	ɔm
notre	nɔtR	comme	kɔm

In each of the cases above the final consonant is *pronounced,* thus creating closed syllables and open vowels.

U——u → vous

The mouth is slightly open. Tip of tongue slightly back from lower teeth. The [u] sound is made from the front part of the mouth (tongue slightly raised). Common words:

vous	vu	toujours	tuʒuʀ
cou	ku	écouter	ekute

REVIEW

1. Vowels are said to be open or closed, depending on whether the mouth is open or closed when they are pronounced.
2. Some vowels are formed in the front of the mouth, some in the middle of the mouth, others in the back of the mouth.
3. All the oral vowels are pronounced with the tip of the tongue against the lower teeth, except for [u].

NASAL VOWELS

There are four nasal vowels: [œ̃], [õ], [ɛ̃], [ɑ̃]. The word nasal is misleading when one believes that one speaks French better when one has a cold. This erroneous idea stems from the notion that French is best pronounced with full nasalization. The following vowels are considered nasal only because a minor percentage of air passes through the nasal passages.

œ̃ → un

The mouth is open slightly. Common words:

un	œ̃	brun	bʀœ̃
lundi	lœ̃di	chacun	ʃakœ̃

$\left.\begin{array}{l}\tilde{o}\\ \tilde{ɔ}\end{array}\right\}$ → bon

Mouth is open wider. Common words:

on	õ	bonté	bõte
bon	bõ	nom	nõ

ɛ̃[1] → vin

The mouth is still more widely open. The lips are not as round as for [õ]. Common words:

		pain	pɛ̃
vin	vɛ̃	faim	fɛ̃
impossible	ɛ̃pɔsibl	main	mɛ̃

[1]There is a tendency to pronounce the [œ̃] sound as [ɛ̃]: **lundi** [lɛ̃di].

ã → blanc

The mouth is widest open for this sound. Common words:

blanc	blã		
an	ã	lent	lã
lampe	lãp	Jean	ʒã

NOTE: Nasalization usually stops when one of the nasal vowels is followed by a vowel, or by an **m** or an **n:**

mon bon ami	mõ bɔnami	immédiat	imedja
inoubliable	inublijabl(ə)	innocent	inɔsã

COMPOSED VOWELS

There are four composed vowels: [ə], [y], [ø], [œ̃],

ə → je (the mute **-e**)

Common words: **me, te, se, ce, de**

Mouth closed. Lips protrude. Lips are rounded.

NOTE 1: A mute **e** in the initial syllable of a word beginning with a consonant is pronounced:

demain, demander, venir

NOTE 2: When a mute **e** (an unaccented **-e**) is preceded by one pronounced consonant and followed by another, you do not pronounce the **-e:**

souvenir	suvniʀ	avenue	avny
boulevard	bulvaʀ		

When a mute **-e** is preceded by two consonants, you pronounce the mute **-e:**

justement   ʒystəmã

The following combinations are the sole exceptions, and they are invariable:

je me	ʒəm	de me	dəm
je ne	ʒən	de ne	dən
je le	ʒəl	de le	dəl

Otherwise the rule of the two preceding consonants applies between words in a sentence:

Je me demande.	ʒəm dəmãd
Je me le demande.	ʒəm lə dmãd

y → tu

The mouth is practically closed. The tongue is flat on the mouth and "swollen." Project lips. Common words:

tu	ty	rue	ʀy
sur	syʀ	vu	vy

NOTE: or any **-u** alone or followed by a mute **-e.**

The difference between [i] and [y] is that the lips are rounded and they project to produce [y], while the lips are drawn for [i].

ø → feu

The mouth is in position to pronounce the mute **-e,** but lips do not protrude as much. Lips are rounded. Note "open" syllable phenomenon in these common words:

feu	fø	peu	pø	œufs	ø

œ → cœur

The mouth is open. Note "closed" syllable phenomenon in these common words:

cœur	kœʀ	sœur	sœʀ	
peur	pœʀ	œuf	œf	

REVIEW

1. A syllable is considered closed when it ends on a pronounced consonant sound. In these cases the vowel in that syllable is open.
2. A syllable is considered open when it ends on a vowel sound. In these cases the vowel in that syllable is closed.

II. Study this chart which indicates approximate openings of the mouth in pronouncing each letter, as well as whether the lips are spread or rounded:

A. SPREAD   ROUNDED

si	thé	père	table	classe	robe	pot	vous
[i]	[e]	[ɛ]	[a]	[ɑ]	[ɔ]	[o]	[u]
○	○	○	○	0	0	○	○

NOTE: Tip of tongue is always against lower teeth, except for [u].

B. Order of approximate openings. Note similar openings:

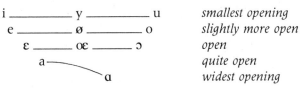

i ———— y ———— u	smallest opening
e ———— ø ———— o	slightly more open
ɛ ——— œ ——— ɔ	open
a	quite open
ɑ	widest opening

Zones of Origin of Vowels (same relative position of tongue)

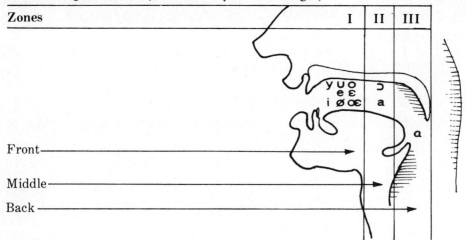

III. There are three semi-consonants.

A. [j] called "yod". It appears in the following endings:

fille	fij	grenouille	grənuj	BUT NOT:	ville	vil
Bastille	bastij	œil	œj		tranquille	trɑ̃kil
pareil	parɛj	seuil	sœj		mille	mil
abeille	abɛj	feuille	fœj		Gilles	ʒil
travail	travaj	cercueil	sɛrkœj		Lille	lil
paille	pɑj	cueille	kœj			
fenouil	fənuj					

B. [ɥ] wherever a vowel other than a mute **-e** follows the letter **-u.** Both semi-consonant and vowel are quickly pronounced:

nuit	nɥi	je suis	ʒə sɥi	nuage	nɥaʒ
bruit	brɥi			juin	ʒɥɛ̃

C. [w] the sign for the **ou** followed by a vowel other than a mute **-e,** and the combination **oi:**

oui	wi	toi	twa	nous jouons	nu ʒwɔ̃
moi	mwa	trois	trwa	coin	kwɛ̃
				loin	lwɛ̃

IV. Consonants. Just note the sign and the sound:

PHONETIC SOUND	PHONETIC SIGN	EXAMPLE	PHONETIC TRANSCRIPTION
be	b	beau	bo
se	s	cela	səla ⎱ [s] *sound when followed by*
	s	ceci	səsi ⎰ *vowels -i and -e*
	k	cousin	kuzɛ̃

PHONETIC SOUND	PHONETIC SIGN	EXAMPLE	PHONETIC TRANSCRIPTION
	k	crier	kʀje
de	d	donner	dɔne
ɛf	f	faire	fɛʀ
ʒe	ʒ	mangeais	mɑ̃ʒɛ [ʒ] *followed by* -*e*
	g	garçon	gaʀsõ
	ʒ-g	gigot	ʒigo [ʒ] *followed by* -*i*
aʃ	⎧	habit, héros	abi, eʀo
	⎩ *No h in French sounds.*		
ʒi	ʒ	jardin	ʒaʀdɛ̃
ka	k	kilo	kilo
ɛl	l	libre	libʀ(ə)
ɛm	m	maman	mamɑ̃
ɛn	n	ne	nə
pe	p	père	pɛʀ
ky	k	qualité	kalite
	k	quand	kɑ̃
ɛʀ	ʀ	rare	ʀɑʀ
	ʀ	rapport	ʀapɔʀ

NOTE: The [ʀ] is best rendered in French by opening the mouth wide, placing the tongue on the bottom of the mouth, with the tip of the tongue against the lower teeth. One way to master the sound is to repeat the formula: ɛk · · · ɛk · · · ɛk · · · ʀ. The sound [ɛk] automatically positions the mouth to pronounce the [ʀ] correctly.

ɛs	s[2]	si	si
	z	rose, magasin	
te	t	table	tabl(ə)
ve	v	victoire	viktwaʀ
dubləve	w	week-end	wikɛnd
	v	wagon	vagõ
		W.C.	vese (familiar): dubləvese
iks	ks	extra	ɛkstʀa ⎱ [ks] *before a*
	ks	excellent	ɛksɛlɑ̃ ⎰ *consonant*
	gz	examen	ɛgzamɛ̃⎱ [gz] *before a vowel*
igʀɛk	i	bicyclette	bisiklɛt
zɛd	z	zéro	zero
		zone	zon

Other combinations:	ch	ʃ	chose	ʃoz
		ʃ	machine	maʃin
	yn	ɲ	accompagner	akõpaɲe
		ɲ	ignoble	iɲɔbl(ə)

[2]-**s** is pronounced [z] between two vowels.

Zones of Origin of Sounds of Consonants

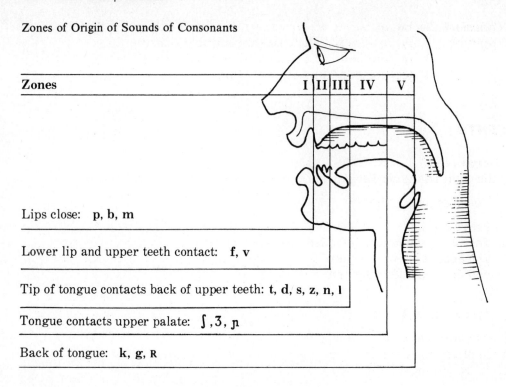

Zones	I	II	III	IV	V

Lips close: **p, b, m**

Lower lip and upper teeth contact: **f, v**

Tip of tongue contacts back of upper teeth: **t, d, s, z, n, l**

Tongue contacts upper palate: **ʃ, 3, ɲ**

Back of tongue: **k, g, ʀ**

EXERCICES ORAUX (note the vowel combinations)

Orals   1. [a] table, **la**, a**v**ocat, gare, article, art, chat, cheval; moi, toi, loi, fois, boîte; fe(m)me
2. [ɑ] pas, passer, classe, tasse; pâté, âge; trois, bois
3. [e] thé, école, métier, été; dîner, nez, pied, clef[3]; j'ai[4]
4. [ɛ] père, mère, frère; tête, fête, fenêtre, même; lait, je savais; terre, verre[5], neige
5. [i] si, rire, ici, il finit, lit, six, vie
6. [o] pot, dos, trop, le nôtre, eau, beau, chapeau, veau, chaud
7. [ɔ] robe, notre, homme, comme, joli, pomme, Paul, album
8. [u] vous, cou, toujours, écouter, nous, tout, bout, où, ou, août

Nasals   1. [œ̃] un, lundi, brun, chacun
2. [õ] [ɔ̃] on, bon, bonté, non, nom, oncle, compter
3. [ɛ̃] vin, vingt, impossible; pain, main, faim; il peint
4. [ɑ̃] blanc, an, lampe, lent, Jean, anglais, cent, temps, sans, chambre

[3]The final consonants of **dîner, nez, pied, clef** are not pronounced.
[4]As a final vowel sound.
[5]An **-e** followed by two **r**'s is always [ɛ].

Compound	1.	[ə] j**e**, m**e**, t**e**, s**e**, c**e**, d**e**, v**e**nir, d**e**main, d**e**mander
vowels	2.	[y] t**u**, s**u**r, r**u**e, v**u**, stat**u**e, vend**u**
	3.	[ø] f**eu**, p**eu**, **oeu**fs, vi**eu**x, bl**eu**, nombr**eu**x, d**eu**x
	4.	[œ] c**œu**r, p**eu**r, s**œu**r, **œu**f, fl**eu**r

ACCENTS

1. (´) **aigu** (*acute*)
If the **-e** in an open syllable is to be pronounced, it takes an **accent aigu:**

é-t**é**, es-p**é**-rer, th**é**

2. (`) **grave** (*grave*)
a. The **-e** is pronounced [ɛ]: p**è**-re, col-l**è**-ge, cé-l**è**-bre
b. The **accent grave** serves to distinguish between words otherwise spelled similarly and does not affect their pronunciation:

verb: **a**	conjunction: **ou**
preposition: **à**	adverb: **où**

3. (ˆ) **circonflexe** (*circumflex*)
a. Replaces an **-s** and lengthens the vowel sound: h**â**te, b**ê**te, h**ô**tel
b. It also distinguishes between words:

past participle: **dû**   partitive article: **du**

4. (ˌ) **cédille** (*cedilla*)
The **cédille** indicates that **-c** is to be pronounced [s] and not [k] before **a, o, u:**

fran**ç**ais   le**ç**on   re**ç**u

5. (¨) **tréma**
The **tréma** separates the pronunciation of two adjacent vowels into two distinct syllables:

No**ë**l   Isra**ë**l

SYLLABICATION

1. French syllables, wherever possible, begin with a consonant:

f**a**-**c**ile, **c**he-**v**al, é-**c**ole, d**î**-**n**er, re-**p**as

2. Consonants may be separated to begin new syllables:

lai**s**-**s**er	**g**ou-**v**er-**n**e-**m**ent
a**d**-**j**ec-**t**if	con-**c**lu-**s**ion

But NOT the combinations **ch, ph, th, gn,** any consonant plus **l** or **r**:

di-man-**ch**e	ma-**gn**i-fi-que	**dr**a-peau
phi-lo-so**ph**ie	fai-**bl**e	com-**pr**en-**dr**e
ca-**th**o-li-que	rem-**pl**ir	mé-**tr**o

LIAISONS OR LINKINGS

A. The following are obligatory:
   1. Between personal pronouns (subject or object) and verb:

vous avez	Vas-y!
on a	Donnez-nous-en!
ils écoutent	N'en apporte pas!
nous écoutons	tu les achètes
ont-ils	prend-elle

   2. Between articles and/or adjectives and nouns they precede:

les assiettes	six étudiants
ces autres assiettes	neuf heures
mon enfant	huit ans
le grand hôtel	Quelle heure est-il?

   3. Between a one-syllable adverb or preposition and the following word:

pour eux	sans un sou
avec elle	dans une heure
tout heureux	en hiver
très amusant	

   4. After **quand** (**quant**), **dont,** and certain forms of **être** and **avoir**:

quand ils partiront	c'est à lui
quant à moi	c'est une étudiante
ce dont il a peur	ce sont eux
il est avec nous	ils ont écouté

B. The following are absolutely forbidden:
   1. After **et** and before **oui**; and after the numbers **onze** and **cent**:

et//ils sont sortis	le//onze avril
ils sont forts//et//intelligents	cent//un
mais//oui, je serai là	

   2. Before an aspirate **h**:

   le//haut de la tour
   le//héros de la tragédie; les//héros

le//huit mai
les//hors-d'œuvre
En//Hongrie

3. When singular nouns precede an adjective or a verb:

l'avion//arrive
l'hôtesse//apportent
Robert//écoute
l'étudiant//américain

4. After interrogative adverbs:

Quand//est-il né?
Comment//as-tu voyagé?
Combien//en a-t-il acheté?

LE FRANÇAIS

CHAPITRE 1
LE DEPART

Scénario 1: LE DEPART

(&) **PREMIERE ETAPE***

INSTRUCTIONS: The *Première étape* is for comprehension. Listen carefully as your teacher reads the *Première étape*. It will be read several times. Do not repeat, just listen. The *Première étape* isolates some of the basic elements of the *Scénario*. Do not look at the text of the *Scénario* as it is read. Look only, if asked by your instructor, at the cartoon illustrating it. Try to follow the story as shown in the cartoon.

1   *Deux étudiants vont en France. Les amis s'appellent Robert et Henry. Ils sont dans un avion. Ils décident de parler français.*

       (L'hôtesse apporte les dîners.)
       L'HOTESSE: Bonsoir. Voici vos dîners. Comment allez-vous?
5   HENRY: Je vais bien, merci.
       L'HOTESSE: Est-ce que vous êtes fatigué?
       ROBERT: Oui, je suis très fatigué.
       L'HOTESSE: Voulez-vous regarder le film?
       ROBERT: Moi, je désire dormir.
10   L'HOTESSE: Bon appétit.

(&) **DEUXIEME ETAPE**

INSTRUCTIONS: The *Deuxième étape* is for learning after the teacher presents the *Scénario*. Either keep your books closed throughout the presentation, or look only at the cartoon, according to the instructions given. After going over the *Deuxième étape* and becoming familiar with all the major grammatical forms, you should be able to present the *Scénario* of the *Première étape* as a dramatic skit for the next class.

1   *Deux étudiants américains vont en France. Ils sont avec un groupe. Les amis s'appellent Robert et Henry. Ils voyagent ensemble. Ils sont dans un avion. Ils décident de parler français.*

       (L'hôtesse de l'air apporte les dîners.)
5   L'HOTESSE: Bonsoir. Voici vos dîners. Comment allez-vous?
       HENRY: Je vais bien, merci, mais mon ami va mal.
       L'HOTESSE: Est-ce que vous êtes fatigué ou malade, Monsieur?
       ROBERT: Fatigué, Mademoiselle. Oui, je suis très fatigué.
       L'HOTESSE: Voulez-vous dormir ou regarder le film?
10   HENRY: Je veux regarder le film.
       ROBERT: Moi, je désire dormir. N'oubliez pas de me réveiller.

*Throughout the book, the symbol (&) is used to point out items that are on the tapes.

L'HOTESSE: Bon appétit, Messieurs. Je vais apporter les écouteurs.

HENRY: Merci.

TROISIEME ETAPE

INSTRUCTIONS: The *Troisième étape* is for reading. Your teacher will explain new vocabulary in the *Troisième étape* and can further reinforce the vocabulary of the *Scénario* by working with the *Synonymes et expressions approximatives*.

1 *Deux étudiants américains vont en France. Ils sont avec un groupe de camarades. Les amis s'appellent Robert et Henry. Ils voyagent ensemble. Ils sont dans un avion qui vole vers la France. Ils décident de parler français pendant cette «expérience française».*

(L'hôtesse de l'air apporte les dîners.)

5 L'HOTESSE: Bonsoir. Voici vos dîners. Comment allez-vous?

HENRY: Je vais bien, merci, mais mon ami va mal.

L'HOTESSE: Est-ce que vous êtes fatigué ou malade, Monsieur?

ROBERT: Fatigué, Mademoiselle. Oui, je suis très fatigué.

L'HOTESSE: Voulez-vous dormir ou regarder le film après le repas?

10 HENRY: Je suis fatigué aussi, mais je veux regarder le film.

ROBERT: Moi, je désire dormir. N'oubliez pas *(il cherche ses mots)* . . . n'oubliez pas de me réveiller à Paris.

L'HOTESSE: *(Elle rit.)* Bon appétit, Messieurs. Je vais vous apporter les écouteurs immédiatement.

15 HENRY: Merci et à tout à l'heure.

SYNONYMES ET EXPRESSIONS APPROXIMATIVES[1]

1 de camarades = d'amis, d'amies; de copains, de copines; → de jeunes gens

3 pendant cette «expérience française» = pendant ce séjour en France, durant ce séjour en France

7 vous êtes . . . malade = vous allez mal; vous êtes souffrant

9 le repas → le déjeuner: *lunch* (déjeuner = *to have lunch*), le dîner: *dinner* (dîner = *to have dinner*), manger *(to eat)*; see page 87.

10 Je suis fatigué = Je suis épuisé, Je suis crevé°, Je suis à plat°

15 à tout à l'heure = à bientôt

[1]An equal sign (=) indicates a direct synonym; an arrow (→) indicates an extended meaning in the same vein. Words followed by the degree sign (°) are slang expressions and should be used with discretion. Do not, for instance, use them with older people you do not know or on formal occasions. They would be appropriate among peers.

VOCABULAIRE ILLUSTRE

L'hôtesse de l'air apporte les dîners. Sur **le plateau** *il y a*

le menu

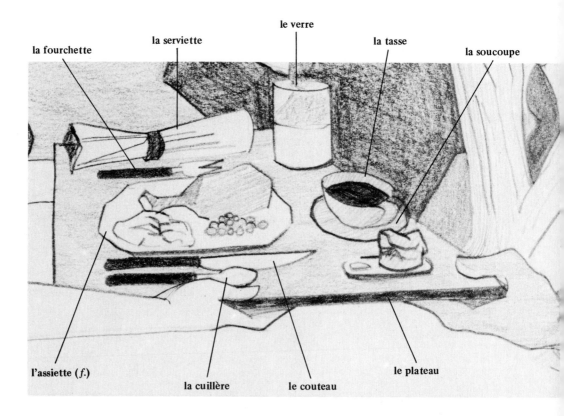

EXERCICES D'APPLICATION

1. Les amis s'appellent Robert et Henry.
   Il s'appelle Robert.
   Il s'appelle Henry.
   Je m'appelle (*name of teacher*).
   Comment vous appelez-vous?
   Je m'appelle _____ .
2. Elle s'appelle (*name of female student*).
   Elle s'appelle _____ .
3. Comment s'appelle l'étudiant?
   Il s'appelle Robert.
   Il s'appelle Henry.
4. Comment s'appelle l'étudiante?[2]
   Elle s'appelle _____ .
5. Comment va-t-il?
   Henry va bien.
   Robert va mal.
6. Je vais bien.
   Comment allez-vous?
   Je vais _____ .

EXPRESSIONS UTILES

INSTRUCTIONS: Listen to your teacher as each expression is pronounced and acted out. Perform each command and expression presented to you by your teacher.

1.	Ouvrez la porte!	*Open the door!*
2.	Ouvrez vos livres!	*Open your books!*
3.	Fermez la porte!	*Close the door!*
4.	Fermez vos livres!	*Close your books!*
5.	Levez-vous!	*Get up!*
6.	Asseyez-vous!	*Sit down!*
7.	Réveillez-vous!	*Wake up!*
8.	Ecoutez!	*Listen!*
9.	Ouvrez le livre!	*Open the book!*
10.	Fermez le livre!	*Close the book!*
11.	Répétez!	*Repeat!*
12.	Répétez plus fort!	*Repeat louder!*

[2]It is often possible to add **-e** to the end of a masculine noun (as well as to the end of an adjective) to form the feminine:
L'étudiant est fatigué. (*masculine*)   L'étudian**te** est fatigué**e**. (*feminine*)

13. Répondez!   *Answer!*
14. Voici le professeur.   *Here is the teacher.*
15. Voici les étudiants.   *Here are the students.*
16. Voici la salle de classe.   *Here is the classroom.*

Simples substitutions

Modèle: *Teacher:*   Bonjour, Monsieur.[3]
            Class repeats: Bonjour, Monsieur.
            Teacher gives cue: Mademoiselle
            Student responds: Bonjour, Mademoiselle.
            Teacher gives other cues: Madame
            Students respond individually: Bonjour, Madame.

1. Bonsoir, *Monsieur.*
   (*Mademoiselle, Madame, Monsieur*)
2. A tout à l'heure, *Monsieur.*
   (*Mademoiselle, Madame, Monsieur*)
3. Bon appétit, *Monsieur.*
   (*Mademoiselle, Madame, Monsieur*)
4. Levez-vous, *Monsieur!*
   (*Mademoiselle, Madame, Monsieur*)
5. Ouvrez la porte, *Monsieur!*
   (*Mademoiselle, Madame, Monsieur*)
6. Fermez la porte, *Monsieur!*
   (*Mademoiselle, Madame, Monsieur*)
7. Ecoutez, *Monsieur!*
   (*Mademoiselle, Madame, Monsieur*)
8. Ouvrez le livre, *Monsieur!*
   (*Mademoiselle, Madame, Monsieur*)
9. Fermez le livre, *Monsieur!*
   (*Mademoiselle, Madame, Monsieur*)
10. Répétez, *Monsieur!*
    (*Mademoiselle, Madame, Monsieur*)
11. Répétez plus fort, *Monsieur!*
    (*Mademoiselle, Madame, Monsieur*)
12. Répondez, *Monsieur!*
    (*Mademoiselle, Madame, Monsieur*)
13. Réveillez-vous, *Monsieur!*
    (*Mademoiselle, Madame, Monsieur*)

---

[3]The **r** of **Monsieur** [məsjø] is not pronounced. The first **e** of **Mademoiselle** [madmwazɛl] is not pronounced.

Où êtes-vous?

Je suis **derrière**
les étudiants.

Je suis **dans** la classe.

Je suis **devant**
la classe.

Questions

1. Robert et Henry, où sont-ils?
   Ils sont dans l'avion.
2. Où vont-ils?
   Ils vont en France.

3. Où êtes-vous?
   Je suis dans la classe.
   Je suis devant la classe.
   Je suis devant les étudiants.
   Je suis derrière la classe.
   Je suis derrière les étudiants.

EXERCICES D'APPLICATION

Substitutions progressives

1. Ils vont en France.
   Ils vont *avec un groupe.*
   Ils sont avec un groupe.
   Ils sont *avec deux étudiants.*
   Ils vont avec deux étudiants.
   Ils vont *en France.*

2. Il va avec Robert.
   Il va *avec un groupe.*
   Il est avec un groupe.
   Il est *en France.*
   Il va en France.
   Il va *avec Robert.*

Simples substitutions

1. Où est *le camarade?*
   (*l'ami, l'étudiant, l'hôtesse de l'air, l'Américain, l'Américaine, l'étudiant américain,*
      l'étudiante américaine, le camarade)
2. Où sont *les camarades?*
   (*les amis, les étudiants, les hôtesses de l'air, les Américains, les Américaines, les étudiants*
      américains, les étudiantes américaines, les camarades)

Substitutions progressives

1. Voici vos dîners.
   Voilà vos dîners.
   Voilà *le repas.*
   Voici le repas.
   Voici *le dessert.*
   Voilà le dessert.
   Voilà *vos dîners.*
   Voici vos dîners.

2. Voici la fourchette.
   Voilà la fourchette.
   Voilà *la cuillère.*
   Voici la cuillère.
   Voici *la tasse.*
   Voilà la tasse.
   Voilà *la fourchette.*
   Voici la fourchette.

Simples substitutions

1. Sur le plateau il y a *le couteau.*
   (*la fourchette, la tasse, la cuillère, le verre, le menu, le couteau*)
2. Elle apporte *les dîners.*
   (*le verre, le couteau, le dessert, la soucoupe, la salade, les dîners*)
3. Je suis devant *les étudiants.*
   (*les amis, les camarades, les jeunes gens, les Américains, les Américaines, les étudiants américains, les étudiantes américaines, les étudiants*)
4. Je suis derrière *les étudiants.*
   (*les amis, les camarades, les jeunes gens, les Américains, les Américaines, les étudiants américains, les étudiantes américaines, les étudiants*)
5. Je vais *dormir.*
   (*chercher le repas, regarder le film, parler français, apporter les écouteurs, voyager, dormir*)
6. Voulez-vous *dormir?*
   (*me réveiller, parler français, voyager, étudier, répéter, fermer la porte, ouvrir le livre, dormir*)

NOTE DE GRAMMAIRE 1
Les pronoms personnels sujets

FRENCH PRONOUN	ENGLISH PRONOUN	USAGE
je	*I*	First person singular: subject speaker

tu	*you*	Second person singular: used among friends or "equals"; used to address children and generally by children to address their parents. It may sometimes be used in an argument to indicate scorn. In general one does not use this form in speaking to older people.
il	*he* or *it*	Third person singular: person or thing (masculine)
elle	*she* or *it*	Third person singular: person or thing (feminine)
on	*one* or *"they"*	Third person singular: person or persons (See *Chapitre* 7 for complete discussion.)
nous	*we*	First person plural
vous	*you*	Second person plural: used in formal address to one person; also, the collective form used to address several persons, even if you would call each of these people **tu.**
ils	*they*	Third person plural: persons or things (masculine)[4]
elles	*they*	Third person plural: persons or things (feminine)

NOTE DE GRAMMAIRE 2
Le verbe irrégulier **être**

1. Verbs are parts of speech that indicate that some kind of action is involved. Verbs may also convey the idea of motion, condition, existence, or relationship.

[4]One masculine noun and one feminine noun, or several feminine nouns and one masculine noun, are always replaced by a *masculine plural pronoun.*

2. Verbs are *regular* or *irregular* and may be conjugated. Conjugation refers to the way the *verb* changes in relation to its *subject*.

3. Etre (*to be*) is an irregular verb. It is irregular because it does not follow regular patterns of conjugation.

4. In declarative usage (i.e., a sentence that is neither a question nor a command), the verb is generally preceded by a subject. Study some of the possibilities present in the first *Scénario*. Note that the *subject* is either a *noun* or a *pronoun*.

SUBJECT NOUN	SUBJECT PRONOUN	VERB	
	Je	**suis** [sɥi]	dans l'avion.
	Tu	**es** [ɛ]	dans l'avion.
(Robert) (L'étudiant)	Il	**est** [ɛ]	dans l'avion.
	On	**est**	dans l'avion.
(L'hôtesse de l'air)	Elle	**est**	dans l'avion.
	Nous	**sommes** [sɔm]	dans l'avion.
	Vous	**êtes** [ɛt]	dans l'avion.
(Robert et Henry) (Deux étudiants américains) (Robert, Henry, et l'hôtesse de l'air)	Ils	**sont** [sõ]	dans l'avion.
(Les hôtesses de l'air)	Elles	**sont**	dans l'avion.

ATTENTION   As we saw in footnote 2, it is often possible to add **-e** to a masculine noun or adjective to form the feminine:

un étudiant   une étudiant**e**
Il est content.   Elle est content**e**.

Similarly, it is often possible to add **-s** to the singular noun or adjective to form the plural:

Ils sont content**s**.   Elles sont content**es**.

The final **-s** is never pronounced. (See *Chapitre 5.*)

Simples substitutions

1. *Je suis* fatigué.
   (*Nous sommes, Tu es, Henry est, Vous êtes, Ils sont, On est, Elle est, Elles sont, Je suis*)
2. *Tu es* content.
   (*On est, Vous êtes, Nous sommes, Ils sont, Je suis, L'Américaine est, Elle est, Les copains sont, Tu es*)

3. *Nous sommes* dans la salle de classe.
   (*Je suis, Vous êtes, Elle est, On est, Il est, Elles sont, Les deux amis sont, Nous sommes*)
4. *Vous êtes* devant la porte.
   (*Il est, Nous sommes, On est, L'hôtesse de l'air est, Henry et Robert sont, Les deux amis sont, Tu es, Je suis, Vous êtes*)

Exercices de transformation

Modèle: Il est dans un avion. (*Nous*)
           Nous sommes dans un avion.

1. *Il* est dans un avion.
   (*Nous, Tu, Vous, Mon ami, Robert, On, Les étudiants, Je, Il*)
2. *Ils* sont avec un groupe de copains.
   (*Ils, Je, L'hôtesse, Les amis, Nous, Vous, On, Tu, Ils*)

Exercices de transformation

| Noun/Person > Pronoun |

Modèle: Henry est avec son ami.
           Il est avec son ami.

1. Les deux étudiants vont en France.
2. Les camarades sont dans l'avion.
3. Les deux amis s'appellent Robert et Henry.
4. Henry et Robert voyagent ensemble.
5. L'hôtesse de l'air apporte les dîners.

| Noun/Thing > Pronoun |

Modèle: Le couteau est sur le plateau.
           Il est sur le plateau.

1. La cuillère est sur le plateau.
2. Le menu est sur le plateau.
3. La tasse et la soucoupe sont sur le plateau.
4. La serviette et le verre sont sur le plateau.
5. Le dessert et le menu sont sur le plateau.

NOTE DE GRAMMAIRE 3
Le verbe irrégulier **aller**

1. The verb **aller** is also irregular:

je vais [vɛ]	nous allons [alō]
tu vas [va]	vous allez [ale]
il va [va]	ils vont [vō]
elle va	elles vont
on va	

2. In the *Scénario* you saw **aller** used in the following forms:

Je **vais** bien.   Je **vais** mal.
I am well.   *I am not well.*

Elle **va** bien.   Elle **va** mal.
She is well.   *She is not well.*

Aller is used with the adverbs **bien** and **mal** to describe one's state of health.

3. **Aller** is used mainly to mean *to go:*

Ils vont en France.
***They are going** to France.*

4. **Aller** may also serve as a helping verb to form the *near* or *immediate future:*

Je vais apporter les écouteurs immédiatement.
***I am going** to bring the earphones immediately.*

We will study the *near future* in *Chapitre 3.*

Simples substitutions

Modèle: Nous allons en France. (*Tu vas*)
   Tu vas en France.

1. *Nous allons* en France.
   (*Tu vas, Il va, Vous allez, Elles vont, Je vais, Robert va, On va, Nous allons*)
2. *Je vais* apporter le plateau.
   (*L'hôtesse va, Nous allons, On va, Vous allez, Il va, Elles vont, Tu vas, Je vais*)

Substitution progressive

Je vais bien.	*Tu vas* mal.
Robert va bien.	Tu vas *bien.*
Robert va *mal.*	*Je vais* bien.

Exercices de transformation

Modèle: Je vais à l'aéroport. (*L'hôtesse*)
L'hôtesse va à l'aéroport.

1. *Je* vais à l'aéroport.
   (*L'hôtesse, Tu, Nous, Ils, Robert, Vous, On, Je*)
2. *Les étudiants* vont à Paris.
   (*Nous, Vous, Ils, L'avion, Je, On, Robert et Henry, Tu, Nous, Les étudiants*)

Exercices de transformation

Modèle: Nous allons en France.
Nous sommes en France.

1. Je vais en France.
2. Il va à Paris.
3. Vous allez devant la porte.
4. Ils vont avec un groupe.
5. Les jeunes gens vont dans la classe.
6. Nous allons devant le groupe.
7. Tu vas à New York.
8. Elle va à Boston.

NOTE DE GRAMMAIRE 4
L'article défini

1. The definite article **le, la,** or **l'** (*the,* in English) indicates that the noun that follows it is referring to something specific. Nouns in French have gender: they are either *masculine* or *feminine*.

MASCULINE SINGULAR	FEMININE SINGULAR
le dîner	**la** France
le film	**la** classe
le repas	**la** fourchette
l'avion	**l'**expérience
le menu	**l'**hôtesse de l'air

Replace the vowel of the definite article (**le** or **la**) with an apostrophe before a word beginning with a vowel (**l'avion, l'expérience**) or a mute **h** (**l'hôtesse de l'air**).[5]

There are no simple rules for learning the gender of a noun. Most often the description *masculine* or *feminine* does not refer to sex. You are best advised to learn the noun with its article to help you remember its gender.

2. Definite articles and nouns also have number: they may be *singular,* as in the examples above, or they may be *plural.* There is one plural form: **les.** A noun is usually made plural by adding **-s** to the singular form:

[5]A mute **h** is not pronounced. You can tell that the word is masculine or feminine in the dictionary by the abbreviation *m.* (masculine) or *f.* (feminine) following the word.

MASCULINE PLURAL	FEMININE PLURAL
les dîners	
les films	**les** classes
les repas[6]	**les** fourchettes
les avions	**les** expériences
les menus	**les** hôtesses de l'air

3. **Monsieur** has the plural form: **Messieurs.**
   Mademoiselle has the plural form: **Mesdemoiselles.**
   Madame has the plural form: **Mesdames.**
   When preceded by the definite article, the above assume the following forms:

   les messieurs (*the gentlemen*)
   les demoiselles (*the young ladies*)
   les dames (*the ladies*)

Exercices de transformation

Singular > Plural

Modèle: Voici la serviette.
             Voici les serviettes.

1. Voici le dîner.
2. Voici la fourchette.
3. Voici le menu.
4. Voici la soucoupe.
5. Voici l'assiette.
6. Voici le dessert.
7. Voici le verre.
8. Voici la tasse et la cuillère.
9. Voici le verre et la fourchette.

Plural > Singular

Modèle: Les étudiants sont dans la classe.
             L'étudiant est dans la classe.

1. Les camarades sont dans la classe.
2. Les amis sont dans la classe.
3. Les Américains sont dans la classe.
4. Les copains sont dans la classe.
5. Les groupes sont dans la classe.
6. Les hôtesses de l'air sont dans la classe.
7. Les Américaines sont dans la classe.
8. Les copines sont dans la classe.

[6]If the noun already has an **-s** ending, do not add another **-s**.

EXERCICES D'APPLICATION

ARBRE GENEALOGIQUE DE ROBERT:

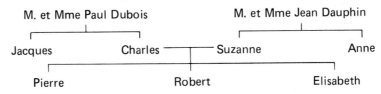

1. Charles et Suzanne Dubois sont les parents de Robert.
2. Charles est le père.
3. Suzanne est la mère.
4. Jacques Dubois est l'oncle de Robert.
5. Anne Dauphin est la tante de Robert.
6. Les fils s'appellent Pierre et Robert.
7. La fille s'appelle Elisabeth.
8. Pierre, Robert et Elisabeth sont les enfants de Charles et Suzanne Dubois.
9. Pierre est le frère de Robert.
10. Elisabeth est la sœur de Pierre et de Robert.
11. Pierre et Robert sont des garçons.
12. Elisabeth est une fille.
13. Ils sont cinq dans la famille de Robert.
14. M. et Mme Paul Dubois sont les grands-parents de Robert.[7]

VOCABULAIRE

l'arbre (*m.*) *the tree*
les parents *the parents*
le père *the father*
la mère *the mother*
l'oncle (*m.*) *the uncle*
la tante *the aunt*
le fils *the son*

cinq *five*
la fille *the daughter, the girl*[8]
les enfants *the children*
le frère *the brother*
la sœur *the sister*
le garçon *the boy*
la famille *the family*
les grands-parents *the grandparents*

Questions

1. Comment s'appellent les parents de Robert?
2. Comment s'appelle le père de Robert?

[7]**Monsieur** (*Mister*) is abbreviated **M.;** **Madame** (*Mrs.*) is abbreviated **Mme; Mademoiselle** (*Miss*) is abbreviated **Mlle. M.** is the only abbreviation of the three that requires a period.

[8]**une jeune fille** is also *a girl* but not necessarily *a daughter.*

3. Comment s'appelle la mère de Robert?
4. Comment s'appelle l'oncle de Robert?
5. Comment s'appelle la tante de Robert?
6. Comment s'appelle le frère de Robert?
7. Comment s'appelle la sœur de Robert?
8. Comment s'appellent les enfants de M. et Mme Charles Dubois?
9. Comment s'appellent les grands-parents de Robert?
10. Comment vous appelez-vous?
11. Comment allez-vous?
12. Où êtes-vous?
13. Etes-vous fatigué(e)?
14. Etes-vous étudiant(e)?
15. Etes-vous américain(e)?

Exercices de transformation

Modèle: Comment va le frère de Robert?
            Il va bien.

1. Comment va la sœur de Robert?
2. Comment va la tante de Robert?
3. Comment va le père de Robert?
4. Comment va la mère de Robert?
5. Comment va l'oncle de Robert?
6. Comment vont les parents de Robert?
7. Comment va le copain de Robert?
8. Comment va la copine de Robert?

Simples substitutions

Modèle: Les garçons sont ensemble. (*Les amis*)
            Les amis sont ensemble.

1. *Les garçons* sont ensemble.
   (*Les amis, Les fils, Les filles, Les mères, Les pères, Les frères, Les sœurs, Les garçons*)
2. *Le groupe* est dans l'avion.
   (*Le garçon, Le monsieur, La fille, La mère, Le père, L'ami, Le pilote, L'hôtesse de l'air, Le groupe*)
3. *Les parents* vont en France.
   (*Les oncles, Les tantes, Les enfants, Les familles, Les camarades, Les garçons, Les copains, Les parents*)

NOTE DE GRAMMAIRE 5
Interrogations

Questions may be asked in several ways:

   1. By adding **est-ce que** to a declarative sentence:

Vous êtes fatigué.
Est-ce que vous êtes fatigué?

Drop the **e** from **que** before a vowel:

Il est content.
Est-ce qu'il est content?

Also, **est-ce que** is normally used with the first person singular:

Je vais à Paris.
Est-ce que je vais à Paris?

2. By inverting (reversing) the order of the subject pronoun and the verb:

Vous êtes fatigué.
Etes-vous fatigué?

When the verb in the third person singular ends with a vowel, a **-t-** is inserted between the inverted verb and pronoun:

va-**t**-il
va-**t**-elle
regarde-**t**-elle

3. By beginning the sentence with the noun subject and adding the appropriate third person subject pronoun *after* the verb:

Henry est fatigué.
Henry est-**il** fatigué?

Les camarades sont contents.
Les camarades sont-**ils** contents?

L'hôtesse de l'air est contente.
L'hôtesse de l'air est-**elle** contente?

Les étudiantes sont ensemble.
Les étudiantes sont-**elles** ensemble?

4. By adding **n'est-ce pas?** to the end of the sentence:

Vous êtes fatigué.
Vous êtes fatigué, **n'est-ce pas?**
Oui, je suis fatigué.

N'est-ce pas? anticipates an affirmative (yes) answer.

5. In spoken French, usually by raising the voice (intonation) at the end of the sentence:

Vous êtes fatigué.
Vous êtes fatigué? ↗

Exercices de transformation

Est-ce que. . . ?   Oui, . . .

Modèle: Est-ce que vous êtes fatigué(e)?
          Oui, je suis fatigué(e).

1. Est-ce que vous êtes américain(e)?
2. Est-ce que les amis sont dans l'avion?
3. Est-ce que l'hôtesse de l'air apporte les dîners?
4. Est-ce que Robert va mal?
5. Est-ce que Henry va bien?
6. Est-ce que Henry est fatigué?
7. Est-ce que le père de Robert s'appelle Charles?
8. Est-ce que la mère de Robert s'appelle Suzanne?

Est-ce que. . . ?

Modèle: Ils sont avec un groupe. (*Est-ce que*)
          Est-ce qu'ils sont avec un groupe?

1. Ils s'appellent Robert et Henry.
2. Ils voyagent ensemble.
3. Ils sont dans un avion.
4. Ils décident de parler français.
5. Ils sont avec un groupe de camarades.

Modèle: L'hôtesse de l'air apporte les dîners. (*Est-ce que*)
          Est-ce que l'hôtesse de l'air apporte les dîners?

1. Henry va bien.
2. Robert va mal.
3. Le professeur est fatigué.
4. Deux étudiants américains vont en France.
5. Le frère s'appelle Pierre.

Verb + Pronoun

Modèle: Ils sont avec un groupe.
          Sont-ils avec un groupe?

1. Ils voyagent ensemble.
2. Ils sont dans un avion.
3. Ils décident de parler français.
4. Vous êtes fatigué.
5. Vous voulez dormir.
6. Nous allons regarder le film.

7. Ils vont en France.
8. Vous êtes américain.
9. Il est dans la classe.

10. Elle est devant les étudiants.
11. Je suis derrière la classe.
12. Elles vont bien.

Noun + Verb + Pronoun

Modèle: Les deux étudiants vont en France.
Les deux étudiants vont-ils en France?

1. Robert et Henry voyagent ensemble.
2. Le groupe de camarades est dans l'avion.
3. Robert est malade.
4. Les professeurs vont en classe.
5. La fille apporte les serviettes.
6. Le frère et la sœur sont ensemble.
7. Les parents de Robert sont américains.
8. Les étudiants désirent dormir.

. . .n'est-ce pas?

Modèle: Vous êtes fatigué. (*n'est-ce pas?*)
Vous êtes fatigué, n'est-ce pas?

1. Les amis sont dans un avion.
2. Henry va bien.
3. Robert va mal.
4. Elle apporte les dîners.
5. Ils voyagent ensemble.
6. Ils sont dans la salle de classe.
7. Henry désire dormir.
8. Vous voulez regarder le film.
9. Robert cherche ses mots.
10. Vous êtes fatigué.

Give each of the three written interrogative forms for the sentences in the following exercise:

Modèles: Vous êtes devant les étudiants.
Etes-vous devant les étudiants?
Est-ce que vous êtes devant les étudiants?
Vous êtes devant les étudiants, n'est-ce pas?

Les deux étudiants vont en France.
Les deux étudiants vont-ils en France?
Est-ce que les deux étudiants vont en France?
Les deux étudiants vont en France, n'est-ce pas?

1. Les amis décident de parler français.
2. Ils vont mal.
3. Tu vas regarder le film.

4. Les amis sont contents.
5. Vous êtes derrière les étudiants.
6. Vous voulez dormir.
7. Nous sommes devant la porte.

Exercices de manipulation

Modèle: Demandez à _____ (nom d'une personne dans la
              classe) comment il (elle) va.
              *Ask _____ (name of a person in the class) how he
              (she) is.*

1. Demandez à _____ où il est.
2. Demandez à _____ comment s'appelle la sœur de Robert.
3. Demandez à _____ comment s'appelle le frère de Robert.
4. Demandez à _____ d'ouvrir la porte.
5. Demandez à _____ de fermer la porte.
6. Demandez à _____ d'ouvrir le livre.
7. Demandez à _____ de fermer le livre.
8. Demandez à _____ de répéter son nom.

It is quite easy to answer questions by using the same verb in the appropriate form in the response. This may be done with the verbs we have seen thus far:

Où **êtes-vous?**
Je suis dans la salle de classe. } Où = *Where*

Later we shall see verbs with which this is not always possible.

QUESTIONS SUR LE SCENARIO

1. Où vont les étudiants américains?
2. Sont-ils avec un groupe de camarades?
3. Comment s'appellent les deux amis?
4. Voyagent-ils ensemble?
5. Où sont-ils?
6. Est-ce que l'avion vole vers la France?
7. Est-ce qu'ils vont parler français?
8. Comment va Robert?
9. Comment va Henry?
10. Est-ce que Robert va regarder le film après le repas?

11. Est-ce que Henry veut dormir après le repas?
12. Est-ce que l'hôtesse de l'air va apporter les écouteurs?

CREATION ET RECREATION

1. Bring in a photograph of your family or friends and identify each person. Try to add as many details about them as you can, such as their names, their relationship to you, their state of health. The following is an example:

> Voici la famille. Voici le père, il s'appelle _____ . Il va bien. Voici la mère, elle s'appelle _____ . Elle va bien. Voici le frère et la sœur. Ils s'appellent _____ et _____ . Le père et la mère sont avec les enfants. Les enfants sont avec le père et la mère. . . .

2. Write a parallel version of the story of Robert and Henry to apply to Monique Golaud and Pierre Dubout, two French students who will spend a term studying in the United States. Describe what could happen to such French students. Try to convey how they would react to American culture. In each *Création et récréation* you will find lead sentences to help you tell your story. Try to use your new vocabulary in each episode.

> Monique et Pierre sont copains. Ils sont français. Ils sont étudiants. Ils vont étudier aux U.S.A. . . .

Un dîner chez des Français

Chapitre 1: COUP D'ŒIL

For each item below, check **oui** if you know it well and **non** if you do not. Then go back and review carefully the sections in the chapter dealing with items for which you have checked **non.**

Oui   **Non**

———   1. The subject personal pronouns in French are: ———

> **je**   **nous**
> **tu**   **vous**
> **il**   **ils**
> **elle**   **elles**
> **on**

———   2. **Etre** is an irregular verb. It conjugates this way: ———

> je **suis**   nous **sommes**
> tu **es**   vous **êtes**
> il **est**   ils **sont**
> elle **est**   elles **sont**
> on **est**

———   3. **Aller** is an irregular verb. It conjugates this way: ———

> je **vais**   nous **allons**
> tu **vas**   vous **allez**
> il **va**   ils **vont**
> elle **va**   elles **vont**
> on **va**

> **Aller** is used mainly to mean *to go*.
> **Aller** may also serve as a helping verb to form the *near* or *immediate future:*

———   ———

> **Elle va apporter** les dîners.
> ***She is going to bring*** the dinners.

———   4. The definite article in French is **le, la,** or **l'** in the singular and **les** in the plural.   ———

> **le** film
> **la** classe
> **l'**avion
> **l'**hôtesse de l'air
> **les** menus

———   5. The interrogative in French is formed in several ways: ———

> **Est-il** fatigué?
> **Est-ce qu'**il est fatigué?
> Il est fatigué, **n'est-ce pas?**

Robert **est-il** fatigué?
Il est fatigué?

6. Normally, to form the feminine of an adjective, add **-e** to the masculine, unless the _____
adjective already ends in **-e:**

MASCULINE	FEMININE
français	français**e**
content	content**e**
américain	américain**e**
brave	brave

The same is generally true of nouns:

l'étudiant	l'étudiant**e**

7. In the *Scénario* you saw some uses of prepositions. Note that to say *in* or *to* a city,
you use **à** before the name of the city:

Il est **à** Paris.
Il va **à** New York.
Elle est **à** Boston.

To say *in* or *to* a feminine country, you use **en:**

Ils vont **en** France.
Elles sont **en** Grèce.
Il va **en** Italie.

8. **Voici** means *here is* or *here are;* **voilà** means *there is* or *there are.* **Voici** and **voilà**
are used to announce or to present something or someone.

Voici le livre.	*Here is the book.*
Voilà Henry.	*There is Henry.*

VOCABULAIRE

1. Words in boldface are **actifs.** These words are for memorization. Words in normal
type are **passifs,** these words are intended for recognition.
2. The asterisk (*) indicates verbs whose conjugations are presented in the chapter and
are to be learned.

Verbes

aller*	**apporter**
(s')appeler	chercher

[9]This symbol ("no U turn") indicates that the material has not been taught in this chapter, so you cannot
check a previous grammatical reference.

décider (de)
demander
désirer
dormir
écouter
être*
fermer
(se) lever
manger
oublier (de)

ouvrir
parler
regarder
répéter
répondre (à)
(se) réveiller
rire
voler
voyager

Noms

arbre (*m.*) généalogique

enfant (*m.*)
famille (*f.*)
fille (*f.*)
fils (*m.*)
frère (*m.*)
garçon (*m.*)
grands-parents (*m.pl.*)
jeune fille (*f.*)
mère (*f.*)
oncle (*m.*)
parents (*m.pl.*)
père (*m.*)
sœur (*f.*)
tante (*f.*

déjeuner (*m.*)
dîner (*m.*)
menu (*m.*)
petit déjeuner (*m.*)
repas (*m.*)
assiette (*f.*)
couteau (*m.*)
cuillère (*f.*)
dessert (*m.*)
fourchette (*f.*)
plateau (*m.*)
serviette (*f.*)

soucoupe (*f.*)
tasse (*f.*)
verre (*m.*)

aéroport (*m.*)
avion (*m.*)
départ (*m.*)
écouteurs (*m.pl.*)
expérience (*f.*)
film (*m.*)
hôtesse (*f.*) **de l'air**

Français/Française
France (*f.*)

ami/amie
camarade (*m.* or *f.*)
copain/copine
groupe (*m.*)
jeunes gens (*m.pl.*)

classe (*f.*)
étudiant/étudiante
leçon (*f.*)
professeur (*m.*)
salle (*f.*) **de classe**

Madame (Mme), Mesdames
Mademoiselle (Mlle), Mesdemoiselles
Monsieur (M.), Messieurs

Adjectifs

américain/américaine
cinq
content
crevé°
deux

épuisé
fatigué
français/française
malade

Prépositions

à	**devant**
après	durant
avec	en
dans	pendant
de	**sur**
derrière	vers

Conjonctions

et	**ou**
mais	

Adverbes

aussi	**mal**
bien	**où**
comment	**oui**
ensemble	plus fort
immédiatement	**très**

Expressions utiles

à bientôt	**il y a**
à tout à l'heure	**merci**
bon appétit	**voici**
bonjour	**voilà**
bonsoir	
être à plat°	

CHAPITRE 2
L'ARRIVEE

Scénario 2: L'ARRIVEE

⊕ PREMIERE ETAPE

1   *L'avion arrive à huit heures. Les étudiants cherchent leurs valises au service des bagages.*

HENRY: As-tu toutes tes affaires?
ROBERT: Non, je n'ai pas mon sac de couchage. (*Ils cherchent.*)
HENRY: Ah, le voilà!
5   (*Ils trouvent l'autobus. Ils vont à la gare.*)
ROBERT: (*au chauffeur*) Sommes-nous à la gare?
LE CHAUFFEUR: Vous y voilà!
ROBERT: Bien. Merci.

⊕ DEUXIEME ETAPE

1   *L'avion arrive à huit heures du matin. Les étudiants cherchent leurs valises au service des bagages.*

HENRY: As-tu toutes tes affaires?
ROBERT: Non, j'ai mes valises, mais je n'ai pas mon sac de couchage. (*Ils cherchent.*)
5   HENRY: Ah, le voilà! (*Il le pose sur le chariot.*)
(*Ils trouvent l'autobus pour aller à l'aérogare. Ils vont en taxi à la gare.*)
ROBERT: (*au chauffeur*) Sommes-nous à la gare?
LE CHAUFFEUR: C'est ce que vous voulez, non? Vous y voilà!
ROBERT: (*intimidé*) Bien. Merci. Combien est-ce que je dois?
10   LE CHAUFFEUR: Douze francs, et quatre francs pour les valises.
ROBERT: Voici seize francs. (*Il compte seize francs. Il donne l'argent à l'homme.*)

TROISIEME ETAPE

1   *L'avion arrive à Charles de Gaulle à huit heures du matin. Les étudiants cherchent leurs valises au service des bagages qui est au rez-de-chaussée de l'aéroport.*

HENRY: As-tu tous tes trucs . . . euh, toutes tes affaires?
ROBERT: Non, j'ai mes valises, mais je n'ai pas mon sac de couchage. (*Ils cherchent.*)
5   HENRY: Ah, le voilà! (*Il le pose sur le chariot.*)
(*Ils trouvent l'autobus pour aller à l'aérogare des Invalides. De là, ils vont en taxi directement à la gare d'Austerlitz.*)
ROBERT: (*au chauffeur*) Sommes-nous déjà à la gare d'Austerlitz?
LE CHAUFFEUR: Ben oui! C'est ce que vous voulez, non? (*Il s'irrite.*) Vous y voilà!
10   ROBERT: (*intimidé*) Bien. Merci. Combien est-ce que je vous dois?
LE CHAUFFEUR: Douze francs, et quatre francs pour les valises.
ROBERT: Voici seize francs. (*Il compte seize francs. Il donne l'argent à l'homme.*)
LE CHAUFFEUR: (*irrité*) Et tout ça sans pourboire! Ça alors!

SYNONYMES ET EXPRESSIONS APPROXIMATIVES

1	à Charles de Gaulle = à Roissy-en-France (*former name*) → à l'aéroport
2	valises (*f.pl.*) (*suitcases*) → malles (*f.pl.*) (*trunks*)
3	toutes tes affaires = toutes tes choses
9	il s'irrite = il se fâche
10	intimidé = troublé
14	irrité = en colère, fâché, agacé, exaspéré
9	Ben oui!° (*familiar usage for "naturally," "of course"*)

VOCABULAIRE ILLUSTRE

une auto/une voiture/une bagnole°

un (auto)bus/un (auto)car

une bicyclette/un vélo/une bécane°

un métro

une mobylette/une mob°

n café/un bistro/un troquet°

un cinéma

une boutique .

n bureau de poste/une poste

un bureau de tabac/un tabac

NOTES CULTURELLES

1. A very short paragraph on the airports of Paris appears on page 49. This passage is to be handled as a *micrologue* (see *Introduction* for instructions).
2. **Le rez-de-chaussée** is the ground floor.
3. There are five major railroad stations in Paris in addition to **la gare d'Austerlitz: la gare Montparnasse, la gare de Lyon, la gare de l'Est, la gare du Nord, la gare St. Lazare.**
4. Buses provide connecting service between the airports and the **aérogare des Invalides** (in central Paris) for a reasonable price. For traveling between points within the city of Paris, however, the **métro** (*subway*) is the least expensive and often the quickest means of transportation. You can purchase either second-class tickets or more expensive first-class tickets that entitle you to sit in more comfortable coaches. However, during peak hours, from 5 p.m. to closing, second-class tickets are honored in first-class coaches.
5. Special numbered seats at one end of the coach, except in first class, are reserved for handicapped people, as well as for old people.
6. It is customary to give a 15 percent tip to **chauffeurs de taxi.**
7. **Un autobus** or **un bus** is for urban transportation, as **un autocar** or **un car** is for sight-seeing and making long trips between distant cities.

VOCABULAIRE POUR LES QUESTIONS

1. **Que** cherche-t-il?
   Qu'est-ce qu'il cherche?
   What is he looking for?
2. **Comment** va-t-il à la gare?
   How is he going to the train station?
3. **Qui** est avec elle?
   Who is with her?

4. A **quelle** heure déjeunez-vous?
   *At **what** time do you eat lunch?*
5. **Où** est le bâtiment?
   Where is the building?
6. **Quand** vont-ils en France?
   When are they going to France?

QUESTIONS SUR LE SCENARIO

1. A quelle heure l'avion arrive-t-il à Charles de Gaulle?
2. Que cherchent les étudiants?
3. Où cherchent-ils leurs valises?
4. Où est le service des bagages?
5. Est-ce que Robert a toutes ses affaires?
6. Où Henry pose-t-il le sac de couchage?
7. Que trouvent-ils pour aller à l'aérogare des Invalides?
8. Comment vont-ils à la gare d'Austerlitz?
9. Est-ce que Robert est intimidé?
10. Combien est-ce que Robert doit au chauffeur?
11. Combien est-ce que Robert donne au chauffeur pour les valises?

NOTE DE GRAMMAIRE 1
L'article indéfini

1. The *indefinite articles* are **un** and **une. Un** and **une** are singular in number.

MASCULINE   FEMININE

un avion   **une** fourchette
un repas   **une** hôtesse

2. The *indefinite article* indicates that the noun that follows it is to be taken in a nonspecific sense. This is illustrated by contrasting its use with that of the *definite article:*

Definite article: **L'**avion de New York arrive à Charles de Gaulle.
          ***The** plane from New York arrives at Charles de Gaulle.*

Indefinite article: **Un** avion arrive à Charles de Gaulle.
          ***A** plane (i.e., any plane) arrives at Charles de Gaulle.*

3. The plural of the indefinite article **un(e)** is **des:**

Il apporte **un** verre. Il apporte **des** verres.
Il apporte **une** cuillère. Il apporte **des** cuillères.

Simples substitutions

1. A Charles de Gaulle ils cherchent *un café.*
   (*un cinéma, une boutique, un bureau de tabac, un bureau de poste, un café*)
2. A Charles de Gaulle ils trouvent *le café.*
   (*le restaurant, la boutique, le bureau de tabac, le bureau de poste, le café*)
3. Je veux *un taxi.*
   (*un couteau, un plateau, un menu, un verre, un sac de couchage, un taxi*)

Exercices de transformation

Definite Article > Indefinite Article

Modèle: Elle apporte la fourchette.
          Elle apporte une fourchette.

1. L'avion arrive à Charles de Gaulle.
2. Henry a la valise.
3. L'étudiant cherche sa valise.
4. Henry a la malle.
5. Ils trouvent l'autobus.
6. Je vous donne le pourboire.
7. On pose le sac de couchage sur le chariot.

Indefinite Article > Definite Article

Modèle: Il apporte un verre.
          Il apporte le verre.

1. Sur le plateau il y a un menu.
2. Il trouve une serviette.
3. Elle cherche une assiette.
4. Il pose une cuillère sur le plateau.
5. Je vous donne une soucoupe et une tasse.
6. Elles ont un plateau et un verre.
7. Voilà un dessert.

Singular > Plural

Modèle: Il donne une carte.
          Il donne des cartes.

1. Ils ont une bicyclette.
2. Je mange un repas.

3. Robert trouve une boutique.
4. Voici un chauffeur.
5. Elle apporte une chose.
6. Sur le plateau il y a une tasse.
7. Dans l'avion il y a une hôtesse.

NOTE DE GRAMMAIRE 2
Le verbe irrégulier **avoir**

1. Avoir (*to have*) is an irregular verb. It may, like **être,** be used separately or as a helping (auxiliary) verb. Its conjugation in the *present indicative* (**le présent de l'indicatif**) is:

j'**ai** [e]	nous‿**avons** [avõ]
tu **as** [a]	vous‿**avez** [ave]
il **a** [a]	ils‿**ont** [õ]
elle **a**	elles‿**ont**
on **a**	

2. The *interrogative:*

ai-je *or* est-ce que j'ai	avons-nous
as-tu	avez-vous
a-t-il	ont-ils
a-t-elle	ont-elles
a-t-on	

Note that when a verb ends in a vowel and is followed by **il, elle,** or **on,** you add **-t-** between the verb and the subject pronoun:

A-**t-**il le plateau?
A-**t-**elle les écouteurs?
A-**t-**on l'argent?

3. Also note the form:

Il y a   (*There is/There are*)
Y a-t-il . . . ?   (*Is there . . . ?/Are there . . . ?*)

ATTENTION   Henceforth, all conjugations will show only the form **il** for the third person singular. REMEMBER that the pronouns **elle** and **on** take the same verb form.

Similarly, **ils** alone will be shown, but obviously **elles** takes the same verb form.

(◈) **Simples substitutions**

1. J'ai *la valise.*
   (*le sac de couchage, le taxi, la valise*)
2. Tu as *les bagages.*
   (*le chariot, le pourboire, les bagages*)
3. Il a *douze francs.*
   (*quatre francs, seize francs, douze francs*)
4. Elle a *une auto.*
   (*une bicyclette, une mobylette, une voiture, une auto*)
5. Nous avons *un chauffeur.*
   (*une auto, un taxi, un chauffeur*)
6. Vous avez *l'argent.*
   (*le pourboire, la valise, l'argent*)
7. Elles ont *sept francs.*
   (*quatorze francs, sept francs*)

Exercices de transformation

1. *Il* a une malle.
   (*Nous, Robert, Elle, Tu, Vous, Les hôtesses, Ils, Il*)
2. *Nous* avons un vélo.
   (*Robert, Ils, Vous, Tu, Les garçons, Je, Nous*)

Exercices de transformation

(◈) Modèle: Nous avons un taxi. (*Avons-nous*)
              Avons-nous un taxi?

1. *Nous* avons un taxi.
   (*Vous, Elle, Je, On, Ils, Tu, Vous, Nous*)

(◈) Modèle: Henry a le chariot. (*a-t-il*)
              Henry a-t-il le chariot?

2. *Henry* a le chariot.
   (*L'hôtesse de l'air, Le garçon, Le père, La tante, L'oncle, Henry*)

Simples substitutions

1. *Avez-vous* les bagages?
   (*As-tu, A-t-il, A-t-elle, Ont-ils, Avons-nous, Avez-vous*)
2. *A-t-il* le pourboire?
   (*Avez-vous, Avons-nous, Ont-ils, As-tu, Est-ce que j'ai, A-t-il*)

NOTE DE GRAMMAIRE 3
Les verbes réguliers en **-er**

1. There are *three types* of *regular* verbs in French. They are known as *regular* because they follow unvarying patterns in conjugation. They are classified into three groups, according to the ending of the infinitive.

2. The first of these is identified by the **-er** ending, as illustrated by the verb **parler.** The present indicative of these verbs is formed by dropping the **-er** ending of the infinitive. The stem of **parler** is **parl-.** To the stem you add the following verb endings:

> **-e, -es, -e, -ons, -ez, -ent**

3. The present indicative conjugation of **parler** is:

SUBJECT PRONOUN	STEM	ENDING	
je	parl-	+ **e** (*not pronounced*)	[parl]
tu	parl-	+ **es** (*not pronounced*)	[parl]
il	parl-	+ **e** (*not pronounced*)	[parl]
nous	parl-	+ **ons** (*pronounced* [ō])	[parlō]
vous	parl-	+ **ez** (*pronounced* [e])	[parle]
ils	parl-	+ **ent** (*not pronounced*)	[parl]

4. Only three different sounds are involved in this conjugation. The written forms look like this:

je parle	nous parlons [parlō]
tu parles	vous parlez [parle]
il parle	ils parlent

Each of the verbs within the box are pronounced the same way.

5. Interrogatives are formed in the same way as we saw in *Chapitre 1.*

With most verbs the form **Est-ce que** is used with the first person singular to ask questions:

> **Est-ce que** je cherche la valise?

Remember that verbs ending in a vowel require **-t-** in inversion:

> A-**t-**il le plateau?
> Parle-**t-**il français?
> Cherche-**t-**elle la valise?

6. Verbs of this category thus far encountered are:

> (s')appeler[1,2]   apporter   arriver   chercher   compter   continuer

---

[1]Certain changes in spelling are required when conjugating these verbs. They will be dealt with later.

[2]These are *pronominal verbs.* We will study them later.

décider	donner	intimider	montrer	regarder	voler
déjeuner	étudier	irriter	oublier	répéter[1]	voyager[1]
désirer	(se) fâcher[2]	lever[1]	parler	réveiller	
dîner	fermer	manger[1]	poser	trouver	

Simples substitutions

1. *Je parle au camarade.*
   (*Nous parlons, Il parle, Tu parles, Ils parlent, On parle, Vous parlez, Elles parlent, Je parle*)
2. *Elle apporte les dîners.*
   (*J'apporte, Nous apportons, Vous apportez, On apporte, Tu apportes, Elles apportent, Elle apporte*)
3. *On ferme la porte.*
   (*Je ferme, Tu fermes, Ils ferment, Vous fermez, Elle ferme, Nous fermons, On ferme*)

Exercices de transformation

1. *Ils* posent les valises.
   (*Je, Elle, Nous, Tu, Vous, On, Les deux étudiants, Ils*)
2. *Ils* trouvent les affaires.
   (*Vous, Les deux amis, Tu, On, Nous, Je, Ils*)

Simples substitutions

1. *Cherchent-ils les malles?*
   (*Est-ce que je cherche, Cherchons-nous, Cherchez-vous, Cherches-tu, Cherche-t-on, Cherche-t-elle, Les étudiants cherchent-ils, Cherchent-ils*)
2. Est-ce qu'*elle apporte* les dîners?
   (*tu apportes, j'apporte, ils apportent, nous apportons, on apporte, vous apportez, elle apporte*)
3. *Regardez-vous* le film?
   (*Est-ce que je regarde, Robert regarde-t-il, Regardes-tu, Regarde-t-on, Les camarades regardent-ils, Regarde-t-elle, Regardons-nous, Regardez-vous*)
4. *Les jeunes gens trouvent-ils* le taxi?
   (*Trouvez-vous, Est-ce que je trouve, Trouve-t-on, L'hôtesse de l'air trouve-t-elle, Trouves-tu, Henry trouve-t-il, Les jeunes gens trouvent-ils*)

Exercices de transformation

Modèle: Vous oubliez la leçon.
            Oubliez-vous la leçon?

1. Nous montrons la carte.
2. Ils décident de parler.
3. Je cherche le métro.
4. Elle donne le pourboire.

5. Elles étudient le français.   7. Je voyage en avion.
6. Tu continues le scénario.

Exercices de transformation

1. *L'avion* arrive à huit heures, n'est-ce pas?
   (*Vous, Je, Elle, Nous, On, Il, L'hôtesse de l'air, L'avion*)
2. *La mère* oublie-t-elle le sac de couchage?
   (*Le père, La tante, Les frères, Les sœurs, Les copains, Les copines, La mère*)
3. *Ils* trouvent l'autobus.
   (*Nous, Il, Robert, Vous, Les étudiantes, Je, Tu, Ils*)
4. Trouvent-*ils* l'autobus?
   (*nous, il, Robert, vous, Les étudiantes, je, tu, ils*)
5. *Elle* apporte les dîners.
   (*Nous, Je, Tu, On, Les messieurs, Les demoiselles, Vous, Elle*)
6. Apporte-t-*elle* les dîners?
   (*nous, je, tu, on, Les messieurs, Les demoiselles, vous, elle*)
7. *Je* compte seize francs.
   (*Robert et Henry, Nous, Vous, Tu, La dame, Une demoiselle, Je*)
8. *Est-ce que je* compte seize francs?
   (*Robert et Henry, nous, vous, tu, la dame, une demoiselle, je*)
9. *Il* donne l'argent.
   (*Un monsieur, Elles, Tu, Vous, Les jeunes filles, Je, Nous, On, Il*)
10. Donne-t-*il* l'argent?
    (*Un monsieur, elles, tu, vous, Les copines, je, nous, on, il*)
11. *Ils* cherchent les valises.
    (*Je, Tu, Vous, Robert et Henry, Le chauffeur, On, La mère, Nous, Ils*)
12. Cherchent-*ils* les valises?
    (*je, tu, vous, Robert et Henry, Le chauffeur, on, La mère, nous, ils*)

NOTE DE GRAMMAIRE 4
Les nombres cardinaux

1. Numbers are used as adjectives. There are two kinds of numbers:

Cardinal numbers, used in simple counting: one, two, three . . .
Ordinal numbers, used in indicating order: first, second, third . . .

2. As in English, the cardinal numbers precede the nouns they modify:

deux livres   *two books*

3. The following are the cardinal numbers from 1 to 20:

1 un, une   un frère, une sœur
              un étudiant, une étudiante

2	deux	deux frères; deux étudiants[3]
3	trois	trois frères; trois étudiants
4	quatre	quatre frères; quatre étudiants
5	cinq	cinq frères; cinq étudiants
6	six	six frères; six étudiants
7	sept	sept frères; sept étudiants
8	huit	huit frères; huit étudiants
9	neuf	neuf frères; neuf étudiants[4]
10	dix	dix frères; dix étudiants
11	onze	onze frères; onze étudiants
12	douze	douze frères; douze étudiants
13	treize	treize frères; treize étudiants
14	quatorze	quatorze frères; quatorze étudiants
15	quinze	quinze frères; quinze étudiants
16	seize	seize frères; seize étudiants
17	dix-sept	dix-sept frères; dix-sept étudiants
18	dix-huit	dix-huit frères; dix-huit étudiants
19	dix-neuf	dix-neuf frères; dix-neuf étudiants
20	vingt	vingt frères; vingt étudiants

4. Notice the occasions when the final consonant is pronounced and is linked to the following word beginning with a vowel or an unpronounced (mute) **h.** This phenomenon is called **liaison** (*linking*) and is indicated by this sign: ‿ .

5. Note that when the numbers **cinq, six, huit,** and **dix** stand alone, the final consonant is pronounced. If, however, one of these numbers is followed by a noun beginning with a consonant, the final consonant is *not* pronounced. The final consonant of **sept** is always pronounced. The final consonant of **neuf** is pronounced when **neuf** precedes a word beginning with a consonant.

Nous avons hui(t) livres.
Combien? (*How many?*) Hui**t**.

Exercice de manipulation

Modèle: Un et un font (*make*) deux. (*un et deux*)
Un et deux font trois.

1. *un et trois, un et quatre, un et cinq*
2. *deux et deux, deux et trois, deux et quatre, deux et cinq, deux et six*
3. *trois et trois, trois et quatre, trois et cinq, trois et six, trois et sept*
4. *quatre et quatre, quatre et cinq, quatre et six, quatre et sept, quatre et huit*
5. *cinq et cinq, cinq et six, cinq et sept, cinq et huit, cinq et neuf*
6. *six et six, six et sept, six et huit, six et neuf, six et dix*

---

[3]Note the **z** sound in **deux étudiants, six étudiants,** and **dix étudiants.**
[4]Note the **v** sound in **neuf étudiants** and **dix-neuf étudiants.**

7. *sept et sept, sept et huit, sept et neuf, sept et dix, sept et onze*
8. *huit et huit, huit et neuf, huit et dix, huit et onze, huit et douze*

Exercice de manipulation

Réunissez les points suivant l'ordre donné: (*Connect the points according to the order given:*)

1. un à deux
2. six à sept
3. quatre à neuf
4. huit à treize
5. dix-sept à dix-huit
6. vingt à dix-neuf

7. trois à sept
8. un à trois
9. cinq à douze
10. sept à onze
11. quinze à seize
12. treize à quatorze

13. deux à six
14. trois à cinq
15. onze à douze
16. huit à dix
17. quinze à dix-neuf
18. treize à dix-sept

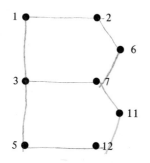
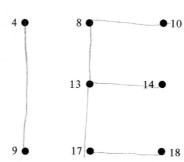
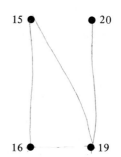

NOTE DE GRAMMAIRE 5
L'heure

1. **Il est** precedes the telling of time:

Regardez les aiguilles [egɥij] **de la pendule!**   *Look at the hands of the clock!*

Quelle heure est-il?   *What time is it?*

Il est une heure.

Il est neuf heures.

2. Minutes *after* the hour are indicated as follows:

Il est cinq heures cinq.   Il est quatre heures et quart.   Il est huit heures et demie.

3. Minutes *before* the hour are stated as follows:

Il est deux heures moins le quart.   Il est une heure moins dix.

4. Midnight is **minuit** (*m.*). Noon is **midi** (*m.*).

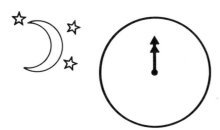 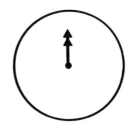

Il est minuit.   Il est midi.

5. Note the following usages in telling time:

In the morning (*a.m.*) is **du matin.**
Il est huit heures **du matin.**

In the afternoon (*p.m.*) is **de l'après-midi.**
Il est quatre heures **de l'après-midi.**

In the evening (*p.m.*) is **du soir.**
Il est huit heures **du soir.**

Demie agrees in gender with **heure** when **heure** *precedes* it.
une heure et **demie**

Demi does not agree with **heure** when **heure** *follows* it.
une **demi**-heure

Heure takes an **-s** when it is plural.
cinq heure**s**

Exercice de manipulation

Quelle heure est-il?

1._____   2. _____   3. _____

4. _____   5. _____   6. _____

Exercice

1. Il est huit heures du matin. Robert prend le petit déjeuner.
2. Il est neuf heures moins le quart du matin. Henry arrive à l'école.
3. Il est neuf heures du matin. La classe commence.
4. Il est midi. Les jeunes gens déjeunent.
5. Il est quatre heures de l'après-midi. La classe se termine.
6. Il est huit heures du soir. Robert dîne.

VOCABULAIRE

prend le petit déjeuner   *has breakfast*
à l'école   *at school*

Questions

1. A quelle heure Robert prend-il le petit déjeuner?
2. A quelle heure Henry arrive-t-il à l'école?
3. A quelle heure la classe commence-t-elle?
4. A quelle heure les jeunes gens déjeunent-ils?
5. A quelle heure la classe se termine-t-elle?
6. A quelle heure Robert dîne-t-il?

NOTE DE GRAMMAIRE 6
ne . . . pas

1. The negative is formed by adding **ne** before the verb and **pas** after the verb:

Je vais bien.   Je **ne** vais **pas** bien.

2. Drop the final **-e** of **ne** before a verb beginning with a vowel or a mute **h:**

J'ai la valise.	Je **n'**ai **pas** la valise.
I have the suitcase.	*I **don't** have the suitcase.*
J'habite à Paris.	Je **n'**habite **pas** à Paris.
I live in Paris.	*I **don't** live in Paris.*
Il y a . . .	Il **n'**y a **pas** . . .
There is . . ./There	*There **isn't** . . ./There*
are . . .	***aren't** . . .*

3. Note the use of **ne . . . pas** with two verbs together:

Je vais apporter les écouteurs.
Je **ne** vais **pas** apporter les écouteurs.

Exercices de transformation

Modèle: Elle apporte les dîners.
Elle n'apporte pas les dîners.

1. L'avion arrive à Charles de Gaulle.
2. Les étudiants cherchent leurs valises.
3. Il a ses affaires.
4. J'ai mon sac de couchage.
5. Nous avons le chariot.
6. Il est devant la gare.
7. Ils trouvent l'autobus.
8. Ils vont à l'école en taxi.

9. Nous sommes ensemble.
10. On déjeune à midi et quart.
11. Nous parlons français.
12. Je donne seize francs.
13. Ils ont les malles.
14. Elles voyagent ensemble.
15. La classe se termine à deux heures.
16. Robert regarde le film.
17. Je vais bien.
18. On est malade.
19. Tu manges.
20. Vous fermez la porte.
21. Elles arrivent ensemble.
22. Je dois douze francs.

Modèle: Tu vas bien.
            Tu ne vas pas bien.

1. Elle va mal.
2. Tu es française.
3. Vous êtes avec un groupe.
4. Tu regardes la mobylette.
5. On cherche le métro.
6. Il apporte la tasse et la soucoupe.
7. Vous trouvez le verre.
8. Nous montrons la bicyclette.
9. Ils oublient la serviette.
10. Robert déjeune à midi.
11. Il est cinq heures dix.

Modèle: L'avion va arriver à huit heures.
            L'avion ne va pas arriver à huit heures.

1. Nous allons aller à la gare.
2. Je vais donner seize francs.
3. Il va compter l'argent.
4. Il va poser la valise.
5. Elle va répéter la leçon.
6. Tu vas fermer le livre.
7. Ils vont trouver le métro.
8. Vous allez étudier le scénario.
9. Elle va apporter le déjeuner.
10. Le chauffeur va intimider Robert.

ATTENTION   A negative answer to a question such as:

            Avez-vous une sœur?   Avez-vous une assiette?

requires **de** or **d'** instead of the indefinite article:

            Je n'ai pas **de** sœur.   Je n'ai pas **d'** assiette.

This will be treated later in *Chapitre 8.*

Exercices de transformation

Modèle: Il a une valise.
            Il n'a pas de valise.

1. Il trouve un autobus.
2. On donne un pourboire.
3. Elle apporte un couteau.
4. Ils cherchent un taxi.
5. Nous avons une assiette.
6. Elles trouvent une boutique.

NOTE DE GRAMMAIRE 7
Questions négatives

1. We have already seen the negative of the present indicative with a noun or pronoun as the subject:

SUBJECT	**ne**	VERB	**pas**	. . .
Ils	ne	vont	pas	en taxi.
L'avion	n'	arrive	pas	à Charles de Gaulle.

2. Note how **ne . . . pas** surrounds the inverted subject and verb in a question when a pronoun is the subject:

Vont-ils en taxi?
Ne vont-ils **pas** en taxi?

3. If a noun is the subject of the question, the negative is formed as follows:

L'avion va-t-il à Charles de Gaulle?
L'avion **ne** va-t-il **pas** à Charles de Gaulle?

4. Ne directly precedes the verb; **pas** follows the pronoun:

SUBJECT	**ne**	VERB		SUBJECT PRONOUN	**pas**	. . . ?
	Ne	va	-t-	il	pas	à l'école?
L'avion	ne	va	-t-	il	pas	à Charles de Gaulle?

5. With **est-ce que** there is no inversion:

Est-ce qu'il ne va pas à l'école en taxi?
Est-ce que l'avion ne va pas à Charles de Gaulle?

6. Si is used instead of **oui** to answer affirmatively a negative question:

Ne va-t-il pas en France?
Si, il va en France.

Est-ce qu'ils ne vont pas en taxi?
Si, ils vont en taxi.

Exercices de transformation

Affirmative > Negative

Modèle: Les deux étudiants vont arriver à l'aéroport.
Les deux étudiants ne vont pas arriver à l'aéroport.

1. Elle va poser le sac de couchage.
2. Il va donner l'argent.
3. Nous allons trouver l'autobus à une heure et quart.
4. Il va fermer la porte.
5. On va apporter le dîner à sept heures et demie.
6. Je vais étudier le scénario.
7. Vous allez répéter le verbe.
8. Les amis vont chercher le métro.

Negative > Negative Question

Modèle: Ils ne sont pas avec un groupe de camarades.
            Ne sont-ils pas avec un groupe de camarades?

1. Vous ne voyagez pas vers Paris.
2. Tu n'es pas dans l'avion.
3. Nous ne sommes pas fatigués.
4. Elle n'est pas américaine.
5. Je ne désire pas voler.
6. On ne continue pas la leçon.

Affirmative > Negative Question/**Si** + Affirmative

Modèle: Henry va bien.
            Henry ne va-t-il pas bien?
            Si, Henry va bien.

1. L'avion arrive à Charles de Gaulle.
2. Les étudiants cherchent leurs valises.
3. L'hôtesse de l'air apporte le plateau.
4. Le chauffeur est irrité.
5. Le garçon est intimidé.
6. Les jeunes filles vont au service des bagages.
7. Pierre, Robert et Elisabeth sont les enfants des Dubois.

Est-ce que . . . ?

Modèle: Tu n'as pas toutes tes affaires. (*Est-ce que*)
            Est-ce que tu n'as pas toutes tes affaires?

1. Les étudiants ne cherchent pas leurs valises.
2. On ne pose pas le sac de couchage.
3. Nous ne trouvons pas l'autobus.
4. Tu ne donnes pas l'argent.

5. Vous n'êtes pas à la gare d'Austerlitz.
6. Ils ne voyagent pas ensemble.
7. Il n'est pas dix heures et demie.

Negative Question > **Si . . .**

Modèles: Ne vont-ils pas à Charles de Gaulle?
Si, ils vont à Charles de Gaulle.

Ne fermes-tu pas la fenêtre?
Si, je ferme la fenêtre.

1. Ne regardez-vous pas l'heure?
2. Est-ce qu'ils ne voyagent pas en avion?
3. Est-ce que je ne compte pas l'argent?
4. N'irrite-t-on pas le chauffeur?
5. N'est-il pas l'heure du dîner?
6. Ne déjeune-t-on pas à midi?

NOTE DE GRAMMAIRE 8
La préposition **à** + l'article défini

1. The preposition **à** (*to, at, into*) contracts with the definite article **le** to form **au** when followed by a masculine noun.

Je vais **au** service des bagages.
Robert est **au** rez-de-chaussée.
Ils parlent **au** chauffeur.

2. It is not contracted when it is followed by the feminine form of the definite article (**la**):

Robert va **à la** gare d'Austerlitz.
Henry parle **à la** mère.

3. When the noun begins with a vowel or mute **h**, it does not contract, regardless of the gender of the noun:

Ils arrivent **à l'**aérogare.   (*feminine singular*)
Il parle **à l'**hôtesse de l'air.   (*feminine singular*)
Elle parle **à l'**homme.   (*masculine singular*)

4. The plural of both masculine and feminine usages is invariable. The preposition **à** always contracts with the plural definite article **les** to form **aux:**

Nous parlons **aux** chauffeurs de taxi.
Henry parle **aux** hôtesses de l'air.
Robert parle **aux** mères.

Deux étudiants américains arrivent en France

Exercices de transformation

Modèle: Vous parlez au *camarade*. (*chauffeur*)
            Vous parlez au chauffeur.

1. Vous parlez au *camarade*.
   (*chauffeur, groupe, frère, monsieur, pilote, garçon, camarade*)

2. Elle parle à la *famille*.
   (*tante, fille, mère, sœur, Française, jeune fille, copine, famille*)

3. Je parle à l'*hôtesse de l'air*.
   (*homme, étudiant, étudiante, ami, Américaine, hôtesse de l'air*)

4. Il arrive au *rez-de-chaussée*.
   (*boutique, café, bureau de poste, aérogare, service des bagages, métro, rez-de-chaussée*)

5. Je vais à la *gare*.
   (*hôtel, salle de classe, porte, aéroport, avion, autobus, gare*)

6. Paul parle aux *camarades*.
   (*étudiants, étudiantes, hommes, amies, frères, sœurs, pères, filles, camarades*)

7. Tu parles au *père*.
   (*garçon, frère, monsieur, camarade, pilote, père*)

8. Vous parlez aux *filles*.
   (*familles, mères, tantes, jeunes filles, sœurs, filles*)

9. Il donne l'argent à la *famille*.
   (*chauffeur, père, groupe, oncle, hôtesse, tante, monsieur, famille*)

10. A Paris, où va-t-on? On va au *cinéma*.
    (*bureau de tabac, bureau de poste, gare, métro, boutique, aérogare, aéroport, bistro, cinéma*)

Substitutions progressives

1. Sommes-nous au rez-de-chaussée?
   Est-elle au rez-de-chaussée?
   Est-elle *au café?*
   Arrive-t-il au café?
   Arrive-t-il *à la gare?*
   Allez-vous à la gare?
   Allez-vous *au rez-de-chaussée?*
   Sommes-nous au rez-de chaussée?

2. Parlez-vous aux étudiants?
   Parles-tu aux étudiants?
   Parles-tu *aux hôtesses de l'air?*
   Parle-t-on aux hôtesses de l'air?
   Parle-t-on *aux enfants?*
   Parle-t-elle aux enfants?
   Parle-t-elle *aux étudiants?*
   Parlez-vous aux étudiants?

EXERCICES D'APPLICATION

ARBRE GENEALOGIQUE DE ROBERT:

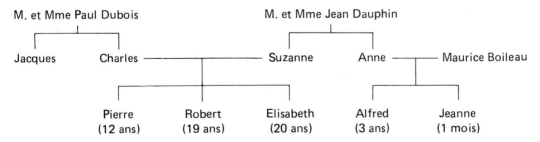

1. Charles est le mari de Suzanne.
2. Suzanne est la femme de Charles.
3. Pierre est le cadet de la famille.
4. Elisabeth est l'aînée de la famille.
5. Robert et Pierre sont les neveux de Jacques Dubois et de Anne Boileau.
6. Elisabeth est la nièce de Jacques Dubois et de Anne Boileau.
7. M. Dubois est le grand-père de Robert.
8. Mme Dubois est la grand-mère de Robert.
9. Alfred Boileau est le cousin de Robert.
10. Jeanne Boileau est la cousine de Robert.

VOCABULAIRE

l'aîné/l'aînée   *the eldest*
un an   *a year*
le cadet/la cadette   *the youngest*
le cousin/la cousine   *the cousin*
la femme   *the wife, the woman*

la grand-mère   *the grandmother*
le grand-père   *the grandfather*
le mari   *the husband*
le neveu/les neveux   *the nephew(s)*
la nièce   *the niece*

Questions

1. Quel âge Robert a-t-il?
2. Quel âge sa sœur a-t-elle?
3. Quel âge son frère a-t-il?
4. Quel âge avez-vous?
5. Ma sœur a douze ans. Quel âge a votre (*your*) sœur?
6. Mon frère a quatorze ans. Quel âge a votre frère?
7. Qui est l'aîné de la famille Dubois?
8. Quel âge a-t-elle?
9. Qui est le cadet de la famille Dubois?
10. Quel âge a-t-il?
11. Comment s'appelle le cousin de Robert?
12. Comment s'appelle la cousine de Robert?

Exercice de manipulation

Demandez à _____

1. quel âge il/elle a.
2. à quelle heure il/elle déjeune.
3. à quelle heure il/elle dîne.
4. à quelle heure il/elle va à l'école.
5. où on trouve les valises à l'aéroport.
6. à quelle heure se termine la classe.

7. comment s'appelle l'étudiant/l'étudiante devant vous.
8. comment s'appelle le professeur.
9. de compter de un jusqu'à dix-neuf par nombres **impairs** (*count from one to nineteen by odd numbers*).
10. de compter de zéro jusqu'à vingt par nombres **pairs** (*even*).

MICROLOGUE   L'aéroport

Il y trois aéroports à Paris. Ils s'appellent Orly, Le Bourget et Charles de Gaulle. Ils sont situés **en banlieue. Le trajet** entre les aéroports et Paris **ne dépasse pas** vingt minutes. **On fait** le trajet en autobus ou en train. Les autobus et les trains passent régulièrement. Charles de Gaulle est l'aéroport **le plus** important; c'est **là** que les vols intercontinentaux **atterrissent** généralement.

in the suburbs/the trip does not exceed/One does

the most/there land

Questions

1. Combien d'aéroports y a-t-il à Paris?
2. Comment s'appellent-ils?
3. Où sont-ils situés?
4. Est-ce que le trajet entre les aéroports et Paris dépasse vingt minutes?
5. Quel aéroport est le plus important?

Arrivée à l'Aérogare des Invalides

L'Aéroport de Roissy-Charles de Gaulle

6. Comment fait-on le trajet?
7. Est-ce que les autobus et les trains passent régulièrement?
8. Où les vols intercontinentaux atterrissent-ils généralement?

CREATION ET RECREATION

1. Make up your own **arbre généalogique.** Seek as many family relationships as you can.

2. One of your friends is spending a week with you at your school. You meet him/her at the local airport or train/bus station. When do you arrive? Describe your friend and his/her belongings, how you return to school, and what you do upon your arrival there. For example:

> J'arrive à _____ à _____ heures du _____ . Mon ami(e) s'appelle _____ .
> Il/Elle a _____ ans et il/elle est _____ . Il/elle a _____ , _____ et _____ .
> Nous allons à l'école _____ , . . .

3. Add to your story of Monique and Pierre.

> Monique et Pierre arrivent à New York. Ils cherchent leurs bagages. Ils désirent un taxi pour aller à Grand Central Station, . . .

Chapitre 2: COUP D'ŒIL

Oui   **Non**

_____ 1. The indefinite article is **un** or **une.** It means *a* or *an*. The noun it precedes is taken   _____
in a nonspecific sense:

> **Un** étudiant cherche sa valise.

The plural form is **des** (*some*):

> J'ai **des** cartes.   *I have (**some**) cards.*

_____ 2. **Avoir** (*to have*) is an irregular verb. It may be used separately, or it may be used as   _____
an auxiliary verb. We will deal with it as an auxiliary in *Chapitre 8.*

_____ 3. **Parler** (*to speak*) is typical of all regular *first class* verbs. It is called *regular* because it   _____
follows unvarying patterns in conjugation. To form the present tense of **parler,** add
the following endings to the stem **parl-:**

> **-e, -es, -e, -ons, -ez, -ent**

_____ 4. Cardinal numbers function as adjectives and precede nouns. Except for **un/une,** they   _____
are invariable.

_____ 5. The formula for telling time, *It is . . .* (*o'clock*), is always: **Il est . . . (heures).**   _____

_____ 6. To negate a verb, put **ne** before the verb and **pas** after the verb.   _____

_____ 7. In the *negative interrogative* (the inverted form), the **ne** precedes the verb and the **pas**   _____
follows the subject pronoun attached to the verb:

> **N'**est-il **pas** content?

When the subject of the sentence is a noun, the question is asked in the same way, with the noun preceding the negation and the subject pronoun agreeing with the noun in gender and number:

> Henry **n'**est-il **pas** content?
> L'hôtesse de l'air **n'**est-elle **pas** contente?

8. **Si** is used instead of **oui** to answer affirmatively a negative question:

> N'est-elle pas contente?
> **Si,** elle est contente.

9. The preposition **à** contracts with the definite article **le** to form **au:**

> Je parle **au** garçon.

A also contracts with **les** (masculine and feminine plural of the definite article) to form **aux:**

> Nous parlons **aux** messieurs.
> Nous parlons **aux** femmes.

The preposition **à** never contracts with **la** or **l':**

> Ils parlent **à la** fille.
> Ils parlent **à l'**homme.
> Tu parles **à l'**hôtesse de l'air.

VOCABULAIRE

Verbes

arriver*	intimider*
avoir*	irriter*
commencer	poser*
compter*	prendre
continuer*	**(se) terminer***
devoir	**trouver***
donner*	voler*
étudier*	vouloir
(se) fâcher	

Noms

aérogare (*f.*)	malle (*f.*)
affaires (*f.pl.*)	**sac** (*m.*) **de couchage**
arrivée (*f.*)	service (*m.*) des bagages
carte (*f.*)	truc (*m.*)
chariot (*m.*)	**valise** (*f.*)
chose (*f.*)	
gare (*f.*)	

argent (*m.*)
chauffeur (*m.*)
franc (*m.*)
gare (*f.*)
pourboire (*m.*)
taxi (*m.*)
auto (*f.*)
autobus (*m.*)
bicyclette (*f.*)
car (*m.*)
métro (*m.*)
mobylette (*f.*)
vélo (*m.*)
voiture (*f.*)

bistro (*m.*)
boutique (*f.*)
bureau (*m.*) **de poste**
bureau (*m.*) **de tabac**
café (*m.*)
cinéma (*m.*)
magasin (*m.*)
musée (*m.*)
rez-de-chaussée (*m.*)

aiguille (*f.*)
après-midi (*m.* or *f.*)
demie (*f.*)
heure (*f.*)
matin (*m.*)
midi (*m.*)
minuit (*m.*)
pendule (*f.*)
quart (*m.*)
soir (*m.*)

aîné/aînée
cadet/cadette
cousin/cousine
femme (*f.*)
grand-mère (*f.*)
grand-père (*m.*)
homme (*m.*)
mari (*m.*)
neveu/neveux (*m.*)
nièce (*f.*)

âge (*m.*)
an (*m.*)

Adjectifs	Adverbes
agacé	**combien**
exaspéré	directement
fâché	**généralement**
intimidé	là
irrité	moins
troublé	**non**
	quand
	si
	y

Prépositions	Expressions utiles
pour	**A quelle heure . . . ?**
sans	Ça alors!
	Et tout ça!
	être en colère
	Un et un font deux.
	Il prend le petit déjeuner.
	Quel âge avez-vous?

CHAPITRE 3
A LA GARE

Scénario 3: A LA GARE

⊕ PREMIERE ETAPE

1　　　*Les deux amis sont bouleversés. Ils n'aiment pas ce chauffeur. Ils ramassent leurs affaires.*

ROBERT: Il est impatient ce chauffeur!
HENRY: Vite! Nous sommes en retard.
ROBERT: Quelle heure est-il?
5　HENRY: Il est neuf heures moins le quart.
ROBERT: Alors, nous sommes en avance.
ROBERT: Deux billets, s'il vous plaît.
L'EMPLOYE: Première ou seconde?
ROBERT: Deux billets de seconde.
10　L'EMPLOYE: Soixante francs.
ROBERT: Voici cent francs.
L'EMPLOYE: Voilà vos deux billets et votre monnaie, quarante francs.
HENRY: Quel jour sommes-nous aujourd'hui?
ROBERT: Nous sommes le 15 avril.

⊕ DEUXIEME ETAPE

1　　　*Les deux amis sont bouleversés. Ils n'aiment pas ce chauffeur de taxi. Ils ramassent leurs affaires.*

ROBERT: Il est impatient ce chauffeur!
HENRY: Vite! Nous sommes en retard pour le train de neuf heures trois.
5　ROBERT: Quelle heure est-il?
HENRY: Il est neuf heures moins le quart.
ROBERT: Alors, nous sommes en avance.
(*Au guichet.*)
ROBERT: Deux billets pour Bourges, s'il vous plaît.
10　L'EMPLOYE: Quelle classe? Aller et retour?
ROBERT: Est-ce que vous voulez dire . . . ?
L'EMPLOYE: Première ou seconde?
ROBERT: Je ne sais pas.
L'EMPLOYE: Allez, allez! Je suis occupé, moi! Il y a du monde. C'est un jour de congé.
15　ROBERT: Deux billets de seconde. Deux allers simples.
L'EMPLOYE: Soixante francs.
ROBERT: Voici cent francs.
L'EMPLOYE: Voilà vos deux billets et votre monnaie, quarante francs. Dépêchez-vous, le train est toujours à l'heure.

20   HENRY: Congé? Quel jour sommes-nous aujourd'hui?
      ROBERT: Nous sommes le 15 avril.

TROISIEME ETAPE

1   *Les deux amis sont toujours bouleversés par l'attitude du chauffeur de taxi. Ils n'aiment pas ce chauffeur de taxi. Ils ramassent leurs affaires.*

ROBERT: Oh! Qu'il est impatient ce chauffeur!
HENRY: Vite! Nous sommes en retard pour le train de neuf heures trois.
5   ROBERT: Quelle heure est-il?
HENRY: Il est neuf heures moins le quart.
ROBERT: Alors, nous sommes en avance.
(*Au guichet. Ils font la queue.*)
ROBERT: Deux billets pour Bourges, s'il vous plaît.
10   L'EMPLOYE: Quelle classe? Aller et retour?
ROBERT: (*sans comprendre*) Quelle classe? Aller et retour? Est-ce que vous voulez dire . . . ?
L'EMPLOYE: Oui, jeune homme, première ou seconde? Désirez-vous un aller simple?
ROBERT: Je ne sais pas.
L'EMPLOYE: (*exaspéré*) Allez, allez, dépêchez-vous! Je suis occupé, moi! Il y a du monde.
15   C'est un jour de congé aujourd'hui.
ROBERT: (*désorienté*) Bon, deux billets de seconde. Deux allers simples.
L'EMPLOYE: Soixante francs.
ROBERT: (*intimidé*) Oui, voici cent francs.
L'EMPLOYE: Voilà vos deux billets et votre monnaie, quarante francs. Dépêchez-vous, le
20   train est toujours à l'heure.
HENRY: Congé? Quel jour sommes-nous aujourd'hui?
ROBERT: Nous sommes le 15 avril, c'est le lundi de Pâques.

SYNONYMES ET EXPRESSIONS APPROXIMATIVES

1   bouleversés = troublés, désorientés, effarés
4   Vite! = Dépêche-toi!
8   Ils font la queue → Ils attendent leur tour
11   sans comprendre = sans piger,° sans saisir
15   un jour de congé = un jour de repos → de courtes vacances
16   désorienté = déconcerté
19   monnaie = pièce de monnaie/argent (*m.*) = pièces de monnaie et billets =
           fric,° oseille,° grisbi°

VOCABULAIRE ILLUSTRE

Il est **exaspéré**.

Il est **désorienté**.

Il est **intimidé**.

Il est **fâché**.

Il est **irrité**.

Il est **impatient**.

Il est **bouleversé**.

NOTES CULTURELLES

1. When counting on the fingers, the French raise the thumb to indicate ''one,'' the index finger for ''two,'' and so on, with the back of the hand facing outward.
2. Robert chose well. Second-class accommodations on trains are very good. First class

costs more, is slightly more comfortable, and fewer people share the same compartment. It is not worth the difference in price.

3. The French rail services are known as the S.N.C.F., or **Société Nationale des Chemins de Fer Français.**

4. Reduction on fares is granted for family and group travel. Further information is available in all railway stations anywhere in France.

QUESTIONS SUR LE SCENARIO

1. Est-ce que les deux amis sont bouleversés par l'attitude du chauffeur?
2. Aiment-ils le chauffeur?
3. Est-ce qu'ils ramassent leurs affaires?
4. Comment Robert trouve-t-il le chauffeur?
5. Sont-ils vraiment en retard?
6. Quelle heure est-il?
7. Que font-ils devant le guichet?
8. Combien de billets Robert désire-t-il?
9. Est-ce que l'employé est exaspéré?
10. Que dit-il?
11. Combien coûtent les billets?
12. Combien d'argent Robert donne-t-il à l'employé?
13. Combien d'argent l'employé donne-t-il à Robert?

NOTE DE GRAMMAIRE 1
La préposition **de** + l'article défini

1. The preposition **de** (*of, from*) contracts with the definite article **le** to form **du** when followed by a masculine noun.

Je compte le pourboire **du** chauffeur.
Il cherche le père **du** garçon.
Tu irrites l'ami **du** père.

2. De does not change when it is followed by the feminine form of the definite article.

La porte **de la** gare est immense.
La valise **de la** tante est sur le chariot.
Elle donne les affaires **de la** mère au père.

3. When the noun begins with a vowel or a mute **h, de** does not contract, regardless of the gender of the noun.

Nous arrivons **de l'**aérogare.   (*feminine*)
Il trouve le chariot **de l'**hôtesse de l'air.   (*feminine*)
Voilà le taxi **de l'**homme!   (*masculine*)

4. The plural of both masculine and feminine nouns is invariable. The preposition **de** always contracts with the plural article **les** to form **des.**

Je suis bouleversé par l'attitude **des** chauffeurs.
Nous parlons **des** hôtesses de l'air.
Elle parle **des** mères.

5. Note that **du, de la, de l',** and **des** may mean *of the,* indicating possession:

Le livre **du** garçon   *The boy's book*

Also note:

Le frère **de** Robert   *Robert's brother*

Substitutions progressives

1. L'ami de Paul est irrité.
   Le père de Robert est irrité.
   Le père de Robert *est malade.*
   La mère de l'étudiant est malade.
   La mère de l'étudiant *cherche la gare.*
   Le chauffeur de l'auto cherche la gare.
   Le chauffeur de l'auto *est irrité.*
   L'ami de Paul est irrité.

2. Le cadet de la famille arrive en avion.
   L'aîné de la famille arrive en avion.
   L'aîné de la famille arrive *en taxi.*
   La tante de la famille arrive en taxi.
   La tante de la famille arrive *en autobus.*
   Le cadet de la famille arrive en autobus.
   Le cadet de la famille arrive *en avion.*

3. Voici toutes les affaires de l'ami.
   Voici toutes les affaires *du camarade.*
   Voici tous les livres du camarade.
   Voici tous les livres *du copain.*
   Voici toutes les valises du copain.
   Voici toutes les valises *de la copine.*
   Voici toutes les affaires de la copine.
   Voici toutes les affaires *de l'ami.*

Exercices de transformation

Modèle: Je parle *de l'avion*. (*étudiant*)
               Je parle de l'étudiant.

1. Je parle de l'*avion*.
 (*étudiant, homme, ami, Américaine, hôtesse de l'air, auto, étudiante, employé, avion*)
2. Vous parlez du *billet*.
 (*chauffeur, pourboire, sac de couchage, métro, film, bureau de poste, taxi, chariot, billet*)
3. Ils parlent de la *valise*.
 (*famille, tante, sœur, grand-mère, nièce, femme, valise*)

du, de la > des

Modèle: Elle parle du mari.
               Elle parle des maris.

1. Tu parles du cousin.
2. Elles parlent de la mère.
3. Nous parlons de la nièce.
4. Vous parlez de la cousine.
5. On parle de la cadette.

des > de la, du

Modèle: Elle parle des avions.
               Elle parle de l'avion.

1. Vous parlez des cuillères.
2. Tu parles des chariots.
3. Il parle des menus.
4. Nous parlons des valises.
5. Ils parlent des choses.

NOTE DE GRAMMAIRE 2
Les nombres cardinaux à partir de 20

As you have seen, the numbering system in French is not complicated. There are a few basic and logical rules to learn. Note the combination of the tens and units. Notice how numbers are constructed.

20 ving*t* [vẽ]
21 ving**t** et un

The conjunction **et** is used *only* in the numbers 21, 31, 41, 51, 61, and 71.

22 vingt-deux

The hyphen is used to connect all other compound numbers to 99.

23 vingt-trois

The **t** of **vingt** is pronounced from 21 to 29.

24 vingt-quatre
25 vingt-cinq
26 vingt-six
27 vingt-sept
28 vingt-huit
29 vingt-neuf
30 trente

The same basic construction applies throughout.

31 trente et un
40 quarante
41 quarante et un
50 cinquante
60 soixante
70 soixante-dix

This is a different construction: (60 + 10), but the rest logically follow.

71 soixante et onze
75 soixante-quinze
80 quatre-vingts

Note the multiplication: 4 twenties = 80.

Note the **-s** on 80, which is not pronounced.

81 quatre-vingt-un

The **-s** of 80 is dropped when the **quatre-vingts** is followed by another number.

The *t* is not pronounced from 81 on.

90 quatre-vingt-dix
100 cent [sã]

Cent is not preceded by **un.** The **t** is not pronounced.

The **t** is never pronounced, even in combination with other numbers.

101 cent un, *and so on.*
200 deux cents

When multiplied by another number (2 × 100), **-s** is added.

201 deux cent un

Note that the **-s** is dropped when **cent** is followed by another number, as with **quatre-vingts.**

999 neuf cent quatre-vingt-dix-neuf
1.000 mille

Mille is invariable. It is not preceded by **un** and never takes an **-s.**

1.001 mille un

A decimal point (.) is used instead of a comma to indicate thousands: 1.000. A comma replaces the decimal: 1.000,10.

2.000 deux mille
1.000.000 un million

Million is treated as a noun and requires **de** after it when followed by a noun: **un million de dollars.**

2.000.000 deux millions
1.000.000.000 un milliard

Note the plural **-s.**

Milliard (in the United States, the equivalent of one billion) is also treated as a noun and requires **de** when followed by a noun: **un milliard de dollars.**

Exercices de manipulation

1. Read the figures out loud:

1. 21, 31, 41	9. 6, 67, 78
2. 51, 61, 71	10. 8, 80, 88
3. 81, 91, 101	11. 1.000, 1.001, 5.005
4. 201, 301, 401	12. 1.938, 1.856, 1.765
5. 1, 11, 111	13. 15.030, 19.910, 21.366
6. 2, 22, 222	14. 1.000.000, 1.210.203, 3.303.303
7. 3, 33, 333	15. 8.888.888, 92, 7.777
8. 9, 99, 999	16. 2,123.456, 71, 7.979

2. Réunissez les points (p. 63) suivant l'ordre donné.

1. soixante et onze à quatre-vingts	13. soixante-dix à trente-trois
2. vingt et un à quatre-vingt-neuf	14. quarante-sept à cinquante et un
3. cent un à trente-six	15. trente et un à vingt et un
4. soixante-dix-neuf à cinquante-cinq	16. soixante et un à quatre-vingt-un
5. soixante-dix à quarante-trois	17. soixante-neuf à quatre-vingt-dix-neuf
6. trente-trois à soixante-six	18. soixante et onze à soixante et un
7. quatre-vingt-un à cinquante et un	19. cent à soixante-neuf
8. cent à soixante-quinze	20. vingt et un à cent un
9. quatre-vingt-deux à cinquante-cinq	21. quarante-trois à soixante-six
10. soixante et un à quarante-sept	22. soixante-quinze à soixante-neuf
11. quatre-vingt-onze à cent un	23. quatre-vingts à quatre-vingt-un
12. soixante-quinze à quarante et un	24. trente et un à quatre-vingt-onze

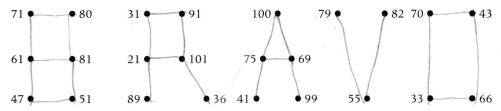

1. Days of the year are named after saints. Normally, friends and family wish the person whose name coincides with that of a saint on a given day a happy feast day (**le jour de fête**). Also, the French show a preference for feast days over birthdays. Florists remind people of the name of the saint by displaying it on the window.

2. In general, the French observe certain national holidays:

   January 1: New Year's Day (**le jour de l'An**). One pays visits to friends to wish them a happy New Year. Adults exchange gifts at this time, whereas children receive gifts on Christmas Day. Greeting cards are also exchanged on New Year's Day, not on Christmas.

   May 1: Labor Day (**la fête du Travail**). On this day friends exchange lilies of the valley in a celebration of spring; the lily of the valley symbolizes happiness.

   July 14: Bastille Day. July 14 is the anniversary of the taking of the Bastille (**la Prise de la Bastille**) in 1789. On this day there are military parades. In the evening people dance in the streets in certain neighborhoods and there are firework displays.

   November 11: Armistice Day (**le jour de l'Armistice**). Banks and schools are closed on this day, honoring First World War veterans.

3. The French also observe certain religious holidays:

   Easter Sunday (**le dimanche de Pâques**). After Mass on Easter Sunday families gather together and enjoy feasts. The holiday lasts through Monday.

   Ascension Thursday (**le jeudi de l'Ascension**). This holiday occurs 40 days after Easter. Shops and banks are closed.

   Pentecost Sunday (**le dimanche de Pentecôte**). This holiday occurs 50 days after Easter. The holiday lasts through Monday.

   August 15: Assumption (**l'Assomption**). Shops and banks are closed.

   November 1: All Saints' Day (**la Toussaint**), and November 2: All Soul's Day (**le jour des Morts**). Families visit cemeteries and place flowers (usually chrysanthemums) on the graves of their deceased.

   December 24: Christmas Eve (**la veille de Noël**). The French have supper (**le réveillon**) after midnight Mass. (A midnight supper is also enjoyed on New Year's Eve, usually followed by partying.)

   December 25: Christmas Day (**Noël**).

Etudiez ce calendrier.[1]

1984

1984 JANVIER
☉ 7 h 43 à 16 h 04

1	D	JOUR de l'AN
2	L	S. Basile
3	M	Sᵉ Geneviève
4	M	S. Odilon
5	J	S. Edouard
6	V	S. Mélaine
7	S	S. Raymond
8	D	Epiphanie
9	L	Sᵉ Alix
10	M	S. Guillaume
11	M	S. Paulin ☾
12	J	Sᵉ Tatiana
13	V	Sᵉ Yvette
14	S	Sᵉ Nina
15	D	S. Remi
16	L	S. Marcel
17	M	Sᵉ Roseline
18	M	Sᵉ Prisca ●
19	J	S. Marius
20	V	S. Sébastien
21	S	Sᵉ Agnès
22	D	S. Vincent
23	L	S. Barnard
24	M	S. Fr. de Sales
25	M	Conv. S. Paul ☽
26	J	Sᵉ Paule
27	V	Sᵉ Angèle
28	S	S. Th.d'Aquin
29	D	S. Gildas
30	L	Sᵉ Martine
31	M	Sᵉ Marcelle

FÉVRIER
☉ 7 h 21 à 16 h 47

1	M	Sᵉ Ella ●
2	J	Présentation
3	V	S. Blaise
4	S	Sᵉ Véronique
5	D	Sᵉ Agathe
6	L	S. Gaston
7	M	Sᵉ Eugénie
8	M	Sᵉ Jacqueline
9	J	Sᵉ Apolline
10	V	S. Arnaud ☽
11	S	N. D. Lourdes
12	D	S. Félix
13	L	Sᵉ Béatrice
14	M	S. Valentin
15	M	S. Claude
16	J	Sᵉ Julienne
17	V	S. Alexis ○
18	S	Sᵉ Bernadette
19	D	S. Gabin
20	L	Sᵉ Aimée
21	M	S. P. Damien
22	M	Sᵉ Isabelle
23	J	S. Lazare ☾
24	V	S. Modeste
25	S	S. Roméo
26	D	S. Nestor
27	L	Sᵉ Honorine
28	M	S. Romain

Epacte 27/Lettredominic AG
Cycle solaire 5 / Nbre d'or 9
Indiction romaine 7

MARS
☉ 6 h 32 à 17 h 34

1	J	S. Aubin
2	V	S. CharlesleB ●
3	S	Sᵉ Guénolé
4	D	S. Casimir
5	L	S. Olive
6	M	Mardi-Gras
7	M	Cendres
8	J	S. Jean de D.
9	V	Sᵉ Françoise
10	S	Sᵉ Vivien ☽
11	D	Carême
12	L	Sᵉ Justine
13	M	S. Rodrigue
14	M	Sᵉ Mathilde
15	J	S. Louise de M.
16	V	Sᵉ Bénédicte
17	S	S. Patrice ○
18	D	S. Cyrille
19	L	S. Joseph
20	M	PRINTEMPS
21	M	Sᵉ Clémence
22	J	Sᵉ Léa
23	V	S. Victorien
24	S	Sᵉ Cath.deSu ☾
25	D	Annonciation
26	L	Sᵉ Larissa
27	M	S. Habib
28	M	S. Gontran
29	J	Sᵉ Gwladys
30	V	S. Amédée
31	S	S. Benjamin

AVRIL
☉ 5 h 27 à 18 h 22

1	D	S. Hugues ●
2	L	Sᵉ Sandrine
3	M	S. Richard
4	M	S. Isidore
5	J	Sᵉ Irène
6	V	S. Marcellin
7	S	S. J.B. de la S.
8	D	Sᵉ Julie
9	L	S. Gautier ☽
10	M	S. Fulbert
11	M	S. Stanislas
12	J	S. Jules
13	V	Sᵉ Ida
14	S	S. Maxime
15	D	Rameaux ○
16	L	S. Benoît-J.
17	M	S. Anicet
18	M	S. Parfait
19	J	Sᵉ Emma
20	V	Sᵉ Odette
21	S	S. Anselme
22	D	PAQUES
23	L	S. Georges ☾
24	M	S. Fidèle
25	M	S. Marc
26	J	Sᵉ Alida
27	V	Sᵉ Zita
28	S	Sᵉ Valérie
29	D	Jour du Souv.
30	L	S. Robert

MAI
☉ 4 h 29 à 19 h 06

1	M	F. du TRAVAIL ●
2	M	S. Boris
3	J	SS. Phil., Jacq.
4	V	S. Sylvain
5	S	S. Judith
6	D	Sᵉ Prudence
7	L	Sᵉ Gisèle
8	M	ARMIST. 1945 ☽
9	M	S. Pacôme
10	J	Sᵉ Solange
11	V	Sᵉ Estelle
12	S	S. Achille
13	D	Fête J.-d'Arc
14	L	S. Matthias
15	M	Sᵉ Denise ○
16	M	S. Honoré
17	J	S. Pascal
18	V	S. Eric
19	S	S. Yves
20	D	S. Bernardin
21	L	S. Constantin
22	M	S. Emile ☾
23	M	S. Didier
24	J	S. Donatien
25	V	S. Sophie
26	S	S. Bérenger
27	D	Fête des Mères
28	L	S. Germain
29	M	S. Aymard
30	M	S. Ferdinand ●
31	J	ASCENSION

JUIN 1984
☉ 3 h 51 à 19 h 46

1	V	S. Justin
2	S	S. Blandine
3	D	S. Kévin
4	L	Sᵉ Clotilde
5	M	S. Igor
6	M	S. Norbert ☽
7	J	S. Gilbert
8	V	S. Médard
9	S	Sᵉ Diane
10	D	PENTECÔTE
11	L	S. Barnabé
12	M	S. Guy
13	M	S. Ant. de P. ○
14	J	S. Elisée
15	V	Sᵉ Germaine
16	S	S. J.F. Régis
17	D	S. Hervé
18	L	S. Léonce
19	M	S. Romuald
20	M	S. Silvère
21	J	ÉTÉ ☾
22	V	S. Alban
23	S	Sᵉ Audrey
24	D	Fête-Dieu
25	L	S. Prosper
26	M	S. Anthelme
27	M	S. Fernand
28	J	S. Irénée
29	V	SS.Pierre,Paul ●
30	S	S. Martial

Fonderie CASLON - Paris

1984 JUILLET
☉ 3 h 50 à 19 h 57

1	D	S. Thierry
2	L	S. Martinien
3	M	S. Thomas
4	M	S. Florent
5	J	S. Antoine ☽
6	V	Sᵉ Mariette
7	S	S. Raoul
8	D	S. Thibaut
9	L	Sᵉ Amandine
10	M	S. Ulrich
11	M	S. Benoît
12	J	S. Olivier
13	V	SS.Henri,Joël ○
14	S	FÊTE NATIONALE
15	D	S. Donald
16	L	N.D.Mt-Carmel
17	M	Sᵉ Charlotte
18	M	S. Frédéric
19	J	S. Arsène
20	V	Sᵉ Marina
21	S	S. Victor ☾
22	D	Sᵉ Marie-Mad.
23	L	Sᵉ Brigitte
24	M	Sᵉ Christine
25	M	S. Jacques
26	J	SS. Anne, Joa.
27	V	Sᵉ Nathalie
28	S	S. Samson ●
29	D	Sᵉ Marthe
30	L	Sᵉ Juliette
31	M	S. Ignace de L.

AOUT
☉ 4 h 23 à 19 h 29

1	M	S. Alphonse
2	J	S. Julien-Ey.
3	V	Sᵉ Lydie
4	S	S. J.M.Vian. ☽
5	D	S. Abel
6	L	Transfiguration
7	M	S. Gaétan
8	M	S. Dominique
9	J	S. Amour
10	V	S. Laurent
11	S	Sᵉ Claire ○
12	D	Sᵉ Clarisse
13	L	S. Hippolyte
14	M	S. Evrard
15	M	ASSOMPTION
16	J	S. Armel
17	V	S. Hyacinthe
18	S	Sᵉ Hélène
19	D	S. JeanEudes ☾
20	L	S. Bernard
21	M	Sᵉ Christophe
22	M	S. Fabrice
23	J	Sᵉ Rose de L.
24	V	S. Barthélemy
25	S	S. Louis
26	D	Sᵉ Natacha ●
27	L	Sᵉ Monique
28	M	S. Augustin
29	M	Sᵉ Sabine
30	J	S. Fiacre
31	V	S. Aristide

SEPTEMBRE
☉ 5 h 07 à 18 h 33

1	S	S. Gilles
2	D	Sᵉ Ingrid ☽
3	L	S. Grégoire
4	M	Sᵉ Rosalie
5	M	Sᵉ Raissa
6	J	S. Bertrand
7	V	Sᵉ Reine
8	S	Nativité N.D.
9	D	S. Alain
10	L	Sᵉ Inès ○
11	M	S. Adelphe
12	M	S. Apollinaire
13	J	S. Aimé
14	V	La Sᵉ Croix
15	S	S. Roland
16	D	Sᵉ Edith
17	L	S. Renaud
18	M	Sᵉ Nadège ☾
19	M	Sᵉ Emilie
20	J	S. Davy
21	V	S. Matthieu
22	S	AUTOMNE
23	D	S. Constant
24	L	Sᵉ Thècle
25	M	S. Hermann ●
26	M	SS. Côme,Dam.
27	J	S. Vinc.de Paul
28	V	S. Venceslas
29	S	S. Michel
30	D	S. Jérôme

OCTOBRE
☉ 5 h 49 à 17 h 29

1	L	Sᵉ Th.del'E.J. ☽
2	M	S. Léger
3	M	S. Gérard
4	J	S. Fr. d'Assise
5	V	Sᵉ Fleur
6	S	S. Bruno
7	D	S. Serge
8	L	Sᵉ Pélagie
9	M	S. Denis ○
10	M	S. Ghislain
11	J	S. Firmin
12	V	S. Wilfried
13	S	S. Géraud
14	D	S. Juste
15	L	Sᵉ Th. d'Avila
16	M	Sᵉ Edwige
17	M	S. Baudouin ☾
18	J	S. Luc
19	V	S. René
20	S	Sᵉ Adeline
21	D	Sᵉ Céline
22	L	Sᵉ Elodie
23	M	S. Jean de C.
24	M	S. Florentin ●
25	J	S. Crépin
26	V	S. Dimitri
27	S	Sᵉ Emeline
28	D	SS. Sim., Jude
29	L	Sᵉ Narcisse
30	M	Sᵉ Bienvenue
31	M	S. Quentin ☽

NOVEMBRE
☉ 6 h 37 à 16 h 30

1	J	TOUSSAINT
2	V	Défunts
3	S	S. Hubert
4	D	S. Charles
5	L	Sᵉ Sylvie
6	M	Sᵉ Bertille
7	M	Sᵉ Carine
8	J	S. Geoffroy ○
9	V	Sᵉ Théodore
10	S	S. Léon
11	D	ARMISTICE 1918
12	L	S. Christian
13	M	S. Brice
14	M	S. Sidoine
15	J	S. Albert
16	V	Sᵉ Marguerite ☾
17	S	Sᵉ Elisabeth
18	D	Sᵉ Aude
19	L	S. Tanguy
20	M	S. Edmond
21	M	Prés. de Marie
22	J	Sᵉ Cécile
23	V	S. Clément
24	S	Sᵉ Flora
25	D	Sᵉ Catherine L.
26	L	Sᵉ Delphine
27	M	S. Séverin
28	M	S. Jacq.delaM.
29	J	S. Saturnin
30	V	S. André ☽

DÉCEMBRE 1984
☉ 7 h 22 à 15 h 56

1	S	Sᵉ Florence
2	D	Avent
3	L	S. Xavier
4	M	Sᵉ Barbara
5	M	S. Gérald
6	J	S. Nicolas
7	V	S. Ambroise
8	S	Im.Concept. ○
9	D	S. P. Fourier
10	L	S. Romaric
11	M	S. Daniel
12	M	Sᵉ Jeanne F.C.
13	J	Sᵉ Lucie
14	V	Sᵉ Odile
15	S	Sᵉ Ninon ☾
16	D	Sᵉ Alice
17	L	S. Gaël
18	M	S. Gatien
19	M	S. Urbain
20	J	S. Abraham
21	V	HIVER
22	S	Sᵉ Fr-Xavière ●
23	D	S. Armand
24	L	Sᵉ Adèle
25	M	NOËL
26	M	S. Etienne
27	J	S. Jean
28	V	SS. Innocents
29	S	S. David
30	D	S. Roger ☽
31	L	S. Sylvestre

Fonderie CASLON - Paris

[1]Note that in France the first day of the week is Monday (**lundi**). The other days of the week are: **mardi, mercredi, jeudi, vendredi, samedi, dimanche.** They are not capitalized.
The months of the year are: **janvier, février, mars, avril, mai, juin, juillet, août, septembre, octobre, novembre, décembre.** They are not capitalized either.
In January the sun (**le soleil**) rises at 7:43 (a.m.) and sets at 16:04 (4:04 p.m.). And in February?

NOTE DE GRAMMAIRE 3
Les jours, les mois et les saisons

1. The days of the week (**les jours de la semaine**) are:

lundi	*Monday*	vendredi	*Friday*
mardi	*Tuesday*	samedi	*Saturday*
mercredi	*Wednesday*	dimanche	*Sunday*
jeudi	*Thursday*		

In France, the first day of the week is **lundi.**

To indicate that something occurs regularly on a certain day of the week, the definite article is placed before that day:

Je vais au cinéma **le samedi.**   *I go to the movies **every Saturday.***

All the days of the week are masculine.

2. The months of the year (**les mois de l'année**) are:

janvier	avril	juillet	octobre
février	mai	août	novembre
mars	juin	septembre	décembre

All the months are masculine.

3. The four seasons (**saisons**) are:

le printemps	*spring*	l'hiver	*winter*
l'été	*summer*	l'automne	*autumn*

All the seasons are masculine. The definite article precedes the season:

J'aime **l'été.**

except in the idiomatic expressions:

au printemps	*in the spring*
en automne	*in the fall*
en hiver	*in the winter*
en été	*in the summer*

Substitution progressive

Je vais au cinéma le lundi.
Les magasins ferment le lundi.
Les magasins ferment *le dimanche.*
Elle va à l'église le dimanche.
Elle va à l'église *le mardi.*
Les musées ferment le mardi.
Les musées ferment *le lundi.*
Je vais au cinéma le lundi.

⚙ **Questions**

1. Quels sont les jours de la semaine?
2. Quels sont les mois de l'année?
3. Combien de jours a le mois de janvier? février? juillet? septembre?
4. Combien de semaines y a-t-il dans un an?
5. Combien de jours y a-t-il dans un an?
6. Quelles sont les quatre saisons?
7. Quand chaque saison commence-t-elle?
8. Quelle saison préférez-vous?
9. Quel jour sommes-nous?

NOTE DE GRAMMAIRE 4
La date et l'année

1. Dates are expressed as follows:

Quelle est la date d'aujourd'hui?
What is today's date?
C'est le 8 octobre. *or*
Nous sommes le 8 octobre.[2]

The ordinal number is used only for the first day of the month:

C'est **le premier** novembre.
C'est **le deux** novembre.

2. There are two ways of saying the year:

1960 = dix-neuf cent soixante *or*
        mil neuf cent soixante

An exception is the year 1000, **l'an mille.**
To answer the question: **Quand êtes-vous né(e)?** (*When were you born?*) Robert would say: **Je suis né en dix-neuf cent soixante.** Elizabeth would say: **Je suis née . . .**

3. In French, the day comes first, then the month and the year. *April 16, 1970* is **le seize avril 1970** or **16/4/70.**

Exercice de manipulation

Give the following dates in French:

December 25, 1880	July 4, 1776	January 31, 1975
October 20, 1973	July 14, 1789	February 29, 1972

[2]Note that the article is never elided before **huit** and **onze:**

  le huit octobre   **le onze** novembre

November 11, 1911   March 17, 1888   May 1, 1970
April 1, 1918   June 2, 1974   August 10, 1660

NOTE DE GRAMMAIRE 5
L'heure officielle

Official time (used in railroad schedules, for instance) is based on *the 24-hour system:*

	COMMON	OFFICIAL
du matin	une heure	une heure
	deux heures	deux heures
	trois heures et quart	trois heures quinze
	quatre heures	quatre heures
	cinq heures et demie	cinq heures trente
	six heures cinq	six heures cinq
	sept heures vingt	sept heures vingt
	huit heures dix	huit heures dix
	neuf heures	neuf heures
	dix heures dix-sept	dix heures dix-sept
	onze heures	onze heures
	midi	douze heures
de l'après-midi	une heure	treize heures
	deux heures	quatorze heures
	trois heures vingt-cinq	quinze heures vingt-cinq
	quatre heures moins dix	quinze heures cinquante
	quatre heures dix	seize heures dix
	cinq heures moins dix-huit	seize heures quarante-deux
du soir	six heures	dix-huit heures
	sept heures	dix-neuf heures
	huit heures	vingt heures
	neuf heures trois	vingt et une heures trois
	dix heures moins le quart	vingt et une heures quarante-cinq
	dix heures et quart	vingt-deux heures quinze
	onze heures sept	vingt-trois heures sept
	minuit	vingt-quatre heures
	minuit une	zéro heure une

Exercice de manipulation

The equivalencies may be drilled from column to column in the preceding list.

Modèle: *Teacher:*   sept heures du soir
            Student: dix-neuf heures

The expression *exactly 10 o'clock* or *10 o'clock on the nose* is rendered by:

> **10 heures tapantes**
> **10 heures pile**
> **10 heures précises**

Exercice de manipulation

Quelle heure est-il? (*heure officielle*)

1._____   2._____   3._____

4._____   5._____   6._____

EXERCICE DE COMPREHENSION

Dans cet épisode de **Tintin** les deux détectives Dupondt se trompent d'heure. Le résultat est qu'ils partent vers la lune dans la fusée qu'ils protégeaient.

Ah! vous êtes tous là?... Que s'est-il passé?... Un tremblement de terre?...

Vous!...Au nom du ciel, d'où sortez-vous?...

De la cale... Nous avions décidé de surveiller la fusée avant son départ... Quelle heure est-il?...

Quelle heure?... Mais il est deux heures du matin!...

Ah! bon!... Et le départ est toujours fixé à 1.34 h.?... Nous avons tout le temps...

Tout le temps!... Mais, malheureux, il y a une demi-heure que la fusée a quitté la terre!... Nous sommes en route vers la Lune...

Ha! ha! ha!... Elle est bien bonne!... Toujours le mot pour rire, ce cher professeur!...

Je dirais même plus: Ha! ha! ha!...

Allo...Allo... Ici la Terre... Vous êtes en ce moment à 8.000 km. de la Terre... Votre vitesse est de 11 km. seconde...

C'est...c'est une plaisanterie, n'est-ce pas?... Vous voulez nous faire peur?... Le départ était bien fixé à 1.34 h.?...

A 1.34 h. du matin, oui!... Pas à 13.34 h.!...

1.34 h. du matin?...Pas 13.34 h.?... Mon Dieu!... Nous avons cru que c'était à 1.34 h. de l'après-midi!...

Allo...Allo... Ici fusée lunaire!...Information sensationnelle: les deux Dupondt sont à bord!... Ils avaient décidé de passer la nuit dans la fusée, croyant que le départ avait lieu à 1.34 h. de l'après-midi!...

Seulement, cela pose un grave problème: nos réserves d'oxygène étaient prévues pour quatre personnes; or, nous voilà six à bord, sans compter Milou... Aurons-nous de l'oxygène jusqu'au bout?...

Vous entendez, espèces de brontosaures?...Tout ça parce que, à votre âge, vous ne savez pas faire la différence entre 1.34 h. et 13.34 h.!

VOCABULAIRE

épisode (*m.*)   *episode*
se trompent d'heure   *confuse the time*
le résultat   *the result*
ils partent   *they leave*
la lune   *the moon*
la fusée   *the rocket*
ils protégeaient   *they were protecting*

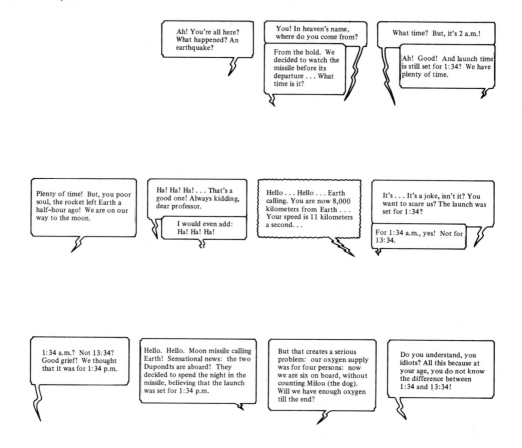

NOTE DE GRAMMAIRE 6
Le futur immédiat

We already saw that the verb **aller** + *an infinitive* constructs an *immediate future:*

Je vais parler à l'homme.   ***I am going to speak*** *to the man.*

This usage implies that the action designated will be performed *immediately* in the future.

Exercices de transformation

Modèle: Je parle au chauffeur.
Je vais parler au chauffeur.

1. Tu regardes le film.
2. Nous donnons l'argent à l'employé.
3. L'hôtesse de l'air apporte le dîner.

4. L'avion arrive à Orly à quatre heures du matin.
5. Elle compte l'argent.
6. Vous parlez avec le professeur.
7. Je suis occupé, moi.
8. Les deux amis ramassent leurs affaires.
9. On va à Bourges.
10. Les copines ont les valises.

QUESTIONS GENERALES

1. Etes-vous bouleversé quand vous voyagez?
2. Aimez-vous les chauffeurs de taxi?
3. Quand vous voyagez généralement, allez-vous par le train?
4. Combien coûte un billet pour aller à New York? à Boston?
5. Quel âge avez-vous?
6. En quelle année êtes-vous né/née?
7. Quelle est la date de votre anniversaire (*birthday*)?
8. Etes-vous le cadet/la cadette de la famille?
9. Etes-vous l'aîné/l'aînée de la famille?
10. Etes-vous en retard généralement pour la classe?
11. Etes-vous toujours à l'heure pour le dîner?
12. Qui est toujours en avance pour la classe?
13. Quels sont les mois de l'année?
14. Quelles sont les quatre saisons?
15. Combien de jours y a-t-il dans une année?
16. Quels sont les mois qui ont trente jours?
17. Combien de jours y a-t-il en février?
18. Quel est le dernier (*last*) mois de l'année?

Exercices de manipulation

Modèle: Demandez à _____ s'il aime voyager.
                       si elle aime voyager.[3]
          Aimez-vous voyager?
          (*Ask* _____ *if he likes to travel.*
                       if she likes to travel.
          Do you like to travel?)

1. Demandez à _____ s'il/si elle aime étudier le français.
2. Demandez à _____ s'il/si elle arrive en retard généralement.
3. Demandez à _____ combien coûte un billet d'avion pour aller en France.

[3]**Si** retains the vowel before the subject pronoun **elle, elles,** but becomes **s'** before **il, ils.**

4. Demandez à _____ s'il/si elle donne toujours un pourboire aux chauffeurs de taxi.
5. Demandez à _____ quelles sont le saisons.
6. Demandez à _____ quels sont les mois de l'année.
7. Demandez à _____ quels sont les jours de la semaine.
8. Demandez à _____ combien d'argent il/elle a.
9. Demandez à _____ s'il/si elle est exaspéré/exaspérée aujourd'hui.
10. Demandez à _____ quel est le troisième jour de la semaine.
11. Demandez à _____ quel est le dernier jour de la semaine.
12. Demandez à _____ quel est le premier mois de l'année.
13. Demandez à _____ quel jour nous sommes aujourd'hui.
14. Demandez à _____ quand il/elle est né/née.

MICROLOGUE   Les arrondissements

En regardant **le plan** de Paris, on **découvre** que la ville est divisée *the map / discovers*
en vingt **arrondissements. Chacun** de ces arrondissements a *wards of Paris / each one*
son caractère distinctif. Par exemple, dans le 1er, situé sur **la rive** *the bank (of river)*
droite de la Seine, on voit la splendeur du Louvre et le charme
du **Jardin** des Tuileries. Le 4e, qui **comprend** l'Ile de la Cité, *garden / includes*
contient l'Hôtel de Ville et **surtout** la magnifique cathédrale de *contains / especially*
Notre-Dame. Sur la rive gauche se trouve le célèbre Quartier Latin
qui **s'étend** sur les 5e et 6e arrondissements. *extends (itself)*

Questions

1. Qu'est-ce qu'on découvre en regardant le plan de Paris?
2. Que voit-on dans le 1er arrondissement?
3. Quels bâtiments est-ce que le 4e contient?
4. Qu'est-ce qu'il y a sur la rive gauche?

CREATION ET RECREATION

1. French telephone numbers are read in a specific way. For instance, you would say:
trois cent quatre vingt-deux vingt-huit zéro zéro for 382 28 00. (The number 0
is **zéro**.)
   Say aloud the telephone numbers of the following services in Paris:

261 50 50	Railroad information
862 22 80	Information at Charles de Gaulle Airport
687 12 34	Information at Orly Airport
858 33 33	Information on road conditions
463 84 00	Time clock
555 95 90	Weather information
266 84 00	Stock exchange information

2. Bring in a photo or picture of a group of people having a celebration. Tell what they are celebrating, such as a birthday or a civil holiday. Be sure to include—in complete sentences—the day of the week, the time of day, the date, the season, and a fairly detailed description of what the people are doing. For example:

> Sur cette photo/image, on célèbre la fête du/de la/des _____ . Il est _____ heure(s) du/de l' _____ . C'est le _____ , 19 _____ . On _____ . . .

3. Continue your story of Monique and Pierre.

> Monique et Pierre vont acheter leurs billets. Ils cherchent les renseignements (*information*) pour l'heure de départ du train pour (*list the name of where your school is located*). . . .

Chapitre 3: COUP D'ŒIL

Oui   **Non**

_____ 1. **De** + *definite article:* the preposition **de** contracts with the masculine and feminine   _____
plural of the definite article:

du garçon
des messieurs
des femmes

_____ but not with the feminine singular definite article: _____

de la femme

_____ and the form before all singulars beginning with vowel or a mute **h** is always: _____

de l'avion
de l'homme
de l'hôtesse de l'air

_____ 2. The cardinal numbers parallel English structures in many ways: _____

vingt-deux, vingt-trois, etc.
twenty-two, twenty-three, etc.

_____ Note that the conjunction **et** is used in: _____

21, 31, 41, 51, 61, 71 (vingt **et** un, etc.)

_____ 3. Years may be translated: _____

1977 = dix-neuf cent soixante-dix-sept *or*
          mil neuf cent soixante-dix-sept

Use **mil** and not **mille** in indicating a year when **mille** is followed by other numbers.
Note: **L'an mille.**

_____ 4. Seasons: *in the* is translated **au** before **printemps** and **en** before the other seasons: _____

en été, **en** automne, **en** hiver

_____ 5. The definite article before a day indicates repeated occurrence: _____

Je vais au cinéma **le** lundi.
*I go to the movies **every** Monday.*

_____ 6. Dates are always cardinal numbers, except for the first of the month, which is an _____
ordinal number.

le premier janvier	*January **first***
le deux janvier	*January **second***
le trois janvier	*January **third***

Dates are always preceded by the definite article.

_____ 7. Official time is rendered by reading the hours from 1 a.m. to 11 a.m. in the regular _____
way, with the minutes always rendered from 1 to 59:

Il est une heure.
Il est onze heures.
Il est onze heures quinze.
Il est onze heures cinquante-neuf.

_____ From 12 noon to 12 midnight, continue to read the hours on a 24 count: _____

Il est douze heures quinze.
Il est treize heures cinquante-neuf.
Il est vingt-quatre heures.

_____ 8. **Aller** + *infinitive* forms the immediate future: _____

Je vais parler.
I am going to speak.

_____ 9. Some useful idioms: _____

faire le pont	*to extend a vacation (usually over a weekend)*
être en retard	*to be late (for an appointment)*
être en avance	*to be early*
Il est tard.	*It is late (in the day).*
à l'heure	*on time*
à temps	*in time*

VOCABULAIRE

Verbes

acheter	**coûter**
aimer	(se) dépêcher

dire
piger°
ramasser

saisir
savoir

Noms

aller (simple) (*m.*)
aller et retour (*m.*)
argent (*m.*)
billet (*m.*)
classe (*f.*) première
          seconde
employé (*m.*)
guichet (*m.*)
monnaie (*f.*)
pièce (*f.*)
renseignement (*m.*)
train (*m.*)
zéro (*m.*)

année (*f.*)
anniversaire (*m.*)
calendrier (*m.*)
date (*f.*)
jour (*m.*)
jour (*m.*) de congé
jour de repos (*m.*)
mois (*m.*)
semaine (*f.*)

le jour de l'An
Pâques
vacances (*f. pl.*)

soleil (*m.*)
attitude (*f.*)

Adjectifs

bouleversé
court
déconcerté
dernier
désorienté

difficile
effaré
impatient
occupé
premier

Adverbes

aujourd'hui
toujours

vite
vraiment

Préposition

par

Expressions utiles

à l'heure
arriver à temps
attendre leur tour
Dépêche-toi!

en avance
en retard
faire la queue

l'heure pile
l'heure précise
l'heure tapante
il y a du monde
Quand êtes-vous né/née?
s'il vous plaît

fric°
grisbi°
oseille°

CHAPITRE 4
DANS LE TRAIN

Scénario 4: DANS LE TRAIN

PREMIERE ETAPE

1   *Robert et Henry discutent de l'employé. Le train commence à rouler. Ils regardent le paysage. Ils voient des choses.*

HENRY: Est-ce que tous les Français sont comme lui?
ROBERT: Je ne le crois pas.
5   HENRY: Bon. N'oublie pas de garder ton billet.
ROBERT: Ah, oui.
(*Un monsieur ouvre la portière.*)
LE VIEUX MONSIEUR: Vous permettez?
ROBERT: Ah, oui, oui . . .
10   HENRY: Est-ce que Bourges est loin?
LE VIEUX MONSIEUR: Non, pas très loin. Allez-vous étudier là-bas?
ROBERT: Oui, Monsieur.
HENRY: Quel temps y fait-il?
LE VIEUX MONSIEUR: Il y fait beau.
15   ROBERT: Tu vois, Henry, ce monsieur est très gentil.

DEUXIEME ETAPE

1   *Robert et Henry discutent de l'employé. Le train commence à rouler. Ils regardent le paysage. Ils voient des choses.*

HENRY: Est-ce que tous les Français sont comme lui?
ROBERT: Je ne le crois pas.
5   HENRY: Bon. N'oublie pas de garder ton billet. Ne le jette pas! Nous en avons besoin pour sortir de la gare.
ROBERT: Ah, oui.
(*Un vieux monsieur ouvre la portière.*)
LE VIEUX MONSIEUR: Vous permettez?
10   ROBERT: Ah, oui, oui . . . , je vous en prie.
HENRY: Pardon, Monsieur, est-ce que Bourges est loin de Paris?
LE VIEUX MONSIEUR: Non, pas très loin. Bourges est à deux cent vingt-cinq kilomètres de la capitale. Allez-vous étudier là-bas?
ROBERT: Oui, Monsieur.
15   HENRY: Quel temps y fait-il?
LE VIEUX MONSIEUR: Il y fait beau en été, mais il pleut beaucoup en hiver. Ecoutez! On finit par s'y habituer.
ROBERT: Tu vois, Henry, ce monsieur est très gentil.

TROISIEME ETAPE

1   *Robert et Henry discutent de l'employé et de son attitude. Ils ne comprennent pas pourquoi il était si brusque avec eux. Le train commence à rouler. Ils regardent le paysage par la fenêtre. Ils voient des choses intéressantes.*

HENRY: Est-ce que tous les Français sont comme lui?

5   ROBERT: Je ne le crois pas.

HENRY: Bon. N'oublie pas de garder ton billet. Ne le jette pas! Nous en avons besoin pour sortir de la gare à Bourges.

ROBERT: Ah, oui. J'ai presque oublié.

(*Un vieux monsieur ouvre la portière du compartiment.*)

10   LE VIEUX MONSIEUR: Vous permettez?

ROBERT: Ah, oui, oui . . . (*il cherche la formule*) ah, je vous en prie.

HENRY: Pardon, Monsieur, est-ce que Bourges est loin de Paris?

LE VIEUX MONSIEUR: Non, pas très loin, jeune homme. Voyons, Bourges est à deux cent vingt-cinq kilomètres de la capitale. Allez-vous étudier là-bas?

15   ROBERT: Oui, Monsieur.

HENRY: Quel temps y fait-il généralement?

LE VIEUX MONSIEUR: Il y fait beau en été, mais il pleut beaucoup en hiver. Ecoutez, jeune homme, ne vous inquiétez pas! On finit par s'y habituer.

ROBERT: (*Il chuchote.*) Tu vois, Henry, ce monsieur est très gentil.

SYNONYMES ET EXPRESSIONS APPROXIMATIVES

2   à rouler → à avancer
5   Je ne le crois pas = Je ne le pense pas
6   nous en avons besoin = nous avons besoin du billet
11   il cherche la formule = il cherche ses mots
16   généralement = d'habitude, en général, normalement
18   ne vous inquiétez pas = n'ayez pas peur, ne vous en faites pas
18   On finit par s'y habituer. = On finit par s'y accoutumer.
19   Il chuchote. = Il murmure.

NOTES CULTURELLES

1. Travelers are obliged to have their tickets dated (**composter**) by machines located at the entrances to platforms.
2. Distances in France are measured in **kilomètres.** A **kilomètre** is five-eighths of a mile. A quick equivalency can be made by dividing **kilomètres** by ten and multiplying by six. Thus: Bourges is 225 **kilomètres** from Paris. Bourges is approximately 132 miles from Paris. (See conversion table below.)
3. A short paragraph on the subway system in Paris appears later in this chapter. (This passage is to be handled as a **micrologue.**)
4. On the sill of every train window, you will see a warning: **NE PAS SE PENCHER AU DEHORS!** This means: DON'T LEAN OUT OF THE WINDOW! By the way, don't!
5. Trains are divided into compartments. First-class compartments seat six people. Sec-

VOCABULAIRE ILLUSTRE

Il regarde **le paysage** par la fenêtre.

Il voit **une maison.**

Il regarde **la vache** par la fenêtre.

Il voit **une école.**

Il regarde **le cheval** par la fenêtre.

Il voit **une église.**

Il regarde **le chien** par la fenêtre.

Il voit **un château.**

Il regarde **le chat** par la fenêtre.

Il voit **un pont.**

Le TGV (train à grande vitesse) en route

ond-class compartments seat eight people: four on one side, four on the other. A sliding door lets you into the compartment.

6. The new **TGV** (**train à grande vitesse**) train has no compartments and travels at very high speeds between Paris and Lyons (in French, **Lyon**).

7. Conversion tables: metric system (**système métrique**)

Length (**longueur**):
1 meter (**un mètre**) = 3.28 feet
1 meter (**un mètre**) = 1.09 yards
1 kilometer (**un kilomètre**) = 0.62 miles

Weight (**poids**):
1 gram (**un gramme**) = 0.04 ounces
1 kilogram (**un kilogramme**) = 2.20 pounds

Liquid (**liquide**):
1 liter (**un litre**) = 2.11 pints
1 liter (**un litre**) = 1.06 quarts
1 liter (**un litre**) = 0.26 gallons

QUESTIONS SUR LE SCENARIO

1. De qui les amis parlent-ils?
2. Quelle est l'attitude de l'employé?
3. Quelle est l'attitude du chauffeur de taxi?

4. Est-ce que tous les Français sont comme l'employé de la gare?
5. Que regardent-ils par la fenêtre?
6. Est-ce que les amis gardent les billets?
7. Pourquoi gardent-ils les billets?
8. Que fait le monsieur?
9. Est-il jeune ou vieux?
10. Est-ce que Bourges est loin de Paris?
11. Bourges est à combien de kilomètres de Paris?
12. Quelle est la capitale de la France?
13. Les amis vont-ils étudier à Bourges?
14. Quel temps y fait-il généralement?
15. Est-ce que ce monsieur est impatient?

NOTE DE GRAMMAIRE 1
Les adjectifs démonstratifs

1. The demonstrative adjective, as its name suggests, modifies a noun and "points it out." In English, *this* and *that* are demonstrative adjectives. In French, both *this* and *that* are translated as **ce:**

    Ce monsieur est gentil.

In the example, **ce** refers to a specific **monsieur.** In general, the equivalent of *this* or *that* is determined from the context.

2. Because it is an adjective, it agrees in gender (masculine, feminine) and in number (singular, plural) with the noun it modifies. Note the following examples and the forms of the demonstrative adjective:

	SINGULAR	PLURAL
MASCULINE	**ce** monsieur	**ces** messieurs
FEMININE	**cette** femme	**ces** femmes

Use **cet** for a *masculine singular* noun beginning with a vowel or a mute **h:**

    cet étudiant   **ces** étudiants
    cet hôtel   **ces** hôtels

3. To distinguish clearly between *this* and *that*, the particles **-ci** or **-là** are added to the noun:

    Ce monsieur**-ci** est gentil.   *This man (**here**) is nice.*
    Ce monsieur**-là** est vieux.   *That man (**over there**) is old.*

Simples substitutions

1. *Ce monsieur est gentil.*
    (*Ce camarade, Ce cousin, Ce jeune homme, Ce Français, Ce monsieur*)

2. *Cette mère* est contente.
   (*Cette sœur, Cette fille, Cette cousine, Cette dame, Cette femme, Cette mère*)
3. *Cet employé* est bouleversé.
   (*Cet étudiant, Cet ami, Cet enfant, Cet homme, Cet employé*)
4. *Ces messieurs* sont jeunes.
   (*Ces garçons, Ces femmes, Ces hôtesses de l'air, Ces messieurs*)

Exercices de transformation

Modèle: Le garçon est gentil.
           Ce garçon est gentil.

1. Le chauffeur est irrité.   3. Le repas est excellent.
2. Le frère est patient.   4. Le jeune homme est aimable.

Modèle: L'employé discute avec Henry.
           Cet employé discute avec Henry.

1. L'été n'est pas beau.   3. L'hôtel est devant la gare.
2. L'étudiant voyage.   4. L'homme est impatient.

Modèle: La sœur est contente.
           Cette sœur est contente.

1. La femme est difficile.   4. L'étudiante est patiente.
2. La mère est charmante.   5. La gare est loin.
3. L'hôtesse de l'air est fatiguée.

Modèle: Les étudiants oublient les scénarios.
           Ces étudiants oublient les scénarios.

1. Les garçons aiment voyager.
2. Les chauffeurs de taxi ne sont pas brusques.
3. Les valises sont perdues.
4. Les expériences sont importantes.

Modèle: Fermez la porte!   Modèle: Ouvrez la porte!
           Fermez cette porte!   *Ouvrez cette porte!*

1. Fermez la fenêtre!   1. Ouvrez la fenêtre!
2. Fermez la portière!   2. Ouvrez la portière!
3. Fermez le livre!   3. Ouvrez le livre!
4. Fermez la valise!   4. Ouvrez la valise!
5. Fermez l'édifice!   5. Ouvrez l'édifice!

Modèle: Allez-vous au café le soir?
           Allez-vous au café ce soir?

1. L'étudiant est en retard.
2. L'employé va donner le billet à Robert.

3. Les garçons cherchent leurs valises.
4. Il voit l'école.

Exercice de manipulation

Repeat the following adjectives (most of which are cognates[1]) and apply them in your answers to the questions, along with the *demonstrative adjectives:*

splendide, horrible, magnifique, difficile, facile (*easy*), **aimable** (*nice*), **brusque**

Modèle: Comment trouvez-vous *le chauffeur?*
            Ce chauffeur est brusque.

(*la gare, les étudiants, l'expérience, les demoiselles, les garçons, l'université, la leçon, la classe, le français*)

Substitution progressive

Ce monsieur aime le printemps.
Cette femme aime le printemps.
Cette femme aime *l'automne.*
Cet homme aime l'automne.
Cet homme aime *le printemps.*
Ce monsieur aime le printemps.

Exercices de transformation

Modèle: Cet homme-ci est content.
            Cet homme-là est content.

1. Ce garçon-ci est irrité.
2. Cet enfant-ci est impatient.
3. Cette femme-ci est brusque.
4. Ces Américains-ci sont vieux.
5. Ce professeur-ci est excellent.
6. Cet employé-ci est intimidé.

NOTE DE GRAMMAIRE 2
L'impératif

1. The imperative issues commands. You already have come across the imperative form:

[1]A cognate is a word that is related to a word in another language by descent or derivation from a common root.

Ouvrez la porte!   **Asseyez-vous!**
Fermez la porte!   **Levez-vous!**

2. It is formed from the

2nd person singular ⎫
1st person plural   ⎬ of the present tense of the indicative
2nd person plural ⎭ without the pronoun subject

Donne   ⎫
Donnons ⎬ Drop the **-s** of the second person singular form of verbs
Donnez ⎭ whose infinitives end in **-er**.

Here are the forms for the irregular verb **aller:**

Tu vas à l'école.   **Va** à l'école!
Nous allons à l'école.   **Allons** à l'école!
Vous allez à l'école.   **Allez** à l'école!

3. Commands may be *affirmative:*

Fermez la porte!
Ouvrez le livre!
Fermez le livre!

or *negative:*

Ne fermez **pas** la porte!
N'ouvrez **pas** le livre!
Ne fermez **pas** le livre!

In the negative, **ne** stands before the verb and **pas** immediately after it.

Simples substitutions

1. Ferme la porte!
   (*Fermons, Fermez*)
2. Donne l'argent!
   (*Donnons, Donnez*)
3. Parle à l'homme!
   (*Parlons, Parlez*)
4. Ne ferme pas le livre!
   (*Ne fermons pas, Ne fermez pas*)
5. Ne regarde pas le film!
   (*Ne regardons pas, Ne regardez pas*)
6. N'écoute pas le chauffeur!
   (*N'écoutons pas, N'écoutez pas*)

4. The irregular verb **être** derives its imperative forms from the subjunctive, which we will study in a later chapter:

Tu es à l'heure.   **Sois** à l'heure! [swa]
Nous sommes à l'heure.   **Soyons** à l'heure! [swajõ]
Vous êtes à l'heure.   **Soyez** à l'heure! [swaje]

5. The irregular verb **avoir** also derives its imperative forms from the subjunctive:

Tu as de la patience.   **Aie** de la patience. [ɛ]
Nous avons de la patience.   **Ayons** de la patience. [ɛjõ]
Vous avez de la patience.   **Ayez** de la patience. [ɛje]

Exercices de transformation

Modèle: Vous étudiez le scénario.
            Etudiez le scénario.

1. Vous écoutez la radio.   4. Vous oubliez la valise.
2. Vous parlez de son attitude.   5. Vous regardez le paysage.
3. Vous marchez ensemble.   6. Vous allez en France.

Modèle: Tu ramasses tes affaires.
            Ramasse tes affaires!

1. Tu voyages avec tes camarades.   4. Tu vas à l'église.
2. Tu trouves la formule.   5. Tu continues la leçon.
3. Tu arrives à neuf heures.   6. Tu gardes ton billet.

Modèle: Nous cherchons nos amis.
            Cherchons nos amis!

1. Nous décidons de parler français.   4. Nous regardons le film.
2. Nous montrons les calendriers.   5. Nous ouvrons la portière.
3. Nous gardons les billets.   6. Nous allons au bistro.

Modèle: Vous êtes sage.
            Soyez sage!

1. Tu es en avance.
2. Nous sommes patients.

Modèle: Vous avez de la patience.
            Ayez de la patience!

1. Nous avons de la patience.
2. Tu as de la patience.

Modèle: Nous ne sommes pas intimidés.
            Ne soyons pas intimidés!

1. Nous ne sommes pas en retard.   3. Vous n'êtes pas déconcerté.
2. Vous n'êtes pas impatient.   4. Tu n'es pas exaspéré.

Modèle: Nous n'avons pas peur.
            N'ayons pas peur!

1. Vous n'avez pas cette attitude.   3. Nous n'avons pas l'habitude
                                        d'être en retard.
2. Tu n'as pas peur.   4. Tu n'as pas cette attitude.

NOTE DE GRAMMAIRE 3
Révision des verbes réguliers en **-er**

1. Before we introduce the *second class of regular verbs* in French, it would be well to review some of the verbs of the *first class* (**-er** endings) that we have encountered thus far:

acheter[2]	*to buy*	**s'habituer (à)**[3]	*to get used (to)*
aimer	*to like, to love*	**indiquer**	*to indicate*
appeler[2]	*to call*	**intimider**	*to intimidate*
(s')appeler[3]	*to be called*	**irriter**	*to irritate*
arriver	*to arrive*	**jeter**[2]	*to throw*
avancer[2]	*to advance*	**manger**[2]	*to eat*
chercher[4]	*to look for*	**montrer**	*to show*
chuchoter	*to whisper*	**murmurer**	*to murmur*
commencer[2]	*to begin*	**neiger**	*to snow*
compter	*to count*	**occuper**	*to occupy*
continuer	*to continue*	**oublier**	*to forget*
coûter	*to cost*	**parler**	*to speak*
décider	*to decide*	**poser**	*to put, to place*
déjeuner	*to have lunch*	**préférer**[2]	*to prefer*
demander	*to ask for*	**ramasser**	*to gather up*
se demander[3]	*to wonder*	**regarder**[4]	*to look at*
se dépêcher[3]	*to hurry*	**remarquer**	*to notice*
désirer	*to desire*	**répéter**[2]	*to repeat*
dîner	*to have dinner*	**réveiller**	*to wake (someone up)*
discuter	*to discuss*	**se réveiller**[3]	*to wake up*
donner	*to give*	**rouler**	*to move*
écouter[4]	*to listen*	**(se) terminer**[3]	*to finish*
étudier	*to study*	**travailler**	*to work*
garder	*to keep*	**trouver**	*to find*
geler[2]	*to freeze*	**voler**	*to fly*
		voyager[2]	*to travel*

2. Verbs ending in **-eler, -eter, -cer,** and **-ger** require minor spelling changes. These changes are made for phonetic reasons, the way the verb sounds.

---

[2] See section 2 of this grammar note.

[3] The (**se, s'**) denote *pronominal* verbs. They will be treated in a later chapter.

[4] Note that **chercher, demander, écouter,** and **regarder** are *not* followed by prepositions:

Il **cherche** sa valise.	He **looks for** his suitcase.
Le chauffeur **demande** vingt-huit francs.	The driver **asks for** twenty-eight francs.
Robert et Henry **écoutent** le vieux monsieur.	Robert and Henry **listen to** the old man.
Il **regarde** le chat par la fenêtre.	He **looks at** the cat through the window.

a. In certain verbs ending in **-eler** and **-eter,** the stem's final consonant is doubled when followed by a mute **e** (an **e** that is not pronounced). For example:

appeler   **jeter**

j'appelle	nous appelons	je jette	nous jetons
tu appelles	vous appelez	tu jettes	vous jetez
il appelle	ils appellent	il jette	ils jettent

b. In other verbs ending with **-eler** and **-eter,** an **accent grave** (`) is added. In **préférer** and **répéter,** the **accent aigu** (´) on the second **e** becomes **grave.** Examples: **préférer, acheter, geler, répéter:**

acheter

j'achète	nous achetons
tu achètes	vous achetez
il achète	ils achètent

c. To keep the soft sound of **-cer** and **-ger,** the following changes are made: An **e** is added to the stem of verbs ending in **-ger** if an **o** or **a** follows it; a **ç** is used in the stem of verbs ending in **-cer** if an **o, a,** or **u** follows it. Examples: **voyager, avancer, manger, commencer:**

manger   **commencer**

je mange	nous mangeons	je commence	nous commençons
tu manges	vous mangez	tu commences	vous commencez
il mange	ils mangent	il commence	ils commencent

Exercices de transformation

Modèle: J'achète deux billets. (*Nous*)
             Nous achetons deux billets.

1. *Ils* voyagent en France.
   (*Un groupe de camarades, Tu, Elle, Nous, Vous, Je, On, Ils*)
2. *Il* appelle le vieux monsieur.
   (*Tu, Nicole, Elles, Vous, Nous, On, Je, Il*)
3. *Tu* jettes le livre.
   (*Les garçons, Nous, Vous, On, Elle, Je, Tu*)
4. *Vous* mangez au restaurant.
   (*Nous, Tu, Jacqueline, Les femmes, Je, On, Vous*)
5. *Je* commence à parler français.
   (*Tu, Elle, On, Nous, Les étudiants, Vous, Je*)

6. *Nous* répétons la leçon.
   (*On, Tu, Vous, Elle, Les camarades, Je, Nous*)
7. *Vous* achetez deux billets.
   (*Ils, On, Elle, Mme Fourchet, Nous, Tu, Je, Vous*)

NOTE DE GRAMMAIRE 4
Le verbe irrégulier **faire**

1. Faire is an irregular verb. It has different meanings.

Il fait l'exercice.   **faire** = *to do, to make*
*He **is doing** the exercise.*

Il fait beau.   **faire** = (*idiomatic usage*)
It's a nice day.

2. Faire has the following conjugation:

		IMPERATIF
je fais [fɛ]	nous faisons [fəzõ]	fais
tu fais	vous faites [fɛt]	faisons
il fait	ils font [fõ]	faites

3. As indicated earlier, although the practice of answering questions by using the same verbs is usually safe, care should be exercised with verbs like **faire:**

Que faites-vous?
Je travaille.
Je parle.

Simples substitutions

1. *Nous faisons* l'exercice.
   (*Vous faites, Ils font, Je fais, On fait, Elle fait, Tu fais, Nous faisons*)
2. *Fais* l'exercice!
   (*Faisons, Faites, Fais*)
3. *Ne fais pas* l'addition!
   (*Ne faisons pas, Ne faites pas, Ne fais pas*)
4. *Ne fait-elle pas* le déjeuner?
   (*Ne font-ils pas, Ne fais-tu pas, Ne faites-vous pas, Ne faisons-nous pas, Est-ce que je ne fais pas, Ne fait-on pas, Ne fait-elle pas*)

Exercices de transformation

1. *Je* fais la queue.
   (*Nous, Tu, On, Ils, Les messieurs, Elles, Il, Vous, Je*)

2. Faites-*vous* le devoir?
   (*je, ils, nous, tu, on, elle, vous*)
3. *Je* ne fais pas le repas.
   (*Tu, Elles, Nicole, Vous, Nous, Robert, Je*)

NOTE DE GRAMMAIRE 5
Le temps/La météo

LE TEMPS	LE TEMPS
Ciel très nuageux avec pluie, suivi d'un temps sec et ensoleillé. Vent du sud-ouest puis du nord-ouest. Températures minimales, 6 à 9°. Maximales, 14 à 17°.	Temps d'abord très nuageux le matin, devenant de moins en moins nuageux l'après-midi. Vent nord-ouest faible. Températures minimales, 6 à 8°. Maximales, 18 à 20°.

Il fait beau.

Il fait très chaud.

Il fait chaud.	*It is hot.*
Il fait froid.	*It is cold.*
Il fait du soleil.	*It is sunny.*
Il fait du vent.	*It is windy.*
Il pleut.	*It is raining.*
Il neige.	*It is snowing.*
Il gèle.	*It is freezing.*
Le ciel est couvert.	*It is cloudy.*
Il y a des nuages.	*It is cloudy.*
Il fait un temps de chien.	*It is raining cats and dogs.*
Il fait un temps épouvantable.	*It is a dreadful day.*

1. A Londres il fait souvent du brouillard.
   In London it is often foggy.
2. Au Sahara il fait sec.
   In the Sahara it is dry.
3. En automne il fait un temps couvert.
   In autumn it is cloudy.
4. Avant la pluie il fait un temps nuageux.
   Before it rains it is cloudy.
5. En novembre il fait humide et frais.
   In November it is humid and chilly.
6. Au mois de mars il pleut à verse.
   In the month of March it pours.
7. En hiver il gèle.
   In winter it's freezing.
8. Il fait doux les soirs d'été.
   It is pleasant on summer evenings.

Simples substitutions

1. Il fait *chaud* en été.
   (*sec, beau, du soleil, doux, humide, chaud*)
2. Le printemps y est *sec.*
   (*chaud, humide, frais, doux, sec*)
3. *Il neige* en hiver.
   (*Il gèle, Il fait un temps de chien, Il fait froid, Il pleut à verse, Il fait du brouillard, Il neige*)
4. Il y fait *beau en été.*
   (*froid en hiver, doux au printemps, un temps épouvantable en automne, frais au printemps, beau en été*)

Substitution progressive

Il y fait du soleil généralement.
Il y neige généralement.
Il y neige *en hiver.*
Il y fait un temps épouvantable en hiver.
Il y fait un temps épouvantable *en novembre.*
Il y fait humide en novembre.
Il y fait humide *en automne.*
Il y pleut en automne.
Il y pleut *généralement.*
Il y fait du soleil généralement.

Questions

1. Quel temps fait-il en hiver? en été? en automne? au printemps?
2. Quel temps fait-il aujourd'hui?
3. Quand fait-on du ski?
4. Quelle saison préférez-vous?
5. Où fait-il chaud généralement?
6. Où fait-il froid généralement?
7. Où fait-il du brouillard d'habitude?
8. Comment est le ciel quand il pleut à verse?

NOTE DE GRAMMAIRE 6
Les verbes réguliers en **-ir**

1. The verb **finir** (*to finish*) is representative of the second class of regular verbs in French, verbs ending in **-ir.**

All verbs of this class that are considered regular take the same endings.

2. The present tense is formed from the infinitive minus the **-ir** ending:

SUBJECT PRONOUN	STEM	ENDING
je	fin	+ **is**
tu	fin	+ **is**
il	fin	+ **it**
nous	fin	+ **issons**
vous	fin	+ **issez**
ils	fin	+ **issent**

3. The written forms look like this:

		IMPERATIF
je finis	nous finissons [finisõ]	finis
tu finis [fini]	vous finissez [finise]	finissons
il finit	ils finissent [finis]	finissez

4. Note the **-iss,** which appears in all plural forms.

5. Verbs like **finir** are:

agir *to act*	**rajeunir** *to grow younger*
bâtir *to build*	**ralentir** *to slow down*
choisir *to choose*	**réfléchir (à)** *to think*
grandir *to grow tall*	**remplir** *to fill*
grossir *to get fat*	**réussir (à)** *to succeed (at)*
maigrir *to get thin*	**rougir** *to blush*
obéir (à) *to obey*	**vieillir** *to grow old*

Simples substitutions

1. *Robert finit* le repas.
   (*Tu finis, Ils finissent, Nous finissons, Vous finissez, Je finis, Nicole finit, On finit, Robert finit*)
2. *Finis* le dîner!
   (*Finissons, Finissez, Finis*)
3. *Ne finit-elle pas* le séjour?
   (*Ne finissez-vous pas, Ne finissons-nous pas, Ne finis-tu pas, Est-ce que je ne finis pas, Ne finit-on pas, Ne finit-elle pas*)

Exercices de transformation

1. *On* finit la discussion.
   (*Je, Nous, Le professeur, Elles, Vous, Tu, On*)
2. Finissez-*vous* le scénario?
   (*Est-ce que je, tu, nous, elles, ils, on, vous*)
3. *Je* ne finis pas le livre.
   (*Nous, Ils, Tu, Vous, Elle, On, Nous, Je*)
4. *Robert* finit le repas.
   (*Tu, Ils, Nous, Vous, Je, On, Robert*)

Simples substitutions

1. *Cet enfant grandit* vite.
   (*Nous grandissons, Les étudiants grandissent, Je grandis, Vous grandissez, Tu grandis, Cet enfant grandit*)
2. *Nous remplissons* la malle.
   (*Je remplis, Tu remplis, Vous remplissez, Elle remplit, On remplit, Ils remplissent, Nous remplissons*)
3. *Remplissez-vous* la valise?
   (*Est-ce que je remplis, Remplit-il, Remplissons-nous, Remplissent-ils, Remplis-tu, Remplissez-vous*)

Exercices de transformation

1. *Je remplis* ce verre.
   (*Tu, Elle, Les femmes, Vous, Nous, On, Je*)
2. *Nous* choisissons le taxi.
   (*Je, Robert, Vous, Tu, Ils, On, Nous*)
3. *Cet enfant-là* grandit vite.
   (*Je, Nous, Il, Tu, Les enfants, On, Vous, Cet enfant-là*)
4. *Cette femme* vieillit bien.
   (*Vous, Je, Nous, Il, Tu, Elles, Ce monsieur, Cette femme*)

5. *L'enfant* obéit a son père.[5]
   (*Nous, Ils, Vous, On, Je, Tu, L'enfant*)
6. *Ils* réussissent à voir le château.[6]
   (*Tu, L'homme, Elle, Nous, Vous, Je, On, Ils*)
7. *Le chien* maigrit quand *il* ne mange pas.
   (*Tu, Nous, Vous, Ils, Elles, Je, On, Il, Le chien*)
8. *La tante de Suzanne* grossit: *elle* mange trop.
   (*Ils, Nous, Vous, Tu, Je, Mon amie, La tante de Suzanne*)
9. *Il* agit comme un enfant.
   (*Je, Tu, Ils, Nous, Vous, On, Nicole, Il*)

NOTE DE GRAMMAIRE 7
Le verbe irrégulier **voir**

1. The verb **voir** (*to see*) is irregular.

2. Voir has the following conjugation in the present indicative:

IMPERATIF

je vois	nous voyons [vwajõ]	vois
tu vois [vwa]	nous voyez [vwaje]	voyons
il voit	ils voient	voyez

3. Two verbs that are conjugated like **voir** are:

croire   *to believe*   **prévoir**   *to foresee*

4. Note the difference in meaning between **voir** (*to see*) and **regarder** (*to look at, to watch*):

Nous voyons le train.   *We see the train.*
Nous regardons le train.   *We look at the train.*

Both verbs require a *direct* object.

Simples substitutions

1. *Je vois* le château.
   (*Nous voyons, Tu vois, Vous voyez, On voit, Elle voit, Ils voient, Je vois*)

---

[5]**Obéir à** (*to obey*) requires a preposition in French:
   J'**obéis à** ma mère.   *I obey my mother.*
[6]**Réussir** (*to succeed*) requires **à** before a noun:
   Il **réussit à** son examen.   *He passes his test.*
Réussir also requires the preposition when followed by an infinitive:
   Il **réussit à** parler français.   *He succeeds in speaking French.*

2. *Est-ce que je vois* le pont?
   (*Voyez-vous, André voit-il, M. et Mme Fourchet voient-ils, Voit-on, Vois-tu, Voyons-nous, Est-ce que je vois*)
3. *Je ne vois pas* l'église.
   (*Nous ne voyons pas, Vous ne voyez pas, Elle ne voit pas, Tu ne vois pas, On ne voit pas, Ils ne voient pas, Je ne vois pas*)
4. *Je crois* qu'il va venir.
   (*Nous croyons, Ils croient, On croit, Tu crois, Il croit, Vous croyez, Les enfants croient, Je crois*)

Substitution progressive

Je ne crois pas le chauffeur.   *On ne croit pas* l'homme.
Je ne crois pas *l'étudiant.*   On ne croit pas *l'employé.*
Ils ne croient pas l'étudiant.   *Je ne crois pas* l'employé.
Ils ne croient pas *l'homme.*   Je ne crois pas *le chauffeur.*

Exercices de transformation

1. *Nous* prévoyons un temps de chien.
   (*Tu, La météo, Je, Les femmes, On, Vous, Nous*)
2. *Je* crois que le train est à l'heure.
   (*Nous, Tu, Vous, L'hôtesse, Les employés, On, Je*)
3. *Il prévoit* le départ à 14 heures.
   (*Tu, On, Nous, Les chauffeurs, Vous, Mon grand-père et ma grand-mère, Il*)
4. Crois-*tu* la météo?
   (*il, nous, Jacqueline, vous, je, on, Mes cousines, tu*)
5. *Il* ne la croit pas.
   (*Je, Ma nièce, Nous, Vous, Tu, Ils, On, Il*)

QUESTIONS GENERALES

1. Etes-vous brusque avec vos amis?
2. Etes-vous toujours à l'heure?
3. Parlez-vous français?
4. Quel temps fait-il en hiver?
5. Quel temps fait-il au printemps?
6. Quel temps fait-il en été?
7. Quel temps fait-il en automne?
8. Qu'allez-vous faire cet après-midi?
9. Qu'allez-vous faire ce soir?
10. Réussissez-vous à comprendre le scénario?
11. Obéissez-vous à vos parents?

12. En quelle saison neige-t-il?
13. Etes-vous aimable?
14. Etes-vous facilement irrité(e)?
15. Etes-vous facilement intimidé(e)?
16. Où allez-vous le dimanche?
17. Combien d'amis avez-vous?
18. Quel âge avez-vous?
19. Quelle saison préférez-vous? Pourquoi?
20. Quel jour de la semaine préférez-vous? Pourquoi?
21. Quels sont les mois qui ont trente et un jours?
22. Combien de jours février a-t-il cette année?

Exercices de manipulation

1. Demandez à _____ quelle saison elle préfère.
2. Demandez à _____ s'il neige aujourd'hui.
3. Demandez à _____ s'il pleut aujourd'hui.
4. Demandez à _____ le temps qu'il fait aujourd'hui.
5. Demandez à _____ où il va aller ce soir.
6. Demandez à _____ s'il maigrit ou grossit.
7. Demandez à _____ s'il est aimable ou irrité.
8. Demandez à _____ s'il obéit toujours.
9. Demandez à _____ si elle prévoit le temps.
10. Demandez à _____ si elle va aller au cinéma ce soir.
11. Demandez à _____ si elle voit une église par la fenêtre.
12. Demandez à _____ si elle croit le professeur.
13. Demandez à _____ s'il pleut beaucoup en Europe.
14. Demandez à _____ s'il fait chaud au Pôle Nord.

MICROLOGUE   Le métro

A Paris il y a un très bon **moyen** de **transport,** le Métropolitain, qu'on appelle *le métro*. Le métro **traverse** Paris dans **tous les sens.** Ils est **presque** impossible de **s'y perdre.** Les trajets ne sont pas **coûteux.** C'est un moyen de transport très pratique. Avec **un seul** billet il est possible de faire **plusieurs fois** le tour de Paris **sans rien voir.** Il y a deux classes, première et seconde. Un billet de première classe **coûte plus cher.**

means / transportation
crosses / all directions /
*   almost / to get lost*
costly / a single / several
*   times*

without seeing anything
is more expensive
*   (literally: costs more*
*   dearly)*

Questions

1. Qu'est-ce qu'il y a à Paris?
2. Que signifie le mot *métro?*

3. Est-ce que le métro traverse Paris dans tous les sens?
4. Est-ce qu'il est impossible de s'y perdre?
5. Est-ce que le prix des trajets est coûteux?
6. Est-ce un moyen pratique de transport?
7. Combien de classes y a-t-il?
8. Quelle classe coûte plus cher?

CREATION ET RECREATION

1. Match the weather conditions in column A with the areas or places listed in column B; then compose an original sentence using the same weather conditions but pertaining to a place not listed in column B. For example:

> Il y fait torride en été. Bâton Rouge.
> En été il fait torride à Bâton Rouge.
> *En été il fait torride à Caracas.*

COLUMN A	COLUMN B
Il y fait du brouillard.	Rio de Janeiro
Il y neige souvent.	Seattle
Il y fait torride en été.	Los Angeles
Il y fait chaud et sec.	Miami
Le ciel y est souvent couvert.	Londres
Il y a du «smog».	Boston
Il y fait frais en automne.	Casablanca
Il y fait beau en hiver.	Québec
Il y fait doux toute l'année.	Honolulu

2. Add another paragraph to your story of Monique and Pierre.

> Monique et Pierre sont dans un train. Ils discutent de leur aventure avec le chauffeur de taxi. Ils regardent le paysage. Ils parlent avec un vieux monsieur de la distance de New York à _____ , du temps, . . .

Chapitre 4: COUP D'ŒIL

Oui   **Non**

_____ 1. The *demonstrative adjective* (**ce, cette, ces**) points something out: _____

Je parle à **ce** garçon.
Je parle à **cet** homme.
Je parle à **cette** femme.
Je parle à **ces** camarades.

_____ 2. The *imperative* expresses commands: _____

Ferme la porte!
Fermez la porte!
Fermons la porte!

In the *negative imperative*, **ne** precedes the verb and **pas** follows it:

Ne ferme **pas** la porte!

The imperative of the verbs **être** and **avoir** are derived from the subjunctive. We will study the subjunctive in later chapters.

3. **Faire** is an irregular verb:

faire

je fais [fɛ]	nous faisons [fəzõ]
tu fais	vous faites [fɛt]
il fait	ils font [fõ]

Weather conditions are usually stated with the formula **il fait:**

Il fait du vent aujourd'hui.

4. Some verbs ending in **-er** undergo orthographic (spelling) changes:

appeler

j'appelle	nous appelons
tu appelles	vous appelez
il appelle	ils appellent

Others that under spelling changes are:

acheter	geler	préférer
avancer	jeter	répéter
commencer	manger	voyager

Remember that the boxed area—such as in the preceding example with **appeler**—indicates that the verbs are all pronounced alike.

5. Regular verbs of the second class end in **-ir,** such as **finir.** Add one set of endings to the regular stem to form the *present:*

-is, -is, -it, -issons, -issez, -issent

6. Verbs like **voir** are irregular:

je vois [vwa]	nous voyons [vwajõ]
tu vois	vous voyez [vwaje]
il voit	ils voient

Other verbs conjugated this way are **croire** and **prévoir.**

VOCABULAIRE

Verbes

(s')accoutumer (à)	**montrer**
agir	**murmurer**
avancer	neiger
avoir besoin de	**obéir (à)***
avoir peur (de)	ouvrir
bâtir	**penser (à)**
choisir*	permettre
chuchoter	pleuvoir
comprendre	préférer
croire*	**prévoir***
(se) demander	**rajeunir***
discuter	ralentir
faire*	réfléchir
finir*	**remplir***
garder	**réussir (à)***
geler	**rougir**
grandir*	**rouler**
grossir*	sortir
(s')habituer (à)	**travailler**
(s') inquiéter	**vieillir***
jeter	**voir***
maigrir*	

Noms

compartiment (*m.*)	**chat** (*m.*)
portière (*f.*)	**cheval** (*m.*)
	chien (*m.*)
capitale (*f.*)	**vache** (*f.*)
château (*m.*)	
école (*f.*)	gramme (*m.*)
fenêtre (*f.*)	kilogramme, kilo (*m.*)
maison (*f.*)	kilomètre, km (*m.*)
paysage (*m.*)	mètre (*m.*)
pont (*m.*)	
devoir (*m.*)	
discussion (*f.*)	
formule (*f.*)	

Adjectifs

aimable	**facile**
brusque	**excellent**
ce	gentil
ensoleillé	**intéressant**

irrité   sage
jeune   **vieux**
patient

Adverbes

beaucoup   normalement
d'habitude   **pourquoi**
facilement   presque
en général   si
là-bas

Conjonction

comme

Préposition

loin de

Expressions utiles

avoir de la patience   Ne vous en faites pas.
l'ensemble du pays   **Pardon.**
On finit par s'y habituer. **Quel temps fait-il?**
Je vous en prie.

Le temps

la météo   le ciel est couvert
la pluie   **il pleut**
il fait beau   il pleut à verse
il fait mauvais   **il neige**
   un temps de chien   **il gèle**
   un temps épouvantable il y a des nuages
   chaud
   froid
   doux
   sec
   humide
   frais
   du vent
   du soleil
   du brouillard
   un temps couvert
   un temps nuageux

CHAPITRE 5
RENCONTRE
A LA GARE

Scénario 5: RENCONTRE A LA GARE

PREMIERE ETAPE

1   *Henry et Robert arrivent à la gare de Bourges. Il y a beaucoup de monde. Il est onze heures vingt-deux. Les familles françaises sont déjà là. Plusieurs sont inquiètes.*

MME MIGNONNE: Voici mon jeune étudiant.
MME CRAQUET: C'est vrai.
5   MME PIERROT: Ils sont grands et forts. Tous les Américains sont très sportifs.
MME MIGNONNE: J'espère que le nouveau va être bavard.
MME FOURCHET: J'espère qu'il ne va pas être difficile à table.
LE PROFESSEUR: Ils sont tous là.

DEUXIEME ETAPE

1   *Henry et Robert arrivent à la gare de Bourges. Il y a beaucoup de monde devant la gare. Il est onze heures vingt-deux et le train vient d'arriver. Les familles françaises sont déjà là. Plusieurs sont inquiètes parce qu'elles ne peuvent pas identifier leurs «enfants» américains.*

5   MME MIGNONNE: Voici mon jeune étudiant qui vient. Mais qu'il est différent!
MME CRAQUET: C'est vrai. Je ne peux pas l'identifier.
MME PIERROT: Ils sont grands et forts. On voit que tous les Américains sont très sportifs et prennent beaucoup de vitamines.
MME MIGNONNE: J'espère que le nouveau va être plus bavard que nos deux premiers
10   étudiants.
MME FOURCHET: J'espère qu'il ne va pas être si difficile à table.
LE PROFESSEUR: (*Il les compte.*) . . . dix-huit, dix-neuf, vingt. Enfin, ils sont tous là.

TROISIEME ETAPE

1   *Henry et Robert arrivent à la gare de Bourges. Il y a beaucoup de monde devant la gare. Il est onze heures vingt-deux et le train 4511 vient d'arriver. Les familles françaises qui vont héberger les étudiants américains sont déjà là. Plusieurs mères sont inquiètes parce qu'elles ne peuvent pas identifier leurs «enfants» américains.*

5   MME FOURCHET: Je crois reconnaître cet étudiant-là.
MME MIGNONNE: Voici mon jeune étudiant qui vient. Mais qu'il est différent!
MME CRAQUET: C'est vrai. (*Elle regarde la photo.*) Je ne peux pas l'identifier avec sa photo.
MME PIERROT: Mon Dieu, qu'ils sont grands et forts! On voit bien que tous les Américains sont très sportifs et prennent beaucoup de vitamines pour rester en bonne santé.
10   MME MIGNONNE: J'espère que le nouveau va être plus bavard que nos deux premiers étudiants.
MME FOURCHET: Et moi, j'espère qu'il ne va pas être si difficile à table.
(*Le professeur américain consulte la liste des étudiants.*)

101

LE PROFESSEUR: (*Il les compte.*) . . . dix-huit, dix-neuf, vingt. Enfin, ils sont tous là. Et à
15   l'heure. (*aux étudiants*) Prenez toutes vos affaires avec vous.

SYNONYMES ET EXPRESSIONS APPROXIMATIVES

1	Il y a beaucoup de monde = Il y a foule, Il y a beaucoup de personnes
3	héberger = loger, recevoir
3	inquiètes = anxieuses
7	C'est vrai = C'est exact
8	grands et forts = bien bâtis
8	On voit bien = On remarque
9	pour rester en bonne santé = pour bien se porter
12	si = aussi
12	difficile à table → délicat → qui mange du bout des dents
13	consulte = examine

VOCABULAIRE ILLUSTRE

Mon Dieu, qu'ils sont **grands!**

forts!

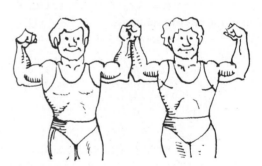

beaux!

beau   belle

laids!

laid   laide

costauds! (*strong, vigorous*)

faibles!

maigres!

gros!

gros   grosse

Je crois reconnaître **ce visage**.

ces cheveux (*m.*).

ces yeux (*m.*).

cette bouche.

cette joue.

cette tête (cette tronche°).

ce front.

cette oreille.

ce nez.

ce menton.

⚘ QUESTIONS SUR LE SCENARIO

1. Où Robert et Henry arrivent-ils?
2. Y a-t-il beaucoup de monde devant la gare?
3. Quelle heure est-il quand le train arrive?
4. Pourquoi plusieurs mères sont-elles inquiètes?
5. Que dit Mme Mignonne?
6. Comment sont les étudiants américains?
7. Pourquoi sont-ils grands et forts?
8. Qu'est-ce que Mme Mignonne espère?
9. Et qu'est-ce que Mme Fourchet espère?
10. Combien d'étudiants y a-t-il?

NOTE DE GRAMMAIRE 1

Les nombres ordinaux

1. Ordinal numbers indicate the order of items in a series: first, second, third, etc.

2. Ordinal numbers other than

> **premier** (and its feminine form **première**)
> **second** (and its feminine form **seconde**)[1] [səgō/səgōd]

are formed simply by adding **-ième** to the last consonant of the cardinal number:

$$\left.\begin{array}{l} \textbf{deux} \\ \textbf{trois} \\ \textbf{quatr-}^2 \end{array}\right\} + \textbf{ième}$$

There are two exceptions, **cinq** and **neuf:**

> cin**qu**ième   (add a **u**)
> neu**v**ième   (change **f** to **v**)

In general, the rule is quite simple:

> CARDINAL NUMBER + **ième** = ORDINAL NUMBER

---

[1]In a series of more than two, replace **second(e)** by **deuxième.**
La première fille et la seconde fille finissent l'exercice.
Le premier et le deuxième chapitres sont faciles. Le troisième est difficile.
[2]Naturally, you drop a mute **e** at the end of the cardinal number.

With tens and units, follow a similar system:

trente	trentième
trente et un	trente et unième
trente-deux	trente-deuxième

3. Unlike English usage, cardinals precede ordinals in French:

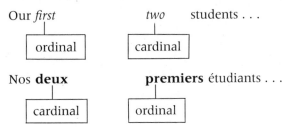

Our *first*   *two*   students . . .

 ordinal   cardinal

Nos **deux**   **premiers** étudiants . . .

 cardinal   ordinal

Exercices de manipulation

Modèle: Le premier jour de la semaine est lundi. (*Le deuxième jour*)
Le deuxième jour de la semaine est mardi.

1. *Le premier jour* de la semaine est lundi.
   (*Le deuxième jour, Le troisième jour, Le quatrième jour, Le cinquième jour, Le sixième jour, Le septième jour*)
2. *Le premier mois* de l'année est janvier.
   (*Le deuxième mois, Le troisième mois, Le quatrième mois, Le cinquième mois, Le sixième mois, Le septième mois, Le huitième mois,[3] Le neuvième mois, Le dixième mois, Le onzième mois,[3] Le douzième mois*)

Questions

1. Quels sont les deux premiers mois de l'année?
2. Quels sont les deux premiers jours de la semaine?
3. Comment s'appellent les deux premières actrices de cinéma?
4. Comment s'appellent les deux premiers présidents des Etats-Unis (*United States*)?
5. Comment s'appellent les deux derniers présidents des Etats-Unis?
6. Quels sont les deux premiers mois de l'été?
7. Quels sont les deux derniers mois de l'hiver?

[3]Note that like **huit** and **onze, huitième** and **onzième** do not take elision:
   le huit avril   **le huitième** jour
   le onze avril   **le onzième** jour

VOCABULAIRE ILLUSTRE

Où se trouve-t-il?

Où va-t-il?

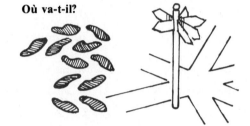

A côté de la porte.

Tout droit.

En face de la porte.

A gauche.

A droite.

Près de la porte.

En haut de l'escalier.

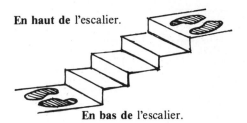

En bas de l'escalier.

Le livre est **sur** la table.

Jusqu'au bout du couloir.

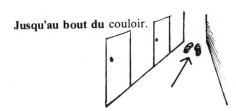

Le livre est **sous** la table.

Loin de la porte.

le garage   le Cinéma Lux   l'Hôtel du Pont   le gymnase

RUE DU BAC

RUE DES ARENES

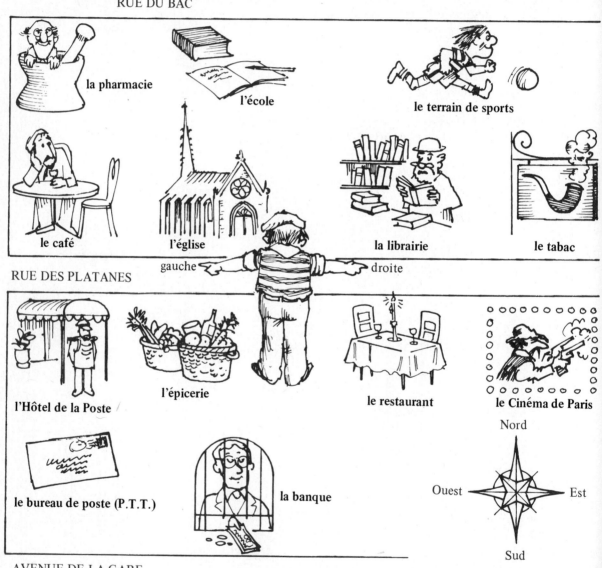

la pharmacie

l'école

le terrain de sports

le café

l'église

la librairie

le tabac

gauche

droite

RUE DES PLATANES

l'Hôtel de la Poste

l'épicerie

le restaurant

le Cinéma de Paris

le bureau de poste (P.T.T.)

la banque

Nord

Ouest — Est

Sud

AVENUE DE LA GARE

Study the preceding drawing:

1. En face de l'église il y a une épicerie.
2. A côté de l'église il y a une librairie.
3. Il y a un café aussi à côté de l'église.
4. Derrière l'église il y a une école.
5. En face de la librairie il y a un restaurant.
6. Près de l'école il y a un terrain de sports.
7. Le Cinéma de Paris est loin du Cinéma Lux.
8. Le garage est près du Cinéma Lux.

Questions

1. Où se trouve la pharmacie?   La pharmacie se trouve . . .
2. Où se trouve le gymnase?   Le gymnase se trouve . . .
3. Où se trouve le bureau de poste?   Le bureau de poste se trouve . . .
4. Où est l'hôtel de la Poste?   L'hôtel de la Poste . . .
5. Où est l'église?   L'église est . . .

Exercices de manipulation

Vous êtes devant l'église.

Modèle: Comment allez-vous au bureau de tabac?
           Je tourne à droite et je vais tout droit jusqu'au bureau de tabac.

1. Comment allez-vous à l'Hôtel du Pont?
   Je tourne à gauche et je vais tout droit jusqu'à la rue des Arènes. Je tourne à droite et je vais tout droit jusqu'à la rue du Bac. Là, je tourne à droite jusqu'au pont. Je traverse (cross) *le pont et je tourne à droite.*
2. Comment allez-vous à la banque?
   Je tourne à gauche. Je tourne à gauche à la rue des Arènes. Je tourne encore à gauche à l'avenue de la Gare et je vais tout droit jusqu'à la banque.
3. Comment allez-vous au terrain de sports?
4. Comment allez-vous au Cinéma Lux?
5. Comment allez-vous au Cinéma de Paris?
6. Comment allez-vous au bureau de poste?

NOTE DE GRAMMAIRE 2
Le verbe irrégulier **venir**

1. The verb **venir** (*to come*) is irregular. It is conjugated in the present indicative in the following way:

			IMPERATIF
je viens	nous venons	[vənõ]	viens
tu viens [vjɛ̃]	vous venez	[vəne]	venons
il vient	ils viennent	[vjɛn]	venez

For many such irregular verbs, the first and second persons plural take the stem of the infinitive.

2. Other verbs conjugated like **venir** are:

appartenir (à)	*to belong*	**obtenir**	*to obtain*
devenir	*to become*	**revenir**	*to come back*
maintenir	*to maintain*	**tenir**	*to hold*

3. Usages:

Ce billet appartient à l'étudiant.
This ticket belongs to the student.

Nous devenons inquiets.
We are becoming worried.

Je maintiens que la vérité est éternelle.
I maintain that truth is eternal.

Vous obtenez tout ce que vous désirez.
You obtain all you desire.

Je reviens de l'église.
I come back from church.

Ils tiennent leurs valises à la main.
They are holding their suitcases in their hands.

Il vient manger.
He comes to eat.

Simples substitutions

1. *Je viens de l'aéroport.*
   (*Nous venons, Tu viens, Ils viennent, Elle vient, Vous venez, Je viens*)
2. *Venez-vous de la gare?*
   (*Viens-tu, Venons-nous, Vient-il, Viennent-elles, Est-ce que je viens, Venez-vous*)
3. *Je ne viens pas dîner.*
   (*Tu ne viens pas, Ils ne viennent pas, Nous ne venons pas, On ne vient pas, Vous ne venez pas, Elle ne vient pas, Je ne viens pas*)
4. *Ne vient-il pas du cinéma?*
   (*Ne venez-vous pas, Ne viennent-ils pas, Ne viens-tu pas, Ne vient-on pas, Ne venons-nous pas, Est-ce que je ne viens pas, Ne vient-il pas*)
5. *Revenez-vous de la gare?*
   (*Est-ce que je reviens, Revenons-nous, Reviens-tu, Revient-il, Revient-on, Reviennent-ils, Revenez-vous*)

6. *Je ne tiens pas* la porte.
   (*Il ne tient pas, Tu ne tiens pas, Vous ne tenez pas, On ne tient pas, Ils ne tiennent pas,*
   Nous ne tenons pas, Je ne tiens pas)

Substitutions progressives

1. Nous tenons les billets.
   Nous tenons *les livres.*
   Je tiens les livres.
   Je tiens *l'argent.*
   Elle tient l'argent.
   Elle tient *le plateau.*
   Nous tenons le plateau.
   Nous tenons *les billets.*

2. Elles obtiennent un jour de congé.
   Elles obtiennent *la monnaie.*
   Vous obtenez la monnaie.
   Vous obtenez *l'argent.*
   J'obtiens l'argent.
   J'obtiens *le pourboire.*
   Elles obtiennent le pourboire.
   Elles obtiennent *un jour de congé.*

3. Il revient de l'église.
   Il revient *de l'aéroport.*
   Nous revenons de l'aéroport.
   Nous revenons *du bâtiment.*
   Vous revenez du bâtiment.
   Vous revenez *du terrain de sports.*
   Il revient du terrain de sports.
   Il revient *de l'église.*

Exercices de transformation

1. *Le professeur* obtient la réponse.
   (*Tu, On, Nous, Les jeunes gens, Vous, Elle, Le professeur*)
2. *Cette valise* n'appartient pas à Jacqueline.
   (*Ces billets, Cette malle, Ces livres, Cet argent, Cette table, Ce plateau, Ce calendrier, Cette*
   valise)
3. *Il* devient irrité.
   (*Nous, Vous, M. Dubois, Tu, On, Les parents, La nièce, Le neveu, Il*)
4. Maintient-*il* l'ordre?
   (*nous, on, La mère, Le frère, Le copain, Les cousins, Le grand-père, il*)
5. *Elles* viennent du château.
   (*L'enfant, L'oncle et la tante, On, Je, Tu, Nous, Vous, Elles*)

NOTE DE GRAMMAIRE 3
Venir de + l'infinitif

Venir de + *infinitive* is an idiomatic form that indicates an action just completed:

Je viens d'arriver.   *I **have just** arrived.*

Substitution progressive

Nous venons de finir le repas.
Nous venons de finir *le déjeuner.*
Ils viennent de commencer le déjeuner.
Ils viennent de commencer *le scénario.*

Elle vient de regarder le scénario.
Elle vient de regarder *le livre.*
Nous venons de finir le livre.
Nous venons de finir *le repas.*

Exercices de transformation

Modèle: Le train arrive.
               Le train vient d'arriver.

1. Elle parle avec son père.
2. Le professeur consulte la liste des étudiants.
3. Il obtient un pourboire.
4. Tu finis ton déjeuner.
5. Elle apporte les écouteurs.
6. Il compte son argent.
7. Un monsieur tourne à droite.
8. Ils donnent l'argent au chauffeur de taxi.
9. Nous discutons de l'attitude de l'employé.
10. Je trouve mon sac de couchage.

NOTE DE GRAMMAIRE 4
Le verbe irrégulier **prendre**

1. The verb **prendre** (*to take*) is irregular. It is conjugated in the following way:

		IMPERATIF
je prends	nous prenons [prənõ]	prends
tu prends [prã]	vous prenez [prəne]	prenons
il prend	ils prennent [prɛn]	prenez

2. Other verbs conjugated like **prendre** are:

apprendre   *to learn*
comprendre   *to understand*
surprendre   *to surprise*

3. Usages:

Je n'apprends pas les leçons difficiles.
I do not learn the difficult lessons.

Nous comprenons bien les exercices.
We understand the exercises well.

Elle surprend toujours les étudiants.
She always surprises the students.

Substitutions progressives

1. Il prend les billets.
   Il prend *les livres.*
   Nous prenons les livres.
   Nous prenons *les cartes.*
   Vous prenez les cartes.
   Vous prenez *les billets.*
   Il prend les billets.

2. Je n'apprends pas les leçons difficiles.
   Je n'apprends pas *les scénarios difficiles.*
   Elle n'apprend pas les scénarios difficiles.
   Elle n'apprend pas *les exercices difficiles.*
   Ils n'apprennent pas les exercices difficiles.
   Ils n'apprennent pas *les chapitres difficiles.*
   Je n'apprends pas les chapitres difficiles.
   Je n'apprends pas *les leçons difficiles.*

3. Tu comprends le français.
   Tu comprends *le scénario.*
   Elle comprend le scénario.
   Elle comprend *le professeur.*
   Vous comprenez le professeur.
   Vous comprenez *le film.*
   Tu comprends le film.
   Tu comprends *le français.*

4. Le professeur surprend les étudiants.
   Le professeur surprend *les garçons.*
   Tu surprends les garçons.
   Tu surprends *les filles.*
   Nous surprenons les filles.
   Nous surprenons *les étudiants.*
   Le professeur surprend les étudiants.

Exercices de transformation

1. *On* apprend vite.
   (*Tu, Nous, Elle, Ils, Je, Vous, On*)
2. Comprenez-*vous* le français?
   (*il, Est-ce que je, on, nous, tu, elles, vous*)
3. *Robert* ne prend pas le métro.
   (*Henry et Robert, Tu, Nous, Vous, On, Je, Elles, Robert*)

QUESTIONS GENERALES

1. Aimez-vous voyager par le train? Pourquoi?
2. Etes-vous inquiet/inquiète dans un avion?
3. Etes-vous sportif/sportive?
4. Etes-vous grand(e)? fort(e)?
5. Etes-vous bavard(e) en classe?
6. Etes-vous difficile à table?
7. Comprenez-vous tous les scénarios?
8. Est-ce que ce livre appartient à un étudiant?
9. A quelle heure venez-vous en classe?
10. Prenez-vous l'autobus pour aller à l'école?
11. Comment allez-vous à la pharmacie?
12. Comment allez-vous à l'église?
13. Quels sont les deux derniers jours de la semaine?
14. Qu'est-ce que vous venez de faire?
15. Prenez-vous des vitamines? Quelles vitamines?

Exercices de manipulation

1. Demandez à _____ si elle est grande.
2. Demandez à _____ si elle prend le train pour aller à New York.
3. Demandez à _____ s'il est gros.
4. Demandez à _____ s'il est difficile à table.
5. Demandez à _____ de montrer les cheveux, les yeux, la bouche, le nez, le menton, les oreilles, le visage d'un étudiant.
6. Demandez à _____ s'il apprend toujours les scénarios.
7. Demandez à _____ si elle est bavarde.
8. Demandez à _____ où est son livre.
9. Demandez à _____ s'il est loin de la porte.
10. Demandez à _____ s'il est en face de la fenêtre.
11. Demandez à _____ la date de son anniversaire.
12. Demandez à _____ s'il comprend le professeur.
13. Demandez à _____ si elle vient de dormir (manger, étudier, voyager, apprendre
    la leçon).

14. Demandez à _____ si le professeur est à sa gauche.
15. Demandez à _____ si le professeur est à sa droite.
16. Demandez à _____ si la classe est au bout du couloir.
17. Demandez à _____ si la classe est en haut de l'escalier.
18. Demandez à _____ où il va aller après (*after*) la classe.

LECTURE L'accent grave

1   LE PROFESSEUR: **Elève** Hamlet!   *Pupil*

   L'ELEVE HAMLET: (*sursautant*) . . . **Hein** . . . Quoi . . . Pardon . . .   *startled / What*
      Qu'est-ce qui se passe . . . Qu'est-ce qu'il y a . . . Qu'est-ce
      que c'est? . . .

5   LE PROFESSEUR: (*mécontent*) Vous ne pouvez pas répondre «présent»   *displeased*
      comme tout le monde? Pas possible, vous êtes **encore** dans   *still* or *again*
      les nuages.

   L'ELEVE HAMLET: Etre ou ne pas être dans les nuages!

   LE PROFESSEUR: **Suffit.** Pas tant de manières. Et conjuguez-moi le   *enough*
10   verbe *être*, comme tout le monde, c'est tout ce que je vous
      demande.

   L'ELEVE HAMLET: *To be* . . .

   LE PROFESSEUR: En français, s'il vous plaît, comme tout le monde.

   L'ELEVE HAMLET: Bien, monsieur. (*Il conjugue.*)
15   Je suis ou je ne suis pas
      Tu es ou tu n'es pas
      Il est ou il n'est pas
      Nous sommes ou nous ne sommes pas . . .

   LE PROFESSEUR: (*excessivement mécontent*) Mais c'est vous qui **n'y**   *aren't with it*
20   **êtes pas,** mon pauvre ami!

   L'ELEVE HAMLET: C'est exact, monsieur le professeur,
      Je suis «où» je ne suis pas
      Et **dans le fond, hein,** à la réflexion   *finally, eh*
      Etre «où» ne pas être
25   C'est peut-être aussi la question.

                            Jacques Prévert
                            Paroles   *Words*
                            Paris: Gallimard, 1949

Questions

1. Que dit Hamlet?
2. Qu'est-ce que le professeur demande à Hamlet de répondre?
3. Où Hamlet est-il encore?
4. Que répond Hamlet?
5. Quel verbe Hamlet doit-il conjuguer?

6. Comment tout le monde conjugue le verbe **être?**
7. Conjuguez le verbe **être** comme fait Hamlet.
8. Le professeur est-il content? Pourquoi?
9. Pensez-vous comme Hamlet que «être où ne pas être» est peut-être aussi la question?

CREATION ET RECREATION

1. Using one of the two photos or pictures previously described in *Création et récréation* exercises (*Chapitre 1*—photo of a family; *Chapitre 3*—photo or picture of a celebration), elaborate on your original description, giving special attention to the spatial relations found among the various persons and objects. Also, try to use as many of the irregular verbs you have studied as possible. For example:

> **Vous voyez sur** cette photo (**On trouve sur** cette photo) l'ensemble d'une famille **à table.** Ces personnes **sont en train de** (*in the process of*) . . .

Then, proceed to point out who is where, next to whom, etc., being sure to use the following: **à côté de, au bout de, derrière, devant, en face de, loin de, près de, sous,** and **sur.**

2. Add to your story of Monique and Pierre.

> Monique et Pierre arrivent à la gare de _____ . Ils font la connaissance des familles américaines qui vont les héberger. Monique et Pierre décrivent (*describe*) leurs mères américaines. . . .

Chapitre 5: COUP D'ŒIL

Oui   **Non**

_____   1. Ordinal numbers indicate the order of items in a series: _____

premier, deuxième, troisième, . . .

_____   2. Spatial relationships: _____

à côté de *beside*	loin de *far from*	
devant *in front of*	près de *near*	
derrière *behind*	sous *under*	
en face de *opposite*	sur *on*	

_____   3. **Venir** (*to come*) is an irregular verb. It is conjugated as follows: _____

je viens	nous venons
tu viens	vous venez
il vient	ils viennent

Verbs that are conjugated like it are:

appartenir, devenir, maintenir, obtenir, revenir, tenir

Un artiste dessinant sur un trottoir

4. The idiomatic **venir de** + *infinitive* should not be confused with **venir.** Note the difference:

Il vient manger.	*He comes to eat.*
Il vient de Paris.	*He comes from Paris.*
Il vient de la classe.	*He comes from class.*
Il vient de manger.	*He has just eaten.*

5. **Prendre** (*to take*) is an irregular verb. It is conjugated as follows:

je prends	nous prenons
tu prends	vous prenez
il prend	ils prennent

Verbs that are conjugated like it are:

apprendre, comprendre, surprendre

6. You must have noticed that adjectives agree in number and gender with the nouns and pronouns they modify:

J'aime cette expérience français**e.**
Plusieurs mères sont inquiè**tes.**
Cette femme est conten**te.**
Ils voient des choses intéressant**es.**
Les deux étudiants sont toujours bouleversé**s.**

Notice the forms of adjective you have learned already:

Masculine singular: Il est grand/petit/fort/faible/beau/laid/gros/maigre/jeune/vieux.
Feminine singular: Elle est grande/petite/forte/faible/belle/laide/grosse/maigre/jeune/ vieille.
Masculine plural: Ils sont grands/petits/forts/faibles/beaux/laids/gros/maigres/jeunes/ vieux.
Feminine plural: Elles sont grandes/petites/fortes/faibles/belles/laides/grosses/maigres/ jeunes/vieilles.

The following are simple rules we shall see in greater detail later:

a. Adjectives always agree with nouns or pronouns.
b. To form the feminine you usually add **e** to the masculine.
c. If the masculine adjective already ends in **e,** the same form serves as well for the feminine.
d. The plural usually adds **-s** to the masculine and feminine singulars.
e. Some adjectives have irregular feminine singular forms:

beau/belle, gros/grosse, vieux/vieille.

f. Some verbs are based on certain adjectives:

faible   → **faiblir**   maigre → **maigrir**
grand   → **grandir**   vieux   → **vieillir**
gros   → **grossir**

We will study these later. The point here is to draw your attention to the many relationships you can make as you learn new vocabulary.

VOCABULAIRE

Verbes

appartenir (à)*	**examiner**
apprendre*	**héberger**
consulter	**identifier**
(se) couper	**loger**
devenir*	**maintenir***
espérer	**obtenir***

pouvoir
prendre*
recevoir
reconnaître
remarquer
revenir*
surprendre*

tenir*
tourner
traverser
(se) trouver
venir*
venir de*

Noms

bouche (*f.*)
cheveu/**cheveux** (*m.*)
front (*m.*)
joue (*f.*)
menton (*m.*)
moustache (*f.*)
nez (*m.*)
œil/yeux (*m.*)
oreille (*f.*)
tête (*f.*)
tronche° (*f.*)
visage (*m.*)

avenue (*f.*)
banque (*f.*)
couloir (*m.*)
épicerie (*f.*)
escalier (*m.*)
garage (*m.*)
gymnase (*m.*)
hôtel (*m.*)
librairie (*f.*)
pharmacie (*f.*)
restaurant (*m.*)
rue (*f.*)
terrain (*m.*) de sports

acteur/actrice
chapitre (*m.*)
élève (*m.* or *f.*)
exercice (*m.*)
foule (*f.*)
liste (*f.*)
nouveau (*m.*)
numéro (*m.*)
photo (*f.*)
rencontre (*f.*)
vérité (*f.*)
vitamine (*f.*)

est (*m.*)
nord (*m.*)
ouest (*m.*)
sud (*m.*)

Etats-Unis (*m.pl.*)

Adjectifs

anxieux/anxieuse
bavard
beau/belle
costaud
délicat
différent
éternel
exact
faible
fort

grand
gros
inquiet
laid
long/longue
maigre
nouveau
parfait
plusieurs
sportif/sportive
vrai

Adverbes

à droite	aussi
à gauche	**déjà**
en bas de	**enfin**
en face de	**si**
en haut de	**tout droit**

Conjonction

parce que

Prépositions

après	**près de**
à côté de	**sous**
jusqu'à	

Expressions utiles

au bout de	être difficile à table
beaucoup de monde	**faire la connaissance de**
bien bâti	manger du bout des dents
bien entendu	Mon Dieu!
bien se porter	rester en bonne santé

CHAPITRE 6
PREMIERE
REVISION

PREMIERE REVISION

In *Chapitres 1* through *5* you learned a good deal of French.

You already know enough structure and vocabulary to express yourself in an elementary way on the following topics:

  I. Basic autobiographic data:
    A. Name
    B. Age
    C. Family relationships
    D. Health
 II. All time indications
III. Most weather conditions
IV. Practical and general sense of directions

QUATRIEME ETAPE

Study the picture on the preceding page. Prepare an original *scénario* based upon what you see. Use your imagination and be as natural as possible. Try to incorporate as many as possible of the structures you know in your presentation.

The following paragraphs are samples of what you can do on your own:

  I. Les deux amis sont devant la gare à Bourges. Ils trouvent un taxi. Il est neuf heures et demie. Il ne pleut pas.

> ROBERT: J'espère que ce chauffeur-ci n'est pas irrité.
> HENRY: Ecoute, mon vieux, ne sois pas intimidé. Si le chauffeur n'est pas gentil, nous allons choisir un autre taxi. . . .

 II. Les deux amis vont aller avec leurs mères françaises. La mère de Robert s'appelle Mme Fourchet et la mère d'Henry s'appelle Mme Craquet. Henry et sa mère vont à l'auto de Mme Fourchet. Henry tient sa valise.

> HENRY: Tiens, voilà le monsieur du train.
> ROBERT: Oui, il est très gentil et il n'est pas comme tout le monde. . . .

REVISION GENERALE DES CINQ PREMIERS CHAPITRES

  I. Verb forms and tenses:
    A. The *present indicative* of the *regular verbs* of the first (verbs ending in **-er**) and second (verbs ending in **-ir**) classes:
      1. First class: **parler**
      2. Second class: **finir**

B. The *present indicative* of *irregular verbs:*
  1. **aller, avoir, être, faire, prendre, voir, venir**
  2. **être** and **avoir** are the most widely used in French
  3. **aller** means *to go:*

   Je vais à la salle de classe.

   aller is also used idiomatically to convey one's state of health:

   Je vais bien. Mon ami ne va pas bien.

  4. **Faire** is used impersonally in the formula:

   Quel temps fait-il? Il fait beau.

   Faire also means *to do* or *to make:*

   Il fait le devoir.

C. The *present indicative* of all verbs conveys action performed in the *present:*

je suis	*I am (now)*
j'ai	*I have (now)*
je vais	*I go (generally)*
	I am going (now)
je parle	*I speak (generally)*
	I am speaking (now)
je finis	*I finish (generally)*
	I am finishing (now)

   Note that the French **je parle** may be expressed three different ways in English:

(present proper)	*I speak*	
(present progressive)	*I am speaking*	**je parle**
(present emphatic)	*I do speak*	

D. Verbs ending in **-cer, -ger, -eler,** and **-eter** undergo spelling changes:

   Nous commençons le chapitre.
   Il s'appelle Robert.
   Ne jette pas le billet!

E. The *near future* is formed with the verb **aller** in the present tense + *the infinitive of the main verb:*

   Je vais parler.   *I am going (am about) to speak.*

F. Commands are expressed with the *imperative form:*

   Donne le billet au garçon!
   Donnez le billet au garçon!
   Donnons le billet au garçon!

Negative commands are expressed this way:

Ne donne **pas** le billet au garçon!
Ne donnez **pas** le billet au garçon!
Ne donnons **pas** le billet au garçon!

G. *Near or recent past* may be rendered by **venir de** + *infinitive:*

Je viens de parler.   *I have just spoken.*

II. *Questions* are formed in several ways:
A. By using **est-ce que** + the declarative sentence:

Declarative: Vous êtes fatigué.
Question: **Est-ce que** vous êtes fatigué?

B. By simple *inversion:*

Vous parlez bien.
Parlez-vous bien?

Use **est-ce que** for the first person singular:

Est-ce que je parle bien?

C. By *pronominal inversion with noun subjects:*

Marc finit le livre.
Marc finit-**il** le livre?

D. By adding **n'est-ce pas?** to the declarative:

Tu comprends la leçon.
Tu comprends la leçon, **n'est-ce pas?**

E. By raising the voice at the end of the sentence:

Vous prenez le train.
Vous prenez le train?

III. *Negations* are formed by surrounding the verb with the negating particle **ne . . . pas:**

Je   vais   à la gare.
Je **ne** vais **pas** à la gare.

IV. The *negative interrogative* is formed by placing **ne** before the verb and **pas** after the subject pronoun:

N'apprend-il **pas** les verbes?
Paul **n'**apprend-il **pas** les verbes?

To answer a negative question with an affirmative (*yes*) answer, use **si:**

Si, il apprend les verbes.

V. The *definite article:*
The French forms of the English *the* are **le, la, l',** and **les.** The *definite article* specifies the definite existence of an idea or an object:

Le garçon est américain.   **La** salle de classe est à gauche.
Le train est dans la gare.   **L'**autobus va vite.
La femme est malade.   **Les** messieurs sont gentils.

VI. The *definite article*—unlike English usage—is used in French:
A. Before days of the week to indicate repeated occurrence:

Je vais au cinéma **le** lundi.
*I go to the movies (**every**) Monday.*

B. Before seasons:

Le printemps est doux.
Spring is mild.

C. Before dates:

Je suis né **le** 7 janvier.

D. Before the names of languages:

Il comprend **le** français.

The only two exceptions to this rule are:
1. After the verb **parler:**

Je parle français.

2. After the preposition **en:**

C'est écrit **en** français.
*It is written **in** French.*

VII. The *indefinite article:*
The French forms of the English *a(n)* are **un** and **une.** The *indefinite article* indicates the existence of an idea or an object without seeking to be precise:

NOTE PLURAL FORMS:

Un homme est ici.   **Des** hommes sont ici.
J'ai **un** livre.   J'ai **des** livres.

VIII. The *prepositions* **à** and **de** may contract or link up with *definite articles* to express the following ideas:

ownership: le livre **du** garçon   *at:* Je suis **au** restaurant.
about, of: Je parle **de l'**homme.   *to:* Je parle **au** monsieur.
from: Il vient **du** café.   Je vais **au** restaurant.

IX. *Demonstrative adjectives* "demonstrate" (point to) the things they designate:

Ce monsieur est gentil.
Cet étudiant est intimidé.
Cette femme est malade.
Ces garçons sont dans l'avion.

To specify *this* use **-ci;** to specify *that* use **-là:**

Cet homme**-ci** est jeune; cet homme**-là** est vieux.
This man is young; that man is old.

REVISION

Exercices de transformation

Negations

Modèle: Je comprends le scénario.
            Je ne comprends pas le scénario.

1. Nous sommes dans la salle de classe.
2. Vous êtes dans l'avion.
3. Le livre est sur la table.
4. Il fait beau.
5. Je vais étudier en France.

Interrogatives

Modèle: Vous finissez le livre.
            Finissez-vous le livre?

1. J'ai le billet.
2. Vous regardez le film.
3. Elle va apporter les écouteurs.
4. Ils cherchent les valises.
5. Tu trouves l'autobus.

Interrogatives with Noun Subject

Modèle: Le père parle à son fils.
            Le père parle-t-il à son fils?

1. L'étudiant va en France.
2. L'hôtesse de l'air choisit le menu.

3. Robert a son sac de couchage.
4. Henry parle au vieux monsieur.
5. L'employé est exaspéré.

Negative Interrogative with Noun Subject

Modèle: Le professeur consulte la liste.
Le professeur ne consulte-t-il pas la liste?

1. Henry vient d'Atlanta.
2. Robert est irrité.
3. Le vieux monsieur arrive à dix heures.
4. Robert doit dix francs au chauffeur.
5. Le père parle à son fils.

Negative Question with Affirmative Answer: **Si**

Modèle: Ne tourne-t-on pas à droite pour aller à la librairie?
Si, on tourne à droite pour aller à la librairie.

1. Mme Fourchet n'héberge-t-elle pas un étudiant américain?
2. Ne reviennent-ils pas du terrain de sports?
3. Ne travaille-t-elle pas bien?
4. Les hommes ne maigrissent-ils pas beaucoup?
5. Est-ce que le cheval ne traverse pas le pont?

n'est-ce pas?

Modèle: Le jeune homme ouvre la porte.
Le jeune homme ouvre la porte, n'est-ce pas?

1. Il y a foule devant la gare.
2. Les mères sont inquiètes.
3. Ils sont grands et forts.
4. Il est difficile à table.
5. Elles consultent la liste des étudiants.

Est-ce que . . . ?

Modèle: Il y a foule devant la gare.
Est-ce qu'il y a foule devant la gare?

1. Il y a beaucoup de personnes dans la gare.
2. Ils sont bien bâtis.

3. Les familles françaises hébergent les étudiants.
4. Je comprends le vieux monsieur.
5. Il vient du café.

Singular > Plural

Modèle: Le père maintient l'ordre.
          Les pères maintiennent l'ordre.

1. L'hôtesse ramasse l'assiette.
2. Le garçon comprend l'employé.
3. La sœur cherche la valise.
4. Le chauffeur désire l'argent.
5. Le professeur oublie les étudiants.

Plural > Singular

Modèle: Les garçons voient l'école.
          Le garçon voit l'école.

1. Les mères vont à la gare.
2. Les étudiants voyagent dans l'avion.
3. Les employés ferment les portières.
4. Les professeurs finissent les scénarios.
5. Les trains arrivent à neuf heures.

au/à la/à l' > aux

Modèle: Je parle au monsieur.
          Je parle aux messieurs.

1. Nous parlons à l'hôtesse de l'air.
2. Il parle au copain.
3. Vous parlez à la famille.
4. Elles parlent à l'homme.
5. Tu parles à l'étudiant.

du/de la/de l' > des

Modèle: Je parle du chauffeur.
          Je parle des chauffeurs.

1. Nous parlons du garçon.
2. Tu parles du copain.

3. Elle parle de l'employé.
4. Vous parlez de l'étudiante.
5. Ils ont besoin du billet.

ce/cet/cette > ces

Modèle: Cette mère est inquiète.
           Ces mères sont inquiètes.

1. Ce monsieur est aimable.
2. Cette femme parle vite.
3. Cet homme prend le train.
4. Cette expérience est importante.
5. Cette Française loge les Américains.

ces > ce/cet/cette

Modèle: Ces femmes sont charmantes.
           Cette femme est charmante.

1. Ces messieurs sont bavards.
2. Ces garçons vont parler.
3. Ces hommes choisissent les livres.
4. Ces amis vont arriver à neuf heures.
5. Ces rues sont belles.

Imperatives

Modèle: Vous parlez au chauffeur.
           Parlez au chauffeur!

1. Tu apportes le calendrier.
2. Tu arrives à l'heure.
3. Vous cherchez l'autobus.
4. Nous trouvons le restaurant.
5. Vous voyagez souvent.

Venir de + Infinitive

Modèle: Vous indiquez la rue.
           Vous venez d'indiquer la rue.

1. Le chauffeur intimide les étudiants.
2. Nous pigeons° les verbes difficiles.

3. Elle remarque l'heure du dîner.
4. Le chien irrite la vache.
5. Le train commence à rouler.

QUESTIONS GENERALES

1. Comment vous appelez-vous?
2. Quel âge avez-vous?
3. Combien de frères avez-vous?
4. Combien de sœurs avez-vous?
5. Comment allez-vous?
6. A quelle heure commence la classe?
7. A quelle heure finit la classe?
8. A quelle heure allez-vous au cinéma?
9. Quelle heure est-il?
10. Quel temps fait-il?
11. Etes-vous fatigué(e)?
12. Etes-vous content(e)?
13. Quand êtes-vous né(e)?
14. Quels sont les bâtiments importants d'une ville?
15. Qu'est-ce que le métro?
16. Y a-t-il le métro chez vous?
17. Qui est à côté de vous? _____ est à côté de moi.
18. Qui est près de vous? _____ est près de moi.
19. Qui est devant vous? _____ est devant moi.
20. Est-ce que Bourges est loin de Paris?
21. Est-ce que New York est loin de Chicago?
22. Combien d'aéroports y a-t-il à Paris?
23. Quels sont les jours de la semaine?
24. Combien de mois y a-t-il dans une année?
25. Quels sont les mois de l'année?
26. En quelle saison pleut-il?
27. En quelle saison neige-t-il?
28. Quelle saison préfères-tu?
29. Quelle est la date de ton anniversaire?
30. Est-ce que tu grossis, ou est-ce que tu maigris?

NOTES CULTURELLES

1. France spreads its culture in various ways. For instance, bills issued by the Bank of France bear pictures of famous people. Bills are issued in denominations of 500 francs (F), 200 francs, 100 francs, 50 francs, 20 francs, and 10 francs.

2. Denominations of 10 francs:
   For many years, a portrait of Voltaire appeared on the 10 francs bill. On the front, to the right, there is a portrait of Voltaire. There is also a view of the Palais des Tuileries.

On the back, to the left, there is the same portrait of Voltaire and, in the center, the Château de Cirey.
   The watermark shows another picture of Voltaire.
   Another 10 francs bill features the portrait of the famous musician Hector Berlioz. What do you know about Berlioz?

3. Denominations of 50 francs:
   On the front, to the right, there is a portrait of Jean Racine. In the center, there is a view of the Abbaye de Port-Royal des Champs.
   The watermark contains a picture of Andromaque, a heroine of one of his plays.

Another 50 francs bill features the portrait of Maurice Quentin de la Tour. What do you know of Maurice Quentin de la Tour?

4. Denomination of 200 francs:

The Bank of France recently issued a new 200 francs bill. It features the portrait of Montesquieu, an eighteenth century thinker who wrote several masterpieces, in-

cluding *L'esprit des lois* (*The Spirit of Laws*), read by some of the founding fathers of the colonies. He also wrote a broad satire on mores in France in *Les lettres persanes* (*The Persian Letters*).

LECTURE Voltaire

1   Voltaire (François-Marie Arouet) représente **l'esprit de l'âge des Lumières.** Il est né en 1694. Il écrit des satires contre le gouvernement et on l'**emprisonne** pendant onze mois. Après sa libération il prend le nom de Voltaire. Il **écrit des pièces de théâtre.**
5   **A la suite d'une querelle** avec un noble il **part** pour l'**Angleterre** où il reste trois mois. A **Londres** il **découvre** la base de l'ordre anglais: la liberté de **pensée.** De retour en France il écrit des tragédies, des livres d'histoire, **des contes,** des poèmes et un *Dictionnaire philosophique*. Il **combat** surtout le fanatisme et
10   il cherche à faire triompher la tolérance. **Il est mort** le 30 mai 1778.

the spirit of the Age of Enlightenment
puts in jail

writes plays / following an argument / leaves
England / London / discovers
thought
short stories
fights

He died

QUESTIONS SUR LA LECTURE

1. Que représente Voltaire?
2. Quand est-il né?
3. Pourquoi est-il emprisonné?
4. Pourquoi part-il pour l'Angleterre?
5. Combien de temps reste-t-il en Angleterre?
6. Que découvre-t-il à Londres?
7. De retour en France, qu'est-ce que Voltaire écrit?
8. Que combat-il surtout?
9. Que cherche-t-il à faire triompher?
10. Quelle est la date de sa mort?

LECTURE Racine

1   Jean Racine est **sans doute le plus grand** auteur dramatique français du dix-septième **siècle.** Il **a écrit** des **chefs-d'œuvre** tragiques, **évoquant** en particulier les problèmes de la passion. Ses pièces sont **en vers** et montrent une analyse psychologique
5   profonde. Ses héros et ses héroïnes ont des caractères très compliqués. *Andromaque* est une de ses **meilleures** pièces.

probably the greatest
century / wrote masterpieces
evoking
in verse

best

QUESTIONS SUR LA LECTURE

1. De quel siècle est Jean Racine?
2. Qu'est-il sans doute?
3. Quels chefs-d'œuvre a-t-il écrits?
4. Qu'évoquent ses chefs-d'œuvre?

5. Comment sont ses pièces?
6. Que montrent ses pièces?
7. Qui est-ce qui a un caractère très compliqué?
8. Quelle est une de ses meilleures pièces?

PAS A PAS

TO THE STUDENT: Keep your books opened on page 135. Your teacher will describe one picture of the four depicted. He or she will pause periodically to give you a chance to choose the picture you believe is being described.

CREATION ET RECREATION

1. L'hôtesse de l'air vous donne une carte de débarquement. Vous n'avez pas de difficultés à la remplir correctement, sans même consulter les traductions.

2. In this selection remember that Monique and Pierre should know something about the American monetary system. How would they describe a dollar bill? a five-dollar bill? a ten-dollar bill?

CARTE DE DÉBARQUEMENT
DISEMBARKATION CARD

ne concerne pas les voyageurs de nationalité française
not required for nationals of France

1 **NOM :**
NAME (en caractère d'imprimerie — please print)

Nom de jeune fille :
Maiden name

Prénoms :
Given names

2 **Date de naissance :**
Date of birth   (quantième) (mois) (année) (day) (month) (year)

3 **Lieu de naissance :**
Place of birth

4 **Nationalité :**
Nationality

5 **Profession :**
Occupation

6 **Domicile :**
Permanent address

7 **Aéroport d'embarquement :**
Airport of embarkation

Imp. S T 40007 1-75   Mod. 3003

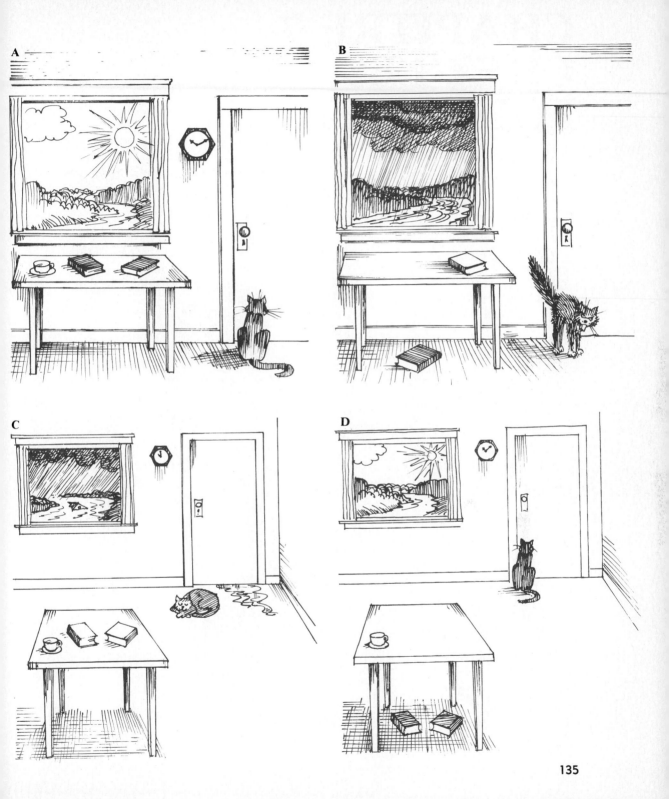

135

CHAPITRE 7
CHEZ LES FOURCHET

Scénario 7: CHEZ LES FOURCHET

⊛ PREMIERE ETAPE

1   *Robert monte dans la «deux chevaux» de Mme Fourchet. Elle le conduit chez elle.*

MME FOURCHET: Je suis désolée, il pleut souvent.
ROBERT: Ça ne fait rien.
(Ils arrivent chez les Fourchet.)
5   MME FOURCHET: Voici notre jeune étudiant américain.
M. FOURCHET: Je le reconnais, nous avons sa photo. Bonjour.
ROBERT: Bonjour, Monsieur.
M. FOURCHET: Et voici Nicole.
ROBERT: Bonjour, Nicole.
10   MME FOURCHET: Je vais vous montrer votre chambre.
(Ils montent au premier étage.)
MME FOURCHET: Voici votre chambre. Elle est grande, n'est-ce pas?
ROBERT: *(gêné)* Madame, euh! Puis-je . . .
MME FOURCHET: Oui. Les W.C. sont au bout du couloir.
15   ROBERT: *(soulagé)* Merci.
MME FOURCHET: De rien.

⊛ DEUXIEME ETAPE

1   *Robert monte dans la petite «deux chevaux» de Mme Fourchet. Elle le conduit chez elle.*
Il commence à pleuvoir.

MME FOURCHET: Je suis désolée, il pleut souvent.
ROBERT: Ça ne fait rien.
5   MME FOURCHET: Il va faire beau demain.
(Ils arrivent chez les Fourchet.)
MME FOURCHET: Voici notre jeune étudiant américain.
(M. Fourchet serre la main de Robert.)
M. FOURCHET: Je le reconnais, nous avons sa photo. Bonjour.
10   ROBERT: Bonjour, Monsieur, *(il réussit à trouver la formule)* je suis heureux de faire votre connaissance.
M. FOURCHET: Et voici Nicole.
ROBERT: Bonjour, Nicole.
MME FOURCHET: Je vais vous montrer votre chambre.
15   *(Ils montent au premier étage et entrent dans la chambre de Robert.)*
MME FOURCHET: Voici votre chambre. Elle est grande, n'est-ce pas? Dans ce placard vous avez des serviettes propres.
ROBERT: *(gêné)* Madame, euh! Puis-je . . .
MME FOURCHET: Oui. Les W.C. sont au bout du couloir.
20   ROBERT: *(soulagé)* Merci.

MME FOURCHET: De rien. Il y a du savon sur le lavabo et une serviette sur le porte-serviettes.

TROISIEME ETAPE

1   *Robert monte dans la petite «deux chevaux» de Mme Fourchet. Elle le conduit chez elle. Tout à coup il commence à pleuvoir.*

MME FOURCHET: Je suis désolée, Robert, mais, vous savez, il pleut souvent par ici.
ROBERT: Ça ne fait rien, Madame, j'ai mon imperméable.
5   MME FOURCHET: Vous allez voir, il va faire beau demain.
(Ils arrivent chez les Fourchet. Mme Fourchet présente Robert à sa famille.)
MME FOURCHET: Olivier, voici notre jeune étudiant américain.
(M. Fourchet serre la main de Robert.)
M. FOURCHET: Je le reconnais, nous avons sa photo. Bonjour, jeune homme. Soyez le
10   bienvenu!
ROBERT: Bonjour, Monsieur, *(il réussit à trouver la formule)* je suis heureux de faire votre connaissance.
M. FOURCHET: Et voici Nicole.
ROBERT: Bonjour, Nicole.
15   NICOLE: Bonjour. J'espère que tu as fait bon voyage.
ROBERT: Oui, j'ai fait la connaissance d'un vieux monsieur très aimable.
MME FOURCHET: Venez, Robert, je vais vous montrer votre chambre.
(Ils montent au premier étage et entrent dans la chambre de Robert.)
MME FOURCHET: Voici votre chambre. Elle est grande, n'est-ce pas? Voici votre table et
20   votre lampe. Dans ce placard vous avez des serviettes propres.
ROBERT: *(gêné)* Madame, euh! Puis-je . . .
MME FOURCHET: Oui, ah, oui. Les W.C. sont au bout du couloir.
ROBERT: *(soulagé)* Oui, les W.C., merci.
MME FOURCHET: De rien. Il y a du savon sur le lavabo, Robert, et une serviette sur le
25   porte-serviettes.

SYNONYMES ET EXPRESSIONS APPROXIMATIVES

2   Tout à coup = Tout d'un coup, Soudain, Soudainement *subitement*
4   Ça ne fait rien = Ça n'a pas d'importance, Ce n'est pas grave
4   un imperméable = un imper
6   chez les Fourchet = à la maison des Fourchet
8   serre la main de Robert → donne une poignée de main à Robert
11, 12   Je suis heureux de faire votre connaissance. = Je suis enchanté(e).
23   les W. C. [dubləvese], [vese] = les water-closets [watɛrklɔzɛt], les toilettes

VOCABULAIRE ILLUSTRE

Voici **un lit.**

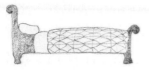

Voici **une couverture.**

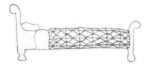

Voici **un oreiller.**

Voici **un tapis.**

Voici **une armoire.**

Voici **une chaise**

Il entre dans **la chambre.**

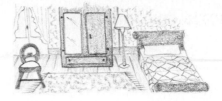

Il entre dans **la salle à manger.**

Il entre dans **le salon.**

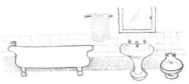

Il entre dans **la salle de bains.**

Il entre dans **la cuisine.**

Il entre dans **le bureau.**

139

NOTES CULTURELLES

1. A **deux chevaux** (abbreviated *2CV*) is a small Citroën of two horsepower. Horse-power is determined in a different way in France. A **deux chevaux** would have roughly 25 horsepower by our calculations.
2. The French shake hands briskly. The handshake is one quick pump. One shakes hands when greeting someone and when leaving someone.
3. Male and female friends also kiss each other once on each cheek when they meet.

QUESTIONS SUR LE SCENARIO

1. Où monte Robert?
2. Où Mme Fourchet le conduit-elle?
3. Quel temps fait-il?
4. Quel temps va-t-il faire demain?
5. De qui Robert serre-t-il la main?
6. Comment s'appelle le mari de Mme Fourchet?
7. Que fait M. Fourchet?
8. Que dit M. Fourchet à Robert?
9. Quelle est la réponse de Robert?
10. Que dit Nicole?
11. Que désire faire Mme Fourchet?
12. Où montent-ils?
13. Comment est la chambre de Robert?
14. Où sont les serviettes?
15. Où Robert veut-il aller?
16. Où se trouvent les W.C.?
17. Qu'y a-t-il sur le lavabo?

NOTE DE GRAMMAIRE 1
Les adjectifs

1. Adjectives describe qualities of nouns or pronouns:

C'est un **bon** livre.   *It is a **good** book.*
Il est **grand.**   *He is **tall**.*

They agree with the nouns and pronouns they modify in gender and number:

J'ai une petit**e** chambre.   *I have a small room.*
Regardez les beau**x** enfants.   *Look at the beautiful children.*
Ils sont grand**s**.   *They are tall.*

2. In general, most adjectives follow the noun. But certain adjectives usually pre-cede the noun. Generally, simple, common adjectives precede the noun.

Study the following chart containing common adjectives and notice their formation of the masculine and feminine, singular and plural forms:

	SINGULAR		PLURAL	
	MASCULINE	FEMININE	MASCULINE	FEMININE
other	a. autre	autre	autre**s**	autre**s**
young	jeune	jeune	jeune**s**	jeune**s**
same	même	même	même**s**	même**s**
pretty	b. joli	joli**e**	joli**s**	joli**es**
tall	grand	grand**e**	grand**s**	grand**es**
small	petit	petit**e**	petit**s**	petit**es**
bad	mauvais	mauvais**e**	mauvais	mauvais**es**
good	c. bon	bon**ne**	bon**s**	bon**nes**
nice	gentil	gentil**le**	gentil**s**	gentil**les**
big	gros	gros**se**	gros	gros**ses**
long	long	long**ue**	long**s**	long**ues**
	d. Before a noun beginning with a consonant	Before a noun beginning with a vowel or a mute **h**		
beautiful	beau	bel	bel**le**	beau**x**	bel**les**
new	nouveau	nouvel	nouvel**le**	nouveau**x**	nouvel**les**
old	vieux	vieil	vieil**le**	vieux	vieil**les**

   a. An adjective that ends in a mute **e** does not change its spelling from masculine to feminine. To form the plural, add **-s** to the singular.

   b. When an adjective ends in a vowel other than a mute **e** or a consonant, add **-e** for the feminine singular, and then add **-s** for the respective plurals, except when the adjective already ends in **s** in the masculine.

   c. Note the irregular formation of the feminine. This is done to preserve the sound of the final consonant. The plurals are formed by adding **-s** to the masculine or feminine forms.

   d. Beau, nouveau, and **vieux** have two masculine singular forms. They form the masculine plural by adding **-x,** except for **vieux,** which already ends in **x.** The feminine singular takes its form from the alternative masculine.

   e. Certain adjectives that precede the noun may be viewed as forming a single idea with the nouns:

une petite amie	*a girlfriend*
une jeune fille	*a girl (teenager)*
une petite fille	*a young girl* or *a small girl*
des petits pois	*(some) peas*
des jeunes gens	*(some) young people*

Simples substitutions

1. Voilà *un vieux* pont.
   (*un petit, un joli, un beau, un autre, un nouveau, un vieux*)
2. Il regarde *la vieille* église.
   (*la petite, la jolie, la belle, l'autre, la nouvelle, la vieille*)
3. Voilà *un vieil* hôtel.
   (*un petit, un joli, un bel, un autre, un nouvel, un vieil*)
4. C'est *un mauvais* garçon.
   (*un bon, un grand, un gros, un petit, un jeune, un mauvais*)
5. Il choisit *un beau* livre.
   (*un bon, un grand, un petit, un nouveau, un vieux, un beau*)
6. Ils choisissent *une belle* auto.
   (*une bonne, une grande, une petite, une nouvelle, une vieille, une belle*)
7. Il regarde *les vieilles* églises.
   (*les petites, les jolies, les belles, les autres, les nouvelles, les vieilles*)
8. Où sont *les vieux* hôtels?
   (*les petits, les jolis, les beaux, les autres, les nouveaux, les vieux*)

Substitutions progressives

1. L'hôtel est en face d'une vieille église.
   Le restaurant est en face d'une vieille église.
   Le restaurant est en face *d'une petite maison.*
   La boutique est en face d'une petite maison.
   La boutique est en face *d'une grande gare.*
   Le métro est en face d'une grande gare.
   Le métro est en face *d'une vieille église.*
   L'hôtel est en face d'une vieille église.

2. La belle couverture est sur le lit.
   La belle couverture est *dans le placard.*
   Le bel oreiller est dans le placard.
   Le bel oreiller est *sur la chaise.*
   La grande serviette est sur la chaise.
   La grande serviette est *sur le lit.*
   La belle couverture est sur le lit.

Exercices de transformation

Modèle: Je vois un château. (*grand*) (*vieux*)
            Je vois un grand château.
            Je vois un vieux château.

1. Elle apporte un dîner. (*bon*) (*grand*)
2. Nous avons une maison. (*petite*)
   (*nouvelle*)
3. Ils choisissent une auto. (*belle*)
   (*bonne*)
4. Il a deux amis. (*jeunes*) (*beaux*)
5. Je cherche un hôtel. (*bel*) (*autre*)
6. C'est une rue. (*mauvaise*) (*longue*)
7. C'est une chambre. (*belle*) (*grande*)

8. C'est un compartiment. (*petit*)
   (*grand*)
9. C'est une route. (*mauvaise*) (*bonne*)
10. J'achète un livre. (*gros*) (*vieux*)
11. Y a-t-il un café près d'ici? (*bon*) (*autre*)
12. C'est une femme. (*jolie*) (*belle*)
13. C'est un garçon. (*beau*) (*grand*)
14. Il parle avec un monsieur. (*vieux*)
    (*autre*)

Modèle: Cette route est belle. (*long*)
            Cette route est longue.

1. Cette maison est vieille. (*grand*)
2. Ce nez est long. (*gros*)
3. Ce tapis est nouveau. (*vieux*)
4. Cet arbre est vieux. (*grand*)

Modèle: C'est un étudiant. (*nouveau*)
            C'est un nouvel étudiant.

1. C'est un homme. (*beau*)
2. C'est un arbre. (*nouveau*)
3. C'est un enfant. (*beau*)
4. C'est un cousin. (*vieux*)
5. C'est une cousine. (*vieux*)
6. C'est une femme. (*beau*)

NOTE DE GRAMMAIRE 2
Le pluriel des noms

1. Normally, add **-s** to the singular to form the plural:

Un homme entre dans la salle de classe.
Des homme**s** entrent dans la salle de classe.

Family names never take an **-s** in French. The definite article shows the plural:

chez **les** Fourchet
chez **les** Durand

2. Nouns ending in **s, x,** or **z** do not add **-s**:

le fils	les fils	Il y a plusieurs fils dans la famille.
la croix (*the cross*)	les croix	Il fait des croix sur son livre.
le nez	les nez	Ce médecin est un spécialiste des nez.

3. Most nouns ending in **al** change **al** to **aux** in the plural:

un cheval   des chev**aux**   Des chevaux traversent le pont.
un journal (*a newspaper*)   des journ**aux**   Ils achètent plusieurs journaux
                                          au bureau de tabac.

4. Most nouns ending in **eau** and **eu** take an **-x** in the plural:

un neveu   des neveu**x**   Mes neveux vont arriver ce soir.
un château   des château**x**   Les châteaux de France sont beaux.

5. Most nouns ending in **ou** add **-s**:

un cou   des cou**s**   Les girafes ont de longs cou**s**.

Exercices de transformation

Modèle: *Je cherche une banque.*
               Je cherche des banques.

1. Il me montre un cheval.
2. Elle a un fils.
3. Elle voit un château par la fenêtre du train.
4. Tu cherches un bureau de tabac.
5. Un nouveau entre dans la salle de classe.

6. Un neveu va voyager avec moi.
7. Elle achète un journal.
8. Une girafe a un cou délicat.
9. Je crois reconnaître ce nez.

NOTE DE GRAMMAIRE 3
L'adjectif possessif

1. The possessive adjective expresses possession. Because it is an adjective, it agrees in gender and in number with the noun it modifies.

The possessive adjective, then, agrees in gender and in number with the noun in possession, *not* with the possessor:

Masculine singular: **son livre**   *his book* or *her book*
Feminine singular: **sa cousine**   *his cousin* or *her cousin*

In the first example above, the noun in possession is **(le) livre.** It is masculine singular. The possessive adjective is automatically **son; son** is masculine singular.

   son livre   *his book* or *her book*

The possessive adjective, therefore, does not agree in gender and in number with the possessor.

   The same is true with the second example above. The noun in possession is **(la) cousine.** It is feminine singular. The possessive adjective is automatically **sa; sa** is feminine.

   sa cousine   *his cousin* or *her cousin*

2. Forms of the possessive adjective:

    a. Possessive adjectives to use when the noun in possession is masculine singular, *regardless of the gender and number of the possessor:*

my	**mon** frère	*our*	**notre** frère
your	**ton** frère	*your*	**votre** frère
his	**son** frère	*their*	**leur** frère
her	**son** frère		

    b. Possessive adjectives to use when the noun in possession is feminine singular:

my	**ma** sœur	*our*	**notre** sœur
your	**ta** sœur	*your*	**votre** sœur
his	**sa** sœur	*their*	**leur** sœur
her	**sa** sœur		

    c. Possessive adjectives to use when the noun in possession is either masculine or feminine plural:

mes frères/sœurs/amis/autos	**nos** frères/sœurs/amis/autos
tes frères/sœurs/amis/autos	**vos** frères/sœurs/amis/autos
ses frères/sœurs/amis/autos	**leurs** frères/sœurs/amis/autos

    d. When an unmodified noun—masculine or feminine—begins with a vowel or a mute **h,** use the masculine form in the singular:

        mon ami/amie/homme/hôtesse de l'air
        ton ami/amie/homme/hôtesse de l'air
        son ami/amie/homme/hôtesse de l'air

Remember that the agreement in gender and number is determined by the noun in possession, *not* by the possessor!

Simples substitutions

1. *Son* visage est beau.
   (*Mon, Notre, Votre, Ton, Son*)
2. *Ma* serviette est propre.
   (*Notre, Votre, Sa, Leur, Ta, Ma*)
3. *Mon* école est grande.
   (*Son, Votre, Notre, Leur, Ton, Mon*)
4. *Mes* livres sont là.
   (*Vos, Leurs, Nos, Tes, Ses, Mes*)
5. *Tes* cheveux sont courts.
   (*Nos, Leurs, Vos, Mes, Ses, Tes*)

Exercices de transformation

Modèle: *J'ai mes affaires. (Il a)*
              Il a ses affaires.

1. *J'ai* mes affaires.
   (*Nous avons, Ils ont, Vous avez, Tu as, Elle a, On a, J'ai*)
2. *Nous parlons* à nos amis.
   (*Tu parles, Ils parlent, Vous parlez, Elle parle, Je parle, On parle, Nous parlons*)
3. *Ils montent* leurs valises au premier étage.
   (*Vous montez, Elle monte, Je monte, Tu montes, On monte, Nous montons, Ils montent*)
4. *Je prends* ma serviette.
   (*Ils prennent, On prend, Nous prenons, Tu prends, Elle prend, Vous prenez, Je prends*)
5. *Jesse apprend* ses leçons.
   (*Elle apprend, Nous apprenons, Ils apprennent, Vous apprenez, Tu apprends, J'apprends,*
      On apprend, Jesse apprend)

Substitutions progressives

1. Notre étudiante est dans l'école.
   Mon étudiante est dans l'école.
   Mon étudiante *est à l'église.*
   Son amie Monique est à l'église.
   Son amie Monique *monte dans l'avion.*
   Notre hôtesse monte dans l'avion.
   Notre hôtesse *est dans l'école.*
   Notre étudiante est dans l'école.

2. Mon ami a son argent.
   Leur ami a son argent.
   Leur ami *a ses affaires.*
   Son ami a ses affaires.
   Son ami *a son imperméable.*
   Mon ami a son imperméable.
   Mon ami *a son argent.*

Exercices de transformation

Modèle: Mon amie est ici. (*beau*)
              Ma belle amie est ici.

1. Mon ami est en France. (*autre*)
2. Mon ami est étudiant. (*vieux*)
3. Mon amie n'est pas ici. (*mauvais*)
4. Mon ami est français. (*nouveau*)
5. Mon ami est dans le château. (*bon*)

NOTE DE GRAMMAIRE 4
Le pronom indéfini **on**

On stands for *one, we, you, they,* or *people,* and is used impersonally. It is used far more often in French than in English. Perhaps its most frequent equivalent usage in English is in an indeterminate, impersonal expression:

     They say *that he's rich.*   **On dit** qu'il est riche.

In French it is always stated in the third person singular.

On parle anglais ici.
On a ses livres pour étudier.

Exercices de transformation

Modèle: Les Français aiment le vin.
On aime le vin.

1. Nous finissons à 8 heures.
2. Nous sommes fatigués.
3. Nous déjeunons au café.
4. Nous parlons avec l'hôtesse.
5. Ils prennent nos livres.
6. Nous aimons les sports.
7. Ils aiment le cinéma.
8. Ils voyagent en France.

NOTE DE GRAMMAIRE 5
Le pronom d'objet direct

1. Object pronouns replace object nouns.

Je vois **le train.**   *I see **the train.***
Je **le** vois.   *I see **it.***

2. Object pronouns and object nouns receive the action of the verb. The action of a verb may be transmitted *directly* to the object noun or pronoun:

Je regarde **le film.** (*direct object noun*)
Je **le** regarde. (*direct object pronoun*)

3. The direct object pronoun is placed *before* the verb:

	PERSONS		PERSONS OR THINGS		
SUBJECT	**me**	(*me*)	**le** or **l'**	*him, it*	VERB
	te	(*you*)	**la** or **l'**	*her, it*	
	nous	(*us*)	**les**	*them*	
	vous	(*you*)			

Drop the **e** of **le** and the **a** of **la** before a verb beginning with a vowel or mute **h.** The **e** or **me** and **te** behave similarly.

Robert regarde **le film.**   Robert **le** regarde.
Henry écoute **le professeur.**   Henry **l'**écoute.

> Elle identifie **l'étudiante.**   Elle **l'**identifie.
> Il héberge **l'étudiant.**   Il **l'**héberge.
> Elle consulte **la liste.**   Elle **la** consulte.
> Je reconnais **les livres.**   Je **les** reconnais.

Other examples:

> Il **m'**écoute.   Tu **nous** reconnais.
> Il **te** présente.   Je **vous** regarde.

4. Certain verbs in French take *direct objects* where their English counterparts would take indirect objects.

I listen to the teacher.	J'écoute **le professeur.**	Je **l'**écoute.
He looks at the children.	Il regarde **les enfants.**	El **les** regarde.
We are waiting for the bus.	Nous attendons **l'autobus.**	Nous **l'**attendons.
She is looking for the hotel.	Elle cherche **l'hôtel.**	Elle **le** cherche.
He is asking for the blanket.	Il demande **la couverture.**	Il **la** demande.
I am paying for the meal.	Je paie **le repas.**	Je **le** paie.

The contrary is true in many other cases; that is, certain French verbs take *indirect objects* while the same verbs in English take *direct objects*. We will see this characteristic in *Chapitre 11*.

Simples substitutions

1. Il *me voit.*
   (*me regarde, me choisit, me comprend, me cherche, me consulte, me voit*)
2. On *te voit.*
   (*te regarde, te cherche, te comprend, te consulte, te choisit, te voit*)
3. Elle *la trouve.*
   (*la cherche, la regarde, la comprend, la consulte, la finit, la trouve*)
4. Nous *le choisissons* tout de suite.
   (*le jetons, le finissons, le regardons, le cherchons, le comprenons, le choisissons*)
5. Ils *l'appellent.*
   (*l'amusent, l'apportent, l'étudient, l'écoutent, l'achètent, l'appellent*)
6. Nous *les appelons.*
   (*les achetons, les écoutons, les étudions, les amusons, les apportons, les appelons*)
7. On *l'a.*
   (*l'appelle, l'achète, l'étudie, l'apporte, le cherche, l'a*)
8. Ils *nous appellent.*
   (*nous choisissent, nous comprennent, nous trouvent, nous cherchent, nous présentent, nous appellent*)
9. Elle *vous écoute.*
   (*vous appelle, vous regarde, vous choisit, vous comprend, vous consulte, vous écoute*)

Substitutions progressives

1. Elle le conduit chez elle.
   Elle le conduit *à l'école.*
   Elles le cherchent à l'école.
   Elles le cherchent *à la maison.*
   Il l'oublie à la maison.
   Il l'oublie *au restaurant.*
   Elle le conduit au restaurant.
   Elle le conduit *chez elle.*

2. Il le pose sur le chariot.
   Il le pose *sur la table.*
   Ils le trouvent sur la table.
   Ils le trouvent *au rez-de-chaussée.*
   Elle le voit au rez-de-chaussée.
   Elle le voit *dans le taxi.*
   Il le pose dans le taxi.
   Il le pose *sur le chariot.*

Exercices de transformation

Modèle: Les Français hébergent *les étudiants.*
          Les Français les hébergent.

1. Elle conduit *le garçon* chez elle.
2. Elle présente *Andrew* à son mari.
3. Vous avez *l'imperméable.*
4. Il prend *la couverture.*
5. Nous trouvons *l'autobus.*
6. Il identifie *les Américains.*
7. Ils montrent *la chambre* au monsieur.
8. On ferme *la porte.*
9. Je pose *la valise* sur le chariot.
10. Vous cherchez *les W.C.*
11. Vous achetez *les serviettes.*
12. Je reconnais *cet étudiant.*
13. Il prend *la main d'Andrew.*
14. Vous comprenez *la leçon.*
15. Elle apprend *l'exercice.*
16. Nous donnons *l'argent* à l'employé.
17. Elle compte *les étudiants.*

5. In a *negative* sentence, the object pronoun stands *immediately before* the verb:

Je vois **l'auto.**   Je ne **la** vois pas.

Exercices de transformation

Modèle: Vous comprenez *la leçon.*
          Vous ne la comprenez pas.

1. Le professeur consulte *la liste.*
2. On cherche *la formule.*
3. Le vieux monsieur ouvre *la portière.*
4. Nous étudions *le français.*
5. Tu as *tes affaires.*
6. Je montre *la chambre* à la jeune fille.
7. Tu as *ton imperméable.*
8. Elle voit *son oreiller* sur le lit.
9. Nous apportons *nos calendriers.*
10. Ils finissent *le chapitre.*

11. Je vois le *placard.*
12. Ils prennent *leurs affaires.*
13. Nous étudions *la vie de Voltaire.*
14. Elle remplit *les cartes de débarquement.*
15. Il fait *les repas.*
16. Ils comprennent *cet homme.*

6. In an *interrogative* sentence, the object pronoun stands *immediately before* the verb:

Ramassent-ils **les valises?**   **Les** ramassent-ils?

Exercices de transformation

Modèle: Apporte-t-elle *les dîners?*
            Les apporte-t-elle?

1. Comptons-nous *les chevaux?*
2. Consulte-t-il *la liste?*
3. Regarde-t-elle *sa belle auto?*
4. Fermons-nous *les portières?*
5. Trouve-t-il *la base de l'ordre anglais?*

Modèle: Tu comprends *le professeur.*
            Le comprends-tu?
            Est-ce que tu le comprends?

1. Elle commence *les devoirs.*
2. Vous regardez *le paysage.*
3. Nous voyons *l'église.*
4. Ils finissent *le livre.*
5. Elles hébergent *les étudiants.*

7. In the *affirmative imperative,* the object pronoun *follows* the verb and is attached to it by a hyphen:

Ouvrez **vos livres!**   Ouvrez-**les!**

Exercices de transformation

Modèle: Donnez *la couverture* à Robert!
            Donnez-la à Robert!

1. Finis *le devoir!*
2. Regardons *les églises!*
3. Choisis *le tapis!*
4. Ouvrez *le placard!*
5. Etudions *le billet de 10 francs!*
6. Regarde *Robert!*
7. Ecoutez *le professeur!*
8. Fermez *les fenêtres!*

8. In the *negative imperative,* the object pronoun stands *immediately before* the verb:

Donnez-**le** à Robert!   Ne **le** donnez pas à Robert!

Exercices de transformation

Modèle: Ouvrez *la fenêtre!*
            Ouvrez-la!
            Ne l'ouvrez pas!

1. Regardez *le tapis!*
2. Posez *la couverture* sur le lit!
3. Apportez *les cuillères!*
4. Ramassez *les cartes!*

5. Finissez *le repas!*
6. Mange *le dîner!*
7. Cherchons *les garçons!*

9. In the *affirmative imperative,* the object pronouns **me** and **te** become **moi** and **toi** when last in the series:

Tu **me** crois.   Crois-**moi!**
Vous **m'**écoutez.   Ecoutez-**moi!**
Vous **me** regardez.   Regardez-**moi!**

10. In constructions where *two verbs* are used together, object pronouns stand *directly before* infinitives:

Je vais apporter **les écouteurs.**   Je vais **les** apporter.

Exercices de transformation

Modèle: Elles vont héberger *les étudiants.*
            Elles vont les héberger.

1. Je veux regarder *le film.*
2. Je crois reconnaître *cet homme.*
3. Je vais appeler *les enfants.*
4. Nous espérons voir *notre hôtesse.*
5. Vous allez étudier *la vie de Voltaire.*
6. Vont-ils chercher *leurs valises?*
7. Vas-tu prendre *la couverture?*
8. Va-t-il faire *le dîner?*

9. Désirez-vous apporter *la tasse?*
10. Voulez-vous donner *le pourboire?*
11. Espérez-vous reconnaître *la femme?*
12. Je ne vais pas voir *mon cousin.*
13. Il ne croit pas comprendre *la leçon.*
14. Ils ne désirent pas prendre *le taxi.*
15. Tu ne vas pas consulter *la liste.*
16. Il ne va pas compter *les étudiants.*

NOTE DE GRAMMAIRE 6
Les verbes irréguliers **pouvoir, vouloir, savoir**

The verbs **pouvoir, vouloir,** and **savoir** are irregular. Note certain similarities between the present indicative conjugations of **pouvoir** and **vouloir:**

pouvoir	*to be able*	**vouloir**	*to want*	**savoir**	*to know* (*a fact or how to*
je	peux[1]	je	veux	je	sais *do something*)
tu	peux [pø]	tu	veux [vø]	tu	sais [sɛ]
il	peut	il	veut	il	sait
nous	pouvons	nous	voulons	nous	savons
vous	pouvez	vous	voulez	vous	savez
ils	peuvent	ils	veulent	ils	savent

	IMPERATIF	veuille [vœj]	sache [saʃ]
(no forms)		veuillons [vœjõ]	sachons [saʃõ]
		veuillez [vœje]	sachez [saʃe]

Simples substitutions

1. *Je peux* monter dans la «deux chevaux».
   (*Nous pouvons, Elle peut, Tu peux, Vous pouvez, Ils peuvent, Je peux*)
2. *Pouvons-nous* conduire?
   (*Pierre peut-il, Puis-je, Pouvez-vous, Marie peut-elle, Peut-on, Peuvent-ils, Peut-il, Peux-tu, Pouvons-nous*)
3. *Il ne peut pas* le faire.
   (*Nous ne pouvons pas, Ils ne peuvent pas, Je ne peux pas, Vous ne pouvez pas, Tu ne peux pas, M. Fourchet ne peut pas, Il ne peut pas*)
4. *Ne pouvez-vous pas* la conduire?
   (*Ne pouvons-nous pas, Ne puis-je pas, Ne peux-tu pas, Marie ne peut-elle pas, Ne peuvent-ils pas, Ne pouvez-vous pas*)
5. *Je veux* le voir.
   (*Il veut, Ils veulent, Nous voulons, Tu veux, Vous voulez, Jacqueline veut, Je veux*)
6. *Est-ce que je veux* l'apporter?
   (*Veut-il, Veux-tu, Voulez-vous, Voulons-nous, Veulent-ils, Veut-on, Marthe veut-elle, Est-ce que je veux*)
7. *Vous ne voulez pas* les choisir.
   (*Tu ne veux pas, Ils ne veulent pas, Elle ne veut pas, On ne veut pas, Je ne veux pas, Nous ne voulons pas, Vous ne voulez pas*)
8. *Ne veulent-ils pas* la regarder?
   (*Ne voulez-vous pas, Ne voulons-nous pas, Ne veut-on pas, Ne veux-tu pas, Louise ne veut-elle pas, Est-ce que je ne veux pas, Ne veulent-ils pas*)
9. *Je sais* conduire.
   (*Nous savons, Vous savez, Ils savent, Elle sait, Tu sais, On sait, Henry sait, Je sais*)
10. *Sais-tu* le faire?
    (*Savons-nous, Savez-vous, Savent-ils, Sait-il, Jacques sait-il, Sait-on, Est-ce que je sais, Sais-tu*)

[1]The interrogative form of the first person singular is **Puis-je?** *or* **Est-ce que je peux?**

11. *Vous ne savez pas* où est le cinéma.
    (*Tu ne sais pas, Elle ne sait pas, Ils ne savent pas, Nous ne savons pas, Je ne sais pas,*
        Vous ne savez pas)
12. *Ne sait-elle pas* le remplir?
    (*Ne savons-nous pas, Ne savez-vous pas, Ne savent-ils pas, Ne sait-on pas, Ne sais-tu pas,*
        Est-ce que je ne sais pas, Ne sait-elle pas)

Substitutions progressives

1. Je sais la conduire.
   Je peux la conduire.
   Je peux *le faire.*
   Ils veulent le faire.
   Ils veulent *les voir.*
   Nous pouvons les voir.
   Nous pouvons *la conduire.*
   Je sais la conduire.

2. Je ne veux pas les voir.
   Ils ne peuvent pas les voir.
   Ils ne peuvent pas *les choisir.*
   Ils ne savent pas les choisir.
   Ils ne savent pas *les compter.*
   Vous ne voulez pas les compter.
   Vous ne voulez pas *les voir.*
   Je ne veux pas les voir.

QUESTIONS GENERALES

1. Pleut-il souvent par ici?
2. Avez-vous un imperméable?
3. Voyagez-vous souvent?
4. Chez vous, mangez-vous dans la cuisine ou dans la salle à manger?
5. Trouve-t-on les couvertures dans le salon?
6. Réussissez-vous à comprendre les lectures?
7. Qu'est-ce qu'il y a généralement dans une chambre?
8. Savez-vous conduire?
9. Savez-vous où se trouve le bureau de poste?
10. Pouvez-vous vous identifier?
11. Voulez-vous me poser une question?

Exercices de manipulation

Modèle: Dis-moi de prendre le train!
           (*Tell me to take the train.*)
           Prends le train!

1. Dis-moi de le prendre!
2. Dis-moi d'aller au cinéma ce soir!
3. Dis-moi de chercher la voiture!
4. Dis-moi de remplir cette carte!
5. Dis-moi de la remplir!
6. Dis-moi d'étudier les verbes!
7. Dis-moi de ramasser mes affaires!
8. Dis-moi d'apprendre la leçon!
9. Dis-moi de rouler plus vite!
10. Dis-moi de fermer la fenêtre!

POEME   Le message

1 La porte que quelqu'un a ouverte
   La porte que quelqu'un a refermée

La chaise où quelqu'un **s'est assis**   *sat*
Le chat que quelqu'un a caressé

5   Le fruit que quclqu'un a **mordu**   *bitten*
La lettre que quelqu'un a **lue**   *read*
La chaise que quelqu'un a **renversée**   *overthrown*
La porte que quelqu'un a ouverte
La route où quelqu'un **court** encore   *runs*

10 Le **bois** que quelqu'un traverse   *woods*
La **rivière** où quelqu'un se jette   *river*
L'hôpital où quelqu'un est mort.

Jacques Prévert
Paroles
Gallimard, 1949, Paris

QUESTIONS SUR LE POEME

1. Qu'est-ce que quelqu'un a fait?
2. Où est-ce qu'on s'est assis?
3. Qu'est-ce qu'on a fait au chat?
4. Qu'est-ce qu'on a mordu?
5. Qu'est-ce qu'on a lu?
6. Qu'est-ce qu'on a renversé?
7. Qu'est-ce qu'on a ouvert?
8. Où court-on encore?
9. Qu'est-ce qu'on traverse?
10. Où se jette-t-on?
11. Où est-on mort?

LECTURE   Première classe

1   *Le professeur américain parle aux étudiants qui se trouvent dans la salle de classe.*

LE PROFESSEUR: Alors, mes amis, je vais continuer à vous parler de
ce que les Français **attendent de vous.**   *expect from you*
5   ROBERT: Comme vous avez dit: de la courtoisie, du tact, de la
compréhension, de la patience, de la discrétion, de la dis-
ponibilité, de la bonne humeur et savoir s'adapter!
LE PROFESSEUR: **En effet,** c'est **la clef** de tout dans cette expéri-   *Indeed / the key*
ence. **Si** vous faites toujours le plus grand effort possible pour   *if*
10   comprendre et respecter les habitudes de la vie française,
vous serez complètement satisfaits de votre séjour.   *you will be*
HENRY: Vous avez parlé du «choc culturel», voulez-vous bien   *add a word on this*
ajouter un mot à ce sujet?   *subject*
LE PROFESSEUR: Le «choc culturel» est simplement **l'état d'esprit** *the state of mind*
15   de **quelqu'un** qui n'est pas **à son aise** dans une culture   *someone / at his ease*
différente. Il y a **bien sûr** des différences de vie et de men-   *of course*

talité entre les pays et quand on ne respecte pas ces différences, **on en souffre** et **on se fait mal voir.**

JANE: **C'est ce qui m'est arrivé.**

20   LE PROFESSEUR: Oui, **on se croit** détesté, humilié, **écrasé, battu—**
et **on réagit mal.**

ROBERT: C'est vrai. Un chauffeur de taxi et un employé de la gare
nous ont intimidés, Henry et moi.

LE PROFESSEUR: Non. Ne sois pas paranoïaque! C'est un Français

25   **qui ne vous connaît pas;** il réagit **comme il ferait avec
n'importe qui** dans les mêmes circonstances.

*one suffers from it / one
    creates a bad impression*
*That is what happened to
    me.*
*one believes oneself /
    crushed / beaten*
one reacts the wrong way
*who doesn't know you /
    as he would with no
    matter whom*
anyone

QUESTIONS SUR LA LECTURE

1. A qui le professeur parle-t-il?
2. Où se trouvent les étudiants?
3. Qu'est-ce que les Français attendent des Américains?
4. Quelle est la clef de tout dans cette expérience?
5. Pourquoi fait-on toujours le plus grand effort possible pour respecter les habitudes de la vie française?
6. Qu'est-ce que le «choc culturel»?
7. Y a-t-il des différences de vie et de mentalité entre les pays?
8. Qui a intimidé Robert et Henry?
9. Qu'est-ce qu'on apprend à connaître tout de suite?

CREATION ET RECREATION

1. First, match each of the infinitives and expressions found in Column A with the appropriate famous person found in Column B. Then, create an original sentence for each grouping. For example:

COLUMN A   COLUMN B

compter   Scrooge

Scrooge compte son argent et il ne donne pas de pourboire.

couper   Magellan
vieillir   Pinocchio/nez
voler   l'oracle de Delphes
avoir de la patience   Jeanne d'Arc
être guillotinée   Dalila (*Delilah*)
grandir   Charles Lindbergh
faire un long voyage   Dorian Gray
prévoir le complexe d'Œdipe Job
croire en Dieu   Marie-Antoinette

2. In *Chapitre 7,* as well as in *Chapitres 8, 9, 10,* and *11,* try to parallel the generalities about the French shown in the *Lectures* with generalities one can make about American families.

3. Continue your story of Monique and Pierre.

> Monique et Pierre sont dans leurs familles américaines. La mère américaine présente Monique à sa famille. Après, elles montent au premier étage et la mère américaine décrit la chambre de Monique. . . .

Chapitre 7: COUP D'ŒIL

Oui   **Non**

_____ 1. Most adjectives follow the nouns they modify. Some simple, common adjectives   _____
usually precede the noun:

Je désire un **autre** hôtel.
Je désire un **bon** hôtel.

_____ 2. Normally nouns add **-s** to the singular to form the plural: _____

une cuisine   des cuisine**s**

Others may end in **-s, -x, -z.**

_____ 3. Possessive adjectives behave like regular adjectives and agree in gender and number   _____
with the nouns they modify (*not* with the possessor):

Elle a **son livre.**   *She has **her** book.*
Je vois **sa sœur.**   *I see **his (or her)** sister.*

_____ 4. **On** is an indefinite pronoun and is always used with the third person singular of the   _____
verb:

On étudie la leçon.

_____ 5. Object pronouns usually *precede* the verb: _____

Elle apporte **les écouteurs.**
Elle **les** apporte.

Elle ne **les** apporte pas.

Les apporte-t-elle?

_____ Only in the affirmative imperative it *follows:*   _____

Fermez **la porte!**
Fermez-**la!**
but negatively:

Ne **la** fermez pas!

6. **Pouvoir, vouloir,** and **savoir** are irregular verbs. **Pouvoir** and **vouloir** share certain similarities in their conjugations.

je peux	je veux	je sais
tu peux	tu veux	tu sais
il peut	il veut	il sait
nous pouvons	nous voulons	nous savons
vous pouvez	vous voulez	vous savez
ils peuvent	ils veulent	ils savent

Note that **savoir** means both *to know a fact* and *to know how to do something*.

7. You may have noticed that the meanings of words ending in **tion** are most often similar to the English meanings and are feminine:

la nation
la ration
la perfection
la discrétion
But: **les vacances** (always plural)   *vacation*

VOCABULAIRE 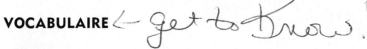 ← get to know!

Verbes

amuser	**pouvoir***
conduire	présenter (à)
entrer (dans)	**savoir***
monter	**serrer**
payer	**vouloir***

Noms

armoire (*f.*)	premier étage (*m.*)
chaise (*f.*)	**salle à manger** (*f.*)
couverture (*f.*)	**salle de bains** (*f.*)
lampe (*f.*)	**salon** (*m.*)
lavabo (*m.*)	**toilettes** (*f.pl.*)
lit (*m.*)	**W.C.** (*m.pl.*)
oreiller (*m.*)	**water-closets** (*m.pl.*)
porte-serviettes (*m.*)	carte (*f.*) de débarquement
savon (*m.*)	imper (*m.*)
table (*f.*)	**imperméable** (*m.*)
tapis (*m.*)	**route** (*f.*)
bureau (*m.*)	**arbre** (*m.*)
chambre (*f.*)	**cou** (*m.*)
cuisine (*f.*)	**croix** (*f.*)

fois (*f.*)	**nom** (*m.*)
girafe (*f.*)	**réponse** (*f.*)
journal (*m.*)	

Adjectifs

autre	**heureux**
bon	**joli**
confortable	**mauvais**
confus	**même**
désolé	**petit**
embarrassé	**propre**
frais	**soulagé**
gêné	
haut	

Adverbes

demain	**souvent**
hier	tout à coup
ici	tout d'un coup
soudain	
soudainement	

Préposition

chez

Expressions utiles

apprendre par cœur	**enchanté**
Bonjour.	**la semaine passée**
Ça ne fait rien.	Puis-je?
de rien	serrer la main de (à)
donner une poignée de main (à)	une 2 CV (deux chevaux)

CHAPITRE 8
AU DEJEUNER

Scénario 8: AU DEJEUNER

⊛ PREMIERE ETAPE

1   *M. Fourchet rentre chez lui. Ils sont à table. M. Fourchet retourne travailler et il a faim.*

M. FOURCHET: Quel âge avez-vous?
MME FOURCHET: Tu le sais bien: il a dix-neuf ans.
(*A table.*)
5   MME FOURCHET: Prenez du pain.
M. FOURCHET: Attendez! On va porter un toast.
NICOLE: Aimes-tu le vin?
ROBERT: Oh, oui!
NICOLE: Tu l'as bu comme de l'eau.
10   ROBERT: J'ai très soif.
MME FOURCHET: Voici du gigot. Après il y a du fromage.

⊛ DEUXIEME ETAPE

1   *M. Fourchet rentre chez lui pour déjeuner. Peu après ils sont à table. M. Fourchet retourne travailler dans deux heures et il a faim.*

M. FOURCHET: Quel âge avez-vous?
MME FOURCHET: Mais tu le sais bien: il a dix-neuf ans. Pourquoi poses-tu cette question?
5   M. FOURCHET: Voyons, voyons, c'est pour le faire parler. Répondez!
MME FOURCHET: Il comprend tout. C'est un bon étudiant.
(*A table, Mme Fourchet sert les hors-d'œuvre.[2]*)
MME FOURCHET: Aimez-vous les tomates et les concombres?
ROBERT: Oui, je les aime bien.
10   MME FOURCHET: Prenez du pain, aussi.
M. FOURCHET: Un instant. Nicole, donne-moi cette bouteille. On va porter un toast au succès de ce jeune homme. A votre santé!
MME FOURCHET: A la vôtre!
NICOLE: Aimes-tu le vin blanc?
15   ROBERT: Oh, oui!
(*Il avale le vin d'un trait.*)
NICOLE: Tu l'as bu comme de l'eau, ou alors tu as très soif.
ROBERT: C'est vrai, j'ai très soif.
MME FOURCHET: Voici du gigot et des haricots. Après il y a du fromage—aujourd'hui
20   c'est un camembert. Ensuite, nous allons te tutoyer. *to speak familiarly*

TROISIEME ETAPE

1   *M. Fourchet rentre[1] chez lui pour déjeuner. Peu après ils sont à table parce que M. Fourchet retourne travailler dans deux heures et il a faim.*

---

[1]The prefix **re-** or **r-** generally indicates a repeated action: **entrer, rentrer; commencer, recommencer.**
[2]**Hors-d'œuvre** never takes a final **-s** in French.

M. FOURCHET: Jeune homme, quel âge avez-vous?

MME FOURCHET: Mais tu le sais bien: il a dix-neuf ans. Pourquoi poses-tu cette question?

5 M. FOURCHET: Voyons, voyons, c'est pour le faire parler. Répondez!

MME FOURCHET: Il comprend tout. C'est un bon étudiant.

(*A table, Mme Fourchet sert les hors-d'œuvre.*)

MME FOURCHET: Aimez-vous les tomates et les concombres?

ROBERT: Oui, je les aime bien.

10 MME FOURCHET: Prenez du pain, aussi.

M. FOURCHET: Un instant. Nicole, donne-moi cette bouteille. On va porter un toast au succès de ce jeune homme, au séjour de ce jeune homme. A votre santé!

(*Robert ne répond pas.*)

MME FOURCHET: Robert, vous répondez: à la vôtre!

15 NICOLE: Aimes-tu le vin blanc?

ROBERT: Oh, oui!

(*Il avale le vin d'un trait.*)

NICOLE: Tu l'as bu comme de l'eau, ou alors tu as très soif.

ROBERT: C'est vrai. J'ai très soif.

20 (*Mme Fourchet sert l'entrée.*)

ROBERT: Ah, encore . . .

MME FOURCHET: Oui, et il y en a encore après ceci. Voici du gigot, c'est de l'agneau, et des haricots comme légumes. Après il y a du fromage—aujourd'hui c'est un ca-

25 membert. Et pour dessert, nous avons une mousse au chocolat. Ensuite, nous allons te tutoyer.

SYNONYMES ET EXPRESSIONS APPROXIMATIVES

1	peu après = un peu plus tard
1	parce que = car
2	il a faim → il est affamé, il meurt de faim
6	il comprend tout = il pige° tout, il saisit tout
17	d'un trait = d'un seul coup
18	comme de l'eau → comme du petit lait
18	tu as très soif = tu es assoiffé
25	te tutoyer = te dire «tu», te parler familièrement

VOCABULAIRE ILLUSTRE

J'aime bien **les légumes** (*m.*).

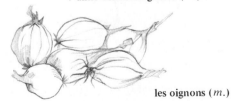

les oignons (*m.*)

J'aime bien **les fruits** (*m.*).

les pommes (*f.*)

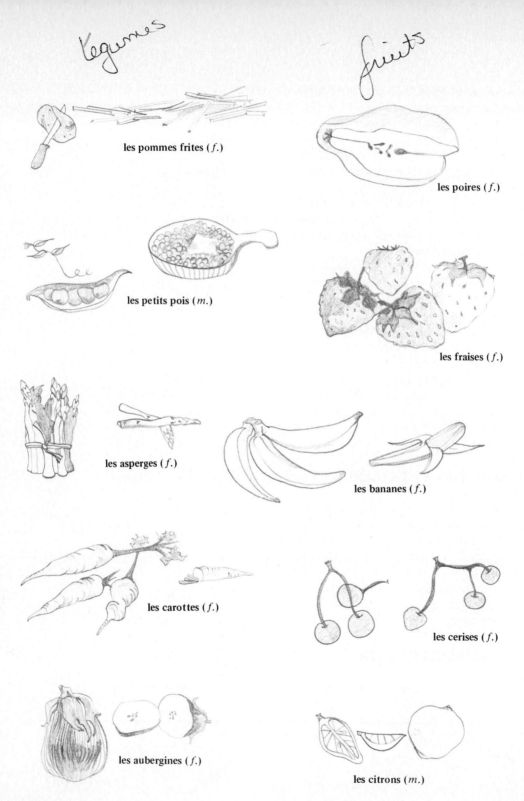

légumes   *fruits*

les pommes frites (*f.*)

les poires (*f.*)

les petits pois (*m.*)

les fraises (*f.*)

les asperges (*f.*)

les bananes (*f.*)

les carottes (*f.*)

les cerises (*f.*)

les aubergines (*f.*)

les citrons (*m.*)

meats
viandes

boissons
beverages

le porc

la bière

le veau

le thé

le cheval

le lait

le bœuf

l'eau (*f.*)

le poulet

l'apéritif (*m.*)

163

VOCABULAIRE UTILE

1. Passe-moi **le sel.** Cette viande n'est pas salée.
   *Pass **the salt.** This meat doesn't have any salt.*
2. Passe-moi **le poivre.** La viande n'a pas de poivre.
   *Pass **the pepper.** The meat doesn't have any pepper.*
3. Je désire **du sucre** dans mon café.
   *I want **(some) sugar** in my coffee.*
4. J'aime mon steak avec **de la moutarde.**
   *I like my steak with **mustard.***
5. Généralement on peut trouver des légumes dans **les boîtes de conserve.**
   *Generally one can find vegetables in **cans.***
6. Avec du porc, on peut faire **du pâté.**
   *With pork, one can make **pâté.***
7. Les Français mangent **du saucisson** comme hors-d'œuvre.
   *The French eat **salami** as hors-d'œuvres.*
8. **Une baguette** est un pain long et fin.
   *A **baguette** is a long, thin bread.*
9. **Les croissants** sont bons au petit déjeuner.
   ***Croissants** are good at breakfast.*
10. **Le pain de mie** ressemble au pain américain.
    ***Pain de mie** resembles American bread.*
11. Le pâtissier fait **des éclairs** et **des gâteaux.**
    *The pastry cook makes **éclairs** and **cakes.***
12. On fait **le beurre** et **la crème** avec du lait.
    *One makes **butter** and **cream** from milk.*
13. La poule donne **des œufs** [ø].
    *Chickens give **eggs.***

ATTENTION   One says **un œuf** [œf], but **des œufs** [ø]. The same for **un bœuf** [bœf], but **des bœufs** [bø].

QUESTIONS SUR LE SCENARIO

1. Où sont-ils peu après l'arrivée chez les Fourchet?
2. Quand M. Fourchet retourne-t-il travailler?
3. Quel âge Robert a-t-il?
4. Pourquoi M. Fourchet pose-t-il des questions à Robert?
5. Qu'est-ce que Robert aime bien?
6. A quoi va-t-on porter un toast?
7. Quand on porte un toast, on vous dit: «A votre santé!» Que répond-on?
8. Comment Robert boit-il le vin?
9. Que vont-ils manger?
10. Que vont-ils faire ensuite?

NOTE DE GRAMMAIRE 1
L'article partitif

1. The *partitive* construction conveys the notion of quantity, which is not always used in English but is always required in French.

The partitive limits the quantity to *some,* or to a *part* of a given whole.

Prenez **du** pain.	*Take **some** bread.*
Voici **du** gigot.	*Here is **some** leg of mutton.*
C'est **de l'**agneau avec **des** haricots.	*This is lamb with green beans.*
Nous avons **du** fromage.	*We have **(some)** cheese.*

[handwritten: quantity]

2. The partitive (*some*) may be contrasted to the concept of *all in general.*

Note the difference in meaning between the use of the *partitive* and the use of the *definite article:*

[handwritten: le Général vs. Spécific de]

PARTITIVE	GENERAL
Je bois **du** lait. (*some milk*)	J'aime[3] le lait, (*milk in general; this milk*)
Je bois **de la** bière. (*some beer*)	J'aime la bière. (*beer in general*)
J'ai **de l'**argent. (*some money*)	J'aime l'argent (*money in general*)
Je désire **des** asperges. (*some asparagus*)	J'aime les asperges. (*asparagus in general*)

PARTITIVE:	«Michelle, ma belle, sont **des** mots qui vont très bien ensemble.»
GENERAL:	Oui, ce sont **les** plus beaux mots de la langue française.

3. The partitive allows the speaker to convey precision in meaning, to form subtle distinctions that are generally only implied in English. Note the following example:

[handwritten: subtlty]

> **Les** chiens sont **des** animaux.

The partitive here means that there are other members of the animal kingdom:

> *(**All**) dogs are **(some)** animals.*

4. *Forms of the partitive:* The partitive is formed by the preposition **de** plus a form of the definite article (**le, la,** or **les**).

The partitive thus shows agreement in gender (masculine, feminine) and number (singular, plural) with the noun it limits:

Je prends **du** pain.	Il achète **des** livres.
Tu donnes **de la** bière.	Elles mangent **des** tomates.

---

[3]Notice that the definite article is used with **aimer.** This is because the verb **aimer** implies liking something in general. This is also true of the verbs **préférer, détester, adorer,** and others: Robert **déteste** le basket, mais il **adore** le football; moi, je **préfère** les sports moins violents.

When the noun (regardless of gender) begins with a vowel or a mute **h,** use the **de l'** form:

J'ai **de l'**argent. (*masculine singular*)   Je bois **de l'**eau. (*feminine singular*)

Simples substitutions

1. *Les chiens* sont des animaux.
   (*Les chats, Les vaches, Les chevaux, Les éléphants, Les lions, Les tigres, Les chiens*)
2. *Les tomates* sont des légumes.
   (*Les asperges, Les oignons, Les petits pois, Les pommes de terre, Les carottes, Les artichauts, Les tomates*)
3. Voulez-vous *du gigot?*
   (*des haricots, du fromage, de la salade, du porc, du veau, des carottes, des légumes, du gigot*)
4. Le garçon nous apporte *des tomates.*
   (*des pommes frites, des asperges, des cerises, des petits pois, de la salade, du steak, du veau, de l'eau, de la viande, des citrons, des tomates*)

5. After a negation, the partitive article becomes simply **de** or **d'** (no agreement in gender or number):

Je n'ai pas **d'**argent.   Je n'ai pas **de** pain.

Exercices de transformation

Modèle: Jean n'aime pas le bœuf.
           Jean ne prend pas de bœuf.

1. Je n'aime pas les oignons.
2. Ma sœur n'aime pas la bière.
3. Vous n'aimez pas les fraises.
4. Mon oncle et ma tante n'aiment pas le veau.
5. On n'aime pas les asperges.

NOTE DE GRAMMAIRE 2
Le verbe **être: C'est/Il est**

1. Note that after **être** one does not use the indefinite article in referring to a **métier** (*profession* or *occupation*):

Il est étudiant.	Elle est étudiante.	(*student*)
Il est boucher.	Elle est bouchère.	(*butcher*)
Il est pharmacien.	Elle est pharmacienne.	(*pharmacist*)
Il est épicier.	Elle est épicière.	(*grocer*)
Il est charcutier.	Elle est charcutière.	(*pork butcher*)
Il est boulanger.	Elle est boulangère.	(*baker*)

Il est crémier.	Elle est crémière.	(*dairyman*)
Il est médecin.	Elle est médecin.[4]	(*doctor*)
Il est dentiste.	Elle est dentiste.[4]	(*dentist*)
Il est philosophe.	Elle est philosophe.[4]	(*philosopher*)
Il est professeur.	Elle est professeur.[4]	(*professor*)

2. But when the expression **c'est** is used, **un** or **une** must also be stated:

C'est un étudiant.	C'est une étudiante.
C'est un boucher.	C'est une bouchère.
C'est un pharmacien.	C'est une pharmacienne.
C'est un épicier.	C'est une épicière.
C'est un charcutier.	C'est une charcutière.
C'est un boulanger.	C'est une boulangère.
C'est un crémier.	C'est une crémière.
C'est un médecin.	C'est un médecin.
C'est un dentiste.	C'est un dentiste.
C'est un philosophe.	C'est un philosophe.
C'est un professeur.	C'est un professeur.

3. The two usages have slightly different meanings:

Il est boucher stresses the *person*.   (adjective)
C'est un boucher stresses the *occupation*.   (noun)

ADJECTIVE	NOUN
Elle est française.	C'est une Française.
Il est américain.	C'est un Américain.
Il est juif.	C'est un Juif.
Elle est catholique.	C'est une Catholique.

Exercices de transformation

Modèle: Il est boucher.
           C'est un boucher.

(*dentiste, médecin, étudiant, charcutier, philosophe, professeur, pharmacien, épicier, Juif, Américain, Français, boulanger, boucher*)

Modèle: Elle est bouchère.
           C'est une bouchère.

(*médecin, étudiante, boulangère, professeur, pharmacienne, dentiste, philosophe, Française, épicière, Américaine, bouchère*)

[4]These nouns are masculine in gender even when referring to women.

Une boulangère

NOTE DE GRAMMAIRE 3
Chez ou **à** avec l'article défini

1. Chez + *a person* (noun or pronoun) indicates at a place, someone's home or business:

Je vais **chez mon frère.**
Je vais **chez lui.**

2. A + *a definite article* + *a place* indicates at a place or at a place of business:

Je vais **à la boulangerie.**

Exercices de transformation

Modèle: On achète de la viande chez le boucher.
            On achète de la viande à la boucherie.

1. On achète du veau chez le boucher.
2. On achète du mouton chez le boucher.
3. On achète du bœuf chez le boucher.

Modèle: On achète des médicaments chez le pharmacien.
            On achète des médicaments à la pharmacie.

1. On achète de l'aspirine chez le pharmacien.

2. On achète du dentifrice chez le pharmacien.
3. On achète du shampooing [ʃɑ̃pwɛ̃] chez le pharmacien.

Modèle: On achète de la nourriture chez l'épicier.
On achète de la nourriture à l'épicerie.

1. On achète du sel chez l'épicier.
2. On achète du poivre chez l'épicier.
3. On achète du sucre chez l'épicier.
4. On achète de la moutarde chez l'épicier.
5. On achète des boîtes de conserve chez l'épicier.

Modèle: On achète du porc chez le charcutier.
On achète du porc à la charcuterie.

1. On achète du pâté chez le charcutier.
2. On achète du saucisson chez le charcutier.
3. On achète de la saucisse chez le charcutier.

Modèle: On achète des baguettes chez le boulanger.
On achète des baguettes à la boulangerie.

1. On achète des croissants chez le boulanger.
2. On achète du pain de mie chez le boulanger.
3. On achète des pâtisseries chez le boulanger.

Modèle: On achète du lait chez le crémier.
On achète du lait à la crémerie.

1. On achète du fromage chez le crémier.
2. On achète du beurre chez le crémier.
3. On achète des œufs chez le crémier.
4. On achète de la crème chez le crémier.

NOTE DE GRAMMAIRE 4
Le passé composé

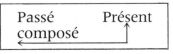

1. The *passé composé* is also known as the *perfect tense*. It expresses a completed action in the past:

Elle **a fini** le scénario hier (*yesterday*).
Elle **a fini** le scénario l'année dernière (*last year*).
Elle **a fini** le scénario la semaine passée (*last week*).
Elle **a fini** le scénario il y a une heure (*an hour ago*).[5]

[5]**Il y a** + *a time reference = ago:*

Il y a une heure   *an hour ago*

2. It is a *compound tense* constructed with the helping verb or the auxiliary verb **avoir** *or* **être** + *the past participle of a verb.*

An *auxiliary verb* is a verb that helps another verb to form a compound tense in the past. You have already learned the conjugations of **avoir** and **être**.

3. The *past participle* is formed by adding the appropriate endings to the same *stem* we used to form the *present indicative* tense:

	STEM	ENDING
FIRST CLASS VERBS:	parl-	+ **é**
	regard-	+ **é**
SECOND CLASS VERBS:	fin-	+ **i**
	réuss-	+ **i**

4. The *passé composé,* then, of **parler** and **finir** is as follows:

	AUXILIARY VERB	+ PAST PARTICIPLE	AUXILIARY VERB	+ PAST PARTICIPLE
FIRST CLASS VERBS:	j'ai	parlé	nous avons	parlé
	tu as	parlé	vous avez	parlé
	il a	parlé	ils ont	parlé
SECOND CLASS VERBS:	j'ai	fini	nous avons	fini
	tu as	fini	vous avez	fini
	il a	fini	ils ont	fini

Note that the meaning of **j'ai parlé** is *I spoke* or *I have spoken:*

Le professeur **a parlé** aux étudiants il y a une heure.
*The teacher **spoke** to the students an hour ago.*

Verbs taking **être** as an auxiliary are formed in a similar way. We shall discuss these verbs in *Chapitre 9.*

5. Here are some verbs we have encountered thus far that take **avoir** as a helping verb (auxiliary verb):

FIRST CLASS VERBS

INFINITIVE	PAST PARTICIPLE	INFINITIVE	PAST PARTICIPLE	INFINITIVE	PAST PARTICIPLE
acheter	acheté	écouter	écouté	parler	parlé
appeler	appelé	espérer	espéré	préférer	préféré
apporter	apporté	garder	gardé	ramasser	ramassé
chercher	cherché	héberger	hébergé	regarder	regardé
chuchoter	chuchoté	identifier	identifié	remarquer	remarqué
compter	compté	intimider	intimidé	répéter	répété
consulter	consulté	jeter	jeté	serrer	serré

INFINITIVE	PAST PARTICIPLE	INFINITIVE	PAST PARTICIPLE	INFINITIVE	PAST PARTICIPLE
couper	coupé	loger	logé	trouver	trouvé
décider	décidé	manger	mangé	voler	volé
déjeuner	déjeuné	oublier	oublié	voyager	voyagé
dîner	dîné				

SECOND CLASS VERBS

INFINITIVE	PAST PARTICIPLE	INFINITIVE	PAST PARTICIPLE	INFINITIVE	PAST PARTICIPLE
agir	agi	grossir	grossi	remplir	rempli
choisir	choisi	maigrir	maigri	réussir	réussi
finir	fini	obéir	obéi	vieillir	vieilli
grandir	grandi	rajeunir	rajeuni		

IRREGULAR VERBS
(The past participles must be memorized!)

INFINITIVE	PAST PARTICIPLE	INFINITIVE	PAST PARTICIPLE
appartenir	appartenu	pleuvoir	plu
apprendre	appris	pouvoir	~~pris~~ plu
avoir	eu	prendre	~~prévu~~ pris
comprendre	compris	prévoir	~~plu~~ prévu
conduire	conduit	reconnaître	reconnu
croire	cru	savoir	su
être	été	surprendre	surpris
faire	fait	tenir	tenu
maintenir	maintenu	voir	vu
obtenir	obtenu	vouloir	voulu

(handwritten margin note: get to know / Savez!)

Note that both **avoir** and **être** take **avoir** as the auxiliary verb:

J'ai le livre.	**J'ai eu** le livre.	*I had the book.*
Je suis en retard.	**J'ai été** en retard.	*I was late.*

Simples substitutions

1. *J'ai été dans la chambre.*
   (*Mon frère a été, Mes parents ont été, Il a été, On a été, Elles ont été, Nous avons été, J'ai été*)
2. *J'ai trouvé le savon sur le lavabo.*
   (*Nicole a trouvé, On a trouvé, Mes sœurs ont trouvé, Vous avez trouvé, Tu as trouvé, Nous avons trouvé, J'ai trouvé*)

3. *Nous avons décidé* de parler français.
   (*Les deux jeunes gens ont décidé, Ma petite amie a décidé, J'ai décidé, Tu as décidé, Vous avez décidé, On a décidé, Nous avons décidé*)
4. *J'ai choisi* cette armoire.
   (*L'hôtesse a choisi, Nous avons choisi, Vous avez choisi, On a choisi, Tu as choisi, Les parents ont choisi, J'ai choisi*)
5. *J'ai compris* la mentalité française.
   (*Nous avons compris, Tu as compris, Vous avez compris, On a compris, Ils ont compris, Il a compris, J'ai compris*)
6. *J'ai bien réussi* hier soir.
   (*Paul a bien réussi, Tu as bien réussi, On a bien réussi, Vous avez bien réussi, Mon oncle a bien réussi, Nous avons bien réussi, Ils ont bien réussi, J'ai bien réussi*)
7. *J'ai fait* le lit.
   (*Ma mère a fait, Mon ami a fait, Ils ont fait, Tu as fait, Nous avons fait, On a fait, Vous avez fait, J'ai fait*)

Exercices de transformation

Modèle: Je suis à Paris.
         J'ai été à Paris.

w/être

1. Nous sommes en France.
2. Vous êtes à l'heure.
3. Paul est fatigué par le voyage.
4. Ils sont impatients.
5. Tu es gentil pour elle.
6. L'été est chaud.

Modèle: Vous avez congé.
         Vous avez eu congé.

*avez
avoir*

1. Tu as une carte.
2. J'ai peur.
3. Nicole a un beau livre.
4. Nous avons un vieux billet.
5. Henry et Robert ont un bon repas.
6. Elle a le savon et les serviettes.

Tu as eu

Substitutions progressives

1. Elle a présenté Robert à son mari.
   Elle a donné le livre à son mari.
   Elle a donné le livre *à sa cousine.*
   Nous avons parlé à sa cousine.
   Nous avons parlé *à l'étudiant.*
   J'ai donné le livre à l'étudiant.
   J'ai donné le livre *à son mari.*
   Elle a présenté Robert à son mari.

2. On a montré le billet à l'employé.
   On a donné l'argent à l'employé.
   On a donné l'argent *au chauffeur.*
   On a donné la valise au chauffeur.

On a donné la valise *à l'homme.*
On a montré la carte de débarquement à l'homme.
On a montré la carte de débarquement *à l'employé.*
On a montré le billet à l'employé.

Exercices de transformation

Modèle: Je trouve le placard.
J'ai trouvé le placard.

1. Nous vieillissons ensemble.
2. Elle héberge l'étudiant.   LOGED
3. Elles oublient leurs imperméables.
4. Vous remplissez la carte.
5. Je réussis à ouvrir le placard. closet
6. Ils choisissent le menu.
7. Cet enfant obéit à son père.
8. Cette femme rajeunit. GREW young
9. Elle voit le garçon dans l'autobus.
10. Il fait bon voyage.
11. Le chauffeur intimide le garçon.

6. When the verbs **pouvoir, vouloir,** and **savoir** play a helping role with an infinitive, the *object pronoun* stands *before* the infinitive:

Je peux le lire.	J'ai pu **le** lire.	*I was able to read **it**.*
Il veut la conduire.	Il a voulu **la** conduire.	*He wanted to drive **it**.*
Je sais le faire.	J'ai su **le** faire.	*I knew how to do **it**.*

Substitutions progressives

1. J'ai pu le faire.
   J'ai su le faire.
   J'ai su *le dire.*
   J'ai voulu le dire.
   J'ai voulu *le choisir.*
   J'ai pu le choisir.
   J'ai pu *le faire.*

2. Il a voulu l'apprendre.
   Il a pu l'apprendre.
   Il a pu *le reconnaître.*
   Il a su le reconnaître.
   Il a su *l'obtenir.*
   Il a voulu l'obtenir.
   Il a voulu *l'apprendre.*

Exercices de transformation

Modèle: Je veux maigrir.
J'ai voulu maigrir.

1. Nous savons son nom.
2. Tu sais leur adresse.
3. Il veut grossir.
4. Vous savez leur numéro de téléphone.
5. Elles peuvent vous identifier.

Modèle: J'ai pu lire le livre.
           J'ai pu le lire.

1. Elle a su apprendre les verbes.
2. Nous avons voulu surprendre les enfants.
3. Tu as voulu voir le gymnase.
4. Ils ont pu reconnaître l'actrice.
5. Vous avez su terminer la discussion.

7. Note that in the negative form the auxiliary verb is surrounded by **ne (n')** . . . **pas:**

Nous avons parlé à sa cousine.   Nous **n'**avons **pas** parlé à sa cousine.

The sequence is this:

Subject + **ne** + *auxiliary verb* + **pas** + *past participle*

Exercices de transformation

Modèle: Ils ont réussi à apprendre.
           Ils n'ont pas réussi à apprendre.

1. J'ai rempli la carte.   4. Henry a compris le scénario.
2. Elle a hébergé l'enfant.   5. J'ai gardé toutes vos affaires.
3. Nous avons appris à conduire.

Modèle: Elle ne finit pas la page.
           Elle n'a pas fini la page.

1. Le chien n'aime pas le chat.   4. Vous n'obéissez pas à vos parents.
2. Paul ne trouve pas le bureau de poste. 5. Le train ne roule pas.
3. L'arbre ne grandit pas cette année.   6. Elle ne cherche pas le sac de couchage.

8. In the interrogative form, the patterns of inversion are the same as those we discussed in *Chapitre 1:*

Est-ce que:	Est-ce que vous avez dîné?
Simple inversion:	Avez-vous dîné?
Inversion with noun subject:	Jesse a-t-il dîné?
n'est-ce pas:	Vous avez dîné, n'est-ce pas?
Vocal inflection:	Vous avez dîné?

Exercices de transformation

Simple Inversion

Modèle: Ils ont réussi à apprendre.
           Ont-ils réussi à apprendre?

1. J'ai rempli l'assiette.
2. Elle a logé l'enfant.
3. Nous avons appris à conduire.

4. Elle a cherché les valises.
5. Elles ont voyagé en France.

Inversion with Noun Subject

Modèle: Ce garçon a grandi cette année.
            Ce garçon a-t-il grandi cette année?

1. Mme Fourchet a oublié le savon.
2. L'hôtesse a réussi à le faire la semaine dernière.
3. Le professeur a parlé aux étudiants il y a une heure.
4. Sa sœur a apporté ses affaires hier soir.
5. L'employé a ramassé toutes les cartes.

. . . n'est-ce pas?

Modèle: Nous avons choisi les mêmes livres.
            Nous avons choisi les mêmes livres, n'est-ce pas?

1. Elle a identifié tous les étudiants.
2. Nous avons dîné chez elle hier.
3. Vous avez oublié les noms de tous les étudiants.
4. Tu as fait bon voyage.
5. Le chauffeur a intimidé les deux garçons.

Negative Inversion

Modèle: Ont-ils réussi à apprendre?
            N'ont-ils pas réussi à apprendre?

1. Ai-je rempli l'assiette?
2. A-t-elle logé l'enfant?
3. Avons-nous appris à conduire?

4. A-t-elle cherché la couverture?
5. Ont-elles voyagé en France?

NOTE DE GRAMMAIRE 5
Accord du participe passé avec **avoir**

1. In compound tenses, past participles of verbs used with the auxiliary verb **avoir** are ordinarily invariable. However, the past participle will agree *in gender and number* with any direct object that *precedes* it:

> J'ai vu **la voiture.** Je l'ai vu**e.**
> **La voiture?** Oui, je l'ai vu**e.**
> Quelle **voiture** as-tu vu**e?**

2. In most cases, this agreement changes the written form and does not affect the pronunciation:

> Nous avons monté **les valises.**   Nous **les** avons monté**es.**

But when a past participle ends with a consonant, the addition of the feminine ending **-e (-es)** will change the pronunciation of the participle. Note the following:

> **Le scénario?** Il l'a compris.   **Le repas?** Il l'a fait.
> **Les chapitres?** Il **les** a compris.   **La rencontre?** Il l'a fait**e.**
> **La leçon?** Il l'a compris**e.**   **Les rencontres?** Il **les** a fait**es.**

3. In the negative form, the direct object pronoun normally precedes the auxiliary **avoir** directly:

> J'ai vu **la photo.**
> Je l'ai vu**e.**
> Je ne l'ai pas vu**e.**

4. In the interrogative form, the direct object pronoun also directly precedes the auxiliary **avoir:**

> Il a cherché **le billet.**
> Est-ce qu'il l'a cherché?
> **L'**a-t-il cherché?

Exercices de transformation

Modèle: Elle a acheté le savon.
            Elle l'a acheté.

1. Il a donné le billet.
2. Nous avons montré le lavabo.
3. J'ai choisi le menu.
4. Les étudiants ont pris le taxi.
5. Le chauffeur a intimidé Robert.
6. On a pris l'oreiller.

Modèle: Elle a cherché la voiture.
            Elle l'a cherchée.

1. Ils ont appris la leçon.
2. Tu as rempli la carte.
3. J'ai vu la jeune fille tout de suite.
4. Vous avez fait la valise.
5. M. Fourchet a serré la main de Robert.
6. Le professeur a consulté la liste.

Modèle: Elles ont appris les exercices.
            Elles les ont appris.

1. On a fermé les portes.
2. Ils ont regardé les vieilles églises.
3. Robert a monté les malles.
4. J'ai vu Robert et Henry dans le train.

5. Nous avons pris les couvertures. 6. La famille a logé les Américains.

Modèle: J'ai appelé le chat.
Je l'ai appelé.
Je ne l'ai pas appelé.

1. Nous avons apporté le couteau. 4. Ils ont compris la lecture.
2. On a écouté le professeur. 5. Tu as fait la photo.
3. Elle a rempli l'assiette. 6. Vous avez répété les leçons.

Modèle: Il a regardé le paysage.
Est-ce qu'il l'a regardé?
L'a-t-il regardé?

1. Nous avons vu l'église. 4. Il a donné le pourboire.
2. Les garçons ont cherché leurs billets. 5. Mme Fourchet a trouvé les chaises.
3. Tu as cherché la formule. 6. J'ai surpris les enfants.

Modèle: Il a répété les verbes.
Il les a répétés.

1. On a fermé les portières. 4. Tu as fait la photo.
2. Elle a choisi le tapis. 5. J'ai choisi le menu.
3. Vous avez appris les leçons.

Modèle: On a rempli la carte.
Voici la carte. On l'a remplie.

1. Nous avons vu le château. 4. Vous avez fait les voyages.
2. Elle a montré la chambre. 5. Ils ont écouté le vieux monsieur.
3. J'ai pris les serviettes.

NOTE DE GRAMMAIRE 6
Le verbe irrégulier **boire**

The verb **boire** (*to drink*) is irregular.[6]

PRESENT:	je bois	nous buvons	[byvõ]
	tu bois [bwa]	vous buvez	[byve]
	il boit	ils boivent	[bwav]

IMPERATIF:	bois	PASSE COMPOSE: j'ai bu
	buvons	
	buvez	

[6]To say *to have a drink,* you can say: **boire un pot** dans un café, **prendre un pot,** *or* **prendre un verre** dans un café. **Prendre un petit verre** = boire une boisson alcoolisée (*an alcoholic beverage*) dans un petit verre.

Substitutions progressives

1. Je bois du vin.
   Ils boivent du vin.
   Ils boivent *beaucoup d'eau.*
   Elle boit beaucoup d'eau.
   Elle boit *du lait.*
   Nous buvons du lait.
   Nous buvons *du thé.*
   Vous buvez du thé.
   Vous buvez *du vin.*
   Je bois du vin.

2. J'ai bu du lait.
   Nous avons bu du lait.
   Nous avons bu *beaucoup d'eau.*
   Elle a bu beaucoup d'eau.
   Elle a bu *du thé.*
   Vous avez bu du thé.
   Vous avez bu *du lait.*
   J'ai bu du lait.

Exercices de transformation

1. *Je* bois de l'eau.
   (*Nous, Ils, Elle, Vous, Tu, On, Robert, Je*)
2. En bois-*tu?*
   (*Est-ce que je, nous, il, vous, elle, ils, tu*)
3. *Vous* n'en buvez pas.
   (*Tu, Elle, Nous, Ils, Je, Henry, Vous*)
4. *Tu* n'en as pas bu.
   (*Il, Vous, Nous, On, Je, Ils, Les garçons, Tu*)

QUESTIONS GENERALES

1. A quelle heure avez-vous faim?
2. A quelle heure déjeunez-vous?
3. A quelle heure dînez-vous?
4. Que buvez-vous quand vous avez soif?
5. Aimez-vous parler?
6. Comprenez-vous tout en français?
7. En quelle saison mange-t-on des tomates généralement?
8. Buvez-vous du vin à table? Si non, que buvez-vous?
9. Aimez-vous le fromage?
10. Quel dessert préférez-vous?
11. Buvez-vous beaucoup de lait?
12. Qu'avez-vous fait ce matin?
13. Qu'est-ce que vous avez fait hier soir?
14. Avez-vous appris toutes les leçons par cœur (*by heart*)?
15. Avez-vous réussi à apprendre le passé composé?

Exercices de manipulation

1. Demande à _____ de te parler de son repas favori.
2. Quels sont tes légumes préférés?
3. Que peut-on acheter chez le charcutier?
4. Demande à _____ quelle boisson il préfère avec ses repas. Et entre les repas?
5. Quand porte-t-on un toast?
6. Aimes-tu ramasser des fraises?
7. Demande à _____ s'il a déjà mangé de la viande de cheval.
8. Demande à _____ où on peut acheter des boîtes de conserve.
9. Demande à _____ s'il préfère les légumes frais ou en boîtes de conserve.
10. Demande à _____ quels ingrédients sont nécessaires pour faire une salade.

MICROLOGUE Le petit déjeuner

C'est le matin: **le réveil sonne** et Nicole **se lève.** Qu'est-ce qu'elle fait **tout d'abord?** Elle va dans la cuisine pour **faire chauffer** du lait pour le petit déjeuner. **Puis** elle **coupe** quelques **tranches** de pain, et si elle a le temps elle les **fait griller.** Ou bien elle **met** simplement du beurre et **de la confiture** sur le pain. Dans le bol, elle **ajoute** du café ou du chocolat et elle a un vrai festin. Mais **il faut que Nicole se dépêche,** ou elle va arriver en retard en classe.

the alarm clock rings /
gets up / first of all / to heat
Then / cuts / slices
toasts / puts on
jam
adds
Nicole has to hurry up

Questions

1. Que fait Nicole quand le réveil sonne?
2. Quand prend-elle le petit déjeuner?
3. Où va-t-elle pour le petit déjeuner?
4. Que fait-elle chauffer?
5. Que fait-elle avec le pain?
6. Si elle a le temps, que fait-elle?
7. Que met-elle sur le pain?
8. Qu'est-ce qu'elle peut ajouter au lait?
9. Pourquoi faut-il que Nicole se dépêche?

LECTURE La famille

PÉTER: J'ai l'impression qu'on ne désire pas me parler dans ma famille. On regarde toujours la télévision le soir **pendant** le repas.

LE PROFESSEUR: **Tant mieux, tu peux apprendre beaucoup** avec ta famille. Apprends à **connaître** tout de suite **les ha-**

during
so much the better / you can learn a lot
to know

5

bitudes de ta famille . . . et mêmes ses **manies.** Regarder la   *the habits / manias*
télé est une manie comme une autre. **Adapte-toi** complète-   *Adapt yourself*
ment à la vie de cette famille et **tout ira pour le mieux.**   *all will be for the best*
Même si cela te paraît **d'abord** difficile, organise ta vie sur   *Even if / at first*
10   **l'horaire** de ta famille. Prends ton petit déjeuner et les autres   *the schedule* (f.)
repas avec les membres de la famille!

ELEANOR: Pouvez-vous faire le portrait du Français moyen?

LE PROFESSEUR: Je vais essayer. **D'une part,** le Français aime l'ordre,   *On the one hand*
la précision, l'exactitude. **D'autre part,** il aime manger et   *On the other hand*
15   bien boire.

JESSE: Il semble aimer la politique.

LE PROFESSEUR: Il adore la politique et la discussion, mais il déteste
les politiciens.

QUESTIONS SUR LA LECTURE

1. Qu'est-ce qu'on apprend à connaître tout de suite?
2. Comment un Américain organise-t-il sa vie en France?
3. Quelles qualités le Français moyen aime-t-il?
4. Aime-t-il manger?
5. Aime-t-il boire?
6. Aime-t-il la politique?
7. Aime-t-il les politiciens?

CREATION ET RECREATION

1. Choose a famous person from the past, someone everyone in your class has probably
heard of. Proceed to give clues as to the person's identity without naming the person.
Keep the majority of your clues in the *passé composé,* with the appropriate adverbs.

Start with very general clues; then move to more specific ones. After each clue, ask
a different fellow student: **Qui suis-je?** If you make it to ten clues without being
correctly identified, your fellow students (and professor) must start asking you questions
(again, mostly in the *passé composé*). You may answer these latter questions only by **oui**
or **non.** For example:

Voltaire (see passage devoted to Voltaire in *Chapitre 6*)

    1. Je suis français.
    2. Pendant ma vie, j'ai beaucoup écrit.
    3. J'ai toujours détesté l'intolérance.
    4. Une fois, je suis parti pour l'Angleterre.
    5. J'y ai appris certaines bases de la philosophie moderne.
    6. Quand je suis rentré en France, j'ai commencé à écrire des satires contre le
       gouvernement.

7. Une fois, on m'a emprisonné et j'ai passé presque toute une année en prison.
8. Je suis né en·seize cent quatre-vingt-quatorze.
9. Je suis mort en dix-sept cent soixante-dix-huit.
10. Pendant ma vie, j'ai représenté l'esprit de «L'âge des Lumières».

1. Etes-vous Rousseau?   Non.
2. Avez-vous écrit le conte *Candide?*   Oui.
3. Etes-vous Voltaire?   Oui.

2. Add a paragraph to your story of Monique and Pierre.

Monique est à table. Elle déjeune avec sa famille américaine et elle est surprise de ne pas voir là son père américain. Elle a une demi-heure pour déjeuner. . . .

Chapitre 8: COUP D'ŒIL

Oui   **Non**

_____ 1. The *partitive construction* must be used in French, but not always in English, to express   _____
the quantity *some:*

Je prends **du** pain.
*I take **(some)** bread.*

_____ 2. **Etre** is used without an indefinite article in referring to a profession: _____

Il est boulanger.   **Je suis** étudiante.

But the expression **c'est** takes the indefinite article **un** or **une:**

C'est **un** médecin.   C'est **une** épicière.

_____ 3. **Chez** is used with a person's name or a stressed pronoun: _____

chez Paul   *Paul's house*
chez toi   *your house*

_____ **A** is used with the name of a place: _____

à la maison   *at the house (at home)/to the house (home)*
à la boucherie *at the butcher shop*
à la pharmacie *at the pharmacy*

_____ 4. The *passé composé* (or *perfect tense*) is made up of **avoir** or **être** + *a past participle:*   _____

J'ai parlé.
Il **est resté** chez elle.

_____ 5. Past participles of verbs taking **avoir** as auxiliary always agree with the preceding   _____
direct object in gender and number:

Les mères ont identifié **les étudiants.**
Les mères **les** ont identifié**s.**

Paul a surpris **sa sœur.**
Il **l'**a surpris**e.**

6. The irregular verb **boire** is conjugated this way:

je bois	nous buvons
tu bois	vous buvez
il boit	ils boivent

VOCABULAIRE

Verbes

adorer	**rentrer**
avaler	**ressembler**
boire*	**rester**
détester	**retourner**
monter	saler
mourir	servir
naître	**tomber**
passer	se tutoyer
participer	
poser	

Noms

mousse (f.) au chocolat	**veau** (m.)	**concombre** (m.)
nourriture (f.)	**viande** (f.)	**haricots** (m.pl.)
		légume (m.)
apéritif (m.)	**gigot** (m.)	**oignon** (m.)
bière (f.)	pâté (m.)	**petits pois** (m.pl.)
boisson (f.)	saucisse (f.)	**pomme** (f.) **de terre**
bouteille (f.)	saucisson (m.)	**pommes** (f.pl.) **frites**
café (m.)	**steak** (m.)	**salade** (f.)
eau (f.)		**tomate** (f.)
eau (f.) **minérale**	**baguette** (f.)	
lait (m.)	**croissant** (m.)	**banane** (f.)
pot (m.)	éclair (m.)	**cerise** (f.)
thé (m.)	**gâteau** (m.)	**citron** (m.)
vin (m.) blanc	**pain** (m.)	**fraise** (f.)
vin (m.) rouge	pain (m.) de mie	**fruit** (m.)
		poire (f.)
agneau (m.)		**pomme** (f.)
bœuf (m.)	**artichaut** (m.)	**beurre** (m.)
porc (m.)	**asperge** (f.)	camembert (m.)
poule (f.)	**aubergine** (f.)	**crème** (f.)
poulet (m.)	**carotte** (f.)	

fromage (*m.*)
œuf (*m.*)

boîte (*f.*) de conserve
entrée (*f.*)
hors-d'œuvre (*m.*)
moutarde (*f.*)
poivre (*m.*)
sardine (*f.*)
sel (*m.*)
sucre (*m.*)
animal (*m.*)
éléphant (*m.*)

lion (*m.*)
tigre (*m.*)

aspirine (*f.*)
dentifrice (*m.*)
médicament (*m.*)
shampooing (*m.*)

boucher (*m.*)
boucherie (*f.*)
boulanger (*m.*)
boulangerie (*f.*)
charcutier (*m.*)
charcuterie (*f.*)

crémier (*m.*)
crémerie (*f.*)
dentiste (*m.*)
épicier (*m.*)
médecin (*m.*)
métier (*m.*)
pâtissier (*m.*)
pâtisserie (*f.*)
pharmacien (*m.*)
pharmacie (*f.*)
philosophe (*m.*)
séjour (*m.*)
succès (*m.*)

Adjectifs

catholique
favori
fin
juif

nécessaire
précédent
protestant
violent

Pronom

en

Adverbes

alors
assez
correctement
encore
exactement
familièrement

immédiatement
peu après
plus
tout de suite
trop

Conjonctions

car
comme si
mais

Expressions utiles

A votre santé!
avoir faim
avoir soif
comme de l'eau
comme du petit lait
d'un seul coup
d'un trait
être affamé
être assoiffé

être à table
mourir de faim
par cœur
par jour
porter un toast
prendre une douche
un peu plus tard

boire un pot°
prendre un pot°
prendre un verre°

prendre une petite verre – a shot

CHAPITRE 9
ROBERT
S'INSTALLE

Scénario 9: ROBERT S'INSTALLE

⊕ PREMIERE ETAPE

1 ROBERT: C'est ici?

MME FOURCHET: Oui. Voici ta chambre. J'ai placé tes affaires dans cette armoire.

ROBERT: J'ai cette grande valise, cette petite valise et ce sac de couchage.

MME FOURCHET: J'ai placé tes chemises dans ce tiroir, tes slips et tes tee-shirts ici . . . ,
5   tes mouchoirs et tes chaussettes là.

MME FOURCHET: Tu peux faire ta toilette ici.

M. FOURCHET: Robert, tu peux emprunter une de nos mobylettes durant ton séjour.
      Nicole, montre-lui comment freiner.

ROBERT: Pourquoi insiste-t-il là-dessus?

⊕ DEUXIEME ETAPE

1 ROBERT: C'est ici?

MME FOURCHET: Oui. Voici ta chambre. J'ai placé tes affaires dans cette armoire. Combien
      de valises as-tu? Est-ce tout?

ROBERT: Oui. J'ai cette grande valise grise, cette petite valise marron et ce sac de couchage
5   que j'ai perdu et retrouvé finalement.

MME FOURCHET: J'ai placé tes chemises dans ce tiroir . . . tes slips et tes tee-shirts ici . . .
      tes mouchoirs et tes chaussettes là . . . ton veston et ton imperméable dans la
      penderie.

(*Elle regarde ses valises.*)

10 MME FOURCHET: Vraiment, tu as de jolies valises. Elles sont plus solides que mes valises.

ROBERT: Je les aime bien. Ma mère me les a données.

MME FOURCHET: Comme tu as vu, tu as un lavabo. Tu peux faire ta toilette ici et prendre
      tes douches dans cette salle de bains.

(*Mme Fourchet et Robert descendent au rez-de-chaussée.*)

15 M. FOURCHET: Je pars. Robert, tu peux emprunter une de nos mobylettes durant ton
      séjour. Nicole va te montrer comment elle marche. Nicole, montre-lui surtout
      comment freiner.

ROBERT: Pourquoi insiste-t-il là-dessus?

NICOLE: Evidemment si on ne sait pas freiner on peut avoir des problèmes.

20 MME FOURCHET: (*Elle leur crie.*) Nicole, passe par la boulangerie et achète une baguette!

TROISIEME ETAPE

1 ROBERT: C'est ici que je m'installe?

MME FOURCHET: Oui. Voici ta chambre.

(*Un peu plus tard.*)

MME FOURCHET: Tiens, regarde, j'ai placé tes affaires dans cette armoire. Combien de
5   valises as-tu? Est-ce tout?

ROBERT: Oui. J'ai cette grande valise grise, cette petite valise marron et ce sac de couchage
      que j'ai perdu et retrouvé finalement.

MME FOURCHET: Comme tu vois, j'ai placé tes chemises dans ce tiroir . . . tes slips et tes
tee-shirts ici . . . et tes mouchoirs et tes chaussettes là. J'ai pendu ton veston et ton
10   imperméable dans la penderie.
ROBERT: Merci, Madame. Et mes cravates? Ah, je les place sur ce porte-cravates derrière
la porte et je mets cette paire de chaussures sous le lit.
(Elle regarde ses valises.)
MME FOURCHET: Vraiment, tu as de jolies valises. Elle sont plus solides que mes valises.
15   ROBERT: Je les aime bien. Ma mère me les a données.
MME FOURCHET: Attends avant de descendre! Comme tu as vu, tu as un lavabo. Tu peux
faire ta toilette ici et prendre tes douches dans cette salle de bains.
(Mme Fourchet et Robert descendent au rez-de-chaussée.)
M. FOURCHET: Il est l'heure de retourner à mon bureau. Je pars. Robert, tu peux em-
20   prunter une de nos mobylettes durant ton séjour. Nicole va te montrer comment
elle marche. Nicole, montre-lui surtout comment freiner.
ROBERT: Pourquoi insiste-t-il là-dessus?
NICOLE: Evidemment si on ne sait pas freiner on peut avoir des problèmes.
(Les jeunes gens sortent.)
25   MME FOURCHET: *(Elle leur crie.)* Ne rentrez pas trop tard. Robert a besoin de sommeil.
Nicole, passe par la boulangerie et achète une baguette bien cuite pour ce soir!

SYNONYMES ET EXPRESSIONS APPROXIMATIVES

4	Tiens → *Oh!, Indeed!*
10	la penderie = le placard
14	vraiment = réellement
17	faire ta toilette = te laver
19, 20	emprunter → prendre (mais pour un temps limité)
22	là-dessus = sur ce point
23	Évidemment = Certainement, Sans aucun doute
25	a besoin de sommeil = a besoin de dormir
26	bien cuite = bien dorée, croustillante

⊛ QUESTIONS SUR LE SCENARIO

1. Combien de valises Robert a-t-il et de quelles couleurs sont-elles?
2. Où Mme Fourchet a-t-elle placé les affaires de Robert?
3. Qu'est-ce que Mme Fourchet a pendu dans la penderie?
4. Où Robert place-t-il ses cravates et ses chaussures?
5. Pourquoi Robert aime-t-il bien ses valises?
6. Où Robert peut-il faire sa toilette?
7. Pourquoi M. Fourchet part-il?
8. Robert peut emprunter une mobylette. Qu'est-ce que Nicole va lui montrer?
9. Pourquoi Mme Fourchet crie-t-elle: «Ne rentrez pas trop tard»?
10. Pourquoi faut-il que Nicole passe par la boulangerie?

un collier

une blouse

des bracelets

un tailleur {
une veste

une jupe

des bas

VOCABULAIRE ILLUSTRE: Vêtements de femmes

Elle porte un manteau.   **porter**   *to wear*
She is wearing a coat.

Elle essaie des bottes.   **essayer**   *to try on*
She is trying on boots.

1. un manteau   *coat*
2. des bottes (*f.*)   *boots*
3. une robe de soie   *silk dress*
4. une robe de coton   *cotton dress*
5. une robe de nylon   *nylon dress*
6. des gants (*m.*) de cuir   *leather gloves*
7. des gants de laine   *woolen gloves*
8. un foulard   *silk scarf*
9. une veste   *jacket*
10. un tailleur   *tailored suit*
11. un sac   *handbag*
12. des lunettes (*f.*) de soleil   *sunglasses*
13. un chandail   *sweater*
14. un pull-over   *pullover*
15. un cardigan   *cardigan*
16. une blouse   *blouse*
17. un corsage   *blouse*
18. un soutien-gorge   *bra*
19. un slip   *panties*
20. une combinaison   *slip*

VOCABULAIRE ILLUSTRE: Vêtements d'hommes

Il porte une chemise.

1. un pardessus   *overcoat*
2. une veste   *jacket*
3. un blazer   *blazer*
4. un jeans   *jeans*
5. une ceinture   *belt*
6. un trench   *trench coat*
7. une parka   *parka*
8. des socquettes   *ankle socks*
9. des bretelles   *suspenders*
10. un slip   *briefs*
11. un costume   *three-piece suit*

Vêtements d'hommes

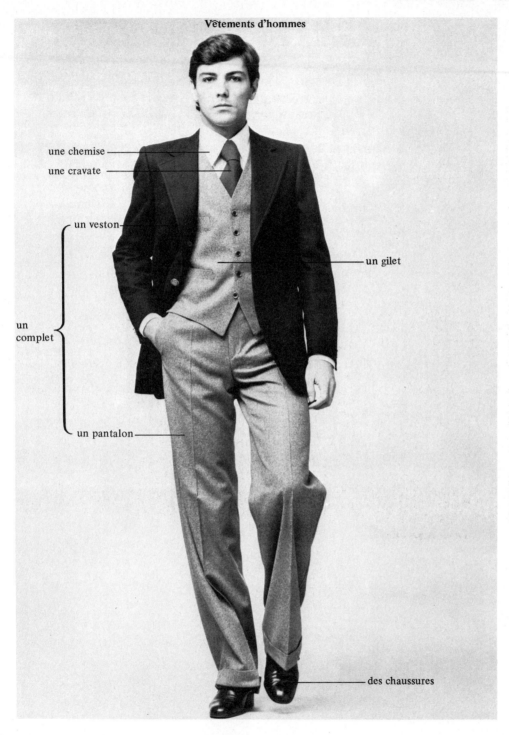

une chemise

une cravate

un veston

un gilet

un
complet

un pantalon

des chaussures

NOTE DE GRAMMAIRE 1
Position des adjectifs

1. Most adjectives automatically follow the noun. They are essentially descriptive of:

color:	un cheval **blanc**	a **white** horse
nationality:	un étudiant **français**	a **French** student
religion:	un prêtre **catholique**	a **Catholic** priest
physical forms:	une table **ronde**	a **round** table
physical quality:	de l'eau **froide**	**cold** water
	une bière **fraîche**	a **cool** beer

2. Adjectives that are longer than the words they modify or that are derived from participles usually follow the noun:

longer:	un livre **intéressant**	an **interesting** book
participial:	un homme **distingué**	a **distinguished** man
	une femme **charmante**	a **charming** woman[1]
	une étoile **filante**	a **shooting** star[1]
	une porte **ouverte**	an **open** door

NOTE DE GRAMMAIRE 2
Les couleurs

The colors in French are:

rouge	*red*	**blanc**	*white*
orange (orangé)	*orange*	**noir**	*black*
jaune	*yellow*	**brun**	*brown*
vert	*green*	**marron**	*brown*
bleu[2]	*blue*	**gris**	*gray*
violet	*violet*		

pourpre

Exercice de compréhension

Les couleurs

1. Les feuilles (*leaves*) sont vertes en été. Elles sont rouges ou jaunes ou brunes en automne.

[1]See formation of present participles in *Chapitre 23.*
[2]To form the plural, add **-s: bleus.**

2. Le drapeau américain et le drapeau français ont les mêmes couleurs: bleu, blanc, rouge.

3. L'arc-en-ciel (*rainbow*) contient toutes les couleurs: rouge, orange (orangé), jaune, vert, bleu, violet.

4. Avec du blanc et du noir, on fait du gris.

5. Avec du vert et du rouge, on fait du marron.

NOTE DE GRAMMAIRE 3
Le féminin des adjectifs

1. For adjectives ending in **x,** change the **x** to **s** and add **-e** to form the feminine:

MASCULINE SINGULAR	FEMININE SINGULAR
un homme heureu**x**	une femme heureu**se**
joyeu**x**	joyeu**se**
sérieu**x**	sérieu**se**

2. Some adjectives have irregular endings in the feminine:

blanc	[blā]	blanche	[blāʃ]	*white*
frais	[frɛ]	fraîche	[frɛʃ]	*fresh, cool*
sec	[sɛk]	sèche	[sɛʃ]	*dry*
doux	[du]	douce	[dus]	*soft*
faux	[fo]	fausse	[fos]	*false*
roux	[ru]	rousse	[rus]	*reddish brown*
cher	[ʃɛr]	chère	[ʃɛr]	*dear, expensive*
grec	[grɛk]	grecque	[grɛk]	*Greek*
neuf	[nœf]	neuve	[nœv]	*new*
public	[pyblik]	publique	[pyblik]	*public*

3. Others *double the final consonant* and add **-e:**

bon	[bō]	bonne	[bɔn]	*good*
italien	[italjē]	italienne	[italjɛn]	*Italian*
réel	[reɛl]	réelle	[reɛl]	*real*

4. Marron (*brown*) is invariable.

Simples substitutions

1. Il a une chemise *grise.*
   (*verte, blanche, bleue, neuve, grise*)
2. Elle a une valise *grise.*
   (*marron, noire, bleue, rouge, grise*)
3. J'ai un ami *français.*
   (*américain, grec, italien, chinois, russe, français*)

4. Voici notre jeune étudiante *française*.
   (*américaine, grecque, italienne, chinoise, russe, française*)
5. Voilà *une église catholique*
   (*une église orthodoxe, un temple protestant, une synagogue orthodoxe, une église catholique*)
6. C'est une saison *sèche*.
   (*froide, fraîche, humide, chaude, douce, sèche*)
7. Elle a les cheveux *blonds*.
   (*roux, noirs, gris, blancs, blonds*)

Simples substitutions

1. Elle a une auto *française*.
   (*grosse, belle, noire, chère, bleue, vieille, française*)
2. Il a acheté un imperméable *chaud*.
   (*nouvel, bel, cher, noir, autre, gris, marron, chaud*)
3. Nicole a montré une *belle* cravate.
   (*longue, courte, rouge, nouvelle, vieille, bleue, belle*)

Exercices de transformation

Modèle: Elle a une auto. (*nouveau*)
            Elle a une nouvelle auto.

1. Elle a un chapeau. (*joli*)   6. C'est une fête. (*joyeux*)
2. C'est une réponse. (*faux*)   7. Voilà une église. (*beau*)
3. C'est une saison. (*sec*)   8. C'est un chemin. (*long*)
4. Elle a une robe. (*vert*)   9. Elle a un foulard. (*rouge*)
5. C'est une fille. (*heureux*)

NOTE DE GRAMMAIRE 4
Les verbes réguliers en -re

The *third class* of verbs is typified by the **-re** ending of the infinitive:

vendre   *to sell*

PRESENT:	je vends	nous vendons [vãdō]
	tu vends [vã]	vous vendez [vãde]
	il vend	ils vendent [vãd]
IMPERATIF:	vends	PASSE COMPOSE: J'ai vendu
	vendons	
	vendez	

Some verbs like **vendre:**

		PAST PARTICIPLE
attendre	*to wait (for)*	attendu
descendre	*to descend*	descendu
entendre	*to hear*	entendu
pendre	*to hang*	pendu
perdre	*to lose*	perdu
rendre	*to give back*	rendu
répondre (à)	*to answer*	répondu

Exercices de manipulation

1. *Je* vends tous les vieux livres.
   (*Nous, On, Ils, Vous, Tu, Robert, Je*)
2. *Il* a perdu tout l'argent.
   (*Elle, Nous, Vous, Tu, On, Je, Ils, M. Fourchet, Il*)
3. *Elle* a répondu à l'agent de police.
   (*Nous, Vous, Je, Tu, Robert, Ils, Elle*)
4. *Vous* ne vendez pas de légumes.
   (*Ils, Nous, Je, Tu, On, Elle, Henry, Vous*)
5. Ne répondez-*vous* pas à la question?
   (*tu, elle, il, nous, elles, on, Est-ce que je, vous*)
6. *Nous* attendons le train.
   (*Je, Tu, Vous, M. Fourchet, Ma sœur, Les grands-parents, On, Nous*)
7. *Les jeunes gens* attendent-*ils* l'avion?
   (*tu, Nicole, vous, je, on, nous, Les jeunes gens*)
8. *L'étudiante* répond au professeur.
   (*Les parents, Tu, Je, Nous, On, Vous, L'étudiante*)
9. *On* descend du train.
   (*Les enfants, Je, Nous, Le charcutier, La crémière, Vous, Tu, On*)

Exercices de transformation

Modèle: Le boucher vend du veau. *Pres*
   Le boucher va vendre du veau. *un. fut*
   Le boucher a vendu du veau. *P.C.*
   le boucher vient de vendre de veau imm.past

1. Le pharmacien vend des médicaments.
2. Je vends des mobylettes.
3. Nous vendons des magazines.
4. Elle descend les valises au rez-de-chaussée.
5. Elle attend l'autobus.
6. Nous entendons le bruit.
7. Il perd sa chaussure.
8. Il rend le billet à l'employé.
9. Elle répond à toutes les questions.
10. Elle descend du train.

NOTE DE GRAMMAIRE 5
Le verbe **dormir**

There are six verbs that are used fairly frequently and are conjugated in a pattern similar to the model of **dormir.**

Note that the first, second, and third person *plural* pick up the stem of the infinitive in the present indicative:

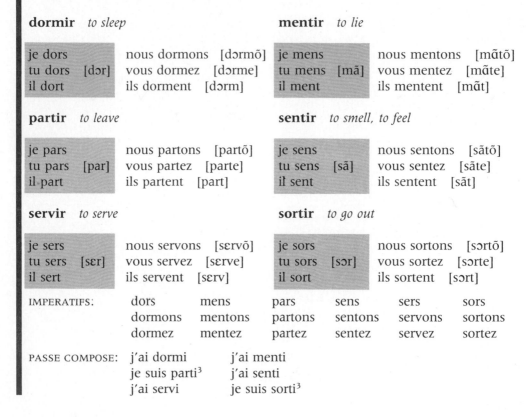

dormir   *to sleep*

je dors		nous dormons	[dɔrmõ]
tu dors	[dɔr]	vous dormez	[dɔrme]
il dort		ils dorment	[dɔrm]

mentir   *to lie*

je mens		nous mentons	[mãtõ]
tu mens	[mã]	vous mentez	[mãte]
il ment		ils mentent	[mãt]

partir   *to leave*

je pars		nous partons	[partõ]
tu pars	[par]	vous partez	[parte]
il part		ils partent	[part]

sentir   *to smell, to feel*

je sens		nous sentons	[sãtõ]
tu sens	[sã]	vous sentez	[sãte]
il sent		ils sentent	[sãt]

servir   *to serve*

je sers		nous servons	[sɛrvõ]
tu sers	[sɛr]	vous servez	[sɛrve]
il sert		ils servent	[sɛrv]

sortir   *to go out*

je sors		nous sortons	[sɔrtõ]
tu sors	[sɔr]	vous sortez	[sɔrte]
il sort		ils sortent	[sɔrt]

IMPERATIFS:

dors	mens	pars	sens	sers	sors
dormons	mentons	partons	sentons	servons	sortons
dormez	mentez	partez	sentez	servez	sortez

PASSE COMPOSE:

j'ai dormi	j'ai menti
je suis parti[3]	j'ai senti
j'ai servi	je suis sorti[3]

Simples substitutions

1. *Je pars* par le bus.
   (*Il part, Nous partons, Vous partez, Elle part, Elles partent, Tu pars, Je pars*)
2. *Il ne dort pas ce soir.*
   (*Ils ne dorment pas, Tu ne dors pas, Je ne dors pas, Vous ne dormez pas, Nous ne dormons pas, Il ne dort pas*)

[3]See *Note de Grammaire 6.*

Un autobus et des mobylettes à Bourges

Exercices de transformation

1. A quelle heure partez-*vous?*
   (*ils, il, nous, tu, est-ce que je, vous*)
2. *Il* sert le dîner.
   (*Vous, Nous, On, Elle, Elles, Tu, Je, Il*)
3. *Il* ne ment pas au professeur.
   (*Nous, Vous, Elle, Tu, On, Je, L'étudiant, Il*)

Exercices de transformation

Modèle: Tu dors bien.
          Tu as bien dormi.

1. Nous sentons l'odeur.
2. Vous servez les déjeuners.
3. L'enfant ment à sa mère.
4. L'hôtesse sert les dîners.

Modèle: Partez-vous de bonne heure?
          Oui, je pars de bonne heure.

1. Dormez-vous bien?
2. A-t-elle senti les fleurs?
3. Sers-tu le dîner à huit heures?
4. Avez-vous menti à l'agent de police?

NOTE DE GRAMMAIRE 6
Chez Mme Etre

1. We have already seen verbs conjugated with **avoir** to form the *passé composé*. There are other verbs that take **être** as an auxiliary verb to form the *passé composé*.

2. Verbs that take **être** as the auxiliary verb are *intransitive* (take no object) and indicate *motion* without stating how the motion was performed:

Il est arrivé. (intransitive but no indication of how action was performed)

3. Memorize the verbs associated with the house of *Mme Etre*. All the verbs associated with this picture take **être** as an auxiliary. They are:

**aller, arriver, décéder, descendre, entrer (rentrer), monter, mourir,
naître, partir, passer, rester** (*to stay*), **retourner, sortir, venir (devenir**
= *to become,* **revenir), tomber**

entrer →
rentrer →
venir →
arriver →

naître

aller-
partir-
sortir-

rester   descendre →   tomber

monter →

revenir
(to come back)
[to where one is]

MOURIR   DÉCÉDER

→ passer →

retourner
(to go back)
[to return to
another place]

4. Note that the past participles of these verbs conjugated with **être** behave like adjectives and consequently agree with the subject in gender and number.

INFINITIVE: **arriver**	**aller**	**partir**
PAST PARTICIPLE: **arrivé**	**allé**	**parti**

PASSE COMPOSE:

je suis arrivé(e)	allé(e)	parti(e)
tu es arrivé(e)	allé(e)	parti(e)
il est arrivé	allé	parti
elle est arrivée	allée	partie
nous sommes arrivé(e)s	allé(e)s	parti(e)s
vous êtes arrivé(e)(s)(es)	allé(e)(s)(es)	parti(e)(s)(es)
ils sont arrivés	allés	partis
elles sont arrivées	allées	parties

Remember that the *passé composé* expresses completed action in the past:

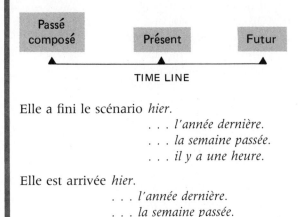

TIME LINE

Elle a fini le scénario *hier.*
　　　　　　　. . . l'année dernière.
　　　　　　　. . . la semaine passée.
　　　　　　　. . . il y a une heure.

Elle est arrivée *hier.*
　　　　　　　. . . l'année dernière.
　　　　　　　. . . la semaine passée.
　　　　　　　. . . il y a une heure.

Substitutions progressives

1. Je suis arrivé à la maison.
　　Je suis arrivé *à la gare.*
　　Elle est allée à la gare.
　　Elle est allée *chez elle.*
　　Nous sommes restés chez elle.
　　Nous sommes restés *au premier étage.*
　　Je suis arrivé au premier étage.
　　Je suis arrivé *à la maison.*

2. Nous sommes retournés en France.
   Nous sommes retournés *en Grèce.*
   Je suis né en Grèce.
   Je suis né *aux Etats-Unis.*
   Elle est revenue aux Etats-Unis.
   Elle est revenue *à Boston.*
   On est allé à Boston.
   On est allé *en France.*
   Nous sommes retournés en France.

Exercices de transformation

| Présent > Passé composé | ✓ ✓

Modèle: Je descends tout de suite.
          Je suis descendu tout de suite.

1. Je sors avec elle.
2. Elle vient me voir.
3. Elle y va avec son ami.
4. Ils partent pour la France.
5. Nous retournons en France.
6. J'entre dans la maison.
7. On monte au premier étage.
8. Nous restons devant la porte.

9. Il descend tout de suite.
10. On arrive à midi.
11. Elle tombe du premier étage.
12. Elles partent immédiatement.
13. Nous allons à Paris.
14. Elle reste jusqu'à mardi.
15. Nous passons devant l'église.

Modèle: Ne monte-t-elle pas au premier étage?
          N'est-elle pas montée au premier étage?

1. Ne revient-il pas?
2. Ne venez-vous pas à l'école?
3. Ne va-t-elle pas au cinéma?
4. N'y allez-vous pas?

5. Ne rentrent-elles pas à 10 heures?
6. Ne partez-vous pas par avion?
7. Ne sortez-vous pas ensemble?
8. Ne passe-t-on pas par Paris?

Modèle: Est-ce que vous êtes allé au cinéma hier?
          Oui, je suis allé au cinéma hier.

1. Est-ce que vous avez voyagé ensemble l'année dernière?
2. Est-ce que vous avez pris le train la semaine passée?
3. Est-ce qu'ils sont morts en 1900?
4. Est-ce qu'elle est rentrée de bonne heure hier soir?
5. Est-ce que tu as bien dîné hier?
6. Est-ce qu'elles sont restées chez toi il y a une semaine?
7. Est-ce que vous avez fait bon voyage?
8. Est-ce qu'elle est née en juin?

Présent > Passé composé

Modèle: Je voyage avec mon ami.
J'ai voyagé avec mon ami.

1. A quelle heure déjeunez-vous?
2. A quelle heure partez-vous?
3. Je viens à midi.
4. Je sors souvent avec elle.
5. On montre le billet à l'employé.
6. Elle arrive par le train.
7. Tu fermes la bouteille.
8. Pourquoi demandes-tu cela?
9. Tu donnes le poivre à Mme Fourchet.
10. Il avale le vin d'un trait.
11. Nous avons du fromage.
12. Ils sont à Paris.

NOTE DE GRAMMAIRE 7
Cas spéciaux: **avoir** ou **être**?

When some of the *"Chez Mme Etre"* verbs acquire a *direct object,* they are conjugated in compound tenses with the verb **avoir.** Note the difference between:

NO DIRECT OBJECT

Il est sorti.
Il est passé devant la maison.
Il est monté.

DIRECT OBJECT

Il a sorti un mouchoir de sa poche.
Il a passé une semaine à Paris.
Il a monté les valises.

descendre
No direct object: takes être

Je suis descendue.

J'ai descendu le livre.
Direct object: takes **avoir**

✶ **Exercices de transformation**

Modèle: Il n'a pas descendu les légumes. (*Nous*)
             Nous n'avons pas descendu les légumes.

1. *Il* n'a pas descendu les légumes.
   (*Nous, Tu, M. et Mme Fourchet, La nièce, Vous, On, Je, Il*)
2. *On* est descendu.
   (*Je, Les parents, Jeanne, Nous, Tu, Vous, Les cousins, On*)
3. *J'*ai sorti le pourboire.
   (*Vous, Les amis, Tu, Nous, On, Le père, Elle, Je*)
4. *Paulette* n'est pas sortie.
   (*Nous, Le neveu, Les grands-parents, On, Tu, Je, Paulette*)
5. *Tu* as passé un mois à Bordeaux.
   (*Il, Nous, Les camarades, On, La jeune fille, Je, Tu*)
6. Est-*il* passé devant la boulangerie?
   (*vous, Ton frère, nous, Mes sœurs, on, tu, je, il*)

QUESTIONS GENERALES

1. Comment est votre chambre?
2. Où placez-vous vos affaires?
3. Descendez-vous vos valises vides à la cave?
4. Combien de douches prenez-vous par semaine?
5. Quand portez-vous une cravate?
6. Savez-vous vous servir d'une mobylette?
7. Que faites-vous quand vous avez sommeil?
8. Où peut-on acheter une baguette?
9. De quelle couleur sont vos valises?
10. De quelle couleur est votre chemise?
11. De quelle couleur sont vos chaussures?
12. Quand vous avez soif, que buvez-vous?
13. Quand vous avez faim, que mangez-vous?
14. Quelle est la couleur de vos yeux? de vos cheveux?
15. Que placez-vous dans votre valise pour aller en France?

Exercices de manipulation

1. Demande à _____ d'énumérer ses vêtements.
2. Demande à _____ comment il met la table.
3. Demande à _____ de comparer un petit déjeuner français avec un petit déjeuner américain.

MICROLOGUE   La femme française

Plus de 8.000.000 de femmes françaises travaillent, c'est-à-dire
38% de la population active. Cependant il existe encore une cer-

taine inégalité entre les salaires des hommes et des femmes, **malgré**   *in spite of laws*
des lois favorables aux femmes.

La femme française participe à tous les métiers et à la politique.
Cinquante-trois pour cent des hommes français déclarent pu-
bliquement leur attitude **bienveillante** au féminisme.   *kind*

Depuis 1945 la femme française vote. Le président Valéry Giscard d'Estaing a été le premier a donné aux femmes des postes
importants dans son gouvernement.

Questions

1. Combien de femmes françaises travaillent?
2. Qu'est-ce que c'est que la population active?
3. Malgré des lois favorables, qu'est-ce qui existe encore?
4. A quoi participe la femme française?
5. Qu'est-ce que déclarent 53% des hommes français?
6. Depuis quand la femme française vote-t-elle?
7. Qu'est-ce que le président Valéry Giscard d'Estaing a été le premier a donné aux
    femmes?

LECTURE   La famille (suite)

1   DAVID: Ma mère française m'a dit de ne pas **laisser couler** l'eau   *to let run*
chaude **inutilement** et d'**éteindre** toujours **l'électricité**   *unnecessarily / turn off /*
quand je quitte une pièce.   *the electricity*

LE PROFESSEUR: J'espère que cela ne te choque pas. Tu peux faire
5   **la même chose** chez toi aux Etats-Unis. Le Français est   *the same*
frugal . . . et il ne faut pas t'étonner si on te **taquine** quand   *teases*
tu prends plus de deux **douches** par semaine.   *showers*

JESSE: Pas de problème. Nous pouvons **nager** dans la grande **pis-**   *swim / swimming pool*
cine.[4]

10   LE PROFESSEUR: Ecoutez, chers amis, j'espère que vous avez compris que le portrait que nous **dressons** ensemble est un por-   *are making up*
trait général . . . et que dans les cas individuels c'est peut-
être tout à fait le contraire. Et, maintenant, de quoi voulez-
vous parler?

15   ANDREW: Parlez-nous des repas!

LE PROFESSEUR: Bon. Soyez exacts à chaque repas! Observez sur-
tout les bonnes manières, **les règles** de la politesse française,   *the rules*
dont beaucoup de détails sont différents de ceux de chez   *of which*
nous. Posez des questions sur ce que vous ne comprenez

20   pas!

[4]There are excellent swimming pools in all the major cities of France. Admission is quite inexpensive. One
may also buy a book of tickets (**un carnet de tickets**) for an even better bargain.

JESSE: J'ai remarqué qu'on garde toujours les deux mains sur la table et non pas comme nous faisons chez nous.

ANDREW: Et aussi on tient la fourchette dans la main gauche . . . ce qui est **au fond** plus pratique. *after all*

25 LE PROFESSEUR: D'accord. On vous servira des plats qui vous seront **inconnus,** mais toujours délicieux: **cervelles, cœurs, rognons, andouillettes,** par exemple. Mangez de tout! Prenez-en peu pour commencer et revenez-y! Ne **gaspillez** rien! Ne laissez rien sur votre assiette! Mangez tout votre pain! Le

30 pain—ou **le blé,** plus précisément—est une tradition sacrée chez les Français. Cela **remonte** à des siècles. Complimentez **de temps en temps** la maîtresse de maison sur sa cuisine! **Ce sera** vrai et **cela lui fera plaisir.**

unknown / brains / hearts
kidneys / chitterlings sausage
waste

wheat
goes back
from time to time
it will be / that will please her

QUESTIONS SUR LA LECTURE

1. Laisse-t-on couler l'eau chaude inutilement?
2. Que pouvez-vous faire chez vous aux Etats-Unis?
3. Est-ce que le Français est frugal?
4. Où peut-on nager?
5. Est-ce que le portrait qu'on dresse est un portrait général?
6. Dans quels cas le portrait peut-il être tout à fait le contraire?
7. De quoi va-t-on parler?
8. Quand arrive-t-on à chaque repas?
9. Qu'observez-vous surtout?
10. Pose-t-on des questions quand on ne comprend pas?
11. Où garde-t-on toujours les deux mains?
12. Dans quelle main tient-on la fourchette en France?
13. Quels plats vous seront peut-être inconnus?
14. Que laisse-t-on sur son assiette?
15. Quelle tradition est sacrée en France?
16. Est-ce qu'elle est récente?
17. Qui complimente-t-on de temps en temps?

CREATION ET RECREATION

1. Create your own *pas à pas* exercise similar to the one at the end of *Chapitre 6*. The point of this exercise is to describe the physical characteristics of people and what they are wearing. Bring in four very similar photos or drawings, or arrange a live demonstration with four classmates. Label the four items and then begin describing one, using as many parts of the body, adjectives, and pronominal verbs as you can.

Be sure initially to describe characteristics common to all four items. Then describe characteristics that are specific. Pause after each clue to let your classmates mark down their choices as to which of the four is being described. For example:

> Je vois une personne qui porte des chaussures marron. (*Pause*)
> Cette personne a deux yeux et un nez. (*Pause*)
> Cette personne pose une main sur la hanche et on voit que sa main gauche est ouverte. (*Pause*)
> Evidemment, cette personne serre la main de son ami.

2. Add a paragraph to your story of Monique and Pierre.

> Monique s'installe dans sa chambre. Sa mère américaine est là pour l'aider. Le père entre plus tard et dit à Monique qu'elle peut emprunter une de leurs bicyclettes. . . .

Chapitre 9: COUP D'ŒIL

Oui   **Non**

1. Note that adjectives of *color, nationality, religion,* and *physical quality automatically follow the noun.* Some adjectives have irregular endings in the feminine:

> joyeux   joyeuse
> blanc   blanche

2. Verbs of the *third class* or *group* are typified by **-re** endings. These *regular verbs* take one set of endings:

> **vendre**

je vends	nous vend**ons**
tu vends	vous vend**ez**
il vend	ils vend**ent**

Some verbs of the third class are:

attendre   **perdre**
descendre   **rendre**
entendre   **répondre (à)**
pendre   **vendre**

3. Six verbs are conjugated alike: **dormir, mentir, partir, sentir, servir,** and **sortir.**

je dors	nous dormons	*P. C. dormi*
tu dors	vous dormez	
il dort	ils dorment	

4. **Etre** is used as the auxiliary verb to form the *passé composé* (the compound past) for verbs of motion that do not show how the action was performed.

> Elle est arriv**é**e.

The past participle of these verbs behaves like an adjective and agrees in gender and in number with the subject.

Elles sont venues.

5. When a verb has a direct object, it requires **avoir** as an auxiliary verb to form the compound past:

Elle **a** monté **les valises.**

VOCABULAIRE

Verbes

attendre*	**pendre***
(s')absenter	**perdre***
(s')arrêter	**placer**
contenir	porter
descendre*	(se) promener
dormir*	**rendre***
emprunter	**répondre*** à
(s'en) aller	**(se) reposer**
entendre*	sembler
freiner	**sentir***
insister	(se) sentir
(s')installer	**servir***
(se) laver	(se) servir de
marcher	**sortir***
mentir*	(se) souvenir (de)
paraître	**vendre***
partir*	

Noms

cave (*f.*)	**chapeau** (*m.*)
coin (*m.*)	cardigan (*m.*)
partie (*f.*)	**chaussette** (*f.*)
penderie (*f.*)	**chaussure** (*f.*)
placard (*m.*)	**chemise** (*f.*)
rez-de-chaussée (*m.*)	**chemisier** (*m.*)
tiroir (*m.*)	**collant** (*m.*)
	combinaison (*f.*)
bas (*m.*)	complet (*m.*)
blazer (*m.*)	corsage (*m.*)
blouse (*f.*)	costume (*m.*)
botte (*f.*)	**cravate** (*f.*)
bretelles (*f.pl.*)	**foulard** (*m.*)
ceinture (*f.*)	coton (*m.*)
chandail (*m.*)	

cuir (*m.*)
laine (*f.*)
nylon (*m.*)
soie (*f.*)

agent (*m.*) **de police**
arc-en-ciel (*m.*)
bâtiment (*m.*)
bouquet (*m.*)
chemin (*m.*)
crayon (*m.*)
douche (*f.*)
étoile (*f.*)
fête (*f.*)
feuille (*f.*)
fiche (*f.*)
fleur (*f.*)
lettre (*f.*)
odeur (*f.*)

couleur (*f.*)
rose (*f.*)
gant (*m.*)
jeans (*m.*)
jupe (*f.*)

lunettes de soleil (*f.pl.*)
manteau (*m.*)
mouchoir (*m.*)
pantalon (*m.*)
pardessus (*m.*)
pull-over (*m.*)
parka (*f. or m.*)
robe (*f.*)
sac (*m.*)
slip (*m.*)
socquette (*f.*)
soulier (*m.*)
soutien-gorge (*m.*)
tailleur (*m.*)
trench (*m.*)
tricot de corps (*m.*)
tee-shirt (*m.*)
veste (*f.*)
veston (*m.*)
vêtement (*m.*)

repos (*m.*)
soif (*f.*)
sommeil (*m.*)

Adjectifs

blanc
bleu
brun
gris
jaune
marron
noir
orange (orangé)
rouge
vert
violet
blond
charmant
cher
chinois
croustillant
cuit
délicieux

distingué
doré
doux
exceptionnel
faux
grec
italien
joyeux
neuf
ouvert
public
roux
rond
russe
seul
sérieux
solide
vide

Adverbes

certainement
en particulier

évidemment
là-dessus

particulièrement
peu de
plus de

sans aucun doute
spécialement
surtout

Expressions utiles

avoir besoin de
de bonne heure
De quelle couleur est . . .?
faire sa toilette

mettre la table
sur ce point
Tiens!

CHAPITRE 10
LA MOBYLETTE

Scénario 10: LA MOBYLETTE

(☸) PREMIERE ETAPE

1   NICOLE: Voilà ta mob!
    ROBERT: Et qu'est-ce que je fais?
    NICOLE: Tu es déjà monté à bicyclette, non?
    ROBERT: Bien sûr!
5   NICOLE: Ce moteur va t'aider.
    (*Robert réussit.*)
    NICOLE: Bravo! Tu n'es pas tombé. Nous allons nous promener en ville ensemble. Tu
        vas voir des choses intéressantes. Avant de partir, n'oublie pas qu'on a toujours la
        priorité à droite. Attention aux piétons, il y en a beaucoup.

(☸) DEUXIEME ETAPE

1   NICOLE: Voilà ta mob. Il est nécessaire d'en prendre soin. On met de l'essence dans le
        réservoir, et hop!
    ROBERT: Et qu'est-ce que je fais après?
    NICOLE: Tu es déjà monté à bicyclette, non?
5   ROBERT: Bien sûr, je suis monté à bicyclette.
    NICOLE: La différence c'est que ce moteur va t'aider. Vas-y! N'aie pas peur! *dont be afraid*
    (*Robert réussit.*)
    NICOLE: Bravo! Ça y est! Tu as bien commencé ta première leçon. Tu n'es pas tombé.
        Attends, j'ai une idée: je vais prendre ma mob aussi et nous allons nous promener
10   en ville ensemble. Tu vas voir des choses intéressantes.
    ROBERT: J'en ai déjà beaucoup vu, tu sais.
    NICOLE: Avant de partir, n'oublie pas qu'on a toujours la priorité à droite. Ne perds
        jamais la tête! Et surtout, attention aux piétons, il y en a beaucoup. Tu leur laisses
        le passage. Comme mon père t'a dit, il faut savoir freiner. Ne t'aventure pas dans
15   les rues sans avoir tous les papiers nécessaires au cas où tu es arrêté par un flic.

TROISIEME ETAPE

1   NICOLE: Voilà ta mob. Je vais te montrer comment t'en servir. Tu vois qu'elle est en bon
        état. Il est nécessaire d'en prendre soin. On met de l'essence dans le réservoir, et
        hop!
    ROBERT: Oui, et qu'est-ce que je fais après? Je ne saurai pas la conduire.
5   NICOLE: Tu es déjà monté à bicyclette, non?
    ROBERT: Bien sûr, je suis monté à bicyclette. J'ai eu ma première bicyclette à l'âge de
        cinq ans.
    NICOLE: Eh bien, c'est le même principe. La différence c'est que ce moteur va t'aider.
        Vas-y! Ecoute, mon vieux, n'aie pas peur!
10 (*Robert réussit.*)
    NICOLE: Bravo! Ça y est! Tu as bien commencé ta première leçon. Tu n'es pas tombé.

Attends, j'ai une idée: je vais prendre ma mob aussi et nous allons nous promener en ville ensemble. Tu vas voir des choses intéressantes et une ville de province typiquement française.

15 ROBERT: N'exagère pas! J'en ai déjà beaucoup vu, tu sais.

NICOLE: Bon, bon! Avant de partir, n'oublie pas qu'on a toujours la priorité à droite. Ne perds jamais la tête! Et surtout, attention aux piétons, il y en a beaucoup.

ROBERT: Qu'est-ce que c'est qu'un piéton?

NICOLE: D'après Sacha Guitry,[1] «un piéton est un animal plus grand qu'un microbe qui

20 a la fâcheuse habitude d'entrer dans les artères et d'étrangler la circulation.»

ROBERT: Je n'y comprends rien.

NICOLE: Ecoute! Tu leur laisses le passage. Comme mon père t'a dit, il faut savoir freiner. Aussi ne t'aventure pas dans les rues sans avoir tous les papiers nécessaires au cas où tu es arrêté par un flic.

SYNONYMES ET EXPRESSIONS APPROXIMATIVES

1	ta mob° = ta mobylette
2	en bon état = en bonne condition
2	en prendre soin = la traiter avec soin
4	Je ne saurai pas = Je ne vais pas savoir
9	n'aie pas peur! → ne perds pas la tête! pas de panique!
12	nous allons nous promener en ville = nous allons faire un tour, nous allons visiter la ville
15	N'exagère pas! = Ne dépasse pas la mesure! Ne dépasse pas les bornes! Ne bluffe° pas!
16	la priorité à droite → les voitures venant de droite passent toujours d'abord
17	Ne perds jamais la tête! = Ne t'affole jamais
19	D'après Sacha Guitry = Selon Sacha Guitry
20	la fâcheuse habitude = la mauvaise habitude, la regrettable habitude
22	Tu leur laisses le passage = Tu les laisses passer, Tu leur cèdes le droit de passer
23	Ne t'aventure pas → Ne te risque pas, Ne te hasarde pas
23	au cas où = si, dans le cas où, supposé que
24	arrêté = appréhendé
24	un flic° = un agent de police

VOCABULAIRE ILLUSTRE: Signalisation routière

virage à gauche dangereux (*dangerous left turn*)   passage pour piétons (*pedestrian crossing*)   passage à niveau (*railroad crossing*)   sens interdit (*no entry*)   interdiction de faire demi-tour (*no "U" turn*)

[1]Sacha Guitry (1885–1957), acteur et auteur de comédies et de films.

virages dangereux
(*dangerous curves*)

travaux
(*men working*)

chaussée rétrécie
(*road narrows*)

interdiction de tourner
à droite (*no right turn*)

interdiction de
dépasser (*no passing*)

accès interdit aux cyclistes
(*bicycles forbidden*)

chaussée glissante
(*slippery road*)

NOTES CULTURELLES

1. All kinds of oil are available in garages or gas stations in France. Gasoline stations sell two grades of gasoline (**essence**): regular (**ordinaire**) and high-test (**super-carburant**). **Super-carburant** (or **super**) is suitable for sports cars or finely tuned engines.

   Mobylettes take a mixture (**mélange**) of oil and gasoline called **gas-oil** [gaz-wal].

2. Useful expressions:

   Faites le plein!   *Fill it up!*
   Vérifiez l'huile!   *Check the oil!*

3. Of course, in France there are rules for the right of way (**la priorité**): On major roads (**routes à grande circulation**) outside built-up areas, or roads marked **passage protégé** (main thoroughfare), motorists have the right of way. Motorists on secondary roads are given clear warning when approaching roads that have priority. At all other crossings or junctions, the right of way must be given to vehicles coming from the right.

4. The road signs in the *Vocabulaire illustré* are among those you would come across in France.

QUESTIONS SUR LE SCENARIO

1. Qu'est-ce que Nicole va montrer à Robert?
2. Où met-on l'essence?
3. Robert est-il déjà monté à bicyclette?
4. Depuis quand Robert fait-il de la bicyclette?
5. Que fait le moteur d'une mobylette?
6. Robert réussit-il ou est-il tombé?

7. Quelle est l'idée de Nicole? Pourquoi?
8. Qu'est-ce qu'il ne faut pas oublier avant de partir avec la mobylette?
9. Qu'est-ce que c'est qu'un piéton?
10. Pourquoi faut-il savoir freiner?
11. Pourquoi faut-il avoir tous les papiers nécessaires?

NOTE DE GRAMMAIRE 1
Les pronoms compléments d'objet indirect

1. The *indirect object pronouns* replace indirect object nouns. The action is transmitted indirectly to the object noun through the preposition **à:**

Indirect object noun:	Je parle **à l'homme.**	*(I speak **to the man.**)*
Indirect object pronoun:	Je **lui** parle.	*(I speak **to him.**)*
Indirect object noun:	Je parle **à la dame.**	*(I speak **to the woman.**)*
Indirect object pronoun:	Je **lui** parle.	*(I speak **to her.**)*

2. The indirect object pronouns are:

me	*to me*	**nous**	*to us*
te	*to you*	**vous**	*to you*
lui	*to him, to her*	**leur**	*to them*

3. Like the direct object pronoun, the indirect object pronoun is placed before the verb.

When two verbs are used together, the indirect object pronoun (again, like the direct object pronoun) is placed before the infinitive:

Je vais **leur** donner les livres.

4. Certain verbs *always* take indirect object pronouns:

obéir **à**
répondre **à**
demander **à** quelqu'un de faire quelque chose
permettre **à** quelqu'un de faire quelque chose

Simples substitutions

1. Nous *te* demandons cela.
   (*vous, lui, leur, te*)
2. On va *lui* porter un toast.
   (*te, vous, leur, me, nous, lui*)
3. Il *t'*obéit.
   (*nous, vous, lui, leur, me, te*)
4. Les Américains ne *vous* parlent pas.
   (*nous, me, te, lui, leur, vous*)
5. Est-ce qu'elle *vous* obéit?
   (*nous, me, leur, lui, te, vous*)
6. Sa mère *nous* demande de sortir.
   (*me, te, leur, lui, vous, nous*)
7. Le père *lui* répond.
   (*vous, nous, leur, me, te, lui*)

Substitution progressive

Elle leur apporte le dîner.   Elle lui donne *le repas.*
Elle leur apporte *le livre.*   *Elle leur apporte* le repas.
Elle lui donne le livre.   Elle leur apporte *le dîner.*

 Exercices de transformation

Indirect Object Pronouns: **lui, leur**

Modèle: Elle apporte le dîner *aux garçons.*
            Elle leur apporte le dîner.

1. Nous donnons les billets *à l'employé.*
2. Vous apportez les livres *à votre nièce.*
3. Tu serres la main *aux tantes.*
4. Il donne le billet *à l'enfant.*
5. Il dit la vérité *à la famille.*
6. Je parle *au chauffeur.*
7. Ils obéissent *à leur oncle.*
8. Il dit la vérité *à mon ami.*

Position of **lui, leur** in Negations

Modèle: Je lui parle *de mes vacances.* (ne . . . pas)
            Je ne lui parle pas de mes vacances.

1. Nous leur parlons.
2. Nous lui demandons.
3. Nous lui obéissons.
4. Ils leur donnent le temps.
5. Il lui serre la main.
6. Tu lui présentes Henry.

Modèle: Parlez-vous *au professeur?* (Non, . . .)
            Non, je ne lui parle pas.

1. Présentez-vous vos amis *à votre mère?*
2. Montre-t-il le paysage *aux enfants?*
3. Donnes-tu le télégramme *à ton ami?*
4. Apportez-vous la valise *à votre père?*
5. Donnez-vous ce steak *à votre chat?*
6. Demande-t-il cela *à son étudiant?*

Modèle: Leur donnez-vous toujours priorité à droite? (ne . . . pas)
            Ne leur donnez-vous pas toujours priorité à droite?

1. Lui montres-tu le scénario?
2. Leur présentons-nous nos cousines?
3. Lui répondez-vous?
4. Lui parles-tu de tes affaires?
5. Leur répondons-nous exactement?
6. Lui demandez-vous cela?

Modèle: Que vas-tu donner à tes amis? (*des livres*)
            Je vais leur donner des livres.

1. Que peux-tu donner à ton ami?
2. Qu'allons-nous donner à tes amis?
3. Que désires-tu donner à tes amis?
4. Que pouvons-nous donner à son ami?
5. Que peuvent-ils donner à leurs amis?
6. Que veulent-elles donner à leurs amis?

NOTE DE GRAMMAIRE 2
Y et en

1. Y replaces prepositional phrases referring to *location* that begin with:

à	**sur**
chez	**sous**
en	**derrière**
dans	**devant**

Nous allons **à Paris.**   = Nous **y** allons. *(We go **there**.)*
Je vais **en France.**   = J'**y** vais. *(I go **there**.)*
L'hôtesse entre **dans l'avion.**   = L'hôtesse **y** entre.
Nous avons posé la tasse **sur le plateau.** = Nous **y** avons posé la tasse.

2. Y replaces *a thing* or *an idea* preceded by **à.** It does not refer to a person:

Je pense **à mes vacances.**   = J'**y** pense.
On répond **à sa lettre.**   = On **y** répond.
Nous avons participé **à la discussion.** = Nous **y** avons participé.

3. En replaces prepositional phrases beginning with **de:**

Je parle **de votre départ.** = J'**en** parle.
Je parle **du livre.**   = J'**en** parle.
Avez-vous parlé **du film?** = **En** avez-vous parlé?

4. In the following sentences, **en** means *from* (a place):

Il vient **de France.**   = Il **en** vient.
Nous sortons **de l'édifice.** = Nous **en** sortons.

5. En means *some* or *any* and replaces *partitive expressions* referring to both persons and things:

Tu manges **de la salade.**   = Tu **en** manges. *(You eat **some**.)*
On n'a pas **de livres.**   = On n'**en** a pas. *(They don't have **any**.)*
Elle n'a pas **de frères.**   = Elle n'**en** a pas. *(She doesn't have **any**.)*

6. Like other object pronouns, **y** and **en** precede the verb except in the affirmative imperative, when both **y** and **en** follow the verb:

Allez-**y!**	Vas-**y!**
Achetez-**en!**	Achète**s**-**en!**
Parlez-**en!**	Parle**s**-**en!**

Note that an **-s** is added for phonetic reasons when the verb ends in a vowel in the familiar command form.

7. Y precedes **en** when they are used together:

On voit **des statues dans la cathédrale.** = On **y** **en** voit.

As we have seen before, the object pronouns precede the verb in the negative imperative:

N'**y** allez pas!   N'**y** va pas!
N'**en** achetez pas!   N'**en** achète pas!
N'**en** parlez pas!   N'**en** parle pas!

Simples substitutions

1. J'y *suis.*
   (*vais, déjeune, loge, vois, réussis, obéis, pense, suis*)
2. Tu y *es.*
   (*vas, déjeunes, loges, vois, réussis, obéis, penses, es*)
3. Y *est-il?*
   (*va-t-il? déjeune-t-il? loge-t-il? voit-il? réussit-il? obéit-il? pense-t-il? est-il?*)
4. Nous n'y *sommes* pas.
   (*allons, déjeunons, logeons, voyons, réussissons, obéissons, pensons, sommes*)
5. N'y *êtes-vous* pas?
   (*allez-vous, déjeunez-vous, logez-vous, voyez-vous, réussissez-vous, obéissez-vous, pensez-vous, êtes-vous*)

Substitution progressive

Vous y allez avec votre nièce.
Vous y allez *avec votre neveu.*
Nous y allons avec votre neveu.
Nous y allons *avec notre cousine.*
Elle y va avec notre cousine.
Elle y va *avec votre nièce.*
Vous y allez avec votre nièce.

Exercices de transformation

 Modèle: Je vais *au restaurant.*
                 J'y *vais.*

1. Vous déjeunez *chez vous.*   4. Il fait froid *chez vous.*
2. Il va *à la gare.*   5. Tu entres *dans la maison.*
3. Il voyage *en France.*   6. Nous sommes *à l'école.*

Modèle: Vas-tu *à la pharmacie?*
            Oui, j'y *vais.*
            Non, je n'y *vais pas.*

 1. Allez-vous *à l'épicerie?*   3. Fait-il froid *à Blois?*
                 2. Allons-nous *au gymnase?*   4. Penses-tu *à ton voyage?*

5. Passe-t-il *devant l'église?*
6. Arrêtons-nous *à Paris?*
7. Vas-tu *chez le dentiste?*

8. Montons-nous *dans la voiture?*
9. Le taxi passe-t-il *dans cette rue?*

Simples substitutions

1. Tu en *achètes.*
   (as, apportes, fais, remplis, choisis, manges, achètes)
2. Vous en *gardez.*
   (comptez, coupez, consultez, choisissez, faites, gardez)
3. J'en *achète.*
   (ai, apporte, fais, remplis, choisis, mange, achète)
4. En *achète-t-il?*
   (a-t-il? apporte-t-il? fait-il? remplit-il? choisit-il? mange-t-il? achète-t-il?)
5. Nous n'en *achetons* pas.
   (avons, apportons, faisons, remplissons, choisissons, mangeons, achetons)
6. N'en *achetez-vous* pas?
   (avez-vous, apportez-vous, faites-vous, remplissez-vous, choisissez-vous, mangez-vous, achetez-vous)

Substitutions progressives

1. Nous en avons beaucoup.
   Nous en avons *toujours.*
   Il en fait toujours.
   Il en fait *encore.*
   Vous en voyez encore.
   Vous en voyez *beaucoup.*
   Nous en avons beaucoup.

2. Tu en as trois.
   Tu en as *cinq.*
   Nous en prenons cinq.
   Nous en prenons *beaucoup.*
   Vous en remplissez beaucoup.
   Vous en remplissez *trois.*
   Tu en as trois.

3. Voilà des poires, tu en achètes.
   Voilà des pommes, tu en achètes.
   Voilà des pommes, *tu en as.*
   Voilà des citrons, tu en as.
   Voilà des citrons, *tu en choisis.*
   Voilà des poires, tu en choisis.
   Voilà des poires, *tu en achètes.*

4. Voici de la bière, j'en prends.
   Voici du thé, j'en prends.
   Voici du thé, *vous en remplissez votre verre.*
   Voici de l'eau, vous en remplissez votre verre.
   Voici de l'eau, *nous en apportons.*
   Voici de la bière, nous en apportons.
   Voici de la bière, *j'en prends.*

Exercices de transformation

Modèle: J'ai des tomates.
          J'en ai.

1. Nous remplissons des valises.
2. Tu choisis des livres.

3. Robert a avalé du vin.
4. Ils ont mangé des oranges.

5. Avez-vous pris des haricots? 9. N'a-t-on pas fait de la mousse au chocolat?
6. Avons-nous choisi de la viande? 10. Apportent-ils des bagages?
7. Tu n'as pas donné de l'agneau. 11. Veut-elle de la salade?
8. Je n'ai pas jeté de bouteilles de vin. 12. Mangez-vous des pommes?

Modèle: As-tu beaucoup d'argent?
           Oui, j'en ai beaucoup.

1. Avez-vous quatre livres?   4. Veulent-ils une douzaine d'œufs?
2. Remplissons-nous des cartes?   5. Avez-vous acheté trois livres?
3. Achète-t-on assez de médicaments?   6. Y a-t-il beaucoup de restaurants ici?

Modèle: Achète des tomates!
           Achètes-en!

1. Apporte des vêtements!   4. Mangeons du pain!
2. Pends des serviettes!   5. Buvez du vin!
3. Vends des foulards!   6. Avale de l'eau!

Modèle: N'achète pas de tomates!
           N'en achète pas!

1. Ne bois pas de thé!   4. Ne buvons pas d'apéritif!
2. Ne prends pas de haricots!   5. Ne faisons pas de gymnastique!
3. N'achetons pas de médicaments! 6. Ne mangez pas de salade!

Modèle: Allons à l'église!
           Allons-y!

1. Répondez aux questions!   4. Entrons dans la maison!
2. Pense au film!   5. Passez devant le château!
3. Réfléchissons à la question!   6. Montons au premier étage!

Modèle: N'allons pas à l'église!
           N'y allons pas!

1. Ne déjeunons pas chez lui!   4. Ne descendons pas au rez-de-chaussée!
2. Ne pensez pas au problème!   5. Ne participe pas à la discussion!
3. Ne va pas à l'épicerie!   6. Ne voyageons pas aux Etats-Unis!

NOTE DE GRAMMAIRE 3
Expressions avec **avoir**

1. Avoir is used in many idioms. The construction **avoir besoin de (d')** + *a noun* or *a verb* means *to need (something)* or *to need to do (something)*. In *Chapitre 9*, Mme Fourchet says:

Robert **a besoin de** sommeil.
*Robert **needs** sleep.*

She could also have said:

> Robert **a besoin de** dormir.
> *Robert **needs** to sleep.*

2. Here are some common expressions using **avoir.** You have already come across some of them.

avoir faim   *to be hungry*

M. Fourchet va travailler dans une heure et il **a faim.**
*Mr. Fourchet is going to work in an hour and he **is hungry**.*

avoir soif   *to be thirsty*

Tu **as** très **soif.**
*You **are** very **thirsty**.*

avoir peur (de)   *to be afraid*

Il **a peur du** chauffeur de taxi.
*He **is afraid of** the taxi driver.*
Il **en** a peur.

avoir envie (de)   *to want, to desire*

Elle **a envie de** sortir.
*She **wants** to go out.*

avoir raison   *to be right*

Le flic **a** toujours **raison.**
*The cop **is** always **right**.*

avoir tort   *to be wrong*

Les absents **ont** toujours **tort.**
*Absentees **are** always **wrong**.*

avoir honte   *to be ashamed*

Il **a honte.**
*He **is ashamed**.*

avoir sommeil   *to be sleepy*

Il est fatigué et il **a sommeil.**
*He is tired and **sleepy**.*

avoir mal à (*a part of the body*)   *to have a pain*

Il **a mal à la tête.**
He has a headache.

avoir froid   *to be cold*

Il gèle et elle **a froid.**
It is freezing and she is cold.

avoir chaud   *to be warm*

Il fait du soleil et elle **a chaud.**
The sun is shining and she is warm.

To indicate the temperature of an *object*, use the same adjectives (**froid** or **chaud**) with **être:**

Ce café **est chaud.**   *This coffee is warm.*
Cette bière **est froide.**   *This beer is cold.*

Simples substitutions

J'ai besoin de sommeil.
(*Il a besoin de, Nous avons besoin de, Vous avez besoin de, Tu as besoin de, Ils ont besoin de, Robert a besoin de, J'ai besoin de*)

Substitution progressive

J'ai froid en hiver.   *Il a chaud* ici.
J'ai froid *en automne.*   Il a chaud *au printemps.*
Nous avons froid en automne.   *J'ai froid* au printemps.
Nous avons froid *ici.*   J'ai froid *en hiver.*

Exercices de manipulation

Quand j'ai chaud, je bois de l'eau.
Quand il a chaud, il _____ .
Quand tu as chaud, tu _____ .
Quand nous avons chaud, nous _____ .
Quand ils ont chaud, ils _____ .
Quand on a chaud, on _____ .
Quand vous avez chaud, vous _____ .

Exercices de transformation

1. Si *vous* ne mangez pas assez, *vous* avez faim.
   (*tu, il, nous, on, ils, elle, je, vous*)

2. Si *on* ne boit pas assez, *on* a soif.
   (*vous, ils, nous, tu, elle, je, Pierre, on*)
3. Si *nous* ne dormons pas assez, *nous* avons sommeil.
   (*on, tu, les étudiants, je, elle, vous, nous*)
4. Si *je* voyage en avion, *j'ai* peur.
   (*les enfants, ma fille, nous, on, tu, vous, je*)

NOTE DE GRAMMAIRE 4
Les verbes pronominaux

1. We have already seen that verbs often take object pronouns:

Je **lui** parle.   *I speak **to him.***
Je **l'**ai regardé.   *I saw **him.***

2. With some verbs, both the subject of the verb and its object may be the same. These are called *pronominal verbs*. The subject and the object pronouns both refer to the same person(s) or thing(s):

Je me lave.   *I wash **myself.***
Nous nous regardons.   *We look at **each other.** or We look at ourselves.*

3. The object pronoun may be direct or indirect:

Direct: Je me regarde.   (*regarder une personne*)
Indirect: Je me parle.   (*parler à une personne*)
Direct: Nous nous regardons.
Indirect: Nous nous parlons.

4. The pronominal construction occurs much more frequently in French than in English. In many cases the pronoun is apparent in the meaning of the verb:

se laver   *to wash oneself*

At other times it is not readily apparent:

s'en aller   *to go away*

5. The pronominal verb is formed by using a subject pronoun and an object pronoun before an appropriate verb form. These object pronouns always stand just *before* the conjugated part of the verb (except in the imperative form, with which we will deal later).

SUBJECT PRONOUN		OBJECT PRONOUN	
Je	nous	me	nous
tu	vous	te	vous
il	ils	se	se
elle	elles	se	se
on		se	

We have seen **me, te, nous,** and **vous** before as direct or indirect object pronouns. **Se** is the third person singular or plural form and may also be direct or indirect.

6. There are two types of pronominal verbs:

   a. Some verbs are *always* pronominal and are *always* accompanied by a pronoun:

s'absenter *to absent oneself*	Il **s'absente** toujours de l'école.
s'en aller *to go away*[2]	Fâchée, elle **s'en va.**
s'écrier *to exclaim*	On **s'écrie** de joie.
se souvenir de *to remember*	Je **me souviens de** ce vieux professeur.

In the dictionary these verbs are preceded by the object pronoun **se** but are alphabetized according to the verb itself.

   b. Other verbs may be *made* pronominal by adding an object pronoun:

laver *to wash*	Je **lave** la voiture.
se laver *to wash oneself*	Je **me lave.**
parler *to speak*	Je **parle** à l'homme.
se parler *to speak to oneself*	Je **me parle.**

Verbs that take **être** as an auxiliary are intransitive and thus cannot be made reflexive or reciprocal. You already learned most of these verbs in *Chapitre 9.*

7. Note the differences:

J'appelle Paul.	*I call Paul.*
Je m'appelle Paul.	*My name is Paul.*
Il promène son chien.[3]	*He walks his dog.*
Il se promène dans les bois.	*He goes for a walk in the woods.*
J'arrête la voiture.	*I stop the car.*
Je m'arrête devant le boulangerie.	*I stop in front of the bakery.*
Je sers le café.	*I serve the coffee.*
Je me sers du crayon.	*I am using the pencil.*
Ils sentent le café.	*They smell the coffee.*
Ils se sentent bien.	*They feel good.*
Je trouve la voiture.	*I find the car.*
Je me trouve dans la voiture.	*I am in the car.*

---

[2]**S'en aller** is not the same as **aller: s'en aller** means *to go away* and is a normal pronominal verb.

[3]**Promener** undergoes the same spelling changes as **acheter.**

> **Je demande** un conseil à mon ami.   ***I ask*** *my friend for advice.*
> **Je me demande** pourquoi il le dit.   ***I wonder*** *why he says it.*

Some commonly used pronominal verbs:

se baigner	*to bathe*	**s'habiller**	*to get dressed*
se brosser	*to brush (the hair, the teeth)*	**se lever**	*to get up*
se coucher	*to go to bed*	**se peigner**	*to comb*
se couper	*to cut oneself*	**se raser**	*to shave*
se dépêcher	*to hurry*	**se réveiller**	*to wake up*

Simples substitutions

1. *Je me lève* à huit heures du matin.
   (*Tu te lèves, Nous nous levons, Vous vous levez, Elle se lève, Ils se lèvent, On se lève, Je me lève*)
2. *Je me demande* si tu viens.
   (*Les garçons se demandent, Jacqueline se demande, Nous nous demandons, Elles se demandent, On se demande, Je me demande*)
3. *Nous nous trouvons* bien ici.
   (*Je me trouve, Il se trouve, Vous vous trouvez, Ils se trouvent, Tu te trouves, On se trouve, Nous nous trouvons*)

Substitution progressive

Je me lève de bonne heure.
Je me couche de bonne heure.
Je me couche *à dix heures du soir.*
Je me promène à dix heures du soir.
Je me promène *dans les bois.*
Je me trouve dans les bois.
Je me trouve *dans ma chambre.*
Je me lève dans ma chambre.
Je me lève *de bonne heure.*

Exercices de transformation

1. *Tu te réveilles* toujours de bonne heure.
   (*Elle, Nous, Ils, On, Je, Vous, Il, Les jeunes gens, Tu*)
2. *Nous nous couchons* tôt.
   (*Ils, Je, Elle, Vous, Tu, On, Nous*)
3. *L'employé se dépêche.*
   (*Je, Ils, Vous, Nous, Tu, On, L'employé*)

4. *Je m'absente* le week-end.
   (*Nous, Ils, Tu, On, Elle, Vous, Je*)

NOTE DE GRAMMAIRE 5
La position des pronoms avec les verbes pronominaux

1. *In negations,* **ne** precedes the object pronoun and **pas** follows the verb:

Affirmative: L'employé se dépêche.
Negative: L'employé **ne** se dépêche **pas.**

Exercices de transformation

Modèle: Je m'en vais.
            Je ne m'en vais pas.

1. Vous vous lavez toujours avant de manger.
2. Ils se reposent après le déjeuner.
3. Elle se sert de mon dictionnaire.
4. Vous vous sentez malade.
5. Ils s'en vont vers la France.
6. L'employé s'arrête de parler.
7. Nous nous absentons le week-end.
8. Elles se promènent dans les bois.
9. Je me demande pourquoi il insiste là-dessus.

Exercices de transformation

1. *L'employé* ne se dépêche pas.
   (*Vous, Les chauffeurs, Nous, On, Tu, Je, La boulangère, L'employé*)
2. *Nous* ne nous promenons pas dans la rue.
   (*Les chiens, On, Les jeunes filles, Le philosophe, Tu, Vous, Je, Nous*)
3. *Je* ne m'achète pas de croissants.
   (*Nous, Tu, On, Vous, Nicole, Mes cousins, Je*)

2. In *interrogatives,* the object pronoun *precedes* the verb, which is followed by the subject pronoun. This is similar to the regular interrogative form, plus an object:

Direct: Tu **le** vois.
Question: **Le** vois-tu?

Thus, the pronominals:

Direct: Elle **se** lave.
Question: **Se** lave-t-elle?

Exercices de transformation

Modèle: Vous vous dépêchez toujours.
          Vous dépêchez-vous toujours?

1. Nous nous en allons tout de suite.
2. Elles se remplissent leur verre.
3. Tu t'arrêtes devant l'école.
4. Jean se demande où il est.

5. Nicole se lave.-*t -elle?*
6. Je me lève de bonne heure.
7. L'employé s'absente le week-end.
8. Vous vous promenez à dix heures du soir.

Exercices de transformation

1. Se réveille-t-*on* à midi?
   (*Mon neveu, elle, Ma nièce, Les enfants, Est-ce que je, nous, tu, vous, on*)
2. *Votre père* s'absente-t-*il* en été?
   (*L'étudiante, tu, Est-ce que je, nous, Vos parents, vous, on, Votre père*)
3. Ne vous couchez-*vous* pas trop tôt?
   (*L'enfant, Les jeunes gens, tu, Est-ce que je, on, nous, elle, vous*)

Questions

1. A quelle heure vous couchez-vous?
2. A quelle heure vous levez-vous?
3. Comment vous sentez-vous?
4. Vous demandez-vous pourquoi vous étudiez le français?
5. Vous parlez-vous quand vous êtes seul?
6. Aimez-vous vous promener dans les bois?
7. Vous absentez-vous le week-end?

Mon corps

1. Quand j'ai mal aux dents, je vais chez le dentiste.
2. Quand j'ai mal à la tête, je vais à la pharmacie acheter de l'aspirine.
3. Quand j'ai mal au dos (*back*), je vais chez le médecin.
4. Où allez-vous quand vous avez mal au ventre?
5. Où allez-vous quand vous avez mal à la jambe?
6. Où allez-vous quand vous avez mal à l'épaule?

Les cinq **sens** [sãs] sont:

le goût	*taste*
l'odorat (*m.*)	*smell*
l'ouïe (*f.*) [luwi]	*hearing*
le toucher	*touch*
la vue	*sight*

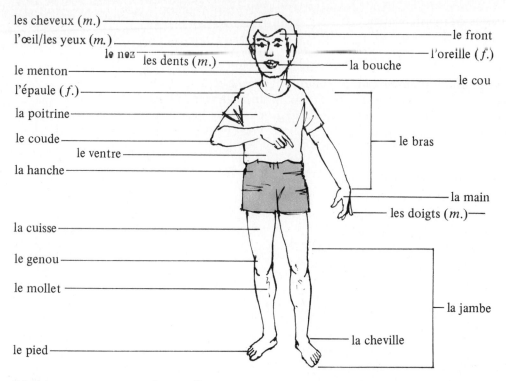

les cheveux (*m.*)
l'œil/les yeux (*m.*)
le nez
les dents (*m.*)
le menton
l'épaule (*f.*)
la poitrine
le coude
le ventre
la hanche
la cuisse
le genou
le mollet
le pied
le front
l'oreille (*f.*)
la bouche
le cou
le bras
la main
les doigts (*m.*)
la jambe
la cheville

D'autres mots et expressions utiles:

le dos	*back*
l'estomac (*m.*) [lɛstoma]	*stomach*
la langue	*tongue*
les orteils (*m.*)	*toes*
le palais	*palate*
la peau	*skin*
le poignet	*wrist*
le poing	*fist*
une poignée de main	*a handshake*

Questions

1. Quelles sont les principales parties de la tête?
2. Quelles sont les principales parties du corps?
3. Quelles sont les principales parties de la jambe?
4. Avec quoi écoute-t-on?
5. Avec quoi sent-on?
6. Avec quoi voit-on?
7. Avec quoi goûte-t-on?
8. Avec quoi touche-t-on?

MICROLOGUE   Le Quartier Latin

Paris est le centre universitaire de la France. A Paris on trouve beaucoup d'étudiants au Quartier Latin, dans le cinquième (5ᵉ) et le sixième (6ᵉ) arrondissements. Le nom vient du Moyen Age, quand le langage des étudiants était le latin.

    Robert de Sorbon **a fondé** la première université de Paris, la Sorbonne, en 1257. Elle **a été construite** dans le Quartier Latin pour **faciliter les études théologiques** aux étudiants pauvres. Aujourd'hui la Sorbonne **ne suffit plus pour recevoir** le grand nombre d'étudiants. On **a créé** plusieurs centres universitaires dans Paris et **en banlieue.**

founded
was built
to facilitate theological studies
can no longer accommodate
has created
on the outskirts

Questions

1. Quel est le centre universitaire de la France?
2. Où peut-on trouver des étudiants à Paris?
3. D'où est venu le nom «Quartier Latin»?
4. Qui a fondé la première université de Paris?
5. En quelle année a-t-elle été fondée?
6. Pourquoi et pour qui a-t-elle été construite?
7. La Sorbonne suffit-elle aujourd'hui pour recevoir le grand nombre d'étudiants?
8. Où a-t-on créé plusieurs centres universitaires?

LECTURE La famille (suite)

1 PETER: Pouvons-nous demander un petit déjeuner plus **consis-tant?**

solid

LE PROFESSEUR: **Surtout pas!** Ne demandez pas des choses qu'on n'a pas l'habitude de servir. Les adultes ne boivent jamais de

Absolutely not!

5   lait. Au petit déjeuner on ne prend ni jus d'orange, ni cé-réales, ni œufs.

ANDREW: Et pour le vin?

LE PROFESSEUR: Buvez-en raisonnablement avec les repas, sans **dépasser** un quart de litre (ou deux verres) **environ** à cha-

to go beyond /
approximately

10 que repas, c'est-à-dire au déjeuner et au dîner. Si vous êtes **sensible** aux effets de l'alcool, buvez-en moins, et **n'ayez pas honte** de boire de l'eau. Ne vous laissez pas influencer par des Français plus habitués au vin que vous.

sensitive
don't be ashamed

    Je vous ai dit **que nous finirions** aujourd'hui le portrait de

that we would finish

15 l'Américain en France. Pour votre **comportement** général: habillez-vous correctement. **Que vos jeans, vos vête-ments soient propres!** Ayez de la tenue, **évitez le dé-braillé** et tous **les gestes qui feraient croire** que **vous manquez d'éducation,** que vous êtes **bruyants,** vulgaires

behavior
Keep your jeans,
your clothes clean! /
avoid untidiness /
gestures that would
lead one to believe you
lack upbringing / noisy

20 ou **mal élevés.**

ill-bred, ill-mannered

ANDREW: Pourriez-vous nous donner un exemple?

LE PROFESSEUR: Ne mettez jamais les pieds sur un meuble, par exemple. Enfin, soyez compréhensifs, patients et courtois avec tout le monde et gardez toujours votre sens de l'humour.

The form **Il faut** + *infinitive* means:
> *It is necessary* + *infinitive* or **One must** + *infinitive*.

In a question:
> **Faut-il manger** la viande avec une fourchette?
> *Must one eat* meat with a fork?

We will drill this form in a later chapter.

QUESTIONS SUR LA LECTURE

1. Peut-on demander un petit déjeuner plus consistant?
2. Est-ce que les adultes boivent du lait en France?
3. Prend-on des œufs au petit déjeuner?
4. Comment boit-on du vin aux repas?
5. Si on est sensible aux effets de l'alcool, que fait-on?
6. Doit-on se laisser influencer par les Français?
7. Pourquoi les Français sont-ils plus habitués au vin?
8. Faut-il s'habiller correctement lorsqu'on est en France?
9. Faut-il que les vêtements soient propres?
10. Que faut-il éviter?
11. Donnez un exemple pour montrer qu'on manque d'éducation.
12. Que faut-il faire?

QUESTIONS GENERALES

1. Savez-vous conduire une auto?
2. Avez-vous votre permis de conduire (*driver's license*)?
3. Avez-vous appris le code de la route (*rules of the road*)?
4. Aimez-vous conduire?
5. Vous absentez-vous souvent de la classe?
6. A quelle heure vous levez-vous le matin?
7. A quelle heure vous couchez-vous le soir?
8. Décrivez l'invité idéal.
9. Comment aimez-vous vous habiller?
10. Etes-vous décontracté(e)?
11. A quelle heure êtes-vous venu(e) en classe?

12. Quand êtes-vous rentré(e) chez vous hier soir?
13. Etes-vous sorti(e) samedi soir?
14. Avez-vous sorti des livres récemment de la bibliothèque?
15. Qu'est-ce que c'est qu'un étudiant? un pharmacien? un boulanger?
16. Est-ce que les commerçants exploitent les touristes?

Exercices de manipulation

1. Dis à _____ de te parler des aéroports à Paris.
2. Dis à _____ de te parler du métro à Paris.
3. Demande à _____ de te dire la différence entre une mobylette et une bicyclette.
4. Demande à _____ si la priorité à droite existe aux Etats-Unis.
5. Demande à _____ de te donner une définition d'un piéton.
6. Demande à _____ ce qu'il est nécessaire de connaître (*to know*) pour passer (*to take the test for*) le permis de conduire aux Etats-Unis.

Un homme à mobylette

CREATION ET RECREATION

1. You have just taken a drive in your car. Where did you go? What happened to you? What did you see? Use five road signs in describing your real or imaginary drive.
2. Add to your story of Monique and Pierre.

> Un des frères américains de Monique essaie de lui montrer comment se servir d'une bicyclette. Il lui parle du code de la route. . . .

Chapitre 10: COUP D'ŒIL

Oui   **Non**

_____ 1. The position of the *indirect object pronouns* is similar to that of the direct object: _____

Elle **lui** parle.

_____ 2. **Y** and **en** may be used as adverbs and as pronouns: _____

Adverb: Je vais **là.**   Elle sort **d'ici.**
           J'**y** vais.   Elle **en** sort.

Pronoun: Je pense **au film.**   Elle veut **du thé.**
            J'**y** pense.   Elle **en** veut.

_____ 3. **Avoir** is used in many idioms. The following are quite frequent in usage: _____

avoir faim   A midi M. Fourchet **a faim.**
avoir soif   J'**ai soif** quand il fait chaud.
avoir peur   L'enfant **a peur** des animaux.
avoir sommeil   Il est fatigué et il **a sommeil.**
avoir mal à   Elle **a** toujours **mal à** la tête.
avoir froid   On **a froid** en hiver.
avoir chaud   Nous **avons chaud** en été.

_____ To indicate the temperature of an *object,* use **chaud** or **froid** with **être:** _____

Cette soupe **est chaude.**   *This soup is hot.*
Cette bière **est froide.**   *This beer is cold.*

Note in these cases that the adjective shows agreement with the subject.

_____ 4. The *pronominal construction* requires an object pronoun: _____

Je **me** lave.
Nous **nous** regardons.
Nous **nous** parlons.

In negations with pronominal verbs, **ne** precedes the object pronoun and **pas** follows the verb:

Il **ne** se repose **pas.**

5. In *questions* with pronominal verbs, the object pronoun precedes the verb:

Se réveille-t-elle?

VOCABULAIRE

Verbes

s'absenter	**s'en aller**
s'affoler	exagérer
aider	**freiner**
appréhender	**(s')habiller**
(s')arrêter	se hasarder
(s')aventurer	**(s')installer**
(se) baigner	**(se) peigner**
(se) blesser	**(se) promener**
bluffer	**(se)raser**
corriger	**(se) réveiller**
(se) coucher	(se) risquer
(se) couper	se souvenir (de)
(se) demander	traiter
(se) dépêcher	**visiter**
dépasser	
s'écrier	
étrangler	

condition (*f.*)	**soif** (*f.*)
erreur (*f.*)	**sommeil** (*m.*)
état (*m.*)	tort (*m.*)
faute (*f.*)	
habitude (*f.*)	**bras** (*m.*)
idée (*f.*)	cheville (*f.*)
microbe (*m.*)	**corps** (*m.*)
principe (*m.*)	**coude** (*m.*)
radio (*f.*)	cuisse (*f.*)
rapport (*m.*)	**dent** (*f.*)
tour (*m.*)	**doigt** (*m.*)
touriste (*m.*)	dos (*m.*)
	épaule (*f.*)
chaud (*m.*)	estomac (*m.*)
faim (*f.*)	figure (*f.*)
froid (*m.*)	**front** (*m.*)
honte (*f.*)	genou (*m.*)
peur (*f.*)	hanche (*f.*)
raison (*f.*)	**jambe** (*f.*)
repos (*m.*)	langue (*f.*)

mollet (*m.*)

orteil (*m.*)

palais (*m.*)

peau (*f.*)

pied (*m.*)

poignet (*m.*)

poing (*m.*)

poitrine (*f.*)

ventre (*m.*)

visage (*m.*)

goût (*m.*)

odorat (*m.*)

ouïe (*m.*)

sens (*m.*)

toucher (*m.*)

vue (*f.*)

agent (*m.*) de police

artère (*f.*)

circulation (*f.*)

code (*m.*) de la route

essence (*f.*)

flic° (*m.*)

gas-oil (*m.*)

huile (*f.*)

mob° (*f.*)

moteur (*m.*)

panique (*f.*)

papier (*m.*)

passage (*m.*)

permis (*m.*) **de conduire**

piéton (*m.*)

priorité (*f.*)

réservoir (*m.*)

signalisation (*f.*)

véhicule (*m.*)

vélo (*m.*)

Adjectifs

chaud

décontracté

fâcheux

froid

idéal

regrettable

Adverbes

n'importe quel

sérieusement

Prépositions

avant de

d'après

pour (+ *inf.*)

selon

Conjonction

au cas où

Pronoms

me

moi

qu'est-ce que c'est que . . . ?

Expressions utiles

attention

avoir à

avoir chaud

avoir envie (de)

avoir froid
avoir honte
avoir mal à
avoir mal à la tête
avoir mal aux dents
avoir peur (de)
avoir raison
avoir tort
ça y est
c'est-à-dire

faire le plein
faire un tour
il faut (+ *inf.*)
laisser couler l'eau
passer un examen
une poignée de main
prendre soin de
priorité à droite
vérifier l'huile

CHAPITRE 11
DEVANT LA
CATHEDRALE

Scénario 11: DEVANT LA CATHEDRALE

☙ PREMIERE ETAPE

1   ROBERT: Quel grand bâtiment! Il est immense, énorme, gigantesque!

     NICOLE: C'est la cathédrale Saint-Etienne. Elle est gothique.

     ROBERT: C'est le plus beau bâtiment de la ville?

     NICOLE: C'est le plus important.

5   ROBERT: Parle plus lentement, je te prie. J'ai acheté ce livre qui décrit la cathédrale.

     NICOLE: Pourquoi? Je suis là. Tu n'en as pas besoin. Donne-le-moi!

     ROBERT: Tiens, prends-le! Mais n'oublie pas de me le rendre!

☙ DEUXIEME ETAPE

1   ROBERT: Quel grand bâtiment! Il est immense, énorme, gigantesque!

     NICOLE: Tu t'es écrié comme moi la première fois que je l'ai vue. Te souviens-tu de son histoire?

     ROBERT: Non!

5   NICOLE: C'est la cathédrale Saint-Etienne qui date du 12ème et du 13ème siècles. Te rends-tu compte? Elle est là depuis presque huit siècles. Elle est gothique et c'est la seule cathédrale avec cinq portails.

     ROBERT: Je me demande si c'est le plus beau bâtiment de la ville.

     NICOLE: C'est surtout le plus important. Elle contient aussi le plus grand nombre de

10   vitraux de toutes les cathédrales.

     ROBERT: Parle plus lentement, je te prie.

     NICOLE: D'accord. Entrons! Tu y verras de véritables merveilles de la civilisation fran-çaise.

     ROBERT: Oui, je sais, j'ai acheté ce livre qui décrit la cathédrale.

15   NICOLE: Pourquoi? Je suis là. Tu n'en as pas besoin maintenant. Donne-le-moi! Je t'apprendrai à l'apprécier. Je suis ton guide.

     ROBERT: Tiens, prends-le! Mais n'oublie pas de me le rendre.

TROISIEME ETAPE

1   ROBERT: Mon Dieu! C'est incroyable! Quel grand bâtiment! Il est immense, énorme, gigantesque!

     NICOLE: Tu t'es écrié comme moi la première fois que je l'ai vue. Te souviens-tu ~~de son~~ de son ~~histoire?~~ histoire?

5   ROBERT: Moi? Eh bien, non!

     NICOLE: C'est la cathédrale Saint-Etienne qui date du 12ème et du 13ème siècles. Te rends-tu compte? Elle est là depuis presque huit siècles. Elle est gothique et c'est la seule cathédrale avec cinq portails.

     ROBERT: Je me demande si c'est le plus beau bâtiment de la ville. Qu'en penses-tu?

10   NICOLE: C'est surtout le plus important. Elle contient aussi le plus grand nombre de vitraux de toutes les cathédrales, aussi bien que la plus grande nef.

233

ROBERT: Tu parles comme un guide, mais parle plus lentement, je te prie.

NICOLE: D'accord. Entrons! Tu y verras de véritables merveilles de la civilisation française.

ROBERT: Oui, je sais.

15 (*On entend la musique de l'orgue.*)

ROBERT: C'est impressionnant! Regarde! J'ai acheté ce livre qui décrit la cathédrale.

NICOLE: Pourquoi? Je suis là. Tu n'en as pas besoin maintenant. Donne-le-moi! Je t'apprendrai à l'apprécier. Tu l'as dit: je suis ton guide.

ROBERT: Tiens, prends-le! Mais n'oublie pas de me le rendre!

20 NICOLE: (*devant un vitrail*) Ici nous avons le plus vieux vitrail . . .

SYNONYMES ET EXPRESSIONS APPROXIMATIVES

1	C'est incroyable! → C'est inimaginable! C'est fantastique! C'est étonnant!
1	bâtiment = édifice *immeuble*
3	Tu t'es écrié = Tu as poussé des cris d'admiration, Tu t'es exclamé
3	Te souviens-tu de son histoire? = Te rappelles-tu son histoire?
7	Te rends-tu compte? = Comprends-tu? Saisis-tu?
7	presque = à peu près
8	cinq portails = cinq portes d'entrée monumentales
10	important → considérable, grand
11	vitraux = fenêtres faites de verres colorés
11	nef = partie centrale de l'église en forme de navire (bateau) *(vaisseau)*
12	plus lentement = moins vite
12	je te prie = s'il te plaît
13	merveilles = choses admirables
16	impressionnant = grandiose
16	décrit = dépeint
17	Tu n'en as pas besoin → Tu peux t'en passer
18	apprécier = estimer
19	de me le rendre = de me le redonner

NOTES CULTURELLES

Religions in France

1. The majority of French are Catholic, 85% of the population. France is often called "the eldest daughter of the Catholic Church." Indeed, Catholicism is the official religion, but not the state religion. State and Church were separated in 1905.

2. To be married, one must first have the ceremony performed officially in a city hall. Afterward, if one so desires, one has the choice of being married in a church, in a temple, or a synagogue. Divorce has been officially sanctioned in France since 1884.

3. There are about 800,000 Protestants in France, located especially in the center and in the east of France.

La cathédrale de Bourges (Saint-Etienne)

4. The number of Jews is approximately 700,000, living primarily in Paris and in the east. There are 80 rabbis in France. It is the largest community in Western Europe and the fourth in the world.
5. There are also about 2,000,000 Moslems in France, of whom approximately half come from North Africa. There are 15 mosques in France, with the spiritual Moslem leader located in the mosque in Paris.

QUESTIONS SUR LE SCENARIO

1. Comment est la cathédrale?
2. De quels siècles date-t-elle?
3. Combien de portails a-t-elle?
4. Est-ce le plus beau bâtiment de la ville ou le plus important?
5. Que contient-elle?
6. Que demande Robert à Nicole?
7. Pourquoi Robert a-t-il acheté ce livre?

8. A-t-il besoin de ce livre? Pourquoi?
9. Qu'est-ce que désire Robert?
10. Que regardent-ils?

NOTE DE GRAMMAIRE 1
Emploi du présent avec **depuis/il y a**

1. An action that began in the past and still continues into the present is expressed by

the present tense of a verb + **depuis** + *an indication of time*

Thus:

Je conduis **depuis** dix ans.
I have been driving (and I still am) **for** *ten years.*

J'étudie le français **depuis** dix semaines.
I have been studying French (and I still am) **for** *ten weeks.*

2. Another way of expressing this concept is to use

il y a + *an indication of time* + **que** + *the present tense of a verb*

Il y a dix ans **que** je conduis.
Il y a dix semaines **que** j'étudie le français.

3. The interrogative form is quite simple:

Depuis quand êtes-vous ici?
How long (Since when) have you been here?

Je suis ici **depuis** le 16 mars.
I have been here **since** *the 16th of March.*

Depuis combien de temps êtes-vous ici?
How long (For how long) have you been here?

Je suis ici **depuis** dix semaines.
I have been here **for** *ten weeks.*

Depuis quand indicates when the action began. **Depuis combien de temps** indicates the duration of the action.

4. Notice the distinction between these two expressions:

Je suis ici **depuis** une heure.   **Il y a** une heure **que** je suis ici.
I have been here **since** *one o'clock.*   *I have been here* **for** *one hour.*

Use **depuis** to indicate *since one o'clock* but **il y a . . . que** to indicate the *duration* of time that has passed.

Simples substitutions

1. Elle étudie le français *depuis un mois.*
   (*depuis deux ans, depuis hier, depuis onze ans, depuis trois semaines, depuis une semaine,*
   depuis trois jours, depuis un mois)
2. *Il y a trois semaines* que je voyage.
   (*Il y a un an, Il y a deux jours, Il y a deux heures, Il y a six mois, Il y a quinze jours, Il*
   y a quatre jours, Il y a trois semaines)
3. Depuis combien de temps *mangez-vous?*
   (*parlez-vous? sortez-vous avec elle? attendez-vous? avez-vous mal à la tête? avez-vous mal*
   aux dents? buvez-vous du café? mangez-vous?)

Exercices de transformation

. . . depuis . . .

Modèle: Depuis quand regardez-vous la télévision? *(une heure du matin)*
            Je regarde la télévision depuis une heure du matin.

1. Depuis quand parlez-vous avec votre ami? (*deux heures de l'après-midi*)
2. Depuis quand travaille-t-il? (*quatre heures du matin*)
3. Depuis quand écoutez-vous la radio? (*une heure et demie de l'après-midi*)
4. Depuis quand dormez-vous? (*six heures du soir*)
5. Depuis quand avez-vous mal à la tête? (*trois heures de l'après-midi*)
6. Depuis quand étudiez-vous ce livre-là? (*neuf heures du matin*)

Il y a . . . que

Modèle: Depuis combien de temps êtes-vous ici? *(deux heures)*
            Il y a deux heures que je suis ici.

1. Depuis combien de temps regardent-ils la télévision? (*une heure*)
2. Depuis combien de temps visitez-vous la cathédrale? (*deux heures*)
3. Depuis combien de temps mangez-vous? (*une heure et demie*)
4. Depuis combien de temps sont-ils au café? (*trois heures*)
5. Depuis combien de temps avez-vous mal aux dents? (*une heure*)
6. Depuis combien de temps travaillez-vous? (*dix heures*)

. . . depuis . . . or Il y a . . . que

Modèles: Depuis quand apprenez-vous le français? *(le 10 novembre)*
            J'apprends le français depuis le 10 novembre.

            Depuis combien de temps apprenez-vous le français? *(deux ans)*
            J'apprends le français depuis deux ans.
   or: *Il y a deux ans que j'apprends le français.*

1. Depuis quand cherches-tu ta sœur? (*hier*)
2. Depuis quand grossis-tu? (*l'été*)
3. Depuis combien de temps es-tu malade? (*une semaine*)
4. Depuis combien de temps étudiez-vous le français? (*un an*)
5. Depuis combien de temps maigris-tu? (*un mois*)
6. Depuis quand m'attendez-vous? (*six heures du soir*)

NOTE DE GRAMMAIRE 2
Le futur

1. We already know that the near future can be expressed by using the present indicative tense of **aller** + *the infinitive:*

> Je **vais parler** à mes parents.

The regular future tense is formed by adding one set of verb endings to the infinitive stem of all verbs:

> **-ai, -as, -a, -ons, -ez, -ont**

Je **parlerai** à mes parents.

parler	finir	vendre
Je parler**ai**	Je finir**ai**	je vendr**ai**
tu parler**as**	tu finir**as**	tu vendr**as**
il parler**a**	il finir**a**	il vendr**a**
nous parler**ons**	nous finir**ons**	nous vendr**ons**
vous parler**ez**	vous finir**ez**	vous vendr**ez**
ils parler**ont**	ils finir**ont**	ils vendr**ont**

With infinitives ending in **e**, like **vendre**, drop the **e** before adding the endings shown here. The future stem always ends in **r**.

2. Note that some irregular verbs undergo changes in the infinitive stem but that the endings remain the same. Note the changes in the verbs we have seen thus far:

INFINITIVE	FUTURE STEM	
avoir	**aur-**	J'**aurai** faim dans une heure.[1]
être	**ser-**	Tu **seras** fatigué demain.
aller	**ir-**	Nous **irons** à l'école dans une semaine.
faire	**fer-**	Elle **fera** le tour de la ville samedi.

[1]The prepositions **dans** and **en** with time references have the following meanings:
Je le ferai **dans** dix minutes.
*I will do it **in** ten minutes. (I will begin to do it . . .)*

Je le ferai **en** dix minutes.
*I will do it **within** ten minutes. (It will take me ten minutes . . .)*
dans = time action will begin   **en** = time action will take

venir	**viendr-**	Vous **viendrez** nous voir ce soir.
voir	**verr-**	Je **verrai** le film demain.
vouloir	**voudr-**	Je **voudrai** le faire dans une semaine.
pouvoir	**pourr-**	Elle **pourra** y aller vendredi.
savoir	**saur-**	Nous **saurons** le faire demain.

Simples substitutions

1. *Nous regarderons* la télévision.
   (*Paul regardera, Les enfants regarderont, Je regarderai, On regardera, Vous regarderez, Tu regarderas, Nous regarderons*)
2. *Le père appellera* les garçons.
   (*Elle appellera, J'appellerai, Nous appellerons, Tu appelleras, Ils appelleront, Vous appellerez, Le père appellera*)
3. *Je répondrai* à la question.
   (*Ils répondront, Vous répondrez, Tu répondras, On répondra, L'étudiante répondra, Nous répondrons, Je répondrai*)
4. *Tu viendras* demain.
   (*Ces jeunes gens viendront, Elle viendra, On viendra, Nous viendrons, Vous viendrez, Je viendrai, Tu viendras*)
5. *Mon cousin se lèvera* tôt.
   (*Tu te lèveras, Nous nous lèverons, On se lèvera, Vous vous lèverez, Les crémiers se lèveront, Je me lèverai, Mon cousin se lèvera*)
6. *Vous verrez* la ville.
   (*Je verrai, Nous verrons, Tu verras, On verra, Le piéton verra, Les jeunes gens verront, Vous verrez*)

Exercices de transformation

1. *Je roulerai* à bicyclette.
   (*Nicole, Vous, Nous, Robert, On, Les agents de police, Tu, Je*)
2. *Tu n'oublieras* pas la priorité à droite.
   (*On, Henry, Les chauffeurs, Je, Nous, Vous, Tu*)
3. *Sauras-tu* la conduire?
   (*Est-ce que je, on, nous, La fille, Les parents, vous, tu*)
4. *Il commencera* la première leçon.
   (*Nous, Vous, Un étudiant, Les filles, On, Je, Tu, Il*)
5. *Nous* rangerons les lettres.
   (*Je, Son père, Ses oncles et ses tantes, Tu, On, Vous, Nous*)

Exercices de transformation

Modèle: On ne la voit pas.
           On ne la verra pas.

1. Elle réveille les amis à Paris.   2. Ils ne le savent pas.

3. On est en retard.

4. J'ai faim.

5. Nous arrivons de bonne heure.

6. Ils consultent la liste des étudiants.

Modèle: Je vais les monter.
          Je les monterai.

1. Il va les descendre.

2. Ils vont nous parler.

3. Tu vas parler français.

4. Vous allez partir de bonne heure.

5. Nous allons voyager ensemble.

6. Elle ne va pas venir.

7. Tu vas voir qu'elle est en bon état.

Modèle: Tu roules à bicyclette.
          Tu rouleras à bicyclette.

1. Je sais la conduire.

2. Ce moteur t'aide.

3. Tu en vois beaucoup.

4. Un piéton peut-il le faire?

5. Tu en prends trop.

6. Ce jeune homme comprend tout.

7. Tu commences la dixième leçon.

8. Il descend les valises vides.

9. Nous voyageons ensemble.

10. Elle se lève tard.

11. L'hôtesse apporte les dîners.

12. Oublies-tu tes amis?

13. On jette le billet.

14. Nous sommes à l'heure.

15. Elle dort bien.

16. Il n'a plus sa cravate.

17. Elle croit la vérité.

18. Perdons-nous nos bagages?

19. Tu remplis le verre.

20. Nous voulons te parler.

21. Il va à l'école.

22. Vous ne faites pas vos leçons.

3. In general, the French usage of the *future* tense is like the English usage in that it expresses something that *is going to happen:*

Je la verrai demain.   *I shall (will, am going to) see her tomorrow.*

Note, however, that in French the future tense is also used when an action in the future is *implied:*

Je lui parlerai **quand Marie arrivera.**   *I will speak to her **when Marie arrives.***

In this example it is implied that Marie is not yet here. She *is going* to arrive some time in the future.

After the following words, the *future* tense is used when the future is expressed or anticipated:

quand
lorsque }   *when, whenever*

dès que
aussitôt que }   *as soon as*

J'écouterai **quand il parlera.**   *I shall listen **when he speaks.***
Lorsqu'ils arriveront nous mangerons.   ***When they arrive** we shall eat.*
Je la verrai **dès que je pourrai.**   *I will see her **as soon as I can.***

Aussitôt que je lui demanderai, il
l'enverra.

As soon as I ask him, he will
send it.

Exercices de transformation

1. Quand *il* le saura *il* en parlera.
   (*nous, ils, je, on, tu, vous, il*)
2. Dès que *je* la verrai, *je* la croirai.
   (*nous, vous, tu, on, il, ils, je*)
3. Aussitôt qu'*il* arrivera, *il* le fera.
   (*tu, je, on, vous, ils, nous, il*)
4. Lorsque *tu* partiras, *tu* fermeras la porte.
   (*il, nous, vous, on, ils, je, tu*)

NOTE DE GRAMMAIRE 3
L'infinitif après les prépositions

Prepositions are generally followed by infinitives in French:

Avant de partir, n'oublie pas de me téléphoner.
Before leaving, don't forget to telephone me.

Sans parler, il est parti.
Without speaking, he left.

Pour réussir, on étudie toujours.
In order to succeed, one always studies.

Je commence **à** parler.
I am beginning to speak.

Je finis **de** le faire.
I finish doing it.

Note that sometimes the verb after the preposition is equivalent to the English *-ing*
ending and sometimes *to* + *verb*. The only exception to this rule are the prepositions
après and **en,** which we will discuss in *Chapitre 23*.

Substitution progressive

Je veux apprendre sans étudier.
Je veux apprendre *avant de parler.*
Tu vas écouter avant de parler.
Tu vas écouter *pour comprendre.*
Nous allons voyager pour comprendre.
Nous allons voyager *sans étudier.*
Je veux apprendre sans étudier.

Simples substitutions

1. Avant de *l'acheter,* regarde-le!
   (*le vendre, le prendre, l'étudier, le croire, le choisir, le faire, le rendre, l'acheter*)
2. J'ai commencé à *crier.*
   (*croire, voir, écouter, comprendre, monter, chanter, étudier, crier*)
3. Ils finissent de *voyager.*
   (*boire, dormir, répondre, manger, servir, chanter, étudier, voyager*)
4. Il faut *manger* pour vivre et non pas vivre pour *manger.*
   (*dormir, boire, travailler, chanter, réussir, étudier, manger*)

NOTE DE GRAMMAIRE 4
Le verbe irrégulier **dire**

The verb **dire** (*to say, to tell*) is irregular:

PRESENT: je dis   nous disons   [dizõ]
           tu dis   [di]   vous dites²   [dit]
           il dit   ils disent   [diz]

IMPERATIF: dis   PASSE COMPOSE: j'ai dit
            disons   FUTUR: je dirai
            dites

Simples substitutions

1. *Tu dis* «non» trop vite.
   (*Robert dit, Les jeunes filles disent. Nous disons, Vous dites, On dit, Je dis, Tu dis*)
2. *Il ne lui dira pas* de sortir.
   (*Nous ne lui dirons pas, Le père ne lui dira pas, Tu ne lui diras pas, Je ne lui dirai pas, On ne lui dira pas, Mes parents ne lui diront pas, Vous ne lui direz pas, Il ne lui dira pas*)
3. *M'as-tu dit* d'agir?
   (*Mes grands-parents m'ont-ils dit, M'a-t-il dit, Mon cousin m'a-t-il dit, M'avez-vous dit, M'a-t-on dit, M'as-tu dit*)

Exercices de transformation

1. *Je* dis toujours la vérité.
   (*On, Mme Fourchet, Nous, Tu, Ils, Vous, Je*)
2. *On* a dit «bonjour.»
   (*Mlle Fourchet, Mon cousin, Les Français, Vous, Je, Nous, Tu, On*)
3. *Elle* le dira à Sylvie.
   (*Je, Vous, On, Le boulanger, Les employés, Tu, Nous, Elle*)
4. *Nous* le dirons quand *nous* le verrons.
   (*Je, Ils, Tu, On, Vous, Elle, Nous*)

NOTE DE GRAMMAIRE 5
Le passé composé des verbes pronominaux

1. The *passé composé* of pronominal verbs is always formed with the auxiliary verb **être:**

---

²Note that the conjugation follows a predictable pattern, except in the second person plural. **Faire** and **être** are two other verbs with second person plurals that change from the rest of their conjugations (**vous faites, vous êtes**).

PRESENT: Je me lave.
PASSE COMPOSE: Je me **suis** lavé.

2. The auxiliary verb appears *after* the object pronoun and *before* the past participle:

je me **suis** lavé(e)	nous nous **sommes** lavé(e)s
tu t'**es** lavé(e)	vous vous **êtes** lavé(e)(s)
il s'**est** lavé	ils se **sont** lavés
elle s'**est** lavée	elles se **sont** lavées
on s'**est** lavé	

3. We have already seen how the past participle in the *passé composé* agrees with the *preceding* direct object:

Les fleurs? Je **les** ai achet**ées**.

The same holds true for the pronominal constructions we saw above:

Elles **se** sont lav**ées**.

Here, **se** is the direct object of the verb **laver.**

The agreement with the subject results from the fact that **elles** and **se** refer to the same persons.

 AGREEMENT IS MADE ONLY WITH *PRECEDING DIRECT OBJECTS:*

Elle s'est coupée.
but Elle s'est coupé **la main.**

Simples substitutions

1. *Je me suis levé(e)* à huit heures.
   (*Vous vous êtes levés, Mme Fourchet s'est levée, Les étudiants se sont levés, Tu t'es levé(e), Nous nous sommes levé(e)s, Je me suis levé(e)*)
2. *Nous nous sommes couché(e)s* à minuit.
   (*On s'est couché, Elles se sont couchées, Vous vous êtes couché(e)s, Je me suis couché(e), Tu t'es couché(e), Nous nous sommes couché(e)s*)

Exercices de transformation

 Modèle: Elle se dépêche.
               Elle s'est dépêchée.

1. Tu te réveilles.	5. Je m'en vais.
2. Elle s'absente.	6. Elle s'écrie.
3. Nous nous arrêtons.	7. Elles se couchent.
4. Vous vous trouvez.	8. Ils s'en souviennent.

4. The word order for the interrogative form is as follows:

Simple inversion:

Elle s'est dépêchée.
> **S'est-elle dépêchée?**

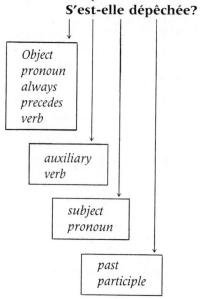

Object pronoun always precedes verb

auxiliary verb

subject pronoun

past participle

Pronominal inversion with noun subject:

L'hôtesse s'est dépêchée.
L'hôtesse s'est-elle dépêchée?

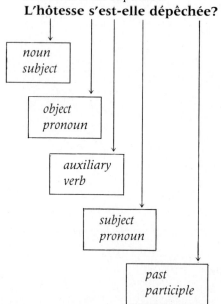

noun subject

object pronoun

auxiliary verb

subject pronoun

past participle

Exercices de transformation

Modèle: Il s'est levé à huit heures.
S'est-il levé à huit heures?

1. Vous vous êtes couché tôt.
2. Elles se sont lavées.
3. Elles se sont promenées dans les bois.

4. Elle s'est absentée.
5. Ils se sont regardés.
6. Ils se sont trouvés.

 Modèle: Les hommes se sont dépêchés.
Les hommes se sont-ils dépêchés?

1. Robert et Henry se sont vus.
2. Sa sœur s'est lavée en dix minutes.
3. Les amis se sont trouvés hier.
4. Les professeurs se sont absentés pendant une heure.
5. La femme s'est arrêtée devant lui.
6. L'employé s'est levé à six heures.

5. *Negations* are formed along regular lines:

Je me suis levé à huit heures.

Je ne me suis pas **levé** à huit heures.

| subject pronoun |
| negation |
| object pronoun |
| auxiliary verb |
| negation |
| past participle |

Exercices de transformation

Modèle: Elle s'est couchée à minuit et demi.
Elle ne s'est pas couchée à minuit et demi.

1. Elle s'est souvenue de son ami.
2. Les professeurs se sont dépêchés.

3. Nous nous sommes promenés toute la soirée.
4. Elles se sont absentées toute la journée.
5. On s'est aventuré dans les rues.
6. Nous nous sommes retrouvés hier soir.
7. Les garçons se sont battus dans le métro.
8. Vous vous êtes vus en face de la gare.
9. On s'est réveillé tout de suite.
10. Elle s'est lavé les cheveux en dix minutes.

POEME   Déjeuner du matin

1	**Il a mis** le café	*He put*
	Dans la tasse	
	Il a mis le lait	
	Dans la tasse de café	
5	Il a mis le sucre	
	Dans le café au lait	
	Avec la petite **cuiller**	= cuillère
	Il a tourné	
	Il a bu le café au lait	
10	Et **il a reposé** la tasse	*he placed*
	Sans me parler	
	Il a allumé	*He lighted*
	Une cigarette	
	Il a fait **des ronds**	*rings*
15	Avec **la fumée**	*the smoke*
	Il a mis **les cendres**	*the ashes*
	Dans **le cendrier**	*the ashtray*
	Sans me parler	
	Sans me regarder	
20	Il s'est levé	
	Il a mis	
	Son chapeau sur sa tête	
	Il a mis	
	Son manteau de pluie	
25	**Parce qu'il pleuvait**	*Because it was raining*
	Et il est parti	
	Sous la pluie	
	Sans une parole	
	Sans me regarder	
30	Et moi j'ai pris	
	Ma tête dans ma main	
	Et **j'ai pleuré.**	*I wept*

Jacques Prévert
Paroles
Gallimard 1949, Paris

Questions

1. Qu'est-ce qu'il a mis dans la tasse?
2. Qu'est-ce qu'il fait avec la petite cuillère?
3. A-t-il bu le café?
4. Qu'est-ce qu'il a fait avec une cigarette?
5. Où a-t-il mis les cendres?
6. Qu'est-ce qu'il a fait quand il s'est levé?
7. Pourquoi a-t-il mis son manteau de pluie (imperméable)?
8. Comment est-il parti sous la pluie?
9. Qu'est-ce que l'autre personne a fait?
10. Qui peuvent être ces personnes?

LECTURE   La famille (suite)

1   LE PROFESSEUR: Ne soyez pas trop **méfiants, sinon** vous vous *distrustful/otherwise*
empoisonnerez l'existence: **les commerçants** n'exploitent *shopkeepers*
pas tous les touristes ni **les étrangers** en leur demandant *foreigners*
des prix exorbitants. **Il vaut mieux risquer** d'être victime *It is better to risk*
5   **une ou deux fois. Les prix sont plus élevés** en France *once or twice/Prices are*
qu'aux Etats-Unis, mais il est rare qu'on essaie de profiter de *higher*
la bonne foi des étrangers. *the good faith*

ANDREW: Monsieur, qu'est-ce que les Français pensent de nous?

LE PROFESSEUR: Ah, là . . . je vous **dresserai le portrait** du jeune *will make a portrait*
10   Américain vu par nos amis français.

JESSE: Je sais: ils croient que nous sommes «**décontractés**», **du** *relaxed, ''laid back''/at*
moins c'est toujours ce que ma mère française me dit. *least*

LE PROFESSEUR: D'accord. Décontracté, franc, honnête, désorga-
nisé, grand enfant, innocent. **Un type** qui prend trop de *A guy*
15   douches et n'éteint jamais l'électricité. Modeste, pas compliqué, intelligent—mais affreusement ignorant de la vie
française. Quelqu'un qui mange trop et qui ne sait pas boire
de vin. Mais les Français l'aiment bien, bien qu'il soit un *Just as the French are*
paradoxe. *(the Frenchman is)*

20   ANDREW: **Tout comme le Français l'est pour nous.** *for us!*

QUESTIONS SUR LA LECTURE

1. Pourquoi ne faut-il pas être trop méfiant?
2. Où les prix sont-ils plus élevés: en France ou aux Etats-Unis?
3. Que vaut-il mieux risquer?
4. Qu'est-ce que les Français pensent de nous?
5. Est-ce que l'Américain est un paradoxe?

CREATION ET RECREATION

1. Learn the pictorial equivalent of each symbol shown here.
2. Make up full sentences using each of the verbs in the appropriate person and tense indicated.

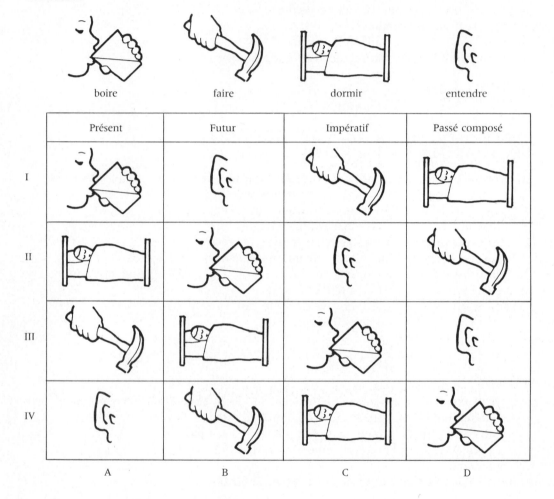

	Présent	Futur	Impératif	Passé composé

boire   faire   dormir   entendre

A   B   C   D

Modèle: *Je (1A): Je bois du lait avec mes repas.*

1. *Je:* I A, II B, III B, IV B
2. *Robert:* II A, II B, III D, IV D
3. *Nous:* I B, II A, III C, IV A
4. *Nicole et Jacqueline:* I B, II D, III B, IV D
5. *Tu:* III A, II B, III B, I D
6. *Vous:* I A, II C, III A, IV C

3. Continue your story of Monique and Pierre.

   Monique visite une église américaine. Son frère lui sert de guide. Il parle de l'histoire de l'église. . . .

Chapitre 11: COUP D'ŒIL

Oui   **Non**

———

1. **Depuis** and **il y a . . . que** + *the present tense* indicate an action that began in the past and continues into the present:

   J'étudie le français **depuis dix semaines.**

   The interrogative forms are quite simple:

   Depuis quand êtes-vous ici?
   How long (Since when) have you been here?

   Je suis ici **depuis** le 16 mars.
   *I have been here **since** the 16th of March.*

   Depuis combien de temps êtes-vous ici?
   How long (For how long) have you been here?

   Je suis ici **depuis** dix semaines.
   *I have been here **for** ten weeks.*

———

2. The future tense expresses an action that will happen in the future.
   The future stem always ends in **r**. Note the future tenses of the three classes of verbs:

je parle**rai**	je fini**rai**	je vend**rai**
tu parle**ras**	tu fini**ras**	tu vend**ras**
il parle**ra**	il fini**ra**	il vend**ra**
nous parle**rons**	nous fini**rons**	nous vend**rons**
vous parle**rez**	vous fini**rez**	vous vend**rez**
ils parle**ront**	ils fini**ront**	ils vend**ront**

   Unlike English usage, the future tense is used after **quand, lorsque, dès que,** and **aussitôt que** when the future tense is used or implied in the main clause:

   Je la verrai **quand elle arrivera.**
   *I shall see her **when she arrives.***

———

3. When a verb follows a preposition, it is in the infinitive form:

   Sans travailler on ne peut pas réussir.

———

4. **Dire** is an irregular verb:

je dis	nous disons
tu dis	vous dites
il dit	ils disent

———

5. To form the *passé composé* of *pronominal verbs,* use the auxiliary verb **être** plus the past participle:

Elle s'**est** lavée.   *She washed herself.*
Elle s'en **est** allée.   *She went away.*

The past participle of pronominal verbs agrees with preceding direct objects:

Elles **se** sont **lavées.**

To form the interrogatives, follow regular procedures:

SIMPLE INVERSION:

Elle s'est lavée.
S'est-**elle** lavée?

PRONOMINAL INVERSION WITH NOUN SUBJECT:

L'hôtesse de l'air s'est dépêchée.
L'hôtesse de l'air **s'**est-**elle** dépêchée?

VOCABULAIRE

Verbes

admirer	dépeindre	nager
apprécier	**dire***	se passer de
(s')asseoir	douter (de)	plaire
dater	(se) douter (de)	**se rappeler**
décrire	(s') écrier	redonner
	estimer	se rendre compte
	(s') exclamer	**tâcher (de)**
	gêner	
	impressionner	
	intriguer	

Noms

bâtiment (*m.*)	vitrail (*m.*)	jardin (m.)
cathédrale (*f.*)	bateau (*m.*)	**merveille** (*f.*)
cri (*m.*)	carte (*f.*) postale	navire (*m.*)
édifice (*m.*)	**civilisation** (*f.*)	palais (*m.*)
musique(*f.*)	**guide** (*m.*)	phrase (*f.*)
nef (*f.*)	**histoire** (*f.*)	**siècle** (*m.*)
orgue (*m.*)		
portail (*m.*)		
prêtre (*m.*)		

Adjectifs

capable	gigantesque	incroyable
considérable	gothique	inimaginable
énorme	grandiose	monumental
étonnant	**immense**	surmené
fantastique	**important**	véritable
	impressionnant	

Pronoms

ceci	cela (ça)
	qui/que

Préposition

depuis

Conjonctions

aussitôt que	**dès que**
	lorsque
	quand

Adverbes

à peu près
lentement
presque

Expressions utiles

Depuis combien de temps . . .?	en tout cas
Depuis quand . . .?	faire ses études
Eh bien!	je te prie

CHAPITRE 12
DEUXIEME
REVISION

Deuxième Révision: QUATRIEME ETAPE

Study the composite picture on the preceding page. Prepare your own *scénario,* using your imagination. Be as natural as possible. Select one or several sketches and try to incorporate as many structures as you can in your presentation.

You have had practice in what may be considered all the basic structures needed for simple communication in French.

You have also encountered most of what is ahead in the remaining dialogues. Some of the items you will see in greater detail are:

1. *The interrogative pronouns and relative pronouns:*

   Qui est là?   La cravate **dont** j'ai besoin.
   Who is there?   The tie **(that)** I need.

2. *The interrogative adverbs:*

   Combien d'argent avez-vous?
   How much money do you have?

3. *Other tenses:*
   a. *The imperfect:*

      Je parlais pendant qu'**elle chantait.**
      I was speaking while **she was singing.**

   b. *The conditional:*

      J'écouterais s'il parlait.
      I would listen if he were to speak.

   c. *The subjunctive:*

      Il ne veut pas **que tu te fasses mal.**
      He doesn't want **you to hurt yourself.**

Beyond these points there will not be too many other grammatical elements to learn.

REVISION GENERALE DES CHAPITRES 7 A 11

  I. *Adjectives* in French sometimes stand *before,* sometimes *after* the nouns they modify:

    A. Those that stand before are simple adjectives and may be said to form one idea with their nouns:

        beau (un **bel** enfant)   jeune (une **jeune** fille)

bon	grand	vieux	joli
mauvais	gros	nouveau	long
gentil	petit	même	

B. Those that follow—and they are in the majority—are adjectives

of color:	une maison **blanche**
of nationality:	un étudiant **français**
of physical form and qualities:	une table **ronde**
	une bière **froide**
of religion:	un prêtre **catholique**
longer than the noun they modify:	un livre **intéressant**
made up of participles:	un homme **distingué**
	des enfants **obéissants**

C. When in doubt, place the adjective after the noun.

II. Other adjectives we considered are the *possessive adjectives.* They behave like "regular" adjectives by agreeing in gender and number with the nouns they modify:

son frère	*his* or *her* brother
ses sœurs	*his* or *her* sisters

III. The *passé composé:*

A. The *passé composé* is a compound tense made up of the auxiliary verb **avoir** or **être** + a past participle:

J'ai parlé aux enfants.
Je suis sorti de bonne heure.

B. The *passé composé* reflects an action completed in the past:

J'ai étudié ma leçon **hier.**
I studied my lesson *yesterday.*

Another name for this tense is the *perfect tense.*

IV. *Pronominal verbs always* require an object pronoun. The subject and the object pronouns both refer to the same person(s) or thing(s):

Je me lève.	*I get up.*
Je me suis levé à six heures.	*I got up at six o'clock.*
Nous nous parlons l'un à l'autre.	*We speak to each other.*
Nous nous sommes parlé.	*We spoke to each other.*

Some verbs are always pronominal:

Je me souviens d'elle.	*I remember* her.
Ils s'en vont.	*They are going away.*

V. *Regular third class verbs:*

Vendre is typical of the *third class* of verbs:

PRESENT:	je vends	nous vendons
	tu vends	vous vendez
	il vend	ils vendent

IMPERATIF:	vends	PASSE COMPOSE: j'ai vendu
	vendons	FUTUR: je vendrai
	vendez	

Some other verbs that conjugate like **vendre:**

répondre à *to answer*   **attendre** *to wait (for)*
interrompre *to interrupt*   **entendre** *to hear*

VI. The *future tense* **(le futur)** is formed by the infinitive of regular verbs plus one set of endings. The *future* tense of all verbs has one set of endings:

-ai, -as, -a, -ons, -ez, -ont

je parler**ai**   J'ir**ai** chez moi.
je finir**ai**   Je te verr**ai** plus tard.
je vendr**ai**   Je fer**ai** le dîner.

Note that with *third class* verbs (e.g., **vendre**) we drop the mute **e** of the infinitive stem before adding the endings.

VII. The *future tense* is used as in English to indicate all actions that take place in the future. The one difference is that it is used in French whenever a future action is anticipated:

Je la verrai quand **elle arrivera.**
I shall see her when she arrives.

VIII. The *direct* and *indirect object pronouns* replace object nouns. Object pronouns in French stand *before* the verb, except in the affirmative imperative:

Direct object noun:	Je regarde **mon école.**
Direct object pronoun:	Je **la** regarde. Regarde-**la!**

Indirect object noun:	Je parle **à l'homme.**
Indirect object pronoun:	Je **lui** parle. Parle-**lui!**

IX. Time relationships:

A. The use of **depuis** with the *present tense* renders an action that began in the *past* but continues in the *present:*

Je voyage **depuis** deux semaines.
I have been traveling (and still am) ***for*** *two weeks.*

B. With *hours:*
    1. Use **il y a . . . que** to indicate *duration* of the action:

Il y a deux heures **que** j'attends l'autobus.
*I have been waiting for the bus **for** two hours.*

2. Use **depuis** to indicate *when the action began:*

Je suis là **depuis** une heure.
*I have been here **since** one o'clock.*

REVISION

Exercices de transformation

Adjective Form and Placement

Modèle: C'est une cathédrale. (*beau*)
             C'est une belle cathédrale.

1. C'est une cathédrale. (*gigantesque*)
2. Ils ont un appartement. (*grand*)
3. Nous avons trouvé un objet. (*intéressant*)
4. Elle travaille dans un bureau. (*vieux*)
5. La maison a une chambre. (*joli, bleu*)
6. La cathédrale a cinq portails. (*gothique*)
7. Il a fait la connaissance d'un monsieur. (*vieux, français*)

Présent > Passé composé

Modèle: Je monte l'escalier. (*hier*)
             J'ai monté l'escalier hier.

1. Elles sortent tous les soirs. (*l'été dernier*)
2. Nous arrivons de l'aéroport. (*lundi dernier*)
3. Vous passez trois mois à Paris. (*il y a deux ans*)
4. Ils passent devant la cathédrale. (*ce matin*)
5. Elle saute sur la table. (*hier*)
6. Elle descend la rue. (*il y a une heure*)

Pronominaux: Présent > Passé composé

Modèle: A quelle heure vous levez-vous? (*hier*)
             A quelle heure vous êtes-vous levé(e) hier?

1. Quand vous couchez-vous? (*hier soir*)
2. Te laves-tu les mains? (*avant de manger*)

3. Te dépêches-tu pour arriver à l'heure? (*hier*)
4. Se promène-t-il dans les rues de la ville? (*hier soir*)
5. Nous servons-nous de ce livre-ci? (*hier*)
6. Vous absentez-vous? (*le week-end passé*)

Présent > 1. Passé composé > 2. Futur

Modèle: J'attends l'autobus. (*hier*)(*demain*)
          J'ai attendu l'autobus hier.
          J'attendrai l'autobus demain.

1. Elle répond aux questions du professeur. (*hier*)(*demain*)
2. Nous vendons la mobylette à Pierre. (*hier*)(*demain*)
3. Vous voulez manger du pain. (*hier*)(*demain*)
4. Tu entends ton père. (*hier*)(*demain*)
5. J'interromps l'étudiant. (*hier*)(*demain*)

[handwritten notes in right margin:]
① a répondu / répondra
② avons vendu(e)s / vendrons
③ avez voulu / voudrez
④ as entendu / entendras
⑤ ai interrompu / interromprai

Présent > Futur

Modèle: Elle arrive par le train de 10 heures. (*demain*)
          Elle arrivera demain par le train de 10 heures.

1. Tu vas à la boulangerie. (*demain*)
2. Vous venez de la gare. (*demain*)
3. Je sais conduire. (*demain*)
4. Nous faisons un tour de la ville. (*demain*)
5. Ils voient des choses curieuses. (*demain*)
6. Il peut le faire. (*demain*)

Futur proche > Futur

Modèle: Le professeur ne va pas parler.
          Le professeur ne parlera pas.

1. Robert ne va pas monter au premier étage.
2. Henry ne va pas descendre ses valises.
3. Ses parents ne vont pas voyager.
4. Nous n'allons pas revenir. *reviendrons*
5. Nous n'allons pas pouvoir partir.
6. Tu ne vas pas voir de véritables merveilles.

Possessive Adjectives

Modèle: Robert a les chaussures.
          Robert a ses chaussures.

1. Jeannette a le mouchoir.
   son
2. Nous prenons l'auto.
   notre

3. Tu as acheté les livres de classe.
4. Les cousines apprennent les leçons.
5. J'ai vendu la mobylette.

6. Vous descendez la cravate.
7. Nous vendons l'imper.
8. Vous trouvez les gants.

1. Object Pronouns / 2. Interrogatives

Modèles: Il a donné le livre *au guide*.
Il lui a donné le livre.
Lui a-t-il donné le livre?

Tu attendras le taxi *dans la rue*.
Tu y attendras le taxi.
Y attendras-tu le taxi?

1. Il a apporté des fleurs *à son amie*.
2. Vous avez acheté de l'aspirine *à la pharmacie*.
3. Le boulanger a vendu les baguettes *à Nicole*.
4. Elle donnera la ceinture *à son père*.
5. Le professeur a appris la leçon *à ses étudiants*.
6. Elle a donné son numéro de téléphone *à son cousin*.
7. J'ai porté cette lettre *à mes parents*.
8. Ils ont attendu l'étudiant *chez eux*.
9. Tu as voulu montrer la Tour Eiffel *aux touristes*.
10. Ils ont dit leurs noms *à l'agent de police*.
11. Le garçon servira de la bière *aux clients*.

1. Object Pronouns / 2. Negatives

Modèle: J'ai vendu *les cartes postales*.
Je les ai vendues.
Je ne les ai pas vendues.

1. Vous avez montré la bicyclette.
2. Le pharmacien vendra les médicaments.
3. Le charcutier fait le pâté.
4. Il jettera la balle.
5. Robert a rangé ses chemises.
6. Ils ont montré leurs passeports.
7. Vous avez vu la statue.
8. Ils ont admiré les vitraux.
9. Elle a perdu ses chaussures.

Depuis and Il y a

Modèle: Depuis combien de temps attendez-vous? (*deux jours*)
           J'attends depuis deux jours.
           Il y a deux jours que j'attends.

1. Depuis combien de temps étudiez-vous le français? (*dix semaines*)
2. Depuis combien de temps avez-vous votre permis de conduire? (*trois ans*)
3. Depuis combien de temps voyagez-vous? (*un mois*)
4. Depuis combien de temps vendez-vous des livres? (*quinze jours*)

Depuis quand and l'heure

Modèle: Depuis quand êtes-vous là? (*deux heures de l'après-midi*)
           Je suis là depuis deux heures de l'après-midi.

1. Depuis quand rangez-vous vos affaires? (*midi*)
2. Depuis quand attends-tu tes amis? (*six heures du soir*)
3. Depuis quand bois-tu du café? (*dix heures du matin*)
4. Depuis quand dansez-vous? (*neuf heures du soir*)

QUESTIONS GENERALES

Considering the various structures and the additional vocabulary you have acquired in *Chapitres 7* through *11*, you should be able to provide much fuller information to each of the categories we reviewed in *Chapitre 6*. For instance, in answer to the question:

Avez-vous des frères et des sœurs?

you should be able to respond something along these lines:

Oui, j'ai deux frères et deux sœurs. Mon frère aîné a 28 ans et moi, je suis le cadet. Ma sœur Betty a 24 ans et ma sœur June a 20 ans. . . .

Now, you should also be able to answer fairly completely the following questions. Do not hesitate to use all your vocabulary!

Répondez par des phrases complètes

1. Comment vous appelez-vous? Comment allez-vous?
2. Quel jour sommes-nous?
3. A quelle heure vous levez-vous d'habitude?
4. Vous entrez dans un restaurant: commandez un repas!
5. Vous entrez dans un hôtel: demandez une chambre!
6. Quelle est votre nationalité?

7. Où êtes-vous né(e)? En quelle année êtes-vous né(e)?
8. Parlez de votre famille!
9. Je m'appelle _____ ; présentez-moi à _____ !
10. Pouvez-vous me dire comment aller d'ici à _____ ? (Où se trouve _____ ?)
11. Quand vous partez, que dites-vous à votre ami?
12. Vous entrez dans un magasin: choisissez un vêtement! (A développer: prix, couleur, etc.)
13. Quels vêtements avez-vous mis aujourd'hui?
14. En quelle saison sommes-nous?
15. De quelle couleur sont vos cheveux? vos yeux?
16. Que faites-vous ici?
17. Depuis quand étudiez-vous le français?
18. Quel temps fait-il aujourd'hui?
19. Où irez-vous demain?
20. Etes-vous allé au cinéma hier soir?
21. A quelle heure vous couchez-vous généralement?
22. Faites la description de votre maison familiale.
23. Que mangez-vous et buvez-vous pour votre petit déjeuner?
24. A quelle heure dîne-t-on généralement aux Etats-Unis?
25. A quelle occasion portez-vous un toast chez vous?
26. En France, dans quels magasins va-t-on avant de préparer un déjeuner?
27. Quand vous partez pour un week-end, que placez-vous dans votre sac de voyage?
28. Où a été construite la première université de Paris?
29. Qui l'a construite? Pour qui a-t-elle été construite?
30. La signalisation routière est-elle la même en France qu'aux Etats-Unis? Donnez des exemples.
31. Quel bâtiment trouvez-vous impressionnant?
32. Achetez-vous un guide avant de visiter une ville?
33. Que faites-vous quand vous retrouvez un ami que vous n'avez pas vu depuis longtemps?
34. Quand vous irez en France, comment irez-vous? Qu'est-ce que vous ferez là-bas?
35. Pourquoi faut-il apprendre à parler français?
36. Quelle est la population de la France? 56 mill . près 8 mill . US. 225 mill .
37. Dans combien de pays parle-t-on français?
38. Décrivez une famille idéale et le rôle de chaque membre.

LECTURE   Recettes pour un bon repas français

Soupe à l'oignon

1 litre d'eau ou de bouillon   3 cuillères à soupe d'huile
250 grammes d'oignons   40 grammes de **farine**   *flour*
gruyère **râpé**   *grated*

Epluchez et **émincez** les oignons; **mettez**-les dans l'huile chaude. Quand ils sont **dorés, saupoudrez** avec la farine. **Laissez**-la brûnir, arrosez avec le bouillon chaud, salez, poivrez et laissez cuire 10 minutes. Mettez dans les assiettes de petites tranches de pain bien **grillées** ou des croûtons. Saupoudrez avec le gruyère râpé et **versez** la soupe dessus.

Peel/slice thinly/put brown/sprinkle/let

toasted
pour

Questions

1. Qu'est-ce qu'on épluche et émince?
2. Où les met-on?
3. Que fait-on quand les oignons sont dorés?
4. Qu'est-ce qu'on met dans les assiettes?
5. De quel fromage se sert-on?

Entrecôte marchand de vin

4 biftecks	2 cuillères à soupe de bouillon
2 ou 3 **échalotes**	¼ litre de vin rouge
2 cuillères à soupe de beurre	¼ petite cuillère de vinaigre
1 cuillère à soupe de farine	2 cuillères à soupe de crème fraîche

shallots

Pour faire la sauce, dans une petite **casserole** laissez dorer les échalotes émincées dans le beurre chaud. **Mélangez**-y la farine. **Ajoutez** le bouillon, le vin, le vinaigre, le sel et le poivre. Laissez **réduire à moitié.** Mélangez-y la crème et laissez sur le feu quelques secondes de plus.

Grillez les biftecks. Mettez-les sur le plat de service avec leur **jus de cuisson.** Versez la sauce dessus et saupoudrez de **persil haché.**

pan
Mix
Add
simmer to half its volume

pan juices/chopped parsley

Questions

1. Dans quoi met-on les échalotes?
2. Avec quoi les mélange-t-on?
3. Qu'est-ce qu'on ajoute?
4. Que fait-on avec les biftecks?
5. Qu'est-ce qu'on verse dessus?

Crêpes ordinaires

250 grammes de farine	1 cuillère à soupe d'huile	
¼ litre de lait froid	1 **pincée** de sel	*pinch*
2 œufs	parfumer à volonté (1 cuillère à soupe de rhum, de kirsch, de citron, etc.)	

Mélangez la farine avec les œufs, le sel, l'huile, le parfum et le lait.

Travaillez énergiquement jusqu'à ce que la **pâte** soit **lisse.** Laissez reposer au moins une heure.   *dough/smooth*

Dans la **poêle** chaude huilée, versez un peu de pâte en agitant   *frying pan*
pour qu'elle **s'étende** régulièrement. Quand elle **se détache,** re-   *spreads / detaches itself*
tournez la crêpe pour dorer le deuxième côté.

Servez-les chaudes saupoudrées d'un peu de sucre ou **fourrées**   *stuffed*
avec une cuillérée de **gelée de groseilles,** ou avec un peu de jus   *currant jelly*
de citron sur les crêpes sucrées et roulez-les.

Questions

1. Qu'est-ce qu'on mélange avec les œufs?
2. Combien de temps faut-il laisser reposer la pâte?
3. Qu'est-ce qu'on verse dans la poêle chaude?
4. Pourquoi faut-il retourner la crêpe?
5. Comment les sert-on?

PAS A PAS

TO THE STUDENT: Keep your books opened on page 263. Your teacher will describe one picture of the four depicted. He or she will pause periodically to give you a chance to choose the picture you believe is being described.

CREATION ET RECREATION

Monique décrit la condition féminine comme elle la voit à son école américaine.

SELF-HELP

The purpose of this section is to draw your own interests directly into this textbook. You, the student, actually write this part yourself, with the help of a teacher and a dictionary.

A

B

C

D

1. Draw a picture (or assemble a collage) that incorporates at least 10 terms representative of your own interests (e.g., archaeology, theater, zoology, cooking).

2. Using a French English dictionary, find the proper term for each item you have drawn.

3. Write a simple *scénario* using your specialized vocabulary.

4. Your instructor will correct your composition.

5. Once your composition is corrected, memorize it.

6. In class, your instructor—and your classmates, as far as they are able—will question you on your picture.

7. You may then present your *scénario* to the class as a lesson.

8. If you are particularly energetic, you will have concocted some drills based on your composition. If so, you may attempt to drill your classmates, and your instructor as well.

CHAPITRE 13
UN ACCIDENT

Scénario 13: UN ACCIDENT

⚙ **PREMIERE ETAPE**

1   *Nicole et Robert roulent en mobylette. Tout d'un coup, ils voient deux voitures qui se tamponnent.*

PREMIER CHAUFFEUR: (*Il saute de sa voiture, en gesticulant.*) Espèce d'imbécile, tu ne peux pas regarder où tu vas?

5   DEUXIEME CHAUFFEUR: C'est toi, crétin, qui es aveugle. Tu ne vois pas clair?
(*Un agent de police arrive sur la scène.*)

AGENT DE POLICE: Montrez-moi vos papiers et expliquez-moi ce qui est arrivé!

ROBERT: Regarde! Ils ont peur du flic. Maintenant ils ne se disputent plus. Les Français sont plus difficiles à comprendre que les Américains.

⚙ **DEUXIEME ETAPE**

1   *Nicole et Robert roulent en mobylette.* ~~Subitment~~ *Tout d'un coup, ils voient deux voitures qui se tamponnent.*

PREMIER CHAUFFEUR: (*Il saute de sa voiture, en gesticulant.*) Espèce d'imbécile, tu ne peux pas regarder où tu vas? Où as-tu trouvé ton permis de conduire? Dans une po-
5   chette-surprise?

DEUXIEME CHAUFFEUR: (*Même jeu.*) C'est toi, crétin, qui es aveugle. Tu ne vois pas clair? Tu as brûlé un feu! Tu ne sais pas conduire? Tu as enfoncé ma porte!
(*Un agent de police arrive sur la scène.*)

AGENT DE POLICE: Ça suffit! Montrez-moi vos papiers et cessez de hurler comme des
10   fous! Montrez-moi vos dégâts et expliquez-moi ce qui est arrivé!

NICOLE: S'ils n'ont pas de papiers, il va les amener au commissariat de police.

ROBERT: Regarde! Ils ont peur du flic. Maintenant ils ne se disputent plus.

AGENT DE POLICE: Cherchez vos constats à l'amiable!

ROBERT: (*chuchotant à Nicole*) Amiable? Tout à l'heure ils étaient sur le point de se couper
15   la gorge. Les Français sont plus difficiles à comprendre que les Américains.

NICOLE: Attends! Tu ne nous connais pas encore!

TROISIEME ETAPE

1   *Nicole et Robert roulent en mobylette. Nicole veut lui faire connaître la ville. Tout d'un coup, ils voient deux voitures qui se tamponnent à un feu rouge.*

PREMIER CHAUFFEUR: (*Il saute de sa voiture, tout en gesticulant.*) Espèce d'imbécile, tu ne peux pas regarder où tu vas? Où as-tu trouvé ton permis de conduire? Dans une
5   pochette-surprise?

DEUXIEME CHAUFFEUR: (*Même jeu.*) C'est toi, crétin, qui es aveugle. Tu ne vois pas clair? Porte donc des lunettes! Tu as brûlé un feu! Tu ne sais pas conduire! Tu as enfoncé ma porte!
(*Des badauds s'arrêtent et s'attroupent. Un agent de police arrive sur la scène.*)

10   AGENT DE POLICE: Allez, allez! Si vous n'êtes pas témoins, écartez-vous! (*s'adressant aux*

266

chauffeurs) Et vous, ça suffit! Montrez-moi vos papiers et cessez de hurler comme
des fous! Montrez-moi vos dégâts et expliquez-moi ce qui est arrivé!

NICOLE: S'ils n'ont pas de papiers, il va les amener au commissariat de police et ils vont
perdre des heures.

15 ROBERT: Regarde! Ils ont peur du flic. Maintenant ils ne se disputent plus.

AGENT DE POLICE: Cherchez vos constats à l'amiable!

ROBERT: (*chuchotant à Nicole*) Amiable? Tout à l'heure ils étaient sur le point de se couper
la gorge. Les Français sont plus difficiles à comprendre que les Américains.

NICOLE: Attends! Tu ne nous connais pas encore!

SYNONYMES ET EXPRESSIONS APPROXIMATIVES

2	se tamponnent = se heurtent, se rencontrent avec violence
3	Il saute → Il s'élance
3	en gesticulant = en faisant beaucoup de gestes
5	une pochette-surprise = un petit paquet qu'on achète sans en connaître le contenu
6	aveugle → privé de vue, qui ne voit pas
7	Tu as brûlé un feu! = Tu n'as pas respecté le signal d'arrêt! = Tu ne t'es pas arrêté au feu rouge!
7	enfoncé = entré profondément
9	badauds → personnes qui passent leur temps à regarder longuement ce qu'ils voient, à regarder bouche bée = curieux
9	s'attroupent = se rassemblent en groupe
10	témoins = personnes qui ont vu quelque chose et qui peuvent le certifier
10	écartez-vous! = éloignez-vous!
11	hurler = pousser des cris
12	vos dégâts = vos dommages
13	amener = conduire
16	vos constats à l'amiable = vos déclarations d'accident (vos rapports) faites avec conciliation

⚙ QUESTIONS SUR LE SCENARIO

1. Que voient Robert et Nicole quand ils roulent en mobylette?
2. Que fait le premier chauffeur?
3. Que dit-il?
4. Que répond le deuxième chauffeur?
5. Qui arrive sur la scène de l'accident?
6. Que dit l'agent aux badauds!
7. Que demande-t-il aux deux chauffeurs?
8. Qu'est-ce qui leur arrivera s'ils n'ont pas leurs papiers?
9. Pourquoi les chauffeurs ne se disputent-ils plus?
10. Qu'est-ce que c'est qu'un constat à l'amiable?

VOCABULAIRE ILLUSTRE

Cette valise est plus grande que **celle-là.**

Cette commode est plus grande que **celle-là.**

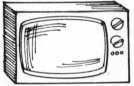

Cette télévision est plus grande que **celle-là.**

Ce camion est plus grand que **celui-là.**

Ce drapeau est plus grand que **celui-là.**

Ces agents de police sont aussi grands que **ceux-là.**

Cette ceinture est aussi grande que **celle-là.**

Cette cheminée est aussi grande que **celle-là.**

Ce chapeau est aussi grand que **celui-là.**

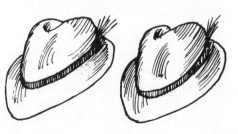

NOTE DE GRAMMAIRE 1
Le partitif **de**

1. In *Chapitre 8* we discussed the uses of the partitive forms **du, de la, de l',** and **des,** which specify quantities and precede nouns:

Je bois **du café.**　　　　　　　*I am drinking (some) coffee.*
Donnez-moi **de la monnaie!**　　*Give me (some) change!*
J'ai **de l'argent.**　　　　　　　*I have (some) money.*
J'ai acheté **des livres.**　　　　*I bought (some) books.*

2. In four cases the simple partitive **de (d')** is used before nouns:
　a. *In negations:*

　　Je n'ai pas **d'**argent.[1]

　b. *Before plural adjectives preceding plural nouns:*

　　Elle a **de** bons amis.

　c. *After expressions of quantity containing nouns:*

　　J'achète **une bouteille d'**eau minérale.

　d. *After expressions of quantity containing adverbs:*

assez de	*enough*	**pas mal de**	*quite a lot of*
autant de	*as much, as many*	**peu de**	*little, few*
beaucoup de	*a lot of*	**plus de**	*more*
moins de	*less*	**trop de**	*too much, too many*

3. In the preceding constructions, **de (d')** + *noun* may be replaced by the pronoun **en:**

Je n'ai pas **d'argent.**　　　　　　Je n'**en** ai pas.
Elle a **de bons amis.**　　　　　　Elle **en** a.
J'achète une **bouteille d'eau minérale.**　J'**en** achète une.
J'ai assez **d'argent.**　　　　　　J'**en** ai assez.

♻ **Exercices de transformation**

Modèle:　　J'ai de l'argent.
　　　　　　Je n'ai pas d'argent.

1. Tu veux des livres.
2. Robert lui donne un pourboire.
3. Il y a du monde.
4. Elle a un imperméable.
5. Vous avez des serviettes propres.
6. Il y a du savon sur le lavabo.

[1]See *Chapitre 8,* p. 166.

7. On sert des hors-d'œuvre.   9. Achète du pain!
8. Prenez du pain, mon petit!

Modèle: J'ai vu des choses. (*jolies*)
          J'ai vu de jolies choses.

1. Il a des valises. (*petites*)
2. Vous avez acheté des cravates. (*belles*)
3. Elle m'a montré des armoires. (*grandes*)
4. Tu as des chemises. (*vieilles*)
5. Elle a des yeux bleus. (*beaux*)
6. Nous avons consulté des listes. (*longues*)
7. On a ramassé des asperges. (*nouvelles*)
8. Les hommes ont vu des arbres. (*grands*)
9. Mon oncle a jeté des livres. (*gros*)
10. Ma sœur a vu des bâtiments. (*hauts*)

Modèle: Je désire du lait. (*une bouteille*)
          Je désire une bouteille de lait.

1. Donne-moi du café! (*une tasse*)
2. Apporte-moi de la bière! (*un verre*)
3. Vous demandez du lait. (*un litre*)
4. Il m'a vendu des roses. (*un bouquet*)
5. Nous avons trouvé des savons. (*une boîte*)
6. Vous avez cherché des pétunias. (*un vase*)
7. Elle achète du pain. (*un kilogramme*)

Simples substitutions

1. Nous avons *beaucoup de* choses.
   (*trop de, peu de, moins de, plus de, assez de, beaucoup de*)
2. Il a *trop de* cravates.
   (*beaucoup de, assez de, moins de, plus de, peu de, trop de*)

Substitution progressive

Elle lui donne du fromage.   *Il demande* trop de vin.
Elle lui donne *beaucoup de fromage.*   Il demande *pas mal de choses.*
Robert prend beaucoup de fromage.   *Elle lui donne* pas mal de choses.
Robert prend *trop de vin.*   Elle lui donne *du fromage.*

Exercices de transformation

Modèle: Nous avons mangé du fromage. (*beaucoup*)
          Nous avons mangé beaucoup de fromage.

1. Nous avons mangé des tomates. (*trop*)
2. Il boit du vin. (*assez*)
3. Elle boit du lait. (*trop*)
4. Elle achète des asperges. (*plus*)

5. Elle achète des légumes. (*peu*)
6. Il demande de la salade. (*moins*)
7. Elle apporte du gigot. (*beaucoup*)
8. Elle lui donne du vin blanc. (*moins*)

NOTE DE GRAMMAIRE 2
Autres expressions négatives

Negations in French are made up of two parts: **ne** and another particle. **Ne** is always used in negations. The second part of the negation conveys a more precise meaning, such as *not, never, nothing, no more,* or *hardly.* For the sake of simplicity we will organize the negations into two types:

a. **ne . . . pas**
b. **ne . . . que**

We will deal here with the **ne . . . pas** type. Both types surround the verb in simple tenses, but only the **ne . . . pas** type surrounds the *auxiliary verb in past tenses:*

ne . . . pas	*not*	Je **ne** veux **pas** le faire.
		Je **n'**ai **pas** voulu le faire.
ne . . . jamais	*never*	Je **ne** veux **jamais** le faire.
		Je **n'**ai **jamais** voulu le faire.
ne . . . rien	*nothing*	Je **ne** veux **rien.**
		Je **n'**ai **rien** voulu.
ne . . . plus	*no more, no longer*	Je **ne** veux **plus** le voir.
		Je **n'**ai **plus** voulu le voir.
ne . . . guère	*hardly*	Je **ne** veux **guère** le faire.
		Je **n'**ai **guère** voulu le faire.

Exercices de transformation

Modèle: Elle veut l'aider. (*ne . . . pas*)
Elle ne veut pas l'aider.

1. Elle a de jolis chapeaux. (*ne . . . pas*)
2. Ce moteur t'aidera. (*ne . . . guère*)
3. Ils iront à l'école. (*ne . . . jamais*)
4. Je saurai la conduire. (*ne . . . plus*)

5. Je mange. (*ne . . . rien*)
6. Il pleut cet été. (*ne . . . guère*)
7. Elle lui parle. (*ne . . . jamais*)

Modèle: Je l'ai fait. (*ne . . . pas*)
Je ne l'ai pas fait.

1. On lui a parlé. (*ne . . . jamais*)
2. Avez-vous eu des fruits? (*ne . . . pas*)
3. J'ai voulu manger. (*ne . . . rien*)

4. Tu as mis de l'essence dans le réservoir. (*ne . . . pas*)
5. Ils se sont disputés. (*ne . . . jamais*)
6. Elle a mis le livre sur la table. (*ne , , , pas*)
7. On a vu des choses intéressantes. (*ne . . . pas*)

Modèle: Voulez-vous aller au cinéma? (*Non, ne . . . pas*)
             Non, je ne veux pas aller au cinéma.

1. Buvez-vous du café? (*Non, ne . . . plus*)²
2. Manges-tu des tomates? (*Non, ne . . . plus*)
3. A-t-on fait beaucoup aujourd'hui? (*Non, ne . . . rien*)
4. Veux-tu de la viande? (*Non, ne . . . jamais*)
5. Ont-ils des amis ici? (*Non, ne . . . guère*)
6. Voyagent-ils souvent en train? (*Non, ne . . . jamais*)
7. Finiras-tu ta leçon aujourd'hui? (*Non, ne . . . pas*)

NOTE DE GRAMMAIRE 3
Les pronoms démonstratifs **ceci** et **cela** (**ça**)

1. Ceci and **cela** (or **ça**) are used to refer to concepts or to things that are not named:

Ceci means *this.*   **Cela** means *that.*   **Ça** means *that.*

2. Ceci, cela, and **ça** are considered masculine singular.

3. Ceci often refers to an idea under discussion:

Ceci est intéressant.   *This is interesting.*

4. Cela often refers to an idea that has already been established:

Cela m'est arrivé hier.   ***That** happened to me yesterday.*

5. Ça may be used in speech but should not be used in formal writing:

Qu'est-ce que c'est que **ça**?   *What's **that?***

6. Ça is also used in colloquial expression:

Comment **ça** va? *or* **Ça** va?   *How are you? How are things going?*

Simples substitutions

1. Je vous le dis: *cela m'amuse.*
   (*cela me plaît, cela me bouleverse, cela me gêne, cela m'intéresse, cela m'intrigue, cela m'intimide, cela m'amuse*)

---

²All negations of the **ne . . . pas** type take the simple partitive **de,** as we saw in *Chapitre 8.* Thus: Non, je ne bois plus **de** café.

2. Nous *aimerons ceci.*
   (*prendrons ceci, expliquerons ceci, sauront ceci, admirerons ceci, ferons ceci, brûlerons ceci, verrons ceci, aimerons ceci*)

NOTE DE GRAMMAIRE 4
Les pronoms démonstratifs

Demonstrative pronouns may replace nouns preceded by demonstrative adjectives. They agree in gender and in number with the noun replaced.

The particles **-ci** and **-là** must be added to the pronoun form to express the notions of *here* or *there,* respectively:

J'aime **ce chat-ci.**	J'aime **celui-ci.**
*I like **this** cat.*	*I like **this** one.*

Nous allons à **cette école-là.**	Nous allons à **celle-là.**
Ils ont **ces billets-là.**	Ils ont **ceux-là.**
Nous achetons **ces cravates-là.**	Nous achetons **celles-là.**

The masculine singular demonstrative pronoun is **celui.**
The feminine singular demonstrative pronoun is **celle.**
The masculine plural demonstrative pronoun is **ceux.**
The feminine plural demonstrative pronoun is **celles.**

Exercices de transformation

Modèle: J'aime bien ce thé-ci.
           J'aime bien celui-ci.

1. Je préfère ce chien-ci.
2. Cette valise-ci est grande.
3. Ce camion-ci est rouge.
4. Ces robes-ci sont jolies.
5. Donnez-moi ces tomates-là!
6. On va placer ces mouchoirs-ci
   dans ce tiroir.
7. Veux-tu me passer ces pommes frites-là?
8. Ce poulet-ci est délicieux.
9. Ce steak-ci n'a pas assez de poivre.
10. Cette viande-là n'a pas assez de sel.
11. Cette ceinture-ci est large.
12. On vend ces mobylettes-là.

Modèle: Ce chat-ci est aussi grand que ce chat-là.
           Celui-ci est aussi grand que celui-là.

1. Cette cheminée-ci est plus petite que cette cheminée-là.
2. Cet homme-ci est plus gros que cet homme-là.
3. Ces écoles-ci sont plus vieilles que ces écoles-là.

4. Ces messieurs-ci sont plus jeunes que ces messieurs-là.
5. Ce camion-ci est moins grand que ce camion-là.
6. Ces cravates-ci sont aussi jolies que ces cravates-là

NOTE DE GRAMMAIRE 5
Les verbes irréguliers **lire** et **conduire**

The irregular verbs **lire** and **conduire** have much in common in the *present* tense:

je lis   je conduis
tu lis   [li]   tu conduis   [kõdɥi]
il lit   il conduit

nous lisons   [lizõ]   nous conduisons   [kõdɥizõ]
vous lisez   [lize]   vous conduisez   [kõdɥize]
ils lisent   [liz]   ils conduisent   [kõdɥiz]

But note their *passé composé:* j'ai lu   j'ai conduit

IMPERATIF: lis   conduis
              lisons   conduisons
              lisez   conduisez
FUTUR: je lirai   je conduirai

Substitution progressive

Tu conduis la voiture quand il fait beau.
Tu conduis la voiture *quand il fait mauvais.*
Nous lisons le journal quand il fait mauvais.
Nous lisons le journal *quand nous avons le temps.*
Nous le lisons quand nous avons le temps.
Nous le lisons *pour l'école.*
Tu conduis la voiture pour l'école.
Tu conduis la voiture *quand il fait beau.*

Exercices de transformation

Modèle: Vous lisez la carte de débarquement. (*hier*)
               Hier vous avez lu la carte de débarquement.

1. Ils conduisent bien. (*généralement*)
2. Tu lis le scénario. (*demain*)
3. Je conduis une nouvelle voiture. (*aujourd'hui*)
4. Il me conduit à la gare. (*le mois dernier*)
5. Je lis un livre intéressant. (*il y a un mois*)
6. Il dit la même chose. (*demain*)

Exercices de manipulation

Modèle: Dis à _____ de lire le texte!
           Lis le texte!

1. Dites à _____ de conduire plus lentement!
2. Dis à _____ de conduire plus vite!
3. Dites à _____ de ne pas la conduire!
4. Dis à _____ de lire le scénario!
5. Dites à _____ de ne pas le lire!

NOTE DE GRAMMAIRE 6
Le verbe irrégulier **connaître**

1. The verb **connaître** means *to know, to be acquainted with*. It is conjugated this way:

| PRESENT: | je connais
tu connais [kɔnɛ]
il connaît | nous connaissons [kɔnesõ]
vous connaissez [kɔnese]
ils connaissent [kɔnɛs] |

| IMPERATIF: | connais
connaissons
connaissez | PASSE COMPOSE: j'ai connu
FUTUR: je connaîtrai |

Note the circumflex in the third person singular of the present and in all of the future.

2. Other verbs conjugated like **connaître** are:

paraître *to appear*   **reconnaître** *to recognize*

Simples substitutions

1. Je connais *le professeur.*
   (*mon cousin, sa sœur, l'enfant, les Fourchet, le docteur, le philosophe, le jeune Anglais, le professeur*)
2. Reconnaissez-vous *cette ville?*
   (*cette lampe, ces bottes, ce camion, cette ceinture, ces lunettes, cet arbre, cette ville*)
3. Nous avons connu *ce médecin célèbre.*
   (*son ami, son frère aîné, sa grand-mère, sa sœur cadette, ce monsieur, cette femme, son camarade, ce médecin célèbre*)

Exercices de transformation

1. *Il* connaît le chauffeur.
   (*Nous, Je, Vous, Elles, On, Tu, Il*)

2. Reconnais-*tu* cette église?
   (*vous, elle, on, Est-ce que je, nous, ils, tu*)
3. *Il* a paru dans le film.
   (*Nous, Vous, On, Elles, Tu, Je, Il*)
4. *On* paraîtra surpris.
   (*Ils, Nous, Tu, Je, Vous, Elle, Elles, On*)

3. The difference between **savoir** (see *Chapitre 7*, p. 152) and **connaître** is that **savoir** refers to *knowing facts or specific things*. **Connaître,** meaning *to be acquainted with*, refers to people, or any place or thing with which one may be acquainted. Also **connaître** can never be followed by a relative clause:

Je sais que tu as faim.   *but*   **Je connais** ce quartier.

4. Finally, as we drilled in *Chapitre 7*, **savoir** + *infinitive* is the equivalent of *to know how to do (something):*

On **sait parler** français.   Ils **savent conduire.**

Connaître cannot be used this way.

Review the uses of **savoir** in the following drills.

Simples substitutions

1. Savent-ils *nager?*
   (*chanter, danser, compter, lire, boire du vin, conduire une voiture, choisir un fromage, nager*)
2. Je sais *son nom.*
   (*son adresse, son numéro de téléphone, l'heure de l'arrivée, l'heure du dîner, l'heure de la classe, son nom*)
3. Sais-tu *l'heure du train?*
   (*l'heure du départ, le temps qu'il fera, quand il viendra, quand il sortira, quand elle se réveillera, l'heure du train*)
4. On ne sait pas *comment il s'appelle.*
   (*pourquoi il est là, quand ils arriveront, avec qui elle est sortie, dans quel quartier on est, comment il s'appelle*)
5. Je sais *qu'il n'arrivera pas à temps.*
   (*que tu reconnaîtras ton ami, que vous conduisez bien, qu'on ne sera pas content du nouveau professeur, qu'elle est partie de bonne heure, qu'il aura peur dans le train, que je ne mentirai jamais, que nous nous absentons souvent, qu'il n'arrivera pas à temps*)

Compare the uses of **savoir** and **connaître** in the following drills.

Exercices de manipulation

Modèle: Le nom de la ville . . .   Ce professeur . . .
            (Le nom de la ville? Je le sais.)   *(Ce professeur? Je le connais.)*

1. Cette jeune fille . . .
2. Cette région . . .
3. L'Angleterre . . .
4. Il fait froid . . .
5. La réponse correcte . . .
6. L'heure du train . . .
7. Cette espèce d'imbécile . . .
8. Tu as brûlé un feu . . .
9. Les badauds . . .
10. On va perdre des heures . . .

MICROLOGUES   Une pharmacie française

I. Il est généralement facile d'**apercevoir de loin** une pharmacie *notice from afar*
en France. Elle a généralement un emblème qui l'annonce: une
croix verte sur fond blanc.

    Dans une pharmacie française, on ne vend que des médica-
ments **soit sur ordonnance** d'un médecin, soit des produits plus *either by prescription*
ordinaires comme l'aspirine, etc. Les seuls **bonbons** qu'on puisse *candy*
y acheter sont des **pastilles** médicamentées pour la gorge ou pour *lozenges*
la toux. On peut aussi y acheter des produits pour l'hygiène: des
brosses à dents, à cheveux, à ongles, des **limes à ongles,** de la *nail files*
pâte dentifrice, des shampooings et des bombes de **crème à raser.** *shaving cream*
Il y a également quelques produits de beauté, des produits de soins
pour bébés et des petits pots pour l'alimentation des bébés.

Questions

1. Comment aperçoit-on une pharmacie française?
2. Peut-on acheter tous les médicaments sans ordonnance d'un médecin?
3. Quels sont les seuls bonbons que l'on puisse y trouver?
4. Citez quelques produits pour l'hygiène que l'on y vend.
5. Quels autres produits y vend-on aussi?

II. Au contraire d'une pharmacie américaine, on ne peut pas y
trouver de films, de cigarettes, **de cartes de vœux,** de crayons, *greeting cards*
de friandises, de téléphone, de journaux. Tout de même, il y a *sweets*
des bouteilles d'eau minérale et une **balance** sur laquelle on peut *scale*
se peser. *weigh oneself*

    Dans les grandes villes, il est quelquefois possible de trouver
une pharmacie ouverte toute la nuit. Généralement elles sont ouvertes à tour de rôle. Il en est de même des docteurs. Ils sont **de** *on call*
garde à tour de rôle, c'est-à-dire qu'ils **doivent** répondre aux *must*
urgences ces nuits-là. C'est le commissariat de police qui a la liste
des pharmacies et des docteurs de garde.

Questions

1. Au contraire d'une pharmacie américaine, que ne peut-on pas y acheter?
2. Quelle boisson y trouve-t-on?
3. Est-il possible de s'y peser? Comment?
4. Les pharmacies sont-elles ouvertes toutes les nuits? Sinon, quand?
5. Est-ce la même chose pour les docteurs?
6. Que signifie «à tour de rôle»?
7. Qui a la liste des pharmacies et des docteurs de garde?

LECTURE   La France au volant

Il faut **se méfier** des Français en général, mais sur la route en particulier. ... Les Anglais conduisent **plutôt** mal, mais **prudemment.** Les Français conduisent plutôt bien, mais **follement.** La proportion des accidents est à peu près la même dans les deux **pays.** Mais je me sens plus tranquille avec des gens qui font mal des choses bien **qu'avec ceux qui** font bien de mauvaises choses. *[distrust / rather / cautiously/recklessly / countries / than with those who]*

Les Anglais (et les Américains) sont depuis longtemps **convaincus** que la voiture va moins vite que l'avion. Les Français (et **la plupart des** Latins) **semblent** encore vouloir prouver le contraire. *[convinced / most/seem]*

... Le citoyen **paisible** qui vous a **obligeamment** invité à prendre place dans sa voiture peut **se métamorphoser** sous vos yeux en pilote démoniaque. ... Ce bon père de famille, qui **n'écraserait pas une mouche contre une vitre,** est **tout prêt** à écraser un piéton au kilomètre **pourvu qu'**il se sente dans son droit. Au signal vert, il voit rouge. Rien ne l'arrête plus, pas même le jaune. Sur la route, cet homme, qui passe pour **rangé, ne se range pas** du tout. Ce n'est qu'à bout de ressources et après avoir subi **une klaxonnade nourrie** qu'il consentira, de mauvaise grâce, à abandonner le milieu de la chaussée. (Les Anglais tiennent leur gauche. La plupart des peuples leur droite. Les Français, eux, sont pour le milieu qui, cette fois, n'est pas le juste.) *[peaceful/obligingly / change / would not crush a fly against a window/quite ready/provided that / orderly/doesn't get out of the way / continuous honking]*

Le seul fait d'être **dépassé** rend ... d'une **humeur** exécrable. Il ne recouvre sa sérénité qu'en **doublant** un nouveau rival. ... En effet, les Français ont une façon de tenir leur **dextre** en glissant toujours vers la gauche qui rappelle étrangement leur penchant en politique où **les pires** conservateurs ne veulent à aucun prix être dits «de droite». C'est pourquoi un automobiliste anglais arrivant en France a parfois quelque peine à savoir où rouler. *[passed/mood / passing / right / the worst]*

Pierre Daninos
Les carnets du Major Thompson
Paris: Hachette, 1954

Questions

1. Comment conduisent les Anglais? les Français?
2. Où l'auteur se sent-il plus tranquille?
3. Qui croit que la voiture va moins vite que l'avion?
4. Qui désire prouver le contraire?
5. Qu'est-ce qui arrive au citoyen paisible?
6. Qu'est-ce qu'il fait au signal vert?
7. Quand consentira-t-il à abandonner le milieu de la chaussée?
8. Qu'est-ce qui le rend d'une humeur exécrable?
9. Comment recouvre-t-il sa sérénité?
10. Qu'est-ce qu'un automobiliste anglais ne sait pas faire?

CREATION ET RECREATION

1. What risks does one take in going through a red light?

2. Check your local newspaper for an accident report and translate it into French.

3. Have some of your classmates stand. Blindfold them and assign to each of them a role to play, such as a pedestrian, someone driving an automobile, another on a bicycle, another on a horse, etc. Be sure that each person acts out his or her role, providing appropriate sound effects. Someone plays the role of a policeman who directs the "traffic" to a designated spot in the room. Review giving directions and try to avoid people colliding into one another.

4. Monique prend un taxi et raconte (*tells*) à sa famille comment les chauffeurs de taxi américains conduisent.

CHAPITRE 13: COUP D'ŒIL

Oui   **Non**

1. The partitive article (**du, de la, de l', des**) becomes just **de (d')** *after a negation, in an expression of quantity,* and *when a plural adjective precedes a plural noun:*

   Je n'ai pas **de** livres.   J'ai assez **de** livres.   J'ai **de** bons livres.

2. The following negations *always* surround the auxiliary verb in the *passé composé:*

   ne . . . pas   **ne . . . rien**   **ne . . . guère**
   ne . . . jamais   **ne . . . plus**

   Je **ne** lui ai **jamais** parlé.

3. **Ceci** and **cela** (**ça**) refer to concepts or things not specifically named.

4. Demonstrative pronouns replace nouns preceded by demonstrative adjectives and agree in gender and number with *the noun replaced:*

   J'aime ce livre-ci; je n'aime pas **celui-là!**

5. **Lire** and **conduire** are irregular verbs with some similarities in the present tense:

je lis	je conduis
tu lis	tu conduis
il lit	il conduit

nous lisons	nous conduisons
vous lisez	vous conduisez
ils lisent	ils conduisent

6. **Connaître** denotes *acquaintance with some person, place, or thing.*

je connais	nous connaissons
tu connais	vous connaissez
il connaît	ils connaissent

Savoir indicates *knowledge of facts or of how to do something.*

Note the difference:

Je **connais** cet homme.	*I **know** this man.*
Je **sais** conduire.	*I **know how** to drive.*

VOCABULAIRE

Verbes

(s')adresser	(s')écarter	**paraître***
amener	s'élancer	pousser
(s')attrouper	enfoncer	(se) rassembler
brûler	**expliquer**	**reconnaître***
cesser	gesticuler	**se rencontrer**
conduire*	(se) heurter	**rouler**
connaître*	hurler	**sauter**
(se)disputer	**lire***	**(se) tamponner**

Noms

accident (*m.*)	**aveugle** (*m.*)	bonbon (*m.*)
badaud (*m.*)	crétin° (*m.*)	**bouquet** (*m.*)
constat (*m.*)	imbécile° (*m.*)	**fleur** (*f.*)
cri (*m.*)		gorge (*f.*)
déclaration (*f.*)	camion (*m.*)	pochette-surprise (*f.*)
dégats (*m.pl.*)	cheminée (*f.*)	**vase** (*m.*)
rapport (*m.*)	commode (*f.*)	
scène (*f.*)	**drapeau** (*m.*)	**adresse,** (*f.*)
témoin (*m.*)		**numéro** (*m.*) **de téléphone**

Adjectif

fou/folle

Pronoms

ceci	**celui-ci/-là, ceux-ci/-là**
cela (ça)	**celle-ci/-là, celles-ci/là**

Adverbs

assez de	ne . . . guère
autant de	**ne . . . jamais**
longuement	**ne . . . plus**
moins de	**ne . . . rien**
pas mal de	
peu de	
plus de	
profondément	

Expressions utiles

espèce d'imbécile°
Tu ne vois pas clair.
brûler un feu
ça suffit
un constat à l'amiable
sur le point

CHAPITRE 14
SOIREE

Scénario 14: SOIREE

PREMIERE ETAPE

1   M. FOURCHET: Tu aimes la télé, Robert?

ROBERT: Moi, je la regarde de temps en temps chez nous.

M. FOURCHET: Il est huit heures. C'est l'heure des informations.

(M. Fourchet regarde le journal parlé. Mme Fourchet parle avec les enfants.)

5   MME. FOURCHET: Qu'avez-vous fait aujourd'hui?

ROBERT: Nous sommes passés par le Palais Jacques-Cœur.

NICOLE: Je lui ai servi de guide.

ROBERT: Tu as oublié de me rendre mon livre. Rends-le-moi, s'il te plaît!

NICOLE: Je l'ai mis sur la table. Le voici.

DEUXIEME ETAPE

1   M. FOURCHET: On va voir les nouvelles. Tu aimes la télé, Robert?

ROBERT: Moi, je la regarde de temps en temps chez nous.

M. FOURCHET: Des trois chaînes que nous avons ici en France, c'est la première que je préfère. Il est huit heures. C'est l'heure des informations.

5   *(M. Fourchet regarde le journal parlé. Mme Fourchet parle avec les enfants.)*

MME FOURCHET: Qu'avez-vous fait aujourd'hui?

ROBERT: Nous sommes passés par le Palais Jacques-Cœur. Ensuite nous sommes allés à la cathédrale.

NICOLE: Oui, et là, nous avons vu un accident.

10   MME FOURCHET: Pas grave, j'espère.

NICOLE: Non, mais Robert a pu voir les Français en action. Après, je lui ai servi de guide dans la cathédrale.

ROBERT: Tiens, tu as oublié de me rendre mon livre. Rends-le-moi, s'il te plaît!

NICOLE: Je ne te l'ai pas rendu? Ah, non, je l'ai mis sur la table. Le voici.

15   *(M. Fourchet se tourne vers sa famille.)*

M FOURCHET: Regardez! On parle de Chambord. J'ai une bonne idée. Je vous y conduirai tous dimanche. Robert verra le son et lumière à Chambord.

TROISIEME ETAPE

1   *M. Fourchet est de retour. Nicole et Robert rentrent aussi. Mme Fourchet met la table.*

M. FOURCHET: On va voir les nouvelles. Tu aimes la télévision, Robert?

ROBERT: Moi, je l'aime bien et je la regarde de temps en temps chez nous.

M. FOURCHET: Des trois chaînes que nous avons ici en France, c'est la première que je

5   préfère.

MME FOURCHET: Combien de chaînes de télé avez-vous aux Etats-Unis?

ROBERT: Cela dépend où on habite. Chez moi à New York, nous en avons une dizaine. Ce qui me plaît en France, c'est que les émissions ne sont pas interrompues[1] par de la publicité. Je préfère cela aux constantes intermissions qui coupent les pro-
10 grammes aux États-Unis.

M. FOURCHET: Chut! Il est huit heures. C'est l'heure des informations. S'il vous plaît, baissez le ton de votre conversation.

(*M. Fourchet regarde le journal parlé. Mme Fourchet parle aux enfants.*)

MME FOURCHET: Alors, qu'avez-vous fait aujourd'hui? Qu'avez-vous vu?

15 ROBERT: Nous sommes passés par le Palais Jacques-Cœur, ensuite nous sommes allés à la cathédrale. Le palais est plus petit que la cathédrale et moins beau.

NICOLE: Oui, ce sont les choses grandioses qui impressionnent le plus Robert. Et là, devant la cathédrale, nous avons vu un accident.

MME FOURCHET: Pas grave, j'espère.

20 NICOLE: Non, pas du tout, c'était même très drôle. Robert a pu voir les Français en action. Après, je lui ai servi de guide dans la cathédrale.

ROBERT: Tiens, tu as oublié de me rendre mon livre. Rends-le-moi, s'il te plaît!

NICOLE: Je ne te l'ai pas rendu? Ah, non, je l'ai mis sur la table. Le voici.

(*M. Fourchet se tourne vers sa famille.*)

25 M. FOURCHET: Regardez! On parle de Chambord. J'ai une bonne idée. Si nous allions voir le château. Je vous y conduirai tous[2] dimanche. Robert verra le son et lumière à Chambord.

SYNONYMES ET EXPRESSIONS APPROXIMATIVES

2	les nouvelles = les informations (*f.*), les actualités (*f.*)
3	de temps en temps = de temps à autre, parfois, quelquefois
7	où on habite = où on vit
8	Ce qui me plaît = Ce que j'aime
8	émissions = programmes (*m.*)
8	interrompues = coupées
9	constantes = continuelles
12	baissez le ton de votre conversation = parlez moins fort
17	grandioses = imposantes, majestueuses
19	grave = sérieux
20	drôle = amusant

---

[1]**Interrompre** is conjugated like **vendre,** but a **-t** is added to the third person singular:

j'interromps	nous interrompons
tu interromps	vous interrompez
il interrompt	ils interrompent

[2]The **s** of **tous** is pronounced when it is used as a pronoun.

NOTES CULTURELLES

1. Jacques-Cœur, riche commerçant né à Bourges (1395–1456), est devenu argentier de Charles VII et a été chargé de missions diplomatiques. Il a développé le commerce avec le Moyen-Orient. Il a aidé au raffermissement de la monnaie et a créé une armée nationale. Accusé d'extortion en 1451, il est jeté en prison d'où il réussit à s'enfuir. Louis XI l'a réhabilité.
2. Chambord a été bâti par le roi François 1er en 1519. C'est un des chefs-d'œuvre de la Renaissance française.
3. Les spectacles son et lumière sont des spectacles nocturnes, ayant généralement pour cadre un édifice ancien et historique.
4. En France, la publicité est offerte aux spectateurs de télévision avant de commencer les programmes. Cela permet d'avoir des émissions ininterrompues.

QUESTIONS SUR LE SCENARIO

1. Qui est de retour chez les Fourchet?
2. Robert regarde-t-il la télé chez lui?
3. Combien de chaînes de télé y a-t-il en France?
4. Qu'est-ce qui plaît à Robert en France?
5. Qu'est-ce qu'il n'aime pas aux Etats-Unis?
6. Pourquoi M. Fourchet demande-t-il à tous de baisser le ton de leur conversation?
7. Qu'est-ce que Robert a vu aujourd'hui?
8. Comment était l'accident que Robert et Nicole ont vu devant la cathédrale?
9. Nicole a-t-elle rendu son livre à Robert?
10. Qu'est-ce que M. Fourchet propose de faire dimanche?

NOTE DE GRAMMAIRE 1
Les pronoms personnels toniques

1. We have seen the subject pronouns **je, tu,** etc., and the object pronouns **me, te,** etc. These are known as *conjunctive pronouns* since they are used *together* with verbs and are placed before the verbs, except in the affirmative imperative:

Subject pronoun: **Je** suis ici.
Object pronouns: Je **vous le** donne.

2. There are forms of the pronouns that may be used alone or for emphasis. These are called *disjunctive* or *tonic pronouns,* and they are disconnected from the verb. They are:

moi	**nous**
toi	**vous**
lui	**eux**
elle	**elles**

a. They may be used alone:

Qui veut y aller? **Moi!**

b. They are used for emphasis:

Moi, je vous le dis!

c. They are used after the expression **c'est** to render the equivalent of *it is:*

Qui est là? C'est **moi.**
C'est **toi.**
C'est **lui.**
C'est **elle.**
C'est **nous.**
C'est **vous.**

however: **Ce sont eux.**
Ce sont elles. $\Bigg\}$ *third person plural*

d. They are used *in a compound subject,* that is, when more than one person is the subject:

Lui et son ami vont partir.	*He and his friend are going to leave.*
Lui et **moi** le ferons.	*He and I will do it.*
or **Lui** et **moi,** nous le ferons.	
Toi et **elle,** vous irez à l'épicerie.	*You and she will go to the grocery store.*

e. They are used *after a preposition:*

J'irai avec **lui.**
Nous le ferons sans **elle.**

f. They are used *in a comparison,* after **. . . que** (*than*):

Il est plus grand **que toi.**

g. They are used with **-même** or **-mêmes** for further emphasis:

Je le fais **moi-même.**	*I do it **myself.***
Tu le fais **toi-même.**	*You do it **yourself.***
Ils le font **eux-mêmes.**	*They do it **themselves.***

h. They are used with **être à** to indicate possession:

Ce livre **est à moi.**   *This book **is mine.***

Exercices de transformation

 Modèle: Il y va avec son frère. (*lui*)
Il y va avec lui.

1. Elle est avec des hôtesses. (*elles*)
2. Henry et Robert vont réussir. (*Lui et Robert*)
3. Pourrez-vous le finir sans Nicole? (*elle*)
4. Il voyage avec ses camarades. (*eux*)
5. Tu iras chez ton ami. (*lui*)
6. Ce livre est à Henry. (*lui*)
7. Voulez-vous faire un tour de la ville avec Paul et Pierre? (*eux*)
8. Faut-il y aller avec Nicole et Jacqueline? (*elles*)

Modèle: Vas-tu sortir avec moi?
Oui, je vais sortir avec toi.

1. C'est toi?
2. Est-ce que Henry et son amie sont arrivés?
3. Partez-vous sans nous?
4. Pouvez-vous le faire vous-mêmes?
5. Veux-tu y aller avec moi?
6. Voulez-vous y aller avec Paul et Pierre?
7. Faut-il y aller avec Nicole et Jacqueline?

Modèle: Etes-vous près de lui?
Non, je ne suis pas près de lui.

1. Habites-tu chez eux?
2. Est-ce que les garçons jouent sans toi?
3. C'est toi?
4. Qui a dit cela, vous?

5. Ces crayons sont-ils à moi?
6. Voulez-vous y aller avec moi?
7. Faut-il y aller avec Nicole et Jacqueline?

NOTE DE GRAMMAIRE 2
Le verbe irrégulier **mettre**

The verb **mettre** means *to put, to place,* or *to put on (clothes)* and is irregular:

Elle **met** son pull-over.
*She **puts on** her pullover.*

Il **met** l'assiette sur la table.
*He **places** the plate on the table.*

PRESENT: je mets   nous mettons   [mɛtō]
tu mets   [mɛ]   vous mettez   [mete]
il met   ils mettent   [mɛt]

IMPERATIF:	mets	PASSE COMPOSE:	j'ai mis
	mettons	FUTUR:	je mettrai
	mettez		

The following verbs are conjugated like **mettre:**

admettre   Il admet ses fautes.
He admits his errors.

commettre   Il commet un crime.
He commits a crime.

omettre   Elle omet de le faire.
She omits doing it.

permettre   Son père lui permet de voyager.
His father permits him to travel.

promettre   Je promets d'étudier le code de la route.
I promise to study the driver's manual.

remettre   Il remet le rendez-vous à une autre date.
He postpones the appointment to another date.
Il remet son devoir.
He hands in his homework.

soumettre   Il soumet le rapport au professeur.
He submits the report to the teacher.

Simples substitutions

1. *Il met* le sac sur le chariot.
   (*Nous mettons, Tu mets, Elle met, On met, Vous mettez, Les enfants mettent, Il met*)
2. *Le père a permis* au garçon de prendre la voiture.
   (*Les parents ont permis, Tu as permis, Nous avons permis, J'ai permis, Vous avez permis, On a permis, Le père a permis*)

Substitutions progressives

1. J'admets des erreurs.
   Il commet des erreurs.
   Il commet *des crimes.*
   Ils permettent des crimes.
   Ils permettent *de les faire.*
   Ils omettent de les faire.
   Ils omettent *des erreurs.*
   J'admets des erreurs.

2. Il met son veston.
   Il met *sa chemise.*
   On met sa chemise.
   On met *ses gants.*
   Elle met ses gants.
   Elle met *ses chaussettes.*
   Il met ses chaussettes.
   Il met *son veston.*

3. Vous avez soumis le scénario.
   L'homme a admis le scénario.
   L'homme a admis *une faute.*
   Le garçon a commis une faute.

   Le garçon a commis *une erreur.*
   Tu as permis une erreur.
   Tu as permis *le scénario.*
   Vous avez soumis le scénario.

4. Vous soumettrez le scénario.   Le garçon commettra *une erreur.*
   L'homme admettra le scénario.   *Tu permettras* une erreur.
   L'homme admettra *une faute.*   Tu permettras *le scénario.*
   Le garçon commettra une faute.   *Vous soumettrez* le scénario.

Exercices de transformation

Modèle: On admet ses fautes.
            On a admis ses fautes.

1. Elle promet d'y aller.
2. On lui permet de partir.
3. Il lui soumet le rapport.
4. Il commet un crime.
5. Le professeur remet le rendez-vous à une autre date.
6. L'agent de police permet de traverser le pont.
7. J'admets de revenir encore.
8. L'agent de police permet d'entrer dans les artères.

NOTE DE GRAMMAIRE 3
La position des pronoms compléments d'objets

1. We already know the rules for the placement of a single object pronoun. Except in an affirmative command, it directly precedes the verb:

Je **te** donne le livre.
Me vois-tu?
Montrez-**moi** la nef!

2. Two object pronouns may appear in the same sentence:

Robert donne **le livre à Nicole.**
Robert   **le   lui**   donne.

When there are two object pronouns before the verb, the order of pronouns is as follows:

SUBJECT	INDIRECT OBJECT PRONOUN	DIRECT OBJECT PRONOUN	INDIRECT OBJECT PRONOUN			VERB
Robert	me te nous vous	le la les	lui leur	y	en	donne.

Thus:

Robert **me le** donne.	*Robert gives **it to me.***
Robert **te le** donne.	*Robert gives **it to you.***
Robert **nous le** donne.	*Robert gives **it to us.***
Robert **vous le** donne.	*Robert gives **it to you.***
Robert **le lui** a donné.	*Robert gave **it to him/it to her.***
Robert **nous l'**a donné.	*Robert gave **it to us.***

Remember that:

	FIRST AND SECOND PERSON OBJECT PRONOUNS	PRECEDE	THIRD PERSON OBJECT PRONOUNS	
Robert	me te nous vous		le la les	donne.

but remember the sequence when there are two third person object pronouns:

	DIRECT OBJECT PRONOUNS	PRECEDE	INDIRECT OBJECT PRONOUNS	
Robert	le la les		lui leur	donne.

3. The rules for position of the object pronouns remain the same. They directly precede the verb in all but affirmative commands. In compound tenses, they precede the auxiliary verb:

Je **le lui** ai donné.

In negations:

Je ne **le lui** ai pas donné.

In infinitive constructions, the object pronouns directly precede the infinitive:

Il va **me le** donner.   Elle veut **le lui** rendre.

✿ Simples substitutions

1. Il *me le* donne.
   (*me la, me les, te le, te la, te les, nous le, nous la, nous les, vous le, vous la, vous les, me le*)

2. Il *le lui* donne.
(*la lui, le leur, la leur, les leur, le lui*)
3. Il *m'y* voit.
(*t'y, nous y, vous y, l'y, les y, m'y*)
4. Ils *lui en* envoient.
(*m'en, t'en, nous en, vous en, leur en, lui en*)

ATTENTION Remember that you cannot have more than one *direct* or *indirect* object pronoun in the same sentence!

Exercices de transformation

 Modèle: Robert donnera le billet à l'hôtesse de l'air.
Robert le lui donnera.

1. Il a donné le pourboire au chauffeur de taxi.
2. Il veut donner l'argent à l'homme.
3. Nous avons donné le livre aux étudiants.
4. Tu as donné l'oreiller à ta mère.
5. M. Fourchet demande la bouteille à Nicole.
6. Nicole montre la mobylette à Robert.
7. Elle oublie de rendre le livre à son ami.
8. L'employé donne le billet à l'étudiante.
9. Il dit «bonjour» à ses parents.
10. Elle sert les hors-d'œuvre à sa famille.
11. Nicole apprend le scénario à ses amis américains.
12. Elle montre son permis de conduire à l'agent de police.
13. Le boulanger apporte les baguettes à Mme Fourchet.
14. Donne-t-elle la bouteille à son père?
15. Puis-je ouvrir la porte à mes copains?

Modèle: Vous mettrez vos affaires dans ce placard.
Vous les y mettrez.

1. On rangera tes chemises dans ce tiroir.
2. Tu mettras l'essence dans le réservoir.
3. Ils cherchent leurs valises au service des bagages.
4. Il les a mis sur le chariot.
5. Je ne vais pas conduire les étudiants en ville.
6. Il a monté le plateau au premier.

Modèle: Elle va demander du gigot à sa mère.
Elle va lui en demander.

1. Il a apporté des croissants aux enfants.
2. Je sers de la bière à mes amis.

3. Nous avons donné de l'argent au chauffeur.
4. Elle montre des vitraux à Robert.
5. Nous n'achetons pas de veau à la charcuterie.
6. On ne sert pas de repas au café.
7. Maman n'a pas acheté de cheval à la boucherie.
8. On n'a pas trouvé de boîtes de conserve à l'épicerie.

NOTE DE GRAMMAIRE 4
Les pronoms compléments avec l'impératif

In the *affirmative imperative,* the objects follow the verb in a sequence parallel to English usage. Unlike the order of pronouns placed *before* the verb in the declarative, the interrogative, and the negative imperative, the direct object pronouns, **le, la,** and **les,** *precede* the indirect object pronouns in the affirmative imperative. Thus:

le	me *or* moi		
la	te *or* toi	y	en
les	lui		
	leur		
	nous		
	vous		

Note that when **me** or **te** appears as the final pronoun in the sequence, **me** becomes **moi** and **te** becomes **toi.**

Note also that **en** can occur only as the last pronoun in the affirmative imperative:

Donnez-**le-moi!**   Présente-**les-lui!**
Give it to me!   *Introduce them to him!*

Donnez-**m'en!**   Apportons-**leur-en!**
Give me some!   *Let's bring them some!*

In the negative imperative, however, the object pronouns precede the verbs:

Ne **me le** donnez pas!   Ne **les lui** présente pas!
Ne **m'en** donnez pas!   Ne **leur en** apportons pas!

Exercices de manipulation

In the following sentences, replace the objects with pronouns. Then transform the sentence into an affirmative imperative, and, finally, into a negative imperative.

Modèle: Vous apportez le gigot aux jeunes gens.
             Vous le leur apportez.
             Apportez-le-leur!
             Ne le leur apportez pas!

1. Tu montres ton permis de conduire à l'agent de police.
2. Vous montrez les chemises à Mme Fourchet.

3. Tu remplis les assiettes de tes camarades.
4. Nous donnons de l'argent à Robert.
5. Nous parlons de son attitude à notre père.
6. Tu donnes des pommes à l'enfant.
7. Vous lisez des cartes à vos cousins.
8. Tu me coupes du pain.
9. Tu ramasses tes vêtements dans ta chambre.
10. Nous descendons les malles à la cave.
11. Vous rangez vos affaires dans le placard.
12. Vous mettez l'essence dans le réservoir.

NOTE DE GRAMMAIRE 5
L'accord des participes passés

Past participles in French show *agreement* in the following cases:

1. Past participles of verbs belonging to *''Chez Mme Etre''* (when used intransitively) *agree in gender and number* with their subjects:

Elle est all**é**e à la gare.

Agreement of the past participles of these verbs (see *Chapitre 9*) with their subjects is *automatic*.

2. In compound tenses of other verbs, the past participle agrees with any direct object that precedes the verb.

The direct object may be a relative pronoun:

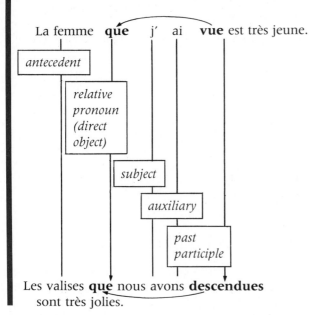

Les valises **que** nous avons **descendues** sont très jolies.

The direct object may be an object pronoun:

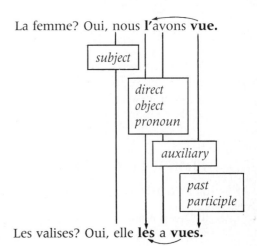

Les valises? Oui, elle **les** a **vues.**

Nicole, je **t'ai vue** à la cathédrale hier soir.

Et toi aussi, Henry, je **t'ai vu** là.

ATTENTION

Beware of preceding *indirect* objects: Je **leur** ai parl**é**. (*no agreement*)

En (the partitive pronoun) is not considered a direct object. Note:

Des pommes? Oui, j'**en** ai acheté. (*no agreement*)

Exercices de transformation

Modèle: La femme que je vois travaille chez le dentiste.
            La femme que j'ai vue travaille chez le dentiste.

1. Les hôtesses que j'attends volent souvent.
2. La phrase que je dis est très longue.
3. Les hôtels qu'il cherche sont très vieux.
4. Les lettres que nous lisons sont compliquées.
5. La voiture qu'elle conduit est très chère.
6. La faute que je fais n'est pas intelligente.
7. La bouteille qu'elles donnent contient du vin.
8. Les étudiants qu'elles hébergent sont bavards.
9. Les fourchettes que vous prenez sont élégantes.

Modèle: Nous avons trouvé les filles.
            Nous les avons trouvées.

1. Ils ont cherché leurs nièces.
2. Il a oublié ses billets.
3. J'ai compris ma mère.
4. Ils ont fait leurs études sans aide.
5. J'ai su cette réponse.

6. On a pris les voitures.
7. Les étudiants n'ont pas appris la leçon.
8. As-tu lu cette lettre?
9. Robert a-t-il mis ses chaussures sous le lit?

Modèle: Elle va à l'école.
            Elle est allée à l'école.

1. Elles montent au premier.
2. Elle rentre tôt.
3. Ils descendent à la cave.
4. Ils viennent ici.

5. Nous entrons dans la maison.
6. Il monte dans la «deux chevaux».
7. Vous arrivez toujours à l'heure.

NOTE DE GRAMMAIRE 6
L'accord des participes passés (verbes pronominaux)

The agreement of past participles of pronominal verbs can be understood within the framework of agreement with preceding direct objects. Remember that you must always use the auxiliary verb **être** to form the compound past tense of pronominal verbs.

1. In compound tenses, most pronominal constructions show agreement. This is because *most* pronominal constructions contain a *direct object pronoun,* which of course always precedes the verb:

> Elle **s'**est lav**ée.**   (**s',** *referring to* **Elle,** *is a direct object.*)

2. When, however, the object pronoun in the pronominal construction is *indirect,* there can be no agreement:

> Elle s'est lav**é** les mains.   (**les mains** *is the direct object;* **s'** *is the indirect object*)
>
> Elle s'est parl**é.**   (**s'** *is an indirect object because one says* **parler à** *someone*)

3. In cases where we cannot be certain whether the object pronoun is direct or indirect, there is agreement:

> Elle **s'**en est serv**ie.** *She used it.*   Elle **s'**en est dout**ée.** *She suspected it.*
>   ?   ?

Note that these are verbs that undergo a change in meaning when they become pronominal:

> **servir** *to serve*   **se servir de** *to use*
> **douter** *to doubt*   **se douter de** *to suspect*

4. Verbs that are always pronominal (see page 220) *always show agreement:*

> Elle **s'**est écri**ée.**   *She exclaimed.*
> Elle **s'**en est souven**ue.**   *She remembered it.*
> Elle **s'**en est all**ée.**   *She went away.*

Exercices de transformation

Modèle: Elles s'en vont.
Elles s'en sont allées.

1. Elle se lave.
2. Elles se comprennent.
3. Elle se lave les mains.
4. Elles se perdent toujours.

5. Elles se parlent quand elles se voient.
6. Elles se servent de mon crayon.
7. Elle se promène dans le jardin.

Exercices de manipulation

Modèle: As-tu conduit cette nouvelle voiture-là?
Oui, je l'ai conduite.
Non, je ne l'ai pas conduite.

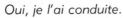

1. La jeune fille, est-elle arrivée hier?
2. La dame, est-elle morte hier?
3. Avez-vous remarqué la faute que j'ai faite?
4. Est-ce que les copines s'en sont allées?
5. T'es-tu bien promené en ville ce matin?
6. A-t-il lu cette carte postale?
7. Est-ce que ces professeurs ont fait leurs études à Paris?
8. Avez-vous compris cette leçon?

LECTURE   La Cantatrice chauve

celle que chante

1   SCENE I

Intérieur bourgeois anglais, avec des **fauteuils** *anglais. Soirée*   armchairs
anglaise. M. Smith, Anglais, dans son fauteuil anglais et ses **pan-**   slippers
toufles *anglaises, fume sa pipe anglaise et lit un journal anglais,*
5   *près d'un feu anglais. Il a des lunettes anglaises, une petite mous-*
tache grise, anglaise. A côté de lui, dans un autre fauteuil anglais,
Mme Smith, Anglaise, **raccommode** *des chaussettes anglaises.*   mends
Un long moment de silence anglais. La pendule anglaise frappe
dix-sept coups anglais.

10   MME SMITH: Tiens, il est neuf heures. Nous avons mangé de la
soupe, du poisson, des pommes de terre **au lard,** de la salade   with bacon
anglaise. Les enfants ont bu de l'eau anglaise. Nous avons
bien mangé, ce soir. C'est parce que nous habitons dans **les**   outskirts
environs de Londres et que notre nom est Smith.

15   (*M. Smith, continuant sa lecture, fait* **claquer** *sa langue.*)   cluck

MME SMITH: Les pommes de terre sont très bonnes avec le lard,
l'huile de la salade n'était pas rance. L'huile de l'épicier du
coin est de bien meilleure qualité que l'huile de l'épicier d'en
face, elle est même meilleure que l'huile de l'épicier **du bas**   down the hill

20   **de la côte.** Mais je ne veux pas dire que leur huile à eux
soit mauvaise.   is

(*M. Smith, continuant sa lecture, fait claquer sa langue.*)

MME SMITH: **Pourtant,** c'est toujours l'huile de l'épicier du coin   However
qui est la meilleure. . . .

25   (*M. Smith, continuant sa lecture, fait claquer sa langue.*)

MME SMITH: Mary a bien cuit les pommes de terre, **cette fois-ci.**   this time
La dernière fois elle ne les avait pas bien fait cuire. Je ne les
aime que lorsqu'elles sont bien cuites.

(*M. Smith, continuant sa lecture, fait claquer sa langue.*)

30   MME SMITH: Le poisson était frais. **Je m'en suis léché les ba-**   I licked my chops
bines.° J'en ai pris deux fois. Non, trois fois. **Ça me fait**   That makes me go to the
aller aux cabinets. Toi aussi, tu en as pris trois fois. **Ce-**   bathroom
pendant la troisième fois, tu en as pris moins que les deux   However

premières fois, **tandis que** moi, j'en ai pris beaucoup plus. *while*

35 J'ai mieux mangé que toi, ce soir. Comment ça se fait? D'habitude, c'est toi qui manges le plus. **Ce n'est pas l'appétit** *You have a good*
qui te manque. *appetite.*

La Cantatrice chauve
par Eugène Ionesco
Paris: Gallimard, 1954

Questions

1. Que font M. et Mme Smith après le dîner?
2. Qu'est-ce qui frappe?
3. Combien de coups la pendule frappe-t-elle?
4. Décrivez le repas des Smith.
5. Où habitent les Smith?
6. Qui a la meilleure qualité d'huile?
7. Comment Mme Smith aime-t-elle ses pommes de terre?
8. Combien de fois a-t-elle mangé du poisson?
9. Comment trouve-t-elle le poisson?
10. D'habitude, qui mange le plus?

CREATION ET RECREATION

1. Prepare a newscast of the previous day's major events.
2. On the same newscast you might interview American students (some of your class-mates) about their reactions to their stay in France.
3. To reinforce Ionesco's notion that people do not listen to what each has to say, create a dialogue *à la Ionesco* (in the manner of Ionesco) in which sentences from our text are strung together haphazardly, but are delivered in the appropriate tones. For instance:

LE VIEUX MONSIEUR (*courteously*): Vous permettez?
ROBERT (*happily*): Il va faire beau demain et j'aime bien les tomates et les concombres.
HENRY (*with a worried look*): Il est neuf heures moins le quart.
M. FOURCHET (*excitedly*): Montre-lui comment freiner!

4. Monique parle avec sa famille de la télévision aux Etats-Unis.

Chapitre 14: COUP D'ŒIL

Oui **Non**

_____ 1. The tonic personal pronouns are disconnected from the verb and are used alone or _____
for emphasis:

Qui est là? C'est **moi.** *Who is there? It is **I.***
Moi, je vous le dis! *I say so!*

2. **Mettre** *(to put, to place, to put on)* is an irregular verb:

je mets	nous mettons
tu mets	vous mettez
il met	ils mettent

3. Object pronouns precede the verb, except in the affirmative imperative. If there are more than one in a sentence, there is a specific order in which they appear before the verb:

Il **me l'**a donné.
Nous **les leur** avons donnés.
Ne **me le** donnez pas!

Remember that you cannot have more than one direct and one indirect object pronoun in a sentence.

4. In the *affirmative imperative,* object pronouns *follow* the verb in a fixed order:

Donnez-**le-moi!**

5. Past participles *agree* with the subjects of the verbs when the auxiliary verb is **être:**

Elles sont parti**es** à huit heures.

Past participles *agree* with preceding direct objects when the auxiliary verb is **avoir:**

Je **les** lui ai donn**és.**

6. Pronominal verbs show agreement with the direct object (which refers to the same person as the subject). Contrast, however, those cases where the object pronoun is clearly indirect.

Elles **se** sont **parlé.**   Elles **se** sont **lavées.**

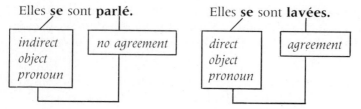

VOCABULAIRE

Verbes

admettre*	habiter
baisser	impressionner
commettre*	**interrompre**
dépendre (de)	**mettre***
développer	**omettre***
(s')enfuir	**permettre*(de)**

promettre*(de)
remettre*

soumettre*
vivre

Noms

actualités (*f.pl.*)
chaîne (*f.*)
choix (*m.*)
émission (*f.*)
informations (*f.pl.*)
journal (*m.*) parlé
nouvelles (*f.pl.*)
programme (*m.*)
télé (*f.*)
télévision (*f.*)
notes (*f.pl.*)
soirée (*f.*)
sorte(*f.*)

idée (*f.*)

intermission (*f.*)
lumière (*f.*)
publicité (*f.*)
son (*m.*)
spectacle (*m.*)
spectateur (*m.*)
ton (*m.*)

argentier (*m.*)
armée (*f.*)
commerce (*m.*)
mission (*f.*)
prison (*f.*)
raffermissement (*m.*)

Adjectifs

amusant
ancien
célèbre
constant
continuel
diplomatique
drôle
grave

historique
imposant
majestueux
national
nocturne
particulier
préféré
sérieux
spécial

Pronom

tous

Adverbes

fort

pas du tout

Préposition

vers

Expressions utiles

de temps à autre
de temps en temps
en action
être de retour
habituellement

longtemps
parfois
quelquefois

CHAPITRE 15
UNE LETTRE:
CHOSES A ECRIRE

Scénario 15: UNE LETTRE: CHOSES A ECRIRE

PREMIERE ETAPE

1   NICOLE: Je vois que la lettre que tu as écrite à ta mère est toujours là. Qu'est-ce que tu
      lui racontes?

    ROBERT: Eh bien! Je lui dis que ton père nous a conduits à la campagne, que tu es la
      plus jolie de toutes les filles, que tu parles vite, que . . .

5   NICOLE: Oh là, là! Il n'y a rien d'intéressant là-dedans.

    ROBERT: Si tu sais mieux que moi ce qu'il faut dire, veux-tu l'écrire pour moi?

DEUXIEME ETAPE

1   NICOLE: Je vois que la lettre que tu as écrite à ta mère est toujours là. Dis donc, Robert,
      qu'est-ce que tu lui racontes?

    ROBERT: Eh bien! Je lui dis que ton père nous a conduits à la campagne dimanche
      dernier, que tu es la plus jolie de toutes les filles, que tu parles vite, que . . .

5   NICOLE: Oh, là, là! Il n'y a rien d'intéressant là-dedans. Parle-lui plutôt de la cuisine
      française. Tu peux lui dire que tu aimes mieux le veau que le boudin et que tu
      aimes moins la tête de veau que le pâté et que tu refuses de manger du cheval et
      du lapin.

    MME FOURCHET: Pourquoi ne lui décris-tu pas ta chambre chez nous? Dis-lui aussi que
10   tu fais des progrès remarquables en français!

    NICOLE: Oui, et mets-lui une photo de la cathédrale que tu aimes tant. Ou parle-lui de
      l'accident que nous avons vu.

    ROBERT: Si tu sais mieux que moi ce qu'il faut dire, veux-tu l'écrire pour moi? Tu
      m'embêtes!

15   NICOLE: Ne te fâche pas! Je voulais t'aider. Après ceci, n'attends plus pour la mettre
      à la boîte!

TROISIEME ETAPE

1   NICOLE: Je vois que la lettre que tu as écrite à ta mère est toujours là sur ton bureau.
      Dis donc, Robert, qu'est-ce que tu lui racontes de beau?

    ROBERT: Eh bien! Je lui dis que ton père nous a conduits à la campagne dimanche
      dernier, je lui explique que nous avons vu ce formidable son et lumière à Cham-
5   bord, que tu es la plus jolie de toutes les filles que j'ai rencontrées en France, malheu-
      reusement que tu parles trop vite, que . . .

    NICOLE: Oh, là, là! Il n'y a rien d'intéressant là-dedans. Ta lettre est vraiment rasoir.
      Parle-lui plutôt de toutes les bonnes choses de la cuisine française. Tu peux lui
      dire que tu aimes mieux le veau que le boudin et que tu aimes moins la tête de
      veau que le pâté et que tu refuses de manger du cheval et du lapin.

    MME FOURCHET: Pourquoi ne lui décris-tu pas ta chambre chez nous au premier étage?
      Dis-lui aussi que tout le monde ici te félicite parce que tu fais des progrès remar-
      quables en français.

NICOLE: Oui, et mets-lui une de ces belles photos de la cathédrale que tu aimes tant. Ou
15   encore parle-lui de l'accident que nous avons vu et des réactions des chauffeurs
français.

ROBERT: Ecoute, si tu sais mieux que moi tout ce qu'il faut dire, veux-tu écrire cette
lettre pour moi? Tu m'embêtes à la fin!

NICOLE: Ne monte pas sur tes grands chevaux! Ne te fâche pas! Je voulais seulement
20   t'aider. Tout de même après ceci, n'attends plus pour la finir et la mettre à la boîte.

SYNONYMES ET EXPRESSIONS APPROXIMATIVES

1   bureau → meuble sur lequel on écrit
2   tu lui racontes de beau → tu lui dis de bien
5   que j'ai rencontrées = dont j'ai fait la connaissance
7   rasoir⁰ = ennuyeuse
12   tout le monde ici = tous ici, chacun ici
12   te félicite = te fait des compliments
17   ce qu'il faut dire = ce que je dois dire
18   Tu m'embêtes° = Tu m'ennuies, Tu m'importunes vivement
18   à la fin = finalement   *ANTO PRIMO, D'ABORD, PREMIÈREMENT*
19   Ne monte pas sur tes grands chevaux! = Ne te mets pas en colère!
20   Tout de même = Quand même
20   à la boîte = à la boîte aux lettres

QUESTIONS SUR LE SCENARIO

1. Qu'est-ce qui est toujours sur le bureau?
2. Qu'est-ce que Robert raconte dans sa lettre?
3. D'après Nicole, la lettre est-elle intéressante?
4. De quoi Nicole lui dit-elle de parler?
5. Dans la cuisine française, qu'est-ce que Robert aime le mieux?
6. Qu'est-ce qu'il aime le moins?
7. Que refuse-t-il de manger?
8. Qu'est-ce que Mme Fourchet suggère?
9. Robert est-il content? Comment répond-il à Nicole?
10. Que lui répond Nicole?

NOTE DE GRAMMAIRE 1
Les adverbes

1. *Adverbs* are parts of speech that *modify verbs:*

Il parle **bien** le français.   *He speaks French **well**.*

We saw the adverb used in *Chapitre 1:*

> Je vais **bien.**
> Il va **mal.**

2. Position of adverbs:

    a. Adverbs are normally placed *immediately after the verb,* and in compound tenses either *after the auxiliary* or *after the past participle:*

> Elle parle **vite.**
> Elle l'a **vite** fait.

Lengthy adverbs may follow the past participle:

> Il est parti **précipitamment.**   *He left **hurriedly.***

    b. Adverbs may *never* be placed between the subject and the conjugated part of the verb.

> Il vient **souvent.**
> Il est **souvent** venu.

    c. Sometimes they may stand *at the beginning of a sentence,* especially when the speaker wishes to stress the adverb:

> **Malheureusement,** il n'a pas compris.
> ***Unfortunately,*** *he did not understand.*

3. Adverbs may be formed in several ways:

    a. By adding **-ment** to the masculine form of adjectives that end in vowels:

absolu	+ **ment** = absolument	*absolutely*
vrai	+ **ment** = vraiment	*truly*
libre	+ **ment** = librement	*freely*
autre	+ **ment** = autrement	*otherwise*

    b. If the masculine form ends in a consonant, use the feminine form and add **-ment:**

certain	**certainement**	*certainly*
premier	**premièrement**	*firstly*
heureux	**heureusement**	*happily*
actif	**activement**	*actively*
seul	**seulement**	*only*

    c. Adjectives ending with the suffix **-ant** or **-ent** drop this suffix and replace it with **-amment** or **-emment:**[1]

élégant	**élégamment**	*elegantly*
fréquent	**fréquemment**	*frequently*

[1] Note that the adverb formed from **lent** (*slow*) is **lentement,** because **ent** is not a suffix in this case.

constant	**constamment**	*constantly*
prudent	**prudemment**	*prudently*
évident	**évidemment**	*evidently*

d. Others are irregular:

gentil	**gentiment**	*nicely*
précis	**précisément**	*precisely*
énorme	**énormément**	*enormously*

4. The following are especially useful and common adverbs, many of which you already know:

ADVERBS OF TIME

aujourd'hui *today*
déjà *already*
depuis *since*
encore *again*
toujours *always*
autrefois *formerly*
quelquefois *sometimes*
tard *late*
tôt *early*
tout de suite *immediately*
demain *tomorrow*
hier *yesterday*

ADVERBS OF PLACE

ici *here*
là *there*
loin *far*
près *near*

ADVERBS OF QUANTITY

assez *enough*
autant *as much*
beaucoup *much, many*
peu *little*
tant *so much, so many*
trop *too much, too many*

ADVERBS OF DEGREE

aussi *as*
moins *less*
plus *more*
presque *almost*
davantage *more, still more*
très *very*

ADVERBS OF MANNER

bien *well*
ensemble *together*
vite *quickly*
sans doute *probably*
volontiers *willingly*
peut-être *perhaps*

Simples substitutions

1. Essaie de me parler plus *lentement*.
   (*sérieusement, vite, correctement, simplement, facilement, lentement*)
2. Ils viendront *certainement* ce soir.
   (*heureusement, malheureusement, sûrement, peut-être, vraiment, certainement*)
3. Il écoute *toujours*.
   (*souvent, sérieusement, bien, quelquefois, généralement, toujours*)
4. Ils voyagent *ensemble*.
   (*sans doute, vite, volontiers, toujours, souvent, ensemble*)
5. En voudras-tu *autant?*
   (*beaucoup, aussi, davantage, moins, plus, autant*)

Exercices de transformation

The rules for the position of the adverb are not rigorous. As you use the language more and more, a natural feeling for their placement will develop.

Modèle: Elle lui parle sérieusement.
             Elle lui a parlé sérieusement.

less than 3 syl = before

1. Elle lui parle vraiment.
2. Elle leur répond correctement.
3. Ils le font déjà.
4. Nous te répondons encore.

5. Ils voyagent ensemble.
6. Il les oublie certainement.
7. Elle les oublie entièrement.

NOTE DE GRAMMAIRE 2
Le comparatif des adjectifs réguliers

1. Adjectives may be compared as in English by using the forms **aussi . . . que, plus . . . que,** and **moins . . . que:**

aussi   Jean est **aussi** intelligent **que** lui.
             *John is **as** intelligent **as** he.*

plus   Paul est **plus** intelligent **que** lui.
             *Paul is **more** intelligent **than** he.*

moins   Colette est **moins** intelligente **que** lui.
             *Colette is **less** intelligent **than** he.*

2. To form the superlative of adjectives use

le (la, les) plus . . . de   Paul est **le plus** intelligent **de** la classe.
le (la, les) moins . . . de   Colette est **la moins** intelligente **de** la classe.
                                    Ces enfants sont **les moins** bavards **de** la classe.

Note the use of **de** to mean *in* in the superlative construction.

3. In superlative constructions, adjectives remain where they normally do in relation to the noun they modify:

POSITIVE: *Le Figaro* est un journal **intéressant.**
                 Le Figaro *is an **interesting** newspaper.*

SUPERLATIVE: *Le Monde* est le journal **le plus intéressant** de France.
                 Le Monde *is **the most interesting** newspaper in France.*

POSITIVE: Voilà une **belle** cathédrale.
                 *There is a **beautiful** cathedral.*

SUPERLATIVE: Voilà **la plus belle** cathédrale de France.
                 *There is **the most beautiful** cathedral in France.*

Simples substitutions

1. Jeanne est aussi *charmante* que Suzanne.
   (*belle, intelligente, grande, blonde, impatiente, irritée, charmante*)

2. Paul est plus *bouleversé* que lui.
   (*intimidé, fatigué, irrité, grand, fort, costaud, bouleversé*)
3. Nicole est moins *heureuse* qu'elle.
   (*jolie, bonne, grosse, petite, vieille, exaspérée, heureuse*)
4. Pierre est le plus *intelligent* de la classe.
   (*bavard, épuisé, charmant, fâché, brusque, gentil, intelligent*)
5.. Suzanne est la moins *capable* de la classe.
   (*décontractée, étonnée, remarquable, patiente, agacée, gentille, capable*)

NOTE DE GRAMMAIRE 3
Plus, moins, autant

1. The forms **plus de, moins de,** and **autant de** express comparisons of *quantity:*

J'ai **plus d'**argent **que** vous.	*I have **more** money **than** you.*
J'ai **moins d'**argent **que** vous.	*I have **less** money **than** you.*
J'ai **autant d'**argent **que** vous.	*I have **as much** money **as** you.*

2. These forms may also be used contrastively:

Il a **plus d'** argent **que de** bon sens.   *He has **more** money **than** common sense.*

Substitution progressive

Il a plus d'amis que vous.
Il a plus d'amis *que nous.*
Il a moins d'amis que nous.
Il a moins d'amis *que son frère.*

Elle a autant d'argent que son frère.
Elle a autant d'argent *que vous.*
Il a plus d'amis que vous.

Exercices de transformation

Modèle: Elle a plus de frères que de sœurs. (moins) (*autant*)
           Elle a moins de frères que de sœurs.
           Elle a autant de frères que de sœurs.

1. Elle a autant de chaussures que moi. (*plus*) (*moins*)
2. Tu achètes moins de valises que ton frère. (*plus*) (*autant*)
3. Ils font autant de voyages que les autres. (*moins*) (*plus*)
4. Nous avons mangé plus de légumes que de viande. (*moins*) (*autant*)
5. Vous avez bu plus de vin que d'eau. (*moins*) (*autant*)

NOTE DE GRAMMAIRE 4
Le comparatif des adverbes réguliers

1. Comparisons of adverbs follow the same order as with the adjectives:

aussi	Martine parle **aussi** vite **que** Nicole.
	*Martine speaks **as** fast **as** Nicole.*
plus	Marguerite parle **plus** vite **que** Bernadette.
	*Marguerite speaks fast**er than** Bernadette.*
moins	Michel parle **moins** vite **que** Charles.
	*Michel speaks **less** quickly **than** Charles.*

2. Again, the superlative of the adverb is formed the same way as that of adjectives, except that it *only* takes the masculine definite article, **le.** This is because adverbs only modify *verbs,* not nouns:

le plus	Jacqueline parle **le plus** vite **de** la classe.
	*Jacqueline speaks **the** fast**est in** the class.*
	Jacqueline et Pierre parlent **le plus** vite **de** la classe.
	*Jacqueline and Pierre speak **the** fast**est in** the class.*
le moins	Suzanne parle **le moins** vite **de** la classe.
	*Suzanne speaks **the** slow**est in** the class.*
	Suzanne et Marguerite parlent **le moins** vite **de** la classe.
	*Suzanne and Marguerite speak **the** slow**est in** the class.*

Substitutions progressives

Nicole écrit plus souvent que Robert.
Nichole se fâche aussi vite que Robert.
Nicole se fâche aussi vite *que lui.*
Elle conduit moins vite que lui.
Elle conduit moins vite *que moi.*
Nicole écrit plus souvent que moi.
Nicole écrit plus souvent *que Robert.*

Elle apprend les leçons le plus rapidement de tous.
Nous regardons la télévision le moins souvent de tous.
Nous regardons la télévision le moins souvent *de la classe.*
Tu réponds aux questions le plus vite de la classe.
Tu réponds aux questions le plus vite *du groupe.*
Elle apprend les leçons le plus rapidement du groupe.
Elle apprend les leçons le plus rapidement *de tous.*

NOTE DE GRAMMAIRE 5
Le comparatif des adjectifs irréguliers

1. Some adjectives have irregular forms of comparison, as in English. The adjective **bon** has the following comparative forms:

bon	*good*
meilleur	*better*
le meilleur	*best*

Of course, like all adjectives, these forms agree in gender and in number with the nouns and pronouns they modify:

C'est un **bon** enfant.	*He's a **good** child.*
Elle est **meilleure que** sa sœur.	*She is **better than** her sister.*
C'est **le meilleur étudiant de** la classe.	*He is **the best student in** the class.*

2. The adjective **mauvais** has the following comparative forms:

mauvais	Ce restaurant est **mauvais.**
	*This restaurant is **bad**.*
plus mauvais	Ce restaurant-ci est **plus mauvais** que celui-là.
	*This restaurant is **worse than** that one.*
le plus mauvais	C'est **le plus mauvais** restaurant de la ville.
	*It's **the worst** restaurant in the city.*

or:	**mauvais**	Ce restaurant est **mauvais.**
	pire	Ce restaurant-ci est **pire** que celui-là.
	le pire	Ce restaurant est **le pire** de la ville.

Either form may be used.

Simples substitutions

1. *Cet hôtel-ci* est meilleur que l'autre.
   (*Ce cinéma-ci, Ce château-ci, Ce garage-ci, Ce restaurant-ci, Ce bureau-ci, Ce bureau de tabac-ci, Ce bâtiment-ci, Ce café-ci, Cet hôtel-ci*)
2. *Ces légumes-ci* sont plus mauvais que les autres.
   (*Ces croissants-ci, Ces œufs-ci, Ces petits pois-ci, Ces fruits-ci, Ces citrons-ci, Ces légumes-ci*)

Exercices de transformation

Modèle: Ce porc est bon, achetons-en!
    Ce porc est mauvais, n'en achetons pas!

1. Ce veau est bon, achetons-en!
2. Ces œufs sont bons, achetons-en!
3. Ce fromage est bon, achetons-en!
4. Ce beurre est bon, achetons-en!
5. Cette crème est bonne, achetons-en!
6. Ces légumes sont bons, achetons-en!
7. Cette viande est bonne, achetons-en!

Modèle: C'est un bon étudiant.
    C'est un meilleur étudiant que l'autre.

1. C'est un mauvais chauffeur.
2. Cette penderie est bonne.

3. C'est une mauvaise actrice.   5. Cet œuf est mauvais.
4. C'est un bon médecin.   6. Ce vin blanc est bon.

NOTE DE GRAMMAIRE 6
Le comparatif des adverbes irréguliers

1. The adverb **bien** has the following comparative forms:

bien	Maurice conduit **bien.**
mieux	Maurice conduit **mieux que** Bernard.
le mieux	Maurice conduit **le mieux de** tous les garçons.

2. The adverb **mal** has the following comparative forms:

mal	Jacqueline danse **mal.**
plus mal	Jacqueline danse **plus mal que** Bernadette.
le plus mal	Jacqueline danse **le plus mal de** toutes les étudiantes.

3. Note these two frequently used idiomatic expressions:

tant mieux	*so much the better*
tant pis	*so much the worse*

Simple substitution

Elle parle aussi bien que lui.
(*Elle conduit, Elle écoute, Elle comprend, Elle apprend, Elle nage, Elle chante, Elle travaille,
Elle parle*)

Exercices de transformation

Modèle: Comment parle-t-il? (*mieux que moi*)
             Il parle mieux que moi.

1. Comment apprend-elle? (*mieux que moi*)
2. Comment nage-t-il? (*mieux que toi*)
3. Comment étudient-ils? (*mieux que nous*)
4. Comment répondons-nous? (*mieux qu'eux*)
5. Comment conduit-il? (*mieux qu'elle*)

Modèle: Elle conduit mieux que vous.
             Elle conduit plus mal que vous.

1. Ils parlent mieux que vous.   4. Elle étudie mieux que vous.
2. Nous écoutons mieux que vous.   5. Il chante mieux que vous.
3. Ils travaillent mieux que vous.

> Mixed Adjectives and Adverbs

Modèle: Ces garçons travaillent mieux que toi.
           Ces garçons travaillent le mieux de toute la classe.

1. Elle nage mieux que toi.
2. Il conduit plus mal que toi.
3. Il travaille mieux que toi.
4. C'est une plus mauvaise actrice que toi.

5. Paul est un meilleur médecin que toi.
6. Il comprend mieux que toi.
7. Elle parle mieux que toi.

NOTE DE GRAMMAIRE 7
Les pronoms relatifs

Relative pronouns relate clauses to nouns or pronouns that precede them. We will deal in this chapter only with **qui** (*subject* of the verb in the relative clause) and **que** (*object* of the verb in the relative clause).

The relative clause follows directly after the antecedent;

SUBJECT: J'ai une   sœur   **qui** est très belle.

                     antececent   *relative clause*

           *I have a sister **who** is very beautiful.*

           L'étudiant   **qui** est là   admire la cathédrale.

                  antecedent   *relative clause*

           *The student **who** is there admires the cathedral.*

OBJECT: L'étudiant   **que** vous voyez admire la cathédrale.

                 antecedent   *relative clause*

           *The student **whom** you see admires the cathedral.*

           La chambre   **que** vous voyez est belle.

                 antecedent   *relative clause*

           *The room **that** you see is beautiful.*

Both **qui** and **que** may refer to either persons or things.

STOP Note that **qui** is the *subject* of the relative clause:

ANTECEDENT   RELATIVE CLAUSE   MAIN CLAUSE

La femme   **qui arrive**   est ma mère.

Note that **que** is the *object* of the relative clause:

ANTECEDENT   RELATIVE CLAUSE   MAIN CLAUSE

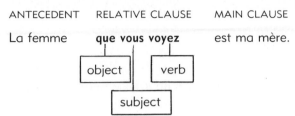

La femme   **que vous voyez**   est ma mère.

object | verb

subject

Simples substitutions

1. La femme *qui arrive* est ma mère.
   (*qui parle, qui vient, qui dort, qui mange, qui comprend, qui arrive*)
2. Le garçon *qui étudie le livre* est très jeune.
   (*qui ramasse les valises, qui parle au chauffeur, qui compte l'argent, qui choisit la cravate, qui écoute le professeur, qui étudie le livre*)
3. La chemise *que vous voyez* est très belle.
   (*que vous achetez, que vous regardez, que vous prenez, que vous mettez, que vous montrez, que vous voyez*)
4. L'agent de police *que vous consultez* est aimable.
   (*que vous écoutez, que vous regardez, que vous voyez, que vous irritez, que vous intimidez, que vous consultez*)

Exercices de transformation

Modèle: L'homme arrivera. Il est mon père.
          L'homme qui arrivera est mon père.

1. J'ai des chaussures. Elles sont marron.
2. La cathédrale date du 12ème siècle. Elle est grande.
3. Nicole décrit la cathédrale. Elle sert de guide.
4. L'hôtesse apporte les dîners. Elle est belle.
5. Le chauffeur de taxi s'arrête. Il est irrité.
6. L'étudiante admire la cathédrale. Elle est là.

Modèle: Les légumes sont frais. Je les achète.
          Les légumes que j'achète sont frais.

1. La cathédrale est énorme. Vous la regardez.
2. La mobylette est en bon état. Vous l'achetez.
3. Le professeur est patient. Vous le consultez.
4. Le programme est intéressant. Je le regarde.
5. L'auto est belle. Vous la voyez.
6. La femme est ma mère. Vous la consultez.

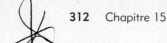

Modèles: Le vieux monsieur est gentil. Il entre dans le compartiment.
Le vieux monsieur qui entre dans le compartiment est gentil.

La rue est à droite. Je la cherche.
La rue que je cherche est à droite.

1. La femme viendra. Elle est ma tante.
2. La boulangerie est devant l'église. La boulangerie vend du bon pain.
3. J'ai un imperméable. Je le porte quand il pleut.
4. J'achète les croissants. Vous les désirez.
5. Le bâtiment est gigantesque. Vous l'aimez.
6. La nef est grande. Vous l'admirez.
7. Le vitrail est très vieux. Vous voulez le voir.

NOTE DE GRAMMAIRE 8
Le verbe irrégulier **écrire**

The irregular verb écrire (*to write*) is conjugated as follows:

PRESENT: j'écris   nous écrivons   [ekrivõ]
tu écris   [ekri]   vous écrivez   [ekrive]
il écrit   ils écrivent   [ekriv]

IMPERATIF: écris   PASSE COMPOSE: j'ai écrit
écrivons   FUTUR: j'écrirai
écrivez

Décrire (*to describe*) is conjugated like **écrire.**

Simple substitution

J'écris toujours à ma mère.
(*Tu écris, Nous écrivons, Il écrit, Ils écrivent, Vous écrivez, J'écris*)

Exercices de transformation

1. Ecrivez-*vous* des lettres?
(*elles, nous, ils, on, tu, Est-ce que je, vous*)
2. *Tu* n'écris jamais.
(*Nous, Ils, On, Je, Vous, Tu*)
3. *Nous* avons écrit hier.
(*Je, Vous, Ils, Elle, Tu, Nous*)
4. N'écrivez-*vous* pas souvent?
(*tu, nous, Est-ce que je, on, ils, vous*)
5. *Elle* lui écrit bientôt.
(*Nous, Ils, Tu, On, Vous, Elles, Elle*)

LECTURE   Une lettre de George Sand à un ami, le 5 juillet 1868

1   J'ai aujourd'hui soixante-quatre printemps. Je n'ai pas encore
senti **le poids** des ans. Je **marche** autant, je travaille autant, je *the weight/walk*
dors aussi bien. Ma vue est fatiguée; aussi je mets depuis si long-
temps des lunettes **que c'est** une question de numéro, voilà tout. *that it is*
5   Quand je ne pourrai plus agir, j'espère que j'aurai perdu la volonté
d'agir. Et puis on **s'effraie** de l'âge avancé comme si on était sûr *is frightened*
d'y arriver. On ne pense pas à la **tuile** qui peut tomber **du toit.** *tile/from the roof*
Le mieux est de se tenir toujours **prêt** et de **jouir** des vieilles *ready/enjoy*
années mieux qu'on a su jouir des jeunes. On perd tant de temps
10   et on **gaspille** tant la vie à vingt ans! Nos jours d'hiver comptent *wastes*
double; voilà notre compensation . . .

Correspondance, t. V, p. 267.
Calmann-Lévy (1882–1894)

Une lettre de George Sand à Gustave Flaubert, 1872

1   Faut pas être malade, faut pas être **grognon,** mon vieux trou- *a grumbler*
badour. Il faut **tousser, moucher, guérir,** dire que la France est *cough, blow your nose, recover*
folle, l'humanité **bête,** et que nous sommes des animaux mal finis; *stupid*
il faut s'aimer quand même, **soi, son espèce,** ses amis surtout *oneself/one's kind*
5   . . . Après ça, peut-être que cette indignation chronique est un
besoin de ton organisation; moi, elle me **tuerait** . . . Peut-on vivre *would kill*
paisible, diras-tu, quand le genre humain est si absurde? Je me
soumets, en me **disant** que je suis peut-être aussi absurde que lui *saying*
et qu'il est temps d'aviser à me corriger. . . .

10   *Correspondance*, t. VI, pp. 296–297.
Calmann-Lévy (1882–1894)

Questions

1. Au moment où George Sand écrit la lettre à son ami, quel âge a-t-elle?
2. Que peut-elle toujours faire?
3. Porte-t-elle des lunettes depuis longtemps?
4. Que veut dire: «c'est une question de numéro?»
5. Faut-il s'effrayer de l'âge avancé?
6. Qu'est-ce qu'il est mieux de faire?
7. Que fait-on à vingt ans?
8. Quelle est la compensation des personnes âgées?
9. Qui est George Sand?
10. Quels conseils George Sand donne-t-elle à Flaubert?
11. Comment voit-elle l'humanité?

12. Que faut-il faire surtout?
13. Quelle solution trouve-t-elle?
14. Qui est Gustave Flaubert?

CREATION ET RECREATION

In French there is a standard phrase that is used to end a business letter:

> Veuillez agréer, cher Monsieur, l'expression de mes sentiments les meilleurs.

We can make certain substitutions:

> Veuillez accepter . . .
> Recevez . . .
> Agréer . . .
> Je vous prie d'agréer . . .
> Accepter . . .
> . . . mes sentiments distingués.

All are the rough equivalent of *Sincerely yours* or *Cordially yours*. These expressions are, however, much too formal to use with family or friends. Instead, the following may be used:

FAMILY: Je vous embrasse (*to kiss*) affectueusement.
Je vous embrasse très fort.
Bons baisers (*kisses*).

FRIENDS: Bien amicalement.
Bon souvenir.
Meilleur souvenir.
Amical souvenir.
Affectueux souvenir.
Bien affectueusement.
Amitié.
Bons baisers.
Mille baisers.

1. Write a formal letter in which you present yourself in the best light possible. The purpose of the letter is to seek employment.
2. Write an informal letter to a friend or a family member in which you describe how you presented yourself in the formal letter.
3. Monique écrit une lettre à ses parents pour leur demander la permission de faire un voyage avec une de ses camarades.

CHAPITRE 15: COUP D'ŒIL

Oui   **Non**

1. Adverbs are formed in several ways:
   a. By adding **-ment** to the masculine form of an adjective that ends in a vowel:

   vrai + **ment** = **vraiment**

b. If the adjective ends in a consonant, *ment* is added to the feminine form:

certain > certaine + **ment** = **certaine**

c. Others are formed irregularly:

gentil = **gentiment**

2. Adverbs modify verbs. They stand immediately after the verb in simple tenses:

Il vient **souvent** me voir.

Adverbs may stand either before or after the past participle in compound tenses:

Il est **souvent** venu me voir.
Elle a répondu **correctement.**

3. Adjectives and adverbs in French take regular and irregular forms of comparison. The regular comparatives are formed with **aussi . . . que, plus . . . que,** and **moins . . . que.**

Jean est **aussi** grand **que** son frère.
Elle court **plus** vite **que** lui.

The irregular forms are:

bon	mauvais	bien	mal
meilleur	pire	mieux	plus mal
le meilleur	le pire	le mieux	le plus mal

4. **Plus, moins,** and **autant** may be used in comparisons of quantity by adding **que:**

Elle a **plus de** livres **que** vous.

or contrastively:

Elle a **plus de** livres **que d'**argent.

5. Relative pronouns relate clauses to nouns or pronouns that precede them:

La femme **qui** arrive est ma mère.

La femme **que** vous voyez est ma mère.

6. **Ecrire** is an irregular verb:

j'écris	nous écrivons
tu écris [ekri]	vous écrivez
il écrit	ils écrivent

Décrire conjugates like **écrire.**

VOCABULAIRE

Verbes

accepter
agréer *[syn]*
décrire*
écrire*
embêter° =*déranger*
embrasser
ennuyer

expliquer
féliciter - *les félicitations*
importuner
raconter
refuser
suggérer

Noms

amitié (*f.*)
baiser (*m.*)
boîte (*f.*)
boudin (*m.*)
bureau (*m.*)
lapin (*m.*)
lumière (*f.*)
meuble (*m.*)

photo (*f.*)
photographie (*f.*)
progrès (*m.*)
réaction (*f.*)
souvenir (*m.*)

Adjectifs

affectueux
amical - *amicaux (pl)*
capable
ennuyeux
formidable

intéressant
meilleur/le meilleur
pire/le pire
rasoir°
remarquable

Adverbes

absolument
activement
affectueusement
aussi
autant
autrement
certainement
constamment
élégamment
énormément
évidemment
finalement
fréquemment
gentiment
heureusement

librement
malheureusement
mieux/le mieux
peut-être
plus
plutôt
premièrement
précisément
prudemment
seulement
tant
tard
tôt
vite
vivement

Expressions utiles

acceptez	là-dedans
agréez	quand même
recevez	**tout de même**
veuillez accepter _please_	**tout le monde**
je vous prie d'agréer	tant mieux
à la fin	tant pis

CHAPITRE 16
PROJETS DE VACANCES

Scénario 16: PROJETS DE VACANCES

⊛ PREMIERE ETAPE

1 NICOLE: Tu sais, Robert, je compte passer mes vacances aux Etats-Unis, en passant par
le Canada. Ensuite je veux visiter le Mexique, mais . . . je ne parle pas espagnol.
ROBERT: En combien de jours?
NICOLE: En quinze jours.
5 ROBERT: Tu es complètement dingue!
NICOLE: Que veux-tu dire?
ROBERT: Les trois pays dont tu parles sont très grands. Si tu vas aux Etats-Unis, je te
ferai un itinéraire.

⊛ DEUXIEME ETAPE

1 NICOLE: Tu sais, Robert, je compte passer mes vacances aux Etats-Unis, en passant par
le Canada. Ensuite je veux visiter le Mexique, mais . . . je ne parle pas un mot
d'espagnol.
ROBERT: Et tout cela en combien de jours?
5 NICOLE: En quinze jours.
ROBERT: Tu es complètement dingue! Ce n'est pas seulement l'espagnol qui te manque,
c'est surtout la matière grise!
NICOLE: Que veux-tu dire? A quoi penses-tu? Pourquoi es-tu si rosse tout à coup?
ROBERT: Parce que les trois pays dont tu parles sont très grands. Pour bien les connaître
10 il faut y vivre. A mon avis, choisis l'un des trois. Si tu vas aux Etats-Unis, je te
ferai un itinéraire et j'enverrai des lettres à des amis pour te recevoir. En te renseignant à l'avance, tu pourras être logée chez des habitants pour comprendre ce
pays autant que possible.

TROISIEME ETAPE

1 NICOLE: Tu sais, Robert, je compte passer mes vacances aux Etats-Unis, en passant par
le Canada. Je veux surtout voir la capitale de ce grand pays. Ensuite je veux visiter
le Mexique, mais . . . je ne parle pas un mot d'espagnol. Du moins je pourrai visiter
le musée national qui contient toutes sortes de merveilles aztèques. Ce n'est pas
5 une chose à rater.
ROBERT: Et tout cela en combien de jours?
NICOLE: En quinze jours.
ROBERT: Tu es complètement dingue! Ce n'est pas seulement l'espagnol qui te manque,
c'est surtout la matière grise!
10 NICOLE: Que veux-tu dire? A quoi penses-tu? Pourquoi es-tu si rosse tout à coup?
Ecoute, j'en ai ras le bol! Tu me casses la tête!
ROBERT: Parce que les trois pays dont tu parles sont très grands, immenses même. Qu'est-
ce que tu verras? Rien du tout. En si peu de temps, tu ne pourras jamais acquérir
le vrai sens de ces pays. Tu te fatigueras et tu n'y comprendras pas grand'chose.
15 NICOLE: Tu crois?

ROBERT: Pour bien les connaître il faut y vivre. A mon avis, choisis l'un des trois. Si tu vas aux Etats-Unis, je te ferai un itinéraire et j'enverrai des lettres à des amis pour te recevoir. En te renseignant à l'avance, tu pourras être logée chez des habitants pour comprendre ce pays autant que possible.

20 NICOLE: Pour une fois, mon cher, je suppose que tu as raison. Nous continuerons à en discuter et je compte sur toi pour m'aider.

SYNONYMES ET EXPRESSIONS APPROXIMATIVES

1   je compte passer = j'ai l'intention de passer
3   Du moins = En tout cas
5   à rater = à manquer
8   Tu es complètement dingue°! = Tu es tout à fait folle°, débile°, cinglée°
8   qui te manque = que tu n'as pas
9   la matière grise = la cervelle, la jugeotte
10 si rosse° = si méchant, si dur
11 j'en ai ras le bol!° = j'en ai plein le dos°, j'en ai marre°, je suis excédée
13 acquérir = obtenir
14 pas grand'chose = presque rien
17 j'enverrai = j'expédierai, je ferai parvenir
18 En te renseignant = En t'informant, En obtenant des renseignements

QUESTIONS SUR LE SCENARIO

1. Comment Nicole compte-t-elle passer ses vacances?
2. Pourquoi veut-elle visiter le Mexique?
3. En combien de temps compte-t-elle faire tout cela?
4. Qu'est-ce qui manque à Nicole, d'après Robert?
5. Pourquoi Robert est-il si rosse?
6. Que faut-il faire pour bien connaître un pays?
7. Si Nicole va aux Etats-Unis, que fera Robert?
8. Si Nicole se renseigne à l'avance, qu'est-ce qu'elle pourra faire?
9. Pourquoi cela sera-t-il un avantage pour Nicole?
10. Nicole accepte-t-elle la proposition de Robert?

VOCABULAIRE UTILE

Names of some countries:

l'Algérie (f.)	*Algeria*	l'Angleterre (f.)	*England*
l'Allemagne (f.)	*Germany*	l'Autriche (f.)	*Austria*

la Belgique	*Belgium*	la Jordanie	*Jordan*
le Brésil	*Brazil*	le Luxembourg	*Luxemburg*
le Cambodge	*Cambodia*	le Maroc	*Morocco*
le Canada	*Canada*	le Mexique	*Mexico*
la Chine	*China*	les Pays-Bas (*m.pl.*)	*Netherlands*
le Danemark	*Denmark*	la Pologne	*Poland*
l'Ecosse (*f.*)	*Scotland*	le Portugal	*Portugal*
l'Egypte (*f.*)	*Egypt*	la Roumanie	*Rumania*
l'Espagne (*f.*)	*Spain*	la Russie	*Russia*
les Etats-Unis (*m.pl.*)	*United States*	la Suède	*Sweden*
la France	*France*	la Suisse	*Switzerland*
la Grèce	*Greece*	la Syrie	*Syria*
la Hongrie	*Hungary*	la Tchécoslovaquie	*Czechoslovakia*
l'Irlande (*f.*)	*Ireland*	la Turquie	*Turkey*
Israël (*m.*)	*Israel*	le Vietnam	*Vietnam*
l'Italie (*f.*)	*Italy*	le Zaïre	*Zaire*
le Japon	*Japan*		

ATTENTION   Study the *Carte des pays de langue française* (World map of francophone countries) on the inside back cover of this book.

NOTE DE GRAMMAIRE 1
Les pronoms interrogatifs

The interrogative pronouns *who? whom? what?* vary in French for persons and things, as they do in English. The pronouns also indicate whether they function as subjects or objects in a given question.

   There are long and short forms of these interrogative pronouns, which correspond to the way the question is formed—by inversion of the subject and verb or with **est-ce que** or **est-ce qui.**

		SHORT FORM	LONG FORM
Persons:	SUBJECT:	**Qui** est là?	**Qui est-ce qui** est là?
	OBJECT:	**Qui** voyez-vous?	**Qui est-ce que** vous voyez?
Things:	SUBJECT:	(*none*)	**Qu'est-ce qui** se passe?
	OBJECT:	**Que** voyez-vous?	**Qu'est-ce que** vous voyez?

Quand writing-vs La forme longue où la forme courte?

In the long forms, the first element tells whether a person **(qui)** or a thing **(que)** is being talked about. The second element tells its grammatical function: **qui** for the subject of the sentence, **que** for the object.

Qui as the subject always takes the verb in the singular:

Qui **est** là? Robert et Henry **sont** là.

Exercices de transformation

Persons: Subject Forms

Modèle: Henry cherche sa valise.
Qui cherche sa valise?
Qui est-ce qui cherche sa valise?

1. Henry et Robert trouvent l'autobus.
2. Elle arrive par le train de 2 heures.
3. On va voir les nouvelles.
4. Olivier le sait bien.
5. Jacqueline est toujours bouleversée.
6. Robert prend du pain.
7. Il préfère la première chaîne.

Persons: Object Forms

Modèle: Ils cherchent leurs amis.
Qui cherchent-ils? Qui est-ce qu'ils cherchent?

1. Vous écoutez le président.
2. Elle regarde son camarade.
3. Il a vu Robert.
4. La mère lave son enfant.
5. Elle regarde son ami.
6. Suzanne invite Henry à dîner.
7. Nicole aime bien Robert.
8. Robert comprend M. Fourchet.

Things: Object Forms

Modèle: Ici on prend des œufs au petit déjeuner.
Que prend-on ici au petit déjeuner?
Qu'est-ce qu'on prend ici au petit déjeuner?

1. Il y a beaucoup de choses en ville.
2. Elle conduit une voiture grise.
3. Nous regardons la télévision.
4. Vous voulez faire vos devoirs.

Modèle: *Cette femme* vieillit bien.
            Qui vieillit bien?
            Qui est-ce qui vieillit bien?

1. *Cette couleur* vous va bien.[1]
2. Nous lui présentons *nos cousines.*
3. Vous désirez *une bouteille de vin rouge.*
4. *Cela* est amusant.
5. *David* aime la mobylette de Nicole.

6. Nicole *la* lui montre.
7. Elle connaît *le philosophe.*
8. On reconnaît *cette ville.*
9. *Le pont* est près de la ville.
10. *Le château* est en face de l'église.

NOTE DE GRAMMAIRE 2
Les prépositions avec les pronoms interrogatifs

Objects of prepositions in questions follow interrogative patterns similar to those in the preceding *Note.* The preposition simply precedes the interrogative pronoun, as it does in English:

De qui parlez-vous?   ***Of whom*** *are you speaking?*

With persons: PREPOSITION +   **qui**. . . ?
                                    qui est-ce que. . . ?

SHORT FORM	LONG FORM
De qui parlez-vous?	**De qui est-ce que** vous parlez?
A qui pensez-vous?	**A qui est-ce que** vous pensez?
Avec qui mangez-vous?	**Avec qui est-ce que** vous mangez?
Près de qui êtes-vous?	**Près de qui est-ce que** vous êtes?

With things: PREPOSITION +   **quoi**. . . ?
                                    quoi est-ce que. . . ?

STOP   Note that **quoi** is used instead of **qui**.

SHORT FORM	LONG FORM
De quoi parlez-vous?	**De quoi est-ce que** vous parlez?
A quoi pensez-vous?	**A quoi est-ce que** vous pensez?
Avec quoi mangez-vous?	**Avec quoi est-ce que** vous mangez?
Près de quoi êtes-vous?	**Près de quoi est-ce que** vous êtes?

[1]**vous va bien** = *becomes you.* **Vous** is an indirect object pronoun.

Ce chapeau **lui** va bien.
*This hat becomes **him** (or **her**).*

Exercices de transformation

Qui

Modèle: Elle parle à *Robert*.
                  A qui parle-t-elle?
                  A qui est-ce qu'elle parle?

1. Elle demande à *Robert* d'écrire une lettre.
2. Il est sorti avec *Nicole*.
3. On a conduit la voiture pour *le président*.
4. Ils ont discuté de *leurs camarades*.

Quoi

Modèle: Ils ont besoin *de sommeil*.
                  De quoi ont-ils besoin?
                  De quoi est-ce qu'ils ont besoin?

1. Il a mis les assiettes sur *la table*.
2. Elle a parlé avec *ses mains*.
3. Nous avons pensé à *la soirée chez vous*.
4. Il conduit sans *son permis de conduire*.

Qui ou Quoi

Modèle: Ils remplissent la carte pour *l'hôtesse de l'air*.
                  Pour qui remplissent-ils la carte?
                  Pour qui est-ce qu'ils remplissent la carte?

1. Nous avons besoin *d'aide*.
2. On travaille pour *soi-même*.[2]
3. On ne travaille pas pour *l'argent*.
4. Il faut toujours obéir au *code de la route*.
5. Elle est à côté de *moi*.
6. Vous avez parlé de *vos études*.

Modèle: Monsieur Fourchet parle avec *Robert*.
                  Avec qui Monsieur Fourchet parle-t-il?
                  Avec qui est-ce que Monsieur Fourchet parle?

[2]The tonic reflexive pronoun **soi** is used in reference to a subject that is indefinite:

On ne parle pas de **soi**.   *One doesn't speak of **oneself**.*
Chacun pour **soi** et Dieu pour tous.   *Each man for **himself** and God for all.*

1. Nicole se sert de *sa mobylette.*
2. Henry compte sur *l'arrivée du train.*
3. Mme Fourchet est à côté de *son mari.*
4. Suzanne invite *ses copines* à dîner.
5. David a mis de l'essence dans *le réservoir.*
6. Robert réussit à *conduire.*

SUMMARY: INTERROGATIVE PRONOUN SUBJECTS AND INTERROGATIVE PRONOUN OBJECTS

	SHORT FORM	LONG FORM
Persons		
SUBJECT:	**Qui** est là?	**Qui est-ce qui** est là?
OBJECT:	**Qui** voyez-vous?	**Qui est-ce que** vous voyez?
	Qui David voit-il?	**Qui est-ce que** David voit?
Things		
SUBJECT:	(*none*)	**Qu'est-ce qui** se passe?
OBJECT:	**Que** voyez-vous?	**Qu'est-ce que** vous voyez?
	Que David voit-il?	**Qu'est-ce que** David voit?
Objects of prepositions		
PERSONS:	**A qui** pensez-vous?	**A qui est-ce que** vous pensez?
	A qui David pense-t-il?	**A qui est-ce que** David pense?
THINGS:	**A quoi** pensez-vous?	**A quoi est-ce que** vous pensez?
	A quoi David pense-t-il?	**A quoi est-ce que** David pense?

NOTE DE GRAMMAIRE 3
Qu'est-ce que/Qu'est-ce que c'est que?

The expressions **Qu'est-ce que** and **Qu'est-ce que c'est que** are used to ask for a definition or a description:

Qu'est-ce que c'est qu'un piéton?
Qu'est-ce qu'un piéton?   ***What is*** *a pedestrian?*

«Un piéton est une sorte de microbe qui entre dans les artères et étrangle la circulation.»

Exercices de transformation

Modèle: *Le Cid* est une pièce de théâtre.
            Qu'est-ce que c'est que Le Cid?
            Qu'est-ce que Le Cid?

1. *Un cartable* est un sac où on met ses livres et ses cahiers.
2. *Une chemise* est une sorte de vêtement.
3. *Un cheval* est un animal.
4. *La vérité* est une chose éternelle.
5. *Un cahier* est un petit livre où on écrit des notes.

NOTE DE GRAMMAIRE 4
Les prépositions avec les noms de lieux

Prepositions before geographic locations follow, in most instances, strict rules of usage.

1. To translate *in, to, into,* follow these rules:

a. Use the preposition **en** before continents:

Je vais **en** Asie cet été.
Il va **en** Europe cet automne.
Nous allons **en** Afrique cet hiver.
Vous allez **en** Amérique ce printemps.

b. Use **en** with countries of feminine gender in the singular:

Ils vont passer l'année **en** France	**en** Angleterre
en Italie	**en** Chine
en Grèce	**en** Russie
en Allemagne	**en** Espagne

Most countries that end in **e** in French are considered feminine. Notable exceptions are **le Mexique, le Zaïre,** and **le Cambodge.**

c. Use **au** with countries of masculine gender in the singular:

Au Mexique on parle espagnol.	**Au** Maroc on parle français.
Au Brésil on parle portugais.	**Au** Canada on parle français.
Au Portugal on parle portugais.	**Au** Danemark on parle danois.
Au Japon on parle japonais.	

d. Use **aux** before all countries in the plural, regardless of gender:

aux Etats-Unis (*m.*)   **aux** Antilles (*f.*)   **aux** Pays-Bas (*m.*)

e. Use **à** with cities:

On a vu beaucoup de musées **à** Rome	**à** Paris
à Athènes	**à** Londres
à Pékin	**à** Washington
à Moscou	**à** Madrid

If a city has a definite article in its name, the article is retained. Contraction occurs with the preposition **à** in the case of a masculine definite article:

le Caire	= **au** Caire
le Havre	= **au** Havre
la Nouvelle-Orléans	= **à la** Nouvelle-Orléans

SUMMARY: *in, to, into*

PREPOSITION		TO TRANSLATE *in, to,* OR *into*
en	en Asie	continents
en	en France	feminine countries (singular)
au	au Japon	masculine countries (singular)
aux	aux Etats-Unis	countries with names in the plural
à	à Paris	cities

Substitution progressive

Nous sommes allés en France.
Nous sommes allés *en Allemagne.*
Nous nous sommes trouvés en Allemagne.
Nous nous sommes trouvés *au Danemark.*
Elle est née au Danemark.

Elle est née *en Italie.*
Elle est morte en Italie.
Elle est morte *au Portugal.*
Nous sommes allés au Portugal.
Nous sommes allés *en France.*

Exercices de manipulation

Rome se trouve *en Italie.*
Washington se trouve _____ .
Londres se trouve _____ .
Berlin se trouve _____ .
Madrid se trouve _____ .

Paris se trouve _____ .
Moscou se trouve _____ .
Pékin se trouve _____ .
Tokio se trouve _____ .
Ottawa se trouve _____ .

2. To express *from:*

  a. Use **de** to indicate *from* with continents:

   Il vient **d'**Afrique.

  b. Use **de** to indicate *from* with countries of feminine gender:

   Il vient **d'**Italie.

   or with masculine countries *beginning with a vowel:*

   Il vient **d'**Israël.
   Il vient **d'**Iran.

  c. Use **du** to indicate *from* with countries of masculine gender:

   Il vient **du** Mexique.

> **d.** Use **des** to indicate *from* with countries in the plural:
>
> Il vient **des** Etats-Unis.
>
> **e.** Use **de** before all cities:
>
> Il vient **de** Pékin.

When the names of cities contain a definite article, the definite article is retained and contraction with the masculine article occurs:

> Il vient **du** Caire.
> Il vient **du** Havre.
> Il vient **de la** Nouvelle-Orléans.

SUMMARY: *from*

PREPOSITION		TO TRANSLATE *from*
de (d')	d'Asie	continents
de (d')	de France	feminine countries (singular)
du (d')	du Japon	masculine countries (singular)
des	des Etats-Unis	countries with names in the plural
de (d')	de Paris	cities

Substitution progressive

Tu es venu de Belgique.	Il est arrivé *du Maroc.*
Tu es venu *d'Italie.*	*Il est revenu* du Maroc.
Nous sommes partis d'Italie.	Il est revenu *de France.*
Nous sommes partis *du Canada.*	*Tu es venu* de France.
Il est arrivé du Canada.	Tu es venu *de Belgique.*

Exercices de manipulation

Modèle: Je viens _____ et j'irai _____ . (*la France, l'Espagne*)
           Je viens de France et j'irai en Espagne.

1. le Portugal, le Mexique   5. la Turquie, l'Italie
2. l'Algérie, le Zaïre   6. la Suisse, la Tchécoslovaquie
3. l'Egypte, la Jordanie   7. l'Autriche, la Pologne
4. la Syrie, la Grèce   8. la Hongrie, la Russie

Modèle: Robert est _____ mais il ira bientôt _____ . (*la Roumanie, la Suède*)
           Robert est en Roumanie mais il ira bientôt en Suède.

1. le Danemark, l'Ecosse   3. la Belgique, les Pays-Bas
2. l'Angleterre, l'Allemagne   4. les Etats-Unis, le Mexique

5. le Zaïre, le Japon
6. la Chine, le Canada

7. la France, le Vietnam

Modèle: *Je suis né à Londres.*
            Tu viens d'Angleterre.

1. Je suis né à Los Angeles.
2. Je suis né à Athènes.
3. Je suis né à Moscou.
4. Je suis né à Rio de Janeiro.
5. Je suis né à Florence.

6. Je suis né à Tel Aviv.
7. Je suis né à Madrid.
8. Je suis né à Genève.
9. Je suis né à Paris.
10. Je suis né à Vienne.

NOTE DE GRAMMAIRE 5
Le verbe irrégulier **envoyer**

1. The verb **envoyer** (*to send*) changes its stem ending when followed by a syllable containing a mute **e:**

PRESENT:	j'envoie	nous envoyons [ãvwajõ]
	tu envoies [ãvwa]	vous envoyez [ãvwaje]
	il envoie	ils envoient

IMPERATIF:	envoie	PASSE COMPOSE:	j'ai envoyé
	envoyons		
	envoyez		

FUTUR:	j'enverrai	(*irregular formation*)

Verbs like **envoyer:**

		FUTUR
	renvoyer *to send away, to dismiss*	je renverrai

But:

employer *to employ*	j'emploierai
se tutoyer *to use the familiar form of address*	je te tutoierai
se vouvoyer *to use the formal form of address*	je vous vouvoierai

2. The verb **payer** (*to pay*) is similarly conjugated:

PRESENT:	je paie	nous payons [pɛjõ]
	tu paies [pɛ]	vous payez [pɛje]
	il paie	ils paient

IMPERATIF:	paie	PASSE COMPOSE:	j'ai payé
	payons	FUTUR:	je paierai
	payez		

Other verbs that end in **-ayer** (like **essayer,** *to try*) are conjugated the same way.

Along with **envoyer** and **payer,** this is a good time to drill all the verbs we have seen so far that require spelling changes:

Exercices de manipulation

1. *Nous* envoyons des lettres à nos parents.
   (*Je, Tu, Vous, Elle, Ils, On, Nicole, Nous*)
2. *Nous* payons les billets.
   (*Je, On, Vous, Ils, Tu, Elle, Nous*)
3. *Elle* jette le livre par la fenêtre.
   (*Nous, Vous, Ils, Je, Tu, Robert, Elle*)
4. *On* achète du veau chez le boucher.
   (*Nous, Ils, Je, Vous, Tu, M. Fourchet, On*)
5. *Nous* appelons les copains.
   (*Je, Vous, Elles, Tu, Il, Henry, On, Nous*)
6. *Il* commence à parler.
   (*Je, Vous, Nous, Elles, Tu, Il*)
7. *Il* ne renvoie pas le chauffeur de taxi.
   (*Nous, Tu, Vous, Elles, Je, Nicole, Il*)
8. Avez-*vous* envoyé le télégramme?
   (*tu, ils, nous, Est-ce que je, elle, vous*)

NOTE DE GRAMMAIRE 6
Les verbes irréguliers **vivre** et **suivre**

The irregular verbs **vivre** (*to live*) and **suivre** (*to follow, to take a course*) share similarities with **écrire.** Note the first person plural forms of these verbs:

vivre

PRESENT:	je vis		nous vivons	[vivō]
	tu vis	[vi]	vous vivez	[vive]
	il vit		ils vivent	[viv]

IMPERATIF:	vis	PASSE COMPOSE:	j'ai vécu
	vivons	FUTUR:	je vivrai
	vivez		

suivre

PRESENT:	je suis		nous suivons	[sɥivō]
	tu suis	[sɥi]	vous suivez	[sɥive]
	il suit		ils suivent	[sɥiv]

IMPERATIF:	suis	PASSE COMPOSE:	j'ai suivi
	suivons	FUTUR:	je suivrai
	suivez		

Note that for all three verbs—**écrire, vivre, suivre**—in the first, second, and third persons singular, the stem consonant is lacking.

Simples substitutions

1. *Il vit seul.*
   (*Nous vivons, Vous vivez, Elle vit, On vit, Ils vivent, Je vis, Il vit*)
2. *Il suit la Loire jusqu'à Blois.*
   (*Je suis, Nous suivons, Vous suivez, Elles suivent, Tu suis, Il suit*)

Exercices de transformation

1. *Je n'y vivrai pas sans argent.*
   (*Tu, On, Nous, Elles, Vous, Je*)
2. *J'y ai vécu longtemps.*
   (*Nous, Elle, Vous, Ils, Tu, Je*)
3. Ne le suivrez-*vous* pas?
   (*nous, tu, ils, elle, Est-ce que je, vous*)
4. Y suivrez-*vous* le chien?
   (*tu, Est-ce que je, nous, elles, on, vous*)

MICROLOGUE: Un professeur français

Au **lycée** Henri IV, comme dans tous les grands lycées pari- *state-supported secondary school*
siens, des coutumes strictes sont observées: lorsqu'un professeur
entre dans la salle de classe les élèves **doivent** se lever pour le *must*
saluer. Mais ce **genre** de politesse tend à se perdre, surtout depuis *kind*
mai 1968. Une fois entré, le professeur se dirige vers son **estrade** *platform*
et s'installe à son bureau. Il fait son cours, parfois avec l'aide de
ses notes et bien souvent il écrit **à la craie** au tableau. Jusqu'à *with chalk*
présent, les professeurs-hommes **étaient tenus de porter** un *were expected to wear*
costume et une cravate, mais cet usage se perd aussi. A la fin des
cours, **une sonnerie retentit** et les élèves se précipitent **hors de** *a bell rings/outside*
la salle de classe.

Questions

1. Est-ce que des coutumes strictes sont observées au lycée Henri IV?
2. Que doivent faire les élèves quand le professeur entre dans la salle de classe?
3. Est-ce que ce genre de politesse est en train de disparaître?
4. Depuis quand?

5. Que fait le professeur une fois entré?
6. Où et avec quoi écrit-il?
7. Qu'est-ce que les professeurs-hommes étaient tenus de porter jusqu'à présent?
8. Qu'est-ce qui se passe à la fin des cours?

LECTURE   Une journée de Nicole à l'école

1   *Après le dîner, Nicole et Robert sont assis dans le salon. Il n'y a rien d'intéressant à la télévision et Robert demande à Nicole de lui décrire sa journée.*

NICOLE: Eh bien! ce matin je me suis levée à sept heures et demie.
5   J'ai fait ma toilette, je me suis habillée, puis j'ai pris mon petit déjeuner. J'ai **terminé** mon cartable et à huit heures, je suis allée prendre l'autobus.   *finished [packing]*

   En arrivant à l'école, on s'est dit «bonjour» et on s'est em-   *On arriving*
brassé. Pendant les récréations ou quand c'est possible en classe,
10   je retrouve toujours mes meilleures amies, Sophie et Florence.
Nous nous sommes raconté **ce que nous avions vu** à la télé.   *what we had seen*
Dans ma classe il y a trente-trois élèves. Nous sommes partagées en deux groupes.

   Puisque c'est aujourd'hui mardi, mon premier cours a été un   *Since*
15   cours d'histoire. Notre professeur est une vieille demoiselle qui a   *easily moralizes without*
beaucoup de manies et qui nous **fait facilement la morale sans**   *punishing us anyhow/*
pour cela nous punir. En premier elle a examiné le travail   *At first*
que l'on avait à faire[3] chez nous (elle prend plusieurs cahiers   *that we had to do*
dans la classe). **Ensuite** elle nous a expliqué un nouveau chapitre.   *Afterward*
20   Mon deuxième cours était celui d'espagnol. Nous avons lu un texte et après le professeur nous a donné le vocabulaire. Elle est jeune et très **sympa,** mais le travail que l'on fait avec elle est   *nice*
ennuyeux. Elle est rasoir. Les cours durent une heure chacun.

   A dix heures et demie, nous avons eu une récréation qui a duré
25   une bonne demi-heure **car** les professeurs ont **un conseil de**   *because/teacher's*
classe ce jour-là. Avec mes amies nous avons discuté **de tout et**   *meeting*[4]
de rien et nous avons joué au volley-ball.   *everything and nothing*

   Le cours suivant a été un cours de géologie. Il nous est resté un moment pour faire du travail personnel.
30   Ensuite cela a été le cours d'anglais pour le groupe «A» seule-ment. Le professeur est très sévère, mais très gentille en dehors de ses cours. Là nous avons commencé par écouter un dialogue sur cassette: il y a un dialogue pour le vocabulaire, un dialogue modi-

---

[3]Note that the **l'** is added sometimes for a smoother sound.

[4]To discuss students' progress.

fié pour la grammaire, **puis** des questions sur le dialogue ou sur   *then*
35 les **dessins** dans notre livre. Ce cours passe très vite car nous   *drawings*
travaillons longtemps sur chaque chose. A midi et demi nous
sommes allées à la **cantine** où nous avons une demi-heure pour   *dining hall*
déjeuner. **A tour de rôle** trois élèves de chaque classe restent   *In turn*
pour ranger **le réfectoire.**   *dining hall (refectory)*
40   **Il nous est resté une demi-heure** pour aller dans **la cour**   *We had a half-hour left/ the courtyard*
faire **ce que nous voulions.** Quand il pleut, nous allons sous le   */what we wanted*
préau où **les jeux sont plus restreints. La cloche** a sonné à   *the games are more restricted/the bell*
une heure et demie. Le premier cours de l'après-midi a été la
géographie. Le professeur n'est pas du tout sévère. Le deuxième
45 cours a été pour les travaux manuels. On peut travailler **le rotin,**   *rattan*
la ficelle, faire du tricot, de la couture, faire des tapis, etc. A   *cords, knitting, sewing*
trois heures et demie, c'est la fin des cours pour les non-latinistes.
Pour les latinistes comme moi, il y a **une heure de perma-**   *study hour*
nence. Pendant cette heure **non-surveillée,** on peut s'avancer   *not monitored*
50 pour le travail de la semaine qui vient. Puis nous avons eu une
heure et demie de latin. Cela a commencé par une révision de
vocabulaire écrite et orale et le professeur nous a expliqué la leçon
pour le **prochain** cours. Il nous est resté du temps pour travailler   *next*
la version et le thème que l'on corrigera au prochain cours. A six
55 heures, **nous avons quitté l'école.**[5]   *we left the school*
J'aime bien le mardi soir **parce que** je n'ai jamais de travail à   *because*
faire à la maison, **tandis que** les autres soirs je reste plus de deux   *whereas*
heures devant mes devoirs.
Alors, as-tu tout compris?

60 ROBERT: Oui, à part quelques mots comme «cartable», «préau» et
«latinistes».
NICOLE: Bon. Un cartable est le sac où on met ses livres et ses
cahiers.
ROBERT: Qu'est-ce que c'est qu'un cahier?
65 NICOLE: Un cahier est un petit livre où on écrit des notes pendant
les cours. Tu comprends?
ROBERT: Oui. Et un préau?
NICOLE: Un préau est la partie couverte de la cour de l'école.
ROBERT: Et un latiniste?
70 NICOLE: Un latiniste est quelqu'un qui étudie le latin.

Questions

1. Où sont assis Nicole et Robert après le diner?
2. Qu'est-ce que Robert demande à Nicole?

[5]Note that **quitter,** *to leave,* takes **avoir** as an auxiliary and a direct object.

3. Qu'est-ce que Nicole a fait ce matin avant d'aller à l'école?
4. Après s'être dit «bonjour», que font les jeunes filles?
5. Comment est groupée la classe de Nicole?
6. Quels cours Nicole a-t-elle le mardi?
7. Que font les élèves pendant le cours d'histoire?
8. Comment est le professeur d'histoire?
9. Faites la description du professeur d'espagnol.
10. Que font les professeurs pendant la récréation du mardi?
11. Pour quel groupe est le cours d'anglais?
12. Comment est le professeur d'anglais?
13. De quelle manière se passe la classe d'anglais?
14. Où vont les jeunes filles pour déjeuner?
15. Qui range le réfectoire à tour de rôle?
16. Que peut-on travailler dans le cours de travaux manuels?
17. Quelle différence y a-t-il entre les latinistes et les non-latinistes?
18. Que fait Nicole pendant la classe de latin?
19. A quelle heure Nicole quitte-t-elle l'école?
20. Quelle différence y a-t-il entre le mardi soir et les autres soirs de la semaine pour Nicole?
21. Quels mots Robert n'a-t-il pas compris?
22. Expliquez ce que c'est qu'un cartable.
23. Qu'est-ce que c'est qu'un préau?
24. Qu'est-ce que c'est qu'un cahier?

CREATION ET RECREATION

1. Study the picture on the opening page of this chapter. Prepare a short newscast that would describe a major event in any of the countries shown other than the United States.
2. Describe in as much detail as possible your ideal vacation.
3. Resume your story of Monique and Pierre.

    Monique parle avec sa famille d'un voyage qu'elle considère faire pour mieux connaître les Etats-Unis. (Que lui suggéreriez-vous?)

Chapitre 16: COUP D'ŒIL

Oui   **Non**

——— 1. Interrogative pronouns used with reference to people are quite simple: **qui** is the   ———
   basic pronoun form:

   Qui parle maintenant?   *Who is speaking now?*
   Qui voyez-vous?   *Whom do you see?*

——— or *any preposition* + **qui:**   ———

Sur qui comptez-vous?   ***On whom*** *are you counting?*
Avec qui allez-vous au cinéma?   ***With whom*** *are you going to the movies?*

These pronouns, the "short" forms, are followed by the inversion of subject and verb, except in the subject case (*who?*)

_____ 2. Inversion is not necessary with the long forms:

Qui est-ce qui parle maintenant?
Qui est-ce que vous voyez?
Sur qui est-ce que vous comptez?
Avec qui est-ce que vous allez au cinéma?

_____ 3. The interrogative pronouns used with reference to things are:

Qu'est-ce qui se passe?   ***What's*** *happening?*
Que voyez-vous?   ***What*** *do you see?*

_____ or *any preposition* + **quoi:**

Sur quoi comptez-vous?   ***What*** *are you counting* ***on?***
Avec quoi le faites-vous?   ***With what*** *are you doing it?*

_____ 4. Again, there is no inversion with the long forms:

Qu'est-ce qui se passe?
Qu'est-ce que vous voyez?
Sur quoi est-ce que vous comptez?
Avec quoi est-ce que vous le faites?

_____ 5. Noun subjects in interrogatives are treated similarly:

A quoi Pierre pense-t-il?
A quoi est-ce que Pierre pense?

_____ 6. **Qu'est-ce que** and **Qu'est-ce que c'est que** are idiomatic forms that are used _____ when one seeks a definition or a description:

Qu'est ce qu'un piéton?
Qu'est-ce que c'est qu'un piéton?

_____ 7. Be careful of *prepositions* + *geographic location* to indicate

in, to, into: **en** France, **au** Canada, **aux** Etats-Unis;
                  à Paris, **au** Havre, **à la** Nouvelle-Orléans

as well as

from: **de** France, **du** Canada, **des** Etats-Unis;
          de Paris, **du** Havre, **de la** Nouvelle-Orléans.

8. The irregular verb **envoyer** undergoes some spelling changes:

j'envoie   nous envoyons
tu envoies   vous envoyez
il envoie   ils envoient

Renvoyer is conjugated like **envoyer. Payer** also has spelling changes:

je paie   nous payons
tu paies   vous payez
il paie   ils paient

9. The irregular verbs **écrire, vivre,** and **suivre** share certain similarities. Note the first person plural of each:

nous écri**vons,** nous vi**vons,** nous sui**vons**

VOCABULAIRE

Verbes

acquérir	rater
aider	(se) renscigner
casser	**renvoyer***
compter (sur)	**(se) tutoyer***
contenir	**suivre***
employer*	supposer
envoyer*	**vivre***
essayer*	**(se) vouvoyer***
(se) fatiguer	
informer	
payer*	

Noms

endroit (*m.*)	**disque** (*m.*)
itinéraire (*m.*)	jugeotte (*f.*)
lieu (*m.*)	matière (*f.*)
musée (*m.*)	**merveille** (*f.*)
pays (*m.*)	**note** (*f.*)
place (*f.*)	**pièce** (*f.*) **de théâtre**
quartier (*m.*)	**renseignement** (*m.*)
région (*f.*)	sorte (*f.*)
avis (*m.*)	**danois**
cahier (*m.*)	**espagnol**
cartable (*m.*)	**japonais**
cervelle (*f.*)	**portugais**

Adjectifs

amusant	**fou/folle°**
aztèque	imposant
certain	majestueux
cinglé°	**méchant**
débile°	**national**
dingue°	possible
dur	rosse°
excédé	surpris

Pronoms

Que?	**Quoi?**
Qu'est-ce que?	**soi**
	soi-même

Adverbes

à l'avance	**ensuite**
complètement	**presque**
du moins	

Expressions utiles

à bientôt	**en avoir ras le bol°**
à l'avance	en avoir marre°
à mon avis	en avoir plein le dos°
à temps	en tout cas
avoir l'intention de	**habituellement**
de temps à autre	parfois
de temps en temps	pas grand'chose
en effet	presque rien
être de retour	puisque
être excédé	rien du tout

CHAPITRE 17
METIERS

Scénario 17: METIERS

☣ PREMIERE ETAPE

1   M. FOURCHET: Quel est le métier de ton père, Robert?

ROBERT: Mon père est avocat à New York.

M. FOURCHET: Ta mère travaille-t-elle?

ROBERT: Elle était institutrice autrefois, avant de se marier, mais maintenant elle ne
5   travaille plus. Elle reste à la maison.

M. FOURCHET: Ce qui m'intéresse est de savoir ce que vous voulez devenir.

ROBERT: J'espère devenir médecin, comme Nicole.

NICOLE: Moi, jamais de la vie! Tu te trompes. Je ne veux devenir ni médecin, ni infir-
       mière.

10 ROBERT: Ne te fâche pas!

☣ DEUXIEME ETAPE

1   M. FOURCHET: Quel est le métier de ton père, Robert?

ROBERT: Mon père est avocat à New York.

M. FOURCHET: Ta mère travaille-t-elle?

ROBERT: Elle était institutrice autrefois, avant de se marier, mais maintenant elle ne
5   travaille plus. Elle reste à la maison.

MME FOURCHET: Dis donc, celles qui restent à la maison travaillent, non? Ah, vous, les
       hommes, vous êtes tous pareils!

M. FOURCHET: Ce qui m'intéresse est de savoir ce que vous voulez devenir.

ROBERT: J'espère devenir médecin, comme Nicole.

10 NICOLE: Moi, jamais de la vie! Tu te trompes. Je ne veux devenir ni médecin, ni infir-
       mière.

ROBERT: Ne te fâche pas! C'était juste pour rigoler.

M. FOURCHET: Sérieusement, que feras-tu dans dix ans?

ROBERT: De tous les métiers possibles je ne sais pas encore lequel m'intéresse le plus.

15 NICOLE: Je pense souvent devenir architecte.

M. FOURCHET: Mais il faut faire les Beaux-Arts!

NICOLE: Oui, je le sais. L'amie dont je t'ai parlé se prépare à y entrer.

ROBERT: Parfait!

TROISIEME ETAPE

1   M. FOURCHET: Quel est le métier de ton père, Robert?

ROBERT: Mon père est avocat à New York.

M. FOURCHET: Et ta mère travaille-t-elle?

ROBERT: Elle était institutrice autrefois, avant de se marier, mais maintenant elle ne
5   travaille plus. Elle reste à la maison.

MME FOURCHET: Dis donc, Robert, celles qui restent à la maison travaillent, non? Ah,
       vous, les hommes, vous êtes tous pareils!

M. FOURCHET: Moi, quand j'avais votre âge, je voulais devenir ingénieur, mais je n'ai
        pas pu finir mes études à cause de la guerre. Ce qui m'intéresse est de savoir ce
10   que vous voulez devenir.
ROBERT: J'espère devenir médecin, comme Nicole.
NICOLE: Moi, jamais de la vie! Tu te trompes. Il y a trop de responsabilités. Je ne veux
        devenir ni médecin, ni infirmière.
ROBERT: Ne te fâche pas! Je connais tes idées là-dessus. C'était juste pour rigoler.
15   M. FOURCHET: Sérieusement, Robert, que feras-tu dans dix ans?
ROBERT: De tous les métiers possibles je ne sais pas encore lequel m'intéresse le plus.
        Peut-être deviendrai-je avocat et prendrai-je la suite de mon père. Je sais que cela
        lui ferait plaisir. Et toi, Nicole?
NICOLE: Je pense souvent devenir architecte.
20   M. FOURCHET: Mais il faut faire les Beaux-Arts!
NICOLE: Oui, je le sais. L'amie dont je t'ai parlé se prépare à y entrer.
ROBERT: Parfait! Je te demanderai de construire ma future maison.

SYNONYMES ET EXPRESSIONS APPROXIMATIVES

1   le métier = la profession, le travail, le boulot°
7   tous pareils = tous les mêmes
12   Tu te trompes. = Tu fais erreur.
14   juste = seulement
14   pour rigoler° = pour rire, pour s'amuser
20   les Beaux-Arts = une école nationale supérieure de sculpture, peinture,
            architecture, gravure, etc.

VOCABULAIRE ILLUSTRE

Si on reste à la maison on peut **travailler:**

épousseter.[1]

vider les ordures.

[1]Conjugates like **jeter.**

ranger les affaires.

faire la cuisine.

balayer.[2]

faire la vaisselle.

**passer l'aspirateur
(sur un objet).**

faire les lits.

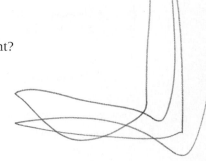

QUESTIONS SUR LE SCENARIO

1. Quel est le métier du père de Robert?
2. La mère de Robert travaille-t-elle encore?
3. Les femmes qui restent à la maison travaillent-elles vraiment?
4. Pourquoi M. Fourchet n'est-il pas devenu ingénieur?
5. Qu'est-ce qui intéresse réellement M. Fourchet?
6. Robert sait-il ce qu'il désire devenir?

[2]Conjugates like **payer.**

7. Que fera-t-il peut-être?
8. Pourquoi?
9. Nicole que pense-t-elle devenir?
10. Si elle devient architecte que lui demandera Robert?

NOTE DE GRAMMAIRE 1
L'imparfait

1. The *imperfect* of *regular* verbs is formed by taking the *first person plural present indicative* minus **-ons:**

FIRST CLASS VERBS	**parl-**
SECOND CLASS VERBS	**finiss-**
THIRD CLASS VERBS	**vend-**

2. To these stems we add one set of endings to all three classes of *regular* verbs:[3]

-ais, -ais, -ait, -ions, -iez, -aient

je parl**ais**	nous parl**ions**
tu parl**ais** [parlɛ]	vous parl**iez**
il parl**ait**	ils parl**aient**

je finiss**ais**	nous finiss**ions**
tu finiss**ais** [finisɛ]	vous finiss**iez**
il finiss**ait**	ils finiss**aient**

je vend**ais**	nous vend**ions**
tu vend**ais** [vãdɛ]	vous vend**iez**
il vend**ait**	ils vend**aient**

3. The endings are the same for *all* verbs, both *regular* and *irregular.*

4. Imperfect stems for the irregular verbs are also derived from the first person plural of the *present indicative* tense of the irregular verbs:

---

[3]Verbs ending in **-ger** add an **e** before the endings **-ais, -ais, -ait,** and **-aient** to preserve the soft **g** sound:
  je mang**e**ais, etc.
Verbs ending in **-cer** add a *cédille* to the **c** before the same endings:
  je commençais, etc.

EXAMPLES OF STEM FORMATIONS

INFINITIVE	IMPERFECT STEM	INFINITIVE	IMPERFECT STEM
aller	**all-**	avoir	**av-**
venir	**ven-**	faire	**fais-**
prendre	**pren-**	voir	**voy-**
pouvoir	**pouv-**	vouloir	**voul-**
boire	**buv-**	savoir	**sav-**
croire	**croy-**	dormir	**dorm-**
suivre	**suiv-**	écrire	**écriv-**
connaître	**connaiss-**		

The imperfect of **être,** however, is formed with the stem **ét-:**

J'**ét**ais institutrice.

Exercices de transformation

1. D'habitude, *il* avait mal à la tête.
   (*nous, tu, M. Fourchet, Nicole, vous, je, on, ils, il*)
2. *Elle* allait souvent chez les Fourchet.
   (*Tu, Elles, Vous, Je, Henry, Nous, Les étudiants, Elle*)
3. *Je* prenais l'autobus tous les jours.
   (*Ils, On, Nous, Mme Fourchet, Tu, Vous, Les enfants, Je*)
4. *Elle* écrivait des lettres le lundi.
   (*Nous, On, Je, Ils, Robert, Vous, Tu, Elle*)
5. *Il* croyait que tout allait bien.
   (*Nicole, Je, On, Nous, Les enfants, Il*)
6. *Il* était robuste.
   (*Nous, Robert, Tu, Je, Vous, Elle, Nos amis, Il*)
7. *Je* connaissais les questions mais *je* ne voulais rien dire.
   (*Nous, Henry, il, Tu, Vous, Les étudiants, ils, On, Je*)
8. *Il* voyait tout sans rien dire.
   (*Je, Nous, M. Fourchet, Vous, Les enfants, Nicole, Il*)

NOTE DE GRAMMAIRE 2
Emploi de l'imparfait

The *imperfect tense* is essentially a *descriptive past*. It is used to express the following concepts of time relationships in the past:

1. A *customary* or *habitual* action in the past:

J'allais au cinéma **tous les jours.**
I used to go to the movies every day.

The imperfect may be represented schematically in the following manner:

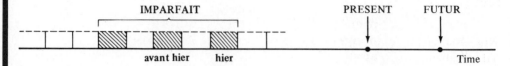

Note that the action was going on in the past over a period of time. It is something *one used to do repeatedly.* The imperfect may thus be said to represent an *incompleted* action, or one without a definite time restriction. Note that the imperfect differs from the *passé composé* (or the *perfect* tense):

Je suis allé au cinéma **hier soir.**   *I went to the movies **last night.***

The *passé composé* indicates an action that *has been completed* in the past. There is an indication that the action was completed at a specific moment in the past.

The schematic representation of **Je suis allé au cinéma hier soir** would look like this:

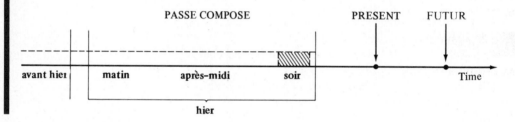

Substitutions progressives

1. Elle rangeait les affaires.
   Elle rangeait *les meubles.*
   Vous époussetiez les meubles.
   Vous époussetiez *les parquets.*
   Nous passions l'aspirateur sur les parquets.
   Nous passions l'aspirateur sur *les affaires.*
   Elle rangeait les affaires.

2. Nous aimions toujours toutes les leçons.
   Nous aimions toujours *aller à l'école.*
   Je voulais toujours aller à l'école.
   Je voulais toujours *vous parler.*
   Il essayait toujours de vous parler.
   Il essayait toujours de *bien faire.*
   Nous aimions toujours bien faire.
   Nous aimions toujours *toutes les leçons.*

Exercices de transformation

| Présent > Imparfait |

Modèle: Je vais au cinéma tous les jours.
J'allais au cinéma tous les jours.

1. Nous mangeons toujours au restaurant.
2. Tu peux conduire la voiture.
3. Il boit une bonne bière fraîche.
4. Elle vend des fleurs.
5. Nous finissons le travail.
6. Il obéit à l'agent de police.

| Passé composé > Imparfait |

Modèle: Elle a mis la table hier. (*autrefois*)
Elle mettait la table autrefois.

1. Robert a regardé la télé hier. (*souvent*)
2. Nous sommes allés à la cathédrale il y a deux jours. (*quelquefois*)
3. Vous avez eu le choix l'année dernière. (*fréquemment*)
4. Tu es rentré par la rue Jacques-Cœur hier. (*très souvent*)
5. Ils ont suivi la Loire jusqu'à Blois la semaine dernière. (*tous les jours*)
6. Nous avons tenu le plateau à midi. (*souvent*)

| Futur > Imparfait |

Modèle: Vous répondrez immédiatement à la question. (*toujours*)
Vous répondiez toujours à la question.

1. Tu nageras à la piscine demain. (*tous les soirs*)
2. Nous oublierons l'explication demain. (*souvent*)
3. Ils écouteront la musique dans une heure. (*tout le temps*)
4. Vous viderez les ordures tout de suite. (*fréquemment*)
5. Elle montera au premier étage ce soir. (*souvent*)
6. Je me servirai de la mobylette dans un moment. (*tous les matins*)

2. The *imperfect* may be used in conjunction with the *passé composé* (the *perfect* tense) to indicate:

WHAT WAS HAPPENING	WHEN	SOME OTHER EVENT HAPPENED
J'étudiais	quand	elle a frappé à la porte.
I was studying	*when*	*she knocked on the door.*
Je montais l'escalier	lorsque	l'hôtesse m'a appelé.
I was climbing the staircase	*when*	*the hostess called me.*
Elle écrivait une lettre	quand	son ami est arrivé.
She was writing a letter	*when*	*her friend arrived.*

The imperfect shows what was happening. The perfect shows what happened. The imperfect is an incompleted action. The perfect is a completed action. **Quand** or **lorsque** usually serve to connect both clauses. They both translate *when*.

Savoir is usually in the *imperfect* when used in the past tense. It is suggestive of an action that *goes on for some time*. In the *passé composé*, **j'ai su** means *to have found out* and is equivalent to **j'ai appris.**

Je ne savais pas que les banques étaient fermées.
I didn't know that the banks were closed.

J'ai su que vous étiez là.
I knew (found out) that you were there.

Croire, like **savoir**, is usually in the *imperfect tense* when referring to *past continuing action*.

Je croyais que vous sortiez avec elle.
I thought you were going out with her.

Exercices de transformation

Modèle   Il vide les ordures. (*Je ne savais pas*)
          Je ne savais pas qu'il vidait les ordures.

1. Elle balaie sa chambre. (*Il ne savait pas*)
2. Il passe l'aspirateur sur le tapis. (*Vous ne saviez pas*)
3. Il fait les lits tous les matins. (*Tu ne savais pas*)
4. Il fait la cuisine le dimanche. (*Elle ne savait pas*)
5. Elle aime faire la vaisselle. (*Nous ne savions pas*)

Modèle: Les Français aiment faire de la bicyclette. (*Je croyais*)
           Je croyais que les Français aimaient faire de la bicyclette.

1. Elle aime faire du ski. (*Il croyait*)
2. Les étudiants aiment jouer au tennis. (*Nous croyions*)
3. Il fait de l'athlétisme. (*Tu croyais*)
4. Tu aimes faire de la natation. (*Elle croyait*)
5. Elle arrive toujours à l'heure. (*Je croyais*)

Exercices de transformation

1. Il gelait quand *nous* sommes sortis.
   (*je, tu, vous, ils, on, Nicole, nous*)

2. Il faisait beau quand *je* vous ai vu.
   (*il, on, ils, Mme Fourchet, elles, je*)

Simples substitutions

Il neigeait lorsque nous sommes entrés.
(*Il faisait froid, Il faisait du soleil, Il gelait, Il faisait du vent, Le ciel était couvert, Il pleuvait à verse, Il faisait humide, Il faisait un temps de chien, Il neigeait*)

Exercices de manipulation

Modèle: Que faisiez-vous quand je suis entré? (*parler*)
           Je parlais quand vous êtes entré.

Que faisiez-vous quand je suis entré?
(*se dépêcher, se lever, descendre mes affaires, mettre la table, boire, étudier, travailler, discuter, parler*)

3. The *imperfect* also describes *two actions occurring simultaneously*, both of which go on indefinitely (with no time limit).

> **Elle parlait** pendant que **je travaillais.**
> **Elle chantait** pendant que **je jouais du piano.**

Pendant que is the most common way of connecting both of these actions *happening at the same time*.

Exercices de transformation

Présent > Imparfait

Modèle: Je me lève pendant que tu te couches.
           Je me levais pendant que tu te couchais.

1. Il apporte les dîners pendant qu'elle travaille.
2. Nous choisissons nos chaussures pendant que tu achètes des fleurs.
3. Ils montent l'escalier pendant que vous descendez les valises.
4. Je reste chez moi pendant que tu te promènes.
5. Je ne peux pas le faire pendant que tu bavardes.

4. The *imperfect* is used for *descriptions* as they appeared in the past:

> Il **faisait** beau.
> Toutes les boutiques **étaient** fermées.

or *to describe a state of mind or health* in the past:

Je le **pensais.**
Je ne **savais** pas qu'elle **avait** peur de moi.

J'**étais** malade.
J'**avais** mal à la tête.

or *to set a scene:*

Il **pleuvait** à verse et tous les animaux **avaient** peur. Brusquement, Noé leur **a dit:** «Du calme, les petits!»

CAUTION: REMEMBER THAT

- The imperfect is *a descriptive past tense.*
- The imperfect describes *a continuing action in the past.*
- The imperfect describes *a continuing state of mind or health in the past.*
- The imperfect is *an action taking place in the past without any indication as to when the action began or ended.*
- The imperfect describes *an action taking place in the past when some other event occurred.*

Exercices de transformation

Présent > Passé composé or Imparfait

Modèle: Nous finissons le travail. *(hier)*
           Hier nous avons fini le travail.

1. Elle est institutrice. *(autrefois)*
2. J'écris des lettres. *(généralement)*
3. Je vais en Italie. *(le mois dernier)*
4. Tu trouves la boutique. *(déjà)*
5. Il a mal à la tête. *(tous les jours)*
6. Il arrive en retard. *(hier)*
7. Je sais conduire. *(autrefois)*

5. Idiomatic use of the *imperfect:* An interrogative sentence containing the imperfect preceded by **si** is equivalent to the English notion *what if, suppose,* or *how about?*

Si nous **allions** au cinéma?
*Suppose we **were to go** to the movies?*

Exercices de transformation

Si + Imparfait

Modèle: Nous voyageons ensemble.
           Si nous voyagions ensemble?

1. On vous donne 16 francs.
2. Nous visitons le musée.
3. Tu me parles d'autres choses.
4. Vous comptez les oignons.
5. Vous balayez la cuisine.

NOTE DE GRAMMAIRE 3
La position des adjectifs

1. In *Chapitre 9* we discussed adjectives that precede nouns and others that follow nouns. When in doubt, you may safely place the adjective after the noun.

2. With certain adjectives, however, meanings may alter when they precede or follow the nouns. The position of the adjective determines the sense in which the noun is to be taken. A *figurative* sense is evoked when the adjective *precedes:*

un **pauvre** homme	a ***wretched*** *man*
un **cher** ami	a ***dear*** *friend*
un **ancien** professeur	a ***former*** *teacher*
un **grand** homme	a ***great*** *man*
ma **propre** serviette	*my **own** towel*

A *literal* sense is ascribed to the adjective that *follows:*

un homme **pauvre**	*an **indigent** man*
un livre **cher**	*an **expensive** book*
un musée **ancien**	*an **old** museum*
un homme **grand**	*a **tall** man*
ma serviette **propre**	*my **clean** towel*

Exercices de transformation

Modèle: Cet homme n'a plus d'amis. (*pauvre*)
               C'est un pauvre homme.

1. Autrefois ce professeur enseignait à l'université. (*ancien*)
2. Cette mobylette m'a trop coûté. (*cher*)
3. Cette femme n'a jamais eu d'argent. (*pauvre*)
4. Cet homme est très célèbre. (*grand*)
5. Ce mur vient d'être lavé. (*propre*)
6. Cet homme mesure 2 mètres de haut. (*grand*)

3. Note that two or more adjectives modifying a noun stand in relation to that noun according to the rules we saw in *Chapitre 9:*

Voilà une **jolie petite** fille.

Both **joli** and **petit** *normally precede the noun.*

Il habite dans une **petite** maison **blanche**.

Petit normally precedes the noun. **Blanc** normally follows the noun.

If one of the adjectives modifying the noun normally follows, both may be placed after it, joined by the conjunction **et:**

Il habite dans une maison **petite et blanche.**
C'est un homme **beau et savant.**

Two adjectives that normally follow the noun may also be joined by the conjunction **et:**

Voilà un objet **blanc et rouge.**

Exercices de transformation

Modèle: Elle a acheté une maison. (*petit*) (*vert*)
              Elle a acheté une petite maison verte.

1. C'est un homme. (*intelligent*) (*jeune*)
2. Voilà un magasin. (*bon*) (*italien*)
3. Il regarde une église. (*vieux*) (*gothique*)
4. C'est un hôtel. (*intéressant*) (*propre*)
5. Il commence une histoire. (*vieux*) (*autre*)
6. C'est une femme. (*beau*) (*charmant*)
7. C'est un livre. (*vieux*) (*cher*)
8. C'est un drapeau. (*grand*) (*français*)

NOTE DE GRAMMAIRE 4
L'adjectif interrogatif

1. The *interrogative adjective* asks the question

What + noun?
      or
Which + noun?

It has one form which, like all adjectives, shows *agreement* with the noun it modifies:

MASCULINE SINGULAR:	**Quel** jour sommes-nous?
MASCULINE PLURAL:	**Quels** livres étudiez-vous?
FEMININE SINGULAR:	**Quelle** cravate avez-vous choisie?
FEMININE PLURAL:	**Quelles** fleurs avez-vous achetées?

It is also possible to split the interrogative adjective from the noun it modifies:

Quels **sont** les livres que vous étudiez?
Quelle **est** la cravate que vous avez choisie?
Quelles **sont** les fleurs que vous avez achetées?

Note the placement of the preposition before the interrogative adjective:

> **Par** quelles portes passez-vous?
> ***Through*** *which doors do you pass?*

Exercices de transformation

Modèle: Il demande ce livre bleu.
           Quel livre demande-t-il?

1. Nous regardons ce vieux château.
2. Vous voyez ces grandes portes.
3. Nous sommes aujourd'hui mardi.
4. Les amis de New York sont arrivés.
5. Mon père est avocat.
6. Nous lisons le dix-septième scénario.
7. Nicole conduit une Renault.
8. Il n'a jamais visité Paris.
9. Les chaussures noires que j'ai achetées coûtent beaucoup.

2. The *interrogative adjective* may also be used to indicate a *strong emotional reaction* to something, as rendered in English by the expression *What a . . . !*

> **Quelle** surprise!   ***What a*** *surprise!*

Note that the French do *not* use the *indefinite article* in this form:

> **Quelle** cathédrale magnifique!   ***What a*** *magnificent cathedral!*

Exercices de transformation

Modèle: C'est une belle chambre.
           Quelle belle chambre!

1. C'est un visage intéressant.
2. Ce sont de bons étudiants.
3. Ce sont de vieilles églises.
4. C'est une pièce moderne.
5. L'usine est immense.
6. C'est un médecin patient.
7. Son ambition est grande.
8. Ce sont des églises énormes.

NOTE DE GRAMMAIRE 5
Lequel

1. In *Chapitre 16* we studied the following *interrogative pronouns:*

qui?	*who?*	qu'est-ce qui?	*what?*
de qui?	*of whom?*	de quoi?	*of what?*
à qui?	*to whom?*	à quoi?	*to what?*
qui?	*whom?*	que?	*what?*

2. We also learned the *interrogative adjective* **quel** (*which* + *noun*).

3. There is another *interrogative pronoun* form for asking *which one?* or *which ones?* that makes a clear distinction that it is *a question of choice:*

Les deux amis sont arrivés. **Lequel** s'appelle Paul?
*Two friends have arrived. **Which one** is named Paul?*

Lequel is an interrogative pronoun. It may be used with *persons, animals,* or *things.* Note that there are various forms of **lequel** which agree in number and in gender with their antecedents:

CASE	MASCULINE SINGULAR	FEMININE SINGULAR	MASCULINE PLURAL	FEMININE PLURAL
SUBJECT	**lequel**	**laquelle**	**lesquels**	**lesquelles**
DIRECT OBJECT	**lequel**	**laquelle**	**lesquels**	**lesquelles**
OBJECT OF				
PREPOSITION **de**	**duquel**	**de laquelle**	**desquels**	**desquelles**
à	**auquel**	**à laquelle**	**auxquels**	**auxquelles**
OTHER PREPOSITIONAL				
CASES	**avec lequel**	**avec laquelle**	**avec lesquels**	**avec lesquelles**

Simples substitutions

1. Les trois frères sont là. Lequel est *le plus jeune?*
   (*le cadet, l'aîné, votre ami, le plus beau, le moins irrité, le plus sage, le plus grand, le plus courageux, le plus jeune*)
2. Les trois femmes viennent d'arriver. Laquelle est *la plus jeune?*
   (*votre amie, la plus belle, la plus aimable, la moins irritée, votre cousine, la plus grande, la plus jeune*)
3. Les livres sont sur la table. Lequel *voulez-vous?*
   (*cherchez-vous, regardez-vous, vendez-vous, lisez-vous, préférez-vous, prenez-vous, choisissez-vous, voulez-vous*)

Exercices de transformation

Modèle: Nous avons cherché l'hôtel *avec un des frères.*
          Avec lequel avons-nous cherché l'hôtel?

1. Nous avons donné des cartes *à ce monsieur.*
2. Ils penseront *à toutes les leçons.*
3. Tu te souviens *des disques* qu'il t'a donnés.
4. Nous avons épousseté *tous les meubles.*
5. Nous avons besoin *de ces chaussures.*

Exercices de manipulation

Modèle: Elle nous sert trois steaks. (*vouloir*)
           Lequel voulez-vous?

1. Eh bien! voilà quelques bonnes idées! (*penser*)
2. Ha! ha! quelles histoires drôles! (*préférer*)
3. Mme Fourchet m'a donné trois guides de Bourges. (*avoir besoin*)
4. Les journaux étaient dans la salle à manger. (*lire*)
5. J'ai recu trois lettres. (*répondre*)
6. J'ai eu des expériences intéressantes. (*se souvenir*)

 Note that the *demonstrative pronoun* may often be used as an answer to the interrogative **lequel**:

Lequel voulez-vous?   Laquelle préfères-tu?
Celui qui est à droite.   **Celle qui** est verte.

Exercices de transformation

Modèle: Lequel aime-t-il? (*coûte le plus cher*)
           Celui qui coûte le plus cher.

1. Laquelle vas-tu acheter? (*roule le plus vite*)
2. Lesquels avez-vous rencontrés? (*étaient là il y a une heure*)
3. Auxquelles avez-vous parlé? (*sont arrivées à l'heure*)
4. Desquels parlez-vous? (*aiment jouer au football*)
5. A laquelle penses-tu? (*est la plus intelligente de la classe*)

NOTE DE GRAMMAIRE 6
Les pronoms relatifs **dont** et **à qui**

1. The *relative pronouns* **dont** (equivalent to **de qui**) and **à qui** relate clauses to the antecedent, in the same manner as **qui** and **que,** when the antecedents are *persons:*

ANTECEDENT	RELATIVE CLAUSE	MAIN CLAUSE
L'étudiant	**dont** vous parlez	est mon ami.
The student	*of whom you speak*	*is my friend.*
L'étudiant	**à qui** vous parlez	est mon ami.
The student	*to whom you speak*	*is my friend.*

Prepositions other than **de** follow the pattern of **à qui.**

ANTECEDENT	RELATIVE CLAUSE	MAIN CLAUSE
L'étudiant	**avec qui** je vais au cinéma	est mon ami.
The student	*with whom I am going to the movies*	*is my friend.*
L'étudiant	**pour qui** je le fais	est mon ami.
The student	*for whom I am doing it*	*is my friend.*

Exercices de transformation

Dont

Modèle: L'homme est arrivé. Vous avez parlé de lui.
            L'homme dont vous avez parlé est arrivé.

1. L'employé est fâché. Ils discutent de lui.
2. Henry est responsable. Robert dépend de lui.
3. Le dentiste habite près d'ici. Nous avons souvent besoin de lui.
4. Le professeur est intimidé. Nous ne sommes pas contents de lui.
5. Le vieux monsieur est gentil. Nous sommes contents de lui.
6. Le professeur est sérieux. Elle a peur de lui.

A qui

Modèle: L'hôtesse s'appelle Madeleine. Vous pensez à elle.
            L'hôtesse à qui vous pensez s'appelle Madeleine.

1. La boulangère est gentille. Nous lui avons demandé du pain.
2. Le professeur est bavard. Ils ne veulent pas lui obéir.
3. L'agent de police est irrité. Il faut lui répondre.
4. Mon cousin a 17 ans. Je lui apprends à conduire.

Preposition + qui

Modèle: Mon amie est belle. Je suis allé au cinéma avec elle.
            L'amie avec qui je suis allé au cinéma est belle.

1. Le pharmacien est l'ami de mon père. Je travaille pour lui.
2. Voilà le vieux monsieur! Nous avons dîné chez lui.
3. Les Fourchet sont si aimables. Je ferai tout pour eux.
4. Madame de Latte est très généreuse. On peut compter sur elle.

2. We have already studied the *relative pronouns* **qui, dont, à qui,** and **que** referring to *persons* in the antecedent:

ANTECEDENT	RELATIVE PRONOUN	MAIN CLAUSE
L'homme	**qui**	est là est mon ami.
L'homme	**dont**	vous parlez est mon ami.

Note the usage when the antecedent is *a thing* or *an animal:*

ANTECEDENT	RELATIVE CLAUSE	MAIN CLAUSE
Le livre	**qui** est sur la table	est très vieux.
Le chien	**qui** est là	est féroce.
Le livre	**que** vous voyez	est très vieux.
Le chien	**que** vous voyez	est féroce.
Le livre	**dont** vous parlez	est très vieux.
Le chien	**dont** vous parlez	est féroce.
Le livre	**auquel** vous pensez[4]	est très vieux.
Le chien	**auquel** vous pensez	est féroce.

ATTENTION   Note that the *relative pronoun* form of **lequel** (and its variants) is similar to the interrogative pronoun **lequel** and also contracts in the masculine singular and all plural forms with **à** and **de**.

3. The following chart contains all the possibilities of occurrence of the *relative pronouns,* including the form **lequel.**

	SUBJECT	DIRECT OBJECT	OBJECT OF A PREPOSITION
PERSONS:	**qui** *(who)*	**que** *(whom)*	**qui** *(whom)* *But:* **de qui, dont** *(of whom)*
ANIMALS *or* THINGS:	**qui** *(which)*	**que** *(which, that)*	**lequel, lesquels** *(which)* **laquelle, lesquelles** *(which)* **dont** *(of which)*

Study these examples:

PERSONS: **Qui**   M. King **qui** est avocat est à New York.

Que   Le professeur **que** vous connaissez est strict.

[4]**Penser** followed by an object requires the preposition **à.** The preposition **à** contracts with the *relative pronoun* to form **auquel.**

Object of a Preposition		M. Fourchet **à qui** vous écrivez est brave. Le charcutier **dont** vous parlez est riche.
ANIMALS AND THINGS:	**Qui**	Le chien **qui** dort est dangereux.
	Que	La vache **que** vous voyez donne beaucoup de lait.
	Object of a Preposition	Le stylo **avec lequel** j'écris est noir. Le livre **dont** vous parlez est neuf. La bouteille **dans laquelle** (*or* **où**) elle met du lait est propre.[5]

Exercices de transformation

 Modèle: Le crayon est jaune. J'écris avec ce crayon.
            Le crayon avec lequel j'écris est jaune.

1. Le chien est féroce. Tu lui parles.
2. Le responsable est de retour. Tu pensais à lui.
3. La carte est sur la table. Il faut remplir la carte.
4. Un monsieur frappe à la porte. Il est distingué.
5. Il travaille dans une usine. On y fabrique des pneus.
6. Nous épousseterons les meubles. Ils sont anciens.
7. La pharmacie est dans le centre de la ville. On peut y acheter des médicaments américains.
8. Elle passe l'aspirateur sur le tapis. Il est joli.
9. La cathédrale est de style gothique. On y trouve une nef originale.
10. Mon père est à New York. Il est avocat.
11. Je travaille dans un magasin. On y vend des objets d'art.

4. Summary of relative pronouns:

a. As the object of a preposition, the French distinguish between persons and animals or things by using **qui** and a form of **lequel.**

L'homme **à qui** j'ai donné un billet est un ami de mon père.
*The man **to whom** I gave a ticket is a friend of my father.*

Le crayon **avec lequel** j'écris est jaune.
*The pencil **with which** I am writing is yellow.*

Dont is used for either persons or things when they are objects of the preposition **de.**

[5]**Dans** + **lequel** (and its variants) may be replaced by **où.**

b. The relative pronouns always follow directly after the antecedent and start the relative clause:

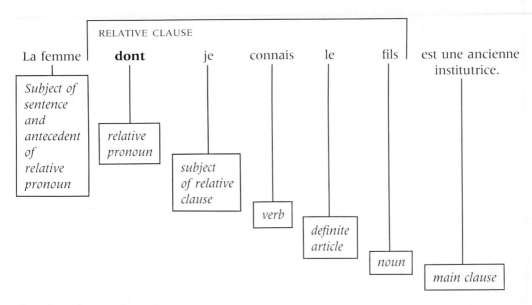

Exercices de transformation

Modèle: Le professeur est fantastique. J'ai lu ses livres.
             Le professeur dont j'ai lu les livres est fantastique.

1. La boulangère est très occupée. J'adore son pain.
2. Cette femme est française. J'aime sa robe.
3. Cette voiture est rapide. Je connais son propriétaire.
4. Cet homme est chef d'orchestre. Vous connaissez sa femme.

NOTE DE GRAMMAIRE 7
Pronoms sans antécédent défini

We saw the *relative pronouns* that take definite antecedents in *Chapitre 15*. (By the way, in this preceding sentence, the word *pronouns* is the *antecedent* of the relative pronoun *that*.)

There are also *relative pronouns* that do not have definite antecedents. To compensate for the lack of an antecedent, the particle **ce** *precedes* the form of the pronoun:

Ce qui est clair est français.
That which is clear is French.

Ce dont vous parlez ne me regarde pas.
*What (That which) you are talking **about** is not my business.*

Ce à quoi vous pensez ne me regarde pas.[6]
What you are thinking about is not my business.

Ce que vous dites est intéressant.
What you are saying is interesting.

Compare the following two tables:

CASE	ANTECEDENT	RELATIVE CLAUSE	MAIN CLAUSE
SUBJECT:	Le garçon	**qui** nous parle	est français.
DIRECT OBJECT:	Le garçon	**que** vous voyez	est français.
OBJECT OF PREPOSITION **de:**	Le garçon	**dont** vous parlez	est français.
ANY OTHER PREPOSITIONAL CASE:	Le garçon	**à qui** vous parlez	est français.

In each case above we have an *antecedent* (a noun in each example) which precedes *the relative pronoun.*

Note the differences in this chart where there is *no* definite antecedent:

CASE	RELATIVE CLAUSE	MAIN CLAUSE
SUBJECT:	**Ce qui** me plaît	coûte cher.
DIRECT OBJECT:	**Ce que** tu veux	coûte cher.
OBJECT OF PREPOSITION **de:**	**Ce dont** on a besoin	coûte cher.
ANY OTHER PREPOSITIONAL CASE:	**Ce à quoi** elle pense	coûte cher.

The function of each relative pronoun with an indefinite antecedent in the box is determined by its *relationship* to the verb in the relative clause:

SUBJECT:	**Ce qui** is the subject of the verb **plaire.**
DIRECT OBJECT:	**Ce que** is the direct object of the verb **vouloir.**
OBJECT OF **de:**	**Ce dont** is the object of the preposition **de** required in **avoir besoin de.**
OBJECT OF **à:**	**Ce à quoi** is the indirect object of the preposition **à** required in **penser à.**

 The pronouns without antecedents need not appear at the beginning of a sentence:

---

[6]**Ce** is not always required when it is in the body of a sentence:

Il m'a dit **à quoi** il pensait.
*He told me **what** he was thinking **about.***

Je sais **ce qui** lui plaît.
Achètent-ils toujours **ce qu'**ils veulent?
Il se demande **ce dont** elle a besoin.
Elle ne dit jamais **à quoi** elle pense.

Substitutions progressives

Ce qui: Subject

1. Ce qui est vrai est vrai.
   Ce qui *nous plaît* est vrai.
   Ce qui nous plaît *est bon*.
   Ce qui *t'intéresse* est bon.

   Ce qui t'intéresse *ne le regarde pas*.
   Ce qui *vous impressionne* ne le regarde pas.
   Ce qui vous impressionne *est vrai*.
   Ce qui *est vrai* est vrai.

Ce que: Direct Object

2. Ce que vous voulez est très cher.
   Ce que vous voulez *coûte cher*.
   Ce que *vous voyez* coûte cher.
   Ce que vous voyez *est à lui*.
   Ce que *vous préférez* est à lui.

   Ce que vous préférez *est là*.
   Ce que *Nicole désire* est là.
   Ce que Nicole désire *est très cher*.
   Ce que *vous voulez* est très cher.

Ce dont: Object of Preposition **de**

3. Ce dont nous avons besoin est en France.
   Ce dont *il a parlé* est en France.
   Ce dont il a parlé *est au Portugal*.
   Ce dont *je me souviendrai* est au Portugal.
   Ce dont je me souviendrai *est à Berlin*.
   Ce dont *elle est contente* est à Berlin.
   Ce dont elle est contente *est en France*.
   Ce dont *nous avons besoin* est en France.

Ce à quoi: Object of Preposition **à**

4. Ce à quoi je pense traverse le pont.
   Ce à quoi je pense *a quatre jambes*.
   Ce à quoi *il s'intéresse* a quatre jambes.
   Ce à quoi il s'intéresse *est artistique*.

   Ce à quoi *nous réussissons* est artistique.
   Ce à quoi nous réussissons *est difficile*.
   Ce à quoi *je pense* est difficile.
   Ce à quoi je pense *traverse le pont*.

Exercices de transformation

Modèles: Il pense à quelque chose.
                Mais je ne sais pas à quoi il pense.

                Elle a peur de quelque chose.
                Mais je ne sais pas de quoi elle a peur.

1. Il parle de quelque chose.
2. Elles ont trouvé quelque chose là-bas.
3. Ils se sont lavés avec quelque chose.

Modèle: Qu'est-ce que tu veux faire?
                Je ne vais pas te dire ce que je veux faire.

1. De quoi as-tu envie?
2. Sur quoi as-tu mis le guide?
3. Qu'est-ce qui t'intéresse?
4. A quoi penses-tu?
5. Qu'est-ce qui te bouleverse?

QUESTIONS GENERALES

1. Quel est le métier de votre père? de votre mère?
2. Qu'espérez-vous devenir? Pourquoi?
3. Qu'est-ce que c'est qu'une institutrice?
4. Décrivez le travail que fait une femme qui reste à la maison.
5. Est-ce qu'un mari doit aider sa femme à faire le travail à la maison?
6. Que vous faut-il pour faire un long voyage?
7. Quel auteur lisiez-vous quand vous aviez quinze ans?
8. Où viviez-vous quand vous aviez dix ans?
9. Alliez-vous souvent au cinéma quand vous étiez plus jeune?
10. Croyiez-vous toujours ce qu'on vous disait?
11. Disiez-vous toujours la vérité à vos amis? ou leur mentiez-vous?
12. Vous absentiez-vous souvent de l'école?

Exercices de manipulation

1. Demande à _____ ce qu'il faut faire pour nettoyer (*to clean*) sa chambre.
2. Demande à _____ ce que vend l'épicière.
3. Dis à _____ ce que tu fais quand tu restes à la maison.
4. Dis à _____ ce que tu désirais devenir quand tu avais 12 ans.
5. Dis à _____ ce que tu faisais hier soir quand la pendule a sonné minuit.
6. Dis-nous quels livres tu lisais quand tu étais au lycée.

MICROLOGUE   Un petit enfant noir

The following micrologue describes the reluctance of a black youth to attend white schools in Guadeloupe. The *Lecture (Prière d'un petit enfant nègre)* is by Guy Tirolien, an author born in 1917 in Guadeloupe.

Un petit enfant noir à la Guadeloupe ne veut plus aller à l'école des blancs. Il préfère suivre son père dans **les ravines fraîches** *the cool ravines*
et aller **pieds nus** sur **les sentiers brûlés.** Il ne veut pas devenir *barefoot/burned paths*
pareil aux messieurs de la ville. Il aime entendre les contes qu'un *similar*
vieux monsieur raconte, ainsi que d'autres choses qu'on ne trouve
pas dans les livres qu'on étudie à l'école. Il ne veut pas aller à
l'école parce qu'on y **enseigne** des choses qui ne sont pas de son *teaches*
pays.

Questions

1. Qu'est-ce que ne veut plus faire un petit enfant noir?
2. Dans quel pays habite-t-il?
3. Qu'est-ce qu'il préfère faire?
4. Qu'est-ce qu'il ne veut pas devenir?
5. Qu'aime-t-il entendre?
6. Pourquoi ne veut-il pas aller à l'école?

LECTURE   Prière d'un petit enfant nègre

1   Seigneur
je suis très fatigué
je suis né fatigué
et j'ai beaucoup marché depuis **le chant du coq** *cockcrow*
5   et **le morne** est bien haut *the hillock*
qui **mène** à leur école *leads*

Seigneur je ne veux plus aller à leur école
faites je vous en prie que je n'y aille plus.

Je veux suivre mon père dans les ravines fraîches
10   quand la nuit **flotte** encore **dans le mystère des bois** *floats/ in the mystery of*
où **glissent** les esprits que **l'aube** vient **chasser.** *the woods*
slide/dawn/to chase

Je veux aller pieds nus par les sentiers brûlés
qui **longent** vers midi **les mares assoiffées.** *go alongside/thirsty ponds*

Je veux dormir ma **sieste** au pied des **lourds manguiers.** *nap/heavy mango trees*

15   Je veux me réveiller

lorsque là-bas **mugit** la sirène des blancs — *roars*
et que l'**usine** — *factory*
ancrée sur **l'océan des cannes** — *anchored/the ocean of sugar canes*
vomit dans la campagne son **équipage** nègre. — *pours forth/crew*

20 Seigneur je ne veux plus aller à leur école
faites je vous en prie que je n'y aille plus.

Ils racontent qu'il faut qu'un petit nègre y aille
pour qu'il devienne pareil
   aux messieurs de la ville
25   aux messieurs **comme il faut.** — *proper*

mais moi je ne veux pas
  devenir comme ils disent
    un monsieur de la ville
      un monsieur comme il faut.

30 Je préfère **flâner le long des sucreries** — *to stroll along the sugar factories*
où sont les sacs **repus** — *full*
que **gonfle** un sucre brun — *swells out*
autant que **ma peau brune.** — *my brown flesh*

Je préfère
35 vers l'heure où **la lune amoureuse** — *the amorous moon*
parle bas à l'oreille
des **cocotiers penchés** — *leaning coconut trees*
écouter ce que dit
dans la nuit

40 **la voix cassée** d'un vieux qui raconte **en fumant** — *the broken voice/while smoking*
les histoires de **Zamba**
et de compère **Lapin** — *(characters in local fables)*
et bien d'autres choses encore
qui ne sont pas dans leurs livres.
45 Les nègres vous le savez n'ont que trop travaillé
pourquoi faut-il de plus
apprendre dans des livres
qui nous parlent de choses qui **ne sont point** d'ici. — *are not*

et puis
50 elle est vraiment trop **triste** leur école — *sad*
triste comme
ces messieurs de la ville
  ces messieurs comme il faut
qui ne savent plus danser le soir **au clair de lune** — *in the moonlight*
55 qui ne savent plus marcher sur **la chair** de leurs pieds — *the flesh*
qui ne savent plus conter les contes aux **veillées**— — *evening gatherings*

Seigneur je ne veux plus aller à leurs écoles.

> Guy Tirolien
> **Balles d'or**
> Paris: Présence africaine, 1966

CREATION ET RECREATION

1. Before class, write out five compound sentences. The first clauses will be in the *imparfait* and the second clauses in the *passé composé*. The first clause of each sentence should be labeled A, the second clause B. The five sentences should, in their entirety, make use of all the personal pronouns (**je, tu, il, elle, on, nous, vous, ils, elles**).

In class, each student will copy one B clause onto a card and submit that card to the instructor who, in turn, will place it in a hat. Every student will then choose a card at random from the hat.

The object of the exercise is to reconstruct your original sentence by guessing which of your classmates has drawn your B clause.

You score *two* points if you successfully reconstruct your sentence. If you pull your own B clause from the hat, **tant mieux!** When the person you call on reads a card that does not contain your original clause but which, in combination with your A clause, does make sense grammatically and semantically, you score *one* point. The first person to score *five* points wins the round. For example:

1. Clause A: Quand j'avais dix ans . . .
   Clause B: mes parents et moi sommes allés au Mexique.   (*two points*)
2. Clause A: Pendant que vous finissiez vos devoirs . . .
   Clause B: elle est tombée en bas de l'escalier.   (*one point*)
3. Clause A: Pendant que tu parlais à ta mère . . .
   Clause B: Louis XIV est mort en 1715.   (*no points*)

2. Monique continue la discussion avec sa famille sur les métiers d'hommes et de femmes.

Chapitre 17: COUP D'ŒIL

Oui   **Non**

———   1. The *imperfect tense* is formed by adding one set of endings to the stems of all verbs, regular and irregular. The stems of regular verbs are derived from the first person plural present indicative tense minus the **-ons** ending: ———

parl-
finiss- } + **-ais, -ais, -ait, -ions, -iez, -aient**
vend-

———   2. The *imperfect tense* is a descriptive past tense.   ———

Elle **était** institutrice.
Il **faisait** beau ce jour-là.

When used with the *passé composé,* the *imperfect* offers the descriptive background to the *completed past action:*

Je **voulais devenir** ingénieur, mais la guerre **a interrompu** mes études.

The *imperfect* is also used to render two actions occurring (and lasting) simultaneously in the past:

Je **jouais** du piano pendant qu'elle **chantait.**

3. The *imperfect* is essentially an action represented as being *continuous, habitual, or incomplete.* It is also simply descriptive of a state of mind or condition in the past.

4. Certain adjectives assume different meanings depending on whether they stand before or after the nouns they modify:

Mon **cher** ami vient d'arriver.   *My **dear** friend has just arrived.*
C'est une bicyclette **chère.**   *It is an **expensive** bicycle.*

5. The interrogative adjective is **quel . . . ?** It agrees in gender and number with the noun it modifies:

Quels scénarios lirons-nous?

6. **Quel** may also be used to indicate an emotional reaction to something, as seen in the English *What a . . . !*

Quelle belle chambre!

Quel may also be used as the subject of **être:**

Quel est votre nom?

7. The interrogative pronoun asking *which one?* or *which ones?* is **lequel, duquel, auquel, (avec lequel), lequel.** This interrogative pronoun shows agreement in gender and number with the noun to which it refers:

Les deux frères sont arrivés. **Lequel** est votre ami?

8. There are two forms of relative pronouns:

SIMPLE	ALTERNATE
qui	lequel, laquelle, lesquels, lesquelles
dont	duquel, de laquelle, desquels, desquelles
à qui	auquel, à laquelle, auxquels, auxquelles
que	lequel, laquelle, lesquels, lesquelles

The alternate forms obviously agree in gender and number with their antecedents. Try, wherever possible, to use the simple forms.

Le garçon **qui** vient d'arriver est mon ami.

With things and animals, the use of the **lequel** form as the object of the preposition is obligatory.

Le chien **auquel** tu parles est féroce.

9. Relative pronouns without definite antecedents are **ce qui, ce que, ce dont, (ce) à quoi.**

Ce qui est clair est français.

VOCABULAIRE

Verbes

(s')amuser	**(se) marier**
balayer	mesurer
bavarder	**nettoyer**
cirer	**plaisanter**
construire	(se) préparer (à)
épousseter	rigoler°
fabriquer	rire
frapper	**(se) tromper**
jouer	**vider**
(s')intéresser (à)	vouloir dire

Noms

avocat/avocate	envie (f.)
architecte (m.)	erreur (f.)
boulot° (m.)	étude (f.)
carrière (f.)	explication (f.)
chef (m.) d'orchestre	
infirmier/infirmière	**guerre** (f.)
ingénieur (m.)	occasion (f.)
instituteur/institutrice	opinion (f.)
maîtresse (f.) **d'école**	**plaisir** (m.)
médecin (m.)	**projet** (m.)
métier (m.)	**responsabilité** (f.)
personne (f.)	
profession (f.)	**aspirateur** (m.)
travail (m.)	**meuble** (m.)
usine (f.)	objet (m.)
	ordures (f.pl.)
ambition (f.)	pneu (m.)
aspiration (f.)	
calme (m.)	**natation** (f.)
désir (m.)	**piscine** (f.)
éducation (f.)	

Adjectifs

ancien	**pauvre**
fantastique	**propre**
féroce	**quel?/quelle?**
généreux	responsable
identique	**robuste**
impossible	**semblable**
neuf	**tranquille**
pareil	

Pronoms

à qui	**dont**
	lequel?/laquelle?

Adverbes

à propos de	**loin**
autrefois	**peut-être**
en ce moment	**quelquefois**
hier soir	sérieusement
juste	

Expressions utiles

à la maison	**faire la vaisselle**
aller trop loin	Ne fais pas attention!
autre chose	**Jamais de la vie!**
c'était juste	**passer l'aspirateur**
Dis donc!	pouvoir compter
faire la cuisine	**tous les jours**
faire les lits	**tout le monde**

CHAPITRE 18
TROISIEME
REVISION

TROISIEME REVISION
Quatrième étape

Study the composite picture on the preceding page. Prepare your own **scénario,** using your imagination. Be as natural as possible. Select one or several sketches and try to incorporate as many structures as you can in your presentation.

You have covered all of the grammatical elements you need to know in order to speak quite easily. What remains are some notions of refinement, such as:

1. The use of the *subjunctive* after *superlatives:*

   C'est le meilleur bâtiment que **j'aie vu.**

2. The use of the *subjunctive* after *certain verbs:*

   Il semble qu'**on explore** . . .

3. The *passé simple:*

   Le paysan **fut** longtemps l'appui de la France.

This tense is not spoken—except on formal occasions—but you should be familiar with it for reading purposes.

4. The *present participle* usages:

   . . . en **discutant** avec ta famille.

5. The construction **faire** + *infinitive:*

   C'est pour le **faire** parler.

6. *Negations* before *infinitives:*

   Ma mère m'a dit de **ne pas laisser** couler l'eau.

REVISION GENERALE DES CHAPITRES 13 A 17

   I. Partitive:
     A. The *partitive* is a form that indicates *some* or *a part of something.* It is always used in French but is implied most often in English:

       Je veux **du** pain.
       *I want (**some**) bread.*

     B. It is formed by the preposition **de** plus the *definite* article.
       1. de + definite article *contract* in masculine singular:

        Je mange **du** pain.

2. de + definite article *do not contract* in feminine singular:

On vend **de la** viande à la boucherie.

3. de + definite article *contract* in all plurals, masculine or feminine:

Je connais **des** hommes et **des** femmes ici.

4. de l' is used before singular nouns (regardless of gender) beginning with a vowel or a mute **h:**

Il veut **de l'**argent.

C. The form **de** or **d'** of the partitive is used in three cases:
   1. *After negatives:*

Je **n'**ai **pas d'**argent.

   2. *After expressions of quantity:*

Nous achetons **une bouteille de** bière.
J'ai **beaucoup d'**argent.

   3. *Before plural adjectives* preceding plural nouns:

Nous voyons **de** vieux messieurs.
Nous voyons **de** vieilles femmes.

II. Negations:
"Simple" negations (**ne . . . pas**):
Besides the most commonly heard **ne . . .pas,** we drilled other "simple" negations:

ne . . . rien	**ne . . . plus**
ne . . . jamais	**ne . . . guère**

Ne stands before the verb, **pas** after. In compound tenses, **ne** stands before the auxiliary verb, **pas** after.

Elle **ne** boit **pas.**	El **n'**a **pas** bu.
Elle **ne** boit **rien.**	Elle **n'**a **rien** bu.
Elle **ne** boit **jamais.**	Elle **n'**a **jamais** bu.
Elle **ne** boit **plus.**	Elle **n'**a **plus** bu.
Elle **ne** boit **guère.**	Elle **n'**a **guère** bu.

III. The *demonstrative pronoun* which is used to replace a noun modified by a *demonstrative adjective:*

Je lis **ce livre-ci.**	Je lis **celui-ci.**
Je cherche **cette serviette-là.**	Je cherche **celle-là.**
Il achète **ces chaussures-ci.**	Il achète **celles-ci.**
Elle connaît **ces étudiants-là.**	Elle connaît **ceux-là.**

IV. Ceci and **cela (ça)** are demonstrative pronouns that stand in place of concepts being referred to:

> **Ceci** n'est pas vrai.
> **Cela** est intéressant.
> Crois-tu **ça?**

V. The *tonic pronouns* are **moi, toi, lui, elle, nous, vous, eux, elles.** They are disconnected from the verb and are used after prepositions and for emphasis.

> Elle vient souvent chez **moi.**
> **Moi,** je le ferai!

VI. Object pronouns:

As we saw in *Chapitres 7* and *10, object pronouns* (both direct and indirect) stand *before the verb* in this order:

SUBJECT	INDIRECT	DIRECT	INDIRECT			VERB
Elle	**me**	**le**	**lui**	**y**	**en**	donne.
	te	**la**	**leur**			
	se	**les**				
	nous					
	vous					
	se					

Any single object pronoun (direct or indirect) stands *before the verb.* In the case of *two object pronouns,* they stand *before the verb in the order shown above.*

 Remember that you cannot have more than one direct or indirect object pronoun in a sentence.

> Elle **nous les** donne.

VII. Past participles:

A. Past participles *agree* with the *subjects* of the verbs when the auxiliary verb is **être:**

> **Elles** sont part**ies** à huit heures.

B. Past participles *agree* with preceding *direct objects* when the auxiliary verb is **avoir:**

> Je **les** lui ai donn**és.**

VIII. Adverbs:

A. Adverbs modify *verbs:*

> Je vais **bien.**   Je vais **mal.**

B. Normally, adverbs are placed immediately *after* the verb in simple tenses:

Elle parle **vite.**

and either *after* the auxiliary or the past participle in compound tenses:

Elle a **vite** fait.
Elle est partie **précipitamment.**

C. Adverbs are formed in several ways:
1. By adding **-ment** to the masculine form of an adjective that ends in a vowel:

   vrai + **-ment** = **vraiment**

2. If the adjective ends in a consonant, add **-ment** to the feminine form:

   certain > certaine + **-ment** = **certainement**

3. Others are formed irregularly:

   gentil = **gentiment**

D. There are different types of adverbs:

1. Adverbs of time: **aujourd'hui, déjà, depuis, encore, toujours**
2. Adverbs of place: **ici, là, loin, près**
3. Adverbs of quantity: **autant, beaucoup, peu, tant, trop**
4. Adverbs of degree: **aussi, moins, plus, presque, davantage**
5. Adverbs of manner: **bien, ensemble, vite, sans doute, volontiers**

IX. Adjectives and adverbs in French take regular and irregular forms of comparison.
   A. The regular comparatives are formed with **aussi ... que, plus ... que, moins ... que:**

   Jean est **aussi** grand **que** son frère.
   Elle court **plus** vite **que** lui.

   B. The irregular forms are:

bon	**mauvais**	**bien**	**mal**
meilleur	**pire**	**mieux**	**plus mal**
le meilleur	**le pire**	**le mieux**	**le plus mal**

   X. The *relative pronoun* is used to relate a clause (containing some additional information) to an antecedent:

   L'homme **qui vient d'arriver** est mon ami.
   L'homme **que vous écoutez** est mon ami.

   XI. The *direct* and *indirect object pronouns* replace object nouns.
Object pronouns in French stand *before* the verb, except in the affirmative imperative:

	NOUN	PRONOUN	
DIRECT OBJECT:	Je regarde **mon école.**	Je **la** regarde.	Regarde-**la!**
INDIRECT OBJECT:	Je parle **à l'homme.**	Je **lui** parle.	Parle-**lui!**

XII. Interrogatives:

   A. The interrogative pronoun *Who?*

CASE	SHORT FORM	LONG FORM
SUBJECT:	Qui	Qui est-ce qui
DIRECT OBJECT:	Qui	Qui est-ce que
OBJECT OF **de:**	De qui	De qui est-ce que
OBJECT OF **à:**	A qui	A qui est-ce que
OBJECT OF OTHER PREPOSITIONS:	Avec qui	Avec qui est-ce que

The short forms require inversion of subject and verb. In the long forms, inversion is prevented by the use of **est-ce que** (**est-ce qui** in the subject case).

   B. The interrogative pronoun *What?*

CASE	SHORT FORM	LONG FORM
SUBJECT:	—	Qu'est-ce qui
DIRECT OBJECT:	Que	Qu'est-ce que
OBJECT OF **de:**	De quoi	De quoi est-ce que
OBJECT OF **à:**	A quoi	A quoi est-ce que
OBJECT OF OTHER PREPOSITIONS:	Avec quoi	Avec quoi est-ce que

XIII. Prepositions with geographic locations:

To express the ideas *in, to, into* and *from* in respect to geographic locations, use the following prepositions:

IN, TO, INTO		FROM
en	Continents	de
en	Countries (*feminine singular*)	de
au	Countries (*masculine singular*)	du
aux	Countries (*all plurals*)	des
à	Cities	de

All countries that end in **e** are feminine, except for **Le Cambodge, le Mexique,** and **le Zaïre.**

XIV. The imperfect tense:

A. The *imperfect* is a descriptive tense; it describes a state or condition, or actions that were taking place in the past.

B. The *imperfect* tense—in addition to its descriptive nature—is typified by these characteristics:

1. It lasts over a period of time in the past:

Je travaillais à l'usine pendant deux ans.

2. We do not know when the action began or when it ended:

Autrefois **je le faisais** toujours.

3. It conveys the same action in English, normally translated by *was* + a verb ending in *ing* or *would* to indicate action habitually done in the past:

J'allais au cinéma tous les jours.

4. It describes states of mind or health as they appeared to be in the past:

J'avais mal à la tête.

5. It sets a scene:

La nuit **était** lourde. Il **faisait** très chaud.

XV. Adjective placement:

A. We saw in *Chapitre 9* that adjectives usually follow the nouns they modify. Some adjectives change their meaning according to whether they precede or follow the noun:

C'est un **pauvre** homme.	*He is a **wretched** man.*
C'est un homme **pauvre.**	*He is an **indigent** man.*
C'est un **cher** ami.	*He is a **dear** friend.*
C'est un livre **cher.**	*It is an **expensive** book.*
C'est un **ancien** professeur.	*He is a **former** teacher.*
C'est un musée **ancien.**	*It is an **old** museum.*
C'est un **grand** homme.	*He is a **great** man.*
C'est un homme **grand.**	*He is a **tall** man.*
C'est ma **propre** serviette.	*It is my **own** towel.*
C'est une serviette **propre.**	*It is a **clean** towel.*

B. Two or more adjectives modifying a noun stand in relation to that noun according to rules we saw earlier. Recall the following usages:

C'est une **jolie petite** fille.
(*both adjectives normally precede the noun*)

C'est une **petite** maison **blanche.**
(***petit*** *normally precedes the noun,* **blanc** *normally follows the noun*)

If one adjective precedes the noun and another follows it, both may be placed after the noun, joined by the conjunction **et:**

C'est une maison **petite** et **blanche.**

Two adjectives that normally follow the noun may also be joined by **et** and placed after the noun:

C'est un objet **blanc étincelant.**
C'est un objet **blanc et étincelant.** } *It is a **sparkling white** object.*

XVI. The interrogative adjective:

Quelle voiture allez-vous acheter?

The interrogative adjective agrees in gender and number with the noun it modifies.

Quel (and its forms: **quelle, quels, quelles**) may be used idiomatically to express an emotional reaction:

Quelle voiture!

XVII. The interrogative pronouns: *Which one? Which ones?*

CASE	MASCULINE SINGULAR	FEMININE SINGULAR	MASCULINE PLURAL	FEMININE PLURAL
SUBJECT:	**lequel**	**laquelle**	**lesquels**	**lesquelles**
DIRECT OBJECT:	**lequel**	**laquelle**	**lesquels**	**lesquelles**
OBJECT OF **de:**	**duquel**	**de laquelle**	**desquels**	**desquelles**
OBJECT OF **à:**	**auquel**	**à laquelle**	**auxquels**	**auxquelles**
OBJECT OF OTHER PREPOSITIONS:	**avec lequel**	**avec laquelle**	**avec lesquels**	**avec lesquelles**

These pronouns indicate a choice:

Les deux femmes sont là. **A laquelle** pensez-vous?

XVIII. The relative pronouns:
  A. Persons:

ANTECEDENT	RELATIVE CLAUSE	MAIN CLAUSE
L'hôtesse	**qui** est dans l'avion	est jeune.
L'hôtesse	**que** vous voyez	est jeune.
L'hôtesse	**dont** vous parlez	est jeune.
L'hôtesse	**à qui** vous pensez	est jeune.

  B. Animals or things:

ANTECEDENT	RELATIVE CLAUSE	MAIN CLAUSE
La maison	**qui** est près du château	est belle.

Le chien	**qui** est près du château	est beau.
La maison	**que** vous voyez	est belle.
Le chien	**que** vous voyez	est beau.
La maison	**dont** vous parlez (**de laquelle** vous parlez)	est belle.
Le chien	**dont** vous parlez (**duquel** vous parlez)	est beau.
La maison	**à laquelle** vous pensez	est belle.
Le chien	**auquel** vous pensez	est beau.

The preposition **à,** as well as other prepositions, takes the long form. However, as in the subject and object cases, the preposition **de** takes the short form.

   XIX. Relative pronouns without definite antecedents are **ce qui, ce que, ce dont, (ce) à quoi.**

   Ce qui est clair est français.

REVISION

Exercices

Expressions of Quantity

Modèle: Nous mangeons des pâtisseries. (*trop*)
            Nous mangeons trop de pâtisseries.

1. Elle achète des légumes frais. (*assez*)
2. Vous y avez mis des oignons. (*beaucoup*)
3. Tu as mis de la crème dans le café. (*un peu*)
4. Il a des valises. (*trop*)
5. Donnez-moi du lait. (*une bouteille*)
6. Je veux des œufs. (*une douzaine*)

Partitive Constructions: Negations

Modèle: Il demande de l'argent à son père.
            Il ne demande pas d'argent à son père.

1. Nous buvons de la bière à tous les repas.
2. Les Français mangent du pain.
3. Nous avons des fruits comme dessert.
4. Je cherche des voitures.

5. Nous vendons des fleurs fraîches.
6. Tu rends des livres à ton professeur.

Plural Adjectives Before Nouns

Modèle: Il y a des restaurants près d'ici. (*bons*)
              Il y a de bons restaurants près d'ici.

1. Je vois des bâtiments. (*grands*)
2. Nous regarderons des églises. (*belles*)
3. Tu as des valises. (*vieilles*)
4. Elle a acheté des chaussures. (*nouvelles*)
5. Vous prenez des boissons. (*autres*)
6. Vous mettez des vêtements. (*beaux*)

Relative Pronouns: **qui, que**

Modèle: L'hôtesse est dans l'avion. Elle est belle.
              L'hôtesse qui est belle est dans l'avion.

1. L'homme est en retard. Vous l'attendez.
2. Le livre est sur la table. Vous le cherchez.
3. La cathédrale est gothique. Elle date du 12ème siècle.
4. Les messieurs sont aimables. Ils viennent d'arriver.
5. Nicole arrive souvent en retard. Elle travaille jusqu'à cinq heures.
6. M. Dupont achète une nouvelle voiture. Il travaille à la boucherie.

Negations

Modèle: Je le ferai toujours comme cela. (*ne . . . jamais*)
              Je ne le ferai jamais comme cela.

1. Nous le lui avons donné. (*ne . . . pas*)
2. Elle le verra quand elle voudra. (*ne . . . plus*)
3. Vous avez vu beaucoup de choses. (*ne . . . rien*)
4. Il pleut. (*ne . . . plus*)
5. Il faut le leur dire. (*ne . . . pas*)
6. Elle vide les ordures. (*ne . . . jamais*)

Demonstrative Pronouns

Modèle: Cette ceinture-ci est large.
              Celle-ci est large.

1. Ces églises-ci sont vieilles.

2. Ces croissants-là sont frais.
3. Ce pain-là est bon.
4. Donne-moi cette bouteille-ci.
5. On a porté un toast avec ce vin-ci.
6. Cet appartement-ci est aussi grand que cet appartement-là.

Object Pronouns/Interrogatives/Negatives

Modèles: Il a donné le livre au guide.
           Il le lui a donné.
           Le lui a-t-il donné?
           Il ne le lui a pas donné.

           Tu attendras le taxi dans la rue.
           Tu l'y attendras.
           L'y attendras-tu?
           Tu ne l'y attendras pas.

1. Il a apporté des fleurs à son amie.
2. Vous avez acheté de l'aspirine à la pharmacie.
3. Le boulanger a vendu les baguettes à Nicole.
4. Elle enverra la ceinture à son ami.
5. J'ai écrit cette lettre à mes parents.
6. Le professeur a appris cette leçon à ses étudiantes.
7. Elle t'a donné son numéro de téléphone.
8. Je vous ai souvent dit «bonjour».
9. Ils m'ont attendu chez eux.
10. Tu as voulu nous montrer la Tour Eiffel.
11. Ils vous ont dit leurs noms.
12. Le garçon me servira de la bière.

Object Pronouns/Negatives/Interrogatives

Modèles: J'ai vendu les cartes postales aux étudiants.
           Je les leur ai vendues.
           Je ne les leur ai pas vendues.
           Est-ce que je ne les leur ai pas vendues?

           Elle a envoyé la lettre à son père.
           Elle la lui a envoyée.
           Elle ne la lui a pas envoyée.
           Ne la lui a-t-elle pas envoyée?

1. Vous avez montré la mobylette à M. Fourchet.
2. Tu as mis de l'essence dans le réservoir.

3. Le pharmacien donnera les médicaments à Jean.
4. Le charcutier vendra du porc à l'agent de police.
5. Il jettera la balle à son camarade.
6. Robert a rangé ses chemises dans le placard.
7. Elle a mis ses chaussures sous le lit.
8. Ils ont montré leurs passeports à l'agent de police.
9. Vous avez vu les statues dans l'église.
10. Elles ont admiré les vitraux dans la cathédrale.

Adverb Placement

Modèle: Cette jeune fille a-t-elle parlé? (*trop*)
           Oui, cette jeune fille a trop parlé.

1. Avez-vous répondu à la question? (*correctement*)
2. Sommes-nous arrivés en retard? (*hier*)
3. As-tu fini ta leçon? (*déjà*)
4. Aimes-tu manger à l'heure? (*toujours*)
5. As-tu fait la vaisselle hier soir? (*volontiers*)
6. A-t-on épousseté les meubles? (*certainement*)

Comparative of Adjectives and Adverbs

Modèle: Jean est grand. Paul est plus grand.
           Paul est plus grand que Jean.

1. Martin est intelligent. Jacqueline est plus intelligente.
2. Pierre est bon. Jacques est meilleur.
3. Henri parle bien. Roger parle mieux.
4. Celui-ci est joli. Celui-là est plus joli.
5. Ce professeur-ci est bon. Ce professeur-là est meilleur.
6. Celle-ci coûte cher. Celle-là coûte moins cher.

Relative Pronouns

Modèle: Je connais cette femme. Vous la regardez.
           Je connais la femme que vous regardez.

1. J'entends ce programme de musique. Il vient du Canada.
2. Vous avez admiré ce tableau. Il est de Picasso.
3. Vous avez beaucoup de livres. Ils sont à moi.
4. Je vois les fleurs. Vous les aimez.
5. Je vais remplir le verre. Vous le boirez.
6. Je lis les pièces de théâtre. Vous me les avez données.

Mixed Relative Pronouns

Modèle: Je connais ce monsieur. Vous avez parlé avec lui.
               Je connais le monsieur avec qui vous avez parlé.

1. Je connais ce monsieur. Vous avez fait cela pour lui.
2. Je connais ce monsieur. Vous le regardez.
3. Je connais ce monsieur. Il est avec le professeur.
4. Je connais ce monsieur. Vous avez besoin de lui.
5. Je connais ce monsieur. Vous êtes sorti avec lui.
6. Je connais ce monsieur. Ils sont chez lui.

Interrogatives: Subjects

Modèle: Ce professeur a répondu à la question.
             Qui a répondu à la question?
             Qui est-ce qui a répondu à la question?

1. Robert est parti rapidement.
2. J'irai à pied.
3. Elle pourrait aller au cinéma.
4. Tu entres au service des bagages.
5. M. Fourchet désire visiter le château.
6. Des hôtesses sont là pour vous accueillir.

Interrogatives: Direct Objects

Modèle: Elle l'attend.
             Qui attend-elle?
             Qui est-ce qu'elle attend?

1. Il allait rencontrer Sylvie et Francine.
2. Il salue ses camarades.
3. Il te retrouvera au café plus tard.
4. Ils connaissent tous les étudiants.
5. Vous regardez les hôtesses de l'air.
6. Elle écoute son ami.

Interrogatives: Mixed

Modèle: Nous avons parlé *de vos camarades.*
             De qui avons-nous parlé?
             De qui est-ce que nous avons parlé?

1. Il se souvient *de vous.*
2. Ils nous présentent *à lui.*

3. *Les Français* aiment faire de la bicyclette.
4. *Il joue* merveilleusement bien du violon.
5. Elle songe *à sa mère.*
6. Il faut demander cela *à l'employé.*

Interrogatives: Mixed (with things)

Modèle: *Le vent* fait le bruit.
            Qu'est-ce qui fait le bruit?

1. On garde *les deux mains* sur la table.
2. *Le pain* est délicieux.
3. Nous entendons *la musique.*
4. Elle pense *à ta façon* de parler.
5. Il parle *de ta soif.*
6. Elle ne s'est jamais servie *du téléphone.*
7. Il nous parle *de la musique américaine.*
8. Robert a besoin *de sommeil.*

Geographic Locations

Modèle: Elle est américaine.
            Elle vient des Etats-Unis. Sa famille est aux Etats-Unis.

1. Il est russe.   6. Il est brésilien.
2. Il est chinois.   7. Il est mexicain.
3. Elle est grecque.   8. Elle est italienne.
4. Il est japonais.   9. Elle est espagnole.
5. Elle est canadienne.

Imperfect Tense

Modèle: Quand il fait beau, j'y vais à pied. (*autrefois*)
            Autrefois, quand il faisait beau, j'y allais à pied.

1. Quand il fait beau, nous n'allons pas au cinéma.
2. Quand il fait beau, nous jouons au basket.
3. Quand il fait beau, nous nageons.
4. Quand il fait beau, nous n'étudions pas beaucoup.
5. Quand il fait beau, ils font un tour de la ville.
6. Quand il fait beau, il y a des choses à voir.
7. Quand il fait beau, il s'assied à la terrasse.
8. Quand il fait beau, elle se lève de bonne heure.
9. Quand il fait beau, M. Fourchet joue aux cartes.

Modèle: Nous mangeons tard. (*Il y a trois ans*)
            Il y a trois ans nous mangions tard.

1. Il parle français.   4. Vous me téléphonez souvent.
2. Vous savez conduire.   5. Elle va très bien.
3. J'habite chez les Fourchet.

Modèle: Les banques sont fermées. (*Je ne savais pas que*)
            Je ne savais pas que les banques étaient fermées.

1. Ils partent à deux heures pile.
2. Les étudiants viennent d'arriver.
3. Ils vont à l'école à neuf heures.
4. On nous cherche.
5. Vous êtes fatigués.
6. Vous conduisez bien.

Modèle: Vous sortez avec elle. (*Je croyais que*)
            Je croyais que vous sortiez avec elle.

1. Vous avez soif.
2. Elle a besoin de la voiture.
3. On étudie le scénario.
4. Vous vous servez de ma chambre.
5. Vous vous dépêchez
6. Vous vous levez de bonne heure.

Adjective Placement

Modèle: Cet homme n'a plus d'amis. (*pauvre*)
            C'est un pauvre homme

1. Cette voiture vient d'être lavée. (*propre*)
2. Ce garçon mesure deux mètres de haut. (*grand*)
3. Cette femme n'a pas d'argent. (*pauvre*)
4. Cette voiture m'a coûté beaucoup d'argent. (*chère*)
5. Cette femme est une amie que j'aime bien. (*chère*)

Interrogatives: Stressing a Choice

Modèle: Les frères sont ici. Je pense au cadet. (*pensez-vous*)
            Auquel pensez-vous?

1. Nous avons acheté des livres. Je lis la comédie. (*lisez-vous*)
2. Nous avons lu des pièces de théâtre. Je vais parler d'*Andromaque*. (*allez-vous parler*)
3. Elle est arrivée avec ses deux sœurs. (*aimez-vous le mieux*)
4. Toutes les femmes sont arrivées. J'attends l'aînée. (*attendez-vous*)

5. Nous avons acheté des fruits. Je préfère les fraises. (*préférez-vous*)
6. Elle a acheté deux robes. (*a-t-elle achetée*)

> Relative Pronouns: Prepositions + **lequel**

Modèle: Elle est partie par ce train.
           C'est le train par lequel elle est partie.

1. Nous avons mis les livres sur cette table.
2. Vous avez répondu à cette lettre.
3. Je pensais à cette maison.
4. J'ai écrit toutes mes lettres avec ce stylo.
5. Je compte beaucoup sur cet avion.
6. Elle écrira sur ce papier.

QUESTIONS GENERALES

Répondez par phrases complètes.

1. Etes-vous déjà allé(e) en France? Où? Comment l'avez-vous trouvée?
2. Sinon, espérez-vous y aller un jour? Quand?
3. Quels sont les pays que vous voulez visiter?
4. Que savez-vous de ces pays?
5. Pouvez-vous nommer les capitales de ces pays?
6. Que faisiez-vous à cette époque l'année dernière?
7. Si vous n'avez que deux livres à prendre avec vous, lesquels choisirez-vous?
8. Si vous réussissez à vos examens, comptez-vous continuer vos études de français?
9. Pourquoi faut-il apprendre à parler d'autres langues?
10. Quels sont quelques-uns des dangers que vous voyez dans une société où on ne parle qu'une langue?
11. Pour mieux connaître un peuple (*people*) qu'est-ce qu'il faut faire?
12. Décrivez une de vos journées typiques. Soyez spécifique!
13. Décrivez un professeur américain.
14. Que n'aimez-vous pas dans notre système d'éducation?
15. A votre avis, quel est le métier qui contribue le plus à la société?
16. Décrivez les corvées (*chores*) qu'on doit faire à la maison.
17. A votre avis, quelle est la plus belle ville du monde? Pourquoi?
18. Quelle est la personne que vous admirez le plus? Quelles sont ses qualités?

LECTURE   Le Sénégal

1   Le Sénégal, une ancienne colonie de la France, est sur **la**   *the coast*
côte ouest de l'Afrique. Les pays qui bordent le Sénégal sont la
Mauritanie au nord, la Guinée au sud, le Mali à l'est, la Gambie
à l'intérieur du Sénégal et la Guinée-Bissau au sud-ouest.

5   Les relations entre la France et le Sénégal sont très cordiales.
La culture française est importante, surtout dans la capitale (Dakar)
et les villes. La langue officielle est le français, mais la majorité
des gens n'oublie pas de parler le ouolof. Dans **la langue cou-**   *colloquial language*
rante beaucoup de mots français ont été adoptés et acceptés.

10   Dans les villes, les habitants sont exposés à deux cultures: la
française et la sénégalaise. La population **urbaine** apprend à lire   *urban*
le français à l'école et la langue locale en famille. L'éducation
familiale apprend aussi aux enfants **une courtoisie** naturelle et   *a courtesy*
les égards dûs à **l'Ancien.**   *the respect due/the Elder*

15   Les vêtements consistent de **la mode** qui arrive de Paris ou du   *fashions*
vêtement traditionnel. Les femmes portent le **boubou** (mot ve-   *African dress*
nant du français) ou *mboube* en ouolof. Comme **coiffure,** elles   *headdress*
portent le *mousor* et **le pagne** qui est un morceau d'étoffe qui   *kind of skirt*
couvre de la ceinture aux genoux. Les hommes portent des **cu-**   *pants*
lottes très larges avec une sorte de chemise appelée *niety-abdou,*
le boubou **pardessus** et **une calotte** comme coiffure.   *on the top/cap*

Dans quelques familles, tous mangent ensemble autour d'une
table avec des assiettes, fourchettes et couteaux.

D'autres mangent assis **par terre** sous un arbre. Il y a un grand   *on the ground*
25   plat de métal *boly* au milieu duquel ils prennent **la nourriture**   *food*
avec les mains. C'est un rite important de se laver les mains avant
de commencer à manger. Dans certaines familles, les hommes
mangent seuls. La dignité de l'Ancien est très importante, c'est lui
qui donne les ordres. Les femmes peuvent servir les hommes et
30   **se tenir debout** près d'eux ou retourner à la cuisine. Les enfants   *remain standing*
mangent **soit** en groupe près des hommes, **soit** avec les femmes.   *either/or*

Les Sénégalais prennent trois repas par jour. Le plus important
est le déjeuner. Ils mangent de la viande, surtout du poisson, beaucoup de légumes et du riz qu'ils préparent de différentes manières.
35   Ils mangent aussi beaucoup de fruits.

Pendant **le Ramadan,** les Sénégalais mangent moins. L'un des   *Moslem month of fasting*
repas se compose d'**une bouillie** appelée *laax,* faite d'**une farine**   *porridge/rice flour mixed*
de riz mélangée à du lait **caillé,** ou bien la farine de riz est   *curdled*
mélangée à **une sauce d'arachide** ou à du jus des fruits du   *peanut sauce*
40   **baobab** pour former des **boulettes.**   *(a tree)/small balls*

La danse et les chants occupent une grande place au Sénégal.
On entend de la musique nationale, française et latine. Les musiciens sont encouragés à jouer de la musique sénégalaise. Il existe
plusieurs espèces de **tambour,** des guitares à **calebasse telle** la   *drum/calabash gourd*
45   *kora,* un genre de xylophone **tel** le *xytar* et le *balaphon.* La jeunesse   *such as/such as*
est folle de musique **antillaise,** surtout de la pachanga et du cha   *from West Indies*
cha cha, ainsi que de disco. Les plus âgés préfèrent écouter la
musique traditionnelle.

Il existe aussi les griots. Ce sont des sortes de troubadours ou

50 des poètes et musiciens ambulants. Il en existe deux genres: le
    griot de famille qui chante **les louanges** de la famille pendant les   *praises*
    cérémonies de la famille (mariages, **baptêmes** . . .) et aussi le   *christenings*
    griot de profession. Celui-ci est une sorte d'historien oral qui rap-
    pelle le côté historique d'un village, d'une ville, d'une province
55 ou bien encore il peut présenter une pièce à la télévision ou à la
    radio.

    La lutte est le sport national avec les courses de chevaux et **le**   *wrestling*
    football au sud du pays.   *soccer*

    La majorité des Sénégalais sont des fermiers. L'agriculture con-
60 siste de **la culture maraîchère** de fruits et de légumes importée   *market gardening*
    en France en particulier et de la culture des céréales, principale-
    ment **l'arachide.** Les fermiers la plantent aux premières pluies,   *peanut*

Des Sénégalais

Une rue à Dakar au Sénégal

en juin, et **la récolte** a lieu du 15 octobre au 15 novembre. **Pen-** *the harvest/between*
dant la demi-saison, ils s'occupent d'entretenir la ferme. *seasons*

65   Le Sénégal est un pays qui a su se réaliser en intégrant d'autres
cultures à la sienne.

QUESTIONS SUR LA LECTURE

1. Qu'est-ce que c'est que le Sénégal?
2. Quels sont les pays qui bordent le Sénégal?
3. Où se trouve la Gambie?
4. Comment sont les relations entre la France et le Sénégal?
5. Où la culture française est-elle importante?
6. Quelle est la langue officielle?
7. Que parle la majorité des gens?
8. Qu'est-ce qui a été adopté dans la langue courante?
9. Dans les villes, les habitants sont exposés à quelles cultures?
10. Où apprend-on à lire le français?
11. Qu'est-ce qu'on apprend en famille?
12. En quoi consistent les vêtements au Sénégal?
13. Que portent les femmes?
14. Que portent les hommes?
15. Comment mangent les familles?
16. Comment mangent-ils sous un arbre?
17. Les hommes mangent-ils avec les femmes?
18. Qui donne les ordres?
19. Avec qui les enfants mangent-ils?
20. Quel est le repas le plus important au Sénégal?
21. Que mangent-ils?
22. Pendant le Ramadan, de quoi se compose l'un des repas?
23. Qu'est-ce qui occupe une grande place au Sénégal?
24. Quels instruments existent-ils pour jouer de la musique?
25. Quelle musique préfèrent les jeunes? les plus âgés?
26. Quel est le sport national?
27. Quelle est l'occupation de la majorité des Sénégalais?
28. Quelle est la culture la plus importante?
29. Quand plante-t-on et récolte-t-on l'arachide?
30. Que font les fermiers pendant la demi-saison?
31. Qu'est-ce que le Sénégal a su réaliser?

PAS A PAS

Keep your books open to this page. Your teacher will describe one picture of the four depicted. He or she will pause periodically to give you a chance to choose the picture you believe is being described.

CREATION ET RECREATION

1. Learn the meaning of each symbol shown here.

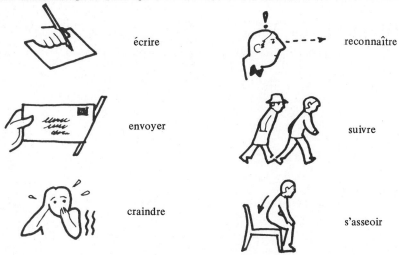

Make up full sentences using each of the verbs in the appropriate person and tense indicated.

Modèle: Nous: 1A
    Nous écrirons des lettres à nos amis.

1. Nous: II C, III E, IV A
2. Je: II B, IV C, I B

3. Henry: I B, II C, III C, IV D
4. Mme Fourchet et Nicole: I C, II C, IV C, I D
5. Tu: IV C, III B, I A, II B
6. Vous: II E, I F, II A, III F

2. Pierre décrit un voyage qu'il a fait au Sénégal (ou autre pays étranger).

CHAPITRE 19
AU CAFE

Chapitre 19: AU CAFE

☼ PREMIERE ETAPE

1   HENRY: Je ne vous ai pas vus au match de basket.

    SYLVIE: Quand nous y sommes arrivés, vous étiez en train de finir le match.

    HENRY: J'ai vraiment soif et je voudrais fêter notre victoire. (*Henry a l'air épuisé.*)

    SYLVIE: Pourquoi joues-tu si dur? Ce n'est qu'un jeu.

5   HENRY: Je joue comme ça parce que j'ai besoin de me dépenser.

    SYLVIE: Si j'avais plus de temps, j'aimerais jouer au tennis.

    HENRY: On peut toujours trouver le temps. Tu peux jogger en allant à l'école.

    SYLVIE: C'est facile à dire! Où prendrais-je une douche?

    HENRY: Lève-toi plus tôt le matin! Fais du sport tous les jours!

☼ DEUXIEME ETAPE

1   *Henry entre dans le café et serre la main de ses amis français.*

    HENRY: Je ne vous ai pas vus au match de basket aujourd'hui.

    SYLVIE: Oui, en effet nous avons fait des corvées après la classe. Plus tard, quand nous y sommes arrivés, vous étiez en train de finir le match.

5   HENRY: Nous avons gagné. Et maintenant, j'ai vraiment soif et je voudrais fêter notre victoire.

    (*Henry a l'air épuisé.*)

    SYLVIE: Pourquoi joues-tu si dur? Ce n'est qu'un jeu après tout.

    HENRY: Je joue comme ça parce que, après les classes, j'ai besoin de me dépenser.

10   SYLVIE: Si j'avais le temps, j'aimerais jouer au tennis. Ça me détendrait aussi.

    HENRY: On peut toujours trouver le temps pour les sports. Toi, par exemple, tu peux jogger en allant à l'école.

    SYLVIE: C'est facile à dire! Où prendrais-je une douche avant de me changer?

    HENRY: Dans ce cas-là, lève-toi plus tôt le matin pour le faire. Ne sois pas si paresseuse!

15   Sois plus énergique! Ne reste pas toujours assise! Fais du sport tous les jours!

TROISIEME ETAPE

1   *Henry entre dans le café et serre la main des ses amis français. Il s'assied à la terrasse.*

    HENRY: Bonjour, je ne vous ai pas vus au match de basket aujourd'hui.

    SYLVIE: Oui, en effet, nous avons fait des corvées après la classe. Plus tard, quand nous y sommes arrivés, vous étiez en train de finir le match.

5   HENRY: Heureusement nous avons gagné, ce qui a été plus difficile que je ne pensais! Et maintenant, j'ai vraiment soif et je voudrais fêter notre victoire. Vous prenez quelque chose? Garçon!

    (*Le garçon arrive.*)

    HENRY: Une bière pression. Que buvez-vous, vous autres?

10   LE GARCON: Je sais ce qu'ils veulent. Un Perrier au citron, un kir, un lait fraise.
(*Henry a l'air épuisé.*)
SYLVIE: Pourquoi joues-tu si dur? Ce n'est qu'un jeu après tout.
HENRY: D'abord, j'aime les jeux d'équipe et je joue comme ça parce que, après les classes,
j'ai besoin de me dépenser.
15   SYLVIE: Tu as raison. Si j'avais plus de temps, j'aimerais jouer au tennis. Ça me détendrait
aussi.
HENRY: Si on est dynamique on peut toujours trouver le temps pour les sports. Toi, par
exemple, tu peux jogger en allant à l'école.
SYLVIE: C'est facile à dire! Mais où prendrais-je une douche avant de me changer?
20   HENRY: Je ne savais pas qu'il était impossible de se doucher à l'école. Dans ce cas là,
lève-toi plus tôt le matin. Sois plus énergique! Ne sois pas si paresseuse! Ne reste
pas toujours assise! Fais du sport tous les jours!

SYNONYMES ET EXPRESSIONS APPROXIMATIVES

3   des corvées = des choses ennuyeuses, des trucs rasoirs°, des choses embêtantes°
6   fêter = célébrer, arroser, sabler
9   une bière pression = *draft beer*
10   un kir → une boisson composée de vin blanc et de sirop de cassis (inventée par
le chanoine Kir)
11   épuisé = très fatigué, crevé°
14   me dépenser = me fatiguer, faire un effort physique
15   me détendrait = me reposerait l'esprit, me distrairait
18   jogger → (terme franglais) = courir à pied, faire du footing (autre terme
franglais)
21   énergique = dynamique, très actif
21   paresseuse → qui n'aime pas travailler, qui se refuse à agir

VOCABULAIRE ILLUSTRE

Les étudiants aiment jouer **au basket.**

Les Français aiment faire **de la voile.**

au football.

de la bicyclette.

au tennis.

du ski.

au golf.

de la natation.

⊛ QUESTIONS SUR LE SCENARIO

1. Que fait Henry quand il entre dans le café?
2. Où est-ce que Henry n'a pas vu Sylvie?
3. Qu'est-ce que Sylvie a dû faire après la classe?
4. Qu'est-ce que les étudiants étaient en train de faire quand Sylvie est arrivée au match?
5. Qui a gagné le match?
6. Henry a-t-il vraiment soif et aussi pourquoi veut-il boire?
7. Qu'est-ce que le garçon va leur apporter?

8. Pourquoi Henry a-t-il l'air épuisé?
9. Qu'est-ce qu'il est bon de faire pour se détendre en sortant de l'école?
10. Pourquoi Sylvie hésite-t-elle à faire du sport le matin?

NOTE DE GRAMMAIRE 1
Le conditionnel

1. The *conditional mood* of regular verbs is formed by adding the *imperfect ending* to the *future stem:*

First class verbs:	**parler-**	
Second class verbs:	**finir-**	**-ais, -ais, -ait, -ions, -iez, -aient**
Third class verbs:	**vendr-**	

je	parler**ais**	je	finir**ais**	je	vendr**ais**
tu	parler**ais**	tu	finir**ais**	tu	vendr**ais**
il	parler**ait**	il	finir**ait**	il	vendr**ait**
nous	parler**ions**	nous	finir**ions**	nous	vendr**ions**
vous	parler**iez**	vous	finir**iez**	vous	vendr**iez**
ils	parler**aient**	ils	finir**aient**	ils	vendr**aient**

(See *Chapitre 11* for irregular future stems.)

Le professeur croyait que les étudiants **parleraient** français facilement.
*The teacher thought that the students **would speak** French easily.*

Exercices de transformation

Modèle: J'irai à la piscine.
           J'irais à la piscine.

1. Nous pourrons nager.
2. Il vous suivra.
3. Vous étudierez la règle.
4. Tu continueras la course.
5. Elles en parleront.
6. Elle jouera au tennis.
7. Elle gagnera la partie.
8. Nous vous le dirons.
9. Elle viendra au match.
10. Ils auront le choix.
11. Tu voudras jogger.
12. Tu iras faire du ski.
13. Elle fera de la bicyclette.
14. Il assistera au match de football.

Exercices de transformation

1. Quel plat *feriez*-vous?
   (*prendre, vouloir, manger, choisir, aimer, apporter, désirer, faire*)

2. Ils le *commenceraient* à 9 heures.
   (*écrire, apprendre, finir, lire, descendre, nettoyer, ranger, commencer*)
3. A sa place, tu le *pourrais.*
   (*remplir, porter, faire, dire, pousser, servir, envoyer, épousseter, pouvoir*)
4. Je *resterais* ici.
   (*dormir, travailler, venir, vivre, attendre, se laver, passer l'aspirateur, rester*)

Exercices de transformation

Modèle: Il ferait la vaisselle. (*Tu*)
            Tu ferais la vaisselle.

1. *Il* ferait la vaisselle.
   (*Tu, Nous, M. Fourchet, Je, Vous, On, Elles, Il*)
2. *Nous* écririons une lettre.
   (*Ils, Je, Vous, Mlle Fourchet, Tu, Mes amis, Nous*)
3. *Elle* achèterait une mobylette.
   (*Je, Tu, Les enfants, Nous, Vous, Le professeur, Elle*)
4. *On* voyagerait au Canada.
   (*M. Fourchet, Tu, Nous, Ils, Je, Vous, Tout le monde, On*)

> **2.** *The conditional* is used in "*if*" sentences. It appears in the *result clause* when the *imperfect* appears in the "*if*" or hypothetical clause:
>
> Si vous l'aidiez, elle **finirait** le travail.
> *If you helped her, she **would finish** the work.*
>
> Nous vous **vendrions** la voiture, si vous la vouliez.
> *We **would sell** you the car, if you wanted it.*
>
> Si j'avais le temps, je le **ferais.**
> *If I had the time, I **would do** it.*

Exercices de transformation

Modèle: Si nous avons le temps, nous le lirons.
            Si nous avions le temps, nous le lirions.

1. S'il a de l'argent, il l'achètera.
2. Si tu restes toujours assise, tu grossiras.
3. Si vous êtes dynamique, vous ferez du sport.
4. Si vous êtes libre, nous ferons du golf ensemble.
5. S'il a le temps, il ira jogger.
6. Si vous y allez, vous verrez un bon match de basket.
7. S'il part au bord de la mer, il fera de la natation.
8. S'il fait beau, nous jouerons au tennis.

NOTE DE GRAMMAIRE 2
Si (hypothèse + condition)

Note the tenses that may be used in the two clauses of the conditional sentence:

si CLAUSE (HYPOTHETICAL CLAUSE)	RESULT OR MAIN CLAUSE	
PRESENT: S'il **parle,**	PRESENT: FUTURE: IMPERATIVE:	vous **écoutez.** vous **écouterez.** **écoutez!**
IMPERFECT: S'il **parlait,**	CONDITIONAL PRESENT:	vous **écouteriez.**

Exercices de transformation

Modèle: Si elle vient, je reste avec elle.
Si elle vient, je resterai avec elle.
Si elle vient, reste avec elle!

1. S'il ne pleut pas, nous allons à pied.
2. Si vous voyez le médecin, vous suivez ses conseils.
3. Si nous regardons la télé, tu es content.
4. Si Henry se dépense, il est épuisé.
5. Si ton ami est français, tu lui serres la main.

Modèle: S'il a soif, il boira.
S'il avait soif, il boirait.

1. Si tu veux jouer au tennis, tu achèteras une raquette.
2. Si tu apprends les règles du bridge, tu pourras jouer avec nous.
3. Si la météo prévoit du beau temps, nous sortirons le bateau.
4. Si tes parents t'écrivent, tu leur répondras.
5. Si elle voit ses amis, elle les reconnaîtra.
6. Si nous ne sommes pas là à midi, tu feras ton footing seul.

Modèle: On dormira, si on a sommeil.
On dormirait, si on avait sommeil.

1. Tu seras heureux, si tu gagnes ce match.
2. Vous marcherez beaucoup, si vous grossissez.
3. Nous ne nous promènerons pas, s'il pleut.
4. Anne et Sylvie feront de la voile, si elles réussissent à leurs examens.
5. Il restera en forme, s'il joue au golf.
6. Tu ne pourras pas aller courir, si tu ne te lèves pas tôt.

NOTE DE GRAMMAIRE 3
Tout (adjectif)

As an adjective, **tout** naturally agrees in *gender* and in *number* with the noun it modifies and expresses the concepts *all, every, entire*:

Tout homme est mortel.	*Every man* is mortal.[1]
Toute la soirée elle m'a parlé.	*She spoke to me **the entire evening**.*
Tous les hommes sont égaux.	*All men* are equal.
Toutes les cathédrales sont belles.	*All cathedrals* are beautiful.
Tout le match a été dur.	*The entire match* was hard.
Toute l'équipe fête la victoire.	*The whole team* celebrates the victory.
Tous les sportifs sont en forme.	*All athletic people* are in good shape.
Toutes les filles sont amoureuses des champions.	*All girls* love champions.

Also, note the difference between **tous les jours** and **toute la journée**:

Je vais au bureau **tous les jours.**
*I go to the office **every day**.*

Il a fait beau **toute la journée.**
*It was a nice day **all day (the whole day, all day long)**.*

Exercices de transformation

Modèle: Les joueurs ont soif.
               Tous les joueurs ont soif.

1. Jacques vient de finir son Kir.
2. Les règles sont difficiles.
3. J'ai visité la station de ski.
4. Aimerais-tu connaître les membres de l'équipe?
5. Les Parisiens font du footing le dimanche.
6. Aux Etats-Unis les sports sont populaires.

Modèle: Qui a-t-il intimidé? (*tout le public*)
               Il a intimidé tout le public.

1. De qui parliez-vous? (*tous les athlètes*)
2. Qu'est-ce qu'on regarderait? (*tout le jeu*)
3. De qui a-t-on besoin? (*toute l'équipe*)
4. Qu'est-ce que tu as laissé au stade (*stadium*)? (*tous les ballons*)
5. Qu'est-ce que nous allons ajuster? (*tous les skis*)
6. Quels sports aimes-tu? (*tous les sports*)

---

[1]This particular expression may also be translated in the plural: ***All men** are mortal.*

NOTE DE GRAMMAIRE 4
Il + de/Ce + à

1. The pronouns **il** and **ce** may be used:
   a. To introduce a thought with the real subject following:

   Il est facile **de** conduire une voiture.
   *It is easy **to** drive a car.*

   b. To refer to a thought already expressed:

   Il est parti? **C'**est facile **à** croire.
   *He's gone? **That** is easy **to** believe.*

Note that to introduce a thought, **il** is used with **de.** To refer to a thought already expressed, **ce** is used with **à.**

2. The distinction of whether to use **il** or **ce** may be made by trying to substitute English *that* for *it.* If the substitution can be made, use **ce.**

In this example,

   It is easy to drive a car.   ***That** is easy to drive a car.*

the substitution does not work. The sentence can only be translated:

   Il est facile de conduire une voiture.

In this example,

   It is easy to believe.   ***That** is easy to believe.*

the substitution works. The sentence must be translated:

   C'est facile à croire.

🌀 **Exercices de transformation**

Il + de > Ce + à

Modèle: Il est facile de dire cela.
           C'est facile à dire.

1. Il était impossible de croire ça.
2. Il sera difficile de croire ceci.
3. Il est facile de faire cela.
4. Il est impossible de savoir ceci.
5. Il est facile de parler français.
6. Il est facile de répéter ce mot-là.
7. Il sera difficile de vendre cette maison.
8. Il n'est pas impossible de prononcer le chinois.
9. Il est bon de voir son pays.
10. Il n'est pas facile de savoir la vérité.

NOTE DE GRAMMAIRE 5
Le verbe irrégulier **s'asseoir**

The irregular verb **s'asseoir** (*to sit down*) is reflexive:

PRESENT:	je m'assieds		nous nous asseyons [asɛjõ]
	tu t'assieds [asje]		vous vous asseyez [asɛje]
	il s'assied		ils s'asseyent [asɛj]

IMPERATIF:	assieds-toi	PASSE COMPOSE:	je me suis assis
	asseyons-nous	IMPARFAIT:	je m'asseyais
	asseyez-vous	FUTUR:	je m'assiérai
		CONDITIONNEL:	je m'assiérais

Exercices de transformation

1. *Il* s'assied rapidement.
   (*Nous, Tu, Je, Vous, Ils, Les enfants, Il*)
2. *Je* m'asseyais toujours devant la table.
   (*Mlle Fourchet, Vous, Ils, Tu, Nous, On, Je*)
3. *Elle* s'est assise sans parler.
   (*Je, Nous, Tu, On, Vous, Les hommes, M. Fourchet, Elle*)
4. Vous assiérez-*vous?*
   (*ils, on, Est-ce que je, nous, elle, tu, vous*)

Exercices de transformation

Modèle: Nous nous asseyons. (*demain*)
         Nous nous assiérons demain.

1. Nous nous asseyons.
   (*hier, autrefois, si nous avions le temps, maintenant*)
2. Il s'asseyait.
   (*hier, demain, maintenant, autrefois*)
3. Tu t'assieds.
   (*demain, autrefois, hier, si tu avais le temps, maintenant*)

NOTE DE GRAMMAIRE 6
Négations: type **ne . . . que**

1. In *Chapitre 13* we saw negations (**ne . . . pas, ne . . . plus,** etc.) that surround the verb in simple tenses and surround the auxiliary verb in compound tenses:

SIMPLE TENSE:	Elle **ne** veut **pas** le faire.	*She **does not** want to do it.*
COMPOUND TENSE:	Elle **n'**a **pas** voulu le faire.	*She **did not** want to do it.*

There are other negations that surround the verb in simple tenses and surround the auxiliary and the past participle in compound tenses:

> SIMPLE TENSE: Elle **ne** mange **qu'**un gâteau.   *She is eating **only** one cake.*
> COMPOUND TENSE: Elle **n'**a mangé **qu'**un gâteau.   *She ate **only** one cake.*

2. Study the negations that behave like **ne . . . que** and surround both the auxiliary and the past participle in compound tenses:

ne . . . que *only*	Je **ne** veux **que** du pain de mie.	*(simple)*
	Je **n'**ai voulu **que** du pain de mie.	*(compound)*
ne . . . personne *nobody, no one*	Je **ne** vois **personne.**	*(simple)*
	Je **n'**ai vu **personne.**	*(compound)*
ne . . . ni . . . ni *neither . . . nor*	Je **ne** veux **ni** pommes **ni** poires.[2]	*(simple)*
	Je **n'**ai voulu **ni** pommes **ni** poires.	*(compound)*
ne . . . aucun *not any, none, no*	Je **ne** veux **aucun** croissant.	*(simple)*
	Je **n'**ai voulu **aucun** croissant.	*(compound)*

Exercices de transformation

> **Type: ne . . . que**

Modèle: J'ai parlé à mon ami. *(ne . . . que)*
          Je n'ai parlé qu'à mon ami.

1. Tu désirais des oignons et des asperges. *(ne . . . ni . . . ni)*
2. Tu cherches ton camarade. *(ne . . . personne)*
3. Nous avons lu l'article. *(ne . . . aucun)*
4. Nicole fera un petit gâteau. *(ne . . . que)*

> **Type: ne . . . que and ne . . . pas**

Modèle: *L'hôtesse a servi du café et du lait. (ne . . . ni . . . ni)*
          L'hôtesse n'a servi ni café ni lait.

1. Avez-vous signé le contrat? *(ne . . . aucun)*
2. A-t-elle vu quelqu'un? *(ne . . . personne)*
3. Mon père a voulu voir le palais. *(ne . . . que)*
4. J'ai souvent suivi la Loire. *(ne . . . jamais)*
5. Tu as acheté des tomates. *(ne . . . pas)*
6. Tu as traversé un fleuve, un océan et une mer. *(ne . . . ni . . . ni . . . ni)*

---

[2]The construction **ne . . . ni . . . ni** does not take the partitive forms.

Type: **Ne . . . qu'à**

Modèle: Il a soif. (*boire*)
            Il n'a qu'à boire.[3]

1. Je suis fatigué. (*dormir*)
2. Elle a faim. (*manger*)
3. Tu es en retard. (*se dépêcher*)
4. Nous avons trop chaud. (*ouvrir la fenêtre*)
5. Vous avez froid. (*fermer la fenêtre*)
6. Ils ont sommeil. (*dormir*)
7. Vous êtes en avance. (*attendre*)
8. Tu veux emprunter la mobylette. (*la demander*)
9. Ta mobylette a besoin d'essence. (*faire le plein*)

 As in English some of the negations may be used as subjects:

> **Ni** Paul **ni** Pierre **ne viendront** au match.
> *Neither Paul **nor** Pierre will come to the match.*

> **Personne n'**a téléphoné.
> *No one has telephoned.*

> **Aucun n'**a fait les corvées.
> *No one did the chores.*

Also: **Aucun de** mes amis **n'a fait** les corvées.
       None of my friends did the chores.

NOTE DE GRAMMAIRE 7
Parce que et à cause de

1. Parce que (*because*) is a conjunction followed by a verbal construction with a subject and a predicate:

Je ne le ferai **parce que** je suis malade.
*I won't do it **because** I am sick.*

2. A cause de (*because of*) is a preposition and is followed by a noun phrase:

A cause du mauvais temps, nous resterons chez nous.
***Because of the** bad weather, we will stay at home.*

Je ne le verrai pas **à cause de** son attitude.
*I won't see him **because of** his attitude.*

---

[3]The formula **ne . . . qu'à** is also a casual way of giving advice or making a recommendation.

Substitution progressive

Il est parti parce qu'il faisait beau.
Il est parti *à cause de la pluie.*
Nous nous sommes arrêtés à cause de la pluie.
Nous nous sommes arrêtés *parce que nous avions faim.*
J'ai fait cela parce que nous avions faim.
J'ai fait cela *à cause de lui.*
Il est parti à cause de lui.
Il est parti *parce qu'il faisait beau.*

Simples substitutions

Nous restons *à cause de ce programme-là.*
(*parce que ce programme est bon, parce que vous parlez bien, à cause de la conversation, parce qu'il pleut, à cause de la pluie, parce qu'il neige, à cause de la neige, à cause de ce programme-là*)

QUESTIONS GENERALES

1. Quels sports préférez-vous?
2. Quand y jouez-vous?
3. Pour lequel a-t-on besoin de beaucoup de forces?
4. Pour faire du ski, de quoi a-t-on besoin?
5. En quelles saisons joue-t-on au golf?
6. Est-il bon de faire de la bicyclette? Comment est-ce que ce sport aide le corps?
7. Quelles parties du corps exerce-t-on quand on fait de la natation?
8. Savez-vous comment jouer aux cartes?
9. Quand serre-t-on la main de quelqu'un en France?
10. Aimez-vous cette coutume?
11. Quand vous jouez à un sport, est-ce uniquement pour gagner?
12. Est-il difficile d'apprendre le francais?
13. Quelle est votre boisson préférée? Quand buvez-vous?
14. Quelle boisson prenez-vous avec vos repas?
15. Si vous n'étiez pas vous, qui aimeriez-vous être?
16. De tous les cours que vous suivez, lequel aimez-vous le mieux? Pourquoi?
17. Quel champion sportif admirez-vous le plus?

Exercices de manipulation

1. Dis à _____ de nous décrire le jeu de base-ball.
2. Dis à _____ de nous décrire le jeu de football américain.
3. Demande à _____ s'il joue au golf.

4. Dis-moi ce que tu considères une corvée?
5. Demande à _____ ce qui est capable de le/la bouleverser.
6. Demande à _____ ce dont il/elle a surtout besoin pour être heureux(se)?
7. Demande à _____ à quoi il/elle rêve (*dream*) quand il/elle dort en classe.
8. Demande à _____ ce qu'il/elle fait quand il/elle a mal aux dents.
9. Demande à _____ ce qu'il/elle ferait s'il/si elle avait beaucoup d'argent.
10. Dis-moi ce dont tu te souviens quand tu es loin de chez toi?

MICROLOGUE   La lumière de Paris

The following *micrologue* introduces some thoughts by Mr. Léopold Senghor, the former President of the Republic of Senegal, on what Paris (''**l'expérience parisienne**'') means to him. His experience is described more completely in *La lumière de Paris,* the *lecture* that follows the *micrologue.*

M. Senghor nous décrit le Paris des années pendant lesquelles il était étudiant. Il a découvert la beauté physique et la richesse culturelle de la ville. Il a su profiter de tout ce que la ville avait à lui offrir. Il y a fréquenté les théâtres, les musées, les salles de concert et les salons d'art. Il y a **éprouvé** l'esprit de Paris, le désir de connaître et d'**assimiler** tout pour **créer** et il a fini par découvrir l'humanité. En **s'ouvrant** aux autres, Paris l'a ouvert à la connaissance de lui-même.

experienced
to assimilate/to create
opening himself

Questions

1. Qu'est-ce que M. Senghor a découvert?
2. De quoi a-t-il su profiter?
3. Qu'est-ce qu'il y a fréquenté?
4. Qu'est-ce qu'il y a éprouvé?
5. Qu'est-ce qu'il a découvert?
6. A quoi Paris l'a-t-il ouvert?

LECTURE   La lumière de Paris

1   . . . De Paris j'ai connu, d'abord, les rues, **en touriste curieux.** Moins le Paris *by night* que la capitale **aux visages** si **divers** sous la lumière du jour. Ah! cette lumière que **les fumées** des usines n'arrivent pas à **ternir.** Blonde, bleue, **grise,** selon les saisons, les
5 jours, les heures, elle reste toujours **fine** et **nuancée, éclairant** arbres et **pierres,** animant toutes choses de **l'esprit** de Paris. . . .
. . . pour moi Paris, c'est d'abord cela: une ville—une symphonie de pierre—ouverte sur un paysage harmonieux d'eaux, de fleurs, de forêts, et de **collines.** Paysage qui est paysage de **l'âme,**
10 **à la mesure de l'homme.** Et **le tout** s'éclaire de la lumière de **l'Esprit.**

as a curious tourist
with faces/different
the smoke
to tarnish/gray
delicate/varied/lighting
stones/spirit

hills/the soul
to the measure of man,
  to man's proportions/
  all of it
the (Holy) Spirit

La Tour Eiffel la nuit

• • •

Cet esprit de Paris, **exemplaire** de l'esprit français, a été l'objet
de **ma quête,** durant mes années d'études. J'y ai mis une passion
tout africaine: j'allais dire toute **barbare.** C'est, peut-être, **une**
15 **lacune,** j'ai fréquenté les théâtres et les musées, les salles de concert et les salons d'art plus que les *night clubs*.

Et il est vrai que l'on nous offrait, souvent, des **chefs-d'œuvre**
étrangers. C'est, précisément, un aspect de l'esprit de Paris, que

typical
my quest
barbarous
a failing

masterpieces

cette **ouverture au Monde,** que cette **recherche** de l'Autre. *opening to the World/*
20 J'irai plus loin, cette soif insatiable de connaître, **cette volonté** *seeking/this will*
lucide d'assimiler pour créer, voilà qui est **le sceau** de l'esprit de *the mark*
Paris, du **génie** français. *genius*

Ce qui le distingue et fait sa valeur exemplaire, c'est que ce *creative choice. Nothing*
génie est **choix créateur. Rien ne subsiste tel qu'il s'est** *is as it presents itself*
25 **présenté, avec sa sève et sa démesure:** tout est **ramené** à ses *with its vigor (literally:*
justes proportions, à sa mesure humaine. Tout y parle de l'homme *sap) and its unbridled*
et **tend à** l'homme, tout s'y accomplit comme expressions de *nature/brought back*
l'Esprit, qui est **esprit** de l'homme. *leads to*
Mind/spirit

• • •

Cependant, la plus grande leçon que j'ai reçue de Paris est moins
30 la découverte des autres que de moi-même. En m'ouvrant aux
autres, **la métropole** m'a ouvert à la connaissance de moi-même. *the capital*

Léopold Sedar Senghor[4]

CREATION ET RECREATION

1. For each of the following items, choose which answer best follows the information given in the beginning sentence(s). After you have made your choice, explain why the other three possibilities do not make sense.

Choix multiples

1. Le garçon à un client: «Comme boissons je peux vous offrir du vin, de la bière, des jus de fruit différents et du whisky. _____ préférez-vous, monsieur?»
   (a) Lequel (b) Laquelle (c) Lesquels (d) Lesquelles
2. Si j'avais très soif, je boirais _____ .
   (a) une banane (b) du verre (c) de l'eau (d) du pain de mie
3. Si j'ai mal au nez, je vais chez le _____ .
   (a) prêtre (b) charcutier (c) médecin (d) horloger
4. S'il faisait moins froid, _____ .
   (a) il essaie de nager (b) je serai heureux de sortir (c) j'ai porté mon manteau (d) je serais plus content d'y aller
5. Quand le réveil sonne le matin, je _____ .
   (a) me réveille (b) m'habille (c) m'assieds (d) me promène
6. Il est difficile de penser à «la Joconde» «Mona Lisa» sans _____ .
   (a) sourire (b) manger une pizza (c) traverser l'Atlantique (d) fermer les yeux
7. «Pardon, monsieur. A quelle heure commence le concert, s'il vous plaît?» *Réponse:*
   (a) je n'ai pas le temps. (b) Cela ne vous regarde pas. (c) Allez faire de la voile! (d) Je suis désolé, mais vous arrivez trop tard.

---

[4]Réponse au Président du Conseil municipal, réception à l'Hôtel de Ville de Paris, 20 avril 1961. From *Poètes d'aujourd'hui,* Paris: Pierre Seghers, 1961.

2. Monique rencontre Pierre au Foyer des Etudiants (*Student Center*). Ils commandent (*order*) des boissons et ils parlent du dernier match de basket (ou d'un autre sport). . . .

Chapitre 19: COUP D'ŒIL

Oui   **Non**

_____ 1. The *conditional* is formed by adding the imperfect endings   _____

-ais, -ais, -ait, -ions, -iez, -aient

_____   to the future stem: _____

J'ir**ai** à New York. (*future*)
J'ir**ais** à New York. (*conditional*)

_____ 2. The sequence of tenses used in conditional sentences is determined by the tense of   _____
the verb in the *main clause:*

Je **vais** à New York, si j'**ai** le temps.
*I **go** to New York if I **have** the time.*

J'**irai** à New York, si j'**ai** le temps.
*I **will go** to New York if I **have** the time.*

J'**irais** à New York, si j'**avais** le temps.
*I **would go** to New York if I **had** the time.*

_____ 3. **Tout** as an adjective agrees in gender and number with the noun it modifies: _____

Tous les hommes sont égaux.
Toutes les saisons sont belles.

_____ 4. **Il** + **de** introduces a thought: _____

Il est facile **de** parler français.

Ce + **à** refers to a thought already expressed:

C'est facile **à** croire.

_____ 5. **S'asseoir** is an irregular verb.   _____

je m'assieds	nous nous asseyons
tu t'assieds	vous vous asseyez
il s'assied	ils s'asseyent

_____ 6. Certain negations surround the auxiliary and the past participle in compound tenses: _____

Je **n'**ai vu **personne.**

_____ 7. Note the difference in usage between **parce que** and **à cause de:**   _____

parce que   *because + (verbal constructions)*
à cause de   *because of + (noun phrase)*

VOCABULAIRE

Verbes

arroser	fêter
(s') asseoir*	hésiter
célébrer	jogger
courir	**jouer**
(se) dépenser	**gagner**
(se) détendre	refuser
(se) distraire	**(se) reposer**

Noms

ballon (*m.*)	**joueur** (*m.*)
bateau (*m.*)	match (*m.*)
basket (*m.*)	**raquette** (*f.*)
bord (*m.*) de mer	règle (*f.*)
champion (*m.*)	sirop (*m.*) de cassis
corvée (*f.*)	**sport** (*m.*)
cours (*m.*)	stade (*m.*)
course (*f.*)	tennis (*m.*)
effort (*m.*)	terrasse (*f.*)
équipe (*f.*)	truc (*m.*)
esprit (*m.*)	**victoire** (*f.*)
finale (*f.*)	
football (*m.*)	
jeu (*m.*)	

Adjectifs

actif/active	**énergique**
assis	**ennuyeux**
courageux	**paresseux**
crevé°	physique
dynamique	populaire
embêtant°	tout/toute

Pronoms

ce qui	quelque chose

Adverbes

ne . . . aucun	**ne . . . personne**
ne . . . ni . . . ni	**tôt**
ne . . . que	

Expressions utiles

après tout
au même moment
avoir l'air
une bière pression
comme ça
courir à pied
être en forme
être en train de
faire de la bicyclette

faire de la natation
faire du ski
faire de la voile
Garçon!
jouer à (+ sport)
rester en forme
un kir
une limonade

CHAPITRE 20
DEVANT LE GYMNASE

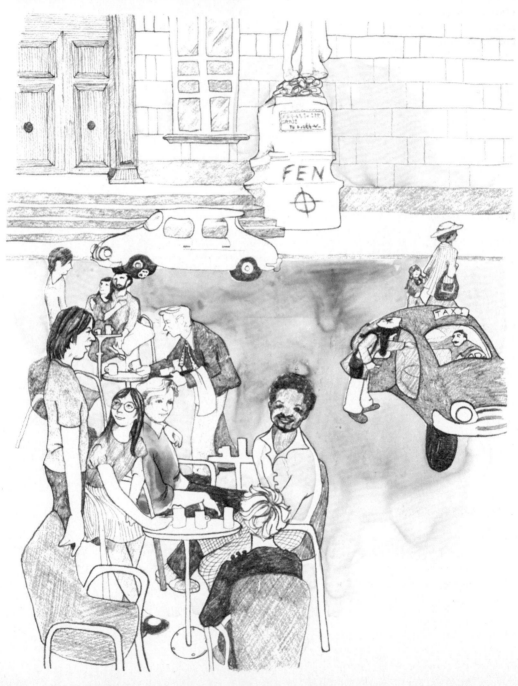

Chapitre 20: DEVANT LE GYMNASE

⊛ PREMIERE ETAPE

1   ROBERT: Il est nécessaire que je rentre chez moi. Je te retrouverai au café plus tard. Il est possible que je sois un peu en retard.

PIERRE: D'accord!

(*David sort du gymnase.*)

5   DAVID: Pourquoi Robert part-il comme une flèche?

PIERRE: Il retourne chez lui. Allons au café!

(*Ils rencontrent Alain en route et l'invitent à les accompagner. Alain se présente à Henry et à Sylvie qui sont toujours au café.*)

PIERRE: Vous souvenez-vous du jeu quand . . .

10   SYLVIE: Ecoute, vos histoires manquent d'intérêt. N'y a-t-il rien d'autre qui compte pour vous?

HENRY: Oh, si! Nous pourrions bien former un orchestre.

SYLVIE: Ça vaudrait mieux!

⊛ DEUXIEME ETAPE

1   ROBERT: Flûte! je me suis coupé. Il est nécessaire que je rentre chez moi. Je te retrouverai au café. Il est possible que je sois un peu en retard.

PIERRE: D'accord!

(*David sort du gymnase.*)

5   DAVID: Pourquoi Robert part-il comme une flèche?

PIERRE: Il retourne chez lui pour se faire un pansement. Allons au café!

(*Ils rencontrent Alain en route et l'invitent à les accompagner. Alain se présente à Henry et à Sylvie qui sont toujours au café.*)

PIERRE: Ah, bon! vous voilà. Vous souvenez-vous du jeu quand . . .

10   SYLVIE: Ecoute, j'en ai marre d'entendre parler sports tout le temps. Vos histoires manquent d'intérêt. N'y a-t-il rien d'autre qui compte pour vous?

HENRY: Oh, si! Tous les membres de l'équipe jouent d'un instrument musical. Nous pourrions aussi bien former un orchestre.

SYLVIE: Ça vaudrait mieux et ça casserait moins les oreilles.

TROISIEME ETAPE

1   ROBERT: Flûte! Je me suis coupé. Il est nécessaire que je rentre chez moi. Je te retrouverai au café. Il est possible que je sois un peu en retard parce que j'irai à pied.

PIERRE: D'accord!

(*David sort du gymnase.*)

5   DAVID: Pourquoi Robert part-il comme une flèche?

PIERRE: Il retourne chez lui pour se faire un pansement. Allons au café! Il nous rejoindra plus tard.

(Ils rencontrent Alain en route et l'invitent à les accompagner. Alain se présente à Henry et à Sylvie qui sont toujours au café.)

10 PIERRE: Ah, bon! vous voilà. Vous souvenez-vous du jeu quand Robert a fait une passe magnifique à David et David l'a manquée! Quelle occasion perdue!

SYLVIE: Ecoute, j'en ai marre d'entendre parler sports tout le temps. Vos histoires manquent d'intérêt. N'y a-t-il rien d'autre qui compte pour vous? N'avez-vous pas un violon d'Ingres par exemple?

15 HENRY: Oh, si! Tu tombes bien! Tous les membres de l'équipe jouent d'un instrument musical. Nous pourrions aussi bien former un orchestre.

SYLVIE: Ça vaudrait mieux et ça casserait moins les oreilles.

HENRY: Dans ce cas il nous faut un chef d'orchestre. Sylvie, es-tu candidate?

SYNONYMES ET EXPRESSIONS APPROXIMATIVES

1   Il est nécessaire que = Il faut que
5   part-il comme une flèche = se précipite-t-il, fonce-t-il, s'élance-t-il
6   pansement → que l'on met sur une blessure ou une coupure
14 violon d'Ingres → activité artistique pratiquée en dehors d'une profession
15 Tu tombes bien = Tu tombes à pic, Tu arrives fort à propos, Tu tombes à propos, Tu tombes pile.
17 Ça vaudrait mieux = Ce serait une meilleure idée
17 ça casserait moins les oreilles = ça ferait moins de bruit

QUESTIONS SUR LE SCENARIO

1. Où Robert va-t-il? Pourquoi?
2. Comment Robert est-il parti?
3. Où Robert ira-t-il après?
4. Qui Pierre et David rencontrent-ils en allant au café?
5. Qui retrouvent-ils au café?
6. De quoi parlent-ils?
7. Sylvie apprécie-t-elle leur sujet de conversation?
8. Ses amis ont-ils un autre intérêt?
9. Que pourraient-ils faire avec leur autre talent?
10. Qu'en pense Sylvie?
11. Que propose Henry?

VOCABULAIRE ILLUSTRE

Je joue . . .

du piano.

de la guitare.

du violon.

de la trompette.

du tambour.

Je joue . . .

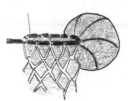

au basket.

au tennis.

au base-ball.

aux cartes.

411

NOTE DE GRAMMAIRE 1
Le verbe **valoir**

1. The irregular verb **valoir** means *to cost, to be worth.* As such it is used usually in the third person singular and plural:

Ce livre **vaut** 15 francs.   *This book **costs** 15 francs.*
Ces livres **valent** 50 francs.   *These books **cost** 50 francs.*

2. The verb **valoir** (*to be better*) is used frequently in the following expressions:

Il vaut mieux étudier davantage.
*It **is better** to study harder.*

Il vaudrait mieux le finir.
*It **would be better** to finish it.*

Ça ne vaut pas la peine de lire ce roman.
*It **is not worth the trouble to** read this novel.*

These expressions may be followed either by an infinitive or by a subordinate clause.

Simples substitutions

1. Il vaut mieux *l'étudier.*
   (*le manger, le savoir, lui répondre, voyager, s'en aller, l'étudier*)
2. Il vaudrait mieux *l'y conduire.*
   (*l'essayer, s'y arrêter, se dépêcher, lui parler, y passer, l'y conduire*)
3. Ça ne vaut pas la peine de *l'ouvrir.*
   (*partir tout de suite, ranger les affaires, y aller, le faire, se battre, l'ouvrir*)

NOTE DE GRAMMAIRE 2
Il faut

The *impersonal* construction **Il faut,** used alone (i.e., without a subordinate clause introduced by **que** or without an infinitive), means *to need.* It is usually constructed with the *indirect object personal pronoun:*

Il **me** faut une voiture.   *I need a car.*
Il **te** faut une voiture.   *You need a car.*

Il **nous** faut de l'argent.   *We need (some) money.*
Il **leur** faut des cartes.   *They need cards.*

Its infinitive is **falloir.** It is a defective verb and has only *the third person singular form:*

PRESENT:	il faut	FUTUR:	il faudra
PASSE COMPOSE:	il a fallu	CONDITIONNEL:	il faudrait
IMPARFAIT:	il fallait		

Simples substitutions

1. Il *me* faut de l'argent.
   (*te, vous, nous, lui, leur, me*)
2. Il *nous* faudra une mobylette.
   (*te, me, vous, leur, lui, nous*)
3. Il *leur* fallait une voiture pendant les vacances.
   (*lui, vous, me, nous, te, leur*)
4. Il *te* faudrait un nouveau manteau.
   (*me, vous, nous, lui, leur, te*)
5. Il *nous* a fallu deux heures pour arriver à New York.
   (*lui, vous, te, leur, me, nous*)

Questions

1. Qu'est-ce qu'il te faut pour faire un voyage en avion?
2. Qu'est-ce qu'il te faudrait faire si tu te coupais?
3. Qu'est-ce qu'il faut à un étudiant américain pour apprendre le français?

NOTE DE GRAMMAIRE 3
Le subjonctif

1. The *subjunctive* is formed by taking the *first person plural present indicative* minus the **-ons**:

FIRST CLASS VERBS:	**parl-**
SECOND CLASS VERBS:	**finiss-**
THIRD CLASS VERBS:	**vend-**

2. To these stems we add one set of endings for all three classes of regular verbs: **-e, -es, -e, -ions, -iez, -ent.**

parler	**finir**	**vendre**
Il faut que je parl**e**.	Il faut que je finiss**e**.	Il faut que je vend**e**.
Il faut que tu parl**es**.	Il faut que tu finiss**es**.	Il faut que tu vend**es**.
Il faut qu'il parl**e**.	Il faut qu'il finiss**e**.	Il faut qu'il vend**e**.
Il faut que nous parl**ions**.	Il faut que nous finiss**ions**.	Il faut que nous vend**ions**.
Il faut que vous parl**iez**.	Il faut que vous finiss**iez**.	Il faut que vous vend**iez**.
Il faut qu'ils parl**ent**.	Il faut qu'ils finiss**ent**.	Il faut qu'ils vend**ent**.

Because irregular verbs have special stems, we will concentrate here on the subjunctive of regular verbs.

3. The *subjunctive is required* when a verb or a verbal form stressing *urgency or necessity precedes the subordinate clause.*

Il faut que **vous l'étudiiez.**	*You* must **learn it.**
Il est nécessaire que **vous le finissiez.**	*You* must **finish it.**

Simples substitutions

1. Il faut que *vous parliez* au professeur.
   (*nous parlions, tu parles, je parle, on parle, ils parlent, elle parle, vous parliez*)
2. Il est urgent que *nous finissions* la lettre.
   (*je finisse, tu finisses, vous finissiez, on finisse, ils finissent, elle finisse, nous finissions*)
3. Il est nécessaire qu'*il vende* la voiture.
   (*nous vendions, ils vendent, on vende, tu vendes, je vende, vous vendiez, il vende*)

Substitution progressive

Il faut que tu sortes ce soir.
Il faut que *tu t'absentes demain.*
Il est nécessaire que tu t'absentes demain.
Il est nécessaire que *tu réussisses à ton examen.*
Il est urgent que tu réussisses à ton examen.
Il est urgent que *tu sortes ce soir.*
Il faut que tu sortes ce soir.

Exercices de transformation

1. Il faut que *je* lui donne de l'argent.
   (*nous, vous, on, tu, ils, elle, Mme Fourchet, je*)
2. Il faut que *tu* choisisses les vêtements.
   (*il, elle, elles, nous, je, vous, tu*)
3. Il faut que *nous* répondions à l'agent de police.
   (*je, vous, ils, tu, on, Robert et Henry, nous*)
4. Il est nécessaire que *tu* étudies le scénario.
   (*nous, vous, ils, il, je, les étudiants, tu*)
5. Il est nécessaire que *tu* réussisses.
   (*elle, je, nous, ils, vous, Robert et Henry, tu*)
6. Il est nécessaire que *vous* attendiez l'autobus.
   (*je, nous, elle, ils, M. Fourchet, tu, on, vous*)
7. Il est urgent que *tu* entendes la musique.
   (*il, je, nous, vous, ils, les étudiants, tu*)

Note that here we are using

Il faut que + *a subordinate clause*

and not

Il faut *with an object pronoun*

as in Note de grammaire 2.

4. The *subjunctive is required* when a verb expressing *will (volition)* or *judgment precedes the subordinate clause:*

> **Nous voulons** que vous le finissiez.   *We want you to finish it.*
> **Il vaut mieux** que nous le fassions.   *It is better that we do it.*

 Exercices de transformation

1. Je veux que *tu* répondes vite.
   (*nous, vous, ils, elle, elles, on, l'étudiant, tu*)
2. Il vaut mieux que *tu* commences à parler.
   (*il, elles, vous, nous, elle, Robert et Henry, tu*)
3. Je désire que *vous* lui vendiez la mobylette.
   (*nous, elle, tu, ils, elles, l'employé, vous*)
4. Elle aime que *nous* arrivions de bonne heure.
   (*je, tu, vous, il, elles, ils, on, nous*)
5. Ils aimeraient qu'*on* se dépêche.
   (*tu, nous, vous, elles, elle, je, on*)

5. The *subjunctive is required* when a verb expressing either *doubt* or *an emotional state precedes the subordinate clause:*

> **Nous doutons** que vous le finissiez.   *We doubt that you will finish it.*
> **Elle est heureuse** que vous le   *She is happy that you are finishing it.*
> finissiez.

Exercices de transformation

1. Il doute que *vous* arriviez à l'heure.
   (*je, tu, nous, on, ils, elle, vous*)
2. Je ne suis pas sûr que *tu* rentres ce soir.
   (*vous, il, elle, ils, elles, Mme Fourchet, tu*)
3. Nous sommes contents qu'*il* finisse le devoir.
   (*tu, ils, elle, Mlle Fourchet, vous, elles, il*)
4. Elle sera très fâchée que *tu* commences sans elle.
   (*ils, vous, je, on, nous, il, elles, elle, tu*)

STOP   SUMMARY:

- The *subjunctive* is used primarily in *subordinate clauses*. The subordinate clause is the clause introduced by **que**.
- The *subjunctive* is used when a verb or a verbal form stressing *urgency* or *necessity* precedes the subordinate clause.
- The *subjunctive* is used when a verb expressing *will (volition)* or *judgment* precedes the subordinate clause.

- The *subjunctive* is used when a verb expressing either *doubt* or *an emotional state* precedes the subordinate clause.
- There is *no future subjunctive*. The present subjunctive is used when a future time is indicated or implied:

Je regrette **qu'il pleuve** demain.
*I am sorry **that it will rain** tomorrow.*

6. When the verb in the main clause and the verb in the subordinate clause have the same subject, the *infinitive* is used instead of the subjunctive in the subordinate clause:

Je veux **continuer** cette conversation.
Je veux que **tu continues** cette conversation.

Il aime mieux **partir** seul en week-end.
Il aime mieux que **je parte** seul en week-end.

Nous regrettons de **finir** en retard.
Nous regrettons que **tu finisses** en retard.

Substitutions progressives

1. Je veux finir la leçon.
   Je veux finir *la lecture.*
   Elle est contente de commencer la lecture.
   Elle est contente de commencer *le livre.*
   Le professeur regrette de finir le livre.
   Le professeur regrette de finir *la leçon.*
   Je veux finir la leçon.

2. Je doute fort que tu attendes ici.
   Je doute fort *que vous choisissiez le guide.*
   Elle est très heureuse que vous choisissiez le guide.
   Elle est très heureuse *que nous finissions à l'heure.*
   Peter n'est pas sûr que nous finissions à l'heure.
   Peter n'est pas sûr *qu'elle arrive à temps.*
   Je doute fort qu'elle arrive à temps.
   Je doute fort *que tu attendes ici.*

3. Il est nécessaire que M. Fourchet réserve les places.
   Je veux absolument que M. Fourchet réserve les places.
   Je veux absolument *qu'elle étudie le violon.*
   Il faut absolument qu'elle étudie le violon.
   Il faut absolument *que vous rencontriez ce chef d'orchestre.*
   Nous doutons que vous rencontriez ce chef d'orchestre.
   Nous doutons *que M. Fourchet réserve les places.*
   Il est nécessaire que M. Fourchet réserve les places.

Exercices de transformation

Modèle: Il perd son accent. (*Il faut que*)
            Il faut qu'il perde son accent.

1. Tu attends tes amis. (*Je suis content que*)
2. Vous étudiez toutes les leçons. (*Il veut que*)
3. Vous partez avant ce soir. (*Il veut que*)
4. Il choisit de belles chemises. (*N'es-tu pas contente que*)
5. Francine remplit la carte. (*Il sera absolument nécessaire que*)
6. Nous passons l'aspirateur sur le tapis. (*Il faut que*)
7. Vous nettoyez vos chaussures. (*Il est désirable que*)
8. Vous jouez de la guitare. (*Le directeur est content que*)
9. Je finis la discussion sur la musique. (*Il veut que*)
10. Il nous attend chez lui. (*Je suis content que*)
11. Nous étudions le français. (*Mme Fourchet est heureuse que*)
12. Nous te retrouvons au café. (*Il faut que*)
13. Vous répondez toujours bien aux questions. (*Il doute que*)
14. Nous l'écoutons. (*Elle est contente que*)
15. Vous oubliez la leçon. (*Je regrette que*)
16. Vous ne travaillez pas bien. (*Nous regrettons que*)

NOTE DE GRAMMAIRE 4
Le verbe irrégulier **craindre**

1. The irregular verbe **craindre (de)** means *to fear*. It is conjugated as follows:

PRESENT:

je crains	nous craignons [krɛɲõ]
tu crains [krɛ]	vous craignez [krɛɲe]
il craint	ils craignent [krɛɲ]

IMPERATIF: crains
               craignons
               craignez

PASSE COMPOSE: j'ai craint
IMPARFAIT: je craignais
FUTUR: je craindrai

CONDITIONNEL: je craindrais

SUBJONCTIF:

que je craigne	que nous craignions
que tu craignes	que vous craigniez
qu'il craigne	qu'ils craignent

2. Other verbs conjugated like **craindre** are:

atteindre *to reach*   **plaindre** *to pity*
éteindre *to extinguish*   **se plaindre (de)** *to complain (about)*
joindre *to join*   **rejoindre** *to rejoin*
peindre *to paint*

3. Usages:

Sir Edmund **a atteint** le sommet (*summit*) de l'Everest en 1953.
Il faut que vous **éteigniez** l'électricité quand vous quittez une pièce (*a room*).
Pour faire le passé composé on **joint** le verbe auxiliaire au participe passé.
Cet artiste **peint** des paysages.
Je **plains** ceux qui ne veulent rien faire.
Elle **se plaint** du temps qu'il fait.
Je vous **rejoindrai** au coin de la rue.

Exercices de transformation

1. *Nous* craignons le froid.
   (*Tu, Je, Mlle Fourchet, Vous, Ils, On, Nous*)
2. *Mme Fourchet* a craint de le faire.
   (*Nous, Le garçon, Je, Vous, Tu, Ils, Mme Fourchet*)
3. *Elle* craignait de les déranger.
   (*Les étudiants, Nous, Tu, Je, Vous, On, Elles, Elle*)
4. *Je* craindrais de le voir.
   (*Nous, Mme Fourchet, Elle, Tu, Vous, Ils, Je*)
5. *Je* plains l'employé.
   (*Nous, Tu, Mes amis, Les clients, Mme Caquet, Vous, Je*)
6. *Elle* ne se plaint jamais.
   (*Vous, Nous, Les employés, Je, Tu, On, Elle*)
7. *J'ai* éteint la lampe.
   (*Mme Privert, Nous, Vous, Elles, Tu, On, Je*)
8. Crains-*tu* de voyager?
   (*nous, il, Est-ce que je, ils, vous, tu*)
9. Je ne savais pas qu'*elle* craignait cela.
   (*tu, ils, on, vous, il, elle*)
10. Il ne faut pas que *vous* craigniez les examens.
    (*elle, nous, tu, ils, on, les étudiants, vous*)
11. *Il* se plaindra de son travail.
    (*Nous, On, Les garçons, Je, Tu, Ils, Vous, Il*)

Exercices de manipulation

Modèle: Robert peint la maison. (*demain*)
            Robert peindra la maison demain.

1. Robert peint la maison.
   (*aujourd'hui, hier, autrefois, il faut que, demain*)
2. Ils se plaignent.
   (*autrefois, toujours, la semaine prochaine, hier, il est nécessaire que*)
3. J'ai craint de le faire.
   (*demain, autrefois, ils ne sont pas contents que, maintenant, hier*)

NOTE DE GRAMMAIRE 5
Le verbe **manquer**

The verb **manquer** has several meanings:

1. Manquer can mean *to miss:*

J'ai manqué le train de neuf heures trois.
Je l'ai manqué. Je suis en retard.

In this usage, **manquer** takes a *direct object*.

2. Manquer à may mean *to lack:*

Il n'y a que l'argent **qui nous manque.** Nous n'avons pas assez d'argent.

Nous is the *indirect object*.

3. Manquer à may be used idiomatically to mean *to be missed (by):*

Tu manques à tes parents. Tes parents regrettent ton absence.
Your parents miss you. (Literally: *You are missed by your parents.*) *Your parents regret your absence.*

If a pronoun is substituted for **à tes parents,** it will be an *indirect object pronoun:*

Tu **leur** manques.
They miss you. (Literally: *You are missed **by them.***)

Tu **me** manques.
I miss you. (Literally: *You are missed **by me.***)

Substitutions progressives

1. J'ai manqué le métro.
   Nous avons manqué le métro.
   Nous avons manqué *l'autobus.*
   Elle a manqué l'autobus.
   Elle a manqué *l'avion.*
   Tu as manqué l'avion.
   Tu a manqué *le début du film.*
   Vous avez manqué le début du film.
   Vous avez manqué *le métro.*
   J'ai manqué le métro.

2. Tu manques à ses parents.
   Vous manquez à ses parents.
   Vous manquez *à vos amis.*
   Je manque à vos amis.
   Je manque *à mon chien.*
   Elle manque à mon chien.
   Elle manque *à ses parents.*
   Tu manques à ses parents.

Exercices de transformation

Modèle: Tu manques à tes parents.
           Tu leur manques.

1. Vous manquez à vos enfants.
2. Robert manque à son amie.
3. Nous manquons à nos copains.
4. Je manque à mes grands-parents.
5. Elle manque à son chien.
6. Ils manquent à leurs chevaux.

NOTE DE GRAMMAIRE 6
Positions des pronoms compléments objets

Earlier we drilled the object pronouns, direct and indirect, that precede the verb:

> Je **le lui** ai donné.
> Tu **me l'** as déjà dit.
> Nous **leur en** avons parlé.

The point was repeatedly made that object pronouns stand before the verb except in the affirmative imperative, and that when you have more than one they stand before the verb in a well-defined order.

There are certain verbs—**se présenter à** (*to introduce oneself to*), **se souvenir de** (*to remember*), **s'adresser à** (*to address oneself to*)—that require both the *direct object pronoun before the verb* and the *indirect object pronoun* (a *pronom tonique*) *after the verb and its preposition*. In these cases, **me, te, se, nous, vous, se** behave like direct object pronouns:

> Il **me** présente à **elle.**
> *He is introducing **me** to **her.***

In this sentence, **me** is the direct object pronoun; **elle** is the *pronom tonique*. In this case, the following order is observed:

SUBJECT	DIRECT OBJECT	VERB	PREPOSITION	DISJUNCTIVE PRONOUN
Elle	**me**	présente	**à**	**moi**
	te			**toi**
	se			**lui, elle**
	nous			**nous**
	vous			**vous**
	se			**eux, elles**

Substitutions progressives

> #### 1. se présenter à/2. s'expliquer à

1. Il me présente à ses amis.   Il se présente *à vous.*
   Tu me présentes à ses amis.   *Il me présente* à vous.
   Tu me présentes *à eux.*   Il me présente *à eux.*
   Il se présente à eux.

2. Pourquoi vous êtes-vous expliqué à lui?
   Pourquoi vous êtes-vous expliqué *à moi?*
   Pourquoi voulez-vous vous expliquer à moi?
   Pourquoi voulez-vous vous expliquer *à elle?*

Comment s'est-il expliqué à elle?
Comment s'est-il expliqué *à lui?*
Pourquoi vous êtes-vous expliqué à lui?

Exercices de manipulation

1. *On* ne s'est pas adressé à lui.
   (*Nous, Elle, Je, Ils, Vous, Mme Fourchet, Tu, On*)
2. On se souviendra de *nous.*
   (*moi, elle, vous, eux, toi, elles, lui, nous*)

NOTE DE GRAMMAIRE 7
Verbes et pronoms toniques

Some verbs also followed by a preposition always require the *pronoms toniques* as object when referring to *persons:*

penser à   **être à**   **rêver de (à)**
songer à   **penser de**   **parler de**

Note the usages:

Je rêve **à** elle.
Je rêve **d'**elle.
I dream of her.

Elle pense **à** lui.
She is thinking of him.

Que pensez-vous **de** lui?[1]
What do you think of him?

Il songe **à** elle.
He is daydreaming of her.

Cette mobylette est **à** lui.
*This mobylette is his (**belongs to** him).*

When *things* or *ideas* are replaced by pronouns, remember that the forms **y** and **en** are used:

[1]Note that the response to **Que pensez-vous de . . . ?** and **Qu'en pensez-vous?** is

Je pense **que . . .**

Penser de is used only in questions:

Que pensez-vous **du** film? Je pense **qu'**il est excellent.

Elle pense **à son devoir.**
Elle **y** pense.

Que pensez-vous **de ce film?**
Qu'**en** pensez-vous?

Il songe **à l'été dernier.**
Il **y** songe.

Substitution progressive

Pronoms toniques

Elle pense toujours à nous.
Elle pense toujours *à lui.*
Vous songiez toujours à lui.
Vous songiez toujours *à eux.*
Il s'adresse toujours à eux.
Il s'adresse toujours *à nous.*
Elle pense toujours à nous.

Exercices de transformation

Mixed Pronouns

Modèle: Que penses-tu de ce film?
            Qu'en penses-tu?

1. Je songe à mon école.
2. Vous pensez à Jacqueline.
3. Que pense-t-il du chauffeur?
4. N'avez-vous pas songé aux châteaux de la Loire?
5. Elle pense à ses amis.

QUESTIONS GENERALES

1. De quel instrument de musique jouez-vous?
2. Aimez-vous la musique classique?
3. Savez-vous l'équivalent en anglais des instruments suivants: une harpe, un violon-celle, une clarinette, un haut-bois, un trombone, un tuba?
4. Connaissez-vous quelques compositeurs francais? Pouvez-vous citer quelques-unes de leurs œuvres (*works*)?

5. Quel sport préférez-vous?
6. Qui sont les meilleurs joueurs (*players*) de tennis au monde aujourd'hui?
7. Pour quelles raisons fait-on des sports?

Exercices de manipulation

1. Demande à _____ si elle joue d'un instrument de musique.
2. Dis à _____ ce que tu sais de la musique américaine populaire.
3. Demande à _____ quels journaux il lit généralement.
4. Dis à _____ de demander à _____ s'il existe des journaux de différentes tendances politiques aux Etats-Unis.
5. Demande à _____ de t'expliquer quand on emploie le subjonctif.
6. Demande à _____ si les étudiants américains fréquentent les cafés tout comme
   leurs camarades français.
7. Dis-moi ce que tu fais ici. Demande-moi ce que je fais ici.

MICROLOGUE   La musique populaire américaine

La musique américaine a eu deux aspects importants **au début** — *in the early fifties*
des années cinquante. D'un côté, le rythme lent des «blues»
exprimait bien la douleur de l'histoire triste des noirs. De l'autre
côté, l'ouest des Etats-Unis offrait de simples chansons d'amour.

Pendant les dix années suivantes cette musique est devenue de
plus en plus raffinée. A partir de 1964, **le genre paraît** avoir — *the style appears*
atteint **le plus haut niveau** de l'art, surtout chez les Anglais **tels** — *the highest level*
que les Beatles et les Rolling Stones. Maintenant il **semble** qu'on — *such as/seems*
explore les subtilités du genre.

Questions

1. Comment est la musique américaine au début des années cinquante?
2. Quels sont les deux aspects importants de cette époque?
3. Comment est devenue cette musique pendant les dix années suivantes?
4. Que devient ce genre à partir de 1964?
5. Surtout chez qui?
6. Et maintenant, que semble-t-on explorer?

LECTURE   La presse

1   Le Français a des idées politiques qu'il ne désire généralement
pas changer; aussi achètera-t-il le journal qui convient le mieux à
son opinion et qui lui permettra de défendre sa manière de penser.

A Paris, on trouve un grand choix de journaux, **chacun** ayant — *each one*
5   une opinion politique définie. Par ordre d'importance pour les

quotidiens il y a *le Monde,* intellectuel de gauche le plus diffusé.
On le trouve dans beaucoup de pays étrangers. Il n'a aucune photo.

    Le Parisien libéré (dans lequel on trouve beaucoup de **ragots**)   *gossip*
tient le centre droite. Il est publié depuis la Libération.

10   *Le Figaro et l'Aurore* **ont fusé** ensemble pendant l'automne 1982.   *merged*
C'est le journal de droite. Il peut avoir deux éditoriaux différents.

    L'Humanité est l'organe central du parti communiste français.
Il coûte plus cher que les autres journaux.

    Le Matin est le quotidien du socialisme.

15   *La Croix,* quotidien catholique d'information à tendances
gauchisantes, est diffusé dans toute la France ainsi qu'**à l'étran-**   *leftist/abroad*
ger.

    Libération est le journal de la gauche socialiste. Il cherche les
scandales parmi l'opposition.

20   *Le Quotidien de Paris* est un journal très à droite à tendance
R.P.R. (Rassemblement pour la République), plus virulent que *le
Figaro.* On ne peut plus le trouver après midi.

    Quant aux quotidiens du soir, *France-Soir* a le plus grand **tir-**   *As for*
age. C'était un journal de droite, se tournant maintenant vers la   *circulation*
25 majorité et se rapprochant du gouvernement socialiste actuel. Il

attire par ses **faits divers** avec beaucoup de photos, sa publicité   *news items*
et ses **petites annonces.**   *ads*

    A part *France-Dimanche,* qui recherche le sensationnel, et *Hu-*   *Beside*
manité Dimanche, les journaux français ne paraissent pas le di-
30 manche, mais **la plupart** font paraître le samedi un magazine.   *most*
Par exemple, il y a *Figaro Magazine* et *Figaro Madame.* En général
ils reprennent les titres de la semaine avec des articles sur des
sujets plus spécialisés.

    On peut aussi acheter des **hebdomadaires** comme *le Canard*   *weeklies*
35 *enchaîné* qui n'accepte pas de publicité. Il est satirique de gauche.

    V.S.D. (vendredi, samedi, dimanche), un autre hebdomadaire,
est surtout acheté pour s'informer sur les spectacles et les sports.

    En province la presse s'adresse aux besoins de son public. Sans
négliger les nouvelles nationales et internationales qui paraissent
40 généralement en première et dernière pages, **le reste** sert à couvrir   *the rest*
les nouvelles locales et départementales. Le plus gros tirage est
Ouest-France en Bretagne, suivi par *Sud-Ouest* à Bordeaux et *la*
Nouvelle République à Tours.

    Les journaux de province ont tendance à employer des couleurs
45 de plus en plus, soit pour **souligner** des titres, soit pour des pages   *to underline*
entières, et il semble que la presse parisienne suive leur exemple.

QUESTIONS SUR LA LECTURE

1. Qu'est-ce que le Français ne désire pas changer généralement?
2. Pourquoi achète-t-il le journal qui convient le mieux à son opinion?
3. Quel est le journal qui n'a aucune photo?
4. Depuis quand *le Parisien libéré* est-il publié?
5. Quelles sont les particularités du journal *le Figaro* et *l'Aurore?*
6. Quelle est la tendance du *Quotidien de Paris?*
7. Les journaux quotidiens paraissent-ils le dimanche?
8. Quel genre de journal est *France-Dimanche?*
9. Quel hebdomadaire n'accepte pas de publicité? Pourquoi, à votre avis (*opinion*)?
10. Pour quelles raisons achète-t-on *V.S.D.?*
11. La presse de province diffère-t-elle de la presse parisienne?
12. Quels sont les plus gros tirages en province?
13. Pourquoi les journaux emploient-ils des couleurs de plus en plus?

CREATION ET RECREATION

1. As in the *Création et récréation* section of *Chapitre 8,* one student will play the role of
a well-known personality and be introduced by another student. This time, instead of

asking questions at random, the panel of four or five students will act as journalists whose respective newspapers represent a wide spectrum of styles.

During the "press conference," the reporters will first identify themselves and their papers and then take extensive notes on what the "interviewee" says. When the press conference has ended, the reporters are each responsible for writing an article (in the style of the chosen newspaper). Each reporter will then submit an article to the paper's editor (another student), who will prepare the rough draft for final copy and will choose the appropriate headline(s). For example:

LE PRESENTATEUR: Mesdames, Mesdemoiselles, Messieurs, j'ai l'honneur de vous présenter M./Mme/Mlle _____ , qui est _____ et qui répondra à vos questions.

(*Guest steps to podium; reporters raise hands.*)

L'INTERVIEWE: (*pointing to one reporter*) Oui, monsieur?

LE JOURNALISTE: (*speaks*) Clark Kent, *la Planète Quotidienne.* Monsieur/Madame _____ , je voudrais vous demander _____ . . .

2. Monique et Pierre discutent de la musique américaine avec leurs amis. Ils parlent surtout du phénomène (*phenomenon*) «disco» . . .

Chapitre 20: COUP D'ŒIL

Oui   **Non**

_____ 1. The verb **valoir** is used mostly in the following ways: _____

Il vaut mieux étudier.
Il vaudrait mieux sortir maintenant.
Ça ne vaut pas la peine de le consulter.

_____ 2. **Il faut** used with an indirect object pronoun means *to need:*   _____

Il me faut de l'argent.
I need some money.

Il me faudra de l'argent.
I will need some money.

_____ 3. The *subjunctive* is used in the *subordinate clause* (the part of the sentence that begins   _____
with **que**) when the main clause contains a verb or verbal form stressing:

URGENCY: Il faut que vous le **choisissiez.**
VOLITION: Je veux que vous le **choisissiez.**
DOUBT: Je doute que vous le **choisissiez.**
EMOTION: Je suis content que vous le **choisissiez.**

_____ Its endings are **-e, -es, -e, -ions, -iez, -ent.**   _____

_____ 4. **Craindre** is an irregular verb: _____

je crains	nous craignons
tu crains	vous craignez
il craint	ils craignent

Other verbs conjugated like **craindre** are:

atteindre, éteindre, joindre, peindre, plaindre, se plaindre (de), rejoindre

_____ 5. **Manquer** can mean *to miss:*   _____

J'ai manqué le train.

_____ **Manquer à** can mean *to lack* or *to be missed (by):*   _____

L'argent **nous manque.**	*We lack money.*
Tu **manques à tes**	*Your parents miss you.*
parents.	(*You **are missed by your parents.***)

_____ 6. Certain verbs take **me, te, se, nous, vous, se** as *direct objects* and a *pronom tonique*   _____
introduced by a preposition as *indirect objects:*

Il **me** présente **à** elle.
Il **se** souviendra **de** nous.

_____ 7. Certain verbs require a *pronom tonique* as an object when referring to persons: _____

Elle pense **à eux.**

VOCABULAIRE

Verbes

accompagner
(s') adresser (à)
atteindre*
compter
craindre* (de)
douter (de)
(s') élancer
éteindre*
falloir*
foncer
former
imiter
joindre*
manquer*
peindre*
plaindre*

(se) plaindre* (de)
pratiquer
(se) précipiter
(se) présenter (à)
quitter
rejoindre*
rencontrer
reprendre
retourner
retrouver
rêver (à) (de)
saluer
songer (à)
(se) souvenir (de)
valoir*

Noms

art (*m.*)	**tambour** (*m.*)
blessure (*f.*)	**trombone** (*m.*)
candidat (*m.*)	**trompette** (*f.*)
chef d'orchestre (*m.*)	tuba (*m.*)
clarinette (*f.*)	**violon** (*m.*)
compositeur (*m.*)	violoncelle (*m.*)
coupure (*f.*)	flèche (*f.*)
guitare (*f.*)	genre (*m.*)
gymnase (*m.*)	histoire (*f.*)
harpe (*f.*)	niveau (*m.*)
haut-bois (*m.*)	pansement (*m.*)
instrument (*m.*)	passe (*f.*)
musicien (*m.*)	sommet (*m.*)
œuvre (*f.*)	subtilité (*f.*)
orchestre (*m.*)	tendance (*f.*)
piano (*m.*)	

Adjectifs

artistique	**politique**
classique	musical
magnifique	suivant

Adverbe

tel que

Conjonction

parce que

Prépositions

à cause de

Expressions utiles

aller à pied	jouer aux cartes
casser les oreilles	**jouer de (+** *instrument de musique)*
douter fort	partir comme une flèche
en dehors de	présenter quelqu'un à
flûte!°	rien d'autre
fort à propos	tomber bien
il est nécessaire que	tomber à pic
il est urgent que	en route

CHAPITRE 21
LE TELEPHONE

Chapitre 21: LE TELEPHONE

PREMIERE ETAPE

1   *Les amis discutent toujours au café. Robert arrive. Bien qu'il soit essoufflé, il salue ses amis, commande une bière et l'avale d'un trait.*

ROBERT: A quoi penses-tu, de quoi parles-tu?

HENRY: Je pense à ta soif et je parle de ta manière de boire. Ah! je regrette que tu te
5   sois coupé. Ça va maintenant?

ROBERT: Oui, merci.

SYLVIE: Je crains qu'il ne pleuve toute la journée.

FRANCINE: Si nous allions au cinéma?

ROBERT: Mais ma famille m'attend.

10   SYLVIE: Essaie de téléphoner!

ROBERT: Tu as raison, je pourrais aller au cinéma à moins que cela ne les dérange.
         Comment téléphone-t-on?

SYLVIE: C'est simple.

DEUXIEME ETAPE

1   *Les amis discutent toujours au café. Robert arrive. Bien qu'il soit essoufflé, il salue ses amis, commande une bière et l'avale d'un trait.*

HENRY: Eh bien, mon vieux, bravo!

ROBERT: Comment? A quoi penses-tu? De quoi parles-tu?

5   HENRY: Je pense à ta soif et je parle de ta manière de boire. Ah! je regrette que tu te
         sois coupé. Ça va maintenant?

ROBERT: Oui, merci.

SYLVIE: Zut, alors! Regarde, il pleut et je crains qu'il ne pleuve toute la journée.

FRANCINE: Si nous allions au cinéma?

10   SYLVIE: Ce serait super!

ROBERT: Mais ma famille m'attend et je dois y être à l'heure.

SYLVIE: Téléphone-leur afin de les prévenir.

ROBERT: Tu as raison. Je pourrais aller au cinéma à moins que cela ne les dérange.

SYLVIE: Essaie de téléphoner et tu verras.

15   ROBERT: Comment téléphone-t-on? Je ne me suis jamais servi d'un téléphone en France.

SYLVIE: C'est simple: tu cherches de la monnaie. Tu entres dans la cabine téléphonique.
         Tu décroches le récepteur, tu places la pièce de monnaie convenable dans la fente
         et tu attends la tonalité. Quand tu l'entends, tu fais le numéro, et voilà!

TROISIEME ETAPE

1   *Les amis discutent toujours au café. Robert arrive. Bien qu'il soit essoufflé, il salue ses amis, commande une bière et l'avale d'un trait.*

HENRY: Eh bien, mon vieux, bravo!

ROBERT: Comment? A quoi penses-tu? De quoi parles-tu?

5 HENRY: Je pense à ta soif et je parle de ta manière de boire. Ah! je regrette que tu te sois coupé. Ça va mieux maintenant?

ROBERT: Oui, merci. Heureusement, ce n'est pas grave.

SYLVIE: Zut, alors! Regarde, il pleut encore et je crains qu'il ne pleuve toute la journée.

FRANCINE: Si nous allions au cinéma? J'ai envie de voir le dernier film de Truffaut.[1]

10 SYLVIE: Ce serait super! Effectivement, j'ai lu d'excellentes critiques de ce film. Allons-y!

ROBERT: Mais ma famille m'attend pour dîner et je dois y être à l'heure.

SYLVIE: Téléphone-leur afin de les prévenir.

ROBERT: Tu as raison. Je pourrais aller au cinéma à moins que cela ne les dérange.

15 SYLVIE: Essaie toujours de téléphoner et tu verras.

HENRY: Bonne idée, appelle-les et invite Nicole si elle est libre.

ROBERT: Comment téléphone-t-on? Je ne me suis jamais servi d'un téléphone en France.

SYLVIE: C'est simple: tu cherches de la monnaie. Tu entres dans la cabine téléphonique. Tu décroches le récepteur, tu places la pièce de monnaie convenable dans la fente

20 et tu attends la tonalité. Quand tu l'entends, tu fais le numéro, et voilà!

ROBERT: J'ai pigé. J'y vais, attendez-moi, je reviens tout de suite.

(*Robert descend au sous-sol pour téléphoner.*)

SYNONYMES ET EXPRESSIONS APPROXIMATIVES

1	essoufflé → épuisé, fatigué = à bout de souffle, hors d'haleine
8	Zut, alors!° = Flûte!°
9	J'ai envie de = Je désire, Je voudrais
10	super = superbe, génial
10	excellentes = très bonnes
10	critiques = opinions
12	je dois y être = il faut que j'y sois
13	Téléphone-leur = Donne-leur un coup de fil
13	prévenir = informer, avertir
14	dérange = gêne, importune
16	si elle est libre = si elle n'a rien à faire, si elle n'est pas occupée
17	Je ne me suis jamais servi de = Je n'ai jamais employé, Je n'ai jamais utilisé
18	C'est simple = C'est facile, C'est élémentaire
18	monnaie = pièces d'argent
19	Tu décroches le récepteur → Tu prends l'appareil où tu entends et dans lequel tu parles
19	convenable = correcte
19	fente = petite ouverture en long
20	la tonalité → le son produit par le téléphone quand on le décroche
20	tu fais le numéro = tu composes le numéro

[1]François Truffaut est un cinéaste français, l'auteur de *Les 400 Coups* et d'autres films.

21   tout de suite = immédiatement, dans un court moment, sans délai
22   sous-sol → étage sous le rez-de-chaussée, étage sous le niveau de la rue

QUESTIONS SUR LE SCENARIO

1. Que dit Henry en voyant Robert?
2. Quel temps fait-il?
3. Que propose Francine?
4. Robert se sent-il libre d'aller au cinéma?
5. Que suggère Sylvie?
6. Que disent les critiques du film?
7. Robert croit-il pouvoir aller au cinéma?
8. Robert sait-il se servir d'un téléphone en France?
9. Comment peut-on téléphoner en France d'une cabine téléphonique?
10. Où Robert descend-il pour téléphoner?

VOCABULAIRE ILLUSTRE

Pour se divertir on peut aller soit au cinéma soit au théâtre.

Au cinéma on passe **des dessins animés.**   Au théâtre on peut voir **des comédies.**

des films en version originale.   **des tragédies.**

des films doublés.   **des farces.**

des documentaires.   du music-hall.

NOTE DE GRAMMAIRE 1
Radical du subjonctif

1. In certain cases the *stem* of the subjunctive for irregular verbs is based on the first person plural, present indicative tense, minus the **-ons** ending:

INFINITIVE	STEM	INFINITIVE	STEM
dormir	**dorm-**	vivre	**viv-**
partir	**part-**	craindre	**craign-**
écrire	**écriv-**	s'asseoir	**assey-**
dire	**dis-**	lire	**lis-**
connaître	**connaiss-**	conduire	**conduis-**
suivre	**suiv-**		

2. Some irregular verbs have quite *irregular stems:*

faire	**fass-**	falloir	**il faille** [faj][2]
pouvoir	**puiss-**	pleuvoir	**il pleuve** [plœv][2]
savoir	**sach-**	valoir	**il vaille** [vaj][2]

[2]These verbs are used only in the third person singular.

3. Etre and **avoir** are conjugated as follows in the *subjunctive*.

être

je sois	nous soyons	[swajɔ̃]
tu sois [swa]	vous soyez	[swaje]
il soit	ils soient	

avoir

j'aie	nous ayons	[ɛjɔ̃]
tu aies [ɛ]	vous ayez	[ɛje]
il ait	ils aient	

4. Other verbs have two *different* stems in the *subjunctive*. **Aller, boire, prendre, venir,** and **vouloir** have one stem for the first and second persons *plural* and another for the *other persons singular and third person plural:*

aller

j'aille	nous allions	[aljɔ̃]
tu ailles [aj]	vous alliez	[alje]
il aille	ils aillent	

boire

je boive	nous buvions
tu boives [bwav]	vous buviez
il boive	ils boivent

prendre

je prenne	nous prenions	[prənjɔ̃]
tu prennes [prɛn]	vous preniez	[prənje]
il prenne	ils prennent	

venir

je vienne	nous venions	[vənjɔ̃]
tu viennes [vjen]	vous veniez	[vənje]
il vienne	ils viennent	

vouloir

je veuille	nous voulions	[vuljɔ̃]
tu veuilles [vœj]	vous vouliez	[vulje]
il veuille	ils veuillent	

Exercices de transformation

1. Mme Fourchet doute que *Robert* aille au cinéma.
   (*tu, nous, les jeunes filles, je, vous, Robert*)
2. Il faut que *tu* prennes de la monnaie.
   (*il, nous, le chauffeur, je, vous, les garçons, tu*)
3. Je suis fâché que *vous* vouliez partir.
   (*il, tu, elle, on, les enfants, vous*)
4. Je suis content que *vous* ne buviez pas.
   (*les jeunes gens, mon père, tu, nous, on, vous*)
5. Elles veulent que *tu* reviennes tout de suite.
   (*je, nous, vous, les musiciens, l'employé, tu*)

NOTE DE GRAMMAIRE 2
Le subjonctif passé

1. The subjunctive has a tense in the past. It is called the *perfect subjunctive.* The perfect subjunctive is formed by *the auxiliary verb in the present subjunctive + the past participle:*

> Je suis content que **vous l'ayez fait.**
> Je suis content que **vous soyez parti.**

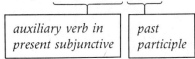

> *auxiliary verb in present subjunctive* | *past participle*

2. The sequence of tenses for the subjunctive—that is, which tense to use to indicate when actions occur—is quite simple for *spoken French:*

a. When the action is *simultaneous* or *future* to the verb in the main clause, the subjunctive is in the *present:*

MAIN CLAUSE	SUBORDINATE CLAUSE
Je **regrette**	que vous le **fassiez.**
Je **regretterai**	que vous le **fassiez.**
Je **regretterais**	que vous le **fassiez.**
Je **regrettais**	que vous le **fassiez.**

b. If the action occurred *prior* to the verb in the main clause, the subjunctive is in the *perfect:*

MAIN CLAUSE	SUBORDINATE CLAUSE
Je **regrette**	que vous l'**ayez fait.**
Je **regrettais**	que vous l'**ayez fait.**
J'**ai regretté**	que vous l'**ayez fait.**

⚙ **Simples substitutions**

1. Il vaut mieux *que tu l'aies fait.*
   (*que tu sois venu, que vous l'ayez fini, que nous l'ayons choisi, qu'ils l'aient cru, qu'on soit rentré, que tu l'aies fait*)
2. Je voudrais *qu'il le fasse.*
   (*qu'on le sache, qu'ils puissent le faire, que nous l'envoyions, que vous l'étudiiez, qu'elle la conduise, que tu le boives, qu'il le fasse*)
3. J'ai regretté *que vous ayez dormi.*
   (*que vous soyez parti, que tu l'aies dit, qu'il l'ait lu, que nous l'ayons battu, qu'il ait plu ce jour-là, qu'on ait ri à ce moment-là, que vous ayez dormi*)

⚙ **Exercices de transformation**

Modèle: Je suis content que tu ailles au cinéma aujourd'hui. (*hier*)
            Je suis content que tu sois allé au cinéma hier.

1. C'est dommage qu'il parte aujourd'hui.
2. Elle doutait que tu finisses tes devoirs aujourd'hui.
3. Je ne crois pas qu'elle fasse ce qu'elle doit faire aujourd'hui.

Modèle: Je suis heureux que vous ayez invité Nicole. (*J'étais heureux*)
            J'étais heureux que vous ayez invité Nicole.

1. Elle veut toujours que vous le fassiez. (*Elle voulait*)
2. Nous voudrions bien que vous réussissiez. (*Nous voulons*)
3. Il est possible que nous y allions. (*Il était possible*)
4. Elle regrette que tu ne l'aies pas accompagnée. (*Elle regrettera*)
5. C'est dommage que nous l'ayons fait. (*C'était dommage*)
6. Je crains que vous ne soyez déçus. (*Je craignais*)

NOTE DE GRAMMAIRE 3
Emploi du subjonctif après des conjonctions

The *subjunctive* is also used *after certain specific conjunctions:*

> **Bien qu'**il soit essoufflé, il arrive à l'heure.
> *Although he is out of breath, he arrives on time.*

> **Afin que** tu leur dises que tu n'iras pas, téléphone-leur!
> *In order that you tell them that you will not go, telephone them!*

Other conjunctions or conjunctival phrases that *automatically require the subjunctive* are:

> **Quoiqu'**il le dise, nous ne le croyons pas.
> *Although he says it, we don't believe him.*

Pour qu'il le dise, **il faut qu'**il ait du courage.
*In order that he say it, he **must** have courage.*

Jusqu'à ce qu'il le dise, nous ne ferons rien.
Until he says it, we won't do anything.

En attendant qu'il le dise, nous ne ferons rien.
While waiting for him to say it, we won't do anything.

A moins qu'il **ne** le dise,[3] nous ne ferons rien.
Unless he says it, we won't do anything.

Avant qu'il **ne** le dise,[3] il attendra le moment juste.
Before he says it, he will wait for the right moment.

Pourvu qu'il le dise, nous en serons contents.
Provided that he says it, we will be happy.

Sans qu'il le dise, nous ne pourrons rien faire.
Without his saying it, we can do nothing.

Quoi qu'il dise, elle le fera.
Whatever he says, she will do it.

Où que vous soyez, pensez à nous.
Wherever you may be, think of us.

De peur que vous **n'**y alliez,[3] il vous en parlera.
For fear that you go there, he will speak to you of it.

Simples substitutions

1. Je ferai le nécessaire *pour que tu le saches.*
   (*à moins que tu ne le saches, avant qu'elle ne parte, pourvu que nous partions, jusqu'à ce que vous puissiez le faire, afin que tu puisses le faire, quoiqu'il ne le veuille pas, en attendant qu'il vienne, pour que tu le saches*)
2. Partons tout de suite *avant qu'il ne pleuve.*
   (*avant qu'il ne fasse mauvais, sans qu'il nous dise de le faire, pour que j'y sois en avance, quoiqu'elles nous fassent attendre, à moins que tu ne veuilles rester, quoi qu'il dise, pourvu que nous ne le réveillions pas, avant qu'il ne pleuve*)
3. Elle est partie *sans que je le sache.*
   (*sans que tu l'entendes, sans que nous y soyons, pour que tu prennes cela au sérieux, pour que vous la connaissiez mieux, afin qu'on lui écrive de revenir, afin que nous puissions dormir, afin que je sois seul, sans que je le sache*)

[3]With **à moins que, avant que,** and **de peur que,** the particle **ne** appears before the verb. This **ne** is *not* the equivalent of a negation:

A moins qu'il **ne** pleuve, nous irons.	*Unless it rains, we will go.*
Avant que tu **ne** le fasses, parle-m'en!	*Before you do it, speak to me about it!*
De peur que tu **ne** le fasses, j'irai avec toi.	*For fear that you do it, I will go with you.*

🎲 **Substitutions progressives**

1. Quoique tu ailles travailler, téléphone-lui!
   Quoique tu aies du travail, téléphone-lui!
   Quoique tu aies du travail, *reste là!*
   En attendant qu'il sorte, reste là!
   En attendant qu'il sorte, *mangeons les croissants!*
   Avant que tu ne partes, mangeons les croissants!
   Avant que tu ne partes, *écoutons les disques.*
   Pourvu qu'elle le veuille, écoutons les disques.
   Pourvu qu'elle le veuille, *téléphone-lui!*
   Quoique tu ailles travailler, téléphone-lui!

2. Avant qu'il ne le dise, nous allons l'annoncer.
   Bien que vous le disiez, nous allons l'annoncer.
   Bien que vous le disiez, *nous en serons contents.*
   Quoi que tu dises, nous en serons contents.
   Quoi que tu dises, *nous ferons de notre mieux.*
   Sans que nous le disions, nous ferons de notre mieux.
   Sans que nous le disions, *nous nous en servirons.*
   Avant qu'il ne le dise, nous nous en servirons.
   Avant qu'il ne le dise, *nous allons l'annoncer.*

Exercices de manipulation

1. On a mis du poivre dans le lait fraise de Francine sans qu'elle le _____ (*savoir*).
2. Où que vous _____ (*être*), je serai là.
3. Ce vin est mauvais, bien qu'il _____ (*dire*) le contraire.
4. J'attendrai à la gare, jusqu'à ce que vous _____ (*venir*).
5. Si on jouait au tennis avant qu'il ne _____ (*pleuvoir*)?
6. Nous pouvons sortir ensemble, à moins que tu n' _____ (*avoir*) du travail.
7. Un comédien peut gagner beaucoup d'argent, pourvu qu'il _____ (*connaître*) son métier.

NOTE DE GRAMMAIRE 4
Emplois du verbe **devoir**

1. The verb **devoir** means either *to owe* or *ought to* (*must*).

2. It is an irregular verb.

PRESENT: je dois   nous devons   [dəvō]
            tu dois   [dwa]   vous devez   [dəve]
            il doit   ils doivent   [dwav]

PASSE COMPOSE: j'ai dû (*I had to* or *I must have*)
FUTUR: je devrai (*I'll have to*)

CONDITIONNEL: je devrais (*I ought to*)
IMPARFAIT: je devais (*I was supposed to*)
SUBJONCTIF: que je doive   que nous devions [dəvjõ]
que tu doives [dwav]   que vous deviez [dəvje]
qu'il doive   qu'ils doivent

3. When used before a noun, **devoir** means *to owe:*

Je vous **dois** 20 francs.
*I **owe** you 20 francs.*

In the construction

Combien vous **dois-je?**

devoir also means *to owe.*

4. When used before an infinitive, **devoir** means *should, ought,* or *must* and is often used interchangeably with **Il faut que:**

Vous **devez** partir. ⎫
Il faut que vous partiez. ⎭   *You **must** leave.*

The verb **devoir** carries the additional sense of *moral obligation.* The fine distinction between the two usages—not too often observed, *hélas!*—is as follows:

Il faut que vous partiez.

means simply: *You **must** leave* (absolute sense).

Vous **devez** partir.

means: *You **ought** to leave* or *You **are obligated** to leave* (according to your own or another's moral judgment).

STOP

SUMMARY:

Devoir often varies in meaning according to the tense used. Study carefully the following examples:

Je dois voir mes parents.
*I **must** (or: I plan to) see my parents.*

Je devrai voir mes parents demain.
*I **will have to** see my parents tomorrow.*

Je devrais me dépêcher parce que je suis en retard.
*I **should** (**ought to**) hurry because I am late.*

Je devais partir à huit heures, mais les routes étaient trop mauvaises.
*I **was supposed to** (or: I planned to) leave at 8 o'clock, but the routes were too bad.*

The *passé composé* of **devoir** has two possible meanings:

J'ai dû partir avant la fin de la conférence parce que Michel m'attendait.

*I **had** to leave before the end of the lecture because Michel was waiting for me. (The necessity arose and I left.)*

Où est mon devoir?—**J'ai dû** le laisser dans ma chambre.

*Where is my homework?—**I must** have left it in my room. (Supposition: it isn't certain that I left my homework in my room, but logic indicates that I did.)*

Substitution progressive

Vous devez être content.	*Nous devons être heureux.*
Voux devez être *mécontent.*	Nous devons être *à l'heure.*
Il doit être mécontent.	*Je dois être* à l'heure.
Il doit être *fatigué.*	Je dois être *content.*
Tu dois être fatigué.	*Vous devez être* content.
Tu dois être *heureux.*	

Simples substitutions

1. Vous *doit-il* de l'argent?
   (*devons-nous, doivent-ils, dois-je, doit-on, doit-il*)
2. Mais *il a dû* partir, n'est-ce pas?
   (*on a dû, elle a dû, elles ont dû, nous avons dû, tu as dû, ils ont dû, vous avez dû, il a dû*)
3. *Je devais* faire ces leçons-là, mais il était trop tard.
   (*Il devait, Vous deviez, Elles devaient, On devait, Nous devions, Tu devais, Je devais*)
4. *Ne devriez-vous pas* attendre un peu?
   (*Ne devrait-on pas, Ne devrions-nous pas, Ne devraient-ils pas, Est-ce que je ne devrais pas, Ne devrais-tu pas, Ne devrait-elle pas, Ne devriez-vous pas*)
5. Quoique *je lui doive* 1.000 francs, il n'est pas irrité.
   (*nous lui devions, on lui doive, tu lui doives, vous lui deviez, elles lui doivent, il lui doive, je lui doive*)

Exercices de manipulation

Modèle: Je dois partir, on m'attend. (*nous*)
        Nous devons partir, on nous attend.

1. *Nous* devons partir, on *nous* attend.
   (*Vous, Tu, Il, Elles, Je, Nous*)
2. *Vous* devrez partir parce qu'on *vous* attend.
   (*Nous, Elle, Elles, Je, Tu, Vous*)
3. *Vous* devriez le faire pour réussir.
   (*Nous, On, Elles, Je, Il, Vous*)
4. *Vous* deviez répondre mais *vous* ne saviez pas la leçon.
   (*Nous, Je, Elle, Ils, Tu, Vous*)

5. On a téléphoné, *j'ai dû y aller.*
   (*vous, elle, elles, tu, nous, on, je*)
6. *Vous* avez dû écrire, mais on n'a pas vu la lettre.
   (*Tu, Je, Nous, Elles, Il, Vous*)

> **5.** Other verbs conjugated like **devoir** are:
>
> **recevoir**   *to receive*
> **apercevoir**   *to notice*
> **s'apercevoir de**   *to become aware of*

Note the similarities:

PRESENT:		
je reçois		j'aperçois
tu reçois [rəswa]		tu aperçois [apɛrswa]
il reçoit		il aperçoit

nous recevons [rəsəvõ]		nous apercevons [apɛrsəvõ]
vous recevez [rəsəve]		vous apercevez [apɛrsəve]
ils reçoivent [rəswav]		ils aperçoivent [apɛrswav]

IMPERATIF:	reçois	aperçois
	recevons	apercevons
	recevez	apercevez

PASSE COMPOSE:	j'ai reçu	j'ai aperçu
IMPARFAIT:	je recevais	j'apercevais
FUTUR:	je recevrai	j'apercevrai
CONDITIONNEL:	je recevrais	j'apercevrais
SUBJONCTIF:	que je reçoive	que j'aperçoive

Simples substitutions

1. *Je reçois* beaucoup de lettres.
   (*Henry reçoit, M. et Mme Fourchet reçoivent, Tu reçois, Nous recevons, Elles reçoivent, On reçoit, Vous recevez, Je reçois*)
2. *On apercevait* l'hôtel d'ici.
   (*Tu apercevais, Nous apercevions, Elle apercevait, Ils apercevaient, M. Fourchet apercevait, J'apercevais, Vous aperceviez, On apercevait*)
3. *Je m'aperçois* qu'il est tard.
   (*Nous nous apercevons, On s'aperçoit, Tu t'aperçois, Elles s'aperçoivent, Il s'aperçoit, Vous vous apercevez, Je m'aperçois*)

Exercices de transformation

1. *Elle* reçoit des livres de ses amis.
   (*Je, Tu, On, Vous, Ils, Nous, Elle*)
2. *Elle* a aperçu la cabine téléphonique.
   (*On, Nous, Ils, Tu, Vous, Je, Elle*)

Exercices de transformation

Modèle: Elle reçoit ses amis chez elle. (*hier*)
            Elle a reçu ses amis chez elle hier.

1. Elle *reçoit* ses amis chez elle.
    (*demain, autrefois, il y a une semaine, Il est nécessaire que, hier*)
2. Ils *aperçoivent* leurs camarades.
    (*demain, il y a deux jours, Il faut que, hier, Nous voulons que*)

NOTE DE GRAMMAIRE 5
Le verbe irrégulier **pleuvoir**

The verb **pleuvoir** (*to rain*) is used only in the *third person singular* and is *impersonal:*

PRESENT:	il pleut	FUTUR:	il pleuvra
PASSE COMPOSE:	il a plu	CONDITIONNEL:	il pleuvrait
IMPARFAIT:	il pleuvait	SUBJONCTIF:	qu'il pleuve

Exercices de transformation

 Modèle: Il pleut *maintenant*. (*demain*)
            Il pleuvra demain.

Il pleut *maintenant*.
(*hier, pendant dix minutes ce matin, tous les jours, autrefois, quand je vous ai vu, s'il faisait plus chaud, demain, maintenant*)

Modèle: Je crois qu'il pleut. (*Es-tu sûr que*)
            Es-tu sûr qu'il pleuve?

Je crois qu'il pleut.
(*Je suis sûr que, Nous regrettons que, Marie nous dit que, Henry voudrait que, Il est nécessaire que, Tu crois que, Il est évident que, Je crois que*)

NOTE DE GRAMMAIRE 6
Les prépositions avec l'infinitif

When a conjugated verb is followed by an infinitive, the two verbs may be linked by a preposition. There are not any fixed rules for their governance. There are, however, certain trends that may be noted. Note the following possibilities.

1. Category One: NO PREPOSITION:[4]

[4]See *Appendice I* for a more complete list of possibilities.

These are usually verbs of *motion, mental activity,* or *inherent personal capacity:*

Je vais y travailler.	*I am going to work there.*
Il vient travailler.	*He is coming to work.*
Il aime le faire.	*He likes to do it.*
Elle espère partir.	*She hopes to leave.*
Je veux le faire.	*I want to do it.*
Nous savons nager.	*We know how to swim.*
Tu peux l'apercevoir.	*You can notice it.*

Although verbs of motion do not usually require prepositional links, they may acquire the preposition **pour** to stress purpose:

Je viens **pour** travailler.	*I come **in order to** work.*

STOP   Note that English often makes no distinction, using simply *to* in both cases.

2. Category Two: PREPOSITION **de** as link:

These are usually verbs that depend on the first verb for the *source of the action* or the *reason for the action:*

Je finis **de** travailler.	*I finish working.*
J'oublie **de** le faire.	*I forget to do it.*
Je décide **de** le faire.	*I decide to do it.*
Je promets **de** le faire.	*I promise to do it.*
J'essaie **de** le faire.	*I try to do it.*
Il craint **de** tomber.	*He is afraid to fall.*
Elle regrette **de** le faire.	*She is sorry to do it.*
J'ai peur **de** le faire.	*I am afraid to do it.*
Tu me permets **de** le faire.	*You allow me to do it.*
Je suis heureux **de** le faire.	*I am happy to do it.*

Note that **être** + *adjectives of emotion* take **de** as a link.

3. Category Three: PREPOSITION **à** as link:

These are usually verbs that *tend toward a goal or a purpose:*

Il commence **à** pleuvoir.	*It is beginning to rain.*
Je t'apprends **à** parler.	*I am teaching you to speak.*
Il arrive **à** parler.	*He succeeds in speaking.*
Ce moteur t'aidera **à** rouler.	*This motor will help you to go.*
Nous continuons **à** parler.	*We continue to speak.*
Il m'invite **à** dîner.	*He invites me to dinner.*
Elle est prête **à** partir.	*She is ready to leave.*
Il cherche **à** le faire.	*He is trying to do it.*
Les étudiants réussissent **à** apprendre.	*The students succeed in learning.*

(A) = goal TO which

⊛ **Substitutions progressives**

Verbs with No Preposition

1. Il faut y aller.
   Il désire y aller.
   Il désire *vous voir.*
   Nous allons vous voir.
   Nous allons *conduire.*

   Tu sais conduire.
   Tu sais *le faire.*
   Vous espérez le faire.
   Vous espérez *y aller.*
   Il faut y aller.

Verbs + **de**

2. Nous avons promis d'y être.
   Nous avons promis *d'y participer.*
   Je suis content d'y participer.
   Je suis content *de le finir.*
   Elle craint de le finir.
   Elle craint *de tomber.*

   J'ai peur de tomber.
   J'ai peur *d'aller en ville.*
   Il a décidé d'aller en ville.
   Il a décidé *d'y être.*
   Nous avons promis d'y être.

Verbs + **à**

3. Il nous invitera à dîner.
   Il nous invitera *à parler.*
   Elles sont prêtes à parler.
   Elles sont prêtes *à le faire.*
   On apprend à le faire.
   On apprend *à devenir pharmacien.*

   Il cherche à devenir pharmacien.
   Il cherche *à rester ici.*
   Nous continuons à rester ici.
   Nous continuons *à dîner.*
   Il nous invitera à dîner.

⊛ **Exercices de transformation**

Modèle: *Je peux vous indiquer le chemin. (Elle est contente)*
         Elle est contente de vous indiquer le chemin.

1. *Elle est contente* de vous indiquer le chemin.
   (*Nous étions prêts, J'ai essayé, Elle désire, Ils ne veulent pas, Je n'aime pas, Elle est contente*)
2. *Il a décidé* de visiter les palais.
   (*Nous promettons, Elle continue, Jacques a peur, On va, Elles sont heureuses, On a essayé, Il a décidé*)
3. Eh bien! *Nous oublions* de parler.
   (*Vous apprenez, J'espère, On est prêt, Tu vas, Il réussit, Je promets, Tu continues, Nous oublions*)
4. *Tu avais très peur* de tomber.
   (*Elle ne voulait pas, Nous craignons, Il ne faut pas, Il ne veut pas, L'enfant continue, Tu avais très peur*)

Vue générale de Québec

MICROLOGUE Le Québec

Le Québec est une des provinces les plus riches du Canada. Il est **de même** un grand centre de culture **francophone.** *likewise/French-speaking*

Les Français avaient colonisé le Québec au début du 17e siècle et les Anglais l'ont pris en 1759. Il a **cependant** gardé son aspect *however* français. La ville de Québec, par exemple, comprend une ancienne **cité,** avec des fortifications et des bâtiments datant du **milieu** du *walled city/middle* 17e siècle. Environ 90 pour cent de ses habitants parlent français comme langue maternelle.

Questions

1. Qui a colonisé le Québec et qui l'a pris en 1759?
2. Comment est la ville de Québec?
3. Combien de ses habitants parlent français?

LECTURE Québec

Depuis trois siècles et demi, Québec a su préserver son passé français en Amérique du Nord. Québec a toujours le charme **dé-** *old-fashioned* **suet** de petites villes de provinces françaises.

Le château de Frontenac devant le Saint Laurent

En 1534, Jacques Cartier est parti de St-Malo et a **débarqué**
5 dans **la Baie de Gaspé.** Il prend possession du pays au nom du
roi de France, François Ier, et l'appelle la Nouvelle-France. En
remontant le Saint-Laurent, Jacques Cartier s'arrête devant le site
de la future capitale de la colonie, Québec. Ce site est pratique
pour ses facilités de défense et de commerce. Plus tard, Champlain
10 **fonde** réellement la ville et devient gouverneur de la nouvelle
colonie.

L'occupation de ce site privilégié **a duré** près de cent cinquante
ans malgré les attaques des Iroquois et des Anglais. C'étaient des
attaques peu importantes pour la ville bien protégée par ses solides
15 **remparts.** Québec vivait dans la prospérité avec ses **entrepôts,**
ses docks, ses écoles, son hôpital et ses **tanneries** qui transfor-
maient **les fourrures** achetées aux Indiens.

Depuis longtemps les Anglais désiraient cette province et en
1759, une plus forte attaque laisse Québec aux Anglais.

20 Bien que restée sous la domination anglaise, la ville de Québec
est fière de son héritage français: ses remparts; de vieilles maisons,
dont certaines datent d'avant 1700, transformées en musée; **de
petites ruelles** qui **s'entrelacent;** les rues pittoresques du quartier Latin; le couvent des Ursulines où le **crâne** de Montcalm[5] est
25 conservé. Chaque nom est français et tout rappelle le temps passé.

landed
Bay of Gaspé

established

lasted

ramparts/warehouses
tanneries
furs

very small streets/
crisscross
skull

[5]Le Marquis de Montcalm de Saint-Véran, était un général français qui a été tué en défendant Québec contre les Anglais en 1759.

Vue de Québec la nuit

Environ 90 pour cent de la province du Québec est francophone. Le Québec désire avoir le français comme seule langue
officielle et obligatoire pour le travail et les affaires. Le français a
été adopté comme langue officielle du Québec par **la loi** 101 du   *the law*
30 26 août 1977.

QUESTIONS SUR LA LECTURE

1. Depuis combien de temps la ville de Québec a-t-elle su préserver son passé français?
2. Qu'a fait Jacques Cartier?
3. Qui était le roi de France en 1534?
4. Quel nom est donné à cette colonie?
5. Pourquoi Québec est un site pratique?
6. Qui devient le gouverneur de cette colonie?
7. Combien de temps a duré l'occupation de la Nouvelle-France?
8. Qui l'attaque?
9. Qu'est-ce qui protège Québec?
10. Qu'est-ce qui faisait sa prospérité?
11. Qui désirait cette province?
12. Quel est l'héritage français dont la ville de Québec est fière?
13. Où est conservé le crâne de Montcalm?

14. Quel est le pourcentage des francophones dans la province de Québec?
15. Quand le français a-t-il été adopté comme langue officielle du Québec?

QUESTIONS GENERALES

1. Avez-vous peur de sortir quand il pleut?
2. Quel temps fait-il d'habitude chez vous en hiver?
3. Quelles sortes de films préférez-vous? Pourquoi?
4. Que fait-on pour téléphoner en France?
5. Que fait-on pour téléphoner aux Etats-Unis?
6. Qu'est-ce que vous aimez voir au théâtre? Pourquoi?
7. Quel est votre acteur préféré?
8. Quelle est votre actrice préférée?
9. Quand es-tu à bout de souffle?
10. Donnes-tu souvent des coups de fil à ta famille?
11. Est-ce que tu préfères des films en version originale ou des films doublés? Pourquoi?
12. Quelle est la différence entre une comédie et une tragédie?
13. Sais-tu ce que dit la météo pour demain?

Exercices de manipulation

1. Dis-moi comment on téléphone en France.
2. Demande à _____ s'il va souvent au cinéma.
3. Dis-moi quand on dit «Zut!»
4. Que fait-on dans une farce?
5. Demande à _____ s'il est content d'avoir appris le subjonctif?

CREATION ET RECREATION

1. Most countries of the world have their own symbol: for example, the British lion, the American eagle, and the Canadian maple leaf.

Bring in an example or a photo of the object that symbolizes a particular nation and explain to the class the importance of the symbol vis-à-vis its nation.

Such an explanation will necessarily include a brief description of the country itself: its location, principal cities, climate, industries, government, cuisine, and so on.

Your teacher will make sure that the presentations as a whole include the symbols of some of the major French-speaking countries. For certain countries, there may be more than one symbol.

2. What action(s) can you add to one of the *Scénarios* you have read to make it more dramatic? For example, in the second *Scénario*, the taxi driver is so furious that he throws Robert out of the taxi. What will Henry do?

3. Monique et Pierre veulent accompagner leurs amis au cinéma, mais Monique veut d'abord téléphoner à sa famille pour la prévenir de son retard. Elle ne s'est jamais servie d'un téléphone aux Etats-Unis. . . .

Chapitre 21: COUP D'ŒIL

Oui		**Non**

1. The *subjunctive* is quite simple to form and to use. Stems of regular verbs are formed from the first person plural of the present indicative minus the **-ons** ending:

   parl-
   finiss-
   vend-

   Irregular verbs sometimes form the stem in the same way: **dormir** (**dorm-**), **connaître** (**connaiss-**).

   The endings are the same for all verbs, both regular and irregular:

   -e, -es, -e, -ions, -iez, -ent

2. The *perfect subjunctive* is the past tense of the subjunctive. It is a compound tense in which the auxiliary verb is conjugated in the present subjunctive:

   Je regrette **que vous soyez parti.**

3. The *subjunctive* is used *automatically* after certain expressions:

   Bien qu'il soit essoufflé . . .
   Jusqu'à ce qu'il le dise . . .
   A moins qu'il **ne** le dise . . .
   Où que vous soyez . . .
   Quoi que vous fassiez . . .

4. **Devoir** is an irregular verb:

je dois	nous devons
tu dois	vous devez
il doit	ils doivent

   Verbs like **devoir: recevoir, apercevoir, s'apercevoir de.**

   The verb **devoir** is often used to avoid the subjunctive:

   Il faut que vous partiez.   (*subjunctive*)
   Vous **devez** partir.   (**devoir** + *infinitive*)

   However, **devoir** carries a sense of moral obligation that **Il faut** does not have.

5. **Pleuvoir** (*to rain*) is an irregular verb. It only occurs in the third person singular:

   Il pleut aujourd'hui.

6. *Prepositional links* appear after certain verbs linking them to other verbs:

   Je veux travailler.
   Je crains **de** le faire.
   Tu commences **à** parler.

VOCABULAIRE

Verbes

apercevoir*	(s')étonner
(s')apercevoir (de)*	indiquer
avertir	informer
chercher (à)	participer (à)
commander	placer
décrocher	**pleuvoir***
déranger	prévenir
devoir*	**recevoir***
(se) divertir	**(se) servir (de)**
embêter	**téléphoner (à)**
essayer (de)	**utiliser**

Noms

cabine (f.) **téléphonique**	ballet (m.)
caisse (f.)	**dessins** (m. pl.) **animés**
critique (f.)	comédie (f.)
fente (f.)	**comédien** (m.)
numéro (m.)	**documentaire** (m.)
opinion (f.)	farce (f.)
pièce (f.)	**théâtre** (m.)
récepteur (m.)	**contraire** (m.)
tonalité (f.)	**sous-sol** (m.)
acteur (m.)	

Adjectifs

convenable	génial
doublé	libre
dramatique	mécontent
élémentaire	**original**
éreinté	**prêt (à)**
essoufflé	publicitaire
excellent	simple
furieux	sympathique

Adverbes

dehors	effectivement

Conjonctions

afin que	**en attendant que**
à moins que	**jusqu'à ce que**
avant que	**où que**
de peur que	**pour que**

quoique   **sans que**
quoi que   soit . . . soit

Expressions utiles

afin de (+ inf.)   **faire le numéro**
composer le numéro   **finir de** (+ inf.)
donner un coup de fil   Flûte!°
être à bout de souffle (*m.*)   former le numéro
être hors d'haleine (*f.*)   **pièce de monnaie**
une façon de faire   Zut, alors!°

CHAPITRE 22
AU CINEMA

Chapitre 22: AU CINEMA

⊛ PREMIERE ETAPE

1   *Au Lux on passe un film policier.*

ROBERT: J'aime bien ce genre de films.

PIERRE: Moi pas! Ils sont comme tous les films américains et je n'en connais aucun qui
me plaise.

5   SYLVIE: On pense avant d'ouvrir la bouche. Offre au moins une bonne raison!

PIERRE: Il y a trop de violence et les acteurs ne savent pas jouer.

FRANCINE: Nos films ne sont guère différents.

ROBERT: Ça va, ça va. Allons-y! Je ne crois pas qu'il soit si difficile de se mettre d'accord.

(Après la séance)

10   ROBERT: Alors, tu as changé d'avis maintenant?

PIERRE: Absolument pas.

SYLVIE: J'ai peur que tu n'exagères. Tu me fais rire.

ROBERT: Il faut que tu comprennes le but du film.

PIERRE: Il semble que le metteur en scène n'en ait pas eu.

15   SYLVIE: Moi, le film m'a plu.

ROBERT: A chacun son goût.

⊛ DEUXIEME ETAPE

1   *Au Lux on passe un film policier.*

ROBERT: J'aime bien ce genre de films.

PIERRE: Moi pas! Ils sont comme tous les films américains et je n'en connais aucun qui
me plaise.

5   SYLVIE: On pense avant d'ouvrir la bouche. Offre au moins une bonne raison!

PIERRE: Il y a trop de violence, pas assez de psychologie et les acteurs sont beaux mais
ils ne savent pas jouer.

FRANCINE: C'est plutôt idiot ce que tu racontes là, non? Nos films ne sont guère différents.

ROBERT: Ça va, ça va. Ne vous emballez pas! Allons-y! Je ne crois pas qu'il soit si difficile

10   de se mettre d'accord. Nous discuterons après.

(Après la séance)

ROBERT: Alors, tu as changé d'avis maintenant que tu as vu le film?

PIERRE: Absolument pas.

SYLVIE: J'ai peur que tu n'exagères. Tu me fais rire.

15   ROBERT: Il faut que tu comprennes le but du film.

PIERRE: Il semble que le metteur en scène n'en ait pas eu.

SYLVIE: Moi, le film m'a plu. Le jeu était bien mené et les acteurs étaient tout à fait dans
la peau de leurs personnages.

ROBERT: A chacun son goût.

TROISIEME ETAPE

1   *Au Lux on passe un film policier.*

ROBERT: J'aime ce genre de films. J'adore le suspense.

PIERRE: Moi pas! Ils sont comme tous les films américains et je n'en connais aucun qui
        me plaise.

5   SYLVIE: On pense avant d'ouvrir la bouche. Offre au moins une bonne raison!

PIERRE: Il y a trop de violence, pas assez de psychologie et les acteurs sont beaux mais
        ils ne savent pas jouer.

FRANCINE: C'est plutôt idiot ce que tu racontes là, non? Nos films ne sont guère différents.
        Tu sembles avoir des idées très arrêtées sur le sujet!

10   ROBERT: Ça va, ça va. Ne vous emballez pas! Allons-y! Ça ne vaut pas la peine de
        discuter et je ne crois pas qu'il soit si difficile de se mettre d'accord. Nous discu-
        terons après le film.

(*Après la séance*)

ROBERT: Alors, tu as changé d'avis maintenant que tu as vu le film? As-tu perdu tes
15   préjugés?

PIERRE: Ce ne sont pas des préjugés. Et je n'ai absolument pas changé d'avis. Ces films
        sont des navets!

SYLVIE: J'ai peur que tu n'exagères. Tu me fais rire.

ROBERT: Il faut que tu comprennes le but du film.

20   PIERRE: Mais justement, il semble que le metteur en scène n'en ait pas eu.

SYLVIE: En tout cas, moi, le film m'a plu. Le jeu était bien mené et les acteurs étaient
        tout à fait dans la peau de leurs personnages.

ROBERT: A chacun son goût. Et il sort assez de films chaque année pour que les goûts
        sophistiqués de Pierre soient tout de même satisfaits.

SYNONYMES ET EXPRESSIONS APPROXIMATIVES

2	ce genre = ce type, cette sorte
3,4	qui me plaise → qui m'emballe,° qui m'enthousiasme, qui me convienne, qui me botte°
8	idiot° → stupide, ridicule, bête, niais, absurde, déraisonnable
9	des idées arrêtées = des idées fixes, des idées déterminées
10	Ne vous emballez pas!° = Ne vous énervez pas!, Calmez-vous!
13	séance = représentation
14	tu as changé d'avis = tu as changé ton opinion
15	préjugés = opinions préconçues
17	navets° = mauvais films (littéralement: *turnips*)
19	le but = le dessein, l'objectif
20	justement = précisément
21	mené = traité, conduit
21,22	étaient tout à fait dans la peau de leurs personnages = jouaient parfaitement leurs rôles

NOTES CULTURELLES

1. Some movies in France have intermissions during which time commercial advertising (**des films publicitaires**) is shown on the screen. It is also during intermission that candy and ice cream of various sorts are sold.
2. You should tip the usherette (**l'ouvreuse**) who shows you to your seat. About 3 francs is adequate at the movies, 5 francs in theaters.

VOCABULAIRE ILLUSTRE

A l'université elle se spécialise **en philosophie.**

en biologie.

en art.

en mathématiques.

en histoire.

en sciences.

en langues.

en psychologie.

en français.

QUESTIONS SUR LE SCENARIO

1. Quel genre de film passe-t-on au Lux?
2. Est-ce au goût de Pierre? Ce genre lui plaît-il?
3. Comment Pierre définit-il le genre américain?
4. Francine est-elle d'accord?
5. Robert prend-il parti (*does he take sides*) dans la discussion?
6. Pierre change-t-il d'avis après le film?
7. Quelle est la réaction de Sylvie?
8. Sylvie a-t-elle aimé le film? Pourquoi?
9. Quelle est la conclusion de Robert?
10. Quel genre de films conseille-t-il à Pierre?

NOTE DE GRAMMAIRE 1
Les adjectifs indéfinis

Indefinite adjectives, as their name indicates, do not refer to anyone or to anything in a specific way. They are:

certain, certaine, certains, certaines	*certain*
chaque	*each, every*
quelque, quelques	*some*
aucun, aucune	*no, not a*

1. When **certain** is used to mean *some,* it stands *before* the noun:

Je vais vous parler de **certaines** choses.
*I am going to talk to you about **some** things.*

When **certain** means *sure* or *trustworthy,* it stands *after* the noun:

Je vais vous dire une nouvelle **certaine.**
*I am going to tell you a piece of **certain** news.*

2. Note also these examples:

> J'ai **quelques** amis à Boston.   *I have **some** friends in Boston.*

Quelques here means *some* in the sense of *a few* (*friends*). Compare this example to the following two usages:

> Jai **des** amis à Boston.   *I have friends in Boston.*

Des amis is a partitive construction. There is no indication of how many friends the speaker has in Boston.

> J'ai **peu d'**amis à Boston.   *I have **few** friends in Boston.*

Peu de (d') means *few* (= *not many*).

3. When **aucun** or **aucune** is used with a verb, the verb must be preceded by **ne (n')**.

> Il **n'**a acheté **aucun** billet de cinéma.
> *He did **not** buy **a** movie ticket.*

Simples substitutions

Avez-vous *certaines choses à me dire?*
(*quelques livres à me donner, quelques magazines à me vendre, quelques aubergines à me vendre, certaines nouvelles à me raconter, quelques amis à me présenter, certains essais à me rendre, certaines choses à me dire*)

Exercices de transformation

Modèle: Elle a acheté un stylo. (*aucun*)
Elle n'a acheté aucun stylo.

1. Voulez-vous voir l'article? (*chaque*)
2. Il a de bons disques. (*certains*)
3. Ce film a de la violence. (*aucune*)
4. Francine demande des paquets de bonbons. (*quelques*)
5. Je connais le cinéma. (*chaque*)
6. Ne devriez-vous pas nous raconter une nouvelle? (*certaine*)

Simples substitutions

1. Nous avons vu *ces* dessins animés.
   (*certains, des, quelques, les, plusieurs, ces*)
2. Mon frère a pensé à *ses* amies.
   (*quelques, des, ces, certaines, ses*)

NOTE DE GRAMMAIRE 2
Les pronoms indéfinis

1. The *indefinite pronouns* do not refer to anyone or to anything in a specific way. We have already seen one example, **on,** as in:

On parle français tout le temps ici.
*One **(they, we, people)** always speak(s) French here.*

Some other indefinite pronouns are:

Chacun à son tour répondra.
***Each (one)** will answer in turn.*

Quelqu'un frappe à la porte.
***Someone** is knocking at the door.*

Quelques-uns/Quelques-unes apprennent plus vite que d'autres.
***Some** learn faster than others.*

Cherches-tu **quelque chose?**
*Are you looking for **something?***

Je cherche quelque chose **de** bon.
I am looking for something good.

Quelque chose followed by an adjective takes **de** and the adjective that follows is always masculine.

2. Also used as either *indefinite adjectives* or *indefinite pronouns* are:

Je vous parlerai **d'autres** choses.
*I will speak to you **of other** things.*

Tel père **tel** fils.
***Like** father **like** son.*

Les **mêmes** choses m'arrivent tous les jours.
*The **same** things happen to me every day.*

De **tels** livres m'intéressent.
***Such** books interest me.*

Pas un de nous ne le fera.
***Not one** of us will do it.*

Tous [tus] sont là.
***All** are there.*

Plusieurs sont venus nous voir.
***Several** came to see us.*

J'ai travaillé **toute** la matinée.
*I worked **all** morning.*

Simples substitutions

1. *Chacun* pourra le faire.
   (*Quelqu'un, On, Chacune, Chacun*)
2. *Tous* y sont arrivés.
   (*Plusieurs, Quelques-unes, Certains, Toutes, Tous*)
3. Elles voudraient parler à *quelqu'un*.
   (*plusieurs, tous, toutes, chacun, chacune, quelques-uns, quelqu'un*)

Substitution progressive

Je cherche quelque chose de bon.
Il veut quelque chose de bon.
Il veut *quelque chose d'intéressant.*
Nous faisons quelque chose d'intéressant.

Nous faisons *quelque chose de facile.*
Elle a quelque chose de facile.
Elle a *quelque chose de bon.*
Je cherche quelque chose de bon.

NOTE DE GRAMMAIRE 3
D'autres emplois du subjonctif

1. Other uses of the *subjunctive:*

a. Quite often in French you will use the *subjunctive* when the *main clause* contains *an adjective in the superlative degree:*

C'est **le plus grand** bâtiment que **nous ayons** jamais **vu.**
*It is **the largest** building that **we have** ever **seen.***

b. When the adjectives **seul, premier,** and **dernier** are in the *main clause,* you frequently use the *subjunctive:*

C'est **la seule** cathédrale que **ait** cinq portails.
*It is **the only** cathedral that **has** five portals.*

c. The *subjunctive* is also used in the *subordinate clause* when the *main clause* contains a *general negation:*

Je ne connais personne qui **puisse** le faire.
***I don't know anyone** who **can** do it.*

d. The *subjunctive* is also used in the *subordinate clause* when the *main clause* indicates *characteristics not yet attained* or *whose existence is not certain:*

Je cherche **quelqu'un** qui **puisse** le faire.
*I am looking for **someone** who **can** do it.*

The idea here is that the speaker has not found the person who can do it.

Substitutions progressives

1. C'est la plus grande ville du pays.
   C'est la plus grande ville *du monde.*
   C'est *la plus jolie ville* du monde.
   C'est la plus jolie ville *de la région.*
   C'est *le plus vieux château* de la région.
   C'est le plus vieux château *du pays.*
   C'est *la plus grande ville* du pays.

2. C'est le plus grand bâtiment que l'on voie.
   C'est le seul train que l'on voie.
   C'est le seul train *que l'on entende.*
   C'est *le meilleur compliment* que l'on entende.
   C'est le meilleur compliment *que l'on fasse.*
   C'est le seul gâteau que l'on fasse.
   C'est le seul gâteau *que l'on mange.*
   C'est *le meilleur repas* que l'on mange.
   C'est le meilleur repas *que l'on voie.*
   C'est le plus grand bâtiment que l'on voie.

3. Je ne connais personne qui puisse le faire.
   Il cherche quelqu'un qui puisse le faire.
   Il cherche quelqu'un *qui sache le faire.*
   Nous demandons un monsieur qui sache le faire.
   Nous demandons un monsieur *qui connaisse le président.*
   Elles ne peuvent trouver personne qui connaisse le président.
   Elles ne peuvent trouver personne *qui le veuille.*
   Ne connaissez-vous personne qui le veuille?
   Ne connaissez-vous personne *qui puisse le faire?*
   Je ne connais personne qui puisse le faire.

Simples substitutions

Je ne connais personne *qui sache le faire.*
(*qui veuille le faire, qui puisse le faire, qui ait envie de le faire, qui ait le courage de le faire,*
  qui ait le temps de le faire, qui soit prêt à le faire, qui sache le faire)

Exercices de manipulation

Modèle: Je cherche quelqu'un qui le _____ . (*vouloir*)
             Je cherche quelqu'un qui le veuille.

1. Y a-t-il quelqu'un qui _____ le finir? (*pouvoir*)
2. Elle cherche un chapeau qui _____ différent. (*être*)
3. C'est l'homme le plus riche que je _____ . (*connaître*)
4. Nous cherchons quelqu'un qui _____ le faire. (*savoir*)
5. Il cherche une cravate qui lui _____ . (*aller*)

> **2.** The *subjunctive* and the *ethical* **ne:**
>
> The *ethical* **ne,** also called *pleonastic,* expresses the speaker's desire that the action in the subordinate clause not take place. Note that the subjunctive preceded by **ne** is not negative—it is an ethical reservation suggested by the nature of the verb:[1]

---

[1]Some students prefer to remember this rule with this poem: "*Positive fear* and *negative doubt:* Put in the **ne,** don't leave it out!"

J'ai peur que vous **ne** soyez en retard.
I am afraid that you may be late.

Je crains qu'il **ne** vienne demain.
I fear he will come tomorrow.

Il ne doute pas que tu **ne** sois malade.
He does not doubt that you are sick.

This **ne** is used also with certain conjunctions: **à moins que, avant que, de peur que.**

Simples substitutions

Nous craignons *qu'il ne pleuve.*
(*qu'il ne fasse mauvais, qu'il ne nous le rende, que vous ne partiez, qu'elle n'y mette trop de sel, que vous ne vous leviez trop tôt, que vous ne vous en alliez, qu'il ne pleuve*)

Verbs of Fear, Doubt + Subjunctive

Exercices de transformation

Modèle: Elle reçoit un devoir difficile. (*Je ne doute pas que*)
            Je ne doute pas qu'elle ne reçoive un devoir difficile.

1. Ce film est mauvais. (*Nous craignons que*)
2. Tu conduis très mal. (*Elle n'a pas peur que*)
3. Vous commencez maintenant. (*Nous doutons que*)
4. Vous devez le plaindre. (*J'ai peur que*)
5. Ton avis est objectif. (*Nous ne doutons pas que*)
6. Il va seul au cinéma. (*Elle a peur que*)
7. Cet auteur est sincère. (*Je ne doute pas que*)
8. Ce film est pessimiste. (*Je crains que*)
9. Ce personnage est hypocrite. (*Elle doute que*)
10. Gérard exagère. (*Sylvie a peur que*)

3. Distinguish between phrases that provoke the *subjunctive* in the *subordinate clause* and those that do not:

CAUSE SUBJUNCTIVE	DO NOT CAUSE SUBJUNCTIVE
Il est possible	Il est probable
Il est impossible	Il est sûr
Il semble	Il me semble
Il est juste	Il est évident
Il est naturel	Il est certain
	Il paraît que

The phrases that *provoke the subjunctive suggest* that

the *idea* $\begin{cases} \text{is possible} \\ \text{is impossible} \\ \text{appears to be} \\ \text{is just} \\ \text{is natural} \end{cases}$ that something *may happen.*

Those phrases that *do not cause the subjunctive indicate* (and thus require indicative tenses in the subordinate clause) that

the *fact* $\begin{cases} \text{is probable} \\ \text{is sure} \\ \text{appears } to me \\ \text{is evident} \end{cases}$ that something *is going to happen.*

Simples substitutions

1. *Il est possible* que nous ayons cela.
   (*Il est naturel, Il est impossible, Il est bon, Il est juste, Il semble, Il est possible*)
2. *Il est évident* qu'elle pourra le faire.
   (*Il me semble, Il est sûr, Il est certain, Il est probable, Il est absolument évident, Il est absolument sûr, Il est évident*)

Exercices de transformation

Modèle:　　Cette actrice peut le faire. (*Il est possible*)
　　　　　　Il est possible que cette actrice puisse le faire.

1. Vous êtes là. (*Il est bon*)
2. La séance a commencé. (*Il est probable*)
3. Ce film sera un succès. (*Il est impossible*)
4. Elle écrit souvent des critiques. (*Il est naturel*)
5. Tu en connais un. (*Il est juste*)
6. Cela lui plaît. (*Il semble*)
7. Cela lui plaît. (*Il me semble*)
8. Il aime ce scénario. (*Il est impossible*)

4. In general the *subjunctive* may also be used with the verbs **croire, penser,** and **espérer** when they are either *negative* or *interrogative:*

AFFIRMATIVE:	**Je crois qu'il dit** la vérité.
NEGATIVE:	**Je ne crois pas qu'il dise** la vérité.
AFFIRMATIVE:	**Je crois qu'il pleut.**
NEGATIVE:	**Je ne crois pas qu'il pleuve.**
INTERROGATIVE:	**Croyez-vous qu'il pleuve?**

Substitution progressive

Croyez-vous qu'il vienne?
Croyez-vous *qu'il sache le faire?*
Pense-t-elle qu'il sache le faire?
Pense-t-elle *que nous puissions le faire?*
Espère-t-on que nous puissions le faire?
Espère-t-on *que je reçoive cette lettre?*
Croit-elle que je reçoive cette lettre?
Croit-elle *qu'il fasse beau?*
Croyez-vous qu'il fasse beau?
Croyez-vous *qu'il vienne?*

Exercices de manipulation

Penser, croire, espérer + Subjunctive

Modèle: J'espère qu'il gagnera le prix à Cannes.
            Espérez-vous qu'il gagne le prix à Cannes?

1. Je pense qu'elle mettra la table.
2. Je crois que nous devrons téléphoner au médecin.
3. Je pense qu'il nous attendra.
4. Je crois qu'on finira bientôt.
5. J'espère que nous verrons de bons films.
6. Je crois qu'il viendra à la séance.

Mixed: Indicative or Subjunctive

Modèle: Nous serons à l'heure. (*Pense-t-elle que*)
            Pense-t-elle que nous soyons à l'heure?

1. Nous serons à l'heure.
   (*Elle est sûre que, Croit-elle que, Espère-t-elle que, Elle sait que*)
2. Vous préférez les films policiers.
   (*Croit-elle que, Ne pense-t-elle pas que, Elle espère que, Elle est sûre que*)
3. Vous détestez cet acteur.
   (*Elle ne croit pas que, On espère que, On n'est pas sûr que, On croit que*)
4. Ce livre paraîtra bientôt.
   (*Nous croyons que, Tu penses que, N'espères-tu pas que, Ne crois-tu pas que*)
5. Nous nous promènerons ce soir.
   (*Elle ne croit pas que, Espère-t-il que, Elle pense vraiment que, Croyez-vous que*)
6. Vous jouez de la guitare.
   (*Je crois que, Elle espère que, On pense que, Croit-on que*)

NOTE DE GRAMMAIRE 4
Le verbe irrégulier **rire**

1. The irregular verb **rire** (*to laugh*) is conjugated as follows:

PRESENT: je ris   nous rions   [rijõ]
          tu ris   [ri]   vous riez   [rije]
          il rit   ils rient

IMPERATIF:	ris	IMPARFAIT:	je riais
	rions	FUTUR:	je rirai
	riez	CONDITIONNEL:	je rirais
PASSE COMPOSE:	j'ai ri	SUBJONCTIF:	que je rie

Note the use of **rire** with **de**:

Henry rit **de** cette farce.   M. Fourchet rit **de** l'histoire.
*Henry laughs **at** this farce.*   *M. Fourchet laughs **over** the story.*

2. Sourire (*to smile*) is conjugated the same way.

PROVERB: Rira bien qui rira le dernier.
           He who laughs last laughs best.

Simples substitutions

1. *Je ris* souvent.
   (*On rit, Nous rions, Vous riez, Elle rit, Tu ris, Ils rient, L'hôtesse de l'air rit, Je ris*)
2. Si vous le disiez, *nous en ririons.*
   (*j'en rirais, ils en riraient, elle en rirait, vous en ririez, nous en ririons*)
3. Veut-il *que j'en rie?*
   (*que nous en riions, qu'elle en rie, que vous en riiez, qu'ils en rient, que tu en ries, que j'en rie*)

Substitution progressive

J'ai ri de cette histoire ridicule.
Nous avons ri de cette histoire ridicule.
Nous avons ri *de ce livre-là.*
M. Fourchet rira de ce livre-là.
M. Fourchet rira *de vos efforts.*
Ils riront de vos efforts.
Ils riront *de ce disque français.*

Elle riait de ce disque français.
Elle riait *de cette farce.*
Vous riiez de cette farce.
Vous riiez *de l'émission de 9 heures.*
J'ai ri de l'émission de 9 heures.
J'ai ri *de cette histoire ridicule.*

NOTE DE GRAMMAIRE 5

Le verbe irrégulier **ouvrir**

1. The irregular verb **ouvrir** (*to open*) is conjugated as follows:

PRESENT:	j'ouvre	nous ouvrons	[uvrɔ̃]
	tu ouvres [uvr]	vous ouvrez	[uvre]
	il ouvre	ils ouvrent	

IMPERATIF:	ouvre	IMPARFAIT:	j'ouvrais
	ouvrons	FUTUR:	j'ouvrirai
	ouvrez	CONDITIONNEL:	j'ouvrirais
PASSE COMPOSE:	j'ai ouvert	SUBJONCTIF:	que j'ouvre

2. Other verbs conjugated like **ouvrir** are:

couvrir   *to cover*   **offrir**   *to offer*
découvrir   *to discover*   **souffrir**   *to suffer*

3. Usages:

La mère **couvre** l'enfant avec un manteau.
*The mother **covers** the child with a coat.*

Christophe Colomb **a découvert** l'Amérique.
*Christopher Columbus **discovered** America.*

Il lui **a offert** des fleurs pour son anniversaire.
*He **offered** her flowers for her birthday.*

Tu **souffres** souvent de maux de tête.
*You often **suffer** from headaches.*

Substitution progressive

J'ouvre la discussion.
Vous ouvrez la discussion.
Vous ouvrez *le guichet.*
Elle ouvre le guichet.
Elle ouvre *le jeu.*

Tu ouvres le jeu.
Tu ouvres *la bouche.*
J'ouvre la bouche.
J'ouvre *la discussion.*

Exercices de transformation

1. Souffrez-*vous* beaucoup?
   (*il, nous, tu, on, ils, elle, Est-ce que je, vous*)
2. S'il le demandait, *j'*ouvrirais la porte.
   (*elle, nous, vous, on, tu, ils, je*)
3. *Nous* ouvrions le journal quand il est entré.
   (*Je, Elle, Vous, Tu, On, Ils, Nous*)
4. Elle attendait lorsque *j'*ai ouvert la porte.
   (*nous, tu, ils, on, vous, je*)
5. *Je* lui offrais le livre.
   (*Vous, On, Nous, Elle, Elles, Tu, Je*)

Exercices de transformation

Modèle: On a couvert la table *hier*. (*autrefois*)
             On couvrait la table autrefois.

1. On couvrait la table *autrefois*.
   (*maintenant, demain, si on avait le temps, autrefois*)
2. Nous ouvrons la boutique.
   (*hier, demain, autrefois, si nous avions le temps, maintenant*)
3. Vous lui offrez le médicament *maintenant*.
   (*hier, autrefois, demain, si vous l'aviez, maintenant*)

Substitution progressive

Faudra-t-il que je couvre le plateau?
Es-tu content que je couvre le plateau?
Es-tu content *que nous découvrions le mystère?*
Veut-il que nous découvrions le mystère?
Veut-il *que tu lui offres ce prix-là?*
Est-elle fâchée que tu lui offres ce prix-là?
Est-elle fâchée *que nous souffrions?*
Faudra-t-il que nous souffrions?
Faudra-t-il *que je couvre le plateau?*

NOTE DE GRAMMAIRE 6
Le verbe irrégulier **plaire**

1. Plaire à (*to please*) is an irregular verb.

PRESENT:	je plais		nous plaisons	[plɛzõ]
	tu plais	[plɛ]	vous plaisez	[plɛze]
	il plaît		ils plaisent	[plɛz]

IMPERATIF:	plais	IMPARFAIT:	je plaisais
	plaisons	FUTUR:	je plairai
	plaisez	CONDITIONNEL:	je plairais
PASSE COMPOSE:	j'ai plu	SUBJONCTIF:	que je plaise

Note the usage of **plaire à:**

Ces films **nous plaisent.**   Ce concert ne **plaît** pas **à** mes parents.
We like these films.   *My parents **do not** like this concert.*

2. There is an impersonal form of **plaire, Il me plaît de,** and a pronominal form, **Je me plais à,** both of which mean *I like:*

Il me plaît d'aller au cinéma. ⎫
Je me plais à aller au cinéma. ⎭ *I like to* go to the movies.

3. Other verbs conjugated like **plaire** are:

déplaire à   *to displease*
se taire   *to be quiet*

Plaire and **déplaire** require an indirect object. The third person singular of **se taire** takes no circumflex: **il se tait.**

Simples substitutions

1. *Ce dîner* me plaît.
   (*Ce taxi, Ce scénario, Ce violon, Ce trombone, Ce poulet, Ce dîner*)
2. Tu plais *à mes parents.*
   (*à mes amis, à mes frères, à mes sœurs, à mes grands-parents, à mes professeurs, à mes camarades, à mes parents*)

Substitutions progressives

1. Ce gigot me plaît.
   Ce gigot *lui plaît.*
   Ce steak lui plaît.
   Ce steak *nous plaît.*
   Ce repas nous plaît.
   Ce repas *me plaît.*
   Ce gigot me plaît.

2. Ces films nous plaisent.
   Ces films *te plaisent.*
   Ces documentaires te plaisent.
   Ces documentaires *vous plaisent.*
   Ces films publicitaires vous plaisent.
   Ces films publicitaires *nous plaisent.*
   Ces films nous plaisent.

3. La biologie ne me plaisait pas.
   La biologie *ne leur plaisait pas.*
   La psychologie ne leur plaisait pas.
   La psychologie *ne te plaisait pas.*
   La pédagogie ne te plaisait pas.
   La pédagogie *ne me plaisait pas.*
   La biologie ne me plaisait pas.

Simples substitutions

1. Il ne me plairait pas *de balayer la cuisine.*
   (*de passer l'aspirateur sur le tapis, de cirer le parquet, de jouer de la trompette, de jouer au tennis, de me spécialiser en histoire, de me spécialiser en mathématiques, de balayer la cuisine*)
2. *Ni les asperges ni les tomates* ne lui ont plu.
   (*Ni les croissants ni le pain, Ni les haricots ni les pommes frites, Ni les cerises ni les fraises, Ni les bananes ni les pommes, Ni les aubergines ni les carottes, Ni les oignons ni les petits pois, Ni les asperges ni les tomates*)

Substitution progressive

Ce livre me plaît.	*Cette étudiante* se tait.
Ce livre *me déplaît.*	Cette étudiante *me plaît.*
Ce garçon me déplaît.	*Ce livre* me plaît.
Ce garçon *se tait.*	

Exercices de manipulation

1. *Ils* s'y plairont.
   (*Nous, Il, Vous, Je, Tu, Ils*)
2. *Mme Fourchet* s'y plaisait quand il faisait beau.
   (*Les enfants, Nous, Vous, On, Je, Tu, Elles, Il, Mme Fourchet*)
3. *Je* me tairais s'il le fallait.
   (*Nous, Mme Dupont, Tu, Vous, On, Elles, Les Durand, Je*)
4. *Il* s'est enfin tu.
   (*Nous, Je, On, Vous, Pierre, Tu, Les chats, Il*)

MICROLOGUE   Le cinéma

En France, **après avoir acheté** votre billet, vous entrez dans la salle et une ouvreuse s'approche de vous. Elle prend votre billet, **le déchire par moitié,** vous le rend et vous mène à une place libre. Si les lumières sont éteintes, elle vous montre le chemin **grâce à** sa petite **lampe de poche.** Avant d'entrer dans **le rang** choisi, vous avez **tout juste** le temps de **glisser** un pourboire dans sa main **tendue.**

Dans **les cinémas de quartier,** quand **les rideaux** s'ouvrent la séance commence en vous montrant quelques films publicitaires, **des vues** du prochain film et **un court métrage.**

A **l'entr'acte** les rideaux se referment et les lumières se **rallument.** Les ouvreuses portant des **paniers pendus** à leur cou

after having bought

tears it in half

thanks to/flashlight/the row

barely/to slip

outstretched

neighborhood theaters/the curtains

scenes/a short subject

intermission/light again/ baskets hung

passent dans les allées, **annonçant** à l'audience: «Bonbons, ca-   *announcing*
ramels, **pastilles de menthe, esquimaux glacés** . . .» A vous   *peppermints/ice-cream*
de décider!   *sticks*

A la fin de l'entr'acte, les rideaux s'ouvrent **de nouveau** et les   *again*
lumières s'éteignent. Vous pouvez enfin voir le film de votre choix.

Questions

1. En France que faites-vous après avoir acheté votre billet?
2. Que fait l'ouvreuse?
3. Que fait-elle si les lumières sont éteintes?
4. Quand et comment donnez-vous le pourboire à l'ouvreuse?
5. Comment commence une séance de cinéma dans un cinéma de quartier?
6. Qu'est-ce qui se passe à l'entr'acte?
7. Que font les ouvreuses pendant l'entr'acte?
8. Quand pouvez-vous enfin voir le film de votre choix?

LECTURE   L'Algérie

1   L'Algérie est au centre de l'Afrique du Nord. Du nord au sud,
on distingue quatre grandes régions parallèles.

Au nord, il y a les chaînes **montagneuses** du Tell et **les plaines**   *mountainous/the coastal*
côtières. Le climat est méditerranéen avec des hivers doux et   *plains*
5   des étés chauds. Les étés sont secs, mais les autres saisons
sont pluvieuses.

Les hauts-plateaux sont une région plus sèche pouvant avoir   *The high plateaus*
de grands **écarts** de température en 24h. La végétation consiste   *spreads (differences)*
en une steppe à alfa. Cette **herbe rare** sert de nourriture aux   *rare grass*
10   moutons élevés par les Arabes nomades.

L'Atlas saharien est formé d'anciens **massifs.** Il a un climat   *mountain masses*
continental et très sec. On n'y trouve que de maigres forêts.

Au sud **s'étend** le désert du Sahara.   *spreads*

La population de l'Algérie consiste de plus de 19.000.000 d'ha-
15   bitants. C'est une population très jeune. **Les indigènes** se divisent   *The natives*
en deux groupes: d'abord, les Berbères, blancs de race hamitique
(la plus ancienne race blanche établie en Afrique) qui sont de bons
agriculteurs sédentaires; ensuite les Arabes, blancs de race sémite
qui sont des descendants des conquérants du VIIᵉ siècle. Ce sont
20   plutôt des nomades aimant vivre sous la tente, et des
éleveurs de moutons.

Le reste de la population est fait de Maures et d'Européens.

Du point de vue historique, la France est en Algérie depuis
1830. En 1870, la France a considéré l'Algérie comme **un pro-**

Un marché à Adrar en Algérie

Des bergers algériens au marché d'Orléansville

25　**longement** du territoire français. Il a été divisé en trois départe-
ments administrés par **des préfets** et **des sous-préfets.**

En 1954, l'Algérie a commencé à **se soulever** pour obtenir son
indépendance. La France, avec le général de Gaulle, la lui a ac-
cordée en 1962 et la 1ère République algérienne à été formée.

30　L'Algérie est surtout un pays agricole. Elle est le troisième pays
producteur de vin du monde après la France et l'Italie. C'est un
pays très riche aussi en **ressources minières** de **fer, plomb,**
phosphate, zinc et pétrole.

La langue officielle est l'arabe, avec le français toujours enseigné
35　dans les écoles.

La religion officielle est l'islamisme, puis vient le catholicisme.

Les trois principales villes sont: la capitale Alger, Oran et Cons-
tantine.

an extension
(administrative titles)
to rise up

mineral resources/iron/
lead

QUESTIONS SUR LA LECTURE

1. Où se trouve l'Algérie?
2. Qu'est-ce qu'il y a au nord?
3. Comment est le climat?

4. Qu'est que c'est que les hauts-plateaux?
5. Quelle est la végétation des hauts-plateaux?
6. Qui élève les moutons?
7. De quoi est formé l'Atlas saharien?
8. Quel est son climat?
9. Qu'y trouve-t-on?
10. Qu'est-ce qui s'étend au sud?
11. Quelle est la population de l'Algérie?
12. Comment est la population?
13. En combien de groupes se divisent les indigènes?
14. Qui sont les Berbères?
15. Qui sont les Arabes?
16. Depuis quand la France est-elle en Algérie?
17. En 1870, comment la France a-t-elle considéré l'Algérie?
18. Comment l'Algérie a-t-elle été divisée?
19. Quand a-t-elle commencé à se soulever?
20. Qui lui a accordé son indépendance?
21. Quel genre de pays est l'Algérie?
22. De quoi est-elle le troisième pays producteur?
23. Quelles sont ses ressources minières?
24. Quelle est la langue officielle?
25. Quelle est la religion officielle?
26. Quelles sont les trois principales villes de l'Algérie?

QUESTIONS GENERALES

1. Allez-vous souvent au cinéma?
2. Quel genre de films aimez-vous?
3. Quelle est l'intrigue d'un film que vous avez vu récemment?
4. Est-ce que le jeu était bien mené?
5. Comment avez-vous trouvé les caractères?
6. Comment avez-vous trouvé les couleurs?
7. Est-ce que le film a eu un dénouement heureux (*happy ending*)?
8. Aimez-vous les dénouements heureux?
9. Pour qu'un film réussisse aujourd'hui, faut-il avoir un dénouement heureux?
10. Qu'est-ce qu'il semble que le public préfère aujourd'hui?

Exercices de manipulation

1. Demande à _____ en quoi il se spécialise.
2. Demande à _____ de nous décrire la différence entre une comédie et une tragédie.
3. Demande à _____ s'il aime les films étrangers.
4. Demande à _____ de te parler de son film favori.

5. Comment s'appelle celui qui s'est spécialisé en psychologie?
6. Comment s'appelle celui qui s'est spécialisé en philosophie?
7. Comment s'appelle celui qui s'est spécialisé en pédagogie?
8. Savez-vous l'équivalent en anglais des professions suivantes: un biologiste, un mathématicien, un psychologue, un géologue, un artiste, un historien, un linguiste?
9. Peux-tu nommer des gens célèbres de chaque catégorie dans la question précédente?
10. Qu'est-ce que tu veux devenir? Faut-il beaucoup d'années pour y arriver?

CREATION ET RECREATION

1. As we saw earlier (*Chapitre 10*) in French, the five senses are: **le goût** (*taste*), **l'odorat** (m.) (*sense of smell*), **l'ouïe** (f.) (*hearing*), **le toucher** (*sense of touch*) and **la vue** (*vision*).

Now, use them all in full sentences to tell the rest of the class what, for example, has been the most beautiful thing you have ever seen, the most delicious thing you have ever eaten, and so on. Write three sentences for each sense, each time changing the superlative adjective. For example:

> La chose **la plus étonnante** que **j'aie** jamais vue était . . .
> . . . **la plus ridicule** . . .
> . . . **la plus agréable** . . .

2. Les deux Français vont avec leurs amis au cinéma. Il y a une discussion avant d'aller au Nugget, où on passe le film *Superman III*. Un des Américains n'aime pas le film. . . .

Chapitre 22: COUP D'ŒIL

Oui		Non

_____ 1. *Indefinite adjectives* do not refer to anyone or to anything specific: _____

Il a **certains** bons disques.

_____ 2. *Indefinite pronouns* similarly do not refer to anyone or to anything specific: _____

Quelqu'un viendra bientôt.

_____ 3. Other uses of the *subjunctive:* _____
The *subjunctive* is used in the subordinate clause after superlative expressions when it is a matter of opinion:

C'est **la plus belle** femme **que je connaisse.**

_____ The *subjunctive* is used in the subordinate clause after the expressions **seul, premier,** and **dernier:** _____

C'est **le seul** film **qui me plaise.**

The *subjunctive* is used in the subordinate clause when the main clause indicates that certain characteristics have not yet been attained:

Je cherche un chapeau **qui me plaise.**

Certain verbs require that **ne** be placed before the verb in the subjunctive in the subordinate clause:

J'ai peur que tu **ne** le fasses.
Je ne doute pas que tu **ne** le fasses.

Certain set expressions require the subjunctive:

Il est juste que tu réussisses.

Croire, penser, and **espérer** may also cause the subjunctive to appear in the subordinate clause, but only when these verbs are in the *negative* or in the *interrogative:*

Je ne crois pas qu'elle vienne.
Crois-tu qu'elle vienne?

4. **Rire** (*to laugh*) is an irregular verb.

je ris	nous rions
tu ris	vous riez
il rit	ils rient

5. **Ouvrir** (*to open*) is an irregular verb.

j'ouvre	nous ouvrons
tu ouvres	vous ouvrez
il ouvre	ils ouvrent

Similar verbs are **couvrir, découvrir, offrir, souffrir.**

6. **Plaire (à)** (*to please*) is an irregular verb.

je plais	nous plaisons
tu plais	vous plaisez
il plaît	ils plaisent

Similar verbs are **déplaire** and **se taire.**

VOCABULAIRE

Verbes

convenir (à)	(s')énerver
couvrir*	(s')enthousiasmer
découvrir*	**(s')excuser**
définir	incarner
déplaire* (à)	**mener**
(s')emballer	**offrir***

ouvrir*
(se) plaire* (à)
raconter
rire* (de)

souffrir*
sourire*
(se) spécialiser
(se) taire*

Noms

biologie (*f.*)
géologie (*f.*)
langue (*f.*)
logique (*f.*)
mathématiques (*f. pl.*)
pédagogie (*f.*)
philosophie (*f.*)
psychologie (*f.*)
sciences (*f. pl.*)
université (*f.*)

artiste (*m.*)
biologiste (*m.*)
géologue (*m.*)
historien (*m.*)
linguiste (*m.*)
mathématicien (*m.*)
psychologue (*m.*)

dénouement (*m.*)
émission (*f.*)
intrigue (*f.*)
metteur (*m.*) en scène
navet (*m.*)°

ouvreuse (*f.*)
personnage (*m.*)
préjugé (*m.*)
représentation (*f.*)
rôle (*m.*)
séance (*f.*)

avis (*m.*)
violence (*f.*)

appartement (*m.*)
bêtises (*f. pl.*)
but (*m.*)
catégorie (*f.*)
compliment (*m.*)
dessein (*m.*)
essai (*m.*)
évidence (*f.*)
magazine (*m.*)
mystère (*m.*)
prix (*m.*)
réaction (*f.*)
suspense (*m.*)
type (*m.*)

Adjectifs

absurde
aucun
bête
blâmé
certain
chaque
croyable
déraisonnable
épatant
étranger
évident
ferme
formidable
hypocrite
idiot°
même
monstre

naturel
niais
optimiste
pessimiste
préconçu
prodigieux
quelque
réel
ridicule
satisfait
seul
sophistiqué
sot
stupide
typique

Adverbes

auparavant	**pas du tout**
du moins	précisément
encore plus	récemment
justement	

Pronoms

ne . . . aucun	quelque chose
chacun	quelques-uns
pas un	quelqu'un
	tel

Expressions utiles

avoir envie de	**il semble que**
bien mené	**laisser faire**
botter°	passer un film
être dans la peau de	**tout à fait**
un film policier	
il me plaît de	

CHAPITRE 23
A L'ECOLE

Chapitre 23: A L'ECOLE

☃ PREMIERE ETAPE

1 *Pour que les étudiants ne pensent pas que le français n'est qu'une montagne de règles de grammaire, le professeur a proposé aux étudiants une récréation poétique.*

LE PROFESSEUR: Nous allons commencer notre classe de lecture poétique. Robert et Henry, pouvez-vous nous lire le texte que vous avez choisi?

5 ROBERT: Après avoir cherché dans beaucoup de livres, Henry et moi choisîmes un texte de . . .

DAVID: (*interrompant*) Pardon, vous choi—— quoi?

ROBERT: Mais oui, nous *choisîmes:* passé simple de *choisir,* mon vieux!

DAVID: Je suis impressionné par ton style!

10 LE PROFESSEUR: Ne sois pas trop zélé, Robert! En fait ce temps n'est guère utilisé dans la conversation. L'usage du passé simple est réservé à la langue écrite.

ROBERT: (*reprenant sa lecture*) Nous avons donc choisi un texte de Valéry: «Dieu *créa* l'homme et ne le trouvant pas assez seul il lui *donna* une compagne pour lui faire mieux sentir sa solitude. . . .»

15 DAVID: (*interrompant*) Et Robert fut surnommé le poète misogyne!

(*Toute la classe éclate de rire.*)

☃ DEUXIEME ETAPE

1 *Pour que les étudiants ne pensent pas que le français n'est qu'une montagne de règles de grammaire, le professeur a proposé aux étudiants une récréation poétique. Les étudiants ont dû chercher un texte littéraire ou poétique pour le lire en classe.*

LE PROFESSEUR: Nous allons commencer notre classe de lecture poétique. Je suis sûr que
5 vous aimerez entendre ces textes français. Robert et Henry, pouvez-vous nous lire le texte que vous avez choisi?

ROBERT: Après avoir cherché dans beaucoup de livres, Henry et moi choisîmes un texte de . . .

DAVID: (*interrompant*) Pardon, vous choi—— quoi?

10 ROBERT: Mais oui, nous *choisîmes:* passé simple de *choisir,* mon vieux! Les textes poétiques en sont pleins!

DAVID: Je suis impressionné par ton style!

LE PROFESSEUR: Ne sois pas trop zélé, Robert! En fait ce temps n'est guère utilisé dans la conversation courante. L'usage du passé simple est réservé à la langue écrite.
15 Mais continue, Robert!

ROBERT: (*reprenant sa lecture*) Nous avons donc choisi un texte du poète Paul Valéry: «Dieu *créa* l'homme et ne le trouvant pas assez seul il lui *donna* une compagne pour lui faire mieux sentir sa solitude. . . .»

DAVID: (*interrompant*) Et Robert fut surnommé le poète misogyne!

20 (*Toute la classe éclate de rire.*)

HENRY: Ecoutez plutôt cet autre texte. (*au professeur*) Puis-je dire: «Ce texte *fut* écrit par Baudelaire en 1864»?

LE PROFESSEUR: Oui, si tu y tiens, dans ce cas tu peux employer le passé simple car tu fais une introduction littéraire.

25 (*Henry lit le texte.*)

HENRY: «Mon hôte et moi nous étions déjà . . . de vieux et parfaits amis. Nous mangeâmes, nous bûmes outre mesure de toutes sortes de vins extraordinaires . . . Nous fumâmes longuement quelques cigares . . . et enivrés de . . . ces délices, j'osai m'écrier: «A votre immortelle santé . . .»

TROISIEME ETAPE

1 *Pour que les étudiants ne pensent pas que le français n'est qu'une montagne de règles de grammaire, le professeur a proposé aux étudiants une récréation poétique. Les étudiants ont dû chercher un texte littéraire ou poétique pour le lire en classe.*

LE PROFESSEUR: Nous allons commencer notre classe de lecture poétique. Je suis sûr que
5 vous aimerez entendre ces textes français. Le français est une langue harmonieuse et musicale. Ecoutons. Robert et Henry, pouvez-vous nous lire le texte que vous avez choisi?

ROBERT: Après avoir cherché dans beaucoup de livres, Henry et moi choisîmes un texte de . . .

10 DAVID: (*interrompant*) Pardon, vous choi—— quoi?

ROBERT: Mais oui, nous *choisîmes:* passé simple de *choisir,* mon vieux! Les textes poétiques en sont pleins!

DAVID: Je suis impressionné par ton style! Quel raffinement!

LE PROFESSEUR: Ne sois pas trop zélé, Robert! En fait ce temps n'est guère utilisé dans
15 la conversation courante. L'usage du passé simple est réservé à la langue écrite. Mais continue, Robert!

ROBERT: (*reprenant sa lecture*) Nous avons donc choisi un texte du poète Paul Valéry: «Dieu *créa* l'homme et ne le trouvant pas assez seul il lui *donna* une compagne pour lui faire mieux sentir sa solitude. . . .»

20 DAVID: (*interrompant*) Et Robert fut surnommé le poète misogyne!

(*Toute la classe éclate de rire.*)

HENRY: Ecoutez plutôt cet autre texte; écrit au passé simple, ce texte est très élégant. (*au professeur*) Puis-je dire: «Ce texte *fut* écrit par Baudelaire en 1894»?

LE PROFESSEUR: Oui, si tu y tiens, dans ce cas tu peux employer le passé simple car tu
25 fais une introduction littéraire.

(*Henry lit le texte.*)

HENRY: «Mon hôte et moi, nous étions déjà, en nous asseyant, de vieux et parfaits amis. Nous mangeâmes, nous bûmes outre mesure de toutes sortes de vins extraordinaires, et, chose non moins extraordinaire, il me semblait après plusieurs heures
30 que je n'étais pas plus ivre que lui. Nous fumâmes longuement quelques cigares dont la saveur et le parfum incomparables donnaient à l'âme la nostalgie de pays

et de bonheurs inconnus, et enivré de . . . ces délices, j'osai m'écrier: «A votre
immortelle santé . . . !»

LE PROFESSEUR: Bravo! Vous essayâtes et vous réussîtes. N'oubliez pas que le passé simple
35   n'est que pour les écrits! Rimes faibles, mais règle solide!

SYNONYMES ET EXPRESSIONS APPROXIMATIVES

2   proposé → offert
13   raffinement = élégance
14   zélé = enthousiasmé
18   créa = donna une existence, fit exister
18   une compagne = une femme qui accompagne quelqu'un, qui vit avec quelqu'un
20   surnommé → ayant un nom ajouté au nom ou substitué au nom
20   misogyne = quelqu'un qui n'aime pas la compagnie des femmes, qui est hostile
        aux femmes
24   car = parce que
28   outre mesure = à l'excès
30   ivre → troublé par l'effet du vin
31   la saveur = le goût
32   enivré = devenu ivre

QUESTIONS SUR LE SCENARIO

1. Q'est-ce que le professeur a proposé aux étudiants?
2. Qu'est-ce que les étudiants ont dû préparer?
3. Qu'est-ce que le professeur dit de la langue française?
4. Que dit Robert en annonçant son texte?
5. Est-ce que David comprend ce qu'il dit?
6. Que lui explique Robert?
7. Que dit le professeur à Robert?
8. Quel texte Robert a-t-il choisi?
9. Comment réagit David à ce texte?
10. Comment réagit la classe?
11. Quel texte Henry lit-il à la classe?

NOTE DE GRAMMAIRE 1
Le passé simple

1. The *passé simple* (*past definite*) is a *literary tense*. Like the *passé composé*, it indicates
that the action was completed in the past. It is used in narration to present an activity
or a series of activities that took place in the past and were completely finished *in the*

past. The occurrence of the *passé simple* in conversational French is extremely rare. It is used in speeches and in literature.

2. Become familiar with its forms:

a. All infinitives ending in **-er** drop the **-er.** To the remaining stems we add: **-ai, -as, -a, -âmes, -âtes, -èrent.**

> Il **parla** au président.   (**parler**)
> Nous **allâmes** au Havre.   (**aller**)

b. Most infinitives ending in **-ir** and **-re** drop these endings. To the remaining stems we add: **-is, -is, -it, -îmes, -îtes, -irent.**

> Nous **finîmes** le livre.   (**finir**)
> Vous **répondîtes** vite.   (**répondre**)

c. Most infinitives ending in **-oir** drop this ending. To the remaining stems we add: **-us, -us, -ut, -ûmes, -ûtes, -urent.**

> Il **voulut** le faire.   (**vouloir**)

d. Note that the *past participles* of verbs ending in **-re, -oir,** and **-oire** often indicate *the vowel* of the *passé simple:*

INFINITIVE	PAST PARTICIPLE	PASSE SIMPLE
mettre	**mis**	je mis
prendre	**pris**	je pris
apprendre	**appris**	j'appris
vouloir	**voulu**	je voulus
pouvoir	**pu**	je pus
savoir	**su**	je sus
devoir	**dû**	je dus
recevoir	**reçu**	je reçus
boire	**bu**	je bus
croire	**cru**	je crus
lire	**lu**	je lus
connaître	**connu**	je connus
vivre	**vécu**	je vécus
rire	**ri**	je ris

e. Note the *passé simple* conjugation of the auxiliary verbs:

être

je fus	nous fûmes	[fym]
tu fus [fy]	vous fûtes	[fyt]
il fut	ils furent	[fyr]

avoir

j'eus	nous eûmes	[ym]
tu eus [y]	vous eûtes	[yt]
il eut	ils eurent	[yr]

f. There are other exceptions to the preceding rules. Listed below are verbs that take the endings used for **-ir** and **-re** type verbs:

INFINITIVE	STEM	ENDINGS
faire	f-	
mettre	m-	
prendre	pr-	
craindre	craign-	**-is, -is, -it, -îmes, -îtes, -irent**
voir	v-	
dire	d-	
naître	naqu-	

g. The verb **venir** has different endings:

je vins	nous vînmes [vɛ̃m]
tu vins [vɛ̃]	vous vîntes [vɛ̃t]
il vint	ils vinrent [vɛ̃r]

Other verbs like **venir** are:

contenir	*to contain*	**retenir**	*to retain*
convenir	*to suit, to agree*	**revenir**	*to come back*
détenir	*to hold, to be in possession of*	**se souvenir de**	*to remember*
devenir	*to become*	**tenir**	*to hold*
obtenir	*to obtain*		

Exercices de manipulation

With your books open, study these passages stressing the *passé simple*. Wherever appropriate, convert the *passé simple* to the *passé composé*.

Exercise in Reading Verbs

1. Elle rencontra Candide et rougit aussi; elle lui dit bonjour d'une voix entrecoupée, et Candide lui parla sans savoir ce qu'il disait.
2. En dépit de l'adversité des temps qu'il connut, le paysan accepta le combat parce qu'il aimait la terre. Son travail lui plaisait et le blé était le but de son travail.
3. Je ne pus vous en dire davantage; Mlle de Fare pleurait aussi en m'embrassant, et ce fut en cet état que la surprit la femme de chambre dont je vous ai parlé . . .
4. Nous dinâmes donc; ce fut lui qui me servit le plus souvent; il but à ma santé . . .

Exercices de transformation

Passé simple > Passé composé

Modèle: Il partit précipitamment.
Il est parti précipitamment.

1. Il naquit en Grèce en 1880.
2. Il fit venir le médecin.
3. Tu quittas l'école tout de suite.
4. Il mourut aux Etats-Unis en 1944.
5. Il tomba malade.
6. Il écrivit le livre.
7. Nous les vîmes venir.
8. Ils y allèrent courageusement.
9. Tu ne voulus jamais jouer ce rôle.
10. Conduisit-il prudemment?
11. Nous trouvâmes des statues.
12. Elles eurent beaucoup de patience.
13. Vous partîtes avant la fin.

NOTE DE GRAMMAIRE 2
L'infinitif à la forme négative

Negations of the type **ne . . . pas,** which we saw in *Chapitre 13* stand together *before* the infinitive:

Je vous ai dit de **ne pas** le dire.
Ils apprennent à **ne rien** faire.
Nous espérons **ne jamais** le voir.
Je vous ai demandé de **ne plus** en parler.

Note the position of the object pronouns in these sentences.

Substitution progressive

Il nous a dit de ne pas le dire.
Il nous a dit *de ne rien dire.*
Il avait peur de ne rien dire.
Il avait peur *de ne jamais le faire.*
Vous lui avez dit de ne jamais le faire.
Vous lui avez dit *de ne plus le faire.*
Elle nous a commandé de ne plus le faire.
Elle nous a commandé *de ne pas le dire.*
Il nous a dit de ne pas le dire.

Exercices de transformation

Negation + Infinitive

Modèle: Il préfère parler de ses expériences. (*ne . . . plus*)
           Il préfère ne plus parler de ses expériences.

1. Elle nous prie de l'attendre. (*ne . . . pas*)
2. Nous arrivons à y penser. (*ne . . . pas*)
3. Elle nous a promis de le faire. (*ne . . . jamais*)

4. Nous réussirons à y aller. (*ne . . . plus*)
5. On nous a demandé de leur répondre. (*ne . . . jamais*)
6. Ils offrent de leur en parler. (*ne . . . pas*)

Substitution progressive

J'aimerais bien ne plus vous voir.
J'aimerais bien ne plus *vous parler*.
J'aimerais bien *ne jamais* vous parler.
J'aimerais bien ne jamais *vous le dire*.
J'aimerais bien *ne pas* vous le dire.
J'aimerais bien ne pas *vous voir*.
J'aimerais bien *ne plus* vous voir.

NOTE DE GRAMMAIRE 3
Quantités approximatives

1. The use of **-aine** at the end of a number indicates *an approximate quantity*. This is possible with the following numbers:

8	une huitaine	*about eight*
10	une dizaine	*about ten*
12	une douzaine	*a dozen*
15	une quinzaine	*about fifteen*
20	une vingtaine	*about twenty*
30	une trentaine	*about thirty*
40	une quarantaine	*about forty*
50	une cinquantaine	*about fifty*
60	une soixantaine	*about sixty*
100	une centaine	*about one hundred*

To translate *about* with other numbers, use **environ:**

environ quatre-vingts	***about*** *eighty*
environ mille	***about*** *one thousand*

2. Note that the construction ending in **-aine** is considered a noun and is feminine. Because it is an expression of quantity, it is followed by **de:**

Une trentaine d'étudiants sont allés au pique-nique.
About thirty *students went to the picnic.*

But:

Environ soixante-dix étudiants sont restés à l'école.
About seventy *students stayed at school.*

A peu près soixante-dix étudiants sont restés à l'école.
About seventy students stayed at school.

3. There are certain collective numerals that in a particular context express specific quantities:

Je vous verrai **dans une huitaine.**	*I'll see you **in a week**.*
Elle a acheté **une douzaine d'œufs.**	*She bought **a dozen** eggs.*
On se verra **dans une quinzaine.**	*We will see each other **in two weeks**.*

Because they include the day from which one is counting, the French say **huit jours** to indicate a week.

dans huit jours	*in a week*
dans quinze jours	*in two weeks*
d'aujourd'hui en huit	*a week from today*

4. Another expression showing an approximation is:

un millier de   *about one thousand.*

Un millier de soldats s'y battent.
About a thousand soldiers are fighting there.

Exercices de transformation

Modèle: Il a à peu près dix livres.
            Il a une dizaine de livres.

1. Elle a environ vingt copines dans cette école.
2. Nous avons environ cent dollars entre nous.
3. Notre équipe de basket a gagné environ trente matchs.
4. J'ai vu à peu près quinze voitures.
5. Il a découvert environ huit vases.
6. Le musée contient à peu près soixante croix.

NOTE DE GRAMMAIRE 4
La forme passive

1. The difference between the *passive* and the *active* voices is:

PASSIVE VOICE: *subject is acted upon* ⟵——————
                   Mme Fourchet is flattered by Henry.
ACTIVE VOICE: *subject does the acting* ——————⟶
                   Henry flatters Mme Fourchet.

2. As in English, the *passive voice* is formed by using the past participle of any transitive verb with the appropriate tense of the verb **être**:

PRESENT:	je suis flatté(e)	I am (am being) flattered
PASSE COMPOSE:	j'ai été flatté(e)	I was (have been) flattered
PASSE SIMPLE:	je fus flatté(e)	I was flattered
IMPARFAIT:	j'étais flatté(e)	I was (was being) flattered
FUTUR:	je serai flatté(e)	I shall (will) be flattered
CONDITIONNEL:	je serais flatté(e)	I should (would) be flattered
SUBJONCTIF:	que je sois flatté(e)	that I be (am, may be) flattered

The past participle agrees with the subject because it is used as an adjective.

3. Generally, a verb that normally takes **être** as an auxiliary *cannot be made passive,* nor can any verb that is intransitive.

4. In the first sentence of the discussion of the *passive voice* we saw:

Mme Fourchet is flattered by Henry.

Henry is the agent of the action—it is Henry who is performing the action. The agent is usually introduced by **par** (*by*):

Mme Fourchet est flattée **par** Henry.
Robert est puni **par** le professeur.
La récolte est détruite **par** la pluie.

5. When the *passive* is descriptive of a state of being, when a habitual occurrence is indicated, or after a verb of sentiment, the agent is introduced by **de** (*by*):

DESCRIPTIVE:	La maison est entourée **de** beaux jardins.
	*The house is surrounded **by** beautiful gardens.*
HABITUAL ACTION:	Il est entouré **de** ses disciples.
SENTIMENT:	Elle est aimée **de** ses enfants.
SENTIMENT:	Le paysan n'est détesté **de** personne.

Simples substitutions

1. Robert est *puni* par le professeur.
   (*reçu, invité, choisi, aidé, observé, humilié, tutoyé, puni*)
2. Brigitte est *aimée* de tous les étudiants.
   (*admirée, suivie, crainte, détestée, accompagnée, aimée*)

6. When there is no agent expressed, the *passive voice* may be replaced by:
   a. The *indefinite pronoun **on*** + *active voice:*

   On parle anglais ici.   *English **is spoken** here.*

   b. A reflexive construction:

   Le pain **se mange** avec du beurre.   *Bread **is eaten** with butter.*

Exercices de transformation

Modèle: On vendra cette maison dans un mois.
Cette maison sera vendue dans un mois.

1. On invitera ces camarades.
2. On consulte la liste.
3. On époussettera la chambre.
4. On a éteint la lumière.
5. On a perdu son imperméable.

Modèle: Cette nouvelle sera annoncée demain.
On annoncera cette nouvelle demain.

1. Le dîner est servi dans l'avion.
2. Il faut que ce vin soit vite bu.
3. Tous ces problèmes ont été discutés.
4. Trois chemises ont été vendues ce matin.
5. Le français est parlé ici.

> **7.** In the past tenses, verbs denoting a state of affairs or condition are usually in the *imparfait.* Note the differences between the *passé composé* and the *imparfait:*
>
> PASSE COMPOSE: Robert a été puni par le professeur.
> La récolte a été détruite par la pluie.
> Le livre a été considéré par les professeurs.
>
> IMPARFAIT: Mme Fourchet était aimée de ses enfants.
> Le professeur était détesté de ses étudiants.
> Le paysan était admiré de tous les gens.

The *imparfait* suggests an action that lasts or that is simply a description of a state or condition, without specifying its duration. Note, however, that you can indicate an action that lasts with a *passé composé* when the duration is specified:

Le professeur a été admiré de ses étudiants pendant toute sa carrière.
The teacher was admired by his students during his entire career.

Before doing the following drills, remember the basic principle:

ATTENTION **PASSIVE VOICE:** Subject is acted upon ⟵————
ACTIVE VOICE: Subject does the acting ————⟶

In the passive voice, the *past participle agrees with the subject.*

Exercices de transformation

Passive > Active

Modèle: Robert a été puni par le professeur.
Le professeur a puni Robert.

1. Cette chemise a été faite par Michelle.
2. La récolte a été détruite par la pluie.
3. Mme Fourchet est flattée par Henry.
4. Robert est observé par le professeur.

Active > Passive

Modèle: Le professeur surprend les filles.
Les filles sont surprises par le professeur.

1. L'employé a reçu l'argent.
2. Les enfants observeront les moutons.
3. Son collègue a déçu cet homme.
4. Le chauffeur l'humiliera.

Passive > Active

Modèle: Mme Fourchet était aimée des enfants.
Les enfants aimaient Mme Fourchet.

1. Le professeur était détesté des étudiants.
2. Robert est craint de tous les étudiants.
3. Elle est suivie de tous ses admirateurs.
4. Sa mort a été regrettée de tout le monde.

Active > Passive

Modèle: Les paysans détestent le mauvais temps.
Le mauvais temps est détesté des paysans.

1. Les chats craignent les chiens.
2. Tous les étudiants accompagnent Brigitte.
3. Tous les disciples entourent le philosophe.
4. Les touristes suivaient le guide.

NOTE DE GRAMMAIRE 5
Le participe présent

1. The *present participle* for all verbs (except **avoir, être,** and **savoir**) is formed from the *first person plural* of the *present indicative* minus the **-ons** ending. To this stem add the participial ending **-ant:**

parlons	→ **parlant**	faisons	→ **faisant**
finissons	→ **finissant**	allons	→ **allant**
vendons	→ **vendant**	croyons	→ **croyant**

But:

avoir → **ayant**
être → **étant**
savoir → **sachant**

2. The *present participle* functions as both an adjective and a verb:

a. When used as an adjective, the present participle agrees in gender and number with the noun it modifies:

M. Fourchet est un homme **charmant.**
Nous aimons les enfants **obéissants.**

b. When the present participle functions as a verb, it is invariable:

Je l'ai vue **parlant** à son voisin.
*I saw her **talking** to her neighbor.*

3. The *present participle* may be used to indicate:

a. An action that occurs *prior* to another action (rendered usually in English by a verb ending in *-ing*):

Prenant son imperméable, il est sorti.
***Taking** his raincoat, he went out.*

b. *Why* something is done, suggesting cause, in addition to sequence:

Pensant qu'il faisait froid, j'ai fermé la fenêtre.
***Thinking** that it was cold, I shut the window.*

Etant malade, elle n'est pas partie en vacances.
***Because she was** ill, she did not go on vacation.*

c. *Simultaneous* actions:

En entrant dans la salle de classe, j'ai vu le professeur.
***On entering** the classroom, I saw the teacher.*

Note the use of **en** with the present participle. **En** is only used in reference to the subject of the sentence performing two simultaneous actions.

4. The difference between the examples is in the timing:

Prenant son imperméable, il est sorti.

The actions are consecutive: *first* he took his raincoat; *then* he went out.

En entrant dans la salle de classe, j'ai vu le professeur.

The actions are simultaneous: I see the teacher *on* (*while, upon*) *entering* the room.

En before the present participle stresses the simultaneity of the action. The use of **tout** in the next example would further stress the simultaneous nature of the actions:

Tout en entrant dans la salle de classe, j'ai vu le professeur.

En or **tout en** (which are always followed by a participle) are translated *while, in, on, upon, by* (*means of which*).

Exercices de transformation

Modèle: Parce que j'avais des choses à dire, j'ai levé le doigt.
           Ayant des choses à dire, j'ai levé le doigt.

1. Parce qu'elle voyait le beau paysage, elle s'est écriée de joie.
2. Parce qu'il craignait d'être déçu, il est parti précipitamment.
3. Si on écoute des hommes savants, on apprend beaucoup.
4. Si on connaît déjà l'esprit réaliste du provincial, on l'apprécie mieux.
5. Il a repris son discours et puis il s'est animé.

Modèle: Quand on mange, on ne parle pas.
           On ne parle pas en mangeant.

1. Pendant qu'on mange, on ne parle pas.
2. Pendant que nous conduisons, nous faisons attention.
3. Quand elle étudie, elle apprend vite.
4. Quand on combat l'adversité avec force, on est sûr de gagner.
5. Si on mange trop, on grossit.
6. Quand on boit de l'eau minérale, on se sent mieux.
7. Quand on visite la France, on apprend sa civilisation.
8. Quand le paysan sème son champ (*sows his field*), il combat l'adversité.

NOTE DE GRAMMAIRE 6
L'infinitif passé

1. The *perfect infinitive* indicates a completed past action which precedes another past action:

Après **avoir fini** le travail, nous sommes partis.
*After **having finished** the work, we left.*

2. The *perfect infinitive* is formed by using the *infinitive of the auxiliary + the past participle:*

avoir   fini ...
être   sorti ...
s'être   lavé ...

3. The *perfect infinitive,* unlike the perfect participle, is most often preceded by a preposition.

> Après lui **avoir parlé,** il est parti.
> *After **having spoken** with him, he left.*
>
> Après **être sortie,** elle a vu son frère.
> *After **having gone out,** she saw her brother.*
>
> Après **s'être levée,** elle a pris une douche.
> *After **having gotten up,** she took a shower.*

Object pronouns precede the auxiliary verbs:

> Après **lui** avoir parlé . . .

Exercices de transformation

Modèle: Nous avons dîné et nous avons regardé la télé.
   Après avoir dîné, nous avons regardé la télé.

1. Nous sommes sortis et nous lui avons dit «au revoir».
2. Vous lui parlerez et vous nous écrirez.
3. Nous sommes revenus et nous lui avons parlé.
4. Il s'est lavé et il s'en est allé.
5. Elle s'est lcvée et elle s'est habillée.

La moisson en Bretagne

MICROLOGUE   Paris n'est pas la France

Si vous prenez Paris pour la France, je crains que vous ne soyez **déçus. Pigalle** non plus n'est pas Paris. Il est heureux de commencer un séjour en France par la province. On ne peut mieux connaître l'esprit clair et réaliste, la vertu solide et **terre-à-terre,** qu'**à travers** la province et les provinciaux.

disappointed/district in Paris

matter-of-fact
through

Questions

1. Qu'est-ce qui arrive quand on prend Paris pour la France?
2. Par où faut-il commencer un séjour en France?
3. Qu'est-ce que les provinciaux nous font connaître?

MICROLOGUE   Le paysan français

Le paysan a été longtemps **l'appui** de la France. La belle **semeuse** que l'on trouve sur la plupart de nos pièces de monnaie **témoigne** de cette idée qui persiste encore, même si les paysans sont **en voie de disparition.**

the support/sower

gives evidence
in the process of
disappearing

En dépit de l'adversité des temps qu'il a connu, le paysan accepte le combat parce qu'il aime la terre. Son travail lui plaît et le blé est le but de son travail. Ce pays a été créé par **la sueur,** le dévouement et l'amour tenace du paysan.

in spite of

the sweat

Questions

1. Quel rôle a joué le paysan?
2. De quelle idée la semeuse témoigne-t-elle?
3. Pourquoi le paysan a-t-il continué le combat?
4. Que représente le blé pour le paysan?

LECTURE   La Beauce: Grenier[1] à blé de la France

1 L'Ile de France. . .
Cette immense Beauce, grande comme la mer, immense et infinie comme la mer, cet océan de blés; une beauté parfaitement horizontale; une beauté de platitude parfaite, **sans un défaut;** le pays
5 des véritables **couchers de soleil;**
Plaine infinie. Plaine infiniment grande. Sérieuse et tragique.
Plaine, océan de blé, blés vivants, **vagues mouvantes;**
Plaine, océan de blé, blés mouvants, vagues vivantes, vagues végétales, ondulations infinies; ondulations **inépuisables** des **épis;**

without a fault
sunsets

moving waves

inexhaustible/ears (of wheat)

[1]Granary

10 océan de vert, océan de jaune et de blond et de **doré;**	*golden*
Puis parfaits **alignements** des beaux **chaumiers;** des grandes et	*lines/straw left in the*
parfaitement belles **meules** dorées; meules, maisons de blés, en-	*ground after the*
	harvest/haystacks
tièrement faites en blé, **gerbes,** épis, **paille,** blé . . .	*sheaves/straw*
Immenses bâtiments de céréales, parfaites maisons de **froment,**	*wheat*
15 bien pleines, bien **pansues,** sans obésité toutefois, bien **cossues;**	*fat/rich*
et cette forme sacramentelle, vieille comme le monde, une des	
plus vieilles des formes la vieille **ogive** aux **courbes** parfaites de	*gothic arch/curves*
toutes parts; innocentes courbes et formes, dites-vous; innocentes	
apparemment; **astucieuses** en réalité, d'une patiente habileté	*clever*
20 paysanne, invinciblement astucieuse contre la pluie.	

Pays parfaitement classique, parfaitement probe . . .

Plaine, océan, plateau, univers de blés temporels. . . .

Péguy
De la gloire temporelle

QUESTIONS GENERALES

En général, un bon professeur possède les qualités suivantes:

a. la sincérité   f. le respect pour ses étudiants
b. l'enthousiasme (*m.*)   g. l'intelligence (*f.*)
c. la curiosité   h. la compétence en sa matière
d. l'intégrité (*f.*)   i. la générosité
e. la patience   j. la compréhension

1. Parlez des qualités que vous estimez le plus chez vos professeurs. Pourquoi les admirez-vous?
2. A votre avis, quelles sont les qualités que doit posséder un archéologue? un avocat?
   un médecin? un étudiant? un psychanalyste? une femme-ingénieur? une rédactrice de journal (*editor*)? une infirmière (*nurse*)?

Exercices de manipulation

1. Dis-moi si tu as étudié l'astronomie.
2. Dis à _____ ce qui t'intéresse le plus.
3. Demande à _____ s'il préfère visiter les musées ou parler avec les gens quand il se
   trouve dans un pays étranger.

CREATION ET RECREATION

1. Compare the role of the farmer in France to his role in the United States.
2. Complete the following:

   Si vous prenez New York pour les Etats-Unis, je crains que vous ne soyez déçu.
   New York . . .

3. Which city in the United States do you consider most "typical"? Why?

4. What object—most typical of our civilization—would you place in a time capsule to be opened in the year 2050? Why?

5. Un conférencier vient à l'école pour parler aux étudiants du fermier américain. Monique prend des notes . . .

Chapitre 23: COUP D'ŒIL

Oui   **Non**

_____ 1. The *passé simple* is a literary tense that you should learn to recognize: _____

Le paysan **accepta** le combat.

_____ 2. The negation of the type **ne . . . pas** stands jointly before the infinitive. This group   _____
includes **ne guère, ne jamais, ne plus, ne rien.**

Il m'a dit de **ne pas** y aller.

_____ 3. Approximate quantities are formed by adding **-aine** to the last consonant of most   _____
simple numbers.

J'ai une trent**aine** de dollars.

_____ 4. The *passive voice* is a verbal form that refers the action to the subject of the sentence: _____

Elle est aimée de ses enfants.
She is loved by her children.

_____ **Par** is used to introduce an active agent; **de** is used to describe a state of being: _____

Il est puni **par** le professeur.
Elle est admirée **de** tout le monde.

_____ When there is no defined agent, use **on** + *active voice* or the reflexive construction: _____

On parle anglais ici. ⎫
L'anglais **se parle** ici. ⎭   *English* **is spoken** *here.*

_____ 5. The *present participle* functions both as an adjective and as a verb: _____

C'est un homme **charmant.**
Croyant qu'il en aurait besoin, il a pris son imperméable.

_____ 6. The *perfect infinitive* expresses an action in the past that precedes another past action: _____

Après **s'être levé,** il s'est lavé.

Proverbe: On ne fait pas d'omelettes sans casser d'œufs.
You cannot make an omelette without cracking eggs.

VOCABULAIRE

Verbes

créer	impressionner
éclater	oser
(s')enivrer	**proposer**
exister	réserver
fumer	surnommer

Noms

âme (*f.*)	**dévouement** (*m.*)
bonheur (*m.*)	**esprit** (*m.*)
cas (*m.*)	**honneur** (*m.*)
cigare (*m.*)	privilège (*m.*)
compagne (*f.*)	**qualité** (*f.*)
délices (*f.pl.*)	soutien (*m.*)
diable (*m.*)	**vertu** (*f.*)
élégance (*f.*)	
esclave (*m.*)	adversité (*f.*)
guise (*f.*)	appui (*m.*)
hôte (*m.*)	**combat** (*m.*)
montagne (*f.*)	existence (*f.*)
nostalgie (*f.*)	**santé** (*f.*)
parfum (*m.*)	saveur (*f.*)
poème (*m.*)	solitude (*f.*)
poète (*m.*)	sueur (*f.*)
raffinement (*m.*)	
récréation (*f.*)	**douzaine** (*f.*)
rime (*f.*)	**huitaine** (*f.*)
texte (*m.*)	**millier** (*m.*)
blé (*m.*)	archéologue (*m.*)
paysan/paysanne	femme-ingénieur (*f.*)
province (*f.*)	**infirmière** (*f.*)
provincial (*m.*)	psychanalyste (*m.*)
récolte (*f.*)	rédactrice (*f.*) de journal
semeuse (*f.*)	
terre (*f.*)	
bon sens (*m.*)	

Adjectifs

élégant	inconnu
harmonieux	ivre
immortel	**littéraire**
incomparable	misogyne

parfait   tenace
plein   unique
poétique   **zélé**

Conjonctions

car
donc

Adverbes

à peu près
à travers
environ

Préposition

en dépit de

Expressions utiles

à l'excès   d'autre part
éclater de rire   en voie de
en fait   terre-à-terre
outre mesure
sans cesse

CHAPITRE 24
LES VILLAGES

Chapitre 24: LES VILLAGES

⚙ PREMIERE ETAPE

1   *A la fin des classes, le professeur avait proposé aux étudiants une expérience culturelle. Chaque étudiant irait visiter un village et rédigerait un rapport sur le sien.*

   Robert et Michael auraient pris le train s'ils avaient eu assez d'argent, mais ils s'y sont rendus en faisant de l'auto-stop.

5   (*Les voici au village.*)
   MICHAEL: Par où commencerons-nous?
   ROBERT: Si on commençait par cet épicier?
   MICHAEL: C'est le maire qui connaît le mieux les gens.
   ROBERT: D'ac. Allons-y!
10   (*Chez le maire*)
   MICHAEL: Monsieur le Maire, notre professeur nous a demandé de visiter votre village et de faire un compte-rendu.
   ROBERT: Nous aimerions bien vous poser des questions.
   LE MAIRE: Puisqu'il est l'heure du déjeuner, je vous invite à le partager avec nous. Nous
15   aurons ainsi le temps de bavarder.

⚙ DEUXIEME ETAPE

1   *A la fin des classes, le professeur avait proposé aux étudiants une expérience culturelle. Chaque étudiant irait visiter un village et rédigerait un rapport sur le sien. En tirant au sort le nom d'un village dans un chapeau, Robert et Michael sont tombés sur le village de Valençay.*

5   *Robert et Michael auraient pris le train s'ils avaient eu assez d'argent, mais ils s'y sont rendus en faisant de l'auto-stop.*

   (*Les voici au village de Valençay.*)
   MICHAEL: Par où commencerons-nous?
   ROBERT: Si on commençait par cet épicier? Il connaît beaucoup de monde.
10   MICHAEL: Le village a environ 3000 habitants et c'est sûrement le maire qui connaît le mieux les gens et sait ce qui se passe dans son village.
   ROBERT: D'ac. Allons-y!
   (*Chez le maire*)
   MICHAEL: Monsieur le Maire, notre professeur nous a demandé de visiter votre village
15   et de rassembler autant d'informations que possible pour en faire un compte-rendu.
   ROBERT: Nous aimerions bien vous poser des questions.
   LE MAIRE: Puisqu'il est l'heure du déjeuner, je vous invite à le partager avec nous. Ma femme sera heureuse de faire votre connaissance et nous aurons ainsi le temps de bavarder.

TROISIEME ETAPE

1   *A la fin des classes, le professeur avait proposé aux étudiants une expérience culturelle.*
Chaque étudiant irait visiter un village et rédigerait un rapport sur le sien. En tirant au
sort le nom d'un village dans un chapeau, Robert et Michael sont tombés sur le village de
Valençay.

5   *Robert et Michael auraient pris le train s'ils avaient eu assez d'argent, mais ils s'y sont*
rendus en faisant de l'auto-stop.

(*Les voici au village de Valençay.*)

MICHAEL: Par où commencerons-nous? As-tu une idée?

ROBERT: Si on commençait par cet épicier? Il connaît beaucoup de monde. Tout le village
10   lui achète une chose ou une autre.

MICHAEL: La plupart des gens passent sans doute chez l'épicier, mais le village a environ
3000 habitants et c'est sûrement le maire qui connaît le mieux les gens et sait ce
qui se passe dans son village.

ROBERT: D'ac. Allons-y!

15   (*Chez le maire*)

MICHAEL: Monsieur le Maire, notre professeur nous a demandé de visiter votre village
et de rassembler autant d'informations que possible pour en faire un compte-rendu.

ROBERT: Si vous le permettez, nous aimerions bien vous poser des questions.

LE MAIRE: Quel honneur pour moi de recevoir de jeunes étudiants américains dans le
20   village de Valençay! Puisqu'il est l'heure du déjeuner, je vous invite à le partager
avec nous à la bonne franquette. On va ajouter deux couverts. Ma femme sera
heureuse de faire votre connaissance et nous aurons ainsi le temps de bavarder.
Mais dites-moi, que pensez-vous déjà de notre village? Il est beau, n'est-ce pas?
On vient de très loin pour le visiter . . .

SYNONYMES ET EXPRESSIONS APPROXIMATIVES

2   rédigerait un rapport = ferait un exposé, ferait un compte-rendu, présenterait
des faits par écrit

2,3   En tirant au sort = En choisissant au hasard

3   sont tombés sur = ont tiré le nom de, ont choisi au hasard

6   en faisant de l'auto-stop = en arrêtant une automobile pour se faire transporter
gratuitement

14   D'ac.° = D'accord, J'y consens.

17   informations = renseignements

17   un compte rendu = un rapport

20   partager = diviser en plusieurs parts, avoir en commun

21   à la bonne franquette = à la fortune du pot, sans cérémonie, très simplement

21   deux couverts → ce qu'il faut pour manger pour deux personnes: assiettes,
fourchettes, couteaux, etc.

22   bavarder → parler de toutes choses

Panneaux de directions près de Carnac en Bretagne

NOTES CULTURELLES

1. Hitchhiking (**l'auto-stop**) is quite common in France.
2. The expression to *give a ride to someone* does not translate directly into French. The French say **emmener quelqu'un en voiture** or **s'arrêter pour prendre quelqu'un en voiture.**

VOCABULAIRE ILLUSTRE

Sur la route on trouve **des bornes kilométriques.**

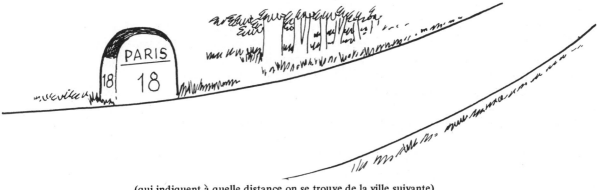

(qui indiquent à quelle distance on se trouve de la ville suivante)

des passages cloutés.

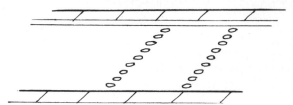

des signaux de direction.

des panneaux de signalisation.

des signaux de localisation.

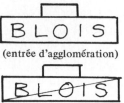

(entrée d'agglomération)

(fin d'agglomération)

des passages à niveaux.

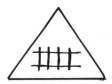

(qui se ferment au passage
des trains)

des motards.

(qui sont toujours ensemble et
qui assurent la sécurité routière)

QUESTIONS SUR LE SCENARIO

1. Qu'est-ce que le professeur avait demandé de faire aux étudiants?
2. Comment a-t-on tiré les noms des villages?
3. Qu'est-ce que les deux garçons auraient fait s'ils avaient eu assez d'argent?
4. Comment s'y sont-ils rendus?
5. Pourquoi Robert veut-il commencer par questionner l'épicier?
6. Quelle est la réaction de Michael?
7. Lequel des deux semble avoir raison? Pourquoi?
8. Où vont-ils?

9. Comment Michael explique-t-il au maire ce que doit être leur expérience culturelle?
10. Que leur répond le maire?

NOTE DE GRAMMAIRE 1
Les pronoms possessifs

1. The *possessive pronouns* replace both possessive adjectives and the nouns they modify:

C'est **mon livre.** *It is my book.*   C'est **le mien.**   *It is mine.*
C'est **ma table.**   *It is my table.*   C'est **la mienne.** *It is mine.*

	POSSESSIVE ADJECTIVE	NOUN IN POSSESSION	POSSESSIVE PRONOUN
SINGULAR:	**mon**	**livre**	→ le mien
	ma	**table**	→ la mienne
PLURAL:	**mes**	**livres**	→ les miens
	mes	**tables**	→ les miennes

2. The *possessive pronouns* are:

MASCULINE SINGULAR	MASCULINE PLURAL	FEMININE SINGULAR	FEMININE PLURAL
le mien	**les miens**	**la mienne**	**les miennes**
le tien	**les tiens**	**la tienne**	**les tiennes**
le sien	**les siens**	**la sienne**	**les siennes**
le nôtre	**les nôtres**	**la nôtre**	**les nôtres**
le vôtre	**les vôtres**	**la vôtre**	**les vôtres**
le leur	**les leurs**	**la leur**	**les leurs**

3. The *possessive pronoun* agrees in gender and number with the *possessive adjective* and the *noun* it replaces:

Elle a **son billet.**   *She has her ticket.*
Elle a **le sien.**   *She has hers.*

4. Remember that articles contract with the prepositions **à** and **de:**

Je pense **à mon ami.**   Je pense **au mien.**
Je me sers **de ton crayon.**   Je me sers **du tien.**
Ils pensent **à leurs frères.** Ils pensent **aux leurs.**
Vous parlez **de vos affaires.** Vous parlez **des vôtres.**
Il pense **à sa sœur.**   Il pense **à la sienne.**

5. To indicate a possessor after the expression **être à,** use the *pronom tonique:*

Ce livre est **à moi.**　　　*This book is **mine.***
Cette maison est **à elle.**　　*That house is **hers.***

Simples substitutions

1. Il a son sac. Où est *le nôtre?*
   (*le mien, le tien, le sien, le leur, le vôtre, le nôtre*)
2. Henry a sa mobylette. Où est *la mienne?*
   (*la tienne, la nôtre, la vôtre, la leur, la sienne, la mienne*)
3. On a ses oreillers. Où sont *les miens?*
   (*les tiens, les siens, les leurs, les nôtres, les vôtres, les miens*)
4. Il a rangé ses affaires. Où sont *les tiennes?*
   (*les miennes, les nôtres, les leurs, les vôtres, les siennes, les tiennes*)

Exercices de transformation

Modèle:　　　J'ai mon imperméable.
　　　　　　　J'ai le mien.

1. Tu conduis ta voiture.
2. C'est leur ami.
3. Elle met sa chemise dans le tiroir.
4. Voici ta mobylette!
5. As-tu ton billet?
6. Donne-nous notre bouteille!
7. Je parle à tes copains.
8. A ta santé!
9. A votre santé!
10. J'emprunterai votre mobylette.
11. Il s'est servi de mes livres.
12. Je descendrai leurs affaires.
13. As-tu appelé tes camarades?
14. Où sont nos mouchoirs?
15. Prenez vos gants!
16. Nous mettons vos cravates.
17. Ils viennent avec leurs amies.
18. Je pense à vos sœurs.
19. Regardes-tu ses cousines?
20. Il a parlé à ses camarades.

Substitution progressive

Ce livre est à moi.
Ce livre est *à nous.*
Cette voiture est à nous.
Cette voiture est *à elle.*

Cette maison est à elle.
Cette maison est *à moi.*
Ce livre est à moi.

NOTE DE GRAMMAIRE 2
Négations du type **ne . . . que** avec l'infinitif

1. Negations of the type **ne . . . que** surround the infinitive, as they surround the auxiliary and the past participle in compound tenses:

WITH INFINITIVES	WITH COMPOUND TENSES
Je vous ai dit de **ne** boire **que** du vin.	Je **n'**ai bu **que** du vin.
Je vous ai dit de **ne** voir **personne.**	Je **n'**ai vu **personne.**
Je vous ai dit de **ne** manger **ni** pommes **ni** poires.	Je **n'**ai mangé **ni** pommes **ni** poires.
Je vous ai dit de **ne** prendre **aucun** de ces livres.	Je **n'**ai pris **aucun** de ces livres.
Je vous ai dit de **n'**avoir **nul** espoir.	Je **n'**ai eu **nul** espoir.
Je vous ai dit de **n'**accepter **nulle** excuse.	Je **n'**ai accepté **nulle** excuse.

2. Some *negations* can be used as *subjects:*

Personne ne l'a vu.	*No one has seen him.*
Nul ne sait mieux.	*No one knows better.*
Nul n'est immortel.	*No one is immortal.*
Aucun de nous **ne** le sait.	*None of us knows it.*
Rien ne bouge.	*Nothing moves.*
Rien ne se passe.	*Nothing is happening.*
Rien ne l'intéresse.	*Nothing interests him.*

The form **nul . . . ne** is rare. You may encounter it in reading, before abstract nouns, and sometimes it is interchangeable with **personne . . . ne.**

Substitution progressive

Personne ne veut le faire.	*Nul ne* veut l'entendre.
Personne ne veut *le dire.*	Nul ne veut *le faire.*
Aucun ne veut le dire.	*Personne ne* veut le faire.
Aucun ne veut *l'entendre.*	

Exercices de transformation

Negation Surrounding Infinitive

Modèle: Elle nous a promis de parler à ses amis. (*ne . . . personne*)
            Elle nous a promis de ne parler à personne.

1. Il nous a dit de choisir des journaux et des revues. (*ne . . . ni . . . ni*)
2. Elle nous a dit de prendre ces livres. (*ne . . . aucun*)
3. On nous a dit de voir nos amis. (*ne . . . personne*)
4. Elle nous a dit de faire du café. (*ne . . . que*)
5. Il vous a demandé de prendre des légumes et des boissons. (*ne . . . ni . . . ni*)
6. Il vaut mieux acheter ces billets. (*ne . . . aucun*)

Negation as Subject

Modèle: Qui est là? (*Personne*) (*Personne ne*)
           Personne.
           Personne n'est là.

1. Tout le monde le fait mieux que lui. (*Nul ne*)
2. Quelqu'un sait le faire. (*Personne ne*)
3. Qui est capable de le traduire? (*Aucun ne*)
4. Qui sait faire ce travail? (*Personne*) (*Personne ne*)
5. Nous le savons. (*Aucun de nous ne*)
6. Tout l'intéresse. (*Rien ne*)

NOTE DE GRAMMAIRE 3
Le plus-que-parfait de l'indicatif

1. The *pluperfect* is used to express an action in the past that *preceded another past action:*

Nous **avions** déjà **fini** le travail quand vous êtes arrivé.
*We **had** already **finished** the work when you came.*

2. The *pluperfect* is formed by the *auxiliary verb in the imperfect* + the *past participle:*

Nous avions fini quand vous êtes arrivé.

3. Note the difference between the following sentences:

Je suis arrivé quand **tu parlais** aux enfants.
     1   2

Action 1 took place (*was completed*) in the past, while *action 2* was going on in the past.

Je suis arrivé au même moment que **tu es parti.**
     1   2

Action 1 took place in the past *at the same time as action 2*. Both actions were completed in the past but do not show appreciable duration. Note again:

Il s'est fâché quand **je lui ai dit** la nouvelle.
     1   2

---

4. Now note the use of the *pluperfect:*

Nous avions déjà fini le travail quand **vous êtes arrivé.**
A   B

Action A took place in the past before *action B. Action A* is rendered by the
  pluperfect, action B by the *passé composé.*

Substitutions progressives

1. Nous avions fini le travail quand vous êtes sorti.
   Nous avions fini le travail *quand vous avez téléphoné.*
   Il était parti quand vous avez téléphoné.
   Il était parti *quand elle est arrivée.*
   Ils avaient déjà dîné quand elle est arrivée.
   Ils avaient déjà dîné *quand vous êtes sorti.*
   Nous avions fini le travail quand vous êtes sorti.

2. Elle était arrivée quand tu es parti.
   Elle était arrivée *quand tu es entré.*
   Elle l'avait fait quand tu es entré.
   Elle l'avait fait *quand le téléphone a sonné.*
   Elle était descendue quand le téléphone a sonné.
   Elle était descendue *quand tu es parti.*
   Elle était arrivée quand tu es parti.

NOTE DE GRAMMAIRE 4
Le conditionnel passé

Since the *pluperfect* is used most often with the *past conditional,* we shall discuss both
tenses in this section.

   1. The *past conditional* is formed by the *auxiliary verb in the present conditional* + the
past participle:

   Je l'**aurais fait** si j'avais eu le temps.

   2. Note the translation of both the *past conditional* and the *pluperfect:*

   Je l'**aurais fait** si **j'avais eu** le temps.   *I would have done* it if *I had had*
                                                                      the time.

Note, too, that the past conditional is used in the "result" (or main) clause in sentences
with "if" (**si**) clauses:

   S'**il avait parlé, je** l'**aurais écouté.**   *If he had spoken, I would have*
                                                              listened to him.

The implication is that an opportunity has been missed and that the action had not been accomplished. The fact is that he did not speak and that I, therefore, did not listen.

In *Chapitre 19* we discussed the relationships between the **si** clause and the main clause:

SUBORDINATE **si** CLAUSE		MAIN CLAUSE	
PRESENT:	**S'il parle**	PRESENT:	**vous l'écoutez.**
	S'il parle	FUTURE:	**vous l'écouterez.**
	S'il parle	IMPERATIVE:	**écoutez-le!**
IMPERFECT:	**S'il parlait**	CONDITIONAL:	**vous l'écouteriez.**

Now to these we can add the following relationship:

PLUPERFECT:	**S'il avait parlé**	PAST CONDITIONAL:	**vous l'auriez écouté.**

Substitutions progressives

1. Nous aurions pu le faire sans le savoir.
   Nous aurions pu le faire *sans le vouloir.*
   Nous serions partis sans le vouloir.
   Nous serions partis *sans le dire.*
   Nous l'aurions fait sans le dire.
   Nous l'aurions fait *sans le savoir.*
   Nous aurions pu le faire sans le savoir.

2. Si tu avais eu de l'argent, tu l'aurais acheté.
   Si tu l'avais vu, tu l'aurais acheté.
   Si tu l'avais vu, *tu l'aurais reçu.*
   Si tu l'avais voulu, tu l'aurais reçu.
   Si tu l'avais voulu, *tu l'aurais acheté.*
   Si tu avais eu de l'argent, tu l'aurais acheté.

3. Si j'avais eu le temps, je l'aurais fait.
   Si j'avais eu le temps, *je te l'aurais dit.*
   Si tu avais été à l'heure, je te l'aurais dit.
   Si tu avais été à l'heure, *tu l'aurais vu toi-même.*
   Si tu l'avais assez voulu, tu l'aurais vu toi-même.
   Si tu l'avais assez voulu, *je l'aurais fait.*
   Si j'avais eu le temps, je l'aurais fait.

Exercices de transformation

Si + Imperfect and Conditional > **Si** + Pluperfect and Past Conditional

Modèle: Si elle venait, je resterais avec elle.
          Si elle était venue, je serais resté avec elle.

1. S'il ne pleuvait pas, nous irions à pied.
2. Si je suivais ses conseils, je consulterais un médecin.
3. Si nous avions la troisième chaîne, tu serais content.
4. Si je mettais la table, vous vous assiériez tout de suite.
5. S'il neigeait, vous mettriez votre manteau.
6. Si nous avions le temps, nous l'écouterions.
7. Si tu le disais, nous le croirions.
8. Si nous l'étudiions, nous l'apprendrions.
9. Si vous le craigniez, vous ne le feriez pas.
10. S'ils l'écrivaient, je le lirais.
11. Si nous le connaissions, nous lui parlerions.
12. Si je me levais tôt, j'aurais le temps d'y aller.
13. Si je me dépêchais, j'y arriverais de bonne heure.
14. Si on mangeait, on n'aurait pas faim.

NOTE DE GRAMMAIRE 5
Le futur antérieur

1. The *future perfect* indicates that an action will have taken place in the future *before* another action will take place:

> Tu l'**auras fini** quand nous arriverons.
> *You **will have finished** it when we arrive.*

2. The future perfect is formed by using the *future of the auxiliary* + the *past participle:*

> **Tu auras fini . . .**
> **Elle sera partie . . .**

3. Note the differences between the following sentences:

> **Tu le feras** quand **nous arriverons.**
>   1   2
> *You **will do it** when **we arrive.***

Action 1 occurs *simultaneously* in the future with *action 2.*

> **Tu l'auras fait** quand **nous arriverons.**
>   1   2
> *You **will have done it** when **we arrive.***

Action 1 will have taken place in the future *before action 2.*

Simples substitutions

1. *Il l'aura envoyé* quand elle arrivera.
   (*Tu l'auras fini, On l'aura acheté, Nous l'aurons lu, Ils lui auront téléphoné, Je lui aurai répondu, Il l'aura envoyé*)

2. *Tu seras sorti* quand je le ferai.
    (*Elle sera réveillée, Vous serez revenu, Ils seront montés, On sera rentré, Nous serons arrivés,*
    Tu seras sorti)

Exercices de transformation

Modèle: Je le ferai quand tu viendras.
            Je l'aurai fait quand tu viendras.

1. Vous partirez quand ils arriveront.
2. Nous le lui dirons quand tu seras là.
3. Il le terminera quand elle le verra.
4. Ils mangeront quand nous y entrerons.
5. Elle consultera la liste quand il arrivera.
6. Tu me parleras quand elle téléphonera.
7. Ils monteront quand tu descendras.
8. Tu sortiras quand elle recevra la lettre.
9. Tu arriveras par le train quand il retournera.

4. The *perfect infinitive* and the *future perfect* may be used interchangeably when the subject of both clauses is the same:

Quand **nous** l'aurons acheté, **nous** vous le donnerons.
Après l'avoir acheté, **nous** vous le donnerons.

Exercices de transformation

Modèle: Quand j'aurai lu le livre, je vous le donnerai.
            Après avoir lu le livre, je vous le donnerai.

1. Dès que vous l'aurez vu, vous le saurez.
2. Lorsqu'il nous aura retrouvés, il nous le dira.
3. Après que nous serons partis, nous regretterons ce beau pays.
4. Quand nous serons montés, nous y resterons.

LECTURE   La Louisiane

1   C'est en 1682 que René Robert de la Salle a donné le nom de
Louisiane, en l'honneur du roi Louis XV, à la partie sud de la
vallée du Mississippi. Baton Rouge a été fondé en 1699. Une colonie française s'y est installée la même année. C'est cette colonie
5 qui a formé le **foyer** francophone qui existe toujours aux Etats-   *home*
Unis. A ce moment-là le site de la Nouvelle-Orléans était choisi
et la ville fondée.

   Petit à petit des familles s'y sont installées. La population était   *little by little*
composée de blancs, quelques **esclaves** noirs et quelques esclaves   *slaves*
10 indiens.

Un bayou en Louisiane

Scène du Mardi Gras à la Nouvelle-Orléans

La première église Saint-Louis était fondée en 1722. C'est la plus ancienne cathédrale des Etats-Unis. La Nouvelle-Orléans a ses premières rues avec des noms français.

Les Ursulines sont venues de France **dès** 1727. Elles ont **bâti** *from/built*
15   leur **couvent.** Ces religieuses **éduquaient** les enfants, servaient *convent/educated*
de **garde-malades** et **s'occupaient des orphelins.** *nurses/took care of the*
                                                        orphans
Les ressources étaient **plutôt agricoles** avec le coton et la cane *rather agricultural*
à sucre.

En 1803, Bonaparte a vendu le territoire français aux Etats-
20   Unis pour 80 millions de **francs-or** de l'époque. A cette époque- *gold francs*
là, la Louisiane prospérait grâce à ses belles plantations et à ses

nombreux réseaux d'eau, mais la guerre de Sécession l'a ruinée.   *numerous networks*
Les plantations furent ravagées et n'ont jamais été complètement
remises en état.   *restored*

QUESTIONS SUR LA LECTURE

1. Qui a donné le nom de Louisiane à la partie sud de la vallée du Mississippi? Pourquoi?
2. En quelle année a été fondé Baton Rouge?
3. Qu'est-ce que la colonie de Baton Rouge a formé?
4. Qui s'est installé petit à petit à la Nouvelle-Orléans?
5. Quelle est la plus ancienne cathédrale des Etats-Unis?
6. Qui est venu de France?
7. Que faisaient les Ursulines?
8. A cette époque, quelles étaient les ressources de la Louisiane?
9. En 1803, à qui les Etats-Unis ont-ils acheté le territoire? Pour quel prix?
10. Pourquoi la Louisiane était-elle prospère?
11. Qu'est-ce qui l'a ruinée?
12. Les plantations ont-elles été complètement remises en état?

LECTURE (Suite) De qui est composée la population francophone de la Louisiane?

1   Ils sont plus d'un million qui parlent français:

1) Le groupe le plus important est les «Cajuns»—decendants
d'Acadiens. Ils sont venus du Nouveau-Brunswick et de **Nou-**
velle-Ecosse à partir de 1755 parce qu'ils avaient été déportés   *Nova Scotia/beginning in*
5   par les Anglais à la suite de **la guerre de Sept Ans** (1756–1763).   *the Seven Years War*
D'autres ensuite sont arrivés par la mer de la Martinique, de la
Guadeloupe et même de France.

2) Les «Créoles», environ 200.000, se sont installés à la Nouvelle-Orléans **vers** 1730. Ils sont d'origine aristocratique française   *around*
10 et espagnole.

3) **Les «mulâtres»** sont quelques dizaines de milliers. Ils des-   *mulattos*
cendent en général d'esclaves venus avec leurs maîtres après la
révolte de Haïti en 1809.

Les Cajuns vivent surtout dans la partie sud-ouest de la Loui-
15 siane. Pour les plus âgés d'entre eux, le français est surtout resté
la langue familiale par coutume. Ils parlent mieux la langue qu'ils
ne savent l'écrire. Les plus jeunes sont plus **anglophones.**   *English-speaking*

A la Nouvelle-Orléans, les Créoles sont restés francophones.
Pour eux, le français est une langue de culture. Ils représentent
20 toujours cette première aristocratie des débuts. Quelques noirs et

les plus pauvres Cajuns parlent une sorte de *pidgin French* qu'ils ont gardé de leurs origines. Le nord de la Louisiane est entièrement anglophone.

25 La Nouvelle Acadie, ou Acadiana en anglais, est divisée en 22 **paroisses** aux noms bien français, tels que Saint-Bernard, Saint-Martinville et Abbéville. Sur les portes des maisons on peut lire des noms de famille, tels que Bertrand, Hebert et Babin. Des panneaux indicateurs ou publicitaires sont écrits en français. *parishes*

Chez les Cajuns, on trouve tout le folklore de toujours dans 30 leurs chansons et leurs danses. Par exemple, **une affiche** peut annoncer un *fais-dodo*,[1] c'est-à-dire un bal avec des joueurs de violon et d'accordéon qui jouent à un rythme rapide. *a poster*

QUESTIONS SUR LA LECTURE

1. Combien de personnes parlent français en Louisiane?
2. Quel est le groupe le plus important?
3. D'où est venu ce groupe?
4. Quelle est l'origine des «Créoles»?
5. Les «mulâtres» sont-ils nombreux?
6. De qui descendent-ils en général?
7. Où vivent les Cajuns?
8. Qu'est le français pour les plus âgés d'entre eux?
9. Que sont les Créoles à la Nouvelle-Orléans?
10. Qu'est-ce que le français est pour eux?
11. Qui parle *pidgin French?*
12. Le nord de la Louisiane est-il francophone?
13. Comment est divisée la Nouvelle Acadie?
14. Que peut-on lire sur les portes des maisons et sur les panneaux indicateurs?
15. Où trouve-t-on le folklore chez les Cajuns? Donnez un exemple.

QUESTIONS GENERALES

1. Avez-vous jamais fait de l'auto-stop? Est-ce une bonne idée, en général? Où êtes-vous allé? Combien de temps vous a-t-il fallu pour faire le trajet?
2. Que feriez-vous si vous aviez le même devoir que les deux étudiants du scénario?
3. Que peut-on acheter chez l'épicier?
4. Est-ce que tu craindrais de passer trois jours dans un village que tu ne connais pas? Quels problèmes peux-tu envisager?
5. Quelles qualités apprécies-tu chez les gens? chez tes amis?

[1]Usually a child would say **faire-dodo** instead of **dormir**. Because children had to be asleep under the good care of their "nannies" while their parents danced, these balls became known as **fais-dodo.**

Exercices de manipulation

1. Imagine une situation où tu dois finir la phrase avec le plus-que-parfait:

   . . . quand l'agent de police est arrivé.
   . . . mais le professeur m'a dit de le faire encore une fois.

2. A tour de rôle chaque étudiant commencera une phrase qui devra être terminée par un autre avec le plus-que-parfait.
3. A tour de rôle chaque étudiant posera au professeur une question sur sa vie.

CREATION ET RECREATION

1. Henry meets a priest (*un curé*) and tries to explain to him that he is on a "village drop," as described in the *scénario* of this chapter. What questions would Henry ask? Write a dialogue between the two, using a relatively small town you know as your resource.

2. Monique décide de passer un week-end à la campagne. Elle désire étudier un village typique et faire un rapport sur ce qu'elle aura vu. . . .

Chapitre 24: COUP D'ŒIL

Oui   **Non**

_____   1. *Possessive pronouns* replace *nouns* preceded by *possessive adjectives* and agree in gender   _____
and number with the *possessive adjective* and *noun* they replace:

   Elle a **son livre.**
   Elle a **le sien.**

_____   2. Negations of the type **ne . . que** surround the infinitive, just as they surround the   _____
auxiliary verb and the past participle in a compound past. Other negations of this
group include **ne . . . personne, ne . . . ni . . . ni, ne . . . aucun, ne . . . nul.**

   Il m'a dit de **ne** voir **personne.**

_____   3. The *pluperfect* tense translates an action in the past that *precedes* another action in the   _____
past:

   Je l'avais presque terminé quand vous êtes arrivé.
   I had almost finished it when you arrived.

_____   4. The *past conditional* is often used with the *pluperfect* in conditional sentences: _____

   Je l'aurais fait si vous étiez venu.
   I would have done it if you had come.

_____   5. The *future perfect* indicates an action that will be completed in the future before   _____
another action will take place:

   Je l'aurai déjà fait quand vous arriverez.

VOCABULAIRE

Verbes

(s')adresser (à)
apprécier
bavarder
bouger
consentir
dépenser
diviser
emmener
envisager

gaspiller
partager
(se) passer
proposer
rédiger
rassembler
(se) rendre (à)
tirer
transporter

Noms

curé (*m.*)
habitant (*m.*)
maire (*m.*)
pasteur (*m.*)
rabbin (*m.*)
village (*m.*)
ville (*f.*)
borne (*f.*) kilométrique
distance (*f.*)
entrée (*f.*) d'agglomération
fin (*f.*) d'agglomération
motard (*m.*)
panneau (*m.*) indicateur
passage (*m.*) à niveau

passage clouté
renseignement (*m.*)
sécurité (*f.*) routière
signal (*m.*) de direction
signal de localisation
trajet (*m.*)
compte-rendu (*m.*)
couvert (*m.*)
dépense (*f.*)
exposé (*m.*)
hasard (*m.*)
rapport (*m.*)
revue (*f.*)
sort (*m.*)

Adjectifs

autre
culturel
immortel
à peine

Adverbes

bien sûr
déjà
gratuitement
loin
sans doute

Conjonction

puisque

Expressions utiles

autant que possible
bonne idée!
D'ac!°
à la bonne franquette
la plupart des
encore une fois
faire de l'auto-stop

il s'agit de
il vaudrait mieux
parler un moment
tirer au hasard
tirer au sort
tomber sur

CHAPITRE 25
QUATRIEME
REVISION

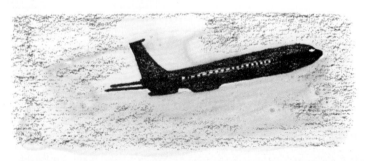

QUATRIEME REVISION: QUATRIEME ETAPE

Study the pictures on the preceding page. Select one and prepare your own *scénario*, using your imagination. Be as natural as possible. Try to incorporate as many structures as you can in your presentation.

REVISION GENERALE DES CHAPITRES 19 A 24

We have now covered all the important grammatical structures in the French language. In this **révision générale** we not only review all the material in the preceding six chapters, but also recall some basic points made earlier.

I. The *conditional* describes what *would* happen if certain conditions were met:

Elle le **ferait,** si elle avait le temps.

It is formed by adding the same endings as those found in the *imperfect* to the *future* stems.

II. Tout may be an *adjective:*

Tous les hommes sont égaux.   ***All*** *men are equal.*

It agrees in gender and number with the noun it modifies.

III. Il + de introduces a thought (→);
Ce + à refers to a thought already expressed (←):

Il est facile **d'**apprendre le français.
C'est difficile **à** croire.

IV. *Negations:* There is a relationship between the use of negations with a conjugated verb form and with an infinitive:

A. Je **ne** le fais **pas.**
Je **ne** l'ai **pas** fait.
Il m'a dit de **ne pas** le faire.

Thus, all negations of the type **ne . . . pas** behave similarly:

ne . . . plus
ne . . . jamais
ne . . . rien
ne . . . guère

B. The type **ne . . . que** has a different set of relationships:

Je **ne** bois **que** du vin.
Je **n'**ai **bu** que du vin.
Il m'a dit de **ne** boire **que** du vin.

Similar in usage to **ne . . . que** are:

ne . . . personne
ne . . . ni . . . ni
ne . . . aucun
ne . . . nul

V. Parce que (*because*) is followed by a verb construction with a subject and a predicate:

Je ne sortirai pas **parce que** je suis malade.
*I will not go out **because** I am sick.*

A cause de (*because*) is followed by a noun phrase:

A cause du mauvais temps je resterai chez moi.
***Because of the** bad weather I will stay home.*

VI. The *subjunctive* is used as follows:

A. It is used *automatically* after certain set verbal expressions and conjunctions:

Je veux que tu le fasses.
Il faut que tu y ailles.
Il vaut mieux que tu le dises.
Bien qu'il pleuve, il arrivera à l'heure.

These are basic usages, and you should master them without difficulty.

Indeed, as you learn how to use the subjunctive you also learn how to avoid it. The verb **devoir** gets you out of many such situations, as does the use of infinitives:

Il faut que vous le fassiez.
or: **Vous devez** le faire.

Also: Do *not* say: **Je** veux que **je** le fasse.
Do say: Je veux le faire.
Do *not* say: **Je** voudrais que **je** sois riche.
Do say: Je voudrais être riche.

B. The tenses of the *subjunctive* are as follows:

In spoken French there are two possibilities of usage of the subjunctive in *subordinate clauses:*

MAIN CLAUSE	SUBORDINATE CLAUSE
1. Je suis heureux	que vous y **alliez.**
2. Je serai heureux	que vous y **alliez.**
3. Je serais heureux	que vous y **alliez.**
4. J'étais heureux	que vous y **alliez.**

The action in the subordinate clause occurs at the same time as the action in the main clause or in the future:

1. *I am happy*   *that you **are going** there.*
   I am happy   *that you **will go** there.*
2. *I will be happy*   *that you **go** there.*
3. *I would be happy*   *that you **go** there (**were** you **to go** there).*
4. *I was happy*   *that you **went** there.*

In the cases where the action occurs prior to the action in the main clause, use the *perfect subjunctive:*

Je suis heureux   que vous y **soyez allé.**
I am happy   *that you **went** there.*

J'étais heureux   que vous y **soyez allé.**
I was happy   *that you **had gone** there.*

C. The ethical **ne** occurs after certain verbs and certain conjunctions:

J'ai peur que vous **n'**y alliez.
Je ne doute pas que vous **n'**y alliez.
A moins qu'il **ne** pleuve, nous partirons.

VII. The *subjunctive* is special in the sense that it responds to specific cues established in the main clause. It always appears in the *subordinate clause:*

MAIN CLAUSE   SUBORDINATE CLAUSE

Il faut   **que vous soyez** à l'heure.

---

*DO NOT ASSUME that the simple appearance of **QUE** triggers the subjunctive.*

A. The *subjunctive* is formed in most cases from the *first person plural* of the *present tense* minus the **-ons** ending, which is replaced by one set of endings:

-e, -es, -e, -ions, -iez, -ent

je choisiss**e**	nous choisiss**ions**
tu choisiss**es**	vous choisiss**iez**
il choisiss**e**	ils choisiss**ent**

B. It is used *automatically* with the construction **Il faut que** and other verbal forms containing expressions of

EMOTION: **Je suis content que** vous le fassiez.
             Je regrette que vous le fassiez.
             Je suis fâché que vous le fassiez.
             Je crains que vous **ne** le fassiez.
DOUBT: **Je doute que** vous le fassiez.
VOLITION: **Je veux que** vous le fassiez.
JUDGMENT: **Il vaut mieux que** vous le fassiez.

C. It is also used *automatically* after certain conjunctions:

afin que, pour que	**avant que + ne**
bien que, quoique	**où que**
pourvu que	**quoi que**
jusqu'à ce que	**de peur que + ne**
à moins que + ne	

VIII. Certain verbs take **me, te, se, nous, vous, se** as direct objects and *tonic pronouns* (*pronoms toniques*) introduced by a preposition as indirect objects:

Elle **me** présente **à lui.**   Je **me** souviens **de toi.**

A few verbs require tonic pronouns as objects when referring to a person:

Elle pense **à moi.**

IX. When two verbs are used together, some do not require prepositional links, while others do:

Je veux parler.   J'apprends **à** nager.
Je viens **pour** travailler.   Je suis content **de** vous voir.

X. *Indefinite adjectives* do not refer to anything in a specific way:

Je vais vous parler de **certaines** choses.
*I am going to speak to you about **some** things.*

XI. *Indefinite pronouns* do not refer to anyone or anything in a specific way:

Nul n'est prophète dans son pays.
No one is a prophet in his country.

XII. The *passé simple* is a literary tense. You are expected to recognize it when you encounter it in literature or in oratory:

Il eut la réponse.

XIII. *Numbers:* We saw the *cardinal* numbers (**un, deux, trois . . .**) and the *ordinal* numbers (**premier, deuxième, troisième . . .**). The addition of the suffix **-aine** to certain *cardinal* numbers renders those numbers approximations:

Une **dizaine** d'étudiants sont partis.

However, *specificity* may also be indicated by some of these forms:

Ella a acheté une **douzaine** d'œufs.

XIV. The *passive voice* may be considered the third type of verb in French to take **être** as an auxiliary verb in compound tenses. Thus, the three types or categories of verbs requiring **être** as an auxiliary to form past compound tenses are:

A. *Intransitive verbs of motion* not showing how the action was performed (see verbs associated with **"Chez Mme Etre"**):

Elle est arrivée à dix heures.

B. *Pronominal verbs:*

Il s'est levé de bonne heure.

C. *Passive voice:*

Elle est aimée de tous les étudiants.

To form the passive voice, use the past participle of any *transitive* verb with any tense of the verb **être:**

Elle est flattée des étudiants.
Elle a été flattée des étudiants.
Elle fut flattée des étudiants.
Elle était flattée des étudiants.
Elle sera flattée des étudiants.
Elle serait flattée des étudiants.
Il ne veut pas qu'**elle soit flattée** des étudiants.

XV. The *present participle* has the following usages:
  A. To show that an action either immediately precedes or follows another:

  Elle est sortie, **laissant** la porte ouverte.
  Sachant qu'elle était sortie, j'ai fermé la porte.

  B. With the preposition **en,** to indicate that two actions are occurring simultaneously:

  Ils travaillaient **en chantant.**

  C. En is the only preposition in French that is not followed by an infinitive form. **Tout** may be added before **en** to stress either the continuity of the action or the simultaneity of the two actions:

  Ils travaillaient **tout en chantant.**

  D. The participial forms (*present or past*) may also be used as *adjectives*—in which cases they show agreement in gender and number with the nouns they modify:

  J'ai acheté des **livres intéressants.**
  Elle nous a raconté des **histoires amusantes.**
  C'est un **monsieur distingué.**

XVI. The *perfect infinitive* expresses a past action preceding another action in the past:

Après avoir fini le travail, nous sommes partis.

XVII. The *possessive pronoun* is used to replace a noun modified by a *possessive adjective:*

Robert cherche **son frère.**	Charles cherche **le sien.**
sa mère.	la sienne.
ses sœurs.	les siennes.
ses amis.	les siens.

XVIII. The *pluperfect tense* indicates an action that precedes another past action:

Nous avions déjà fini le travail quand vous êtes arrivé.

XIX. The *past conditional* is used in contrary-to-fact hypotheses:

Si elle avait été là, **tu ne l'aurais pas fait.**

XX. The *future perfect* expresses past action in the future:

Tu l'auras fini quand nous arriverons.

XXI. *Verb recapitulation:*

The names of the tenses in French clearly describe their functions in time. The *indicative* tenses, for instance, merely indicate what is going on, went on, was going on, will go on, would go on:

A. The *present tense* indicates actions occurring in the present:

Ils le **font** pour vous.

B. The *passé composé* (or *perfect tense*) indicates actions completed in the past:

Ils l'**ont fait** pour vous.

C. The *imperfect* indicates actions that were taking place over a period of time in the past:

Ils le **faisaient** pour vous pendant des années.

D. The *future* indicates actions that will take place:

Ils le **feront** pour vous demain.

E. The *conditional* indicates that actions are conditional or dependent on other actions or situations:

Ils le **feraient** pour vous, si vous étiez gentil.

F. The *subjunctive* is referred to as a ''mood''; it is not an indicative tense. It does not indicate specifically an independent action, but it reflects the speaker's *feelings, will, doubt,* or *uncertainty.*

✦ REVISION

Exercices de transformation

Conditional

Modèle: Nous le ferons, s'il fait beau.
           Nous le ferions, s'il faisait beau.

1. Tu iras en Espagne, si tu as de l'argent.
2. Nous l'attendrons ici, s'il ne pleut pas.

3. Je le verrai, si j'ai le temps.
4. J'apprendrai à nager, si vous m'aidez.
5. Je pourrai conduire, si j'ai une voiture.
6. Je te parlerai de la musique américaine, si tu veux.

Exercices de manipulation

1. Si *nous* étions essoufflés, *nous* nous plaindrions.
   (*tu, je, vous, il, ils, nous*)
2. Si *vous* craigniez de le faire, *vous* ne réussiriez pas.
   (*nous, tu, on, je, ils, vous*)

Tout as an Adjective

Modèle: J'ai travaillé pendant la soirée.
            J'ai travaillé pendant toute la soirée.

1. J'ai mangé la salade.
2. Elle vient de finir le devoir.
3. Aimeriez-vous voir les films?
4. Elle a visité la maison.
5. Où avez-vous laissé les bagages?

Il + de/Ce + à

Modèle: Il est facile de faire cela.
            C'est facile à faire.

1. Il était impossible de croire ça.
2. Il est difficile de répéter ce nom-là.
3. Il sera facile d'apprendre le français.
4. Il sera bon de voir le paysage.

Negations

Modèle: Je le ferai toujours comme cela. (*ne . . . jamais*)
            Je ne le ferai jamais comme cela.

1. Nous le lui avons donné. (*ne . . . pas*)
2. Elle le verra quand elle voudra. (*ne . . . plus*)
3. Vous avez vu beaucoup de choses. (*ne . . . rien*)
4. Il pleut. (*ne . . . plus*)
5. M. Fourchet boit du vin. (*ne . . . que*)
6. Il faut le leur dire. (*ne . . . pas*)

7. J'ai vu tous mes amis. (*ne . . . personne*)
8. Je prendrai des tomates et des concombres. (*ne . . . ni . . . ni*)
9. Vous avez acheté des slips et des chaussettes. (*ne . . . ni . . . ni*)
10. J'ai envie de voyager. (*ne . . . aucune*)

Substitution progressive

Parce que/A cause de

Il s'est arrêté parce qu'il avait faim.
Il s'est arrêté *à cause de la pluie.*
Il est parti à cause de la pluie.
Il est parti *à cause de lui.*
Il y est resté à cause de lui.
Il y est resté *parce qu'il avait faim.*
Il s'est arrêté parce qu'il avait faim.

Subjunctive

Modèle: Mon père est à Paris. (*Il faut que*)
            Il faut que mon père soit à Paris.

1. Nous attendons nos amis. (*Il est nécessaire que*)
2. Vous lui portez un toast. (*Il faut que*)
3. Vous aurez un fromage différent tous les jours. (*Il faut que*)
4. Nous travaillerons dans une heure et demie. (*Il vaut mieux que*)

Modèle: Vous répondez vite aux questions. (*Je veux que*)
            Je veux que vous répondiez vite aux questions.

1. Nous achetons des légumes. (*Je désire que*)
2. Vous prenez du pain. (*Elle veut que*)
3. Tu bois de l'eau. (*Elle préfère que*)
4. On tient la fourchette dans la main gauche. (*Il veut que*)

Modèle: Vous arrivez à l'heure. Il faut vous dépêcher. (*Pour que*)
            Pour que vous arriviez à l'heure, il faut vous dépêcher.

1. Vous pouvez leur parler. Je vais leur téléphoner. (*Afin que*)
2. Tu es malade. Tu le feras. (*Bien que*)
3. Il est fatigué. Il viendra. (*A moins que + ne*)
4. Vous arriverez. Nous étudierons. (*Jusqu'à ce que*)

Exercices de substitution

1. Elle me présente *à Mlle Fourchet.*
   (*à vous, à lui, à elle, à eux, à elles, à toi, à Mlle Fourchet*)
2. Nous nous souvenons *de lui.*
   (*d'elle, de vous, de toi, d'eux, d'elles, de vous, de lui*)

Exercices de manipulation

Modèle: Je pense *à mes parents.*
            Je pense à eux.

Je pense *à Pierre et à Jacques.*
(*à Georges, à Jacqueline et à Michel, à Sylvie et à Francine, à Pierre et à Jacques*)

Prepositional Links

Modèle: Je veux vous indiquer le chemin. (*Je vais essayer*)
            Je vais essayer de vous indiquer le chemin.

1. *Elle veut* vous indiquer le chemin.
   (*Elle est prête, Elle désire, Je n'aime pas, Je serai content, Elle veut*)
2. *Tu as* peur de tomber.
   (*Tu ne veux pas, Tu crains, Il ne faut pas, Il continue, Tu as peur*)

Subjunctive

Modèle: Il veut que vous le *fassiez.* (*choisir*)
            Il veut que vous le choisissiez.

1. Il veut que vous le *choisissiez.*
   (*savoir, finir, prendre, manger, se couvrir, mettre, conduire, faire, choisir*)
2. *Afin que* vous le sachiez, je vous téléphonerai.
   (*Pour que, Quoique, Bien que, Avant que, A moins que, Sans que, Afin que*)
3. Je craindrai que vous ne le *disiez.*
   (*faire, lire, se lever, permettre, écrire, ouvrir, fermer, dire*)

4. Je ne doute pas qu'il ne *vienne*.
   (*partir, mentir, sortir, dormir, s'asseoir, se coucher, plaire, rire, venir*)
5. Elle est heureuse que nous l'ayons *fait*.
   (*dire, partir, mettre, descendre, monter, choisir, recevoir, lire, faire*)

Mixed: Subjunctive and Indicative

Modèle: *Il est possible* que vous le fassiez. (*Il est impossible*)
            Il est impossible que vous le fassiez.

1. *Il est impossible* que vous le fassiez.
   (*Il est possible, Il semble, Il est juste, Il est naturel, Il est impossible*)
2. *Il est probable* qu'il pleut.
   (*Il est sûr, Il est évident, Il me semble, Il est certain, Il paraît, Il est probable*)
3. *Il est probable* que le garçon arrivera plus tard.
   (*Il est impossible, Il me semble, Il est juste, Il semble, Il est naturel, Il est sûr, Il est évident,*
      Il est certain, Il paraît, Il est probable)

Perfect Subjunctive

Modèle: Elle aurait voulu qu'il l'ait *fait*. (*vendre*)
            Elle aurait voulu qu'il l'ait vendu.

Elle aurait voulu qu'il l'ait *vendu*.
(*connaître, savoir, dire, pouvoir, vouloir, croire, mettre, ouvrir, tenir, vendre*)

Modèle: Elle doutait qu'il soit *resté*. (*venir*)
            Elle doutait qu'il soit venu.

Elle doutait qu'il soit *venu*.
(*tomber, rentrer, sortir, s'endormir, se réveiller, se laver, s'habiller, revenir, rester, venir*)

Indefinite Articles, Adjectives, and Pronouns

Modèle: Elle a vu ces boutiques. (*certaines*)
            Elle a vu certaines boutiques.

1. Elle a vu *ses* amies.
   (*certaines, des, ces, quelques, plusieurs, ses*)
2. Elle a vu *ces* boutiques.
   (*certaines, quelques, des, plusieurs, ces*)
3. *Chacun* le fera.
   (*Quelqu'un, On, N'importe qui, Chacune, Chacun*)

Passé simple > Passé composé

Modèle: Elle vit son frère hier.
            Elle a vu son frère hier.

1. Ils parlèrent à leurs amis.
2. Tu finis le devoir.
3. Vous répondîtes à la femme.
4. Tu fis cela toi-même?
5. Nous sûmes conduire.
6. Tu bus le vin.
7. Ils le crurent.
8. Vous pûtes le faire.
9. Vous vîntes me le dire.
10. Il eut la réponse.
11. Nous craignîmes de le voir.
12. Vous vîtes l'horizon.
13. Ils dirent la vérité.
14. Nous mîmes le livre là.

Numbers

Modèle: J'ai environ dix livres.
            J'ai une dizaine de livres.

1. Il vient dans une semaine.
2. J'ai douze œufs.
3. Il y a à peu près vingt étudiants dans la classe.
4. Nous avons environ cent francs.
5. Je serai de retour dans deux semaines.
6. Vous avez à peu près trente dollars.

Passive Voice

Modèle: Les enfants regardent la télévision.
            La télévision est regardée par les enfants.

1. Les spectateurs aiment cette actrice.
2. Les étudiants applaudissaient le conférencier.
3. Henry a envoyé le télégramme.
4. Le peuple avait construit la cathédrale.
5. Les étudiants auront lu le livre.
6. Les agents de police ouvriront les bagages.

Participles

Modèle: Elle est sortie. Elle a pleuré.
            En sortant, elle a pleuré.

1. Elle est entrée dans la pièce. Elle a vu le monsieur.
2. Elle est passée devant la maison. Elle a vu la fenêtre ouverte.

3. Ils ont monté le Boulevard Saint-Michel. Ils sont arrivés à la Sorbonne.
4. Ils ont visité le Louvre. Ils ont vu «La Joconde».
5. Elle est partie. Elle a pleuré.

Perfect Infinitive

Modèle: Nous avons fini le travail, puis nous sommes rentrés.
           Après avoir fini le travail, nous sommes rentrés.

1. Nous avons dîné, puis nous avons dansé.
2. Il est arrivé, puis il a ouvert ses bagages.
3. J'ai lu le livre, puis j'ai compris le message de l'auteur.
4. Elle s'est levée, puis elle a fait sa toilette.
5. Elle est montée, puis elle s'est couchée.

Possessive Pronouns

Modèle: Conduis-tu ta bicyclette?
           Conduis-tu la tienne?

1. Lavez-vous vos mouchoirs?
2. Elle ne fait pas son lit.
3. Nous avons rangé nos affaires dans le tiroir.
4. Je ne bats pas mon chien.
5. Les garçons attendent leurs sœurs.
6. Mes parents aiment leur voiture.

Modèle: Paul a obéi à son père.
           Paul a obéi au sien.

1. Colette répondra à sa lettre.
2. Ils parlent de leur famille.
3. Nous avons besoin de nos amis.
4. Je téléphone à mes copines.
5. Tu penses à tes affaires.
6. Vous discutez de vos examens.

Modèle: Avez-vous vos chaussures?
           Oui, j'ai les miennes.

1. Avez-vous votre imperméable?
2. Ont-ils leurs mobylettes?
3. As-tu ton chapeau?
4. Avez-vous votre cravate?
5. Avez-vous vos jeans?

Mixed Negations

Modèle: Je bois du vin. (*ne . . . que*)
           Je ne bois que du vin.

Il boit du lait.
(*ne . . . jamais, ne . . . pas, ne . . . plus, ne . . . guère, ne . . . que*)

Modèle: Il nous a dit de parler aux étudiants. (*ne . . . pas*)
            Il nous a dit de ne pas parler aux étudiants.

Il nous a dit de parler aux professeurs.
(*ne . . . que, ne . . . jamais, ne . . . personne, ne . . . plus, ne . . . pas*)

Pluperfect

Modèle: Quand vous êtes arrivé, nous étions déjà *partis*. (téléphoner)
            Quand vous êtes arrivé, nous avions déjà téléphoné.

Quand vous êtes arrivé, nous avions déjà *téléphoné*.
(*finir, monter, s'habiller, boire, descendre, dormir, comprendre, partir*)

Past Conditional

Modèle: Si nous avions eu le temps, nous l'aurions *lu*. (*finir*)
            Si nous avions eu le temps, nous l'aurions fini.

Si nous avions eu le temps, nous l'aurions *fini*.
(*conduire, payer, offrir, boire, omettre, organiser, surprendre, lire*)

Future Perfect

Modèle: Tu l'auras *fait* quand je te verrai. (*finir*)
            Tu l'auras fini quand je te verrai.

Tu l'auras *fini* quand je te verrai.
(*dire, commencer, conduire, mettre, arrêter, apporter, essayer, faire*)

PAS A PAS

Keep your books open to page 528. Your teacher will describe one picture of the four depicted. He or she will pause periodically to give you a chance to choose the picture you believe is being described.

CREATION ET RECREATION

1. Monique est de retour en France et parle de son «expérience américaine» à ses amis. Elle essaie de leur expliquer comment la connaissance des gens dans leurs pays élimine beaucoup de préjugés. . . .

2. Comment peut-on distinguer entre la culture et la civilisation d'un pays? On peut dire tout simplement que la civilisation décrit des faits (côté historique) et que la culture offre un jugement de valeur.

A. Si cela est vrai, comment peut-on parler de la voiture dans la civilisation américaine?

B. Commentez les généralisations suivantes:

    a. Le Français aime la bonne cuisine.

    b. Le Français aime serrer la main d'un ami quand il le rencontre.

    c. La frugalité est un des traits principaux du caractère français.

    d. Le Français aime s'asseoir à la terrasse d'un café.

    e. Le Français n'est pas fanatique.

C. Discutez des dangers des généralisations exagérées en donnant des exemples de quelques-unes propres aux Etats-Unis.

CHAPITRE FACULTATIF AU BUREAU DE POSTE suivi de DINER d'ADIEU

Chapitre facultatif: AU BUREAU DE POSTE

⊛ PREMIERE ETAPE

1   ROBERT: Je serais resté ici bien plus longtemps, si j'avais pu, mais maintenant que le
         stage se termine, je dois envoyer un télégramme aux Etats-Unis.

     MME FOURCHET: Pourquoi pas téléphoner?

     ROBERT: Je veux seulement prévenir mes parents de mon heure d'arrivée.

5   MME FOURCHET: Téléphone tout de même!

     ROBERT: Je préfère envoyer un télégramme.

     (A la poste il rencontre Nicole et Henry. Henry est en train d'acheter les derniers timbres sortis
         pour sa collection.)

     NICOLE: Tiens, que fais-tu ici?

10   ROBERT: Je vais envoyer un télégramme chez moi.

     HENRY: Quand tu l'auras fait, j'enverrai le mien.

     (Ils l'accompagnent au guichet.)

     L'EMPLOYE: . . . dix-huit, dix-neuf . . . vous avez encore droit à trois mots pour le même
         prix.

15   ROBERT: «*All my best.*»

     L'EMPLOYE: Qu'est-ce que cela veut dire?

     ROBERT: C'est à peu près l'équivalent de: «Veuillez agréer l'expression de mes sentiments
         les meilleurs».

     (Ils sortent de la poste en riant.)

20   NICOLE: Sérieusement, mes amis, vous avez fait des progrès sensass!

⊛ DEUXIEME ETAPE

1   ROBERT: Je serais resté ici bien plus longtemps, si j'avais pu, mais maintenant que le
         stage se termine, je dois envoyer un télégramme aux Etats-Unis.

     MME FOURCHET: Pourquoi pas téléphoner?

     ROBERT: Parce que je connais ma mère, elle va me filer une liste de shopping à faire et
5   je n'ai pas envie de faire cette corvée. Je veux seulement prévenir mes parents de
         mon heure d'arrivée.

     MME FOURCHET: Téléphone tout de même! Ça leur fera plaisir de t'entendre. Ne te gêne
         pas pour te servir de notre téléphone!

     ROBERT: Je préfère envoyer un télégramme. Après tout, ce sera pour moi une expérience
10   de plus.

     (A la poste il rencontre Nicole et Henry. Henry est en train d'acheter les derniers timbres sortis
         pour sa collection.)

     NICOLE: Tiens, salut! Que fais-tu ici?

     ROBERT: Je vais envoyer un télégramme chez moi.

15   HENRY: Quand tu l'auras fait, j'enverrai le mien.

     L'EMPLOYE: . . . dix-huit, dix-neuf . . . vous avez encore droit à trois mots pour le même
         prix.

ROBERT: «*All my best.*»

L'EMPLOYE: Qu'est-ce que cela veut dire?

20 ROBERT: C'est à peu près l'équivalent de: «Veuillez agréer l'expression de mes sentiments les meilleurs».

(*Henry envoie aussi son télégramme et ils sortent de la poste en riant.*)

NICOLE: Sérieusement, mes amis, vous avez fait des progrès sensass! Vous avez fait un bon job. C'est un bon show et tous les deux, vous êtes des stars. Vous êtes des

25 super mecs!

TROISIEME ETAPE

1 ROBERT: Je serais resté ici bien plus longtemps, si j'avais pu, mais maintenant que le stage se termine, je dois envoyer un télégramme aux Etats-Unis.

MME FOURCHET: Pourquoi pas téléphoner?

ROBERT: Parce que je connais ma mère, elle va me filer une liste de shopping à faire aux

5 boutiques de Charles de Gaulle et je n'ai pas envie de faire cette corvée. Je veux seulement prévenir mes parents de mon heure d'arrivée.

MME FOURCHET: Téléphone tout de même! Ça leur fera plaisir de t'entendre. Ne te gêne pas pour utiliser notre téléphone! Vas-y!

ROBERT: Merci, je préfère envoyer un télégramme. J'irai au bureau de poste; après tout,

10 ce sera pour moi une expérience de plus.

(*A la poste il rencontre Nicole et Henry. Henry est en train d'acheter les derniers timbres sortis pour sa collection.*)

NICOLE: Tiens, salut! Que fais-tu ici?

ROBERT: Je vais envoyer un télégramme chez moi.

15 HENRY: Heureusement que tu m'y fais penser, il faut que j'envoie le mien aussi. Quand tu l'auras fait, j'enverrai le mien.

L'EMPLOYE: . . . dix-huit, dix-neuf . . . vous avez encore droit à trois mots pour le même prix.

ROBERT: «*All my best.*»

20 L'EMPLOYE: Qu'est-ce que cela veut dire?

ROBERT: C'est à peu près l'équivalent de: «Veuillez agréer l'expression de mes sentiments les meilleurs».

L'EMPLOYE: (*le dévisageant*) Veuillez me donner vingt-deux francs!

(*Henry envoie aussi son télégramme et ils sortent de la poste en riant.*)

25 NICOLE: Sérieusement, mes amis, c'est dommage de vous voir partir. Vous avez fait des progrès sensass! Vous avez fait un bon job. C'est un bon show et tous les deux, vous êtes des stars. Vous êtes des super mecs!

HENRY ET ROBERT: Oh là là! quel franglais!

NICOLE: Si, si, c'est vrai. Pour parler français, je dirais que vous êtes vachement bien!

30 Vous allez me manquer.

HENRY: Mais nous ne sommes pas encore tout à fait partis. . . . On va se revoir au dîner d'adieu.

SYNONYMES ET EXPRESSIONS APPROXIMATIVES

2	stage = période d'études pratiques
4	me filer° = me donner
4	une liste de shopping (*franglaise*) = une liste de courses à faire
6	prévenir = avertir, aviser
7,8	Ne te gêne pas = Ne sois pas timide, Ne sois pas aussi réservé
13	salut = bonjour
17	vous avez encore droit à = vous pouvez encore avoir
23	dévisageant = regardant avec insistance
25	c'est dommage = c'est regrettable
26	sensass° = sensationnels, excellents, formidables, extraordinaires
27	des super mecs° = des surhommes
29	vachement° = très

NOTES CULTURELLES

1. Phone calls to the United States are best placed at the post office. Here are some useful formulas:
   En P.C.V.: formula used to place a collect call.
   Avec préavis: formula used to indicate person-to-person.
2. **Poste restante** is the equivalent of *General Delivery*. Upon establishing your identity, you may receive a letter addressed to the main post office of any city, or of any arrondissement in Paris, bearing the words **Poste restante.**
3. A telephone directory is called **un annuaire de téléphone.**
4. The following are useful words referring to the postal system:

le courrier	*mail*
la levée du courrier	*mail pickup*
la distribution du courrier	*mail delivery*
le facteur	*mailman*

QUESTIONS SUR LE SCENARIO

1. Maintenant que le stage se termine, qu'est-ce que Robert doit faire?
2. Pourquoi ne téléphone-t-il pas à sa mère?
3. Pour quelles raisons Mme Fourchet insiste-t-elle qu'il téléphone?
4. Qui Robert rencontre-t-il à la poste?
5. Qu'est-ce que Henry fait à la poste?
6. Qu'est-ce que Henry fera?
7. A combien de mots Robert a-t-il encore droit pour le même prix?
8. Que veut dire en français: «*All my best*»?
9. Pourquoi Nicole pense-t-elle qu'il est dommage que Robert et Henry partent?
10. D'après Nicole, comment parlent-ils français?

VOCABULAIRE ILLUSTRE

Dans un bureau de poste on trouve **des guichets.**

des timbres.

des cabines téléphoniques.

des annuaires de téléphone (le Bottin).

des boîtes aux lettres.

des taxiphones.

 **(pour téléphoner à l'intérieur d'une ville)**

⚘ DERNIERE ETAPE: DINER D'ADIEU

1   *Toutes les familles françaises sont réunies à l'Auberge du Vieux Moulin. Elles y sont avec leurs fils et leurs filles américains. Monsieur Galant, le propriétaire, a préparé un repas succulent. On entend la musique d'un tourne-disque. Il y a aussi un groupe de danseurs folkloriques qui, avec leur musique et leurs danses, régaleront la compagnie plus tard.*

5   LE PROFESSEUR: (*continuant son discours de remerciement*) . . . et sans vous, nos pères et nos mères français, notre séjour aurait été simplement académique. Grâce à vous, nous avons habité dans vos foyers et partagé votre vie; vous nous avez accueillis chaleureusement. Si nous n'avions pas été hébergés par vous, nous n'aurions jamais connu la base de la culture française. Malgré la brièveté de notre séjour, nous nous

10   sentons très proches des Français et emportons avec nous d'excellents souvenirs d'amitié qui ont créé des liens très forts entre nous.

    ROBERT: Vous voyez, Maman, c'est exactement ce que je ressens. Je cherchais mes mots pour vous dire la même chose.

    MME FOURCHET: Nous gardons aussi un excellent souvenir de ton séjour. Combien de

15   fromages as-tu goûtés chez nous? Tu t'en souviens?

    ROBERT: Evidemment! Soixante-six.

    MME FOURCHET: Alors il faudra que tu reviennes pour goûter les trois cent trente-quatre qui restent! Et en échange tu nous feras goûter la cuisine américaine. En attendant mettons-nous à table et profitons de la bonne chère.

20   (*Henry et Robert se retrouvent en aparté avant de passer à table.*)

    HENRY: Ecoute, mon vieux, portons un toast à nos progrès en français! Nous avons tenu notre promesse, nous n'avons jamais parlé anglais ensemble et notre français est digne de . . .

    ROBERT: . . . digne de tous ceux qui le parlent dans le monde entier. A ta santé!

25   HENRY: A la tienne, mon vieux!

    HENRY ET ROBERT: A la nôtre! A notre prochaine visite en France!

  (*A la fin de la soirée, tous se sont embrassés et on pouvait entendre la salle résonner de beaucoup de «Au revoir» pleins de nostalgie et de promesses de s'écrire souvent.*)

SYNONYMES ET EXPRESSIONS APPROXIMATIVES

3   succulent = délicieux, exquis, savoureux, agréable

3   un tourne-disque = un électrophone

4   régaleront → amuseront, distrairont, divertiront

7   vos foyers = vos maisons, vos familles

7   accueillis = reçus

7,8   chaleureusement = chaudement, avec enthousiasme

10   proches = près

12   je ressens = je sens avec émotion ou avec un sentiment agréable

19   de la bonne chère = du bon repas, des bons mets, des bons plats

20   en aparté = échangeant des paroles dans un petit groupe séparé

NOTES CULTURELLES

1. Une auberge est une sorte d'hôtel située généralement à la campagne où on peut manger, boire et coucher en payant.
2. Le *Guide Michelin* désigne la qualité des hôtels par des étoiles.
3. Il y a aussi ce qu'on appelle des auberges de jeunesse en France. Ces auberges de jeunesse correspondent aux *youth hostels*. Avec une carte d'étudiant on peut y loger pour très peu d'argent. Les auberges de jeunesse sont propres et assez fréquentées.
4. La France est réputée pour être le pays des fromages. Il y a plus de 400 sortes de fromage.

QUESTIONS SUR LE SCENARIO

1. Où les familles sont-elles réunies?
2. Qu'est-ce que M. Galant a préparé?
3. Qu'est-ce qu'on entend?
4. Qu'est-ce que c'est qu'un tourne-disque?
5. Que feront les danseurs folkloriques?
6. Sans les parents français, qu'aurait été le séjour des Américains?
7. Qu'est-ce que les Français ont fait?
8. Quels sentiments ont les Américains après leur stage?
9. Que demande Mme Fourchet à Robert?
10. Combien de fromages lui propose-t-elle de goûter?
11. Pourquoi désire-t-elle se mettre à table?
12. Les deux garçons ont-ils tenu leur parole?
13. Que pensent-ils de leur français?
14. Quel toast portent-ils?
15. Comment la soirée se termine-t-elle?

NOTE DE GRAMMAIRE FACULTATIVE 1
Faire + l'infinitif

1. The construction **faire** + *infinitive* conveys an action one causes to be performed. Note the difference between these two sentences:

Je **construis** la maison.
I am building the house.

Je **fais construire** la maison.
I am having the house built.

In the first example, it is I who am actually building the house. In the second example it is I who am having the house built *by someone else*.

2. Faire is followed directly by the *infinitive,* except in the *affirmative imperative.*
Note position of object pronouns:

Je **le** fais parler.	*I am making **him** talk.*
Je **la** fais parler.	*I am making **her** talk.*
Je **les** fais parler.	*I am making **them** talk.*
Je **les** fais faire.	*I am having **them** made.*
Je **les y** fais faire.	*I am having **them** made **there**.*
Ils **m'en** font acheter.	*They are having **me** buy **some**.*
Vous **lui en** avez fait envoyer.	*You had **some** sent **to him**.*

But:

Faites-**la** construire!	*Have **it** built!*

 All the object pronouns stand before the "helping verb" **faire** in the simple as well as the compound tenses:

Je **le** fais parler.	*I am making **him** talk.*
Je **l'**ai fait parler.	*I made **him** talk.*
Je **lui** fais écouter la radio.	*I am making **him** listen to the radio.*
Je **la lui** fais écouter.	*I am making **him** listen **to it**.*
Je **lui** ai fait écouter la radio.	*I made **him** listen to the radio.*
Je **la lui** ai fait écouter.	*I made **him** listen **to it**.*

Exercices de transformation

Modèle: Il fait parler *son fils.*
           Il le fait parler.

1. Tu fais envoyer *la lettre.*
2. Mme Fourchet fait installer *l'armoire* dans la chambre.
3. Nicole fait voir *la mobylette* à David.
4. Vous faites faire *le plein* chaque semaine.
5. Il fait sourire *les enfants.*

3. Faire does *not* show agreement with a preceding *direct object* in compound tenses. Because it has the function of a "helping verb," the real sense of the verb **faire** is completed by the infinitive. Thus, it is the whole verbal locution that takes the direct object:

Les chemises? Je **les** ai fait **faire.**

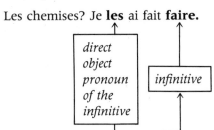

4. When the sentence contains both a direct and an indirect object, they are placed in their usual sequence:

Jean **m'**a fait écrire **la lettre.**
Jean **me l'a fait** écrire.

Exercices de transformation

Modèle: J'ai fait venir *le maire du village.*
            Je l'ai fait venir.

1. Vous avez fait venir *les étudiantes.*
2. Nous avons fait venir *la pharmacienne.*
3. Il a fait venir *les archéologues.*

4. Tu as fait venir *les musiciens.*
5. Ils ont fait venir *les artistes.*
6. On a fait venir *les médecins.*

Modèle: Nous avons fait ouvrir *la bouteille.*
            Nous l'avons fait ouvrir.

1. Tu as fait ranger *le sac de couchage.*
2. Je n'ai pas fait remplir *le réservoir.*
3. L'agent a fait arrêter *l'auto* au coin de la rue.
4. Ils ont fait envoyer *les paquets.*
5. L'histoire n'a pas fait rire *la classe.*

Modèle: La mère a fait acheter *du pain.*
            La mère en a fait acheter.

1. Le docteur a fait chercher *des médicaments.*
2. On a fait apporter *un repas.*
3. J'ai fait donner *des boissons* aux invités.
4. Le paysan a fait planter *du blé.*
5. Ils n'ont pas fait nettoyer *une fenêtre.*

Modèle: Il lui a fait envoyer *le livre.*
            Il le lui a fait envoyer.[1]

1. Il lui a fait envoyer *la valise.*
2. Il lui a fait envoyer *des chemises.*
3. Il nous a fait envoyer *le cadeau.*
4. Il nous a fait envoyer *la malle.*

5. Il nous a fait envoyer *les lettres.*
6. Il leur a fait envoyer *la revue.*
7. Il leur a fait envoyer *des fleurs.*
8. Il m'a fait envoyer *un document.*

Modèle: Nous avons fait faire *des photos par Paul.*
            Nous lui en avons fait faire.

1. Elle a fait envoyer *des fleurs à Mme Fourchet.*
2. On a fait envoyer *la valise à Pierre.*

---

[1]This can mean either *He had it sent to him* or *He had him send it.*

3. Le guide a fait visiter *le château aux jeunes gens.*
4. Le chauffeur n'a pas fait attendre *Henry à la gare.*
5. Tu as fais expédier *un télégramme à tes parents.*
6. Ils ont fait construire *la maison à la campagne.*

Modèle: A-t-il fait venir *le guide?*
            L'a-t-il fait venir?

1. Faites-vous étudier *les étudiants?*
2. Fais-tu attendre *tes amis?*
3. Fait-elle nettoyer *le tapis?*

4. Font-ils visiter *la maison?*
5. Ont-ils fait avouer *l'homme?*

 Note that the object pronouns in interrogations stand before the verb **faire.** But this is *not* true with the *affirmative imperative:*

Modèle: Tu fais attendre *tes amis.*
            Fais-les attendre!

1. Vous faites entrer *vos amis.*
2. Nous faisons parler *les étudiants.*
3. Tu fais envoyer *des fleurs à ta mère.*
4. Tu fais expédier *le télégramme.*
5. Tu fais couper *la viande.*

NOTE DE GRAMMAIRE FACULTATIVE 2
Les verbes de perception

1. Verbs of perception such as **écouter, entendre, regarder, voir,** and **sentir,** as well as **laisser** do not take prepositions when followed by an infinitive:

Je **regarde venir** les étudiants.
Je **vois jouer** les filles.

2. Unlike the causative verb **faire,** however, verbs of perception may be separated from the infinitive:

Je regarde **les étudiants** venir.   *I watch **the students** come.*
Je vois **les filles** jouer.   *I see **the girls** playing.*

As with **faire,** pronoun objects stand *before* the verb of perception:

Je **les** regarde venir.
Je **les** vois jouer.

3. In compound tenses, the past participle agrees with the preceding direct object:

Les étudiants?   Je **les** ai regardés venir.
Les filles?   Je **les** ai regardées jouer.

Exercices de transformation

Modèle: Robert écoute parler *sa mère.*
            Robert l'écoute parler.

1. Ils entendent *les oiseaux* chanter dans les bois.
2. Il aurait dû laisser *Nicole* partir plus tôt.
3. Elle regarde *le paysan* planter des tomates.
4. Il a vu travailler *le provincial.*

Modèle: Ils ont regardé *la fille* faire de l'auto-stop.
            Ils l'ont regardée faire de l'auto-stop.

1. Nous avons écouté parler *les conférenciers.*
2. Vous avez entendu jouer *les enfants.*
3. Tu as vu arriver *les étudiantes* à l'aéroport.
4. J'ai vu venir *les enfants.*
5. J'ai senti *mes larmes* couler.
6. Nous avons regardé voler *les oiseaux.*
7. J'ai entendu crier *les enfants.*
8. Il a écouté parler *les hommes.*
9. Il a laissé faire *les jeunes gens.*
10. Il a vu travailler *les mères.*

NOTE DE GRAMMAIRE FACULTATIVE 3
Le participe passé composé

The *perfect participle* is made up of the *present participle of the auxiliary* + the *past participle of the verb:*

   Ayant fait le travail . . .
   Etant sorti assez tôt . . .

The perfect participle is another way of showing that one action has been clearly accomplished in the past before another action occurred:

   Ayant fait le travail, il est parti.
   Having done the work, he left.

ACTION	ACTION
Etant sorti[2] assez tôt,	j'ai rencontré un ami.
Having gone out rather early,	*I met a friend.*

[2]The past participle used with **étant** shows agreement with the subject.

(⊛) **Exercices de transformation**

Present Participle > Perfect Participle

Modèles: Sortant du cinéma, ils ont pris un taxi.
Etant sortis du cinéma, ils ont pris un taxi.

Ayant des choses à dire, j'ai levé le doigt.
Ayant eu des choses à dire, j'ai levé le doigt.

1. En apprenant la nouvelle, elle s'est écriée de joie.
2. En faisant des découvertes importantes, il est devenu célèbre.
3. Craignant d'être déçu, il est parti précipitamment.
4. En commençant la lecture en retard, nous n'avons pas pu la finir.
5. Reprenant son discours, il s'est animé.
6. Retournant à la maison, elle l'a rencontré.

NOTE DE GRAMMAIRE FACULTATIVE 4
L'imparfait du subjonctif

Like the *passé simple,* the *imperfect subjunctive* is rarely encountered in common speech.

1. The *imperfect subjunctive* is formed by taking the first person singular of the *passé simple,* dropping the last letter, and adding the endings:

-sse, -sses, ˆt, -ssions, -ssiez, -ssent

VERBS ENDING IN **-er:**

parler
parla (first person singular of the *passé simple,* minus **-i**)

je parlasse	nous parlassions
tu parlasses	vous parlassiez
il parlât	ils parlassent

VERBS ENDING IN **-ir** AND **-re:**

finir
fini (first person singular of the *passé simple,* minus **-s**)

je finisse	nous finissions
tu finisses	vous finissiez
il finît	ils finissent

vendre

vendi (first person singular of the *passé simple,* minus **-s**)

je vendisse	nous vendissions
tu vendisses	vous vendissiez
il vendît	ils vendissent

VERBS ENDING IN **-oir:**

recevoir

reçu (first person singular of the *passé simple,* minus **-s**)

je reçusse	nous reçussions
tu reçusses	vous reçussiez
il reçût	ils reçussent

Note that **venir** and verbs like it have these endings:

je vinsse [vɛ̃s]	vous vinssions [vɛ̃sjo]
tu vinsses [vɛ̃s]	vous vinssiez [vɛ̃sje]
il vînt [vɛ̃]	ils vinssent [vɛ̃s]

2. The *imperfect subjunctive* is a literary tense. *It is not to be used in informal style.* In general, it is used in the subordinate clause when the action occurs *simultaneously with* or *after* the action in a past tense (or a conditional) in the main clause:

IMPARFAIT:	Ils voulaient que **je vendisse** la maison.
	*They wanted **me to sell** the house.*
CONDITIONNEL:	Ils voudraient que **je vendisse** la maison.
	*They would like **me to sell** the house.*
CONDITIONNEL PASSE:	Ils auraient voulu que **je vendisse** la maison.
	*They would have liked **me to sell** the house.*

Substitution progressive

Bien qu'il n'eût pas d'argent, il voulait du pain.
Bien qu'il n'eût pas d'argent, *il avait invité ses amis.*
Afin qu'il pût les voir, il avait invité ses amis.
Afin qu'il pût les voir, *il leur avait téléphoné.*
Quoiqu'il n'eût pas le temps, il leur avait téléphoné.
Quoiqu'il n'eût pas le temps, *il y était allé.*
Bien qu'il n'eût pas d'argent, il y était allé.
Bien qu'il n'eût pas d'argent, *il voulait du pain.*

NOTE DE GRAMMAIRE FACULTATIVE 5
Le passé antérieur

1. Like the *pluperfect,* the *passé antérieur* is a tense that indicates that one action preceded another. It is formed by using the *auxiliary verb in the passé simple* + the *past participle:*

Il eut parlé . . .

2. Dès qu'il **eut parlé,** il se mit en marche.

Lorsqu'elle **fut sortie,** le téléphone sonna.
Après qu'il **fut entré,** elle l'embrassa.
Quand elle **eut fini,** nous partîmes.

Note that in each case the *passé antérieur*—which is used with the *passé simple*—indicates an action that precedes another in the past:

ACTION 1   ACTION 2

Dès qu'il **eut parlé,**   il se mit en marche.

ACTION 1 is in the *passé antérieur.* ACTION 2 is in the *passé simple.*

"*My boy, Grand-père is not the one to ask about such things. I have lived eighty-seven peaceful and happy years in Montoire-sur-le-Loir without the past anterior verb form.*"

This tense is *not used in conversation or informal circumstances*. The French use the *pluperfect* for the *passé antérieur* and the *passé composé* for the *passé simple* in conversation. You will encounter the *passé antérieur* in literature.

3. The *passé antérieur* is used often (but not always) after time expressions such as:

après que	**lorsque**
dès que	**quand**

Substitution progressive

Après qu'elle se fut levée, elle prit un bain.
Lorsqu'elle se fut réveillée, elle prit un bain.
Lorsqu'elle se fut réveillée, *elle prit le petit déjeuner.*
Dès qu'elle fut entrée, elle prit le petit déjeuner.
Dès qu'elle fut entrée, *le téléphone sonna.*
Quand elle fut sortie, le téléphone sonna.
Quand elle fut sortie, *nous arrivâmes.*
Aussitôt qu'elle eut fini, nous arrivâmes.
Aussitôt qu'elle eut fini, *elle prit un bain.*
Après qu'elle se fut levée, elle prit un bain.

NOTE DE GRAMMAIRE FACULTATIVE 6
Tout (adverbe)

Tout may be an *adverb*. **Tout** as an adverb means *quite:*

Elle est **toute** pâle.

As an adverb modifying a feminine adjective beginning with a *consonant* or an aspirate **h, tout** takes the feminine form.

Elle est **toute** contente.	*She is **quite** happy.*
Elle est **toute** honteuse.	*She is **quite** ashamed.*

Otherwise, it is invariable:

Cette personne est **tout** heureuse.

In both cases, the pronunciation is the same: [**tut**].

Exercices de transformation

Modèle:　Elle est pâle. (*tout*)
　　　　　Elle est toute pâle.

1. Il est content. (*tout*)
2. Elle est active. (*tout*)
3. Il est bouleversé. (*tout*)
4. Cette pièce est humide. (*tout*)

5. Elle est aimable. (*tout*)
6. C'est de l'eau minérale pure. (*tout*)
7. Cette femme est heureuse. (*tout*)

Modèle: Elle est petite. (*tout*)
            Elle est toute petite.

1. Il est aimable. (*tout*)
2. Elles sont heureuses. (*tout*)
3. Elle est cruelle. (*tout*)

4. Elles sont bouleversées. (*tout*)
5. Elle est contente. (*tout*)

LECTURE   Pensées de Blaise Pascal[3]

1   «Qu'est-ce qu'un homme dans l'infini?»

L'homme n'est qu'**un roseau,** le plus faible de la nature; mais   *a reed*
c'est un roseau pensant. Il ne faut pas que l'univers entier s'arme
pour l'**écraser: une vapeur, une goutte** d'eau suffit pour le   *crush/a vapor/a drop*
5   **tuer.** Mais, quand l'univers l'écraserait, l'homme serait encore   *kill*
plus noble que ce qui le tue, parce qu'il sait qu'il meurt, et
l'avantage que l'univers a sur lui, l'univers n'en sait rien.

QUESTIONS SUR LA LECTURE

1. Pourquoi Pascal compare-t-il l'homme à un roseau?
2. Faut-il que l'univers entier s'arme pour écraser l'homme? Pourquoi?
3. Qu'est-ce qui peut tuer l'homme?
4. D'où vient la dignité (*dignity*) de l'homme?

QUESTIONS GENERALES

1. Décrivez un repas que vous trouveriez succulent.
2. Aimez-vous la musique?
3. Avez-vous beaucoup de disques?
4. Quels sont vos disques préférés?
5. Aimez-vous les danses folkloriques?
6. Si vous aviez le choix, dans quelle région de France aimeriez-vous séjourner?
7. Quel est le meilleur moyen d'apprécier la culture d'un pays?
8. Quand on apprend une langue, qu'est-ce qu'on gagne?

[3]Blaise Pascal was a seventeenth-century thinker. He was born in 1623 and died in 1662. He believed in the experimental method of research and wrote many tracts on mathematics. He discovered the principle of hydraulics. His thoughts on religion were collected and published after his death. In the selection, Pascal comments on man's weakness and greatness.

CREATION ET RECREATION

1. Quelques proverbes à apprendre par cœur:

> A chaque jour suffit sa peine.
> Bien faire et laisser dire.
> C'est en forgeant qu'on devient forgeron.
> De la discussion jaillit la lumière.
> L'enfer est pavé de bonnes intentions.
> Les grands diseurs ne sont pas les grands faiseurs.
> L'habit ne fait pas le moine.
> Il n'est pas de sot métier.
> Les jours se suivent et ne se ressemblent pas.
> Loin des yeux, loin du cœur.
> Mieux vaut tard que jamais.
> Ne fais pas à autrui ce que tu ne voudras pas qu'on te fît.
> L'oisiveté est la mère de tous les vices.
> Paris ne s'est pas fait en un jour.
> Rien ne sert de courir, il faut partir à temps.
> Le soleil luit pour tout le monde.
> Tout vient à point à qui sait attendre.[4]
> Vouloir c'est pouvoir.

VOCABULAIRE

suffit	*suffices*
sa peine	*its sorrow, affliction*
en forgeant	*in forging*
forgeron	*blacksmith*
jaillit	*springs*
L'enfer	*hell*
est pavé	*is paved*
diseurs	*talkers*
faiseurs	*doers*
L'habit	*clothes*
le moine	*the monk (the man)*
sot	*foolish*
à autrui	*to another*
fît	*do*
L'oisiveté	*idleness*
courir	*to run*
luit	*shines*

---

[4]*All things come to him who waits.*

2. A quoi servent les proverbes? Choisissez-en un et discutez-le!

3. Choose one of the proverbs in section 1. Create a story that exemplifies the proverb, saving the proverb for the very last line of the story.

The story may be fabricated or based on a true episode in your life. Read your story to the class. When you arrive at the end, ask your classmates to guess which proverb serves as the moral.

4. Finish your story of Monique and Pierre, using one of the following suggestions.

> Monique et Pierre sont invités par leurs copains à un dîner d'adieu. On discute de la valeur d'avoir été hébergé dans des familles américaines . . .

> Monique va au bureau de poste. Elle désire envoyer un télégramme en France pour prévenir sa famille de son retour . . .

 Chapitre facultatif: COUP D'ŒIL

Oui   **Non**

_____ 1. **Faire** + *infinitive* means *to have something done* (by someone else). **Faire** is followed _____
directly by the *infinitive,* except in the affirmative imperative:

Tu fais construire une grande maison.
Tu la **fais construire.**
Tu vas la **faire construire.**
Fais-la construire!

_____ 2. *Verbs of perception* do not take prepositions to introduce infinitives. Object pronouns _____
stand before verbs of perception:

Je **les vois** venir.

Unlike **faire** + *infinitive, verbs of perception* + *infinitives* always show agreement with preceding direct objects:

Je les ai fait venir.
Je les ai **vus** marcher.

_____ 3. The *participe passé composé* is made up of the present participle of the auxiliary plus _____
the past participle of the verb:

Ayant parlé à l'employé . . .
Etant entré dans le bureau de poste . . .

_____ 4. The *imperfect subjunctive* is rarely encountered in common speech: _____

Bien qu'il y **eût** des problèmes, ils se comprirent.

It is used in the subordinate clause when the action occurs *simultaneously with* or *after* the action in a past tense (or a conditional) in the main clause.

_____   5. The *passé antérieur* indicates an action that was performed in the past just before   _____
another past action:

Dès qu'il **eut parlé,** nous partîmes.

_____   6. **Tout** may be an *adverb:*   _____

Elle est **toute** pâle.   *She is **quite** pale.*

Tout as an adverb modifying a feminine adjective beginning with a consonant or an aspirate **h** takes the feminine form. Otherwise, it is invariable:

Elle est **tout** heureuse.

_____   7. The last tense that you need to identify is the *pluperfect subjunctive*. It is formed by   _____
using the *imperfect subjunctive of the auxiliary* + the *past participle:*

Tu eusses vu . . .

It is used in the subordinate clause when the action occurs *prior to* the past action in the main clause. Its usage in common speech is exceedingly rare.

Quoique **nous eussions mangé,** nous avions encore faim.
*Although **we had eaten**, we were still hungry.*

VOCABULAIRE

Verbes

accueillir	(s')**exprimer**
ajouter	forger
(s')amuser	(se) gêner
avertir	**goûter**
aviser	jaillir
dévisager	luire
accueillir	prévenir
commenter	**profiter**
communiquer	**proposer**
constater	régaler
correspondre (à)	**renseigner**
crever° (de)	résonner
distraire	ressentir
divertir	suffire
différer	tarder (à)
échanger	tuer
(s')embrasser	utiliser
expédier	

Noms

électrophone (*m.*)	**franchise** (*f.*)
pick-up (*m.*)	**frugalité** (*f.*)
tourne-disque (*m.*)	**habit** (*m.*)
	jugement (*m.*)
auberge (*f.*)	**moine** (*m.*)
auberge (*f.*) **de jeunesse**	**moyen** (*m.*)
campagne (*f.*)	nostalgie (*f.*)
mets (*m.pl.*)	oisiveté (*f.*)
plat (*m.*)	peine (*f.*)
propriétaire (*m. or f.*)	promesse (*f.*)
	proverbe (*m.*)
ambiguïté (*f.*)	similitude (*f.*)
brièveté (*f.*)	tact (*m.*)
côté (*m.*)	trait (*m.*)
danseur (*m.*)	valeur (*f.*)
enfer (*m.*)	
fait (*m.*)	étude (*f.*)
	liste (*f.*)
annuaire (*m.*) **de téléphone**	littérature (*f.*)
boîte (*f.*) **aux lettres**	roman (*m.*)
bottin (*m.*)	
collection (*f.*)	adieu (*m.*)
courrier (*m.*)	discours (*m.*)
facteur (*m.*)	document (*m.*)
taxiphone (*m.*)	équivalent (*m.*)
télégramme (*m.*)	foyer (*m.*)
timbre (*m.*)	intérieur (*m.*)
	joie (*f.*)
souvenir (*m.*)	lien (*m.*)
forgeron (*m.*)	stage (*m.*)

Adjectifs

académique	ordinaire
affectueux	pratique
amical	proche
commun	**profitable**
discret	réservé
disponible	**savant**
entier	savoureux
exquis	sot/sotte
fréquenté	sensationnel
hospitalier	situé
hypocrite	succulent
obéissant	**tolérant**

Pronom

autrui

Adverbes

chaleureusement
chaudement
de plus
évidemment

ouvertement
près
purement

Expressions utiles

amitié
après tout
avoir droit à
avoir l'habitude de
bons baisers
coûter moitié prix
dîner d'adieu
être digne de
en revanche
faire des progrès
grâce à
mon vieux!

profiter de la bonne chère
réputé pour
sans équivoque
tenir parole
venir à point

c'est dommage
faire attention
je vous prie
la distribution du courrier
la levée du courrier
salut!
sensass°
sous forme de

APPENDICES

1. PAS DE PREPOSITION

aimer *to like, love*
aller *to go*
compter *to count*
croire *to believe*
désirer *to wish*
détester *to dislike*
devoir *to be supposed to*
espérer *to hope*
faire *to make, do*
falloir *to have to*

laisser *to let, leave*
penser *to think*
pouvoir *to be able*
préférer *to prefer*
se rappeler *to recall*
savoir *to know*
valoir (mieux) *to be better*
venir *to come*
voir *to see*
vouloir *to want*

2. VERBES SUIVIS DE LA PREPOSITION de + INFINITIF

accepter *to accept*
s'agir *to concern, be about*
avoir besoin *to need*
avoir envie *to fancy*
avoir l'air *to seem*
avoir la patience *to be patient*
avoir l'habitude *to be accustomed*
avoir l'intention *to intend*
avoir peur *to be afraid*
choisir *to choose*

craindre *to fear*
décider *to decide*
demander (à une personne) *to ask*
dire (à une personne) *to say*
se dépêcher *to hurry*
essayer *to try*
finir *to finish*
oublier *to forget*
permettre (à une personne) *to allow*

promettre (à une personne) *to promise*

prier (une personne) *to beg, ask*

refuser *to refuse*

regretter *to regret*

rêver *to dream*

venir *to have just*

3. VERBES SUIVIS DE LA PREPOSITION à + INFINITIF

aider *to help*

apprendre *to learn*

arriver *to succeed*

avoir *to have to*

commencer *to begin*

continuer *to continue, go on*

s'habituer *to get used to*

hésiter *to hesitate*

se mettre *to begin*

penser *to think of*

s'attendre *to expect*

réussir *to succeed in*

4. VERBES INTRANSITIFS EN FRANÇAIS, MAIS TRANSITIFS EN ANGLAIS

entrer dans *to enter*

discuter de *to discuss*

plaîre à *to please* (someone)

obéir à *to obey*

répondre à *to answer*

se souvenir de *to remember*

téléphoner à *to telephone*

5. VERBES TRANSITIFS EN FRANÇAIS, MAIS INTRANSITIFS EN ANGLAIS

attendre *to wait for*

chercher *to look for, search*

demander *to ask for*

écouter *to listen to*

payer *to pay for*

regarder *to look at*

6. VERBES: penser à/penser de; parler à/parler de

penser à *to think about*

penser de *to think about* (of) *in a question*

parler à *to speak to*

parler de *to speak about*

Appendice II: CONJUGATION OF REGULAR VERBS

SIMPLE TENSES

	-er ENDING	**-ir** ENDING	**-re** ENDING
INFINITIVE	parler	finir	vendre

PARTICIPLES:

PAST	parl**é**	fin**i**	vend**u**
PRESENT	parl**ant**	finiss**ant**	vend**ant**

PRESENT INDICATIVE	je parl**e**	je fin**is**	je vend**s**
	tu parl**es**	tu fin**is**	tu vend**s**
	il parl**e**	il fin**it**	il vend
	nous parl**ons**	nous fin**issons**	nous vend**ons**
	vous parl**ez**	vous fin**issez**	vous vend**ez**
	ils parl**ent**	ils fin**issent**	ils vend**ent**

IMPERFECT INDICATIVE	je parl**ais**	je finiss**ais**	je vend**ais**
	tu parl**ais**	tu finiss**ais**	tu vend**ais**
	il parl**ait**	il finiss**ait**	il vend**ait**
	nous parl**ions**	nous finiss**ions**	nous vend**ions**
	vous parl**iez**	vous finiss**iez**	vous vend**iez**
	ils parl**aient**	ils finiss**aient**	ils vend**aient**

PASSE SIMPLE	je parl**ai**	je fin**is**	je vend**is**
	tu parl**as**	tu fin**is**	tu vend**is**
	il parl**a**	il fin**it**	il vend**it**
	nous parl**âmes**	nous fin**îmes**	nous vend**îmes**
	vous parl**âtes**	vous fin**îtes**	vous vend**îtes**
	ils parl**èrent**	ils fin**irent**	ils vend**irent**

IMPERATIVE	parl**e**	fin**is**	vend**s**
	parl**ons**	fin**issons**	vend**ons**
	parl**ez**	fin**issez**	vend**ez**

FUTURE	je parler**ai**	je finir**ai**	je vendr**ai**
	tu parler**as**	tu finir**as**	tu vendr**as**
	il parler**a**	il finir**a**	il vendr**a**
	nous parler**ons**	nous finir**ons**	nous vendr**ons**
	vous parler**ez**	vous finir**ez**	vous vendr**ez**
	ils parler**ont**	ils finir**ont**	ils vendr**ont**

CONDITIONAL	je parler**ais**	je finir**ais**	je vendr**ais**
	tu parler**ais**	tu finir**ais**	tu vendr**ais**
	il parler**ait**	ils finir**ait**	il vendr**ait**
	nous parler**ions**	nous finir**ions**	nous vendr**ions**
	vous parler**iez**	vous finir**iez**	vous vendr**iez**
	ils parler**aient**	ils finir**aient**	ils vendr**aient**

PRESENT SUBJUNCTIVE	je parl**e**	je finiss**e**	je vend**e**
	tu parl**es**	tu finiss**es**	tu vend**es**
	il parl**e**	il finiss**e**	il vend**e**
	nous parl**ions**	nous finiss**ions**	nous vend**ions**
	vous parl**iez**	vous finiss**iez**	vous vend**iez**
	ils parl**ent**	ils finiss**ent**	ils vend**ent**

IMPERFECT SUBJUNCTIVE	je parlasse tu parlasses il parlât nous parlassions vous parlassiez ils parlassent	je finisse tu finisses il finît nous finissions vous finissiez ils finissent	je vendisse tu vendisses il vendît nous vendissions vous vendissiez ils vendissent

COMPOUND TENSES

PERFECT PARTICIPLE	ayant parlé	ayant fini	ayant vendu
PASSE COMPOSE	j'ai parlé tu as parlé il a parlé nous avons parlé vous avez parlé ils ont parlé	j'ai fini tu as fini il a fini nous avons fini vous avez fini ils ont fini	j'ai vendu tu as vendu il a vendu nous avons vendu vous avez vendu ils ont vendu
PLUPERFECT	j'avais parlé tu avais parlé il avait parlé nous avions parlé vous aviez parlé ils avaient parlé	j'avais fini tu avais fini il avait fini nous avions fini vous aviez fini ils avaient fini	j'avais vendu tu avais vendu il avait vendu nous avions vendu vous aviez vendu ils avaient vendu
FUTURE PERFECT	j'aurai parlé tu auras parlé il aura parlé nous aurons parlé vous aurez parlé ils auront parlé	j'aurai fini tu auras fini il aura fini nous aurons fini vous aurez fini ils auront fini	j'aurai vendu tu auras vendu il aura vendu nous aurons vendu vous aurez vendu ils auront vendu
CONDITIONAL PERFECT	j'aurais parlé tu aurais parlé il aurait parlé nous aurions parlé vous auriez parlé ils auraient parlé	j'aurais fini tu aurais fini il aurait fini nous aurions fini vous auriez fini ils auraient fini	j'aurais vendu tu aurais vendu il aurait vendu nous aurions vendu vous auriez vendu ils auraient vendu
PERFECT SUBJUNCTIVE	j'aie parlé tu aies parlé il ait parlé nous ayons parlé vous ayez parlé ils aient parlé	j'aie fini tu aies fini il ait fini nous ayons fini vous ayez fini ils aient fini	j'aie vendu tu aies vendu il ait vendu nous ayons vendu vous ayez vendu ils aient vendu

PAST ANTERIOR	j'eus parlé	j'eus fini	j'eus vendu
	tu eus parlé	tu eus fini	tu eus vendu
	il eut parlé	il eut fini	il eut vendu
	nous eûmes parlé	nous eûmes fini	nous eûmes vendu
	vous eûtes parlé	vous eûtes fini	vous eûtes vendu
	ils eurent parlé	ils eurent fini	ils eurent vendu

CONJUGATION OF REGULAR -er VERBS WITH STEM SPELLING CHANGES

1. Note that pronoun subjects are not shown here.

2. For formation of compound tenses, see models under **parler, finir, vendre.**

3. The auxiliary verb for each verb is shown in parentheses.

4. Abbreviations used:

Present	*Pres.*
Participle	*Part.*
Imperfect	*Impf.*
Present subjunctive	*Pres. subj.*
Imperative	*Impve.*
Future	*Fut.*
Conditional	*Cond.*
Passé simple	*P. simp.*
Imperfect subjunctive	*Impf. subj.*

1. **commencer**   *to begin* (avoir)

Pres.: commence, commences, commence, commençons, commencez, commencent
Part.: past: commencé; *pres.:* commençant
Impf.: commençais, commençais, commençait, commencions, commenciez, commençaient
Pres. subj.: commence, commences, commence, commencions, commenciez, commencent
Impve.: commence, commençons, commencez
Fut.: commencerai, commenceras, commencera, commencerons, commencerez, commenceront
Cond.: commencerais, commencerais, commencerait, commencerions, commenceriez, commenceraient
P. simp.: commençai, commenças, commença, commençâmes, commençâtes, commencèrent
Impf. subj.: commençasse, commençasses, commençât, commençassions, commençassiez, commençassent

Verbs like **commencer: prononcer, remplacer**

2. **voyager**   *to travel* (avoir)

Pres.: voyage, voyages, voyage, voyageons, voyagez, voyagent
Part.: past: voyagé; *pres.:* voyageant
Impf.: voyageais, voyageais, voyageait, voyagions, voyagiez, voyageaient
Pres. subj.: voyage, voyages, voyage, voyagions, voyagiez, voyagent
Impve.: voyage, voyageons, voyagez
Fut.: voyagerai, voyageras, voyagera, voyagerons, voyagerez, voyageront
Cond.: voyagerais, voyagerais, voyagerait, voyagerions, voyageriez, voyageraient
P. simp.: voyageai, voyageas, voyagea, voyageâmes, voyageâtes, voyagèrent
Impf. subj.: voyageasse, voyageasses, voyageât, voyageassions, voyageassiez, voyageassent

Verbs like **voyager: changer, manger, nager, neiger, obliger, partager**

3. **jeter**   *to throw away* (avoir)

Pres.: jette, jettes, jette, jetons, jetez, jettent
Part.: past: jeté; *pres.:* jetant
Impf.: jetais, jetais, jetait, jetions, jetiez, jetaient
Pres. subj.: jette, jettes, jette, jetions, jetiez, jettent
Impve.: jette, jetons, jetez
Fut.: jetterai, jetteras, jettera, jetterons, jetterez, jetteront
Cond.: jetterais, jetterais, jetterait, jetterions, jetteriez, jetteraient
P. simp.: jetai, jetas, jeta, jetâmes, jetâtes, jetèrent
Impf. sub.: jetasse, jetasses, jetât, jetassions, jetassiez, jetassent

Verbs like **jeter: appeler, épeler, épousseter, (se) rappeler**

4. **essayer**   *to try* (avoir)

Pres.: essaie, essaies, essaie, essayons, essayez, essaient
Part.: past: essayé; *pres.:* essayant
Impf.: essayais, essayais, essayait, essayions, essayiez, essayaient
Pres. subj.: essaie, essaies, essaie, essayions, essayiez, essaient
Impve.: essaie, essayons, essayez
Fut.: essaierai, essaieras, essaiera, essaierons, essaierez, essaieront
Cond.: essaierais, essaierais, essaierait, essaierions, essaieriez, essaieraient
P. simp.: essayai, essayas, essaya, essayâmes, essayâtes, essayèrent
Impf. subj.: essayasse, essayasses, essayât, essayassions, essayassiez, essayassent

Verbs like **essayer: balayer, employer, ennuyer, nettoyer, payer**

5. **acheter**   *to buy* (avoir)

Pres.: achète, achètes, achète, achetons, achetez, achètent
Part.: past: acheté; *pres.:* achetant
Impf.: achetais, achetais, achetait, achetions, achetiez, achetaient
Pres. subj.: achète, achètes, achète, achetions, achetiez, achètent

Impve.: achète, achetons, achetez
Fut.: achèterai, achèteras, achètera, achèterons, achèterez, achèteront
Cond.: achèterais, achèterais, achèterait, achèterions, achèteriez, achèteraient
P. simp.: achetai, achetas, acheta, achetâmes, achetâtes, achetèrent
Impf. subj.: achetasse, achetasses, achetât, achetassions, achetassiez, achetassent

Verbs like **acheter: amener, (se) lever, (se) promener**

6. **préférer**   *to prefer* (avoir)

Pres.: préfère, préfères, préfère, préférons, préférez, préfèrent
Part.: past: préféré; *pres.:* préférant
Impf.: préférais, préférais, préférait, préférions, préfériez, préféraient
Pres. subj.: préfère, préfères, préfère, préférions, préfériez, préfèrent
Impve.: préfère, préférons, préférez
Fut.: préférerai, préféreras, préférera, préférerons, préférerez, préféreront
Cond.: préférerais, préférerais, préférerait, préférerions, préféreriez, préféreraient
P. simp.: préférai, préféras, préféra, préférâmes, préférâtes, préférèrent
Impf. subj.: préférasse, préférasses, préférât, préférassions, préférassiez, préférassent

Verbs like **préférer: célébrer, espérer, (s')inquiéter, répéter**

CONJUGATION OF IRREGULAR VERBS

1. **avoir**   *to have* (avoir)

Pres.: ai, as, a, avons, avez, ont
Part.: past: eu; *pres.:* ayant
Impf.: avais, avais, avait, avions, aviez, avaient
Pres. subj.: aie, aies, ait, ayons, ayez, aient
Impve.: aie, ayons, ayez
Fut.: aurai, auras, aura, aurons, aurez, auront
Cond.: aurais, aurais, aurait, aurions, auriez, auraient
P. simp.: eus, eus, eut, eûmes, eûtes, eurent
Impf. subj.: eusse, eusses, eût, eussions, eussiez, eussent

2. **être**   *to be* (avoir)

Pres.: suis, es, est, sommes, êtes, sont
Part.: past: été; *pres.:* étant
Impf.: étais, étais, était, étions, étiez, étaient
Pres. subj.: sois, sois, soit, soyons, soyez, soient
Impve.: sois, soyons, soyez
Fut.: serai, seras, sera, serons, serez, seront
Cond.: serais, serais, serait, serions, seriez, seraient
P. simp.: fus, fus, fut, fûmes, fûtes, furent
Impf. subj.: fusse, fusses, fût, fussions, fussiez, fussent

3. **aller**   *to go* (être)

Pres.: vais, vas, va, allons, allez, vont
Part.: past: allé; *pres.:* allant
Impf.: allais, allais, allait, allions, alliez, allaient
Pres. subj.: aille, ailles, aille, allions, alliez, aillent
Impve.: va, allons, allez
Fut.: irai, iras, ira, irons, irez, iront
Cond.: irais, irais, irait, irions, iriez, iraient
P. simp.: allai, allas, alla, allâmes, allâtes, allèrent
Impf. subj.: allasse, allasses, allât, allassions, allassiez, allassent

4. **s'asseoir**   *to sit down* (être)

Pres.: m'assieds, t'assieds, s'assied, nous asseyons, vous asseyez, s'asseyent
Part.: past: assis; *pres.:* s'asseyant
Impf.: m'asseyais, t'asseyais, s'asseyait, nous asseyions, vous asseyiez, s'asseyaient
Pres. subj.: m'asseye, t'asseyes, s'asseye, nous asseyions, vous asseyiez, s'asseyent
Impve.: assieds-toi, asseyons-nous, asseyez-vous
Fut.: m'assiérai, t'assiéras, s'assiéra, nous assiérons, vous assiérez, s'assiéront
Cond.: m'assiérais, t'assiérais, s'assiérait, nous assiérions, vous assiériez, s'assiéraient
P. simp.: m'assis, t'assis, s'assit, nous assîmes, vous assîtes, s'assirent
Impf. subj.: m'assisse, t'assisses, s'assît, nous assissions, vous assissiez, s'assissent

5. **battre**   *to beat* (avoir)

Pres.: bats, bats, bat, battons, battez, battent
Part.: past: battu; *pres.:* battant
Impf.: battais, battais, battait, battions, battiez, battaient
Pres. subj.: batte, battes, batte, battions, battiez, battent
Impve.: bats, battons, battez
Fut.: battrai, battras, battra, battrons, battrez, battront
Cond.: battrais, battrais, battrait, battrions, battriez, battraient
P. simp.: battis, battis, battit, battîmes, battîtes, battirent
Impf. subj.: battisse, battisses, battît, battissions, battissiez, battissent

Verbs like **battre: abattre, se battre, combattre**

6. **boire**   *to drink* (avoir)

Pres.: bois, bois, boit, buvons, buvez, boivent
Part.: past: bu; *pres.:* buvant
Impf.: buvais, buvais, buvait, buvions, buviez, buvaient
Pres. subj.: boive, boives, boive, buvions, buviez, boivent
Impve.: bois, buvons, buvez
Fut.: boirai, boiras, boira, boirons, boirez, boiront

Cond.: boirais, boirais, boirait, boirions, boiriez, boiraient
P. simp.: bus, bus, but, bûmes, bûtes, burent
Impf. subj.: busse, busses, bût, bussions, bussiez, bussent

7. **conduire**   *to drive* (avoir)

Pres.: conduis, conduis, conduit, conduisons, conduisez, conduisent
Part.: past: conduit; *pres.:* conduisant
Impf.: conduisais, conduisais, conduisait, conduisions, conduisiez, conduisaient
Pres. subj.: conduise, conduises, conduise, conduisions, conduisiez, conduisent
Impve.: conduis, conduisons, conduisez
Fut.: conduirai, conduiras, conduira, conduirons, conduirez, conduiront
Cond.: conduirais, conduirais, conduirait, conduirions, conduiriez, conduiraient
P. simp.: conduisis, conduisis, conduisit, conduisîmes, conduisîtes, conduisirent
Impf. subj.: conduisisse, conduisisses, conduisît, conduisissions, conduisissiez, conduisissent

8. **connaître**   *to know, be aware of* (avoir)

Pres.: connais, connais, connaît, connaissons, connaissez, connaissent
Part.: past: connu; *pres.:* connaissant
Impf.: connaissais, connaissais, connaissait, connaissions, connaissiez, connaissaient
Pres. subj.: connaisse, connaisses, connaisse, connaissions, connaissiez, connaissent
Impve.: connais, connaissons, connaissez
Fut.: connaîtrai, connaîtras, connaîtra, connaîtrons, connaîtrez, connaîtront
Cond.: connaîtrais, connaîtrais, connaîtrait, connaîtrions, connaîtriez, connaîtraient
P. simp.: connus, connus, connut, connûmes, connûtes, connurent
Impf. subj.: connusse, connusses, connût, connussions, connussiez, connussent

Verb like **connaître: reconnaître**

9. **craindre**   *to fear* (avoir)

Pres.: crains, crains, craint, craignons, craignez, craignent
Part.: past: craint; *pres.:* craignant
Impf.: craignais, craignais, craignait, craignions, craigniez, craignaient
Pres. subj.: craigne, craignes, craigne, craignions, craigniez, craignent
Impve.: crains, craignons, craignez
Fut.: craindrai, craindras, craindra, craindrons, craindrez, craindront
Cond.: craindrais, craindrais, craindrait, craindrions, craindriez, craindraient
P. simp.: craignis, craignis, craignit, craignîmes, craignîtes, craignirent
Impf. subj.: craignisse, craignisses, craignît, craignissions, craignissiez, craignissent

Verbs like **craindre: éteindre, joindre, (se) plaindre**

10. **croire**   *to believe* (avoir)

Pres.: crois, crois, croit, croyons, croyez, croient
Part.: past: cru; *pres.:* croyant
Impf.: croyais, croyais, croyait, croyions, croyiez, croyaient
Pres. subj.: croie, croies, croie, croyions, croyiez, croient
Impve.: crois, croyons, croyez
Fut.: croirai, croiras, croira, croirons, croirez, croiront
Cond.: croirais, croirais, croirait, croirions, croiriez, croiraient
P. simp.: crus, crus, crut, crûmes, crûtes, crurent
Impf. subj.: crusse, crusses, crût, crussions, crussiez, crussent

11. **devoir**   *to owe; ought, must* (avoir)

Pres.: dois, dois, doit, devons, devez, doivent
Part.: past: dû; *pres.:* devant
Impf.: devais, devais, devait, devions, deviez, devaient
Pres. subj.: doive, doives, doive, devions, deviez, doivent
Impve.: —
Fut.: devrai, devras, devra, devrons, devrez, devront
Cond.: devrais, devrais, devrait, devrions, devriez, devraient
P. simp.: dus, dus, dut, dûmes, dûtes, durent
Impf. subj.: dusse, dusscs, dût, dussions, dussiez, dussent

Verbs like **devoir: (s')apercevoir, recevoir**

12. **dire**   *to say, tell* (avoir)

Pres.: dis, dis, dit, disons, dites, disent
Part.: past.: dit; *pres.:* disant
Impf.: disais, disais, disait, disions, disiez, disaient
Pres. subj.: dise, dises, dise, disions, disiez, disent
Impve.: dis, disons, dites
Fut.: dirai, diras, dira, dirons, direz, diront
Cond.: dirais, dirais, dirait, dirions, diriez, diraient
P. simp.: dis, dis, dit, dîmes, dîtes, dirent
Impf. subj.: disse, disses, dît, dissions, dissiez, dissent

13. **dormir**   *to sleep* (avoir)

Pres.: dors, dors, dort, dormons, dormez, dorment
Part.: past: dormi; *pres.:* dormant
Impf.: dormais, dormais, dormait, dormions, dormiez, dormaient
Pres. subj.: dorme, dormes, dorme, dormions, dormiez, dorment
Impve.: dors, dormons, dormez
Fut.: dormirai, dormiras, dormira, dormirons, dormirez, dormiront
Cond.: dormirais, dormirais, dormirait, dormirions, dormiriez, dormiraient
P. simp.: dormis, dormis, dormit, dormîmes, dormîtes, dormirent
Impf. subj.: dormisse, dormisses, dormît, dormissions, dormissiez, dormissent

Verbs like **dormir: mentir, sentir, servir** (avoir); **partir, sortir** (être)

14. **écrire**   *to write* (avoir)

Pres.: écris, écris, écrit, écrivons, écrivez, écrivent
Part.: past: écrit; *pres.:* écrivant
Impf.: écrivais, écrivais, écrivait, écrivions, écriviez, écrivaient
Pres. subj.: écrive, écrives, écrive, écrivions, écriviez, écrivent
Impve.: écris, écrivons, écrivez
Fut.: écrirai, écriras, écrira, écrirons, écrirez, écriront
Cond.: écrirais, écrirais, écrirait, écririons, écririez, écriraient
P. simp.: écrivis, écrivis, écrivit, écrivîmes, écrivîtes, écrivirent
Impf. subj.: écrivisse, écrivisses, écrivît, écrivissions, écrivissiez, écrivissent

Verb like **écrire: décrire**

15. **faire**   *to do, make* (avoir)

Pres.: fais, fais, fait, faisons, faites, font
Part.: past: fait; *pres.:* faisant
Impf.: faisais, faisais, faisait, faisions, faisiez, faisaient
Pres. subj.: fasse, fasses, fasse, fassions, fassiez, fassent
Impve.: fais, faisons, faites
Fut.: ferai, feras, fera, ferons, ferez, feront
Cond.: ferais, ferais, ferait, ferions, feriez, feraient
P. simp.: fis, fis, fit, fîmes, fîtes, firent
Impf. subj.: fisse, fisses, fît, fissions, fissiez, fissent

16. **falloir**   *must, to be necessary* (avoir); with impersonal subject pronoun

Pres.: il faut
Part.: past: fallu
Impf.: il fallait
Pres. subj.: il faille
Impve.: —
Fut.: il faudra
Cond.: il faudrait
P. simp.: il fallut
Impf. subj.: il fallût

17. **lire**   *to read* (avoir)

Pres.: lis, lis, lit, lisons, lisez, lisent
Part.: past: lu; *pres.:* lisant
Impf.: lisais, lisais, lisait, lisions, lisiez, lisaient
Pres. subj.: lise, lises, lise, lisions, lisiez, lisent
Impve.: lis, lisons, lisez
Fut.: lirai, liras, lira, lirons, lirez, liront
Cond.: lirais, lirais, lirait, lirions, liriez, liraient
P. simp.: lus, lus, lut, lûmes, lûtes, lurent
Impf. subj.: lusse, lusses, lût, lussions, lussiez, lussent

18. **mettre** *to place, put on* (avoir)

Pres.: mets, mets, met, mettons, mettez, mettent
Part.: past: mis; *pres.:* mettant
Impf.: mettais, mettais, mettait, mettions, mettiez, mettaient
Pres. subj.: mette, mettes, mette, mettions, mettiez, mettent
Impve.: mets, mettons, mettez
Fut.: mettrai, mettras, mettra, mettrons, mettrez, mettront
Cond.: mettrais, mettrais, mettrait, mettrions, mettriez, mettraient
P. simp.: mis, mis, mit, mîmes, mîtes, mirent
Impf. subj.: misse, misses, mît, missions, missiez, missent

Verbs like **mettre: admettre, commettre, omettre, permettre, promettre, remettre, soumettre**

19. **mourir** *to die* (être)

Pres.: meurs, meurs, meurt, mourons, mourez, meurent
Part.: past: mort; *pres.:* mourant
Impf.: mourais, mourais, mourait, mourions, mouriez, mouraient
Pres. subj.: meure, meures, meure, mourions, mouriez, meurent
Impve.: meurs, mourons, mourez
Fut.: mourrai, mourras, mourra, mourrons, mourrez, mourront
Cond.: mourrais, mourrais, mourrait, mourrions, mourriez, mourraient
P. simp.: mourus, mourus, mourut, mourûmes, mourûtes, moururent
Impf. subj.: mourusse, mourusses, mourût, mourussions, mourussiez, mourussent

20. **naître** *to be born* (être)

Pres.: nais, nais, naît, naissons, naissez, naissent
Part.: past: né; *pres.:* naissant
Impf.: naissais, naissais, naissait, naissions, naissiez, naissaient
Pres. subj.: naisse, naisses, naisse, naissions, naissiez, naissent
Impve.: nais, naissons, naissez
Fut.: naîtrai, naîtras, naîtra, naîtrons, naîtrez, naîtront
Cond.: naîtrais, naîtrais, naîtrait, naîtrions, naîtriez, naîtraient
P. simp.: naquis, naquis, naquit, naquîmes, naquîtes, naquirent
Impf. subj.: naquisse, naquisses, naquît, naquissions, naquissiez, naquissent

21. **ouvrir** *to open* (avoir)

Pres.: ouvre, ouvres, ouvre, ouvrons, ouvrez, ouvrent
Part.: past: ouvert; *pres.:* ouvrant
Impf.: ouvrais, ouvrais, ouvrait, ouvrions, ouvriez, ouvraient
Pres. subj.: ouvre, ouvres, ouvre, ouvrions, ouvriez, ouvrent
Impve.: ouvre, ouvrons, ouvrez
Fut.: ouvrirai, ouvriras, ouvrira, ouvrirons, ouvrirez, ouvriront
Cond.: ouvrirais, ouvrirais, ouvrirait, ouvririons, ouvririez, ouvriraient

P. simp.: ouvris, ouvris, ouvrit, ouvrîmes, ouvrîtes, ouvrirent
Impf. subj.: ouvrisse, ouvrisses, ouvrît, ouvrissions, ouvrissiez, ouvrissent

Verbs like **ouvrir: couvrir, découvrir, offrir, souffrir**

22. **plaire**   *to please* (avoir)

Pres.: plais, plais, plaît, plaisons, plaisez, plaisent
Part.: past: plu; *pres.:* plaisant
Impf.: plaisais, plaisais, plaisait, plaisions, plaisiez, plaisaient
Pres. subj.: plaise, plaises, plaise, plaisions, plaisiez, plaisent
Impve.: plais, plaisons, plaisez
Fut.: plairai, plairas, plaira, plairons, plairez, plairont
Cond.: plairais, plairais, plairait, plairions, plairiez, plairaient
P. simp.: plus, plus, plut, plûmes, plûtes, plurent
Impf. subj.: plusse, plusses, plût, plussions, plussiez, plussent

Verbs like **plaire: déplaire, se taire**

23. **pleuvoir**   *to rain* (avoir); with impersonal subject pronoun

Pres.: il pleut
Part.: past: plu: *pres.:* pleuvant
Impf.: il pleuvait
Pres. subj.: il pleuve
Impve.: —

Fut.: il pleuvra
Cond.: il pleuvrait
P. simp.: il plut
Impf. subj.: il plût

24. **pouvoir**   *to be able* (avoir)

Pres.: peux, peux, peut, pouvons, pouvez, peuvent
Part.: past: pu; *pres.:* pouvant
Impf.: pouvais, pouvais, pouvait, pouvions, pouviez, pouvaient
Pres. subj.: puisse, puisses, puisse, puissions, puissiez, puissent
Impve.: —
Fut.: pourrai, pourras, pourra, pourrons, pourrez, pourront
Cond.: pourrais, pourrais, pourrait, pourrions, pourriez, pourraient
P. simp.: pus, pus, put, pûmes, pûtes, pussent
Impf. subj.: pusse, pusses, pût, pussions, pussiez, pussent

25. **prendre**   *to take* (avoir)

Pres.: prends, prends, prend, prenons, prenez, prennent
Part.: past: pris; *pres.:* prenant
Impf.: prenais, prenais, prenait, prenions, preniez, prenaient
Pres. subj.: prenne, prennes, prenne, prenions, preniez, prennent
Impve.: prends, prenons, prenez
Fut.: prendrai, prendras, prendra, prendrons, prendrez, prendront
Cond.: prendrais, prendrais, prendrait, prendrions, prendriez, prendraient

P. simp.: pris, pris, prit, prîmes, prîtes, prirent
Impf. subj.: prisse, prisses, prît, prissions, prissiez, prissent

Verbs like **prendre: apprendre, comprendre, surprendre**

26. **rire**   *to laugh* (avoir)

Pres.: ris, ris, rit, rions, riez, rient
Part.: past: ri; *pres.:* riant
Impf.: riais, riais, riait, riions, riiez, riaient
Pres. subj.: rie, ries, rie, riions, riiez, rient
Impve.: ris, rions, riez
Fut.: rirai, riras, rira, rirons, rirez, riront
Cond.: rirais, rirais, rirait, ririons, ririez, riraient
P. simp.: ris, ris, rit, rîmes, rîtes, rirent
Impf. subj.: risse, risses, rît, rissions, rissiez, rissent

Verbs like **rire: sourire**

27. **savoir**   *to know* (avoir)

Pres.: sais, sais, sait, savons, savez, savent
Part.: past: su; *pres.:* sachant
Impf.: savais, savais, savait, savions, saviez, savaient
Pres. subj.: sache, saches, sache, sachions, sachiez, sachent
Impve.: sache, sachons, sachez
Fut.: saurai, sauras, saura, saurons, saurez, sauront
Cond.: saurais, saurais, saurait, saurions, sauriez, sauraient
P. simp.: sus, sus, sut, sûmes, sûtes, surent
Impf. subj.: susse, susses, sût, sussions, sussiez, sussent

28. **suivre**   *to follow* (avoir)

Pres.: suis, suis, suit, suivons, suivez, suivent
Part.: past: suivi; *pres.:* suivant
Impf.: suivais, suivais, suivait, suivions, suiviez, suivaient
Pres. subj.: suive, suives, suive, suivions, suiviez, suivent
Impve.: suis, suivons, suivez
Fut.: suivrai, suivras, suivra, suivrons, suivrez, suivront
Cond.: suivrais, suivrais, suivrait, suivrions, suivriez, suivraient
P. simp.: suivis, suivis, suivit, suivîmes, suivîtes, suivirent
Impf. subj.: suivisse, suivisses, suivît, suivissions, suivissiez, suivissent

29. **valoir**   *to be better, be worth* (avoir)

Pres.: vaux, vaux, vaut, valons, valez, valent
Part.: past: valu; *pres.:* valant
Impf.: valais, valais, valait, valions, valiez, valaient
Pres. subj.: vaille, vailles, vaille, valions, valiez, vaillent
Impve.: —

Fut.: vaudrai, vaudras, vaudra, vaudrons, vaudrez, vaudront
Cond.: vaudrais, vaudrais, vaudrait, vaudrions, vaudriez, vaudraient
P. simp.: valus, valus, valut, valûmes, valûtes, valurent
Impf. subj.: valusse, valusses, valût, valussions, valussiez, valussent

30. **venir**   *to come* (être)·

Pres.: viens, viens, vient, venons, venez, viennent
Part.: past: venu; *pres.:* venant
Impf.: venais, venais, venait, venions, veniez, venaient
Pres. subj.: vienne, viennes, vienne, venions, veniez, viennent
Impve.: viens, venons, venez
Fut.: viendrai, viendras, viendra, viendrons, viendrez, viendront
Cond.: viendrais, viendrais, viendrait, viendrions, viendriez, viendraient
P. simp.: vins, vins, vint, vînmes, vîntes, vinrent
Impf. subj.: vinsse, vinsses, vînt, vinssions, vinssiez, vinssent

Verbs like **venir: devenir, revenir** (être); **appartenir, détenir, maintenir, ob-tenir, prévenir, tenir** (avoir)

31. **vivre**   *to live* (avoir)

Pres.: vis, vis, vit, vivons, vivez, vivent
Part.: past: vécu; *pres.:* vivant
Impf.: vivais, vivais, vivait, vivions, viviez, vivaient
Pres. subj.: vive, vives, vive, vivions, viviez, vivent
Impve.: vis, vivons, vivez
Fut.: vivrai, vivras, vivra, vivrons, vivrez, vivront
Cond.: vivrais, vivrais, vivrait, vivrions, vivriez, vivraient
P. simp.: vécus, vécus, vécut, vécûmes, vécûtes, vécurent
Impf. subj.: vécusse, vécusses, vécût, vécussions, vécussiez, vécussent

32. **voir**   *to see* (avoir)

Pres.: vois, vois, voit, voyons, voyez, voient
Part.: past: vu; *pres.:* voyant
Impf.: voyais, voyais, voyait, voyions, voyiez, voyaient
Pres. subj.: voie, voies, voie, voyions, voyiez, voient
Impve.: vois, voyons, voyez
Fut.: verrai, verras, verra, verrons, verrez, verront
Cond.: verrais, verrais, verrait, verrions, verriez, verraient
P. simp.: vis, vis, vit, vîmes, vîtes, virent
Impf. subj.: visse, visses, vît, vissions, vissiez, vissent

Verbs like **voir: prévoir**

33. **vouloir**   *to want* (avoir)

Pres.: veux, veux, veut, voulons, voulez, veulent
Part.: past: voulu; *pres.:* voulant

Impf.: voulais, voulais, voulait, voulions, vouliez, voulaient
Pres. subj.: veuille, veuilles, veuille, voulions, vouliez, veuillent
Impve.: veuille, veuillons, veuillez
Fut.: voudrai, voudras, voudra, voudrons, voudrez, voudront
Cond.: voudrais, voudrais, voudrait, voudrions, voudriez, voudraient
P. simp.: voulus, voulus, voulut, voulûmes, voulûtes, voulurent
Impf. subj.: voulusse, voulusses, voulût, voulussions, voulussiez, voulussent

GLOSSARY OF GRAMMATICAL TERMS

Adjective: A word used to modify, describe, or limit a noun or pronoun.

Adverb: A word used to modify a verb, an adjective, or another adverb.

Antecedent: The word, phrase, or clause to which a pronoun refers.

Auxiliary verb: A verb (**avoir** or **être**) that helps the main verb to express an action or a state.

Clause: A group of words containing a subject (noun or pronoun) and a verb. A main clause can stand alone and is called an *independent clause*. A subordinate clause cannot stand alone and is called a *dependent clause*.

Comparison: The change in the form of an adjective or adverb showing degrees of quality: positive (*big, useful*), comparative (*bigger, more useful*), superlative (*biggest, most useful*).

Compound tense: A verb form consisting of more than one word.

Conjugation: The change of the verb in relation to its subject, tense, or mood.

Conjunction: A word used to connect words, phrases, or clauses.

Demonstrative adjective: Indicates or points out the person or thing referred to (*this, that, these, those*).

Direct object: A noun or pronoun that receives the action of the verb directly.

Disjunctive pronoun: A pronoun separated from the verb in the sentence.

Gender: Gender indicates whether the nouns or pronouns are masculine or feminine.

Imperative: The mood of the verb expressing a command.

Indirect object: A noun or pronoun toward whom or toward which the action expressed is directed.

Infinitive: The form of the verb that expresses the general meaning of the verb.

Interrogative: An adjective or a pronoun used to ask a question.

Intransitive verb: A verb that does not require a direct object to complete its meaning.

Invariable: Unchanging in form.

Inversion: Reversal of the normal order of words and phrases in a sentence.

Mood: The form that the verb assumes to express the speaker's attitude or feeling toward what is being said.

Noun: A word used to name a person, place, thing, or quality.

Number: The form of a noun, pronoun, or verb indicating one (singular) or more than one (plural).

Participle: A verb form used as an adjective or verb. As a verb form it may be the *past participle* (**parlé**) or the *present participle* (**parlant**).

Partitive: An indefinite quantity or part of a whole, expressed through a partitive article.

Person: The characteristic of a verb or pronoun indicating whether the subject is the speaker (first person), the person spoken to (second person), or the person spoken about (third person).

Possessives: Adjectives or pronouns used to show possession or ownership.

Preposition: A word used to show relationship to some other word in the sentence: **chez** moi.

Pronoun: A word used in place of a noun.

Pronominal verb: A verb that requires a pronoun that refers the action to the subject.

Relative clause: A clause introduced by a relative pronoun.

Relative pronoun: A pronoun that connects the dependent clause with the main clause by referring directly to the antecedent noun or pronoun in the main clause.

Simple tense: A verb form consisting of one word.

Stem: The part of an infinitive or a conjugated verb obtained by dropping the ending and to which new endings are added.

Subjunctive: The mood that expresses wishes, doubts, necessity, or what is possible rather than certain.

Tense: The form of the verb showing the time of the action or state of being.

Transitive verb: A verb that takes a direct object.

Verb: A word that expresses an action or a state of being.

Voice: The form of the verb that indicates whether the subject acts (active) or is acted upon (passive).

VOCABULAIRES

ABBREVIATIONS

abbreviation	*abbr.*	**interrogative**	*interrog.*
adjective	*adj.*	**masculine**	*m.*
adverb	*adv.*	**noun**	*n.*
article	*art.*	**past participle**	*p.part.*
aspirate *h*	*(asterisk)	**person**	*pers.*
conjunction	*conj.*	**plural**	*pl.*
contraction	*contr.*	**possessive**	*poss.*
demonstrative	*dem.*	**preposition**	*prep.*
direct object	*dir.obj.*	**present**	*pr.*
feminine	*f.*	**pronoun**	*pron.*
impersonal	*impers.*	**relative**	*rel.*
indicative	*ind.*	**singular**	*sg.*
indirect object	*indir.obj.*	**subjunctive**	*subj.*
infinitive	*inf.*	**word to be used with discretion; slang or familiar usage**	°

FRANÇAIS–ANGLAIS

a: il a (*pr. ind. 3rd sg. of* **avoir**)
à at, to, in, into, for, by; **à dimanche** see you Sunday
abord: d'abord first, at first
absent absent
absenter: s'absenter to absent oneself
absolument absolutely
absurde absurd

académique academic
accent (*m.*) accent
accepter (de) to accept
accident (*m.*) accident
accompagner to accompany, to go with
accord: d'accord in agreement (with), O.K., agreed; **d'acc!**° O.K.
accoutumer: s'accoutumer à to get used to

accueillir to welcome
acheminer: s'acheminer to proceed
acheter to buy
acteur (*m.*), **actrice** (*f.*) actor, actress
actif, active active
activement actively
actualités (*f.pl.*) news
actuellement at present, now
admettre to admit
admirer to admire
adorer to worship
adresse (*f.*) address
adresser: s'adresser à to address oneself to
adversité (*f.*) adversity
aérogare (*f.*) air terminal
aéroport (*m.*) airport
affaires (*f.pl.*) things
affectueusement affectionately
affectueux, affectueuse affectionate
affirmativement affirmatively
affoler: s'affoler to panic
afin de (+ *inf.*) in order to
afin que in order that
Afrique (*f.*) Africa
agacé irritated
âge (*m.*) age; **quel âge avez-vous?** how old
  are you?; **d'un certain âge** elderly
agent (*m.*) **de police** policeman
agir: s'agir de (*impers.*) to be a question of; **il
  s'agit de** it is a question of
agneau (*m.*) lamb
agréer to accept (in closing a letter)
aide (*f.*) help
aider to help
aiguille (*f.*) needle, hand of a clock
ailleurs elsewhere; **d'ailleurs** besides
aimable kind, nice
aimer to like, to love; **aimer bien** to like, to be
  fond of; **aimer mieux** to prefer
aîné, aînée elder (of two), eldest (of more than
  two)
affamé hungry; **être affamé** to be hungry
ainsi so, thus
air (*m.*): **avoir l'air** to look, to seem
ajouter to add
Allemagne (*f.*) Germany
allemand German
aller (*m.*) **(simple)** one-way ticket; **aller et
  retour** round-trip ticket
aller to go; **aller bien** to feel well; **comment
  allez-vous?** how are you?; **aller à pied** to
  walk; **aller chercher** to go and get; **s'en aller**
  to go away; **comment ça va?** how are you?;
  aller de pair to go together
alors then
ambiguïté (*f.*) ambiguity
ambition (*f.*) ambition
âme (*f.*) soul

amener to take, to bring
américain, américaine American
Amérique (*f.*) America
ami (*m.*) **amie** (*f.*) friend
amical friendly
amitié (*f.*) friendship
amusant amusing
amuser: s'amuser to enjoy oneself
an (*m.*) year; **tous les ans** every year; **le jour
  de l'an** New Year's Day
ancien, ancienne former; old
anglais, anglaise English
Angleterre (*f.*) England
animal (*m.*) animal
animer to animate: **s'animer** to come alive
année (*f.*) year
anniversaire (*m.*) birthday, anniversary
annuaire (*m.*) **de téléphone** telephone
  directory
anxieux, anxieuse anxious
août (*m.*) August
apercevoir to catch sight of; **s'apercevoir** to
  realize, to notice
apéritif (*m.*) appetizer (drink)
appartement (*m.*) apartment
appartenir (à) to belong to
appeler to call; **s'appeler** to be called, to be
  named; **comment vous appelez-vous?**
  what's your name?; **je m'appelle** my name is
applaudir to applaud
apporter to bring
apprécier to appreciate
apprendre to learn; **apprendre par cœur,** to
  learn by heart
appui (*m.*) support
après after; **d'après** according to; **après tout**
  after all
après-midi (*m. or f.*) afternoon; **l'après-midi**
  in the afternoon
arbre (*m.*) tree; **arbre généalogique**
  genealogical tree
arc-en-ciel (*m.*) rainbow
archéologique archeological
archéologue (*m.*) archeologist
architecte (*m.*) architect
argent (*m.*) money; silver
armoire (*f.*) wardrobe, closet
arrêter to stop; **s'arrêter** to stop oneself
arrivée (*f.*) arrival
arriver to arrive; **arriver à propos** to arrive at
  the right time; **arriver à temps** to arrive in
  time
arroser to water; (special occasion) to toast
art (*m.*) art
artère (*f.*) artery
artichaut (*m.*) artichoke
article (*m.*) article
artiste (*m.*) artist

artistique artistic
aspect (*m.*) aspect
asperge (*f.*) asparagus
aspirateur (*m.*) vacuum cleaner
aspiration (*f.*) aspiration
aspirine (*f.*) aspirin
assembler: s'assembler to gather
asseoir: s'asseoir to sit down
assez enough
assiette (*f.*) plate
assistance (*f.*) attendance, spectators
assister (à) to attend
atteindre to reach, to attain
attendre to wait, to wait for, to await;
 s'attendre à to expect
attention (*f.*) attention; **faire attention** to
 pay attention
attitude (*f.*) attitude
attrouper: s'attrouper to get in a group
au (*contr. of* **à** + **le**) to the, in the, at the; **au
 bout de** at the end of; **au début** in the
 beginning
auberge (*f.*) inn; **auberge de jeunesse** youth
 hostel
aubergine (*f.*) eggplant
aucun, aucune none; **ne ... aucun(e)** no ...
 one
aujourd'hui today; **d'aujourd'hui en huit** a
 week from today; **c'est aujourd'hui samedi**
 today is Saturday
auparavant before, previously
auquel, à laquelle, auxquels, auxquelles (*rel.
 pron.*) to whom, to which; **auquel? à
 laquelle? auxquels? auxquelles?**
 (*interrog.pron.*) to whom? to which one? to
 which ones?
aussi also, so, as, thus, therefore; **aussi ... que**
 as ... as
aussitôt immediately; **aussitôt que** as soon as
autant as much; **autant que possible** in so far
 as possible
auteur (*m.*) author
auto (*f.*) auto, automobile, car
autobus (*m.*) bus; **en autobus** by bus, on the
 bus
autocar (*m.*) tourist bus
automne (*m.*) fall, autumn
automobile (*f.*) auto, automobile, car
autour de around
autre other
autrefois formerly
autrement otherwise
autrui (*m.*) others, other people
avaler to swallow
avancer to advance
avant before
avec with
avenir (*m.*) future

aventurer: s'aventurer to venture, to take
 risks
avenue (*f.*) avenue
avertir to warn, to notify
avertisseur (*m.*) horn
aveugle blind
avion (*m.*) airplane
avis (*m.*) opinion, advice; **être de l'avis de
 quelqu'un** to agree with someone; **à mon
 avis** in my opinion
aviser to notice
avocat (*m.*) **avocate** (*f.*) lawyer
avoir to have; **avoir besoin de** to need; **avoir
 chaud** to be warm; **avoir droit à** to have the
 right to; **avoir envie de** to want to; **avoir
 faim** to be hungry; **avoir froid** to be cold;
 avoir l'air de to look like; **avoir l'habitude
 de** to be used to; **avoir l'intention de** to
 intend to; **avoir la patience de** to have the
 patience to; **avoir lieu** to take place; **avoir
 mal à la tête** to have a headache; **avoir peur**
 to be afraid; **avoir raison** to be right; **avoir
 soif** to be thirsty; **avoir sommeil** to be sleepy;
 avoir tort to be wrong; **en avoir marre°, en
 avoir plein le dos°, en avoir ras le bol°** to
 have had it; **il y a** there is, there are; **il y a
 cinq ans** five years ago
avouer to acknowledge
avril (*m.*) April
aztèque Aztec

badaud (*m.*) on-looker
bagages (*m.pl.*) luggage
baguette (*f.*) stick of bread
baigner to bathe; **se baigner** to bathe oneself
bain (*m.*) bath; **salle de bains** (*f.*) bathroom
baiser (*m.*) kiss
baisser to lower
balayer to sweep
balcon (*m.*) balcony
ballet (*m.*) ballet
ballon (*m.*) ball
banane (*f.*) banana
bandes (*f.pl.*) **dessinées** comic strips
banque (*f.*) bank
barbe (*f.*) beard
bas, basse low; **à voix basse** in a low voice
bas (une paire de) (*m.pl.*) stockings
base-ball (*m.*) baseball
basket (*m.*) basketball
bateau (*m.*) boat
bâtiment (*m.*) building
bâtir to build
battre to beat; **se battre** to fight
bavard talkative, loquacious
bavarder to chatter
beau, bel, belle, beaux, belles beautiful, nice;
 il fait beau the weather is nice

beaucoup   much, very much; **beaucoup de monde** a lot of people
Belgique (*f.*)   Belgium
besogne (*f.*)   work, task
besoin (*m.*)   need; **avoir besoin de** to need
bête (*f.*)   beast, animal
bêtises (*f.pl.*)   stupidities
beurre (*m.*)   butter
bibliothèque (*f.*)   library
bicyclette (*f.*)   bicycle
bien (*adv.*)   well, indeed, very; **eh bien?** well?; (*conj.*) **bien que** although; **bien entendu** of course; **bien sûr!** surely!
bientôt   soon; **à bientôt!** see you soon!
bière (*f.*)   beer; **bière pression** draft beer
bifteck (*m.*)   steak
bijou (*m.*)   piece of jewelry
billet (*m.*)   ticket, bank note, bill; **billet aller et retour** round-trip ticket
biologie (*f.*)   biology
biologiste (*m.*)   biologist
bistro(t) (*m.*)   café
blâme (*m.*)   blame
blanc, blanche   white
blazer (*m.*)   blazer
blé (*m.*)   wheat
blesser   to wound
blessure (*f.*)   wound, injury
bleu   blue
blond   blond
blouse (*f.*)   blouse
bluffer   to bluff
bœuf (*m.*)   beef, ox
boire   to drink
bois (*m.*)   wood; forest
boisson (*f.*)   drink
boîte (*f.*)   box; **boîte aux lettres** mailbox; **boîte de conserve** can (tin) of preserved food
bon, bonne   good; **de bonne heure** early
bonbon (*m.*)   piece of candy
bonheur (*m.*)   happiness
bonjour (*m.*)   good morning
bonsoir (*m.*)   good evening
bord (*m.*)   edge; **au bord de la mer** at the seashore
bottes (*f. pl.*)   boots
bottin (*m.*)   telephone directory
botter°   to please
bouche (*f.*)   mouth
boucher (*m.*)   butcher
boucherie (*f.*)   butcher shop
boudin (*m.*)   blood sausage
boue (*f.*)   mud
bouger   to move
boulanger (*m.*)   baker
boulangerie (*f.*)   bakery
boules (*f.pl.*)   bowls (a game)
boulevard (*m.*)   boulevard

bouleverser   to upset
boulot° (*m.*)   work
bouquet (*m.*)   bouquet
bout (*m.*)   end; **au bout de** at the end of
bouteille (*f.*)   bottle
boutique (*f.*)   shop
bras (*m.*)   arm
brave   brave, good, worthy
bretelles (*f. pl.*)   suspenders
brièveté (*f.*)   shortness, brevity
brosser: se brosser   to brush
brouhaha (*m.*)   confusion, noise, uproar
brouillard (*m.*)   fog
bruit (*m.*)   noise
brûler   to burn; **brûler un feu** to go through a red light
brun,   brown; dark hair
brusque   abrupt
brusquement   abruptly
bulletin (*m.*)   bulletin
bureau (*m.*)   office; desk; **bureau de poste** post office; **bureau de tabac** tobacco shop
but (*m.*)   goal

c'   *see* **ce**
ça (*contr. of* **cela**)   that; **c'est ça** that's right, that's it; **ça alors!** well! **ça ne fait rien** it doesn't matter; **ça ne vaut pas la peine** it's not worth the trouble; **ça y est!** O.K.!
cabine (*f.*) **téléphonique**   telephone booth
cadeau (*m.*)   gift
cadet (*m.*) **cadette** (*f.*)   the younger, the youngest (of a family)
café (*m.*)   coffee, café
cahier (*m.*)   notebook
caisse (*f.*)   cashier's window, cash box
calendrier (*m.*)   calendar
calme (*m.*)   calm
camarade (*m.* or *f.*)   friend, pal
camembert (*m.*)   camembert (cheese)
camion (*m.*)   truck
campagne (*f.*)   country, countryside
Canada (*m.*)   Canada
canadien, canadienne   Canadian
candidat (*m.*)   candidate
capable   capable
capitale (*f.*)   capital
car   for, because
car (*m.*)   tourist bus
caractère (*m.*)   character
carnet (*m.*) **de tickets**   book of tickets
carotte (*f.*)   carrot
carrière (*f.*)   career
carte (*f.*)   card, map; **jouer aux cartes** to play cards; **carte postale** postcard; **carte de débarquement** debarkation card
cas (*m.*)   case; **au cas où** in case; **en tout cas** in any case

casser to break; **casser les oreilles** to deafen
catégorie (f.) category
cathédrale (f.) cathedral
catholique Catholic
cause (f.) cause; **à cause de** because of
cave (f.) cellar
ce, cet, cette; ces (adj.) this, that; these, those;
 ce chapeau-ci this hat; **ce chapeau-là** that
 hat
ce (pron.) he, she, it, they, that; **ce qui, ce que**
 what
ceci this
ceinture (f.) belt
cela (ça) that
célèbre famous
célébrer to celebrate
celui, celle; ceux, celles the one; the ones;
 celui-ci this one; **celui-là** that one
cent hundred
centaine (f.) about a hundred
centième hundredth
cependant however
cerise (f.) cherry
certain, certaine certain
certainement certainly
cervelle (f.) brains
cesse: sans cesse without stopping
cesser to stop
chacun, chacune each, each one
chaîne (f.) channel
chaise (f.) chair
chaleureusement warmly
chambre (f.) bedroom
champ (m.) field
chandail (m.) sweater
chanson (f.) **d'amour** love song
chanter to sing
chapeau (m.) hat
chapitre (m.) chapter
chaque each
charabia (m.) nonsense; jargon
charcuterie (f.) pork-butcher's shop
charcutier (m.) pork-butcher
chariot (m.) carriage
charité (f.) charity
charmant charming
chat (m.) **chatte** (f.) cat
château (m.) castle
châtier to punish
chaud warm; **il fait chaud** it is warm; **j'ai
 chaud** I am warm
chaudement warmly
chauffeur (m.) driver
chaussette (f.) sock
chaussure (f.) shoe
chef (m.) **d'orchestre** orchestra leader
chemin (m.) road; **chemin de fer** railroad
cheminée (f.) fireplace

chemise (f.) shirt
cher, chère dear, expensive
chercher to look for, to seek; **aller chercher**
 to go and get; **venir chercher** to come for
cheval (m.) horse; **chevaux** (pl.)
cheveu (m.) hair; **cheveux** (pl.)
chevelure (f.) head of hair
cheville (f.) ankle
chez at the house of, at the shop of; **chez moi**
 at my house; **chez eux** at their house; **chez le
 pharmacien** at the pharmacist's
chic! great! fine! neat!
chien (m.), **chienne** (f.) dog
chiffre (m.) number
chimie (f.) chemistry
Chine (f.) China
chinois Chinese
choisir to choose
choix (m.) choice
chose (f.) thing; **quelque chose** something;
 autre chose something else
chouette! great! fine! neat!
chuchoter to whisper
ciel (m.) sky
cigare (m.) cigar
cinéma (m.) movies, movie theater
cinglé° crazy
cinq five
cinquantaine (f.) about fifty
cinquante fifty
cinquième fifth
circonstance (f.) circumstance
circulation (f.) traffic
cirer to wax
citron (m.) lemon
civilisation (f.) civilization
clair clear, light-colored; **voir clair** to see
 clearly
clarinette (f.) clarinet
classe (f.) classroom; **première (classe)** first
 class; **seconde (classe)** second class
classique classic
cochon (m.) pig, pork
code (m.) **(de la route)** traffic rules
cœur (m.) heart; **par cœur** by heart
coiffure (f.) hair-do
coin (m.) corner
collant (m.) pantyhose
collection (f.) collection
collège (m.) secondary school
colossal colossal
combat (m.) combat
combattre to fight
combien how much, how many; **combien de
 temps?** how long?
combinaison (f.) slip
comble (m.) height, culmination
comédie (f.) comedy

comédien (*m.*) actor, comedian
commander to order, to command
comme as, like; **comme d'habitude** as usual; **comme si** as if
commencer (à) to begin
comment how; **comment allez-vous?** how are you?; **comment vous appelez-vous?** what's your name?
commenter to comment on
commettre to commit
commode (*f.*) chest of drawers
commun common
communiquer to communicate
compagne (*f.*) companion
compartiment (*m.*) compartment
compétent able
complet (*m.*) man's suit
complet, complète complete, full
compliment (*m.*) compliment
compliqué complicated
composer: composer le numéro to dial a number
compositeur (*m.*) composer
comprendre to understand
compte-rendu (*m.*) report
compter to count
concert (*m.*) concert
concombre (*m.*) cucumber
condition (*f.*) condition
conduire to drive
conférence (*f.*) lecture
conférencier (*m.*) lecturer
confesser to confess
confortable comfortable
confus confused
connaître to know, to be acquainted with
consentir to consent
considérable considerable
considérer to consider
constamment constantly
constant constant
constat (*m.*) report
constater to ascertain, to state
construire to build
consulter to consult
contenir to contain
content glad
continuer (à) to continue
contraire (*adj.*) contrary; (*m.*) opposite; **au contraire** on the contrary
contre against
convenable convenient
convenir (à) to suit, to be appropriate
conversation (f.) conversation
copain (*m.*) **copine** (*f.*) pal
corps (*m.*) body
correct correct

correctement correctly
correspondre to correspond
corriger to correct
corsage (*m.*) blouse
corvée (*f.*) chore
costaud rugged
costume (*m.*) two- or three-piece suit
côté (*m.*) side; **à côté de** near, beside
coton (*m.*) cotton
cou (*m.*) neck
coucher: se coucher to lie down, to go to bed
coude (*m.*) elbow
couleur (*f.*) color
coup: tout à coup suddenly; **coup** (*m.*) **de fil** phone call; **donner un coup de fil** to make a phone call; **coup d'œil** look, glance
couper to cut
coupure (*f.*) cut
courageux courageous
courir to run; **courir à pied** to run on foot
courrier (*m.*) mail
cours (*m.*) course; **au cours de** during
court short
cousin (*m.*) **cousine** (*f.*) cousin
couteau (*m.*) knife
coûter to cost; **coûter moitié prix** cost half price
couvert (*m.*) table setting
couverture (*f.*) blanket
couvrir to cover
craindre (de) to fear
crainte (*f.*) fear
cravate (*f.*) necktie
crayon (*m.*) pencil
création (*f.*) creation
créer to create
crème (*f.*) cream
crémerie (*f.*) store for dairy products
crémier (*m.*) **crémière** (*f.*) dairy-man, dairy-woman
crétin° (*m.*) imbecile, cretin
crevé° bushed, tired
crever° (de) to burst, to die
cri (*m.*) yell, cry
crier to shout
critique (*f.*) criticism
croire (à) to believe (in)
croissant (*m.*) crescent roll
croix (*f.*) cross
croustillant crusty
croyable believable
cruel cruel
cuillère (*f.*) spoon
cuir (*m.*) leather
cuisine (*f.*) kitchen
cuisse (*f.*) thigh
cuit cooked

cultiver to cultivate, to grow
culturel, culturelle cultural
curé (*m.*) priest

d' *see* **de: d'abord** first; **d'après** according to;
d'autre part on the other hand; **d'habitude**
as usual
danois Danish
dans in, into
danser to dance
danseur (*m.*), **danseuse** (*f.*) dancer
date (*f.*) date
dater (de) to date (from)
davantage more
de of, from
débile° crazy
debout standing, upright
début (*m.*) beginning
décéder to die
décembre (*m.*) December
décevoir to deceive
décider (de) to decide
déclaration (*f.*) declaration
déconcerté disconcerted, taken aback
décontracté relaxed
découverte (*f.*) discovery
découvrir to discover
décrire to describe
décrocher to lift (telephone receiver)
dedans inside
définir to define
dégâts (*m.pl.*) damage
dehors outside
déjà already
déjeuner (*m.*) lunch; **petit déjeuner** breakfast
déjeuner to have lunch, to lunch
délicat delicate
délices (*f.pl.*) delights, pleasures
délicieux, délicieuse delicious
demain tomorrow; **après-demain** day after
tomorrow
demander to ask; **se demander** to wonder
demeurer to live, reside
demi half; **une demi-heure** a half hour; **une
heure et demie** half past one
dénouement (*m.*) ending (of plot, story)
dent (*f.*) tooth
dentifrice (*m.*) toothpaste
dentiste (*m.*) dentist
départ (*m.*) departure
dépêcher: se dépêcher (de) to hurry;
dépêche-toi hurry up
dépendre (de) depend (on)
dépense (*f.*) expense
dépenser to spend
dépit: en dépit de in spite of
déplaire (à) to displease

depuis since; **depuis combien de temps?
depuis quand?** how long?
déraisonnable unreasonable
déranger to disturb, to inconvenience
dernier, dernière last: **samedi dernier** last
Saturday
derrière behind
dès since; **dès que** as soon as
désappointé disappointed
descendre to go down, to take down
désir (*m.*) desire, wish
désirer to desire, to wish
désolé sorry
désorienté disoriented, puzzled, bewildered
dessert (*m.*) dessert
dessins (*m.pl.*) **animés** animated cartoons
dessous under
dessus on, upon
destination (*f.*) destination
détenir to hold, to be in possession
détester to hate, to detest
détruire to destroy
deux two
deuxième second; **au deuxième étage** on the
third floor
devant in front of, before
devenir to become
dévisager to stare at
devoir to owe; must, be supposed to, ought to;
je dois I must, I am supposed to; **je devais** I
was supposed to; **j'ai dû** I must have, I had to;
je devrais I should; **j'aurais dû** I should have
devoir (*m.*) homework
dévouement (*m.*) devotion
diable (*m.*) devil
Dieu (*m.*) God
différent different
différer to delay
difficile difficult
dignité (*f.*) dignity
dimanche (*m.*) Sunday; **le dimanche** on
Sunday(s); **à dimanche** see you Sunday
dîner to dine
dîner (*m.*) dinner
dingue° crazy
dire to say, to tell; **vouloir dire** to mean;
c'est-à-dire that is to say
directement directly
disciple (*m.*) disciple
discours (*m.*) discourse, speech
discret, discrète discreet
discussion (*f.*) discussion
discuter (de) discuss
disparaître disappear
disparition (*f.*) disappearance
disponible available
disputer: se disputer to argue

disque (*m.*)   record
distance (*f.*)   distance: **à quelle distance?** how far?
distingué   distinguished
distraire   to distract, to divert
distribution (*f.*) **du courrier**   mail delivery
divertir: se divertir   to amuse oneself
diviser   to divide
dix   ten
dix-huit   eighteen
dixième   tenth
dix-neuf   nineteen
dix-neuvième   nineteenth
dix-sept   seventeen
dizaine (*f.*)   about ten
docteur (*m.*)   doctor
document (*m.*)   document
documentaire (*m.*)   documentary
doigt (*m.*)   finger
dollar (*m.*)   dollar
donc   then, therefore
donner   to give; **donner un coup de fil** to telephone; **donner une poignée de main à** to shake hands with
dont   of whom, of which, whose
doré   golden
dormir   to sleep
dos (*m.*)   back
doublé: version doublée   dubbed version
douche (*f.*)   shower
douleur (*f.*)   pain
doute (*m.*)   doubt; **sans doute** probably
douter (de)   to doubt: **se douter de** to suspect
doux, douce   sweet, soft
douzaine (*f.*)   dozen; **une demi-douzaine** a half dozen
douze   twelve
douzième   twelfth
dramatique   dramatic
drapeau (*m.*)   flag
droit   straight, right; **tout droit** straight ahead; **à droite** to (on) the right
drôle   funny
du (*contr. of* **de** + **le**)   of the, from the, some, any
dû   (*p.part.* of **devoir**)
duquel, de laquelle, desquels, desquelles (*rel.pron.*) of which, of whom; **duquel? de laquelle? desquels? desquelles?** (*interrog.pron.*) of which one? of which ones?
dur   hard
durable   lasting
durant   during
durer   to last

eau (*f.*)   water; **eau minérale** mineral water
écarter: s'écarter   to disperse
échanger   to exchange

écharpe (*f.*)   scarf
éclair (*m.*)   éclair
éclater   to burst; **éclater de rire** to burst out laughing
école (*f.*)   school
écouter   to listen to
écouteurs (*m.pl.*)   earphones
écrier: s'écrier   to cry (out)
écrire   to write
édifice (*m.*)   building
éducation (*f.*)   education
effaré   frightened
effectivement   effectively; indeed
effet (*m.*)   effect; **en effet** indeed
effort (*m.*)   effort
égal   equal; **ça m'est égal** I don't care
église (*f.*)   church
Egypte (*f.*)   Egypt
égratigner   to scratch; **s'égratigner** to scratch oneself
eh bien!   well!
élancer: s'élancer   to dash, to spring
électrophone (*m.*)   phonograph, record player
élégamment   elegantly, gracefully
élégance (*f.*)   elegance
élégant   elegant
élémentaire   elementary
éléphant (*m.*)   elephant
élève (*m.* or *f.*)   pupil
elle   she, it
elles   they
emballer: s'emballer   to be carried away (with excitement)
embarrassé   embarrassed
embellir   to beautify
embêtant°   annoying, boring
embêter°   to bore, to annoy
embrasser   to kiss, to embrace
émission (*f.*)   emission, broadcast
emmener   to carry, to take along
empêcher   to prevent
employé (*m.*) **employée** (*f.*)   employee
employer   to employ, to use
emporter   to take along, to carry along
emprunter   to borrow
ému   moved, touched
en (*prep.*)   in, into, at, to, by; (*pron.*) some, any, of it, of them; **en attendant que** (+ *subj.*) till, until; **en avance** early; **en bas de** at the foot of; **en dépit de** in spite of; **en tout cas** in any case; **en voie de** in the process of
enchanté   delighted
encore   yet, still, again; **pas encore** not yet; **encore plus** still more; **encore une fois** once more
endormir: s'endormir   to fall asleep
endroit (*m.*)   place
énerver: s'énerver   to become irritated

enfant (*m.* or *f.*)   child
enfer (*m.*)   hell
enfin   finally, at last
enfoncer   to run into (something)
enivrer: s'enivrer   to get drunk
ennuyer   to bother; **s'ennuyer** to be bored
ennuyeux, ennuyeuse   boring
énorme   enormous
énormément   enormously
ensemble   together
ensoleillé   sunny
ensuite   then, next
entendre   to hear; **entendre parler de** to hear of; **entendre dire que** to hear that
entendu   (*p.part.* of **entendre**): **c'est entendu** agreed, all right; **bien entendu** of course
enthousiasme (*m.*)   enthusiasm
enthousiasmer: s'enthousiasmer   to be enthusiastic
entier, entière   entire
entourer   to surround
entre   among, between; **entre autres** among others
entrée (*f.*)   entrance; **entrée d'agglomération** entrance to a city
entrer (dans)   to enter, to go in
enveloppe (*f.*)   envelope
envie (*f.*)   envy, desire; **avoir envie de** to feel like
environ   about, approximately
envisager   to face
envoyer   to send; **envoyer chercher** to send for; **faire envoyer** to have (something) sent
épais, épaisse   thick
épatant   wonderful
épaule (*f.*)   shoulder
épicerie (*f.*)   grocery
épicier (*m.*) **épicière** (*f.*)   grocer
époque (*f.*)   epoch, time; **à la même époque** at the same time
épousseter   to dust
épouvantable   dreadful
épuisé   exhausted
erreur (*f.*)   mistake; **faire erreur** to make a mistake
escalier (*m.*)   stairway
esclave (*m.*)   slave
espace (*m.*)   space
Espagne (*f.*)   Spain
espagnol   Spanish
espérer   to hope; **je l'espère** I hope so
esprit (*m.*)   spirit, mind
essayer   to try, to try on
essence (*f.*)   gasoline
essoufflé   out of breath
est (*m.*)   east
estomac (*m.*)   stomach
et   and

état (*m.*)   state; condition
Etats-Unis (*m.pl.*)   United States
été (*p.part.* of **être**)
été (*m.*)   summer
éteindre   to extinguish
éternel   eternal
étoile (*f.*)   star
étonnant   surprising, astonishing
étonner   to surprise; **s'étonner de** to wonder at
étranger, étrangère (*adj.*)   foreign; (*n.*) foreigner; **à l'étranger** abroad
être   to be; **c'est** it is; **est-ce?** is it? **qu'est-ce que c'est que . . .?** what is . . .?; **c'est-à-dire** that is to say; **il est une heure** it is one o'clock; **c'est aujourd'hui samedi** today is Saturday; **être à** to belong to; **être à plat** to be very tired
étude (*f.*)   study
étudiant (*m.*), **étudiante** (*f.*)   student
étudier   to study
Europe (*f.*)   Europe
évidemment   evidently
évidence (*f.*)   obviousness
évident   evident, obvious
éviter   to avoid
exact   exact
exactement   exactly
examen (*m.*)   examination, test
examiner   to examine
exaspéré   aggravated
excédé: être excédé   to have had enough
excellent   excellent
exceptionnel   exceptional
excès: à l'excès   in excess
excuser   to excuse; **s'excuser** to apologize
exemple (*m.*)   example; **par exemple** for example
exercer   to exercise; **s'exercer (à)** to practice
exercice (*m.*)   exercise
existence (*f.*)   existence
expédier   to forward
expérience (*f.*)   experience
explication (*f.*)   explanation
expliquer   to explain; **s'expliquer** to explain oneself
explorer   to explore
exposé (*m.*)   report
exprimer: s'exprimer   to express
exquis   exquisite
extraordinaire   extraordinary

fabriquer   to make
face (*f.*)   face; **en face de** opposite
fâché   sorry, angry
fâcher   to anger
fâcheux, fâcheuse   annoying
facile   easy
facilement   easily

facteur (*m.*)   mailman
faible   feeble, weak
faim (*f.*)   hunger; **avoir faim** to be hungry
faire   to do, to make; **faire attention à** to pay attention to, to watch out; **se faire couper les cheveux** to have one's hair cut; **faire de l'auto-stop** to hitchhike; **faire de la bicyclette** to ride a bicycle; **faire de la natation** to swim; **faire de la voile** to go sailing; **faire des progrès** to make progress; **faire du ski** to go skiing; **faire la connaissance de** to make someone's acquaintance; **faire la cuisine** to cook; **faire la queue** to line up; **faire la vaisselle** to do the dishes; **faire le numéro** to dial a number; **faire le plein** to fill (it) up; **faire mal (à)** to hurt (something); **faire sa toilette** to wash up; **faire ses études** to study; **faire un tour** to go for a walk (or a ride); **faire une promenade** to take a walk; **faire venir** to have . . . come; **faire envoyer** to have . . . sent; **quel temps fait-il?** what kind of weather is it?; **il fait beau** it is nice; **il fait doux** it's nice weather; **il fait du vent** it is windy; **ça ne fait rien** it doesn't matter; **ne vous en faites pas** don't worry; **faire penser** to remind; **faire peur** to frighten; **se faire mal** to hurt oneself
fait: en fait   in fact
falloir (*impers.*)   to have to; **il faut** one must, it is necessary; **il fallait, il a fallu** it was necessary; **il faudra** it will be necessary
famille (*f.*)   family
fanatique   fanatic
fantastique   fantastic
farce (*f.*)   farce
fatigué   tired
faute (*f.*)   fault, error
fauteuil (*m.*)   armchair
faux, fausse   false
favori, favorite   favorite, preferred
favoris (*m.pl.*)   sideburns
femme (*f.*)   woman, wife
fenêtre (*f.*)   window
fente (*f.*)   slot
fermer   to close
féroce   ferocious
fête (*f.*)   holiday, anniversary
fêter   to celebrate
feu (*m.*)   fire; traffic light
feuille (*f.*)   leaf, page
février (*m.*)   February
fiche (*f.*)   registration form
figure (*f.*)   face
fille (*f.*)   daughter, girl; **jeune fille** girl; **petite fille** little girl
film (*m.*)   film; **film policier** detective film
fils (*m.*)   son
fin (*f.*)   end; **fin d'agglomération** exit from a city

finalement   finally
finir (de)   to finish
flèche (*f.*)   arrow
fleur (*f.*)   flower
flûte°!   darn!
fois (*f.*)   time; **la première fois** the first time; **plusieurs fois** several times
foncer   to rush, to charge
font (*pr.ind. 3rd pl. of* **faire**)   equals
fontaine (*f.*)   fountain
football (*m.*)   soccer
forger   to forge, to make
forgeron (*m.*)   blacksmith
forme: être en forme   to be in shape
former   to form; **former le numéro** to dial a number
formidable   formidable
formule (*f.*)   formula
fort   strong
fou, folle   mad, insane
foulard (*m.*)   scarf
foule (*f.*)   crowd
fourchette (*f.*)   fork
foyer (*m.*)   home
frais, fraîche   cool
fraise (*f.*)   strawberry
franc (*m.*)   franc (money)
français   French
France (*f.*)   France
franchise (*f.*)   frankness
franquette: à la bonne franquette   pot-luck
frapper   to hit
freiner   to brake
fréquemment   frequently
fréquenté   popular, frequented
fréquenter   to frequent, to visit
frère (*m.*)   brother
fric° (*m.*)   money
froid   cold; **il fait froid** it is cold; **avoir froid** to be cold
fromage (*m.*)   cheese
front (*m.*)   forehead
frugalité (*f.*)   frugality
fruit (*m.*)   fruit
fumer   to smoke
furieux, furieuse   furious

gagner   to earn
galimatias (*m.*)   nonsense
gant (*m.*)   glove
garage (*m.*)   garage
garçon (*m.*)   boy, waiter
garder   to keep
gardien (*m.*)   guard
gare (*f.*)   railroad station
gas-oil (*m.*)   diesel fuel
gaspiller   to waste
gâteau (*m.*)   cake
gauche (*f.*)   left; **à gauche** to the left

geler to freeze
gêné uneasy, embarrassed
gêner to embarrass; **gêner** to be embarrassed
général: en général in general
généralement generally
généreux, généreuse generous
génial brilliant
genou (*m.*) knee
genre (*m.*) genre, type
gens (*m. or f.pl.*) people
gentil, gentille nice
gentiment nicely
géologie (*f.*) geology
géologue (*m.*) geologist
gesticuler to gesticulate
gigantesque gigantic
gigot (*m.*) leg of lamb
girafe (*f.*) giraffe
glacé iced
gorge (*f.*) throat; **avoir mal à la gorge** to
have a sore throat
gothique gothic
goût (*m.*) taste
goûter to taste
grâce (à) thanks (to)
gramme (*m.*) gram
grand tall, large, great
grand-mère (*f.*) grandmother
grand-père (*m.*) grandfather
grandiose grandiose
grandir to grow tall
gras, grasse fat
gratuitement free, at no cost
grave grave, serious
grec, grecque Greek
Grèce (*f.*) Greece
gris gray
grisbi° (*m.*) money
gros, grosse big
grossir to grow bigger
groupe (*m.*) group
guère: ne . . . guère scarcely, hardly
guerre (*f.*) war
guichet (*m.*) ticket window
guide (*m.*) guide
guise: à ta guise as you wish
guitare (*f.*) guitar
gymnase (*m.*) gymnasium

habiller to dress; **s'habiller** to get dressed
habit (*m.*) dress, costume
habitant (*m.*) inhabitant
habitude (*f.*) habit; **comme d'habitude** as
usual; **d'habitude** usually
habituellement habitually
habituer: s'habituer (à) to get used to
*hanche (*f.*) hip
*haricot (*m.*) bean
harmonieux, harmonieuse harmonious

*harpe (*f.*) harp
*hasard (*m.*) chance
*haut high, top; **en haut de** at the top of
*hautbois (*m.*) oboe
héberger to lodge
hélas alas
héroïne (*f.*) heroine
*héros (*m.*) hero
heure (*f.*) hour, time; **quelle heure est-il?**
what time is it?; **il est dix heures** it is ten
o'clock; **une demi-heure** a half hour; **à
l'heure** on time; **de bonne heure** early; **tout
à l'heure** in a while; **à tout à l'heure** see you
later
heureusement happily, fortunately
heureux, heureuse happy
*heurter: se heurter to hit against
hier yesterday; **hier soir** last night
histoire (*f.*) story, history
historien (*m.*) historian
hiver (*m.*) winter
homme (*m.*) man; **jeune homme** young man
honneur (*m.*) honor
*honte: avoir honte de to be ashamed of
horloge (*f.*) clock
*hors d'haleine out of breath
*hors-d'œuvre (*m. sg. or pl.*) hors d'œuvres,
appetizers
hospitalier hospitable
hôte (*m.*) host
hôtel (*m.*) hotel
hôtesse (*f.*) **de l'air** flight attendant,
stewardess
huile (*f.*) oil
*huit eight; **huit jours** a week
*huitaine (*f.*) about eight
*huitième eighth
humble humble
humide humid
humilier to humiliate
humour (*m.*) humor
*hurler to yell
hypocrite (*adj.*) hypocritical; (*m.*) hypocrite

ici here
idée (*f.*) idea
idéal ideal
identifier to identify; **s'identifier (à)** to
identify oneself, to become identified (with)
identique identical
identité (*f.*) identity; **carte** (*f.*) **d'identité**
identity card
idiot idiotic
il he, it
ils they
image (*f.*) picture
imaginer to imagine
imbécile° (*m.*) imbecile
imiter to imitate

immédiatement immediately
immense immense
immeuble (*m.*) building
immortel, immortelle immortal
impair odd (of numbers)
imparfait imperfect
impatient impatient
imper (*m.*) raincoat
imperméable (*m.*) raincoat
important important
importuner to bother
imposant imposing
impossible impossible
impressionnant impressive
impressionner to impress, affect, move; **s'impressionner** to be strongly affected
incarner to incarnate
incomparable incomparable
incroyable unbelievable
indéfini indefinite
indiquer to indicate
infinitif (*m.*) infinitive
infirmière (*f.*) nurse
informations (*f.pl.*) news
ingénieur (*m.*) engineer; **femme-ingénieur** (*f.*) woman engineer
inimaginable unimaginable
inquiet, inquiète worried
inquiéter: s'inquiéter (de) to worry (about)
insister to insist
installer; s'installer to settle (in)
instituteur (*m.*), **institutrice** (*f.*) elementary school teacher
intelligent intelligent
intéressant interesting
intéresser: s'intéresser (à) to be interested (in)
intérieur (*m.*) interior, inside; **à l'intérieur** inside
intermission (*f.*) intermission
interrogatif, interrogative interrogative
interrompre to interrupt
intimidé intimidated
intimider to intimidate
intrigue (*f.*) plot
intriguer to intrigue
inviter to invite
irrité irritated
irriter to irritate
Italie (*f.*) Italy
italien, italienne Italian
itinéraire (*m.*) itinerary

j' *see* **je**
jaillir to spring (up) to gush
jamais never, ever; **ne . . . jamais** never
jambe (*f.*) leg
janvier (*m.*) January

Japon (*m.*) Japan
japonais Japanese
jardin (*m.*) garden
jaune yellow
je I
jean (*m.*) jeans
jeter to throw (away)
jeton (*m.*) slug, token
jeu (*m.*) game
jeudi (*m.*) Thursday
jeune young; **jeune fille** girl; **jeunes gens** young people
joie (*f.*) joy
joindre: se joindre (à) to join
joli pretty
joue (*f.*) cheek
jouer to play; **jouer à** + (sports), **jouer de** + (musical instrument)
joueur (*m.*) player
jour (*m.*) day, daylight; **jour de congé** holiday (vacation); **jour de l'an** New Year's Day; **huit jours** a week; **quinze jours** two weeks; **tous les jours** every day; **par jour** per day
journal (*m.*) newspaper; **journaux** (*pl.*) newspapers; **journal parlé** news (on radio or television)
journée (*f.*) day (all day); **toute la journée** all day
joyeux, joyeuse happy, merry
jugement (*m.*) judgment
jugeotte° (*f.*) common sense
Juif (*m.*), **Juive** (*f.*) Jew
juillet (*m.*) July
juin (*m.*) June
jupe (*f.*) skirt
jus (*m.*) juice
jusqu'à until, up to, as far; **jusqu'à ce que** until
juste right, just, fair; **c'était juste** it was right
justement rightly, exactly

kilo (*m.*) kilogram
kilogramme (*m.*) kilogram (2.2 pounds)
kilomètre (*m.*) kilometer (about ⅝ mile); **km** (*abbr.*)

l' *see* **la, le**
la (*def.art.*) the; (*pron.*) her, it
là there; **là-bas** over there; **là-dedans** therein; **là-dessus** on that, thereupon; **là-haut,** up there; **ce jour-là** that day
labeur (*m.*) labor
laid ugly
laine (*f.*) wool
laisser to let, to leave; **laisser couler l'eau** to let the water run; **laisser faire** to let (something be done)
lait (*m.*) milk

laitue (*f.*)   lettuce
lampe (*f.*)   lamp
langue (*f.*)   tongue, language
lapin (*m.*)   rabbit
laquelle   *see* **lequel**
lavabo (*m.*)   sink
laver   to wash; **se laver** to wash oneself
le (*def.art.*)   the; (*pron.*) him, it
leçon (*f.*)   lesson
lecture (*f.*)   reading
légume (*m.*)   vegetable
lendemain (*m.*)   the next day
lent   slow
lentement   slowly
lequel, laquelle, lesquels, lesquelles
   (*rel.pron.*)   which; who, whom; **lequel?
   laquelle? lesquels? lesquelles?** (*interrog.
   pron.*) which? which one? which ones?
les (*def.art.*)   the; (*pron.*) them
lettre (*f.*)   letter
leur (*pers.pron.*)   to them, them; **leur, leurs**
   (*poss. adj.*) their; **le leur, la leur, les leurs**
   (*poss.pron.*) theirs
levée   **du courrier** mail pickup
lever: se lever   to get up, to rise; **lever le
   doigt** to raise your hand
lèvre (*f.*)   lip
liberté (*f.*)   liberty
librairie (*f.*)   bookstore
libre   free
librement   freely
lien (*m.*)   link
lieu (*m.*)   place; **avoir lieu** to take place
linguiste (*m.*)   linguist
lion (*m.*)   lion
lire   to read
liste (*f.*)   list
lit (*m.*)   bed
litre (*m.*)   liter (1,0567 quarts liquid)
littéraire   literary
littérature (*f.*)   literature
livre (*m.*)   book
loger   to lodge
logique (*f.*)   logic
loin   far; **loin de** far from
long, longue   long
longtemps   a long time
lorsque   when
lourd   heavy
lui   him, to him, to her, to it
luire   to shine
lumière (*f.*)   light
lundi (*m.*)   Monday
lune (*f.*)   moon
lunettes (*f.pl.*)   glasses; **lunettes de soleil**
   sunglasses
lycée (*m.*)   secondary school
lyrique   lyrical

M. (*abbr. of* **Monsieur**)   Mr.
ma   *see* **mon**
madame (*f.*)   madam; **Mme** (*abbr.*) Mrs.;
   mesdames (*pl.*)
mademoiselle (*f.*)   miss; **Mlle** (*abbr.*) Miss;
   mesdemoiselles (*pl.*)
magasin (*m.*)   store
magazine (*m.*)   magazine
magnifique   magnificent
mai (*m.*)   May
maigre   thin, skinny
maigrir   to grow thin
main (*f.*)   hand; **poignée** (*f.*) **de main**
   handshake
maintenant   now
maintenir   to maintain
maire (*m.*)   mayor
mais   but
maison (*f.*)   house; **à la maison** at home
maîtresse d'école (*f.*)   schoolteacher
majestueux, majestueuse   majestic
mal (*adv.*)   badly; **pas mal** not bad
mal (*m.*)   pain; **mal de tête** headache; **avoir
   mal à la tête** to have a headache; **se faire
   mal** to hurt oneself
malade   sick
malgré   in spite of
malheureusement   unfortunately
malheureux, malheureuse   unfortunate
malle (*f.*)   trunk
manger   to eat; **manger du bout des dents** to
   be a picky eater
manquer   to miss, to lack
manteau (*m.*)   coat
marcher   to walk
mardi (*m.*)   Tuesday
mari (*m.*)   husband
marron   brown
mars (*m.*)   March
mathématicien (*m.*)   mathematician
mathématiques (*f.pl.*)   mathematics
matière (*f.*) **grise**   gray matter
matin (*m.*)   morning; **le matin** in the morning;
   tous les matins every morning
matinée (*f.*)   morning
mauvais   bad, wrong
me   me, to me
méchant   mean, nasty
mécontent   dissatisfied
médecin (*m.*)   doctor
médicament (*m.*)   medication
meilleur, meilleure, meilleurs, meilleures
   (*adj., comparative of* **bon**)   better; **le meilleur,
   la meilleure, les meilleurs, les meilleures**
   (*superlative of* **bon**) best
même (*adv.*)   even, itself; **tout de même**
   nevertheless, anyway; (*adj. and pron.*) **le
   même, la même, les mêmes** the same

mené directed
mentir to lie
menton (*m.*) chin
menu (*m.*) menu
mer (*f.*) sea
merci (*m.*) thanks
mercredi (*m.*) Wednesday
mère (*f.*) mother
merveille (*f.*) marvel, wonder
mes *see* **mon**
mésaventure (*f.*) misadventure
mesure (*f.*) measure; **outre mesure** beyond
  reason
mesurer to measure
météo (*f.*) meteorology
métier (*m.*) profession, occupation
mètre (*m.*) meter (39.37 inches)
métro (*m.*) subway
mets (*m.pl.*) food
metteur (*m.*) **en scène** director
mettre to put, to place; **mettre la table** to set
  the table; **se mettre à** to begin
meuble (*m.*) piece of furniture
Mexique (*m.*) Mexico
microbe (*m.*) microbe
midi (*m.*) noon; **après-midi** afternoon
**mien; le mien, la mienne, les miens, les
  miennes** mine
mieux (*adv. comparative of* **bien**) better; **aimer
  mieux** to prefer; **tant mieux** so much the
  better; **le mieux** (*superlative of* **bien**) the best
milieu (*m.*) middle; **au milieu de** in the
  middle of
mille a thousand
millième (*m.*) a thousandth
millier (*m.*) about a thousand
million (*m.*) million
mince thin
minuit (*m.*) midnight
minute (*f.*) minute
misogyne misogynous
mob° (*f.*) moped
mobylette (*f.*) moped
moi I, me, to me
moindre lesser; **le moindre, la moindre, les
  moindres** the least, the slightest
moine (*m.*) monk
moins less; **moins que** less than; **à moins que**
  unless; **une heure moins le quart** a quarter
  to one; **du moins, au moins** at least
mois (*m.*) month; **au mois de janvier** in the
  month of January
mollet (*m.*) calf
moment (*m.*) moment, time; **à ce moment-là**
  at that time; **au moment de** at the time of; **au
  même moment** at the same time; **au
  moment où** at the time when
mon, ma, mes my

monde (*m.*) world, people; **tout le monde**
  everyone
monnaie (*f.*) change (money)
monsieur (*m.*) gentleman, Sir; **M.** (*abbr.*) Mr.
monstre monstrous
montagne (*f.*) mountain
monter to go up; **monter à bicyclette** to ride
  a bicycle
montre (*f.*) watch
montrer to show
monument (*m.*) monument
mortel, mortelle mortal
mot (*m.*) word
motard (*m.*) motorcycle policeman
moteur (*m.*) motor
mouchoir (*m.*) handkerchief
mourir to die; **mourir de faim** to die of
  hunger
mousse (*f.*) **au chocolat** chocolate mousse
moustache (*f.*) moustache
moutarde (*f.*) mustard
mouton (*m.*) sheep, mutton
moyens (*m.pl.*) means
mur (*m.*) wall
murmurer to murmur
musée (*m.*) museum
musical musical
musicien (*m.*), **musicienne** (*f.*) musician
musique (*f.*) music
mystère (*m.*) mystery

n' *see* **ne**
nager to swim
naître to be born
natation (*f.*) swimming
national national
nationalité (*f.*) nationality
naturel, naturelle natural
navet (*m.*) turnip; **navet°** a bad film
navire (*m.*) ship
ne not; **ne ... pas** not; **ne ... plus** no longer,
  no more; **ne ... que** only; **ne ... ni ... ni**
  neither ... nor; **ne ... aucun(e)** none; **ne ...
  guère** scarcely, hardly; **ne ... jamais** never;
  ne ... personne no one; **ne ... rien** nothing;
  n'importe qui no matter who; **n'importe
  quoi** no matter what
nécessaire necessary
nef (*f.*) nave
neige (*f.*) snow
neiger to snow
nettoyer to clean
neuf, neuve new
neuf nine
neuvième ninth
nez (*m.*) nose
ni neither; **ne ... ni ... ni** neither ... nor; **ni
  l'un ni l'autre** neither

niais simple-minded
nièce (*f.*) niece
niveau (*m.*) level
Noël (*m.*) Christmas
noir black
nom (*m.*) name
nombre (*m.*) number
nombreux, nombreuse numerous
non no; **non plus** either
nord (*m.*) north
normalement normally
nostalgie (*f.*) nostalgia
note (*f.*) grade
notre, nos (*adj.*) our; **le nôtre, la nôtre, les nôtres** (*pron.*) ours
nourriture (*f.*) food
nous we, us, to us
nous-mêmes ourselves
nouveau, nouvelle, nouveaux, nouvelles new; **de nouveau** again
nouvelle (*f.*) piece of news; **nouvelles** (*pl.*) news
novembre (*m.*) November
nuage (*m.*) cloud; **il y a des nuages** it is cloudy
nuit (*f.*) night
nul, nulle no, no one; **nulle part** nowhere
numéro (*m.*) number; **numéro de téléphone** telephone number
nylon (*m.*) nylon

obéir (à) to obey
obéissant obedient
objet (*m.*) object
observer to observe
occasion (*f.*) occasion, bargain
occupation (f.) occupation
occupé busy
octobre (*m.*) October
odeur (*f.*) odor
œil (*m.*) eye; **yeux** (*pl.*)
œuf (*m.*) egg
œuvre(*f.*) work
offrir to offer
oignon (*m.*) onion
oiseau (*m.*) bird
oisiveté (*f.*) idleness
omelette (*f.*) omelet
omettre to omit
on, l'on one, they, someone, we
oncle (*m.*) uncle
onze eleven
onzième eleventh
opinion (*f.*) opinion
orange (*f.*) orange
orchestre (*m.*) orchestra
ordinaire ordinary; **d'ordinaire** usually
ordre (*m.*) order

ordures (*f.pl.*) garbage
oreille (*f.*) ear; **être tout oreilles** to be all ears
oreiller (*m.*) pillow
orgue (*m.*) organ
original original, unusual
orteil (*m.*) toe
oseille° (*f.*) money
oser to dare
ou or
où where, where?; in which, when; **où que** (+ *subj.*) wherever
oublier (de) to forget
ouest (*m.*) west
oui yes
ouïe (*f.*) (sense of) hearing; **être tout ouïe** to be all ears
ouvert open
ouvertement openly
ouvreuse (*f.*) usherette
ouvrir to open

pain (*m.*) bread; **pain de mie** white bread
pair even (number)
paire (*f.*) pair
paix (*f.*) peace
palais (*m.*) palace, palate
pâle pale
panique (*f.*) panic
pansement (*m.*) bandage
pantalon (*m.*) trousers, pants
panneau (*m.*) **indicateur** road sign
papier (*m.*) paper
Pâque (*f.*) Passover
Pâques (*m.pl.*) Easter; **Bonnes Pâques** Happy Easter
paquet (*m.*) package
par by, through; **par avion** by plane; **par jour** per day, a day; **par le train** by train
paraître to appear
parce que because
pardessus (*m.*) overcoat, topcoat
pardon (*m.*) pardon
pareil, pareille same
parent(*m.*), **parente** (*f.*) parent, relative
parfait perfect
parfaitement perfectly
parfois sometimes
parfum (*m.*) perfume
parisien, parisienne Parisian
parka (*m.*) parka
parler to speak; **parler à** to speak to; **parler de** to speak of; **entendre parler de** to hear of
parmi among
part (*f.*) share; **nulle part** nowhere; **d'autre part** on the other hand
partager to share, to divide

participer (à)   to participate (in)
particulier: en particulier   in particular
particulièrement   particularly
partie (*f.*)   part, party
partir   to leave
partout   everywhere
pas   not; **ne . . . pas** not; **pas encore** not yet;
  pas du tout not at all; **pas mal de** a lot of;
  pas un not one; **pas grand'chose** not much
pas (*m.*)   step
passage (*m.*)   path, way; **passage à niveau**
  railroad crossing; **passage clouté** pedestrian
  crossing
passer   to pass, to spend; **passer un examen** to
  take a test; **passer un film** to show a film; **se**
  passer de to do without; **qu'est-ce qui se**
  passe? what's happening?
pasteur (*m.*)   pastor
pâté (*m.*)   pâté
patient   patient
pâtisserie (*f.*)   pastry, pastry shop
pâtissier (*m.*), **pâtissière** (*f.*)   pastry cook
pauvre   poor
payer   to pay
pays (*m.*)   country
paysage (*m.*)   landscape
paysan (*m.*), **paysanne** (*f.*)   farmer
peau (*f.*)   skin; **être dans la peau de**
  quelqu'un to get into someone's skin
pédagogie (*f.*)   pedagogy
peigner   to comb; **se peigner** to comb (oneself)
peindre   to paint
peine (*f.*)   trouble, pain; **ce n'est pas la peine**
  it's not worthwhile, don't bother; **à peine**
  scarcely
pendant   during; **pendant que** while
penderie (*f.*)   closet
pendre   to hang
pendule(*f.*)   clock
penser   to think, to believe; **penser à** to think
  of; **penser de** to have an opinion about; **faire**
  penser to remind
perdre   to lose
père (*m.*)   father
permettre (de)   to permit
permis (*m.*) **de conduire**   driver's licence
persister   to persist
personnage (*m.*)   person (usually in the theater)
personne (*f.*)   person
personne   no one; **ne . . . personne** nobody,
  no one
petit   small, little; **petit déjeuner** breakfast; **un**
  petit mot a note; **petits pois** green peas
peu   little; **un peu** a little; **à peu près** about;
  peu après a little later, soon after; **peu de** a
  little; **un peu plus tard** a little later
peuple (*m.*)   people

peur (*f.*)   fear; **avoir peur de** to be afraid of;
  avoir peur que (+ *subj.*) to be afraid that; **de**
  peur que for fear that
peut-être   perhaps
pharmacie (*f.*)   pharmacy
pharmacien (*m.*), **pharmacienne**
  (*f.*)   pharmacist
philosophe (*m.*)   philosopher
philosophie (*f.*)   philosophy
photo (*f.*)   photo
photographie (*f.*)   photograph
phrase (*f.*)   sentence
physique   physical
piano (*m.*)   piano
pièce (*f.*)   room; **pièce de théâtre** play; **pièce**
  de monnaie coin
pied (*m.*)   foot
piéton (*m.*)   pedestrian
piger°   to understand
pile: cinq heures pile   five o'clock precisely
pire   worse; **le pire, la pire, les pires** the
  worst
pis: tant pis   so much the worse, too bad
piscine (*f.*)   swimming pool
placard (*m.*)   closet
place (*f.*)   square, space, room, seat
placer   to place
plafond (*m.*)   ceiling
plaindre   to pity; **se plaindre (de)** to complain
  (about)
plaire (à)   to please; **s'il vous plaît** please; **se**
  plaire à to like to
plaisanter   to joke
plaisir (*m.*)   pleasure
planter   to plant
plat (*m.*)   dish
platane (*m.*)   plane tree
plateau (*m.*)   tray
plein   full
pleurer   to weep, to cry
pleuvoir   to rain; **il pleut à verse** it's pouring
pluie (*f.*)   rain
plupart: la plupart   most
pluriel (*m.*)   plural
plus   more; **ne . . . plus** no more, no longer;
  plus de more than; **plus fort** louder; **plus**
  tard later; **plus que** more than; **plus ou**
  moins more or less; **de plus** in addition
plusieurs   several
plutôt   rather
pneu (*m.*)   tire
pochette-surprise (*f.*)   grab bag
poème (*m.*)   poem
poète (*m.*)   poet
poétique   poetic
poignet (*m.*)   wrist
poing (*m.*)   fist

point (*m.*)   period; **point de vue** point of view
poire (*f.*)   pear
pois (*m.pl.*)   peas
poitrine (*f.*)   chest
poivre (*m.*)   pepper
police (*f.*)   police; **agent de police** policeman
politique   political
pomme (*f.*)   apple; **pomme de terre** potato;
   pommes frites fried potatoes
pont (*m.*)   bridge
populaire   popular
porc (*m.*)   pig, pork
portail (*m.*)   portal
porte (*f.*)   door
porter   to carry, to wear; **porter un toast** to
   toast; **se porter bien** to be in good health
porte-serviettes (*m.*)   towel rack
portière (*f.*)   door (of a vehicle)
portugais   Portuguese
poser   to set, to place; **poser une question** to
   ask a question
posséder   to possess
possible   possible
poste (*f.*)   post office
poste (*m.*) **de télévision**   television set; **poste
   de radio** radio
poule (*f.*)   chicken, hen
poulet (*m.*)   chicken
pour   for, in order to, to; **pour que** (+ *subj.*) in
   order that, so that
pourboire (*m.*)   tip
pourquoi   why; **pourquoi pas?** why not?
pourvu que (+ *subj.*)   provided that
pousser   to push
pouvoir   to be able to, can, could, may, might;
   pouvoir compter to be able to count
pratique   practical
pratiquer   to practice
précédent   preceding
précipitamment   headlong
précipiter   to rush
précis   precise
précisément   precisely
préconçu   preconceived
préféré   preferred
préférer   to prefer
préjugé (*m.*)   prejudice
premier, première   first; **le premier août** the
   first of August; **le premier étage** the second
   floor
premièrement   at first, first
prendre   to take; **prendre le petit déjeuner**
   to have breakfast; **prendre soin de** to take
   care of; **prendre une douche** to take a
   shower; **prendre un pot, prendre un verre**
   to have a drink
préparer   to prepare; **se préparer à** to prepare for

près   near, nearby; **près de** near; **à peu près**
   about
présent   present
présenter   to introduce; **présenter quelqu'un
   à quelqu'un** to introduce someone to
   someone; **se présenter à quelqu'un** to
   introduce oneself to someone
presque   almost; **presque rien** almost nothing
prêt (à)   ready (to)
prêtre (*m.*)   priest
prévenir   to warn
prévoir   to foresee
prier   to pray; **je vous en prie** please
principe (*m.*)   principle
printemps (*m.*)   spring
priorité (*f.*)   priority; **priorité à droite** right of
   way
privilège (*m.*)   privilege
prix (*m.*)   price
prochain   next; **la semaine prochaine** next
   week
prodigieux, prodigieuse   prodigious,
   stupendous
professeur (*m.*)   professor
profession (*f.*)   profession
profiter (de)   to take advantage (of)
profondément   profoundly
programme (*m.*)   program
progrès (*m.*)   progress
projet (*m.*)   project
promenade (*f.*)   walk, drive; **faire une
   promenade** to take a walk
promener   to walk (something); **se promener**
   to take a walk
promettre (de)   to promise
pronom (*m.*)   pronoun
proposer   to propose
propos: à propos de   with regard to
propre   clean; own
propriétaire (*m.*)   proprietor
protestant (*m.*)   Protestant
proverbe (*m.*)   proverb
province (*f.*)   province
provincial   provincial
prudemment   prudently, carefully
psychanalyste (*m.*)   psychoanalyst
psychologie (*f.*)   psychology
psychologue (*m.*)   psychologist
public, publique   public
publicitaire   advertising
publicité (*f.*)   publicity, advertising
puis   then
puisque   since
pull-over (*m.*)   pullover
punir   to punish
pur   pure
purement   purely

qu' *see* **que**

quai (*m.*) train platform

qualité (*f.*) quality

quand when, when?; **depuis quand?** how long? since when?; **quand même** even if

quarante forty

quart (*m.*) quarter; **trois heures et quart** a quarter past three; **trois heures moins le quart** a quarter to three

quartier(*m.*) quarter, part of a city

quatorze fourteen

quatre four

quatre-vingt-dix ninety

quatre-vingts eighty

quatrième fourth

que (*rel.pron.*) whom, which; **ce que** that which, what; **que? qu'est-ce qui? qu'est-ce que?** what?; **qu'est-ce que c'est que . . . ?** what is . . .?; **que** (*conj.*) that

quel? quelle? quels? quelles? (*interrog.adj.*) what?; **quel . . . !** what a . . . !

quelque, quelques some, a few; **quelque chose** something

quelquefois sometimes

quelques-uns, quelques-unes some, a few

quelqu'un somebody, someone

question (*f.*) question

qui (*rel.pron.*) who, whom, which; **ce qui** what; **qui?** (*interrog.pron.*) who? whom?; **qui est-ce qui?** who?; **qui est-ce que?** whom?; **à qui . . . ?** to whom? whose . . . ?

quiconque whoever

quinzaine (*f.*) about fifteen

quinze fifteen; **quinze jours** two weeks

quinzième fifteenth

quitter to leave

quoi what, what?; **à quoi bon?** what's the use?; **il n'y a pas de quoi** you are welcome

quoique (+ *subj.*) although

rabbin (*m.*) rabbi

raconter to tell, to narrate

radio (*f.*) radio

raffiné refined

raffinement (*m.*) refinement

raisin (*m.*) grape

raison (*f.*) reason; **avoir raison** to be right

rajeunir to grow young

ralentir to slow down

ramasser to pick, to pick up, to gather

ranger to put back in place

rappeler to remind; **se rappeler** to remember

rapport (*m.*) report

rasoir° boring

rassembler: se rassembler to gather

réaction (*f.*) reaction

réaliste realistic

récemment recently

récepteur (*m.*) telephone receiver

recevoir to receive

récolte (*f.*) harvest

reconnaître to recognize

récréation (*f.*) recreation

rédactrice (*f.*) **de journal** woman newspaper editor

rédiger to edit

redonner to give again

redouter to dread, to fear

réel, réelle real

réfléchir to reflect

refuser (de) to refuse

régaler to entertain, to feast (one's friends)

regarder to look at

région (*f.*) region

règle (*f.*) rule, ruler

regrettable unfortunate

regretter (de) to regret, to be sorry for

religieux, religieuse religious

remarquable remarkable

remarquer to notice

remettre to put back

remplir to fill up

rencontre (*f.*) meeting

rencontrer to meet

rendre to give back; **se rendre à** to proceed to; **se rendre compte** to realize

renommé renowned, famed

renseignement (*m.*) information

renseigner to inform

rentrer to return, to return home

renvoyer to send back

repas (*m.*) meal

répéter to repeat

répondre (à) to answer

réponse (*f.*) answer

reportage (*m.*) report

repos (*m.*) rest, repose; **jour de repos** day off

reposer: se reposer to rest

reprendre to take again; to start again; **reprendre la parole** to start to talk again

réputé (pour) well known (for)

réservé reserved

réserver to reserve

résonner to resonate

responsabilité (*f.*) responsibility

responsable responsible

ressembler (à) to resemble, to look like

ressentir to feel

restaurant (*m.*) restaurant

rester to stay, to remain

retard (*m.*) delay, lateness; **en retard** late

retenir to hold back

retour (*m.*) return; **aller et retour** round trip; **être de retour** to be back

retourner to go back; **se retourner** to turn around

retrouver   to find again, to meet
réunion (*f.*)   meeting
réunir: se réunir   to meet
réussir (à)   to succeed (in, at)
revanche: en revanche   in compensation
réveiller: se réveiller   to wake up
réveillon (*m.*)   meal eaten on Christmas Eve after midnight Mass
revenir   to return
rêver (de, à)   to dream about
revoir   to see again; **au revoir** good-bye
revue (*f.*)   review, magazine
rez-de-chaussée (*m.*)   ground floor
riche   rich
ridicule   ridiculous
rien   nothing; **ne . . . rien** nothing; **de rien** you are welcome; **rien d'intéressant** nothing interesting; **rien du tout** nothing at all
rime (*f.*)   rhyme
rire (de)   to laugh (at)
robe (f.)   dress
robuste   robust
roi (*m.*)   king
rôle (*m.*)   role, part; **à tour de rôle** each one in turn
roman (*m.*)   novel
rond   round
rose   rosy, pink
rosse°   mean
rouge   red
rougir   to blush
rouler   to roll along
route (*f.*)   road; **en route** on the way
roux, rousse   red (hair)
rue (*f.*)   street
rural   rural
russe   Russian
Russie (*f.*)   Russia
rythme (*m.*)   rythm

s'   *see* **si** *or* **se**
sa   *see* **son**
sac (*m.*)   bag; **sac de couchage** sleeping bag
sage   good, wise
saisir   to seize
saison (*f.*)   season
salade (*f.*)   salad, lettuce
sale   dirty
salé   salty
saler   to salt
salle (*f.*)   room; **salle de bains** bathroom; **salle de classe** classroom; **salle à manger** dining room
salon (*m.*)   living room
saluer   to salute, to greet
samedi (*m.*)   Saturday
sans   without; **sans doute** probably; **sans**

aucun doute without a doubt; **sans équivoque** without ambiguity; **sans que** without
santé (*f.*)   health; **à votre santé, à ta santé** to your health; **rester en bonne santé** to remain in good health
sardine (*f.*)   sardine
satisfait   satisfied
saucisse (*f.*)   sausage
saucisson (*m.*)   salami
sauter   to jump
savant (*m.*)   learned man
saveur (*f.*)   savor, taste
savoir   to know, to know how
savon (*m.*)   soap
savoureux, savoureuse   tasty
scène (*f.*)   scene, stage
sciences (*f.pl.*)   sciences; **sciences politiques** political science
se   oneself, himself, herself, themselves; to oneself, etc.
séance (*f.*)   session, meeting
sec, sèche   dry; **il fait sec** it is dry
second   second; **seconde** (*f.*) second class
sécurité (*f.*) **routière**   road safety
seize   sixteen
séjour (*m.*)   stay, visit
sel (*m.*)   salt
selon   according to
semaine (*f.*)   week; **la semaine prochaine** next week; **la semaine dernière** last week
semblable   similar
sembler   to seem
semer   to sow
semeuse (*f.*)   sower
Sénégal (*m.*)   Senegal
sens (*m.*)   sense, direction
sensass°   sensational
sensationnel, sensationnelle   sensational
sentiment (*m.*)   sentiment, feeling
sentir   to smell; **se sentir** to feel
sept   seven
septembre (*m.*)   September
septième   seventh
sérieux, sérieuse   serious
sérieusement   seriously
serrer   to shake (hands)
service (*m.*) **de bagages**   baggage service
serviette (*f.*)   towel, napkin
servir (à)   to serve; **se servir de** to use; **se servir** to help oneself
ses   *see* **son**
seul   alone, single
seulement   only, but
shampooing (*m.*)   shampoo
si   if, whether, so; yes
siècle (*m.*)   century; **au douzième siècle** in the twelfth century

sien: le sien, la sienne, les siens, les siennes
(*poss.pron.*)   his, hers
signal (*m.*) **de localisation**   place marker
signalisation (*f.*)   road sign system
similitude (*f.*)   similarity
simple   simple
situé   situated
six   six
sixième   sixth
ski (*m.*)   ski; **faire du ski** to ski
slip (*m.*)   panty
socquette (*f.*)   sock
sœur (*f.*)   sister
soie (*f.*)   silk
soif (*f.*)   thirst; **avoir soif** to be thirsty
soir (*m.*)   evening; **le soir** in the evening; **hier
  soir** last night
soirée (*f.*)   evening; evening party
soit: il soit   (*3rd sg.pr.subj.*); **soit . . . soit** either
  . . . or
soixante   sixty
soixante-dix   seventy
solde (*f.*)   sale
soleil (*m.*)   sun, sunshine; **il fait du soleil** the
  sun is shining
solide   solid
solitude (*f.*)   solitude
sommeil (*m.*)   sleep; **avoir sommeil** to be
  sleepy
sommet (*m.*)   summit
son, sa, ses (*poss.adj.*)   his, her, its
son (*m.*)   sound
songer (à)   to dream (of)
sophistiqué   sophisticated
sorte (*f.*)   sort, kind; **de sorte que** so that
sortie (*f.*)   exit
sortir   to go out, to leave
sot, sotte   foolish
soucoupe (*f.*)   saucer
soudain   sudden
soudainement   suddenly
souffrir   to suffer
soulager   to relieve
soulier (*m.*)   shoe
soumettre   to submit
sourire   to smile; **sourire** (*m.*) smile
sous   under; **sous forme de** in the form of
sous-sol (*m.*)   basement
soutien (*m.*)   support
soutien-gorge (*m.*)   bra
souvenir (*m.*)   souvenir; **se souvenir (de)** to
  remember
souvent   often
spécial   special
spécialement   specially
spécialiser: se spécialiser (en)   to major (in)
sportif, sportive   athletic
stage (*m.*)   sojourn, apprenticeship

statue (*f.*)   statue
stupide   stupid
style (*m.*)   style
subitement   suddenly
subtilité (*f.*)   subtlety
succès (*m.*)   success
succulent   tasty, succulent
sucre (*m.*)   sugar
sud (*m.*)   south
Suède (*f.*)   Sweden
suédois   Swedish
sueur (*f.*)   sweat, perspiration
suffire   to suffice
suffisamment   sufficiently
suggérer   to suggest
Suisse (*f.*)   Switzerland
suite: tout de suite   right away, immediately
suivant   following
suivre   to follow; **suivre un cours** to take a
  course
sujet (*m.*)   subject; **au sujet de** about
super   super
superbe   superb
sur   on, upon
sûr   sure
sûrement   surely, certainly
surmené   overworked
surnommer   to nickname
surprendre   to surprise
surpris   surprised
surtout   especially, above all
suspense (*m.*)   suspense
symbole (*m.*)   symbol
sympa°   friendly, nice
sympathique   friendly, nice
système (*m.*)   system; **système métrique**
  metric system

tabac (*m.*)   tobacco; **bureau de tabac**
  tobacconist's shop
table (*f.*)   table
tâcher (de)   to try (to)
tact (*m.*)   tact
tailleur (*m.*)   woman's suit
taire: se taire   to keep quiet
tambour (*m.*)   drum
tamponner: se tamponner   to hit, to collide
tandis que   while
tant   so much, so many; **tant mieux** so much
  the better; **tant pis** so much the worse
tante (*f.*)   aunt
tapis (*m.*)   rug
tard   late; **plus tard** later
tarder (à)   to delay, to put off
tasse (*f.*)   cup
taxi (*m.*)   taxi
taxiphone (*m.*)   pay phone
te   to you, for you (*familiar*)

tee-shirt (*m.*)   T-shirt
tel: un tel, une telle, de tels, de telles   such a, such
tel que, telle que, tels que, telles que   such as, like
télé° (*f.*)   television
télégramme (*m.*)   telegram
téléphone (*m.*)   telephone
téléphoner   to telephone
télévision (*f.*)   television
témoigner (de)   to testify, to bear witness
témoin (*m.*)   witness
température (*f.*)   temperature
temps (*m.*)   time; weather; **quel temps fait-il?** how's the weather?; **combien de temps?** how long?; **avoir le temps de** to have the time to; **de temps à autre, de temps en temps** from time to time; **en même temps** at the same time
tenace   tenacious
tendance (*f.*)   tendency
tenir   to hold, to keep: **tenir parole** to keep one's word
tennis (*m.*)   tennis; **jouer au tennis** to play tennis
tenue: avoir de la tenue   to be properly dressed
terminer: se terminer   to finish, to end
terrain (*m.*) **de sports**   sports field
terrasse (*f.*)   terrace
terre (*f.*)   earth, ground
terre-à-terre   down-to-earth
tête (*f.*)   head
texte (*m.*)   text
thé (*m.*)   tea
théâtre (*m.*)   theater
tien: le tien, la tienne, les tiens, les tiennes   yours (*familiar*)
tiens!   indeed, well!
tignasse (*f.*)   shock of hair
tigre (*m.*)   tiger
timbre (*m.*)   stamp; **timbre-poste** postage stamp
tirer   to pull: **tirer au sort, tirer au hasard** to draw by chance, by lot
tiroir (*m.*)   drawer
toi   you (*familiar*)
toilette   toilet
tolérant   tolerant
tomate (*f.*)   tomato
tomber   to fall; **tomber bien, tomber à pic** to happen at a good time
ton, ta, tes   your (*familiar*)
ton (*m.*)   tone
tonalité (*f.*)   dial tone
tort (*m.*)   wrong; **avoir tort** to be wrong
tôt   soon; **plus tôt** sooner; **le plus tôt possible** as soon as possible

toujours   always, still
tour (*m.*)   turn: **faire un tour** to take a walk (or a ride); **à tour de rôle** each one in turn
touriste (*m.*)   tourist
tourne-disque (*m.*)   record player
tourner   to turn
tout, toute, tous, toutes (*adj.*)   all, every; **toute la journée** all day; **tous les jours** every day; **tout le monde** everybody; (*pron.*) all, everybody, everything
tout (*adv.*)   all, quite, completely; **tout à fait** quite; **tout à coup** suddenly; **tout de suite** immediately, right away; **à tout à l'heure** in a while; **pas du tout** not at all; **tout de même** all the same; **rien du tout** nothing at all
tragédie (*f.*)   tragedy
train (*m.*)   train; **en train de** in the act of
trait (*m.*)   gulp; **d'un trait** at one gulp
traiter   to treat
trajet (*m.*)   journey, distance
tranquille   quiet
transporter   to transport
travail (*m.*)   work; **travaux** (*pl.*)
travailler   to work
travers: à travers   across
traverser   to cross
treize   thirteen
treizième   thirteenth
trench (*m.*)   trench-coat
trente   thirty
très   very, very much
tricot (*m.*) **de corps**   T-shirt
triste   sad
trois   three
troisième   third
trombone (*m.*)   trombone
tromper: se tromper   to be mistaken
trompette (*f.*)   trumpet
tronche° (*f.*)   head
trop   too, too much, too many
troublé   confused, upset
trouver   to find; **se trouver** to be located
trucs° (*m.pl.*)   things
truquage (*m.*)   trick shots (film)
tu   you (*familiar*)
tuer   to kill
Turquie (*f.*)   Turkey
tutoyer   to use "tu"
type (*m.*)   type, guy
typique   typical

un (*m.*), **une** (*f.*)   a, an; one; **l'un** one
unique   unique
unité (*f.*)   unity
université (*f.*)   university
uns; les uns, les unes   some; **les un(e)s . . . les autres** some . . . the others; **les un(e)s . . . d'autres** some . . . others

user to wear out
usine (*f.*) factory, plant
utile useful
utiliser to use

vacances (*f.pl.*) vacation, holiday; **en vacances** on vacation
vache (*f.*) cow
vaisselle: faire la vaisselle to wash the dishes
valeur (*f.*) value
valise (*f.*) suitcase
valoir to be worth; **il vaut mieux** it is better; **ça ne vaut pas la peine** it is not worth the trouble
vase (*m.*) vase
veau (*m.*) calf, veal
vélo (*m.*) bicycle; **faire du vélo** to go bicycling
vendre to sell
vendredi (*m.*) Friday
venir to come; **venir de** to have just; **il vient de dormir** he has just slept; **il venait de dormir** he had just slept; **venir à point** to come at the right moment
vent (*m.*) wind; **il fait du vent** it is windy
ventre (*m.*) abdomen
vérifier to check
véritable true
vérité (*f.*) truth
verre (*m.*) glass
vers toward, about
vert green
vertu (*f.*) virtue
veste (*f.*) (short) jacket
veston (*m.*) man's jacket
vêtements (*m.pl.*) clothing
viande (*f.*) meat
victoire (*f.*) victory
vide empty
vider to empty
vie (*f.*) life
vieillir to grow old
vieux (*m.*), **vieil** (*m.*), **vieille** (*f.*), **vieux** (*m.pl.*), **vieilles** (*f.pl.*) old; **mon vieux** old man, old chap
village (*m.*) village
ville (*f.*) city, town; **en ville** downtown
vin (*m.*) wine
vingt twenty
violence (*f.*) violence
violet purple
violon (*m.*) violin
violoncelle (*m.*) cello

visage (*m.*) face
visiter to visit (a place)
vitamine (*f.*) vitamin
vite fast
vitrail (*m.*) stained-glass window; **vitraux** (*pl.*)
vivement quickly
vivre to live
voici here is; **le voici, la voici** here it is, here he is, here she is
voie: en voie de in the process of
voilà there is; **le voilà, la voilà** there it is, there he is, there she is
voile (*f.*) sail; **faire de la voile** to sail
voir to see
voiture (*f.*) car, vehicle
voix (*f.*) voice; **à voix basse** in a low voice
voler to fly
volontiers willingly
vos *see* **votre**
votre, vos (*poss.adj.*) your
vôtre: le vôtre, la vôtre, les vôtres (*poss.pron.*) yours
vouloir to want, to wish; **vouloir bien** to be willing; **je voudrais bien** I would like; **vouloir dire** to mean
vous you, to you
vouvoyer to use the "vous" form
voyage (*m.*) trip
voyager to travel
vrai true
vraiment truly
vue (*f.*) view, sight; **point de vue** point of view

W.C. *abbr. of* **water-closets**
water-closets (*m.pl.*) toilet
wagon (*m.*) (train) car
week-end (*m.*) weekend

y to it, at it, to them, at them, there; **il y a** there is, there are; **y a-t-il?** is there? are there?; **il y avait** there was, there were; **il y a quinze ans** fifteen years ago; **il y a vingt minutes que j'attends** I have been waiting for twenty minutes; **qu'est-ce qu'il y a?** what is the matter?
yeux (*pl. of* **œil**) eyes

zélé zealous
zéro (*m.*) zero
zoologie (*f.*) zoology
zut, alors!° darn!

ANGLAIS–FRANÇAIS

a un, une
abdomen ventre (*m.*)
able (*adj.*) compétent; **to be able** pouvoir
about (*prep.*) (time) vers; (*adv.*)
(approximately) à peu près, environ; (*prep.*) à propos de
above all surtout
abrupt brusque
abruptly brusquement
absent: to be absent s'absenter
absolutely absolument
absurd absurde
academic académique
accent accent (*m.*)
accept accepter; (in closing a letter) agréer
accident accident (*m.*)
accompany accompagner
according to d'après, selon
account compte-rendu (*m.*), rapport (*m.*)
acknowledge avouer
acquainted: to be acquainted with connaître
across à travers
active actif, active
actively activement
actor acteur (*m.*), actrice (*f.*); comédien (*m.*)
add ajouter, joindre
addition: in addition de plus
address adresse (*f.*); **to address** adresser; **to address someone, to speak to someone, to appeal to someone** s'adresser à quelqu'un
admire admirer
admirer admirateur (*m.*)
admit admettre, avouer
adore adorer
adorn embellir
adversity adversité (*f.*)
advertising publicité (*f.*)
advise aviser, conseiller
affectionate affectueux, affectueuse
affectionately affectueusement
after après; **after all** après tout
afternoon après-midi (*m. or f.*)
again encore
age âge (*m.*)
ago il y a; **two years ago** il y a deux ans
airmail par avion
airplane avion (*m.*)
airport aéroport (*m.*)
air terminal aérogare (*f.*)
alas hélas
alive: to come alive s'animer
all tout, toute, tous, toutes; **not at all** pas du tout; **all at once** d'un seul coup; **all right** bien entendu; **and all that** et tout ça
almost presque; à peu près

alone seul
already déjà
also aussi
although bien que, quoique
always toujours
ambiguity ambiguïté (*f.*)
ambition ambition (*f.*)
America Amérique (*f.*)
American Américain (*m.*), Américaine (*f.*); (*adj.*) américain
amuse amuser; **to amuse oneself** s'amuser, se divertir
amusing amusant
ancient ancien, ancienne
anger colère (*f.*); **to anger** fâcher; **to become angry** se fâcher
angry fâché; furieux, furieuse; **to be angry** être en colère
animal animal (*m.*)
ankle cheville (*f.*)
anniversary anniversaire (*m.*)
annoy embêter
annoyed fâché; **annoying** fâcheux, fâcheuse
answer répondre (à)
answer réponse (*f.*)
anxious anxieux, anxieuse; inquiet, inquiète
any un, une; quelques-uns, quelques
anybody quiconque
anyone quelqu'un; **not . . . anyone** ne . . . personne
anything quelque chose; **not . . . anything** ne . . . rien
apartment appartement (*m.*)
appear paraître, sembler
appetizer hors-d'œuvre (*m.*)
applaud applaudir
apple pomme (*f.*)
appreciate apprécier
apprenticeship stage (*m.*)
April avril (*m.*)
archeologist archéologue (*m.*)
archeology archéologie (*f.*)
architect architecte (*m.*)
argue se disputer
arm bras (*m.*)
arrival arrivée (*f.*)
arrive arriver; **to arrive in time** arriver à temps; **to arrive at the right time** arriver à propos
arrow flèche (*f.*)
art art (*m.*)
artery artère (*f.*)
artichoke artichaut (*m.*)
artist artiste (*m. or f.*)
artistic artistique

as comme, pendant que; **as if** comme si; **as soon as** dès que, aussitôt que; **as soon as possible** aussitôt que possible

ask demander; **to ask a question** poser une question

asparagus asperge (*f.*)

aspect aspect (*m.*)

aspirin aspirine (*f.*)

at à, chez; **at the** au, à la, à l', aux; **at Jacqueline's** chez Jacqueline; **at any rate** en tout cas; **at first** d'abord; **at least** au moins, du moins; **at that moment** à ce moment-là; **at the end of** au bout de; **at the same time** en même temps; **at the top of** en haut de

attend (a school) faire ses études

attention attention (*f.*)

athletic sportif, sportive

attitude attitude (*f.*)

August août (*m.*)

aunt tante (*f.*)

auto auto (*f.*), automobile (*f.*), voiture (*f.*)

autumn automne (*m.*); **in the autumn** en automne

available disponible, libre

avenue avenue (*f.*)

await attendre

award prix (*m.*)

Aztec aztèque

back dos (*m.*); **to be back** être de retour

bad mauvais

badly mal

bag sac (*m.*); **sleeping bag** sac de couchage

baggage service service (*m.*) des bagages

baker boulanger (*m.*), boulangère (*f.*)

bakery boulangerie (*f.*)

balcony balcon (*m.*)

ballet ballet (*m.*)

ball ballon (*m.*)

banana banane (*f.*)

bandage pansement (*m.*)

bank banque (*f.*)

bank note billet (*m.*) de banque

bar bistro(t) (*m.*), café (*m.*)

basement sous-sol (*m.*)

bathe baigner; **to bathe oneself** se baigner

bathroom salle (*f.*) de bains

be être; **to be afraid** avoir peur; **to be all ears** être tout oreilles, être tout ouïe; **to be angry** être en colère; **to be at the table** être à table; **to be called** s'appeler; **to be cold** avoir froid; **to be hungry** avoir faim, être affamé; **to be late** être en retard; **to be right** avoir raison; **to be sleepy** avoir sommeil; **to be thirsty** avoir soif, être assoiffé; **to be warm** avoir chaud; **to be wrong** avoir tort

bean *haricot (*m.*)

beard barbe (*f.*)

beat frapper, battre

because car, parce que; **because of** à cause de

become devenir; **to become animated** s'animer

bed lit (*m.*); **to go to bed** se coucher

bedroom chambre (*f.*) à coucher

beef bœuf (*m.*)

been été (*p.part of* être)

beer bière (*f.*)

before (time) avant, avant de, avant que; auparavant; (place) devant

begin commencer (à)

beginning début (*m.*)

behind derrière

Belgium Belgique (*f.*)

believable croyable

believe croire, penser (à)

belong appartenir à; être à

belt ceinture (*f.*)

benefit profiter

beside à côté de

besides puis, d'ailleurs

best (*adj.*) le meilleur, la meilleure, les meilleurs, les meilleures; (*adv.*) le mieux

better (*adj.*) meilleure, meilleure, meilleurs, meilleures; (*adv.*) mieux; **so much the better** tant mieux; **it is better to** il vaut mieux; **it would be better** il vaudrait mieux

bicycle bicyclette (*f.*) vélo (*m.*)

big grand; gros, grosse

biologist biologiste (*m.*)

biology biologie (*f.*)

bird oiseau (*m.*)

birthday anniversaire (*m.*)

black noir

blacksmith forgeron (*m.*)

blame blâmer

blanket couverture (*f.*)

blazer blazer (*m.*)

blind aveugle (*m.*)

blond blond

blood sausage boudin (*m.*)

blouse blouse (*f.*), corsage (*m.*)

blue bleu

bluff bluffer

blunt brusque

blush rougir

boat bateau (*m.*)

body corps (*m.*)

book livre (*m.*)

bookstore librairie (*f.*)

boots bottes (*f.pl.*)

bore ennuyer, embêter°; **to be bored** s'ennuyer

boring ennuyeux, rasoir°

born né; **to be born** naître

borrow emprunter

bosom poitrine (*f.*)

botanist botaniste (*m.*)

botany botanique (*f.*)
bother ennuyer, déranger, importuner
bothersome embêtant
bottle bouteille (*f.*)
boulevard boulevard (*m.*)
box caisse (*f.*), boîte (*f.*)
boy garçon (*m.*), jeune homme (*m.*)
bra soutien-gorge (*m.*)
brain cervelle (*f.*)
brake freiner
brave courageux, courageuse; brave
bread pain (*m.*), baguette (*f.*); **white bread** pain de mie
break casser
breakfast petit déjeuner (*m.*)
breath souffle (*m.*); **out of breath** à bout de souffle, hors d'haleine
brevity brièveté (*f.*)
bridge pont (*m.*)
bring apporter
broadcast émission (*f.*)
brother frère (*m.*)
brown brun, marron
brush brosser
budge bouger
build construire; **to have built** faire construire
building édifice (*m.*), bâtiment (*m.*)
bulletin bulletin (*m.*)
burst éclater; **to burst out laughing** éclater de rire
bus autobus (*m.*), car (*m.*)
busy occupé
but mais
butcher boucher (*m.*), bouchère (*f.*)
butcher shop boucherie (*f.*); **pork butcher** charcutier (*m.*), charcutière (*f.*); **pork butcher's shop** charcuterie (*f.*)
butter beurre (*m.*)
buy acheter
by par, de

café café (*m.*)
cake gâteau (*m.*)
calf (of leg) mollet (*m.*); (animal) veau (*m.*)
call appeler; **to be called** s'appeler
calm calme
camembert (cheese) camembert (*m.*)
can (of food) boîte (*f.*) de conserve
Canada Canada (*m.*)
Canadian canadien, canadienne
candidate candidat (*m.*)
candor franchise (*f.*)
candy bonbon (*m.*)
capable capable
capital capitale (*f.*)
car bus (*m.*); (of train) wagon (*m.*)
card carte (*f.*); **to play cards** jouer aux cartes
care: to take care of s'occuper de

career carrière (*f.*)
careful: to be careful faire attention
carpet tapis (*m.*)
carrot carotte (*f.*)
carry: to be carried away s'emballer
cart chariot (*m.*)
cartoons dessins (*m.pl*) animés
case cas (*m.*); **in any case** en tout cas; **in case** au cas où
cash monnaie (*f.*); **cash box** caisse (*f.*)
castle château (*m.*)
cat chat (*m.*), chatte (*f.*)
category catégorie (*f.*)
cathedral cathédrale (*f.*)
Catholic catholique
ceiling plafond (*m.*)
celebrate célébrer, fêter, arroser
cellar cave (*f.*)
cello violoncelle (*m.*)
century siècle (*m.*)
certain certain
certainly certainement
chance *hasard (*m.*); **to take a chance** se hasarder
channel (T.V.) chaîne (*f.*)
chair chaise (*f.*)
champagne champagne (*m.*)
character personnage (*m.*), caractère (*m.*)
characteristic caractéristique (*f.*)
charmed enchanté
charge (to rush in) foncer
charity charité (*f.*)
charming charmant
château château (*m.*)
check vérifier; **to check the oil** vérifier l'huile
cheek joue (*f.*)
chemistry chimie (*f.*)
cheese fromage (*m.*)
cherry cerise (*f.*)
chest poitrine (*f.*)
chest (of drawers) commode (*f.*)
chicken poulet (*m.*)
child enfant (*m. or f.*)
chimney cheminée (*f.*)
chin menton (*m.*)
China Chine (*f.*)
Chinese chinois
chocolate chocolat (*m.*); **chocolate mousse** mousse (*f.*) au chocolat
choice choix (*m.*)
choke étrangler
choose choisir
chore corvée (*f.*)
Christmas Noël (*m.*); **Christmas Eve midnight party** réveillon (*m.*)
church église (*f.*)
cigar cigare (*m.*)
cinema cinéma (*m.*)

circulation circulation (f.)
circumstance circonstance (f.)
city cité (f.), ville (f.)
civilization civilisation (f.)
classical classique
classroom salle (f.) de classe
clean nettoyer; (adj.) propre
clear clair
clearly clair, clairement
clever savant, intelligent
clock pendule (f.), horloge (f.)
close fermer; **closed** fermé
closet penderie (f.), placard (m.); armoire (f.)
clothing vêtements (m.pl.); habit (m.)
cloud nuage (m.); **it is cloudy** il y a des nuages
coat (women's) manteau (m.); (men's) pardessus (m.)
coffee café (m.)
coin pièce (f.) de monnaie
cold (temperature) froid; **it is cold** il fait froid; **I am cold** j'ai froid; (illness) rhume (m.)
collect ramasser, collectionner
collection collection (f.)
college collège (m.)
color couleur (f.)
colossal colossal
comb peigner; **to comb (oneself)** se peigner
combat combat (m.); **to combat** combattre
come venir, arriver; **to come at the right moment** venir à point; **to come back** revenir; **to have (someone) come** faire venir (quelqu'un)
comedian comédien (m.)
comedy comédie (f.)
comfortable confortable
comic strips bandes (f.pl.) dessinées
command commander
comment commenter
commit commettre
common commun; **common sense** bon sens (m.), sens commun, jugeotte° (f.)
communicate communiquer
companion compagne (f.)
compartment compartiment (m.)
competent compétent
complain: to complain about se plaindre de
complete complet, complète
completely complètement, tout à fait
complicated compliqué
compliment compliment (m.)
composer compositeur (m.)
concede admettre
condition condition (f.)
conditional conditionnel, conditionnelle
conference room salle (f.) de conférence
confess confesser; se confesser
confusion brouhaha (m.)

consent consentir
consider considérer
constant constant
constantly constamment
consult consulter
contain contenir
continue continuer
contrary contraire (m.); **on the contrary** au contraire
contribute contribuer
convenient convenable
conversation conversation (f.)
cook faire la cuisine; **cooked** cuit
cool frais, fraîche
corner coin (m.)
correct correct; **to correct** corriger
correctly correctement
correspond correspondre, écrire
cost coûter; **to cost half price** coûter moitié prix; **at no cost** gratuitement
cotton coton (m.)
count compter
country campagne (f.)
course cours (m.)
cousin cousin (m.), cousine (f.)
cover couvrir
cow vache (f.)
cramp gêner
crazy déraisonnable; cinglé°, débile°, dingue°
cream crème (f.)
create créer, forger
crescent roll croissant (m.)
cretin crétin (m.)
criticism critique (f.)
criticize critiquer
cross croix (f.); traverser
crowd foule (f.)
cruel cruel, cruelle
crusty croustillant
cry pleurer; **to cry out** s'écrier
cucumber concombre (m.)
culmination comble (m.)
cultural culturel, culturelle
cup tasse (f.)
cut coupure (f.); **to cut** couper; **to cut oneself** se couper

dairy crémerie (f.)
dairyman crémier (m.), crémière (f.)
damages dégâts (m.pl.)
dance danser
dancer danseur (m.), danseuse (f.)
Danish danois
dare oser
dark sombre
darn! flûte°; zut!°, alors!°
dart: to dart forth s'élancer
date date (f.); dater

daughter fille (*f.*)

day jour (*m.*), journée (*f.*); **all day** toute la journée; **every day** tous les jours; **the next day** le lendemain; **day after tomorrow** après-demain; **New Year's Day** le jour de l'an; **day off** jour de congé, jour de repos

daydream (about) songer (à)

dead mort

deafen casser les oreilles

deal: a great deal, a good deal beaucoup; **a great deal of** beaucoup de

dear cher, chère

debarkation card carte (*f.*) de débarquement

deceive tromper

December décembre (*m.*)

decide décider (de)

declaration déclaration (*f.*)

declare constater, déclarer

define définir

delay retard (*m.*); **to delay** différer

delicate délicat

delicious délicieux, délicieuse

delighted enchanté

delights délices (*f.pl.*)

dentist dentiste (*m.*)

departure départ (*m.*)

depart partir

depend dépendre (de)

descend descendre

describe décrire

desk bureau (*m.*)

dessert dessert (*m.*)

destroy détruire

detective movie film (*m.*) policier

detest détester

devil diable (*m.*)

devotion dévouement (*m.*)

dial cadran (*m.*); **to dial a number** faire le numéro, former le numéro, composer le numéro; **dial tone** tonalité (*f.*)

die mourir, décéder; **he died** il est mort; **to die of hunger** mourir de faim; **to die from** crever de°

difference différence (*f.*)

different différent

difficult difficile

dignity dignité (*f.*)

dine dîner

dining room salle (*f.*) à manger

dinner dîner (*m.*)

directed mené

directly directement

director metteur (*m.*) en scène

dirt boue (*f.*), ordure (*f.*)

disappearance disparition (*f.*)

disappoint décevoir, désappointer

disappointed déçu, désappointé

disciple disciple (*m.*)

disconcerted déconcerté

discover découvrir

discovery découverte (*f.*)

discreet discret, discrète

discuss discuter

discussion discussion (*f.*)

dish plat (*m.*); mets (*m.pl.*)

disoriented désorienté

disperse se disperser

displease déplaire (à)

distance distance (*f.*)

distance marker borne (*f.*) kilométrique

distinguished distingué

distract distraire

district quartier (*m.*)

disturb inquiéter, troubler, déranger

divert divertir

divide diviser

do faire; **do you . . . ?** est-ce que . . . ? **don't you? doesn't it?** n'est-ce pas?; **I did** j'ai fait; **how do you do?** comment allez-vous? **all you have to do . . .** vous n'avez qu'à . . . ; **to do without** se passer de

doctor médecin (*m.*), docteur (*m.*)

document document (*m.*)

documentary documentaire (*m.*)

dog chien (*m.*), chienne (*f.*)

dollar dollar (*m.*)

door porte (*f.*)

doubt doute (*m.*); **doubtless, no doubt** sans doute; **to doubt** douter (de); **to doubt strongly** douter fort

down en bas; **to go down** descendre; **downtown** en ville; **down-to-earth** terre-à-terre

dozen douzaine (*f.*)

draft beer bière (*f.*) pression

dramatic dramatique

draw by chance tirer au hasard; **to draw by lot** tirer au sort

drawer tiroir (*m.*)

dream rêver (de *or* à)

dress robe (*f.*); **to dress** habiller; **to get dressed** s'habiller; **to be properly dressed** avoir de la tenue

drink boisson (*f.*); **to drink** boire; **to have a drink** boire un pot, prendre un verre

drive conduire; **to drive fast** foncer

driver chauffeur (*m.*); **driver's license** permis (*m.*) de conduire

driving rules code (*m.*) de la route

drug store pharmacie (*f.*)

drum tambour (*m.*)

drunk: to get drunk s'enivrer

dubbed film film (*m.*) doublé

during durant, pendant

dust poussière (*f.*); **to dust** épousseter

duty devoir (*m.*)

each (*adj.*) chaque; (*pron.*) chacun, chacune;
  each one chacun, chacune
ear oreille (*f.*)
early de bonne heure, en avance, tôt
earphones écouteurs (*m.pl.*)
earth terre (*f.*)
easily facilement
east est (*m.*)
Easter Pâques (*m.*)
easy facile
eat manger; **to eat breakfast** prendre le petit
  déjeuner; **to be a picky eater** manger du bout
  des dents
éclair éclair (*m.*)
edit rédiger
editor: woman newspaper editor rédactrice
  (*f.*) de journal
education éducation (*f.*)
effectively effectivement
effort effort (*m.*)
egg œuf (*m.*)
eggplant aubergine (*f.*)
eight *huit; **about eight*** huitaine (*f.*)
eighteen dix-huit
eighth *huitième
eighty quatre-vingts
either: either . . . or soit . . . soit; **not . . .
  either** ne . . . non plus
elbow coude (*m.*)
elder aîné, aînée
elderly d'un certain âge
eldest aîné, aînée
elegance élégance (*f.*)
elegant élégant
elegantly élégamment
elementary élémentaire
elephant éléphant (*m.*)
eleven onze
eleventh onzième
else: something else autre chose; **nothing
  else** rien d'autre
embarrass gêner; **to be embarrassed** se gêner
embarrassed embarrassé, confus, gêné
embrace embrasser
employ employer
employee employé (*m.*), employée (*f.*)
empty vide; **to empty** vider
end fin (*f.*), bout (*m.*); (of a play) dénouement
  (*m.*); **at the end of the street** au bout de la
  rue; **to end** finir, terminer
engineer ingénieur (*m.*); **woman engineer**
  femme-ingénieur (*f.*)
England Angleterre (*f.*)
English anglais
enjoy apprécier, aimer; **to enjoy a good meal**
  profiter de la bonne chère
enormous énorme, vaste
enormously énormément

enough assez (de)
entertain régaler, divertir, amuser
enthusiasm enthousiasme (*m.*); **to be
  enthusiastic** s'enthousiasmer
entire entier, entière
entirely entièrement, tout à fait
entrance entrée (*f.*); **entrance to a city**
  entrée d'agglomération
envy envie (*f.*)
equal égal, pareil; **equals** (in addition) font
equivalent équivalent (*m.*)
errand course (*f.*); **to do errands** faire des
  courses
error erreur (*f.*)
erudite savant (*m.*)
especially surtout, spécialement
eternal éternel, éternelle
Europe Europe (*f.*)
European européen, européenne
even pair (of numbers)
even même; **even so** quand même
evening soir (*m.*), soirée (*f.*); **in the evening**
  le soir; **every evening** tous les soirs; **good
  evening** bonsoir; **evening party** soirée (*f.*)
ever jamais
every chaque, tout; **every day** tous les jours
everyone tout le monde, chacun
everything tout
everywhere partout
evidence évidence (*f.*)
evidently évidemment
exact exact; **exact time** l'heure pile, l'heure
  tapante
exactly exactement
exaggerate exagérer
examination examen (*m.*)
examine examiner
example exemple (*m.*); **for example** par
  exemple
exasperated exaspéré
excellent excellent
exceptional exceptionnel, exceptionnelle
excess: in excess à l'excès
excited agité, excité
excuse excuser
exercise exercice (*m.*); **to exercise** exercer
exhausted épuisé, crevé°, éreinté
existence existence (*f.*)
exit sortie (*f.*); **exit from a city** fin (*f.*)
  d'agglomération
expect s'attendre à
expenditure dépense (*f.*)
expensive cher, chère
experience expérience (*f.*)
experiment expérience (*f.*)
explain expliquer; **to explain oneself**
  s'expliquer
explanation explication (*f.*)

express express (*m.*); **to express** exprimer; **to express oneself** s'exprimer

exquisite exquis

extinguish éteindre

eye œil (*m.sg.*), yeux (*pl.*)

fabricate fabriquer

face visage (*m.*) figure (*f.*), face (*f.*); (of a clock) cadran (*m.*)

fact fait (*m.*); **in fact** en fait

factory usine (*f.*)

fall automne (*m.*); **in the fall** en automne

fall tomber; **to fall asleep** s'endormir

family famille (*f.*)

famous célèbre; **famous for** réputé pour

fanatic fanatique (*m.*)

fantastic fantastique

far loin; **far away** loin; **far from** loin de

farewell dinner dîner (*m.*) d'adieu

farm ferme (*f.*)

fast vite

fat gras, grasse

father père (*m.*)

fault faute (*f.*)

favorite favori, favorite

fear peur (*f.*); **to fear** craindre, redouter, avoir peur de (que); **for fear that** de peur que, de crainte que

feast fête (*f.*)

February février (*m.*)

feel sentir, ressentir; (health) se sentir; **to feel pain in** avoir mal à + (partie du corps); **to feel like** avoir envie de

feet pieds (*m. pl.*)

fence faire de l'escrime

ferocious féroce

few peu de, quelques; **a few** quelques-uns, quelques-unes

fewer moins

field champ (*m.*); (for sports) terrain (*m.*) de sports

fierce féroce; furieux, furieuse

fifteen quinze; **about fifteen** quinzaine (*f.*)

fifteenth quinzième

fifth cinquième

fifty cinquante; **about fifty** cinquantaine (*f.*)

fight combattre, se battre

fill remplir; **to fill up** (gas tank) faire le plein

film film (*m.*); **a bad film** navet° (*m.*)

finally finalement, enfin

find trouver; **to find again** retrouver

fine beau; **it is fine weather** il fait beau

finger doigt (*m.*)

finish finir, terminer

fire feu (*m.*)

firm ferme

first (*adj.*) premier, première; (*adv.*)

premièrement; **at first** d'abord; **first class** première classe

fist poing (*m.*)

five cinq

floor parquet (*m.*); étage (*m.*); **the second floor** le premier (étage); **the third floor** le deuxième (étage)

flower fleur (*f.*)

fly voler

follow suivre

follower disciple (*m.*)

following suivant

fond: to be fond of aimer

foolish bête; sot, sotte; **foolish acts** bêtises (*f.pl.*)

foot pied (*m.*)

football football (*m.*) amércain

for pour, depuis, pendant; **for fear that** de peur que; **I have been here for a half hour** je suis ici depuis une demi-heure

foreigner étranger (*m.*), étrangère (*f.*)

foresee prévoir

forestall prévenir

forge forger

forget oublier (de)

fork fourchette (*f.*)

form former

former ancien, ancienne

formerly autrefois

formidable formidable

formula formule (*f.*)

forty quarante

fountain fontaine (*f.*)

four quatre

fourth quatrième

franc franc (*m.*)

France France (*f.*)

free libre; gratuit, gratuitement

freely librement

freeze geler

French français

frequent fréquenter

frequently fréquemment

Friday vendredi (*m.*)

fried potatoes pommes frites (*f.pl.*)

friend ami (*m.*), amie (*f.*)

friendly amical, aimable

friendship amitié (*f.*)

frightened effaré

from de, depuis, d'après; **from the** du, de la, de l', des; **from time to time** de temps à autre, de temps en temps

front: in front of devant

frugality frugalité (*f.*)

fruit fruit (*m.*)

full plein

fun: to make fun of se moquer de

funny drôle

furious furieux, furieuse
furnished meublé
furniture meubles (*m.pl.*); **piece of furniture** meuble (*m.*)
future futur (*m.*)

game jeu (*m.*); (sports) match (*m.*)
garage garage (*m.*)
garden jardin (*m.*)
gasoline essence (*f.*)
gather réunir, rassembler, se rassembler
genealogical tree arbre (*m.*) généalogique
generally généralement
generous généreux, généreuse
genial génial
gentle doux, douce
genuine véritable
geologist géologue (*m.*)
geology géologie (*f.*)
germ microbe (*m.*)
gesticulate gesticuler
get avoir, obtenir, prendre, recevoir; **to get in** entrer; **to get out** sortir; **to get to** arriver à, se rendre à; **to get up** se lever; **to get on a bicycle** monter à bicyclette; **to get down** descendre; **to get used to** s'habituer à, s'accoutumer à; **to get on one's nerves** embêter°
gift cadeau (*m.*)
gigantic gigantesque
giraffe girafe (*f.*)
girl fille (*f.*), jeune fille (*f.*); **little girl** petite fille; **girl-friend** amie, copine
give donner
glad content; heureux, heureuse
gladly volontiers, avec plaisir
glance coup (*m.*) d'œil
glass verre (*m.*)
glove gant (*m.*)
go aller; **I go, I am going** je vais; **I shall go** j'irai; **to go away** s'en aller; **to go in** entrer; **to go out** sortir; **to go up** monter; **to go down** descendre; **to go to bed** se coucher; **to go with** fréquenter, accompagner; **to go bike riding** faire de la bicyclette; **to go by car** rouler; **to go through a red light** brûler un feu
goal but (*m.*)
golden doré
good bon, bonne; sage; **good-bye** au revoir; **good day, good morning** boujour; **good evening** bonsoir; **good grief!** mon Dieu! **what a good idea!** quelle bonne idée!
gothic gothique
grab bag pochette-surprise (*f.*)
gram gramme (*m.*)
grandfather grand-père (*m.*)
grandmother grand-mère (*f.*)
grape raisin (*m.*)

grasp saisir
gray gris; **gray matter** matière (*f.*) grise
great! chic! chouette!
Greek grec, grecque
green vert
grocer épicier (*m.*), épicière (*f.*)
grocery épicerie (*f.*)
ground terre (*f.*), **ground floor** rez-de-chaussée (*m.*)
group groupe (*m.*); **to group** s'attrouper
grow pousser; **to grow bigger** grossir; **to grow old** vieillir; **to grow tall** grandir; **to grow thin** maigrir; **to grow up** grandir
guard gardien (*m.*)
guide guide (*m.*)
guitar guitare (*f.*)
gush forth jaillir
guy type° (*m.*)
gymnasium gymnase (*m.*)

habit habitude (*f.*); (clothes) habit (*m.*)
habitually habituellement
habituate s'habituer
had eu (*p.part. of* avoir)
hair cheveu (*m.*), cheveux (*pl.*) **hair-do** chevelure (*f.*); **shock of hair** tignasse (*f.*)
half demi, demie; **half past six** six heures et demie; **a half hour** une demi-heure
hand main (*f.*) (of a clock) aiguille (*f.*); **on the other hand** d'autre part; **to hand in** remettre
handkerchief mouchoir (*m.*)
hang pendre
happen at the right time tomber bien, tomber à pic
happily heureusement
happiness bonheur (*m.*)
happy heureux, heureuse; content; joyeux, joyeuse
hard dur, difficile
hardly à peine, ne . . . guère
harmonious harmonieux, harmonieuse
harp *harpe (*f.*)
harvest récolte (*f.*), moisson (*f.*)
hat chapeau (*m.*)
hate détester
have avoir; **I have** j'ai; **I haven't** je n'ai pas; **do you have?** avez-vous?; **to have to** avoir à, devoir, il faut . . ., avoir besoin de, être obligé de; **to have a headache** avoir mal à la tête; **to have a toothache** avoir mal aux dents; **to have patience** avoir de la patience; **to have control** détenir; **to have one's hair cut** faire couper les cheveux; **to have the habit of** avoir l'habitude de; **to have the right to** avoir droit à; **to have had it** en avoir marre°, en avoir plein le dos°, en avoir ras le bol°
he il, lui, ce, c'

head   tête (*f.*); tronche° (*f.*); **head of hair** chevelure (*f.*)
health   santé (*f.*); **to be in good health** se porter bien; **to remain in good health** rester en bonne santé
healthy   robuste
hear   entendre; **to hear of, to hear about** entendre parler de; **to hear that** entendre dire que
heart   cœur (*m.*); **by heart** par cœur
hearty appetite   bon appétit (*m.*)
heat   chaleur (*f.*)
height   comble (*m.*)
hell   enfer (*m.*)
hello   bonjour (*m.*)
help   aider; **to help oneself** se servir
hen   poule (*f.*)
her   (*pers.pron.*) la, lui, elle; **to her, for her** lui; (*poss.adj.*) son, sa, ses
here   ici; **here is, here are** voici; **here it is** le voici, la voici; **here they are** les voici; **here!** tiens!, tenez!
hero   *héros (*m.*)
heroine   héroïne (*f.*)
hers   le sien, la sienne, les siens, les siennes
high   *haut
him   le, lui; **to him, for him** lui
hip   *hanche (*f.*)
historian   historien (*m.*)
history   histoire (*f.*)
hit against   se *heurter; **to hit** (into) se tamponner
hitchhike   faire de l'auto-stop
hold   tenir
holiday   fête (*f.*); **Easter holidays** vacances (*f.pl.*) de Pâques
home   maison (*f.*), foyer (*m.*); **she is at home** elle est chez elle; **to go home, to get home** rentrer
homework   devoir (*m.*)
honor   honneur (*m.*)
hope   espérer; **I hope so** je l'espère
horn   avertisseur (*m.*)
hors d'œuvres   hors-d'œuvre (*m.sg. or pl.*)
horse   cheval (*m.*), chevaux (*pl.*)
hospitable   hospitalier
host   hôte (*m.*); **to host** héberger
hot   chaud; **it is hot** il fait chaud
hotel   hôtel (*m.*)
hotly   chaudement, avec chaleur, vivement
hour   heure (*f.*); **a half hour** une demi-heure
house   maison (*f.*); **at our house** chez nous; **at their house** chez eux
how   comment; **how much, how many** combien; **how much is it?** combien est-ce?; **how long?** combien de temps?; **how is the weather?** quel temps fait-il?; **how old are you?** quel âge avez-vous?
however   cependant, pourtant

huge   monstre
humble   humble
humid   humide
humiliate   humilier
humor   humour (*m.*)
hundred   cent; **about a hundred** centaine (*f.*)
hunger   faim (*f.*)
hungry: to be hungry   avoir faim
hurry   se dépêcher; **hurry!** dépêche-toi!, dépêchez-vous!; **to be in a hurry** être pressé
hurt   blesser; **to hurt oneself** se blesser, se faire mal à
husband   mari (*m.*)
hypocrite   hypocrite (*m.*)
hypocritical   hypocrite

I   je, moi
iced   glacé
idea   idée (*f.*)
ideal   idéal
identical   identique
identity   identité (*f.*)
identify   identifier
idiot   idiot (*m.*)
idiotic   idiot, absurde
idleness   oisiveté (*f.*)
if   si
ill   malade; **to be ill** être malade
imbecile   imbécile° (*m.*), crétin° (*m.*)
imitate   imiter
immediately   immédiatement, tout de suite
immense   immense
immortal   immortel, immortelle
impart   communiquer
impatient   impatient
important   important
imposing   imposant
impossible   impossible
impress   impressionner
impression   impression (*f.*)
impressive   impressionnant
in   dans, en, à; **in front** devant; **in Paris** à Paris; **in France** en France; **in Canada** au Canada; **in the month of May** en mai; **in the spring** au printemps; **in the summer** en été; **in the morning** le matin; **at ten o'clock in the morning** à dix heures du matin; **in general** en général; **in it** y; **in order that** afin que, pour que; **in order to** afin de (+ *inf.*), pour (+ *inf.*); **in particular** en particulier; **in return** en revanche; **in spite of** malgré, en dépit de; **in such a case** alors; **in the form of** sous forme de; **in the process of** en voie de
incarnate   incarner
incomparable   incomparable
incomprehensible talk   charabia (*m.*)
insane   fou, folle
indeed   en effet, vraiment
indicate   indiquer

inform renseigner
information renseignements (*m.pl.*)
inhabitant habitant (*m.*)
inn auberge (*f.*)
inside intérieur (*m.*); (*adv.*) à l'intérieur
insist insister
instructor instructeur (*m.*)
intend to avoir l'intention de
interest intéresser
interesting intéressant
intermission intermission (*f.*)
interior intérieur (*m.*)
interrogative interrogatif, interrogative
interrupt interrompre
intimidate intimider
intimidated intimidé
into dans
intrigue intriguer
introduce présenter à; **to introduce someone to** présenter quelqu'un à; **to introduce oneself to** se présenter à
invite inviter
irritate irriter
irritated irrité
is est; **it is** c'est, il est, elle est; **is it?** est-ce? est-ce que c'est?; **there is** il y a; **is there?** y a-t-il?; **it is ten o'clock** il est dix heures; **it is cold** il fait froid
it (*pron.*) il, elle, ce; **it is** c'est, il est, elle est; (*dir.obj.*) le, la, l'; (*ind.obj.*) y; **of it** en
Italian italien, italienne
Italy Italie (*f.*)
itinerary itinéraire (*m.*)
its son, sa, ses

jacket veste (*f.*), veston (*m.*)
January janvier (*m.*)
jargon jargon (*m.*)
jeans jean (*m.*)
jewel, piece of jewelry bijou (*m.*)
jeweler bijoutier (*m.*)
Jewish juif, juive
job besogne (*f.*), travail (*m.*)
join joindre; **to join someone** se joindre à
joke plaisanter
joy joie (*f.*)
judgment jugement (*m.*)
juice jus (*m.*)
July juillet (*m.*)
jump sauter
June juin (*m.*)
just seulement; **to have just** venir de (+ *inf.*); **I have just studied** je viens d'étudier; **just as much, just as many** autant de

keep garder, tenir, retenir; **to keep on** continuer à; **to keep one's promise, to keep one's word** tenir sa parole

keeper gardien (*m.*)
keepsake souvenir (*m.*)
kill tuer
kilogram kilogramme (*m.*), kilo (*m.*)
kilometer kilomètre (*m.*), km (*abbr.*)
kind sorte (*f.*), genre (*m.*), espèce (*f.*)
kindness bonté (*f.*)
king roi (*m.*)
kiss baiser (*m.*); **to kiss** embrasser
kitchen cuisine (*f.*)
knee genou (*m.*)
knife couteau (*m.*)
knock down abattre
know connaître, savoir; **I know** je connais, je sais; **do you know;** connaissez-vous? savez-vous?; **I shall know** je saurai; **I should know** je saurais; **to know how to** savoir (+ *inf.*)

labor labeur (*m.*)
lack manquer
lady dame (*f.*); **young lady** demoiselle (*f.*)
lamb agneau (*m.*)
lamp lampe (*f.*)
land terre (*f.*)
landscape paysage (*m.*)
language langue (*f.*)
large grand; gros, grosse
last dernier, dernière; **last week** la semaine dernière, la semaine passée; **last night** hier soir
last durer
late tard, en retard; **later** plus tard; **to be late** être en retard
Latin latin (*m.*); **Latin Quarter** quartier (*m.*) latin
laugh rire; **to laugh at** rire de
lawyer avocat (*m.*), avocate (*f.*)
lead mener, conduire; **to lead away** emmener
leaf feuille (*f.*)
learn apprendre; **to learn by heart** apprendre par cœur
least: the least le moins, la moins, les moins
leather cuir (*m.*)
leave partir, quitter, s'en aller; laisser
lecture conférence (*f.*)
lecturer conférencier (*m.*)
left gauche; **to the left** à gauche
leg jambe (*f.*); **leg of lamb** gigot (*m.*)
lemon citron (*m.*)
lemonade limonade (*f.*)
length longueur (*f.*)
less moins; **less . . . than** moins . . . que; (numbers) moins de; **more or less** plus ou moins
lesson leçon (*f.*)
let permettre, laisser; **let the water run** laisser couler l'eau
letter lettre (*f.*)
lettuce salade (*f.*)

level niveau (*m.*)
library bibliothèque (*f.*)
lie mentir
lie down se coucher
life vie (*f.*); **not on your life!** jamais de la vie!
light lumière (*f.*); **traffic light** feu (*m.*)
like comme
like aimer, aimer bien; **do you like it?** est-ce qu'il vous plaît?; **how do you like it?** comment le (la) trouvez-vous?; **I would like,** je voudrais; **to like to do something** se plaire à
linguist linguiste (*m.*)
link lien (*m.*)
lion lion (*m.*)
lip lèvre (*f.*)
list liste (*f.*)
listen écouter
literary littéraire
literature littérature (*f.*)
little petit; (*adv.*) peu; **a little** un peu (de)
live vivre; **to live at** demeurer à, habiter à
living room salon (*m.*)
located situé
lodge loger, héberger
logic logique (*f.*)
long long, longue; (*adv.*) **a long time** longtemps; **no longer** ne . . . plus; **all day long** toute la journée; **how long?** combien de temps?; **for a long time** depuis longtemps, pendant longtemps
look regard (*m.*), coup (*m.*) d'œil; **to look at** regarder; **to look for** chercher; **to look like** ressembler (à)
lose perdre
lost perdu
lot: a lot of, lots of beaucoup de
love and kisses bons baisers (*m.pl.*)
love song chanson (*f.*) d'amour
lovable aimable
low bas, basse
lower baisser
luck chance (*f.*); **to be lucky** avoir de la chance
lunch déjeuner (*m.*); **to have lunch** déjeuner
lyrical lyrique

mad fou, folle
Madam madame (*f.*); (*abbr.*) Mme; mesdames (*pl.*)
magazine revue (*f.*), magazine (*m.*)
magnificent magnifique
mail courrier (*m.*); **mailbox** boîte (*f.*) aux lettres; **mailman** facteur (*m.*); **mail delivery** distribution (*f.*) du courrier; **mail pickup** levée (*f.*) du courrier; **to mail** mettre (une lettre) à la poste

maintain maintenir
majestic majestueux, majestueuse
make faire, fabriquer; **to make one think** faire penser; **to make progress** faire des progrès; **to make the acquaintance (of)** faire la connaissance (de); **to make a toast** porter un toast
man homme (*m.*)
many beaucoup; **so many** tant; **too many** trop (de); **how many?** combien?
March mars (*m.*)
marvel merveille (*f.*)
mathematics mathématiques (*f.pl.*)
mathematician mathématicien (*m.*)
matter: what's the matter? qu'est-ce qu'il y a?; **what's the matter with you?** qu'est-ce que vous avez?; **nothing is the matter with me** je n'ai rien
May mai (*m.*)
may pouvoir; **I may,** je peux, je pourrai; **may I?** est-ce que je peux?, puis-je?
maybe peut-être
mayor maire (*m.*)
me me, moi
meal repas (*m.*)
mean vouloir dire
mean méchant, rosse°
means moyens (*m.pl.*)
measure mesurer
meat viande (*f.*)
medicine médicament (*m.*)
meet rencontrer, faire la connaissance (de); **I met him** j'ai fait sa connaissance; **to meet again** retrouver, se retrouver
meeting rencontre (*f.*)
memory souvenir (*m.*)
menu menu (*m.*)
merry joyeux, joyeuse
meter mètre (*m.*)
Mexico Mexique (*m.*)
middle milieu (*m.*); **in the middle of** au milieu de
midnight minuit (*m.*)
milk lait (*m.*)
million million (*m.*)
mind esprit (*m.*)
mine le mien, la mienne, les miens, les miennes; **it is mine** c'est à moi; **a friend of mine** un de mes amis
mineral water eau (*f.*) minérale
minute minute (*f.*)
mishap mésaventure (*f.*)
misogynous misogyne
Miss mademoiselle (*f.*); (*abbr.*) Mlle; mesdemoiselles (*pl.*)
miss manquer
mistake faute (*f.*)
mistaken: to be mistaken se tromper

moment moment (*m.*); **a moment ago** il y a un moment; **at the moment when** au moment où; **at the moment of** au moment de
Monday lundi (*m.*)
money argent (*m.*); fric°, grisbi°, oseille°
monk moine (*m.*)
monstrous monstre
month mois (*m.*)
monument monument (*m.*)
moon lune (*f.*)
mop of hair tignasse (*f.*)
moped mobylette (*f.*); mob° (*f.*)
more davantage; plus; **not any more** ne . . . plus; **more than** plus que; (numbers) plus de; **no more** ne . . . plus de; **more or less** plus ou moins; **some more** encore, d'autres
morning matin (*m.*); **good morning** bonjour; **every morning** tous les matins; **in the morning** le matin
mortal mortel, mortelle
most la plupart (*f.*)
mother mère (*f.*)
motor moteur (*m.*)
mountain montagne (*f.*)
moustache moustache (*f.*)
mouth bouche (*f.*)
move bouger; **to move forward** avancer; **to move in** s'installer; **moved** (by emotion) ému
movie film (*m.*); **the movies** cinéma (*m.*); **movie theater** cinéma
Mr. monsieur (*m.*); (*abbr.*) M.; messieurs (*pl.*)
Mrs. madame (*f.*), (*abbr.*) Mme; mesdames (*pl.*)
much beaucoup; **very much** beaucoup; **so much** tant; **too much** trop (de); **how much?** combien?; **not much** pas beaucoup
mud bove (*f.*)
murmur murmurer
museum musée (*m.*)
music musique (*f.*)
musical musical
musician musicien (*m.*), musicienne (*f.*)
must devoir, falloir; **I must** je dois, il faut que je
mustard moutarde (*f.*)
my mon, ma, mes
mystery mystère (*m.*)

name nom (*m.*); **what's your name?** comment vous appelez-vous?; **my name is** je m'appelle; **to be named** s'appeler
napkin serviette (*f.*)
narrate raconter
narrow étroit
national national
nationality nationalité (*f.*)
nauseated: to be nauseated avoir mal au cœur

nave nef (*f.*)
near près de; **near here** près d'ici
nearly presque
necessary nécessaire; **it is necessary** il faut que; **to be necessary** falloir
neck cou (*m.*)
necktie cravate (*f.*)
need avoir besoin (de)
needle aiguille (*f.*)
negative négatif, négative
neither . . . nor ne . . . ni . . . ni
nephew neveu (*m.*)
never ne . . . jamais
new nouveau, nouvelle
newcomer nouveau (*m.*)
news nouvelles (*f.pl.*), informations (*f.pl.*), actualités (*f.pl.*)
newspaper journal (*m.*), journaux (*pl.*)
next ensuite, puis
nice gentil, gentille; aimable
nicely gentiment
niece nièce (*f.*)
night nuit (*f.*); **last night** hier soir; **tonight** ce soir; **at night** la nuit
nickname surnommer
nine neuf
nineteen dix-neuf
ninety quatre-vingt-dix
no non, ne pas . . . de; **no one** personne, ne . . . personne, nul, nulle; nul . . . ne; **no matter what** n'importe quoi; **no matter who** n'importe qui; **no more** ne . . . plus
noise bruit (*m.*); brouhaha (*m.*)
none aucun, aucune; ne . . . aucun(e)
noon midi (*m.*)
nor ni; **neither . . . nor** ne . . . ni . . . ni
normally normalement
north nord (*m.*)
nose nez (*m.*)
nostalgia nostalgie (*f.*)
not ne . . . pas; **not any, not one** aucun(e), pas un, ne . . . aucun(e); **not anymore** ne . . . plus; **not at all** pas du tout; **not much** pas beaucoup, pas grand'chose
note noter
notebook cahier (*m.*)
nothing rien, ne . . . rien; **nothing at all** rien du tout; **nothing interesting** rien d'intéressant; **nothing else** rien d'autre; **almost nothing** presque rien
notice remarquer
notify avertir, aviser
noun nom (*m.*)
nourishment nourriture (*f.*)
novel roman (*m.*)
November novembre (*m.*)
now maintenant
nowhere nulle part
number nombre (*m.*), numéro (*m.*)

numerous   nombreux, nombreuse
nurse   infirmière (*f.*)
nylon   nylon (*m.*)

obedient   obéissant
obey   obéir à
object   objet (*m.*)
oboe   haut-bois (*m.*)
observe   observer
occasion   occasion (*f.*)
occupation   occupation (*f.*)
o'clock   heure (*f.*); **it is six o'clock** il est six
heures
October   octobre (*m.*)
odd   impair (numbers)
of   de; **of the** du, de la, de l', des; **of it, of
them** en; **of course** bien entendu
offer   offrir, proposer
office   bureau (*m.*)
often   souvent
oil   huile (*f.*)
O.K.   entendu, d'accord, d'acc!,° O.K.
old   vieux (*m.*), vieil (*m.*), vieille (*f.*), vieux
(*m.pl.*), vieilles (*f.pl.*); ancien, ancienne; **how
old are you?** quel âge avez-vous?; **old man,
old chap** mon vieux
omit   omettre
on   à, dans, en, sur; **on the train** dans le train;
on time à l'heure; **on Sunday** dimanche
once   une fois; **once more** encore une fois;
once a week une fois par semaine
one   un, une; (*pers.pron.*) on, l'on; (*dem.pron.*)
the one, the ones celui, celle, ceux, celles;
this one, celui-ci, celle-ci; **that one** celui-là,
celle-là; **not one** aucun(e), ne . . . aucun(e); **I
have one** j'en ai un(e); **one after the other** à
tour de rôle
onion   oignon (*m.*)
onlooker   badaud (*m.*)
only   (*adj.*) seul; (*adv.*) ne . . . que, seulement
open   ouvert; **to open** ouvrir
openly   ouvertement
opinion   avis (*m.*), opinion (*f.*); **in my
opinion** à mon avis
opposite   opposé (*m.*), contraire (*m.*); (*adv.*) en
face de
or   ou; **either . . . or** soit . . . soit
orange   orange (*f.*)
orchestra   orchestre (*m.*); **orchestra leader**
chef (*m.*) d'orchestre
order   ordre (*m.*); **in order to** afin de, pour; **to
order** commander
ordinary   ordinaire
organ   orgue (*m.*)
original   original
other   autre; **the other one** l'autre; **others,
other people** autrui
otherwise   autrement

ought   devoir; **you ought to leave** vous
devriez partir; **you ought to have left** vous
auriez dû partir
our   notre, nos
ours   le nôtre, la nôtre, les nôtres
ourselves   nous-mêmes
out: to go out   sortir; **out of breath** essoufflé
outcome   dénouement (*m.*)
outside   dehors, en dehors
over   sur; **over there** là-bas
overcoat   manteau (*m.*), pardessus (*m.*)
overwhelmed: to be overwhelmed   être
excédé
overworked   surmené
owe   devoir
own   propre
owner   propriétaire (*m.*)
ox   bœuf (*m.*)

package   paquet (*m.*)
pain   mal (*m.*), douleur (*f.*); **pains** (trouble)
peine (*f.*)
paint   peindre
pair   paire (*f.*)
pal   copain (*m.*), copine (*f.*)
palace   palais (*m.*), château (*m.*)
palate   palais (*m.*)
pale   pâle
panic   panique (*f.*); **to panic** s'affoler
pants   pantalon (*m.*)
panty   slip (*m.*)
paper   papier (*m.*); **newspaper** journal (*m.*),
journaux (*pl.*)
pardon   pardon (*m.*); **to pardon** pardonner;
pardon me! pardon!
parent   parent (*m.*), parente (*f.*)
Parisian   parisien, parisienne
parka   parka (*m.*)
part   partie (*f.*); rôle (*m.*); **part of town**
quartier (*m.*)
participate (in)   participer (à)
particular   particulier, particulière; **in
particular** en particulier, notamment
particularly   particulièrement
party   soirée (*f.*)
pass   passer
pâté   pâté (*m.*)
pastor   pasteur (*m.*)
pastry   pâtisserie (*f.*), gâteau (*m.*); **pastry cook**
pâtissier (*m.*), pâtissière (*f.*); **pastry shop**
pâtisserie (*f.*)
patient   malade (*m. or f.*); client (d'un médecin)
(*m.*); (*adj.*) patient, patiente
pay   payer; **to pay for** payer; **to pay attention**
écouter; **don't pay attention** ne fais pas
attention
pear   poire (*f.*)
peas   petits pois (*m.pl.*)

peasant   paysan (*m.*), paysanne (*f.*)
pedagogy   pédagogie (*f.*)
pedestrian   piéton (*m.*); **pedestrian walk**
   passage (*m.*) clouté
pencil   crayon (*m.*)
people   gens (*m. and f.pl.*), monde (*m.*); **too
   many people** trop de monde; (*pron.*) on
pepper   poivre (*m.*)
per: 25 kilometers per hour   25 kilomètres à
   l'heure; **per week** par semaine
perfect   parfait
perfectly   parfaitement
performance   jeu (*m.*), représentation (*f.*)
perfume   parfum (*m.*)
perhaps   peut-être
period   époque (*f.*), période (*f.*)
permission   permission (*f.*)
permit   permettre
persist   persister (à)
person   personne (*f.*)
perspiration   sueur (*f.*)
pharmacist   pharmacien (*m.*), pharmacienne
   (*f.*)
pharmacy   pharmacie (*f.*)
philosopher   philosophe (*m.*)
philosophy   philosophie (*f.*)
phone booth   cabine (*f.*) téléphonique
phone call   coup (*m.*) de fil **to make a phone
   call** donner un coup de fil
phone number   numéro (*m.*) de téléphone
photograph   photographie (*f.*), photo (*f.*)
physical   physique
piano   piano (*m.*)
pick   cueillir, ramasser; **to pick up** (telephone
   receiver) décrocher
picture   photographie (*f.*), photo (*f.*), tableau
   (*m.*); **to take a picture** prendre une photo
pig   cochon (*m.*), porc (*m.*)
pillow   oreiller (*m.*)
pink   rose
pity   plaindre
place   endroit (*m.*), lieu (*m.*), place (*f.*); **to
   take place** avoir lieu; **to place** placer, poser,
   mettre
plainly   évidemment
plan   avoir l'intention de
plane   avion (*m.*)
plant   planter
plate   assiette (*f.*)
platform   (train) quai (*m.*)
platter   plat (*m.*)
play   pièce (*f.*); **to play** jouer; **to play** +
   (sport) jouer à; **to play cards** jouer aux cartes;
   to play + (musical instrument) jouer de
player   joueur (*m.*)
pleasant   agréable
please   s'il vous plaît, je vous prie, je vous en
   prie; **to please** plaire à, convenir à, botter°;

please receive veuillez agréer; **pleased to
   meet you** enchanté
pleasure   plaisir (*m.*)
plot   intrigue (*f.*); **to plot** intriguer
plural   pluriel (*m.*)
pocket   poche (*f.*)
poem   poème (*m.*)
poet   poète (*m.*)
poetic   poétique
policeman   agent (*m.*) de police
polish   polir
polite   poli
political   politique; **political science** sciences
   (*f.pl.*) politiques
poor   pauvre
pork   porc (*m.*); **pork-butcher** charcutier (*m.*),
   charcutière (*f.*); **pork-butcher's** charcuterie
   (*f.*)
portal   portail (*m.*)
Portuguese   portugais
possess   posséder
possible   possible
post card   carte (*f.*) postale
postman   facteur (*m.*)
post office   bureau (*m.*) de poste, poste (*f.*)
postpone   remettre
pot-luck   à la bonne franquette
potato   pomme (*f.*) de terre
pound   livre (*f.*)
pour   verser; **it is pouring** il pleut à verse
practical   pratique
practice   exercer; pratiquer
pray   prier
preceding   précédent
precipitously   précipitamment
precisely   précisément
prefer   préférer, aimer mieux
preferred   préféré
prepare   préparer; **to prepare oneself to** se
   préparer à
present   (*adj.*) présent; actuel, actuelle; **to
   present** présenter à; **to present oneself at
   (before)** se présenter à
pretty   joli
previously   auparavant
price   prix (*m.*)
priest   curé (*m.*), prêtre (*m.*)
principle   principe (*m.*)
privilege   privilège (*m.*)
prize   prix (*m.*)
probably   sans doute
proceed   acheminer
process: in the process of   en voie de
prodigious   prodigieux, prodigieuse
profession   profession (*f.*), métier (*m.*)
professor   professeur (*m.*)
profit: to profit (by)   profiter (de)
profitable   profitable

profoundly profondément
program programme (*m.*); (radio) émission (*f.*)
progress progrès (*m.*)
project projet (*m.*)
promise promettre (de)
pronoun pronom (*m.*)
propose proposer
Protestant protestant
proverb proverbe (*m.*)
provided that pourvu que
province province (*f.*)
provincial provincial (*m.*)
prudently prudemment
psychoanalyst psychanalyste (*m.*)
psychologist psychologue (*m.*)
psychology psychologie (*f.*)
public public, publique
publicity publicité (*f.*)
pupil élève (*m. or f.*)
punish punir, châtier
pure pur
purely purement
purple violet, violette
push pousser
put mettre, poser; **to put in order** ranger; **to put off** différer; **to put on** (clothes) mettre

quality qualité (*f.*)
quarter quart (*m.*), quartier (*m.*); **a quarter past five** cinq heures et quart; **a quarter of eight** huit heures moins le quart; **the Latin Quarter** le quartier latin
queen reine (*f.*)
question question (*f.*); **it is a question of** il s'agit de
quickly vite; rapidement; vivement
quiet tranquille

rabbi rabbin (*m.*)
rabbit lapin (*m.*)
radio radio (*f.*)
railroad chemin (*m.*) de fer; **railroad crossing** passage (*m.*) à niveau; **railroad platform** quai (*m.*); **railroad station** gare (*f.*)
rain pluie (*f.*); **to rain** pleuvoir
rainbow arc-en-ciel (*m.*)
raincoat imperméable (*m.*), imper (*m.*)
rare rare
rather plutôt, assez
reach atteindre
reaction réaction (*f.*)
read lire; **I have read** j'ai lu
ready to prêt à
real réel
realistic réaliste
realize se rendre compte de (que)

really vraiment; **really!** tiens!
reason raison (*f.*); **beyond reason** outre mesure
recall rappeler
receive recevoir; **I have received** j'ai reçu
recently récemment
recognize reconnaître
record disque (*m.*); **record player** tourne-disque (*m.*), pick-up (*m.*)
recount raconter
recover retrouver
recreation récréation (*f.*)
red rouge; (of hair) roux, rousse; **red light** feu (*m.*) rouge; **red wine** vin (*m.*) rouge
refined raffiné
refinement raffinement (*m.*)
reflect réfléchir
refuse refuser
regarding à propos de
region région (*f.*)
regret regretter (de)
regrettable regrettable
relative parent (*m.*), parente (*f.*)
relax s'amuser, se détendre
relaxed décontracté
relieved soulagé
religious religieux, religieuse
remain rester; **to remain silent** se taire
remarkable remarquable
remember se rappeler, se souvenir de
remembrance souvenir (*m.*)
renovate rajeunir
renowned renommé
repair réparation (*f.*); **to repair** réparer
repeat répéter
replace remplacer
reply répondre à
report compte-rendu (*m.*), rapport (*m.*), constat (*m.*), exposé (*m.*)
resemble ressembler
reserve réserver
reserved réservé
resident habitant (*m.*)
resonate résonner
responsibility responsabilité (*f.*)
responsible responsable
rest reste (*m.*), repos (*m.*); **to rest** se reposer
restaurant restaurant (*m.*)
retain retenir
retake reprendre
return retourner, rendre; **to return home** rentrer (à la maison)
rhyme rime (*f.*)
rhythm rythme (*m.*)
rich riche
ride promenade (*f.*) (à bicyclette, en auto); **to ride** aller en auto, en mobylette
ridiculous ridicule

right   droit (*m.*); **on, to the right** à droite;
right of way priorité (*f.*)

right   juste; **it was right** c'était juste; **to be
right** avoir raison; **right away** tout de suite

rise   se lever

road   route (*f.*); **country road** chemin (*m.*);
road safety sécurité (*f.*) routière; **road sign**
panneau (*m.*) indicateur; **road sign system**
signalisation (*f.*)

robust   robuste

role   rôle (*m.*)

roll   petit pain (*m.*); **crescent roll** croissant (*m.*)

room   pièce (*f.*), salle (*f.*); **bathroom** salle de
bains; **dining room** salle à manger; **bedroom**
chambre (*f.*); **living room** salon (*m.*)

round   rond; **round trip** aller et retour (*m.*)

route: to route (mail)   acheminer

rubbish   ordures (*f.pl.*)

rug   tapis (*m.*)

rule   règle (*f.*)

ruler   règle (*f.*)

run   courir; **my watch doesn't run well** ma
montre ne marche pas bien; **to run on foot**
courir à pied; **to run into (something)**
enfoncer

rush   se précipiter, foncer, s'élancer

Russia   Russie (*f.*)

Russian   russe

sad   triste

sadness   tristesse (*f.*)

sail   voile (*f.*); **to sail** faire de la voile

saint   saint (*m.*), sainte (*f.*)

salad   salade (*f.*)

salami   saucisson (*m.*)

salt   sel (*m.*); **to salt** saler

same   même

sardine   sardine (*f.*)

satisfied   satisfait

Saturday   samedi (*m.*)

saucer   soucoupe (*f.*)

sausage   saucisse (*f.*)

savor   saveur (*f.*)

savory   savoureux, savoureuse

say   dire; **they say** on dit; **how does one say?**
comment dit-on?; **that is to say** c'est-à-dire

scarcely   à peine, ne . . . guère

scarf   écharpe (*f.*), foulard (*m.*)

schedule   emploi (*m.*) du temps, horaire (*m.*)

scene   scène (*f.*)

scent   odeur (*f.*)

school   école (*f.*); **secondary school** lycée
(*m.*), collège (*m.*); **schoolteacher** maîtresse
(*f.*) d'école

science   sciences (*f.pl.*)

scratch   s'égratigner

sea   mer (*f.*)

search   chercher

seashore: at the seashore   au bord de la mer

season   saison (*f.*)

seat   place (*f.*)

second   second(e), deuxième; **second class**
seconde (*f.*), deuxième (classe) (*f.*); **the
second floor** le premier étage

secondary   secondaire; **secondary school** lycée
(*m.*), collège (*m.*)

see   voir; **I see** je vois; **I saw** j'ai vu; **I will see**
je verrai; **let's see** voyons; **see you soon, see
you later** à bientôt

seed   graine (*f.*); **to seed** semer

seek   chercher

seem   sembler, avoir l'air de

seen   vu (*p.part. of* voir)

seize   saisir

sell   vendre

send   envoyer; **to send away, to send back**
renvoyer; **to send for** envoyer chercher; **to
send** (mail) expédier

sensational   sensationnel, sensationnelle;
sensass°

sense   sens (*m.*)

sensitive   sensible

sentence   phrase (*f.*)

sentiment   sentiment (*m.*)

September   septembre (*m.*)

serious   sérieux, sérieuse; grave

seriously   sérieusement

serve   servir; **to serve oneself** se servir

session   séance (*f.*)

set   mettre, poser; **to set the table** mettre la
table

settle in   s'installer

seven   sept

seventeen   dix-sept

seventeenth   dix-septième

seventy   soixante-dix

several   plusieurs; **several times** plusieurs fois

shade   ombre (*f.*)

shake   serrer; **to shake hands** serrer la main (à
or de)

shame   *honte (*f.*); **to be ashamed** avoir
honte

shampoo   shampooing (*m.*)

shape: to be in shape   être en forme; **to stay
in shape** rester en forme

she   elle, ce

sheep   mouton (*m.*)

ship   bateau (*m.*), navire (*m.*)

shoe   chaussure (*f.*), soulier (*m.*)

shoot: to shoot out   s'élancer

shop   boutique (*f.*), magasin (*m.*); **to shop** faire
des courses

short   court

should   devoir; **you should** vous devriez; **you
should have** vous auriez dû

shoulder épaule (*f.*)
shout crier
show montrer
shower douche (*f.*)
shut fermé; **to shut** fermer
side côté (*m.*)
sideburns favoris (*m.pl.*)
sidewalk trottoir (*m.*); **sidewalk café** terrasse (*f.*) d'un café
silent silencieux, silencieuse
silk soie (*f.*)
silver argent (*m.*)
similar semblable
similarity similitude (*f.*)
simple simple, niais; terre-à-terre
since dès, depuis, puisque; **since when . . . ?** depuis quand . . . ?
sing chanter
single seul
sink lavabo (*m.*)
Sir Monsieur; M. (*abbr.*)
sister sœur (*f.*)
sit: to sit down s'asseoir, être assis; **sit down** asseyez-vous; **to sit down at the table** se mettre à table
six six
sixteen seize
sixth sixième
sixty soixante
ski faire du ski
skillful habile
skin peau (*f.*); **to get into someone's skin** être dans la peau de quelqu'un
skirt jupe (*f.*)
sky ciel (*m.*); **the sky is overcast** le ciel est couvert
slang argot (*m.*), jargon (*m.*)
slapstick comedy farce (*f.*)
slave esclave (*m. or f.*)
sleep sommeil (*m.*); **to sleep** dormir; **to fall asleep** s'endormir
slip combinaison (*f.*)
slot fente (*f.*)
slow lent; **to slow down** freiner, ralentir
slowly lentement
small petit
smell odeur (*f.*); **to smell** sentir
smile sourire (*m.*); **to smile** sourire
smoke fumer
snow neige (*f.*); **to snow** neiger
so alors, aussi, si (+ *adj.*); **so much the better** tant mieux; **so that** afin que, pour que
soap savon (*m.*)
soccer football (*m.*)
sock chaussette (*f.*), socquette (*f.*)
soft doux, douce
sojourn séjour (*m.*), stage (*m.*)
solid solide

solitude solitude (*f.*)
some du, de la, de l', des; (*adj.*) quelque (*sg.*), quelques (*pl.*); (*pron.*) en; quelques-uns, quelques-unes; les uns, les unes; **some of them** quelques-uns; **some more** encore, d'autres
someone quelqu'un
something quelque chose; **something else** autre chose
sometimes parfois, quelquefois
somewhere quelque part
son fils (*m.*)
soon bientôt, tôt; **as soon as possible** le plus tôt possible; **see you soon** à bientôt
sophisticated sophistiqué
sore: to have a sore throat avoir mal à la gorge
sorry désolé, fâché; **I am sorry** je regrette, je suis désolé
sort espèce (*f.*), sorte (*f.*)
soul âme (*f.*)
sound son (*m.*)
south sud (*m.*)
souvenir souvenir (*m.*)
sow semer
sower semeur (*m.*), semeuse (*f.*)
space espace (*m.*)
Spain Espagne (*f.*)
Spanish espagnol, espagnole
speak parler; **do you speak?** parlez-vous?; **I speak** je parle; **to speak loudly** parler fort; **to speak again** reprendre la parole
special spécial
specialize se spécialiser (en) (dans)
specially spécialement
speech discours (*m.*)
speed vitesse (*f.*)
spend dépenser (money); passer (time)
spirit esprit (*m.*)
spite: in spite of en dépit de
spoon cuillère (*f.*); **teaspoon** cuillère à café
spring printemps (*m.*); **in the spring** au printemps; **to spring out** s'élancer
square place (*f.*)
stained-glass-window vitrail (*m.*), vitraux· (*pl.*)
staircase escalier (*m.*); (flight of) **stairs** escaliers (*pl.*)
stamp timbre (*m.*); **postage stamp** timbre-poste (*m.*)
stand in line faire la queue
standing debout
star étoile (*f.*)
stare at dévisager
start départ (*m.*); **to start** commencer, se mettre à
state état (*m.*); **to state** constater
station gare (*f.*)

statue statue (*f.*)
stay séjour (*m.*); **to stay** rester
steak steak (*m.*)
step pas (*m.*)
stewardess hôtesse (*f.*) de l'air
stir bouger
stockings bas, bas (*m.pl.*)
stomach estomac (*m.*)
stop arrêt (*m.*); **to stop** arrêter, s'arrêter, cesser; **without stopping** sans cesse
store magasin (*m.*)
story histoire (*f.*)
straight droit; **straight ahead** tout droit
strawberry fraise (*f.*)
street rue (*f.*); **street level** rez-de-chaussée (*m.*)
strike battre
strong fort
struggle se battre, combattre
stubborn tenace, têtu
student étudiant (*m.*), étudiante (*f.*)
study étude (*f.*); **to study** étudier; **to study at a school** faire des études
stupid stupide
stupidities bêtises (*f.pl.*)
style style (*m.*)
submit soumettre
subtlety subtilité (*f.*)
subway métro (*m.*)
succeed (in) réussir (à)
success succès (*m.*)
succulent succulent
such un tel, une telle, de tels, de telles; **such a father** un tel père
suddenly soudain, soudainement, tout à coup, subitement
suffer souffrir
suffice suffire
sugar sucre (*m.*)
suggest suggérer
suit (men's) complet (*m.*), (woman's) tailleur (*m.*); **to suit** convenir à
suitable convenable
suitcase valise (*f.*)
summer été (*m.*); **in the summer** en été
summit sommet (*m.*)
sun soleil (*m.*); **sun-filled** ensoleillé
Sunday dimanche (*m.*)
sunglasses lunettes (*f.pl.*) de soleil
sunny ensoleillé
super super°
superb superbe
support appui (*m.*), soutien (*m.*)
sure sûr
surely sûrement
surprise surprise (*f.*); **to surprise** surprendre
surprised surpris
surprising étonnant, surprenant

surround entourer; **to surround with** entourer de
suspect se douter de
suspenders bretelles (*f.pl.*)
suspense suspense (*m.*)
swallow avaler
sweat sueur (*f.*)
sweater chandail (*m.*), tricot (*m.*)
sweep balayer
sweet doux, douce
swim faire de la natation, nager
swimming natation (*f.*)
swimming pool piscine (*f.*)
Switzerland Suisse (*f.*)
symbolize symboliser
system système (*m.*); **metric system** système métrique

T-shirt tricot (*m.*) de corps; tee-shirt (*m.*)
table table (*f.*); **table setting** couvert (*m.*)
tact tact (*m.*)
tailor tailleur (*m.*)
take emporter, prendre; **to take along** emmener, emporter; **to take again** reprendre; **to take a shower** prendre une douche; **to take a test** passer un examen; **to take a tour** faire un tour; **to take a walk** se promener, faire une promenade; **I take** je prends; **I took** j'ai pris; **how long does it take?** combien de temps faut-il?; **to take care of** prendre soin de; **to take risks** s'aventurer
talk parler; **to talk again** reprendre la parole
talkative bavard
tall grand
task besogne (*f.*)
taste goût (*m.*), saveur (*f.*); **to taste** goûter
tasty savoureux, savoureuse
taxi taxi (*m.*)
tea thé (*m.*)
telegram télégramme (*m.*)
telephone téléphone (*m.*); **to telephone** téléphoner (à), donner un coup de fil; **telephone directory** annuaire (*m.*) de téléphone, bottin (*m.*); **telephone receiver** récepteur (*m.*)
television télévision (*f.*), télé (*f.*)
tell dire, raconter; **to tell about** parler de
temperature température (*f.*)
ten dix
tenacious tenace
tendency tendance (*f.*)
tennis tennis (*m.*); **to play tennis** jouer au tennis
tenth dixième
terrace terrasse (*f.*)
terrific formidable
test expérience (*f.*)

testify (to) témoigner (de)

text texte (*m.*)

thank remercier; **thank you** merci; **thanks to** grâce à

that (those) (*dem.adj.*) ce, cet, cette, ces; ce . . . -là, cette . . . -là, ces . . . -là; (*dem.pron.*) celui, celle, ceux, celles; cela; (*rel.pron.*) qui, que, lequel, laquelle, lesquels, lesquelles; (*conj.*) que; **all that** tout ce qui, tout ce que; **that is to say** c'est-à-dire

the le, la, l', les; **the best** (*adv.*) le mieux, le (adj.) meilleur; **the worst** le pire

theater théâtre (*m.*)

their (*poss.adj.*)leur, leurs

theirs (*poss.pron.*) le leur, la leur, les leurs

them les, leur; eux, elles; **of them** en

then alors, ensuite, puis

there là, y; **there is, there are** il y a, voilà; **is there? are there?** y a-t-il?; **there he is** le voilà; **there they are** les voilà; **there is a crowd** il y a foule, il y a du monde; **there you are!** ça y est!

therefore aussi, donc

therein là-dedans

thereupon là-dessus

these (*dem.adj.*) ces, ces . . . -ci; (*dem.pron.*) ceux-ci, celles-ci

they ils, elles, on

thick épais, épaisse

thigh cuisse (*f.*)

thin maigre, fin

thing chose (*f.*); **many things** beaucoup de choses; **things** affaires (*f.pl.*), trucs° (*m.pl.*)

think penser (à), penser (de), croire; **to think of** songer à; **not to think so** douter de; **I think about my sister** je pense à ma sœur; **what do you think of Nicole?** que pensez-vous de Nicole?; **I think so** je crois que oui

third troisième

thirst soif (*f.*); **to be thirsty** avoir soif

thirteen treizième

thirty trente

this (*dem.adj.*) ce, cet, cette; ce . . . -ci, cet . . . -ci, cette . . .-ci; (*dem.pron.*) celui, celle, celui-ci, celle-ci; ceci; **this one** celui-ci, celle-ci

those (*dem.adj.*) ces, ces . . .-là; (*dem.pron*) ceux-là, celles-là

thousand mille; **about a thousand** millier (*m.*)

three trois

throat gorge (*f.*)

through à travers, par

throw away jeter

Thursday jeudi (*m.*)

ticket billet (*m.*); **ticket window** guichet (*m.*); **book of tickets** carnet (*m.*) de tickets

tidy up ranger

tie cravate (*f.*)

tiger tigre (*m.*)

till jusqu'à; **till Saturday** jusqu'à samedi

time fois (*f.*), heure (*f.*), moment (*m.*), temps (*m.*); **what time is it?** quelle heure est-il?; **at what time?** à quelle heure?; **the first time** la première fois; **several times** plusieurs fois; **to have time** avoir le temps; **on time** à l'heure; **in time** à temps; **at that time** à ce moment-là; **to have a good time** s'amuser; **from time to time** de temps à autre, de temps en temps; **at the time when** au moment où; **at the time of** au moment de; **some time ago** il y a quelque temps

tip pourboire (*m.*)

tire pneu (*m.*)

tired épuisé, fatigué, crevé°; **to be very tired** être à plat

to à, chez, en, jusqu'à, pour; **to the** au, à la, à l', aux; **it is ten minutes to seven** il est sept heures moins dix; **to the left** à gauche; **to the right** à droite; **to the top of** en haut de; **to, in the middle of** au milieu de; **to the United States** aux Etats-Unis; **to Paris** à Paris; **to the Fourchets** chez les Fourchet; **to our house** chez nous; **to the country** à la campagne; **to your health!** à votre santé! à ta santé!

tobacco tabac (*m.*); **tobacco shop** bureau (*m.*) de tabac

today aujourd'hui; **today is Thursday** nous sommes jeudi aujourd'hui, c'est jeudi aujourd'hui, c'est aujourd'hui jeudi

toe orteil (*m.*)

together ensemble

toilet water-closets (*m.pl.*), (*abbr.*) W.C.

token jeton (*m.*)

tolerant tolérant

tomato tomate (*f.*)

tomorrow demain; **day after tomorrow** après-demain

tone ton (*m.*)

tongue langue (*f.*)

tonight ce soir

too aussi, trop

tool outil (*m.*)

tooth dent (*f.*); **to have a toothache** avoir mal aux dents; **toothpaste** dentifrice (*m.*), pâte (*f.*) dentifrice

top *haut (*m.*), sommet (*m.*); **at the top of** en *haut de

tour tour (*m.*)

tourist touriste (*m. or f.*)

toward vers

towel serviette (*f.*); **towel rack** porte-serviettes (*m.*)

tower tour (*f.*); **the Eiffel Tower** la tour Eiffel

town ville (*f.*); **downtown** en ville

trade métier (*m.*)

tragedy   tragédie (*f.*)
train   train (*m.*)
trait   trait (*m.*)
tranquil   tranquille
transport   transporter
travel   voyager
tray   plateau (*m.*)
treat   traiter
tree   arbre (*m.*)
trench-coat   trench (*m.*)
trick shots   (film) truquage (*m.*)
trip   voyage (*m.*); **round trip** aller et retour; **to take a trip** faire un voyage
trombone   trombone (*m.*)
trouble   peine (*f.*); **it is not worth the trouble** ça ne vaut pas la peine
troubled   troublé
truck   camion (*m.*)
true   réel, réelle; véritable, vrai
truly   réellement, vraiment
trumpet   trompette (*f.*)
trunk   malle (*f.*)
truth   vérité (*f.*)
try   essayer (de), tâcher (de)
Tuesday   mardi (*m.*)
turn   tourner; **to turn around** se retourner; **to turn to** (a subject) s'adresser
turnip   navet (*m.*)
T.V.   télévision (*f.*), télé (*f.*); **T.V. set** poste (*m.*) de télévision
twelfth   douzième
twelve   douze; **twelve o'clock** (noon) midi (*m.*); (midnight) minuit (*m.*)
twenty   vingt; **twenty-one** vingt et un
twice   deux fois
two   deux
type   type (*m.*)
typical   typique

ugly   laid
unbelievable   incroyable
uncle   oncle (*m.*)
under   sous, dessous
understand   comprendre, saisir, piger°; **I understand** je comprends; **do you understand?** comprenez-vous?
underwear   slip (*m.*)
uneasy   inquiet, inquiète
unexpectedly   subitement
unfortunately   malheureusement
unhappily   malheureusement
unhappy   malheureux, malheureuse; mécontent
unimaginable   inimaginable
unique   unique
unite   joindre (à)
United States   Etats-Unis (*m.pl.*)
university   université (*f.*)
unless   à moins que

unreasonable   déraisonnable
until   jusqu'à, jusqu' à ce que; **until tomorrow** à demain
up   en haut; **up there** là-haut; **to go up** monter
uproar   brouhaha (*m.*)
upset   bouleversé, déconcerté; **to upset** déranger
use   emploi (*m.*); **to use** employer, utiliser, se servir de; **to be used for** servir à; **used to** (*expressed by imperfect ind.*): **I used to go** j'allais; **to be used to** avoir l'habitude de; **to get used to** s'habituer à; **to use "*tu*"** tutoyer
usherette   ouvreuse (*f.*)
usually   d'habitude, d'ordinaire, habituellement

vacation   vacances (*f.pl.*); **on vacation** en vacances
vacuum cleaner   aspirateur (*m.*); **to vacuum** passer l'aspirateur
value   valeur (*f.*)
valuable: to be valuable   avoir de la valeur
vase   vase (*m.*)
veal   veau (*m.*)
vegetable   légume (*m.*)
vehicle   voiture (*f.*)
venture   s'aventurer
very   très, même
victory   victoire (*f.*)
view   vue (*f.*); **point of view** point (*m.*) de vue
village   village (*m.*)
violence   violence (*f.*)
violent   violent
violin   violon (*m.*)
virtue   vertu (*f.*)
visit   visite (*f.*); **to visit** (a place) visiter
vitamin   vitamine (*f.*)
voice   voix (*f.*); **in a low voice** à voix basse

wait for   attendre; **to wait for their turn** attendre leur tour
waiter   garçon (*m.*)
wake up   se réveiller
walk   marcher, se promener; aller à pied, faire un tour
wall   mur (*m.*)
want   vouloir, avoir envie de; **I want** je veux; **do you want?** voulez-vous?
war   guerre (*f.*)
wardrobe (closet)   armoire (*f.*)
warm   chaud; amical; **it is warm** il fait chaud; **I am warm** j'ai chaud
warmly   chaleureusement
warn   prévenir, avertir, aviser
was: I was   j'étais, j'ai été; **I was born in Paris** je suis né à Paris

wash laver; **to wash one's hands** se laver les mains; **to wash the dishes** faire la vaisselle

waste gaspiller

watch montre (*f.*)

watch out faire attention

water eau (*f.*); **to water** arroser

wax cirer

way moyen (*m.*); **on the way** en route

we nous, on

weak faible

weather temps (*m.*); **how is the weather?** quel temps fait-il?; **the weather is fine** il fait beau; **the weather is dreadful** il fait un temps épouvantable; **weather bureau** météo (*f.*); **weather report** météo (*f.*)

Wednesday mercredi (*m.*)

week semaine (*f.*); **in a week** dans huit jours; **in two weeks** dans quinze jours; **last week** la semaine dernière; **a week from today** d'aujourd'hui en huit

welcome bienvenue (*f.*); **you are welcome** de rien, il n'y a pas de quoi; **to welcome** accueillir

well bien; **well!** eh bien!; **I am well** je vais bien; **well built** bien bâti; **well directed** (film) bien mené; **well-behaved** sage

were: you were vous étiez, vous avez été; **where were you born?** où êtes-vous né?

west ouest (*m.*)

what? (*interrog.adj.*) quel? quelle? quels? quelles?; **what?;** (*interrog.pron.*) qu'est-ce qui? qu'est-ce que? quoi?; **what is . . . ?** qu'est-ce que c'est que . . . ?

what (*rel.pron.*) ce qui, ce que

whatever quelconque, quoi que

wheat blé (*m.*)

when lorsque, quand; où; **when were you born?** quand êtes-vous né?

whenever quand

where où

wherever où que

which? (*interrog.adj.*) quel? quelle? quels? quelles?; **which?** (*interrog.pron.*) lequel? laquelle? lesquels? lesquelles?; **which one** lequel? laquelle?; **which ones** lesquels? lesquelles?; **which** (*rel.pron.*) qui, que, lequel, laquelle, lesquels, lesquelles; **of which** dont; **in which** où

while pendant que; **see you in a while** à tout à l'heure; **while waiting for** en attendant que

whisper chuchoter (*m.*)

white blanc, blanche; **white wine** vin (*m.*) blanc

who? (*interrog.pron.*) qui est-ce qui?; **who** (*rel.pron.*) qui, lequel, laquelle, lesquels, lesquelles

whoever quiconque

whom? (*interrog.pron.*) qui, qui est-ce que?;

whom (*rel.pron.*) que, lequel, laquelle, lesquels, lesquelles; **of whom** dont, duquel; **to whom** à qui

whomever quiconque

whose? (*interrog.pron.*) à qui?; **whose shoes are these?** à qui sont ces chaussures?; **at whose house?** chez qui?; (*rel.pron.*) **whose** dont, de qui

why pourquoi; **why not?** pourquoi pas?

wife femme (*f.*)

willing: I am willing je veux bien

win gagner

wind vent (*m.*); **it is windy** il fait du vent

window fenêtre (*f.*); **ticket window** guichet (*m.*); **stained-glass window** vitrail (*m.*), vitraux (*pl.*)

wine vin (*m.*)

winter hiver (*m.*); **in the winter** en hiver

wire télégramme (*m.*)

wise savant

wish désir (*m.*); **to wish** désirer, souhaiter; **if you wish** si vous voulez; **as you wish** à ta (votre) guise

wit esprit (*m.*)

with avec

within dans

without sans, sans que; **without a doubt** sans aucun doute; **without ambiguity** sans équivoque

witness témoin (*m.*)

woman femme (*f.*)

wonder se demander

wonderful épatant

wood bois (*m.*)

wool laine (*f.*)

word mot (*m.*)

work travail (*m.*) besogne (*f.*), œuvre (*f.*); corvée (*f.*); **to work** travailler

world monde (*m.*)

worried inquiet, inquiète; préoccupé

worry s'inquiéter; **don't worry about it** ne vous en faites pas

worse (*adj.*) pire; (*adv.*) pis

worship adorer

worth valeur (*f.*); **to be worth** valoir; **it is not worth the trouble** cela ne vaut pas la peine

wound blessure (*f.*)

wrist poignet (*m.*)

write écrire

wrong mauvais, mal; **to be wrong** avoir tort

year an (*m.*), année (*f.*); **New Year's Day** le jour de l'an; **every year** tous les ans

yell cri (*m.*); **to yell** *hurler

yellow jaune

yes oui; si

yesterday hier

yet   encore

you   vous; tu, te, toi; **you are welcome** il n'y a pas de quoi, de rien

young   jeune; **young people** jeunes gens (*m.pl.*)

youngest   cadet (*m.*), cadette (*f.*)

your   votre, vos; ton, ta, tes

yours   le vôtre, la vôtre, les vôtres; le tien, la tienne, les tiens, les tiennes; **is it yours?** est-ce à vous? est-ce à toi?; **a friend of yours** un de vos amis, un de tes amis

zealous   zélé

zero   zéro (*m.*)

zoology   zoologie (*f.*)

INDEX

84 85 86 87 88 9 8 7 6 5 4 3 2 1